高金坚 著

于变局中开新局（上）

易经易知

华夏出版社
HUAXIA PUBLISHING HOUSE

图书在版编目（CIP）数据

易经易知：于变局中开新局. 上 /高金坚著.--北京：华夏出版社有限公司，2024.8. -- ISBN 978－7－5222－0733－9

Ⅰ.B221.5

中国国家版本馆 CIP 数据核字第 2024F2K250 号

易经易知:于变局中开新局

作　　者	高金坚
责任编辑	杨小英
责任印制	周　然

出版发行	华夏出版社有限公司
经　　销	新华书店
印　　装	三河市少明印务有限公司
版　　次	2024 年 8 月北京第 1 版　2024 年 8 月北京第 1 次印刷
开　　本	710×1000　1/16 开
印　　张	45.5
字　　数	630 千字
定　　价	128.00 元（全二册）

华夏出版社有限公司　地址：北京市东直门外香河园北里 4 号　邮编：100028
网址：www.hxph.com.cn　电话：(010) 64663331（转）
若发现本版图书有印装质量问题，请与我社营销中心联系调换

谨以此书献给

我亲爱的妻子何苏君

知我者谓我心忧,不知我者谓我何求。
——《诗经·国风·王风·黍离》

推荐序　化玄理为易知

我的大学同室挚友高金坚研《易》经年，细玩其辞，提炼出人位互卦、卦象环境、爻象处境三心得，循此分析整个六十四卦及各爻，并指出卦爻辞句句有象，撰成释《易》专著《易经易知：于变局中开新局》（全二册），将由华夏出版社刊行。金坚兄深入而浅出，化玄理为易知，为真正方便大众阅读研习，除了在"导论"中言简义赅地说明卦爻画的符号、象征、语辞系统外，更是独具只眼，也是极为用心地对整个《说卦传》作了详明的释读。读《易》应当从《说卦传》入手，此虽前贤早有明示，但却多为人忽视，或真的有所不知，或知而不言明。故金坚兄开篇著心于此《传》，标示门径，足见他是真正贯彻了《易经》要"易知"的用心，同时也彰显了他的研《易》心得。

《易经易知》不仅极为方便于大众阅读研习，而且对学术研究亦有助益。昨天，浙江大学召开"文明交流互鉴与自主知识体系建设学术研讨会"，主事者黄华新教授是我与金坚兄的大学老师，曾教过我们逻辑学，他邀我参会，我因事冲突，承黄老师垂亲，允我作了题为《自主知识体系建设的由来、原则与难题》的视频发言。我今撮要转述于此，再略申几句，说明金坚兄此书之于学术研究的助益。

我的发言大致讲了三层意思：一是自主知识体系的建设问题完全是在中国现代化的历史过程中呈现出来的。从近代开启的中国现代化基本上是一个全盘西化的过程，这个并不奇怪，因为现代化原本就是源起于西方的，所以简单地讲，中国的现代化经过了一个现代化等于西化的认识与实践。其实这也没有太大的麻烦。更大的麻烦是在这个认识与实践下，还有一个进一步的推进，那就是认为中国传统的学术思想文化是现代化的障碍。这意味着如果要实现现代化，对中国来讲，不仅是一个西化的问题，而且是要跟自己的传统、自己的文化进行有效的断裂。

伴随着这个态势，中国的现代知识体系同步展开，因为作为一整套生活形态的文化背后必须是有一套知识系统来支撑它的，这意味着伴随着中国的现代化过程，西方的知识系统整体地移植为中国的现代知识系统。中国的现代化可以说从19世纪中叶就启动了，中国现代知识体系的建设要晚一些，因为现代化进程由启动进入到背后的现代知识体系建设，存在着一个认识上的自觉化的过程。

毫无疑问，20世纪整个中国现代知识体系的建设成绩是很显著的。但是问题在于，随着现代化的不断展开，在全球化的过程中，西方的现代化本身发生了巨大的变化，呈现出现代化的多样性，后起的现代化国家也是如此。对于中国来说，一个幅员辽阔、人口众多、历史悠久的国家，其现代化也一定有其自身的独特性，不可能完全趋步于西方，况且西方的现代化本身也具有巨大的丰富性。特别在经过几十年的改革开放以后，中国的现代化事实上呈现出自己的特色。那么在这样的背景下，我们自然就会思考：造成中国特色现代化的原因是什么？中国的现代化应当是怎样的？中国现代化的形态是必须与自己的文化传统切割，还是更应该考虑创新性的继承与转化？支撑这一切的背后知识体系又该如何建设？

二是自主知识体系的建设问题必须要明确文明交流互鉴的原则。提出自主知识体系的建设，"自主"二字被凸显了，但是有一个前提要明确，那就是这个自主知识体系的建设绝不是要与既有的、仍在发展中的西学化了的现代知识体系相脱离，另搞一套，更不是荒谬地要回到传统。事实上，这也绝无可能。今天探讨的自主知识体系建设，只是不再像20世纪建设现代中国知识体系那样全盘地西学化，完全作为一个学徒工亦步亦趋，或者完全囿于既有的西学化了的知识体系来思考与生产新的知识，而是要在一个开放的视野与语境下进行知识生产。所以，还是要明确文明交流互鉴的原则。

三是自主知识体系建设中的难题及可能的解决路径。推动知识进步的根源性动力应该还是来自于现实生活，今天中国要建设具有自主性的知识体系，当然要直面中国，直面中国人的生活来进行分析，在理解中国的历史、中国的文化传统，并且是在世界大视野中来理解的前提下，分析今天中国的现象。但是这里的难题在于，究竟用什么样的工具和方法，去面对与处理这样一个充满新意的现象世界呢？其实我们逃不掉既有的知识形态。怎么解决这样的难题呢？不仅我们中国本土的学者有这样的困惑与困难，即使西方的汉学家，他们在面对中国文化的时候，也有同样的难题。举个例子，美国有一位非常著名的汉学家叫高居翰（James Cahill），他在分析元代绘画时讲，元代绘画是中国绘画史上一个非常重要的转折点，元代的画家们非常有意去模仿和延续以前画家的风格。对这种现象怎么去说明呢？他说没有办法，只能使用西方的一些术语，比如 archaism（拟古）或者 archaistic（古风）。他深知元代绘画的风格与这些西方术语不是一回事，但他除非以注音方式写成 fukuism（复古）外，别无他法，而这个注音表达让西方读者一头雾水。高居翰讲，其他的西方术语，诸如 romantic（浪漫）、neoclassical（新古典主义）、primitivist（原始风格）等，都是如此。这就是表达的难题。自主知识体系的建设要面对和处理分析的是新的现实生活，这个新的现象世界是产生新知识的源头，但是分析这个现象世界的时候，却注定要运用既有的知识概念，而这个既有的知识概念基本上是源自西方现象世界所滋生的知识体系，这就是一个前置性的存在。

显然，意识到这个难题，并不等于只能回避，或只能照走旧辙，亦步亦趋于西学。中国现代化所呈现的特色一定是与中国既有的文化传统有关，当我们有了自主知识体系建设的自觉，以及充分意识到这中间存在着的难题以后，除了借镜于西学化了的现代知识体系以外，事实上这个体系也在不断地变化着，我们自然也应该从中国特色现代化的现象中去探究造成这一特色的中国原因，这就必然要求我们去回看自己的知识与文化传统，由此获得智慧，从而提出足以能够解释中国特色现代化现象的具有自主性质的概念，进而形成具有自主性质的分析方法与知识。

我的这个发言卑之无甚高论，但是对于理解金坚兄的这本《易经易知》的学术价值却不无启发。坦率地讲，随着20世纪西学化了的中国现代知识体系的建立，中国的传统文化，尤其是背后的知识系统已完全破碎化，而作为这个旧的知识系统的基石，即"为之原"的《易》，究竟如何理解，如何使用，虽接受了大学教育，甚至在大学中工作之人，实亦知之甚少。走笔至此，忽念及，当年朱子将自己研究《易》学的专著称作《周易本义》，无疑表明在他看来，当时人们对于自己文化背后的知识基石的认知已失其本义，故他要揭明之。宋代尚且如此，何况经过彻底西学化了的今日呢？因此，金坚兄的这本《易经易知》对于久违于传统知识的今人重新理解传统知识，无疑是非常有价值的，而这种重新理解将从源头上助益于今天的自主知识体系建设。

何　俊

复旦大学特聘教授、哲学学院博士生导师

2024年6月23日于西鱼巷

自序　孔子晚而喜《易》

沿着浙江母亲河钱塘江溯流而上，行至钱江源，双目所见山水最佳处，便是我的家乡衢州。

1129年的一天早晨，随宋高宗赵构南渡的孔子第四十八代嫡长孙、"衍圣公"孔端友率族众，从杭州乘船，正是沿着钱塘江溯流而上，行至双目所见山水俱佳的衢州，便定居下来，建立家庙。衢州因此成为孔子嫡长孙及后人生息繁衍近900年的第二故乡，被誉为"东南阙里，南孔圣地"。从此，衢州儒风浩荡，德润古今。

我生长在衢州，从小耳濡目染，自然对孔子的生平事迹十分熟悉，但我在五年前喜欢上《易经》，并广泛收集相关资料开始研读之后，我见识了晚年孔子、一位异于传统印象的孔子：晚年学《易》、喜欢读《易》、占卦解卦、序作《易传》。这个晚年孔子不是我以前熟悉的《论语》中的孔子，而是令人耳目一新、精通《易经》的孔子。

先说孔子晚年学《易》。司马迁《史记·孔子世家》说："孔子晚而喜《易》。"马王堆帛书《要》篇记载："夫子老而好《易》。"史料记载孔子晚年老了开始喜好《易经》，孔子这时到底是晚年多老？《论语·述而》说得明确："五十以学《易》，可以无大过矣。"在古代，人生七十古来稀，五十岁已是晚年，已属老了。以前，看到孔夫子自道："吾十有五而志于学，三十而立，四十而不惑，五十而知天命，六十而耳顺，七十而从心所欲，不逾矩。"（《论语·为政》）特别是这句"五十而知天命"，我只知其然不知其所以然，总以为是随着阅历的增长，"知天命"是水到渠成的事。其实不然，孔子"五十以学《易》"与"五十而知天命"具有因果关系，是先有"五十以学《易》"之因，才有"五十而知天命"之果，是由"学《易》"而"知天命"。

然后说孔子喜《易》读《易》。孔子喜好《易经》到什么程度？马王堆帛书《要》篇记载："夫子老而好《易》，居则在席，行则在囊。"在家里的时候，把《易经》放在床上，与《易经》同床共眠，外出的时候，把《易经》放在布袋里随身携带。孔子与《易经》简直是难舍难分、形影不离了。孔子读《易》也是下了功夫的，《史记·孔子世家》记载："（孔子）读《易》，韦编三绝。"韦是熟牛皮条或其他兽皮条，韦编指用皮条编成的简册书籍，三表示多次。这里是说孔子经常翻读《易经》，致使联串简册的皮条多次磨断。孔子读《易》，几乎到了爱不释手、如痴如醉的地步。

再说孔子占卦解卦。《吕氏春秋》《说苑》和《论衡》等史料中，都有孔子运用《易经》占卦解卦的记载。1973年出土的马王堆帛书《周易》，在《六十四卦》卷后佚书中，有一篇叫《要》的佚书，内容是孔子与弟子讨论学《易》体会的问答记录，其中有一段详细记载了孔子与弟子子贡有关占卦的对话。

子贡复姓端木，名赐，子贡是字。他是孔子的得意门生、孔门十哲之一，是孔门弟子中最聪明、最富足，又是最正派、最忠诚，也是最较真、最爱跟老师顶嘴的人。因为孔老师以前说过"子不语怪力乱神"（《论语·述而》），现在看到老师"老而好《易》，居则在席，行则在囊"，子贡非常不理解。

于是，子贡问："老师啊，您从前教导我们，说有德行的人要舍弃求神，有智谋的人要远离占卦，弟子一直以此作为行为的准则，努力身体力行。如今老师怎么老了又变了，突然喜欢上占卦这玩意了呢？"

【《要》原文】 夫子老而好《易》，居则在席，行则在囊。子贡曰："夫子它日教此弟子曰：'德行亡者，神灵之趋；智谋远者，卜筮之祭。'赐以此为然矣。以此言取之，赐缗行之为也。夫子何以老而好之乎？"

孔子有点生气，反驳说："我告诉你，说话要有分寸。你以为我以前说的是一个道理，现在说的又是另一个道理，其实不是，它们的本质是一致的。对《易经》要认真探索其精要，不要对它有误解。古代权威经典《尚书》篇幅虽多，但道理常有说不清楚甚至前后矛盾的地方，而《易经》的道理却很有条理，没有失误，更何况《易经》中带有不少古代圣人的智慧,是我们以前从未看见过的呢!我并不仅仅用《易经》来占卦,而是更乐于欣赏《易经》的卦爻辞!"

【《要》原文】 夫子曰:"君子言以矩方也。前祥而至者,弗祥而巧也。察其要者,不诡其福,《尚书》多於吴(误),《周易》未失也,且又(有)古之遗言焉。予非安其用也,予乐其辞也。"

子贡很不服气,继续说:"老师这么说,真是大错特错了。我以前曾听老师说过,做人谦逊正直,多行仁义,这样人生就不会有什么困惑了。如今老师喜好《易经》却不看重其占卦的用途,反而对里面的文字有兴趣,这么做不是很奇怪吗?这行得通吗?"

【《要》原文】 子贡曰:"如是,则君子已重过矣。赐闻诸夫子曰:'逊正而行义,则人不惑矣。'夫子今不安其用而乐其辞,则是用倚于人也,而可乎?"

孔子更加生气了,怒斥说:"太荒谬了!端木赐,让我来告诉你什么是《易经》之道。对占卦有兴趣,对文字没有兴趣,这是一般老百姓沉迷《易经》的做法。《易经》之道可以让刚强的人知道戒惧,让柔弱的人变得刚强,让愚笨的人不去冒险妄为,让奸诈的人去掉诡诈。"

【《要》原文】 子曰:"谬哉!赐,吾告女(汝)《易》之道矣。□□□□□□□□百姓之□□□《易》也。夫《易》,刚者使知惧,柔者使知刚;愚人为而不妄,渐人为而去诈。"

孔子意犹未尽,接着说:"殷周之际,周文王宅心仁厚,但很不得志,于是考虑写《易经》。纣王荒淫无道,周文王写成《易经》后,为了逃避禁忌,给《易经》穿上了占卦的外衣,然后《易经》才得以兴盛起来。我很高兴能将这件事弄清楚。不读《易经》,我又怎么会知道周文王如何应付纣王的呢?"

【《要》原文】 子曰:"文王仁,不得其志,以成其虑。纣乃无道,文王作,讳而辟(避)咎,然后《易》始兴也。予乐其知之□□□之自□□予何□□事纣乎?"

经孔子详细解说后，子贡不再质疑老师读《易经》了，但他还是要问："那老师也相信占卦吗？"

【《要》原文】 子贡曰："夫子亦信其筮乎？"

孔子说："我亦曾占过卦，有百分之七十的准确率吧。我只用'周梁山'占法，也不过是总结多次占卦经验，最终选择的一个灵验多的方法罢了。"

【《要》原文】 子曰："吾百占而七十当，唯周梁山之占也，亦必从其多者而已矣。"

孔子接着说："对于《易经》，我不是跟在祝巫后面学他们的占卦之术，而是看中《易经》中的道理和德义。通过占卦了解易数进而通达天地之数，通过天地之数进而通晓天地之德，如此这般，才能实现以前所讲的仁义，守着仁，义才能得到实行。反之，如果只知占卦求神而不通达天地之数，那他只能成为巫师；如果只懂术数而不通晓天地之德，那他只能成为史官。史官和巫师的占卦之术，充其量也不过是雕虫小技，沉迷于此就会走上歧途。"

【《要》原文】 子曰：《易》，我后其祝卜矣，我观其德义耳也，幽赞而达乎数，明数而达乎德，又（有）仁守者而义行之耳。赞而不达于数，则其为之巫。数而不达于德，则其为之史。史巫之筮，乡之而未也，好之而非也。"

孔子最后说："后人如果对孔丘我有所非议的话，也许就在研究《易经》的问题上吧？但是这些人不知道我研究《易经》只是为了探求其中的哲理。我表面上好像和史官巫师走在一起，但我们目的不同，是同途殊归。君子应当于德行中求得福祉，所以依靠祭祀求福是很少的；君子应当于履行仁义中求得吉祥，所以依靠占卦求吉也是稀少的。所以，祝巫祭师的占卦之术，我怎么会跟在后面学呢？"

【《要》原文】 子曰："后世之士疑丘者，或以《易》乎？吾求其德而已，吾与史巫同涂（途）而殊归者也。君子德行焉求福，故祭祀而寡也；仁义焉求吉，故卜筮而希也。祝巫卜筮其后乎？"

最后说孔子序作《易传》。《史记·孔子世家》记载:"孔子晚而喜《易》,序《彖》《系》《象》《说卦》《文言》。"其中"序"字,本义是东西墙。《说文解字》:"序,东西墙也。"晋郭璞、北宋邢昺《尔雅注疏·卷五·释官第五》:"东西墙谓之序。[注]所以序别内外。[疏]此谓室前堂上、东厢西厢之墙也。所以次序分别内外亲疏,故谓之序也。"这里说"序"具体指房屋大堂正厅。司马迁的意思很明确,孔子晚年喜《易》、读《易》,并作《彖》《系》《象》《说卦》《文言》等《易传》为"序",是将《易经》引入了儒家大堂正厅,以至后来文人尊其为儒家经典,奉其为五经之首。

《易经》是中国历史上第一部成书,是中国最早的文化典籍,是中国传统文化的渊薮源头。但《易经》成书经历了漫长的孕育过程,包括从八卦至六十四卦、从卦象到卦爻辞、从《易经》到《易传》,"人更三圣,世历三古"(《汉书·艺文志》)。具体的意思是,伏羲画八卦,文王演六十四卦并观象作辞,形成了《易经》部分,接着孔子作"十翼",亦即《易传》部分,最后经、传合并,形成了流传两千多年的《周易》。孔子把卜筮之书改造成为哲理之书,使得《周易》成为儒家学派"六艺"之一。《汉书·艺文志》记载:"六艺之文,《乐》以和神,仁之表也;《诗》以正言,义之用也;《礼》以明体,明者著见,故无训也;《书》以广听,知之术也;《春秋》以断事,信之符也。五者盖五常之道,相须而备,而《易》为之原。"因《乐经》后来亡佚,就只剩下五经。这即是后人常说的《周易》为"五经之源""五经之首"的由来。

此时,孔子得易学之助,"五十而知天命,六十而耳顺,七十而从心所欲,不逾矩",思想上如虎添翼。对于《论语》中所表达的以"仁"为中心、"己欲立而立人,己欲达而达人"、"己所不欲,勿施于人"等一系列"推己及人"的仁学思想,孔子将其拓展、升华到《易传》所表达的综合天地人,探究天道人道,"以通天下之志,以定天下之业,以断天下之疑",由此形成孔子的易学思想,终达天人融通、天人合一的新境界。从此,《论语》和《周易》成了儒家经典中的经典。

对孔子作《易传》的真实性,从汉代司马迁的《史记·孔子世家》到唐代孔颖达的《周易正义》，历经汉、魏、晋、隋、唐，一直没有人提出过疑义。直到北宋，自欧阳修提出疑问后，关于孔子作《易传》的真实性开始受到怀疑。近代疑古之风兴起，有人甚至完全否定孔子与《易传》的关系。但是，大量经典文献和出土文物都证明，否定孔子与《易传》的关系是没有说服力、站不住脚的。讲孔子文化只看到《论语》，把孔子的儒家思想等同于《论语》思想，忽视孔子的易学思想也是不可取的。正如易学名家曾仕强在《大易人生》著作中所说："我们以为《论语》最能代表孔子的学问，其实错了，孔子最大的学问在《易经》上。"孔子早年以《论语》为中心的仁学思想，加上晚年以《易传》为载体的易学思想，才是全面系统的孔子文化思想。

习近平总书记指出："当前中国正处于近代以来最好的发展时期，世界处于百年未有之大变局，两者同步交织、相互激荡。"面对新局势，我们要善于在危机中育先机，于变局中开新局。"易者，易也，变易也，不易也。"（《易纬·乾凿度》）"《易》，穷则变，变则通，通则久。"（《系辞下传》）在实现中华民族伟大复兴中国梦、全面建设社会主义现代化国家的新征程中，纳入孔子易学观的儒家文化思想适逢其会，大有可为。

我祝愿我的家乡——"南孔圣地"衢州有《易》，"何天之衢，道大行也"。

以此为序。

高金坚

2023 年 10 月 10 日

于浙江衢州信安湖畔亭川善庆居

【注】①衢州的"衢"字拆开为：行、双目、隹。寓意行至双目所见山水最佳处。

②马王堆帛书《要》篇原文由清华大学廖名春教授整理，本篇所引原文来自谢宝笙著《易经与孔子的蝉蜕龙变》（华夏出版社 1995 年第 1 版，第 170~171 页）。

致　谢

2019年，我遭遇人生变故，有一段时间，一度出现精神分裂症状，坠入人生低谷，经历了至暗时刻，深切体会到了世态炎凉。好友不友好，同学不同情，同事成路人，微信被拉黑，群聊被踢出。后来，我能走出阴影，能走到今天，顺利写作本书并出版，得益于我在此要特别感谢的这些人和事。

首先，我要感谢《易经》。那段时间，我身处困境，寝食不安，彻夜难眠，时而清醒，时而恍惚，时有幻听幻觉，但念念不忘《易经》。《易经》让我明白了当时处境，明了了未来前景，明晰了脱困路径，让我有了自信。此后，我把自己关进自家顶楼小阁楼书房里，如同把自己抛到了一个孤岛上，除了与家人交往，一心只读圣贤书，与古圣先贤对话交流。把别人对自己的绝情关闭，化成自己的闭关修炼，精神内守，在读书中修炼，在修炼中写书。我边读《易经》边思考，昼读夜思，"思之思之，鬼神通之"（[明]来知德《来注易经·自序》）。读《易经》，让我开悟。2019年12月份，我开始本书的写作，到2020年10月10日完稿，整整10个月时间，不分昼夜地写，我把写这本书当作自己的一次修行。"无有师保，如临父母。"《易经》为我导航，《易经》成全了我。既是我选择了《易经》，也是《易经》选择了我。每当我捧起《易经》阅读，我的崇敬之心和感激之情便油然而生！

其次，我要感谢我的家人，家人的爱挽救了我。我要感谢已近期颐之年的父亲高明浩和母亲郑丽英，他们是我的精神支柱。我要特别感谢我的妻子何苏君，她对我不离不弃，悉心照料，并用她作为一名国家二级心理咨询师的专业知识、实操技术以及实践经验，把我从精神崩溃的边缘拉了回来，使我回归正常，重新恢复写作能力。她还帮我解答了《易经》《易传》里的一些心理类词义和心理现象，并承担了所有家务，让我有充裕的时间写作。谢谢了，苏君，我亲爱的妻子！我要感谢我的女儿高何尘，她不仅是爸爸的"贴心小棉袄"，而且是书稿的第一手读者，她的鼓励与支持，是我能够完成书稿的强大精神动力。我还要感谢我的姐姐高玲娟、大妹高红娟、二妹高素娟、小妹高秀娟，她们时刻牵挂着我的健康，不时给我送来温暖。没有家人的精心呵护和鼓励支持，我不可能恢复得这么快、这么好，也不可能完成书稿。谢谢了，我的家人！

再次，我要感谢我的"命中贵人"。华夏出版社的领导以出版人的敏锐眼光看中了我的投稿，张平老师、杨小英老师为书稿的出版付出了辛劳。他们是《易经》中的大人、君子，是我生命中的贵人。正如《乾卦·九五·象传》所言"飞龙在天，大人造也"，这本书能够顺利出版面世，全靠他们造就。在此，我向他们表示诚挚的敬意和衷心的感谢！

最后，我要感谢我遭遇的一切，一切都是最好的安排。"自天祐之，吉，无不利。"

目 录

导论 《易经》的三大系统 ································· 1

  一、卦爻画：《易经》的符号系统 ·················· 1
    （一）卦画符号 ································· 1
    （二）爻画符号 ································· 4

  二、卦爻象：《易经》的象征系统 ·················· 7
    （一）卦象与卦象环境 ························· 8
    （二）《说卦传》说卦象 ······················· 8
    （三）爻象与爻象处境 ························ 21

  三、卦爻辞：《易经》的文字系统 ················· 22
    （一）卦辞与爻辞 ····························· 22
    （二）卦爻辞的断辞之象 ······················ 23
    （三）经文与传文 ····························· 25

上经

  第一卦 乾 ䷀ ····································· 29
  第二卦 坤 ䷁ ····································· 50
  第三卦 屯 ䷂ ····································· 66
  第四卦 蒙 ䷃ ····································· 78
  第五卦 需 ䷄ ····································· 89
  第六卦 讼 ䷅ ····································· 99
  第七卦 师 ䷆ ···································· 110
  第八卦 比 ䷇ ···································· 120

第九卦　小畜 ䷈ ··· 130

第十卦　履 ䷉ ··· 140

第十一卦　泰 ䷊ ··· 150

第十二卦　否 ䷋ ··· 160

第十三卦　同人 ䷌ ··· 170

第十四卦　大有 ䷍ ··· 180

第十五卦　谦 ䷎ ··· 189

第十六卦　豫 ䷏ ··· 199

第十七卦　随 ䷐ ··· 208

第十八卦　蛊 ䷑ ··· 217

第十九卦　临 ䷒ ··· 227

第二十卦　观 ䷓ ··· 236

第二十一卦　噬嗑 ䷔ ··· 246

第二十二卦　贲 ䷕ ··· 256

第二十三卦　剥 ䷖ ··· 265

第二十四卦　复 ䷗ ··· 274

第二十五卦　无妄 ䷘ ··· 284

第二十六卦　大畜 ䷙ ··· 294

第二十七卦　颐 ䷚ ··· 303

第二十八卦　大过 ䷛ ··· 314

第二十九卦　坎 ䷜ ··· 324

第三十卦　离 ䷝ ··· 334

下经

第三十一卦　咸 ䷞ ··· 347

第三十二卦　恒 ䷟ ··· 357

第三十三卦　遁 ䷠ ··· 366

第三十四卦　大壮 ䷡ ··· 376

第三十五卦　晋 ䷢ ··· 385

第三十六卦　明夷 ䷣ ··· 395

第三十七卦　家人 ䷤ ··· 405

第三十八卦　睽 ䷥ ··· 415

第三十九卦　蹇 ䷦ ··· 426

第四十卦　解 ䷧ ·· 435

第四十一卦　损 ䷨ ··· 444

第四十二卦　益 ䷩ ··· 454

第四十三卦　夬 ䷪ ··· 464

第四十四卦　姤 ䷫ ··· 474

第四十五卦　萃 ䷬ ··· 484

第四十六卦　升 ䷭ ··· 495

第四十七卦　困 ䷮ ··· 504

第四十八卦　井 ䷯ ··· 515

第四十九卦　革 ䷰ ··· 525

第五十卦　鼎 ䷱ ·· 535

第五十一卦　震 ䷲ ··· 545

第五十二卦　艮 ䷳ ··· 555

第五十三卦　渐 ䷴ ··· 564

第五十四卦　归妹 ䷵ ··· 574

第五十五卦　丰 ䷶ ··· 584

第五十六卦　旅 ䷷ ··· 594

第五十七卦　巽 ䷸ ··· 604

第五十八卦　兑 ䷹ ··· 614

第五十九卦　涣 ䷺ ··· 622

第六十卦　节 ䷻ ·· 631

第六十一卦　中孚 ䷼ ··· 640

第六十二卦　小过 ䷽ ··· 650

第六十三卦　既济 ䷾ ··· 661

第六十四卦　未济 ䷿ ··· 671

《系辞传》导读 ··· 681

主要参考书目 ··· 702

后记 ··· 704

导论 《易经》的三大系统

一、卦爻画：《易经》的符号系统

卦爻画构成《易经》的符号系统，是《易经》之本，是《易经》中最简易、最神秘、最稳定的系统，一经形成，沿用几千年，从无更改变化。《易经》符号系统包括卦画符号和爻画符号两部分，卦画由爻画组成，两者是整体与部分的关系。

（一）卦画符号

卦是《易经》最基本的图画符号。《说文解字》："卦，筮也。从卜，圭声。"孔颖达《周易正义》引《易纬·乾坤凿度》："卦者，挂也。言悬物象以示于人，故谓之卦。"《系辞上传》称："圣人设卦观象。""仰则观象于天，俯则观法于地，观鸟兽之文与地之宜，近取诸身，远取诸物，于是始作八卦。"《说卦传》称："观变于阴阳而立卦。"因此，卦是先人通过观察天文地理、人身万物之后高度提炼而作成的，象征天地万物阴阳变化的图画符号。卦最早用于占卜，一有结果就"挂"出来，以告知众人。

1. 三画卦与八卦：由三个爻组成的卦，称"三画卦"，又称"三爻卦"。将阳爻、阴爻按三个爻一组排列组合，可组成八个卦，如：☰（乾）、☱（兑）、☲（离）、☳（震）、☴（巽）、☵（坎）、☶（艮）、☷（坤）。称为"八卦"，又称"经卦"（即八个最经典的卦），亦称"单卦"（相对六十四卦"重卦"而言）。

宋代大儒朱熹编了一首《八卦取象歌》，让初学者便于背诵：

☰ 乾三连　☷ 坤六断　☳ 震仰盂　☶ 艮覆碗
☲ 离中虚　☵ 坎中满　☱ 兑上缺　☴ 巽下断

2. 六画卦与六十四卦：由上下两个经卦重叠而成的卦，由于每卦都有六爻，故称"六画卦"，又称"重卦""别卦""六爻卦"。如：下艮☶上坤☷组成☷☶谦卦。八个经卦两两重叠，有六十四种组合方式，即为六十四卦。六十四卦均为重卦、六画卦。

3. 先天八卦与后天八卦：先天八卦传说为伏羲所创，又称"伏羲八卦"。先天八卦反映的是宇宙诞生初期万物的雏形。其八卦序数为乾一、兑二、离三、震四、巽五、坎六、艮七、坤八，称为"先天八卦数"。起卦时，以"数"起卦，一般以先天八卦数为准。"先天八卦方位"是：乾为南、坤为北、离为东、坎为西、兑为东南、艮为西北、巽为西南、震为东北。

后天八卦传说为周文王所创，又称"文王八卦"。后天八卦反映的是现实世界万物变化的真实规律与现状。其八卦序数为坎一、坤二、震三、巽四、中五、乾六、兑七、艮八、离九，称为"后天八卦数"。"后天八卦方位"是：离为南、坎为北、震为东，兑为西、乾为西北、坤为西南、艮为东北、巽为东南。在占卦中，涉及八卦方位时，一般以后天八卦方位为准。

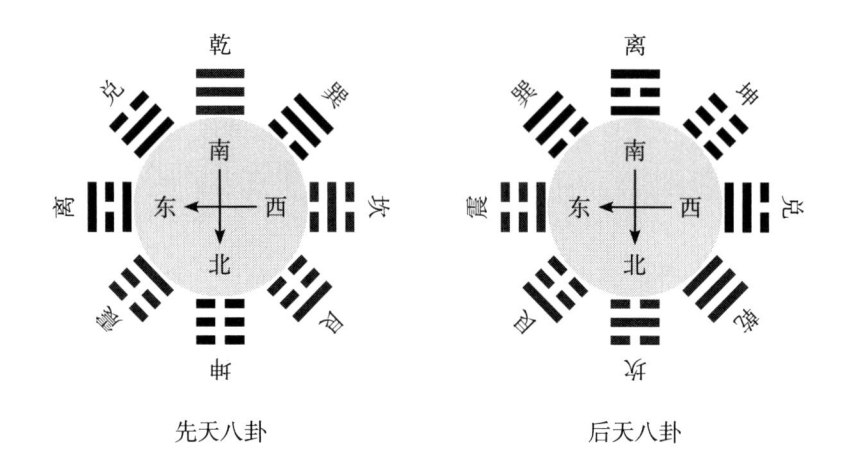

先天八卦　　　　后天八卦

4. 卦位：六画卦中，两个经卦相重之位置，称为"卦位"。卦位主要有：①上下之位：在下面的经卦，称"下卦"，在上面的经卦，称"上卦"；②内外之位：下卦在内，称"内卦"，上卦在外，称"外卦"；③先后之位：卦序自下而上，先下后上，下卦为先，上卦为后；④远近之位：内卦为近，外卦为远。因此，起卦、画卦、成卦、解卦，都是自下而上，从下面开始。

5. 阴卦与阳卦：《系辞下传》称"阳卦多阴，阴卦多阳"。在八经卦中，☰（乾）为纯阳卦，☷（坤）为纯阴卦，其他六经卦，阴爻居多的为阳卦，阳爻居多的为阴卦。如：☳（震）、☵（坎）、☶（艮）为阳卦，☱（兑）、☲（离）、☴（巽）为阴卦。同卦相重组成的六画卦，按八经卦定阴阳属性。异卦相重的其他五十六卦，若有五阳一阴，则以一阴为主爻，为阴卦；若有五阴一阳，则以一阳为主爻，为阳卦。

6. 互卦与人位互卦：在一个六画卦中，六个爻除了组成本卦，还可以组成新的三画卦、四画卦、五画卦和六画卦，称为"互卦"，又称"卦中卦"。如：丰卦（䷶）的六二、九三、九四可组成三画的互卦巽（☴），九三、九四、六五可组成三画的互卦兑（☱），六二、九三、九四、六五可组成四画的互卦坎（☵），将九三、九四同类合并为一个阳爻）；涣卦（䷺）的九二、六三、六四、九五可组成四画的互卦离（☲，将六三、六四同类合并为一个阴爻）；鼎卦（䷱）的初六、九二、九三、九四、六五可组成五画的互卦坎（☵，将九二、九三、九四同类合并为一个阳爻）。两个三画的互卦可组成一个六画的互卦，如：丰卦（䷶）的六二、九三、九四组成下互卦巽（☴），九三、九四、六五组成上互卦兑（☱），这两个互卦可组合成六画的互卦大过卦（䷛）。

将本卦中的二、三、四爻组成下互卦，三、四、五爻组成上互卦，下互卦与上互卦组成新的六画互卦，称"人位互卦"。因在本卦六画卦中二爻居下卦人位，三、四爻居本卦人位，五爻居上卦人位，二、三、四、五爻皆为人位之爻，皆为中爻。《系辞下传》称："若夫杂物撰德，辨是与非，则非其中爻不备。"人位互卦是把握卦象运势的重要因素，反映了三层内容：一是人与环境的关系，因每个卦都是天地人三才之道，体现了天地人的关系；二是人与人的关系，因为人位互卦是由处于人位的爻组成的，体现了人际关系；三是将来发展的趋势。

7. 错卦与综卦：将本卦爻的阴阳属性全部转变成对立的爻性，即阳爻变阴爻，阴爻变阳爻，得到与本卦爻相对的卦，称"错卦"，又称"对卦"。将本卦反转180度颠倒过来而得到的另一卦，称"综卦"，又称"覆卦"或"反卦"。本卦可以是六画卦，或三画卦，或互卦。如：解卦（䷧）的错卦为家人卦（䷤），综卦为蹇卦（䷦）；经卦艮卦（☶）的错卦为兑卦（☱），综卦为震卦（☳）；解卦中九二、六三、九四组成互卦离卦（☲），离卦的错卦为坎卦（☵），综卦仍为离卦。自三国时的虞翻以"旁通"命名错卦，以后的注家均照此沿用。细究其义，虞说不够全面。本卦与互卦、错卦、综卦均有旁通之义，反映了事物的内外、正反、上下关系。其中本卦与互卦是外观与内观，能旁通事物之内外；本卦与错卦是"近取"与"远取"，能旁通事物之正反、前后；本卦与综卦是"仰观"与"俯察"，能旁通事物之上下。本卦为"明"，互卦、错卦、综卦为"幽"，通过旁通，可知"幽明之故"（《系辞上传》）。

8. 大象卦：将六画卦中爻位相邻、爻性相同（阴阳相同）的爻，合并同类项，合并成一个爻，可视为一个新的"经卦"，因这个"经卦"并非三画卦，而是六画卦，是三画卦的放大，故称"大象卦"；换个角度看，是把一个六画卦缩小成一个三画卦，因此也称"半象卦"。如：中孚卦（䷼）可视为大离卦（☲），颐卦（䷚）也可视为大离卦（☲），小过卦（䷽）可视为大坎卦（☵），大过卦（䷛）也可视为大坎卦（☵）。

9. 本卦与变卦：起卦得出的卦为"本卦"，根据变爻而得出的卦，称"变卦"，又称"之卦"。之，是到、往的意思，指爻变后，由本卦得到一个新的变卦。本卦为当前卦象环境，变爻爻象为当下爻象处境，变卦或之卦为今后的发展趋势。

（二）爻画符号

"爻"是《易经》特有的，是《易经》最基础的图画符号，是卦的最小构成单位，是效仿天地万物变化而产生的图画符号，可视作"交"，象征天下万物变化交错。

1. 阳爻与阴爻：爻分阳爻和阴爻，阳爻符号以 ━ 表示，阴爻符号以 ━ ━ 表示。郭沫若在《中国古代社会研究》中认为，阳爻、阴爻是古代生殖器崇拜的孑遗，━ 象征男根，━ ━ 象征女阴。阳爻用

"九"表示，阴爻用"六"表示。因阳为奇数，阴为偶数，在五个生数（一、二、三、四、五）中，奇数相加为九，偶数相加为六，因此用"九"表示阳爻，用"六"表示阴爻。

2.**爻数**：每一爻在卦中的位置排序都有相应的数字标识，称为"爻数"。一卦六爻，爻数排序自下而上，分别称为初爻、二爻、三爻、四爻、五爻、上爻。爻序自下而上，取象于植物自下而上的生长过程，植物最初也是从最下面开始生长的，然后逐渐往上发展。结合爻性，初、三、五爻为阳爻，二、四、上爻为阴爻，初爻为阳爻的读作初九，初爻为阴爻的读作初六，其他五个爻的读法以此类推。如：屯卦（䷂），六个爻自下而上，读成——初九、六二、六三、六四、九五、上六。

3.**爻位**：每一爻在卦中的固定位置称为"爻位"。三画卦有三爻，六画卦有六爻，爻与爻之间有爻位之别。

①三才之位：三画卦中，上爻为天位，下爻为地位，中爻为人位。六画卦中，上面两爻为天位，下面两爻为地位，中间两爻为人位。

②阴阳之位：六画卦中，初爻、三爻、五爻为阳位，因一、三、五为奇数，奇为阳；二爻、四爻、上爻为阴位，因二、四、六为偶数，偶为阴。

③贵贱之位：六画卦中，五爻为君位，为尊贵之位，与之对应的二爻则为卑贱之位。后人还把社会阶层分为六层，分别对应卦中六个爻位：初爻是百姓之位，二爻是大夫之位，三爻是大公之位，四爻是诸侯之位，五爻是天子之位，上爻是宗庙之位。

④对应之位：六画卦中，初爻与四爻相对应、二爻与五爻相对应、三爻与上爻相对应。因在上下两个经卦中，初爻与四爻同在下位，二爻与五爻同在中位，三爻与上爻，同在上位。

⑤往来之位：卦中六爻可以上下往来，由下而上为往，由上而下为来。

⑥同功异位：二爻与四爻，皆为偶、为阴，为"同功"，即两爻同具阴柔功能；三爻与五爻，皆为奇、为阳，为"同功"，即两爻同具阳刚功能。二爻"多誉"与四爻"多惧"、三爻"多凶"与

五爻"多功"，因"异位"即处位不同，导致遭遇结果也不同。

4. 当位与中位：一卦六爻，各有其位。凡阳爻居阳位，阴爻居阴位，称"当位"，又称"得位""得正""得当"。反之，凡阳爻居阴位，阴爻居阳位，称"不当位"，又称"不得正""失位""失正""失当"。当位得正，象征正道。一般情况下，当位则吉，不当位则凶。

六画卦的下卦与上卦各有一中位，二爻为下卦中位，如九二与六二，五爻为上卦中位，如九五与六五。凡阳爻居中位，称"刚中"，如九五与九二；凡阴爻居中位，称"柔中"，如六二与六五。九五刚中与六二柔中，既在中位又当位，称为"中正"。九二刚中与六五柔中，在中位但不当位，称为"正中"。一般情况下，若居中位，虽不当位，仍属吉利。《易经》通例，中与正相比，中优于正。《易经》崇尚中道，守中不偏。

5. 承、据与乘：承是顺承、承接。据是占据、压制。凡阴爻居阳爻之下，从下往上看，为阴承阳，从上往下看，为阳据阴。承是阴爻对于阳爻而言，据是阳爻对于阴爻而言。如：六二爻与九三爻，称六二承九三，九三据六二。柔弱者顺承诚服，刚强者居高临下。此种关系为顺，顺则吉。乘是凌乘、压服。凡阴爻居阳爻之上，为阴乘阳，柔弱者凌乘、压服刚强者。如：六四爻与九三爻，称六四乘九三。此种关系为逆，逆则不吉。

6. 比：在一卦中，相邻两爻的接近关系称为"比"。原则是"同性相斥，异性相吸"。若相邻的是一个阳爻与一个阴爻，则容易亲近，称为"亲比"。若相邻的是两个阳爻或两个阴爻，则同性相斥，称为"敌比"，又称"敌而不比"。

7. 应：应是相应、相互响应、相互呼应。在一个六画卦中，相隔两爻的两个爻之间的同位对应关系，称为"应"。如：初与四、二与五、三与上，即为应。原则也是"同性相斥，异性相吸"。若对应的两爻为一阴一阳，则异性相吸，称为"有应"，也称"正应"。若对应的两爻同为阴爻或阳爻，则同性相斥，称为"无应"，也称"敌应"，或称"敌而不应"。一般情况下，有应则吉，无应则凶。

8. 时与位：一卦六爻，初爻之"初"代表时间，是开始、最先。《说文解字》："初，始也。"因此，在时间上，初爻为前，向上各爻为后。上爻之"上"代表空间，爻序从下往上走，因此，在空间上，上爻为前，下面各爻为后。每一个卦都是一个时空环境，为卦象环境，代表一个阶段的时位；每一个变爻都是一个特定处境，为爻象处境，代表一个当下的时位；每一个变卦都是一个未来环境，代表一个发展趋势。爻的变化代表时位的变动，在卦象环境中表现为整体局势，在爻象处境中表现为当下时势，只有审时度势，"时行则行，时止则止"，顺时而动，才能趋吉避凶、逢凶化吉。

9. 变爻：变爻是指起卦后得到的当下未变又即将变化之爻。变爻之"变"，有两个含义：一是指爻性变化，如老阴变阳爻，老阳变阴爻，从而引起卦变，得到一个新的变卦，引起卦象环境的变化。二是指爻位变化，一爻与另一爻易位，从而引起爻象处境的变化，但卦象环境未变。

二、卦爻象：《易经》的象征系统

相传伏羲仰观俯察、近取远取，观物象而画卦，卦画取自于物象。文王观卦象以系辞，卦爻辞来自于卦象。孔子则观象玩辞而作易传，易传来源于卦象辞。马王堆帛书《要》篇称"夫子老而好《易》，居则在席，行则在囊"，《史记·孔子世家》称"（孔子）读《易》，韦编三绝"，这是典型的"居则观其象而玩其辞"。卦爻画、卦爻辞、易传都离不开"象"，离开了"象"，就无法解卦，就无法释辞，就无法读懂《易经》。从某种意义上说，《易》就是"象"，无"象"不成《易》。因此《系辞下传》说："易者，象也。象也者，像也。"

卦爻象之"象"，有三个含义：一是卦爻的形象。每一卦每一爻都是一个卦画、一个爻画之象，卦画爻画有形有象。二是卦爻的象征。每一个卦象、爻象都是一种象征，可以象征多种事物，卦爻之象即象征。三是卦爻的物象。卦象、爻象象征天地万物之象，"以类万物之情"（《系辞下传》），卦爻之象亦即物象。因此，《易经》的象征系统包括卦象和爻象两部分。

（一）卦象与卦象环境

卦象是指象征物象的卦的形象，卦象象征系统包括八卦卦象和六十四卦卦象，但主要是指八卦类象象征系统，是以八卦卦象类比天地万物物象的象征系统。八卦取象是根据天地万物的物象创造出卦象，这是一个从具体到抽象、从个别到一般、从复杂到简单的认识过程。而八卦类象则以八卦卦象类比天地万物物象，这是一个从抽象到具体、从一般到个别、从简单到复杂的思维过程。八卦类象象征系统既是最简单的，天地万物最后被归纳概括为八个卦象，万物尽在八卦中，又是最复杂的，八卦卦象可以类比天地万物，八卦可通万物。因此，分析八卦类象象征系统是解读《易经》最基本、最重要的方法。自《易传》开始，在解读六十四卦卦象时，都是将重卦（六画卦）分解为上下两个八卦（三画卦），然后以这两个八卦之象来解读的。

卦象环境是指六十四卦中每一卦由卦画、卦象及本卦与变卦、人位互卦、错卦、综卦等组成的卦际关系和卦象局势。一个卦就是一个卦象环境，六十四卦就是人生六十四个卦象环境。

（二）《说卦传》说卦象

《易经》是一部"天书"，《说卦传》是破译这部"天书"的"密码本"。《说卦传》又称《说卦》，是《易传》十翼之一，是最早对八卦类象象征系统进行系统整理和解读的文献材料，是打开《易经》卦象之门的密钥，是必不可少的解卦工具。用《说卦传》去解卦，走的是最古老最经典的正道。下面对《说卦传》作简要导读。

1.圣人作卦

《说卦传》曰：昔者圣人之作《易》也，幽赞于神明而生蓍。参天两地而倚数，观变于阴阳而立卦，发挥于刚柔而生爻，和顺于道德而理于义，穷理尽性以至于命。

【译文】《说卦传》说：从前，圣人创作《易经》时，得到神明暗中相助，发明了用蓍草起卦的方法。以天地之数中三个奇数、两个偶数的生成之数作为起卦的依据，观察其阴阳之变化而确立卦象，发现其刚柔演变之趋势而产生变爻，和谐顺承天地之道和神明之德，从而合宜于天下之理，以天下之理探究万物之性，从而通晓天命。

【导读】幽，《说文解字》注："隐也。"此指暗中。赞，相助。《小尔雅·广诂》："赞，佐也。"蓍，读 shī，指揲（shé）蓍布卦法，即"大衍筮法"。参天两地，参同叁，即三，天为阳，地为阴，阳为奇，阴为偶，意即有三个奇数，两个偶数，实指有五个生数。一、二、三、四、五，称为生数；六、七、八、九、十，称为成数。有生有成，先生后成。生数一、二、三、四与五相加，得到成数六、七、八、九，这是以数起卦的依据（倚数），故称"参天两地而倚数"。观变于阴阳而立卦，指观察其阴阳之变化而确立卦象。一、三、五，三个奇数相加为九，奇数为阳，因此以"九"表示阳爻，如：初九、九二、九三、九四、九五、上九爻组成乾卦。二、四，两个偶数相加为六，偶数为阴，因此以"六"表示阴爻，如：初六、六二、六三、六四、六五、上六爻组成坤卦。挥通"辉"，光辉，此指征兆、趋势。生爻，指变爻。起卦时，得数九表示老阳，得数六表示老阴；物极必反，老阳、老阴均为变爻（生爻）。道，指天地之道。德，指神明之德。和顺于道德，即《系辞上传》所言"弥纶天地之道"和《系辞下传》所言"通神明之德"。理，指天下之理。义，合宜。性，指万物之性。命，指天命。

圣人作卦，有三大发明：一是发明蓍草起卦方法（"幽赞于神明而生蓍"），二是发明以数起卦原理（即倚数、立卦、生爻），三是发明用卦象指导人生（"和顺于道德而理于义，穷理尽性以至于命"）。

2. 六画成卦

《说卦传》曰：昔者圣人之作《易》也，将以顺性命之理。是以立天之道曰阴与阳，立地之道曰柔与刚，立人之道曰仁与义。

兼三才而两之,故《易》六画而成卦。分阴分阳,迭用柔刚,故《易》六位而成章。

【译文】《说卦传》说:从前,圣人创作《易经》,就是要顺应天地万物的天性、天命和天理。所以,用阴阳来立论天道,用柔刚来立论地道,用仁义来立论人道。把象征天地人三才的三画卦两两重叠起来,这样《易经》就由六画而组合成一个卦。再分别阴阳之爻,交替用在柔刚之位上,这样《易经》就由阴阳之爻在六个爻位的不断交替使用而形成六十四卦。

【导读】圣人作卦,最早是八卦,八卦是三画卦,将两个三画卦重叠,组成六画卦,八卦两两重叠,形成六十四卦。六画卦兼有天地人三才,浑然一体。六画卦六个爻,分为三部分。天在上,上两爻为天;地在下,下两爻为地;人在天地间,中间两爻为人。天有阴阳,地有柔刚,表现在人身上就是仁义。天道、地道、人道,道道相通,最后落脚到人道,说天说地都是为了说人,让人顺应天地之道,这就是"性命之理"。章,本义是一曲音乐完毕。《说文解字》:"章,乐竟为一章。"此指每个六画完成后的卦,即六十四卦。

3.先天八卦方位

《说卦传》曰:天地定位,山泽通气,雷风相薄,水火不相射,八卦相错。数往者顺,知来者逆,是故《易》逆数也。

【译文】《说卦传》说:天与地确定上下位置,山与泽互通彼此气息,雷与风相互激荡,水与火互不对抗,八卦卦性两两相对,相互交错。爻位数变化有顺逆、往来,由下而上为往为顺,而相反的,由上而下为来为逆,所以,《易经》不仅要看顺数,还要知逆数。

【导读】乾为天,坤为地,艮为山,兑为泽,震为雷,巽为风,坎为水,离为火,这是八卦的基本象。薄通"搏",指激荡。射,本义是用弓弩发箭击中远处目标。《说文解字》:"射,弓弩发于身而中于远也。"相射,引申为对抗。天地定位,先以乾坤定南北,其他六位类推而定。宋儒据此而画了伏羲先天八卦图。

对"数往者顺,知来者逆,是故《易》逆数也"这句话,古往今来的解释众说纷纭,莫衷一是。其实整段文字讲的就是《系辞上传》所谓"参伍以变,错综其数"之意。八卦相错,指八卦卦性两两相对,相互交错,两卦相对,称为"错卦"。逆数,指将一卦逆转颠倒,成另一卦,两卦逆反,称为"综卦"。"错卦""综卦",均为本卦的"旁通"卦。《易经》是用占卦决断将来吉凶的,不仅要求起卦定位准确,解卦时还要"旁通",分析"错卦""综卦"与"互卦",从相对、反对与内外的角度,分析卦象错综复杂的情况,从而准确断占吉凶。

4. 先天八卦象义

《说卦传》曰:雷以动之,风以散之,雨以润之,日以烜(xuǎn)之,艮以止之,兑以说(yuè)之,乾以君之,坤以藏之。

【译文】《说卦传》说:《震》雷可以鼓动万物,《巽》风可以播散万物,《坎》雨可以滋润万物,《离》日可以光照万物,《艮》山可以静止万物,《兑》泽可以愉悦万物,《乾》天可以主宰万物,《坤》地可以藏养万物。

【导读】前四句以象代卦。雷代表《震》,震为雷,雷声隆隆,震动天下,故称"雷以动之"。风代表《巽》,巽为风,随风飘扬,播散物种,故称"风以散之"。雨代表《坎》,坎为水,水蒸发凝结为雨,雨水滋润万物,故称"雨以润之"。日代表《离》,离为日,阳光普照,"烜"为晒干,故称"日以烜之"。

后四句以卦代义。《艮》代表止,艮为山,见山而止,故称"艮以止之"。《兑》代表说,说通"悦",兑为泽,湖泽水波荡漾,令人心旷神怡,故称"兑以说之"。《乾》代表君,乾为天、为父、为主宰,故称"乾以君之"。《坤》代表藏,坤为地、为母、为藏养,故称"坤以藏之"。

5. 后天八卦方位

《说卦传》曰:帝出乎震,齐乎巽,相见乎离,致役乎坤,说言乎兑,战乎乾,劳乎坎,成言乎艮。

万物出乎震,震东方也。齐乎巽,巽东南也。齐也者,言万物之絜（jié）齐也。离也者明也，万物皆相见，南方之卦也。圣人南面而听天下，向明而治，盖取诸此也。坤也者地也，万物皆致养焉，故曰致役乎坤。兑，正秋也，万物之所说也，故曰说言乎兑。战乎乾，乾西北之卦也，言阴阳相薄也。坎者水也，正北方之卦也，劳卦也，万物之所归也，故曰劳乎坎。艮东北之卦也，万物之所成终而所成始也，故曰成言乎艮。

【译文】《说卦传》说：主宰者使万物萌生于《震》，齐备于《巽》，呈现于《离》，得助于《坤》，愉悦于《兑》，战栗于《乾》，劳倦于《坎》，终始于《艮》。

万物萌生于《震》，震代表东方。齐备于《巽》，巽代表东南方。所谓"齐"是指万物周备整齐。《离》象征光明，万物纷纷呈现，是代表南方的卦。圣人面朝南方面向光明而上朝听政、治理天下，大概即取象之此。《坤》象征地，万物都得到滋养，所以说得助于《坤》。《兑》代表正秋时节，万物喜获丰收，所以说愉悦于《兑》。战栗于《乾》，《乾》是代表西北的卦，此时阴阳相弃不相交。《坎》象征水，是代表正北方的卦，此卦象征劳累、疲倦，是万物休息归藏的时候，所以说劳倦于《坎》。《艮》是代表东北的卦，万物至此终结而又重新开始，所以说终始成于《艮》。

【导读】八卦分布在八个方位、八个时节，按顺时针方向，从震（东方、春分）到巽（东南方、立夏）、离（南方、夏至）、坤（西南方、立秋）、兑（西方、秋分）、乾（西北方、立冬）、坎（北方、冬至）、艮（东北方、立春），回到原点，是一个360度的闭环周期，代表天道轮回。时有春夏秋冬，位有东西南北，人有生老病死，一个周期的终结，又是一个新的周期的开始，周而复始，生生不息。宋儒据此而画了文王后天八卦方位图。

6. 万物有象

《说卦传》曰：神也者，妙万物而为言者也。动万物者莫疾乎雷，桡万物者莫疾乎风，燥万物者莫熯（hàn）乎火，说万物者莫说乎泽，润万物者莫润乎水，终万物始万物者莫盛乎艮。故水火相逮，雷风不相悖，山泽通气，然后能变化既成万物也。

【译文】《说卦传》说：所谓八卦神奇，是就万物奇妙变化而说的。鼓动万物没有比《震》雷更猛的，吹拂万物没有比《巽》风更快的，干燥万物没有比《离》火更炎热的，愉悦万物没有比《兑》泽更愉悦的，滋润万物没有比《坎》水更滋润的，终始万物没有比《艮》山更强盛的。所以，水与火相互接触，雷与风不相乖违，山与泽互通气息，这样就能变化而成就万物。

【导读】天下万物，千变万化，神妙不测，但万变不离其象，万千物象尽在八卦卦象中，故称八卦"神也"。

7. 八卦类象（属性之象）

《说卦传》曰：乾，健也。坤，顺也。震，动也。巽，入也。坎，陷也。离，丽也。艮，止也。兑，说也。

【译文】《说卦传》说：乾卦象征刚健，坤卦象征柔顺，震卦象征动，巽卦象征入，坎卦象征陷，离卦象征依附，艮卦象征止，兑卦象征悦。

【导读】八卦各有基本属性，属性本身没有吉凶，吉凶因人而生，因人而异，在人参与过程中会产生吉凶悔吝的结果。乾为天，天体运行不止，乾卦阳刚，故称"乾，健也"。坤为地，地顺承天，与天呼应，故称"坤，顺也"。震为雷，春雷震动，万物生长，故称"震，动也"。巽为风，无孔不入，故称"巽，入也"。坎为水，水往低处流，总是流到凹陷处，故称"坎，陷也"。离为火，有火光才显美丽，火又依附于可燃物，故称"离，丽也"。艮为山，遇山而止，山又有静止、蓄止之义，故称"艮，止也"。兑为泽，湖泽水波荡漾，赏心悦目，说同悦，故称"兑，说也"。

8. 八卦类象（动物之象）

《说卦传》曰：乾为马，坤为牛，震为龙，巽为鸡，坎为豕，离为雉，艮为狗，兑为羊。

【译文】《说卦传》说：乾为马，坤为牛，震为龙，巽为鸡，坎为豕，离为雉，艮为狗，兑为羊。

【导读】由八卦基本象推演引申出属性之象，再由八卦属性之象推演引申出动物之象，此即《系辞下传》所谓"远取诸物"。乾为健，马亦健行，故称"乾为马"。坤为顺，牛亦负重而柔顺，故称"坤为牛"。震为雷、为动，雷鸣电闪、上天入地，古人认为震雷为龙的化身，故称"震为龙"。巽为风，风主号令，鸡知时辰能报时，两者相似，故称"巽为鸡"。坎为水、为陷，豕（猪）喜欢湿污凹坎，故称"坎为豕"。离为明、为丽，有雉之象，故称"离为雉"。艮为山、为止，狗善于守护，像山一样静守，故称"艮为狗"。兑为泽，泽上有草，常在泽上牧羊，故称"兑为羊"。

9.八卦类象（人体之象）

《说卦传》曰：乾为首，坤为腹，震为足，巽为股，坎为耳，离为目，艮为手，兑为口。

【译文】《说卦传》说：乾为首，坤为腹，震为足，巽为股，坎为耳，离为目，艮为手，兑为口。

【导读】此即《系辞下传》所谓"近取诸身"。将八卦之象与人的肢体、五官相联系，而不与人的内脏器官发生关系。乾为天，天在上，天似穹窿，高而圆，类似人的头部（也是圆的）处于人体的最高处，故称"乾为首"。坤为地，大地包藏万物，类似人的肚子能包容，故称"坤为腹"。震为雷，春雷震动万物生长，类似足下起步以行走，故称"震为足"。巽为风，股随足而动，动而生风，故称"巽为股"。坎为水、为陷，凹陷能蓄水，类似耳窝能聚声，故称"坎为耳"。离为火，主明亮，类似眼睛明亮，故称"离为目"。艮为山，山峰如手指，见山而止，类似人常用手势表示阻止，故称"艮为手"。兑上缺，类似人身上的嘴巴缺口，故称"兑为口"。

10.八卦类象（家人之象）

《说卦传》曰：乾，天也，故称乎父。坤，地也，故称乎母。震一索而得男，故谓之长男。巽一索而得女，故谓之长女。坎再索而得男，故谓之中男。离再索而得女，故谓之中女。艮三索而得男，故谓之少男。兑三索而得女，故谓之少女。

【译文】《说卦传》说：乾象征天，故称为父。坤象征地，故称为母。震是乾父与坤母第一次交合所得之男，故称为长男。巽是乾父与坤母第一次交合所得之女，故称为长女。坎是乾父与坤母第二次交合所得之男，故称为中男。离是乾父与坤母第二次交合所得之女，故称为中女。艮是乾父与坤母第三次交合所得之男，故称为少男。兑是乾父与坤母第三次交合所得之女，故称为少女。

【导读】乾为父，坤为母，父母为家长，下有三对龙凤胎儿女，为三男三女。第一胎：震为长男，巽为长女；第二胎：坎为中男，离为中女；第三胎：艮为少男，兑为少女。统称为"乾坤六子"。长、中、少排序，根据爻位顺序而定，爻序自下而上，先下后上，长幼排序与爻序一致，因此初爻为长、中爻为中、上爻为少。索，本义是绳索。《说文解字》："索，草有茎叶可作绳索。"绳索由两股草拧紧缠绕而成，其中一股为阴，一股为阳，象征阴阳缠绕交合。乾坤之"索"象征父母阴阳交合而繁衍后代。"一索而得男""一索而得女"，是指乾父坤母第一次交合得到一男一女第一对龙凤胎，男的叫"震"，为长男，女的叫"巽"，为长女。乾坤"再索"，"再索而得男""再索而得女"，第二次交合得到第二对龙凤胎，男的叫"坎"，为中男，女的叫"离"，为中女。乾坤"三索"，"三索而得男""三索而得女"，第三次交合得到第三对龙凤胎，男的叫"艮"，为少男，女的叫"兑"，为少女。

11. 分说卦象

《说卦传》：乾为天，为圜（yuán），为君，为父，为玉，为金，为寒，为冰，为大赤，为良马，为老马，为瘠马，为驳马，为木果。

【导读】乾为天，是乾卦的基本象，或说是原始象。在基本象基础上，可以推演引申出第二、第三层次，以及更多、更广泛的象。圜即圆。从天似穹庐，天圆地方，引申出"为圜"；从天之尊贵，引申出"为君，为父"；从天之珍贵、刚健，引申出"为玉，为金"；乾在后天八卦方位为西北，从天上刮西北风，西北风多为寒冷天气，引申出"为寒，为冰"；从天上火红的太阳，引申出

"为大赤"；从天行健，引申出"为良马"；乾卦纯阳为老阳，健行过甚，引申出"为老马"；瘠指瘦，瘦马亦健行，驳喻强健，指传说中能食虎豹的猛兽（《尔雅·释畜》："驳如马，倨牙食虎豹。"），从天行健，亦引申出"为瘠马，为驳马"；从乾"为圜"（第二层次象），果形亦圆，再引申出第三层次象"为木果"。

《说卦传》：坤为地，为母，为布，为釜，为吝啬，为均，为子母牛，为大舆，为文，为众，为柄，其于地也为黑。

【导读】坤为地，是坤卦的基本象。从大地生长万物，引申出"为母"；从地上泉水流淌遍布，引申出"为布"；从地能容纳万物、成熟万物，类似锅釜，引申出"为釜"；从地质深厚收敛，引申出"为吝啬"；从大地生长万物没有好恶，平等待物，引申出"为均"；从大地生长万物，引申出"为子母牛"（能生子的母牛）；从地载万物如大车载物，引申出"为大舆"；从大地生长万物，丰富多彩，引申出"为文"；从地上万物众多，引申出"为众"；柄，指为本、根本，从地为万物生存的根本，引申出"为柄"；坤卦纯阴，从土地深厚、阴暗、静默，引申出"其于地也为黑"。

《说卦传》：震为雷，为龙，为玄黄，为旉（fū），为大涂，为长子，为决躁，为苍筤（láng）竹，为萑（huán）苇，其于马也为善鸣，为馵（zhù）足，为作足，为的颡（sǎng），其于稼也为反生，其究为健，为蕃鲜。

【导读】震为雷，是震卦的基本象。从雷鸣电闪、上天入地，古人认为雷为龙的化身，引申出"为龙"；玄黄，指苍黄昏暗之色，从雷雨大作，天昏地暗，引申出"为玄黄"；旉，指铺开、展开、植物开花，震为东方春分之卦，从春雷震动，万物复苏，植物发芽开花，引申出"为旉"；涂同途，指道路，从雷和龙上天入地，来去自由，道路宽敞，引申出"为大涂"；决，指决口、冲开，从电闪雷鸣，闪电撕裂天空，引申出"为决躁"；竹子为苍色，萑苇亦称"蒹葭"，蒹长成后为萑，葭长成后为苇，亦为苍色，从震为东方苍色，引申出"为苍筤竹，为萑苇"；从雷声隆隆，类似马鸣，引申出"其于马也为善鸣"；彝足指左后蹄子为白色的马，作足指腾空飞奔的马，的颡指额头为白色的马，皆指马奔驰迅疾，从雷鸣电闪，迅雷不及掩耳，引申出"为彝足，为作足，为的颡"；反生，指倒长，即茎叶在地上，果实在地下，如土豆、山药等，此类作物收获时需要振动脱落泥土，从雷动引申出"为反生"；从雷声隆隆，极为震动，引申出"其究为健"；蕃，指茂盛，从春雷震动，草木萌生，长势茂盛，色彩新鲜，引申出"为蕃鲜"。

《说卦传》：巽为木，为风，为长女，为绳直，为工，为白，为长，为高，为进退，为不果，为臭，其于人也为寡发，为广颡，为多白眼，为近利市三倍，其究为躁卦。

【导读】巽为风，是巽卦的基本象。巽为东南方，五行属木，故"为木"；从巽卦（☴）阴爻为初爻，引申出"为长女"；木有曲直，可曲可直，绳指墨绳，是木匠取直用具，从风主号令，又据《说卦传》第五章所说"齐乎巽"，犹如"号令齐物"，引申出"为绳直"；又从工匠取直，引申出"为工"；白为素色，指纯洁、清洁，从风吹去尘，引申出"为白"；从风吹悠长，引申出"为长"；从巽为木，木之生长，亦可引申出"为长"；从春风助木生长，渐长渐高，引申出"为高"；从风吹有时，时停时续，引申出"为进退"；从进退（第二层次象）推演出犹豫不决，引申出第三层次象"为不果"；臭，指气味或嗅觉，从随风吹过来气味，引申出"为臭"；从风吹叶落，树木光秃秃如秃头，引申出"为寡发"；广颡，指大脑门，从"寡发"（第二层次象），秃头露出大脑门，引申出第三层次象"为广颡"；从疾风犹如急躁者，急躁时往往睁大眼睛，眼白多，引申出"为多白眼"；近利市，指追求、贪图利益，三指多，从风吹之时无孔不入，犹如唯利是图，赚钱越多越好，引申出"为近利市三倍"；从巽风本性轻浮急疾，引申出"为躁卦"。

《说卦传》：坎为水，为沟渎，为隐伏，为矫輮（róu），为弓轮，其于人也为加忧，为心病，为耳痛，为血卦，为赤，其于马也为美脊，为亟心，为下首，为薄蹄，为曳，其于舆也为多眚（shěng），为通，为月，为盗，其于木也为坚多心。

【导读】坎为水，是坎卦的基本象。沟渎，指水沟、水坑，从水往低处流，引申出"为沟渎"；从水渗地下，或从坎为坑陷，设伏捕兽，引申出"为隐伏"；矫，使弯曲的东西变直，輮，使直的东西弯曲，从水随地势而行，可曲可直，引申出"为矫輮"；弓为曲、弦为直，轮为曲、辐为直，从水流有曲有直，引申出"为弓轮"；坎为陷，遇陷令人担忧，从水注满坎陷，看不清陷阱，令人更加忧愁，引申出"为加忧"；从第二层次象"为加忧"，推演出忧虑过度，积忧成病，引申出第三层次象"为心病"；坎为陷，有耳象，又有病患之象，引申出"为耳痛"；从水性流淌，人之有血犹如大地有水，引申出"为血卦"；从第二层次象"为血卦"，血为红色，引申出第三层次象"为赤"；从水波荡漾，美轮美奂，引申出"为美脊"；亟，指忧急，从第二层次象"为加忧"，引申出第三层次象"为亟心"；从水流向下，类似马总是低头垂首，引申出"为下首"；水在地上流淌，类似马蹄贴近地面，引申出"为薄蹄"；曳，指向后拖曳不进，从水遇阻则退，引申出"为曳"；从坎为陷，水注入坑陷，类似车厢装载东西，引申出"其于舆"；眚，本义是眼睛生翳，泛指灾难、事故，从车舆遇到水坑险陷多事故灾难，引申出"为多眚"；从水性流通，引申出"为通"；从水中有月之倒影，引申出"为月"；从第二层次象"为隐伏""为陷"，引申出第三层次象"为盗"；坎卦（☵）中间阳爻刚健，类似树木中心坚实，引申出"其于木也为坚多心"。

《说卦传》：离为火，为日，为电，为中女，为甲胄，为戈兵，其于人也为大腹，为乾卦，为鳖，为蟹，为蠃（luǒ），为蚌，为龟，其于木也为科上槁。

【导读】离为火，是离卦的基本象。从火光火热，类似太阳发光发热，引申出"为日"；从火光类似闪电的火花，引申出"为电"；从离卦（☲）阴爻为中爻，引申出"为中女"；离卦两阳刚在外，一阴柔在内，外部刚健可护卫内部柔软，引申出"为甲胄"，由此亦引申出"为戈兵"，还引申出"为鳖，为蟹，为蠃，为蚌，为龟"；从离卦中间阴爻，离中虚，中间空虚，引申出"为大腹"；

从第二层次象"为日",推演为日出干燥万物,引申出"为乾卦";从离中虚,类似树木内中空虚,必然枯槁,引申出"其于木也为科上槁"。

《说卦传》:艮为山,为径路,为小石,为门阙,为果蓏(luǒ),为阍(hūn)寺,为指,为狗,为鼠,为黔喙之属,其于木也为坚多节。

【导读】艮为山,是艮卦的基本象。艮卦(☶)一阳爻在两阴爻之上,类似在两山之间架起一个通道,引申出"为径路";从山上有石,艮卦多阴,阴为小,引申出"为小石";阙,指门两旁台观,从两山峙立,类似门户台观,引申出"为门阙";蓏,指瓜类植物的果实,从山上多木果,引申出"为果蓏";阍寺,即阍人、寺人,指守门人,《说文解字》曰"阍,常以昏闭门隶也",《穀梁传·襄公二十九年》曰"阍门者,寺人也",从遇山则止,类似守门人阻止人出入,引申出"为阍寺";从山峰类似手指,引申出"为指";从第二层次象"为阍寺",类似看门狗,引申出"为狗";从山上家里都有老鼠,引申出"为鼠";黔指黑色,喙指鸟兽的嘴,从山上多鸟兽,引申出"为黔喙之属";节,指枝干相连接的突起处,即树疙瘩,从山峰连绵、山石坚硬,引申出"其于木也为坚多节"。

《说卦传》:兑为泽,为少女,为巫,为口舌,为毁折,为附决,其于地也为刚卤,为妾,为羊。

【导读】兑为泽,是兑卦的基本象。从兑卦(☱)阴爻为上爻,在最末,引申出"为少女";从兑上缺,类似人身上的最大缺口嘴巴,引申出"为口舌";从第二层次象"为口舌",类似巫师凭一张嘴解说卦象决断吉凶,引申出"为巫";附,指增益、泛滥,决,指冲决、决堤,从泽水泛滥决堤毁坏房屋、树木等,引申出"为毁折""为附决";从泽水干枯而为坚硬盐碱之地,引申出"其于地也为刚卤";从泽处低洼卑贱之地,类似妾之处境,引申出"为妾";从泽中多草,可以牧羊,引申出"为羊"。

《说卦传》卦象分类表

分类	乾	坤	震	巽	坎	离	艮	兑
基本象	天	地	雷	风	水	火	山	泽
属性象	健	顺	动	入	陷	丽	止	说
形态象	寒冰	藏均含晦文	决躁	绳直进退不果长臭近利市三倍	月隐伏矫揉雨润通	日电炬明	小石成	毁折附决地：刚卤
人体象	首	腹	足	股 人：寡发广颡多白眼	耳 人：加忧心病耳痛	目 人：大腹	手指	口舌
家人象	父	母	长男或长子	长女	中男	中女	少男	少女妾
人物象	君	众		工	盗	戈兵	阍寺	巫
动物象	马良马老马瘠马驳马	牛子母牛	龙 马：善鸣骅足作足的颡	鸡	豕 马：美脊亟心下首薄蹄为曳	雉鳖蟹蠃蚌龟	狗鼠黔喙之属	羊
植物象	木果	柄	萚苍筤竹萑苇稼：反生健蕃鲜	木	木：坚多心	木：科上槁	果蓏木：坚多节	
器物象	圜玉金	布釜大舆			弓轮舆：多眚	甲胄	门阙	
道路象			大涂		沟渎		径路	
颜色象	大赤	地：黑	玄黄	白	赤			
先天方位象	南	北	东北	西南	西	东	西北	东南
后天方位象	西北	西南	东	东南	北	南	东北	西
异名卦				躁卦	血卦劳卦	乾卦		

易经易知：于变局中开新局 上

（三）爻象与爻象处境

爻象是卦中某一变爻的象征。爻与变动有关。《系辞上传》称："爻者，言乎变者也。"《系辞下传》称："道有变动，故曰爻。""爻也者，效天下之动也。"

在一个六爻卦中，从初爻到上爻，不同爻位象征不同状态的事物，或同一事物的不同状态，也可以是变化过程中的不同阶段或不同层次。

以身体取象，六爻爻象为：初爻为脚趾，二爻为腿，三爻为胯股，四爻为腹背，五爻为胸颈，上爻为头脸。

以社会阶层取象，六爻爻象为：初爻为百姓，二爻为大夫，三爻为大公，四爻为诸侯，五爻为天子，上爻为宗庙。

以地域取象，六爻爻象为：初爻为乡村，二爻为市井，三爻为区县，四爻为市府，五爻为州省，上爻为首府。

以变化发展取象，六爻爻象为：初爻为起始，二爻为明显，三爻为通畅，四爻为大动，五爻为成功，上爻为终结。

以六亲取象，六爻爻象为：初爻为子女，二爻为母亲，三爻为叔伯，四爻为妻子，五爻为父亲，上爻为祖父。

以认识状态取象，六爻爻象为：初爻为难知，二爻为多誉，三爻为多凶，四爻为多惧，五爻为多功，上爻为易知。

爻象处境是指卦中以某一变爻为核心，由爻性、爻位、爻际关系与爻变时势构成的综合之象。爻象处境是变爻当时的卦象环境，或者说是在卦象环境中变爻当下的处境。变爻发生变动，若是爻位变动（如从初爻到二爻），卦象环境不变，则爻象处境变化；若是爻性变动（老阴变少阳或老阳变少阴），卦象环境变化，则爻象处境也变化。人在爻象处境中，爻的变动体现了人的价值选择，有选择就有对错，选择有对错则结果就有成败吉凶。因此，《系辞下传》说："爻象动乎内，吉凶见乎外，功业见乎变。""道有变动，故曰爻。爻有等，故曰物。物相杂，故曰文。文不当，故吉凶生焉。"

三、卦爻辞：《易经》的文字系统

《易经》的文字系统由卦名、卦辞、爻辞组成，共有卦名六十四个、卦辞六十四条、爻辞三百八十六条（含乾卦用九、坤卦用六）。

（一）卦辞与爻辞

在通行本《周易》经文（即《易经》）中，卦名与卦辞合并在一起，六十四卦每一卦都是先说卦名后说卦辞。卦名是卦的名称，是对卦爻辞的概括提炼。高亨在《周易古经今注》中指出："六十四卦卦名，当皆为后人所追题。"开始的时候，只有卦爻辞，各卦之间只靠卦画来区分，后来才从卦爻辞中抽取常见的主要文字及内容所反映的事物作为卦名。但也有取象说、取义说等说法，认为卦名与卦画、卦象有必然的联系。因此，卦名也可看作是对卦画符号的初步解读。

《易经》六十四卦，每卦之后都有一段解释该卦卦象、卦义的文辞，称为"卦辞"。《系辞上传》曰："圣人设卦，观象系辞焉而明吉凶，刚柔相推而生变化。"因此，卦辞是用来解释卦象，阐明卦中六爻阴阳生化运行态势，指明吉凶变化趋势的。

卦辞分为两大类：一类是叙事之辞，一类是断占之辞。叙事之辞可细分为三种：记事之辞、取象之辞、说事之辞。断占之辞也可细分为三种：一是就卦象环境（卦画）所作断占之辞，即卦象局势是否亨通；二是就爻象处境（爻画）吉凶趋势所作断占之辞，指导占卦者趋吉避凶、逢凶化吉；三是就占卦者当下心境所作断占之辞，即占卦者是否悔吝忧虞。因此，断辞是就占卦者的"三境"（即卦象环境、爻象处境和当下心境）所作出的断占。如《升》卦卦辞："元亨，用见大人，勿恤，南征吉。"全部为断占之辞。元亨，是就卦象环境断占，表示卦象运势顺畅，循序渐进，顺势上升，一直亨通。用见大人、南征吉，是就爻象处境吉凶趋势断占，指导占卦者若能谦逊柔顺，心存诚信，择善追随，此时利于拜见大人物，南行则吉利。反之，若心无诚信，自高自大，急功近利，冒险求进，结果则凶多吉少。勿恤，是就占卦者当下心境断占，指导占卦者不用忧虑。因为运势一直亨通，只要选择正确，顺势而为，就能趋吉避凶，所以"勿恤"。

在每卦各爻之后都有一条解释该爻爻象、爻义的文辞，称为"爻辞"。《易经》六十四卦，每卦六爻，共三百八十四爻，乾坤两卦各有一个用爻，总共三百八十六爻，故有三百八十六条爻辞。《系辞上传》称："爻者，言乎变者也。吉凶者，言乎其失得也。""系辞焉以断其吉凶，是故谓之爻。"因此，爻辞用来解释爻象的变化得失，阐明占卦者在爻象处境中当时的运势（即时运），指明占卦者当下的吉凶状况。卦象看局势，爻象看时运；卦象无吉凶，爻象有吉凶。占卦者占得某变爻，即进入该爻象处境中，当下时运及其所作抉择会有吉凶之分。

《易经》本是一部占筮书，但它又不是一般的占筮书，卦辞反映了占筮者当前所在的卦象环境以及局势变化，爻辞反映了占筮者当下所在的爻象处境以及时运变化，并提示占筮者所作抉择的吉凶结果，这不是让人迷信，而是让人自信，它不仅具有使人安身立命、稳定情绪、安慰心理的作用，还能让人认清大环境和小处境，把握局势和时运，从容自信地作出趋吉避凶、逢凶化吉的抉择。

（二）卦爻辞的断辞之象

圣人观（物）象作卦、观（卦）象系辞，因此无象不成卦，无象不成辞，有卦必有象，有辞必有象，卦、象、辞三者是统一的，是有内在联系的。卦爻辞分叙事之辞和断占之辞，元、亨、利、贞，与吉、凶、悔、吝，为常用断占之辞。但是，断辞之象，历来缺乏关注。不明断辞之象，难辨断占之辞。为此，先观象玩辞，看看常用断辞有何卦象。

元：本义是首。乾（☰）为首，有"元"之象。因此乾卦卦辞有"元亨"，《乾·彖传》有"乾元"。"元"字在卦爻辞中共出现27次，主要有元亨、元吉、元永贞、元夫四种辞例。凡有"元"字的卦爻辞中，皆可在本卦、变卦、互卦、错卦、综卦中，找到

"乾为首"之象。如：坤卦卦辞称"元亨"，坤卦错卦为乾，乾为首，有"元"之象。随卦卦辞称"元亨利贞"，随卦（☷☳）有互卦离（☲，初九至九四，将六二、六三合并，视作一个阴爻），离为乾卦，乾为首，有"元"之象。

亨：本义是通，指通达、通畅、流通。"亨"字主要是有关卦象运势的断辞，因此大多在卦辞中出现。坎（☵）为水，这是坎卦基本象，水能流通，引申出坎为通之象。坎为通，则为"亨"之象。如：蒙卦卦辞称"亨"，蒙卦（☶☵）下卦为坎，坎为通，有"亨"之象。小畜卦卦辞称"亨"，小畜卦（☴☰）有互卦离卦（☲，九三至九五），离卦的错卦为坎卦（☵），坎为通，有"亨"之象。

利：指有利、利于。巽（☴）为风，这是巽卦基本象，风无孔不入，引申出巽为近利市三倍之象。巽为近利市三倍，有"利"之象。如：咸卦卦辞称"利贞"，咸卦（☱☶）上卦为兑（☱），兑综卦为巽（☴），巽为近利市三倍，有"利"之象。讼卦卦辞称"不利涉大川"，讼卦（☰☵）有互卦巽（☴，六三至九五），巽为不果，有"不"之象，巽又为近利市三倍，有"利"之象，合观之，有"不利"之象。

贞：指占卦、占问。兑（☱）为巫，有"贞"之象。因为兑上缺，人体最大缺口是一张嘴，兑有"口舌"之象。巫师口讲手画断占吉凶，"占"字从卜从口，占卜之后，解卦就凭一张嘴了，江湖上常有自诩为铁口直断算命仙的。因此由兑为"口舌"之象，引申出兑为巫之象。兑为巫，则有"贞"之象。如：需卦卦辞称"贞吉"，需卦（☵☰）有互卦兑卦（☱，九二至六四），兑为巫，有"贞"之象。随卦（☱☳）九四爻辞称"贞凶"，九四爻在上卦兑中，兑为巫，有"贞"之象。

吉：指吉祥、吉利。离（☲）为日、为明、为丽，离日光明，辉煌亮丽，祥瑞之兆，有"吉"之象；巽（☴）为近利市三倍，也有"吉"之象。《系辞上传》："得失者，吉凶之象也。"得为吉，失为凶。近利市三倍为得，故有"吉"之象。如：解卦（☳☵）六五爻辞称"吉"，六五爻在互卦坎（☵，六三至六五），坎错卦为离卦（☲），离为日、为明、为丽，有"吉"之象。遁卦（☰☶）九三爻辞称"畜臣妾，吉"，九三爻在互卦巽（☴，六二至九四），巽为近利市三倍，有"吉"之象。

凶：指凶险、凶残。坎卦（☵）为血卦，有"凶"之象；兑卦（☱）为毁折，也有"凶"之象。如：比卦（䷇）上六爻辞称"比之无首，凶"，上六爻在上卦坎，坎为血卦，有"凶"之象。损卦（䷨）九二爻辞称"征凶"，九二爻在下卦兑，兑为毁折，有"凶"之象，九二又在互卦震（☳，九二至六四），震为足、为动，有"征"之象，合观之，有"征凶"之象。

悔：指知过悔过，心有后悔。坎（☵）为加忧，有"悔"之象。如：豫卦（䷏）六三爻辞称"盱豫，悔"，六三爻在互卦坎（☵，六三至六五），坎为加忧，有"悔"之象。咸卦（䷞）九四爻辞称"悔亡"，九四爻为变爻，得咸之蹇卦（䷦），九四在变卦蹇的上卦坎中，坎为加忧，有"悔"之象，九四又在本卦咸的上卦兑中，兑为毁折，有"亡"之象，合观之，有"悔亡"之象。

吝：指有过不改，留下遗恨。坎（☵）为心病，有"吝"之象。如：未济卦（䷿）初六爻辞称"吝"，初六爻在下卦坎，坎为心病，有"吝"之象。家人卦（䷤）九三爻辞称"终吝"，九三爻在互卦坎（☵，六二至六四），坎为心病，有"吝"之象，九三变爻，得互卦艮（☶，六三至九五），艮为止、为成，有"终"之象，合观之，有"终吝"之象。

（三）经文与传文

通行本《周易》分《易经》和《易传》两部分。《易传》是最早解释《易经》的权威性文献，相传为孔子所作。《易传》有《彖传》上下篇、《象传》上下篇、《系辞传》上下篇、《文言传》、《说卦传》、《序卦传》、《杂卦传》，共七种十篇，约两万多字，自汉代起称为"十翼"。翼，指羽翼，有辅助之意。鸟有了羽翼，得以高飞远行；经有了传的解释，得以发扬光大。《易传》作为一部解经之作，后来也有了经的地位。

《彖传》有上下两篇，随上下经而分，共六十四节，分别解释六十四卦的卦名、卦象、卦辞及卦义，不涉及爻，附于每卦卦辞之后。《象传》也随上下经分为上下两篇，并分《大象传》和《小象传》，《大象传》解释卦名、卦象、卦义，共六十四则，分别附于每卦《象传》之后，《小象传》解释爻辞，共三百八十六则（含解释乾卦用九和坤卦用六），分别附于每条爻辞之后。《文言传》是专门解释乾、坤两卦卦爻辞的，依卦分为《乾·文言传》和《坤·文言传》，通常分别附于乾、坤两卦之后，居于《彖》《象》之末。本书则进一步拆开，分别将有关内容放置在乾、坤卦爻的大小象传之后。《说卦传》解说八卦性质、功能、先后天方位、取象特性、八卦类象，是解卦的重要依据，因此放在本书《导论》部分。《序卦传》解释六十四卦卦序及卦义，《杂卦传》解释卦义，两传一起放在本书每卦卦辞【导读】中。

　　"十翼"中的《系辞传》是关于《易经》的通论，论述了占筮原则、《易经》性质、基本原理、经文大义、《易经》作者、成书年代等。《系辞传》分上下篇，共二十四章四千多字，通常附在经文之后独立成篇。《系辞传》属通论性质，阐述了儒家易理观，开启了《易经》从卜筮向义理化、道德化的转变，意义重大，影响深远。因此，在本书附录中对《系辞传》专门进行解读。

上经

第一卦　乾 ䷀

☰　乾，元亨，利贞。

乾卦，一直亨通，利于占问。

《彖》曰：大哉乾元，万物资始，乃统天。云行雨施，品物流形。大明终始，六位时成，时乘六龙以御天。乾道变化，各正性命，保合大和，乃利贞。首出庶物，万国咸宁。

《彖传》解释：无限伟大啊乾元，万物赖以萌生，于是统归于天道。云雨交合，分类繁殖，化成物形。日出日落周行不息，上下东西南北六个方位，按日行时位确定，犹如按时乘驾六条龙飞行在天空。乾元始生立天之道变化不止，各自端正本性，适应天命，保持融合，扩大和谐，才能达到普利万物，固守正常循环。乾元循环创生万物并且和合相应，天下各国都能安宁。

《象》曰：天行，健。君子以自强不息。

《大象传》解释：天道周行不止，这是乾卦卦象。君子观此卦象，应当效法，自强不息。

《乾·文言》曰：元者，善之长也；亨者，嘉之会也；利者，义之和也；贞者，事之干也。君子体仁足以长人，嘉会足以合礼，利物足以和义，贞固足以干事。君子行此四德者，故曰："乾，元亨利贞。"乾元者，始而亨者也。利贞者，性情也。乾始能以美利利天下，不言所利，大矣哉。大哉乾乎，刚健中正，纯粹精也。六爻发挥，旁通情也。时乘六龙，以御天也。云行雨施，天下平也。君子以成德为行，日可见之行也。

《乾·文言传》解释：元，是众善之首；亨，是众美的会合；利，是正义的调和；贞，是处事的根本。君子践行仁善则足以为人首长，会合众美则足以符合礼，利益万物则足以和合义，坚守正道则足以办事。君子就是能践行这四种美德的人，所以说："《乾》卦象征创始、亨通、利和、固正。"所谓乾元，是说它能创生万物并使之亨通。所谓利贞，是说它先天蕴含万物的本性。乾元的创生能以美德嘉利施利惠及天下，而从不考虑对自己是否有利，这真是太伟大了。伟大的乾卦，刚强劲健而居中守正，纯阳不杂而精妙至极。六爻运行变化，贯通万物情理，依循时序变化六爻，犹如乘驾六龙巡视苍天。阴阳交会，云行雨施，使天下得到太平。君子以成就道德为立身处世的目标，体现在日常可见的行为中。

【导读】

乾 读qián，卦名。《周易》（通行本）第一卦。《序卦传》："有天地，然后万物生焉。"《杂卦传》："乾刚坤柔。"乾天坤地，乾刚坤柔，乾坤相对，为六十四卦第一对，开天辟地，刚柔相济，始生万物。这是《易传》释乾卦卦序、卦义。《说文解字》注："乾，上出也。从乙。乙，物之达也。倝声。"段玉裁注："乾，上出也。此乾字之本义也。……倝者，日始出光倝倝也。"乾，本义是上出，象征日出地面而上天，金光灿灿。"乙"为"物之达也"，指日之"上出"，从日出到如日中天，一直都是通达的。乾卦爻辞所称"龙"，便取象于日气、日光变化，全卦六爻，从初九到上九，从潜伏深渊到飞升九霄云天，自下而上，步步惊心。乾卦是讲乾龙如何腾飞。

元亨 元，指一直。《说文解字》："元，始也，从一，从兀。"徐锴《说文解字系传》解释"从一，从兀"为"从一，兀声"，视"元"为"一"。《说文解字》开篇第一字是"一"，第二字是"元"，《易经》经文第一字是"元"，一、元，有相同本义，即始。成语"一元复始"，就是一、元、始三字同义使用。但细究其义，一、元与始，仍有所不同。始，指开头，可以是第一个开头（源头），也可指后来重新开头（复始）；一、元，则是从一而终，有从源头开始一直到终极复始之义。亨，指通达无阻。元亨，指一直亨通。

利贞 利，指有利、利于。贞，在《易经》《易传》中含义不同。经文中皆训为占，指占问、占卜。《说文解字》："贞，卜问也。"利贞，指利于占问。《易传》中皆释"贞"为"正"，指固正、中正、守正。

《彖》曰　彖，读tuàn，指解释卦辞之辞，后亦指《彖传》。《周易正义》："彖，断也，断定一卦之义，所以名为彖也。"后人以《彖传》上下、《象传》上下、《系辞传》上下共六篇和《文言传》《说卦传》《序卦传》《杂卦传》共四篇，称"十翼"，用于解释经文，称《易传》，经文称《易经》，合称《周易》。

乾坤为《易》之门，学《易》必先从乾坤入门。元为始，为最初始的元素、单元。元即一，一可生阴，也可生阳，这是立天之道，《系辞上传》所谓"一阴一阳之谓道"，即"一生阴一生阳之谓道"。《说卦传》称"立天之道曰阴与阳"。因此，"一生阴一生阳之道"即为天道。在《系辞上传》所描述的"《易》有太极，是生两仪，两仪生四象，四象生八卦，八卦定吉凶，吉凶生大业"这个天地创生序列中，太极即是一和元，元是太极的混元状态，一是太极的创生功能。一元始生阴阳"两仪"。老子说得更明白："道生一，一生二，二生三，三生万物。"因此，一生阳，阳为大，一可大至无限大，一为"乾元"，故称"大哉乾元"，可译作"无限伟大啊乾元"。一又可生阴，阴为小，一亦可小至无微不至，一又为"坤元"，故称"至哉坤元"，可译作"无微不至啊坤元"。

资，依赖。始，萌生。资始，即赖于萌生。统，《说文解字》注："纪也。"段玉裁释"纪"为"别丝也"，即理出丝头打结，指统一归结。天，即乾，此指天道。乃统天，指于是统归于天道。

品，品类，引申为分类繁殖。品物，即分类繁殖万物。流，动也，引申为化成。流形，指化成物形。

大明终始，取乾之本义，大明即日，终即日落，始即日出，大明终始即日出日落周行不止。六位，指上下和东西南北四方。时成，指按日行时位确定。时乘六龙以御天，指按时乘驾六条龙飞行在天空。六龙，指乾卦六爻所取象之龙，亦指古代神话中日神乘着六条飞龙拉着的车子，以羲和为御，在天上飞行。

乾道，指乾元始生立天之道。正，即正其位。性，天性、本性也。命，天命也。各正性命，指各自端正本性，适应天命。

保合大和，指保持融合，扩大和谐。其中"合""和"两字，值得玩味，这是中国和合思想的源头。合，指应合、汇合、融合。

和，指调和、中和、和谐。合是分中有合，品物流形是外形之分，各正性命是本性之分，一方有呼声，对方有回应，开始应合，逐步汇合、融合。和是合中有和，和而不同，先合后和，边合边和，在应合中调和，在汇合中中和，在融合中和谐。

利，指施利于万物。贞，指中正、固正、固守。《彖传》《象传》等传文释贞皆用此意，与经文不同。乃利贞，指才能达到普利万物，固守正常循环。

首，始也，此指乾元复始。出，生也。首出即乾元始生，指乾元循环始生，呼应开篇之"资始"。庶，众。庶物即万物，对应开篇之"万物"。由万物、品物、庶物，贯穿乾道变化之始终（"大明终始"），其"资始"之"万物"是乾元之始合，标志是"乃统天"。"流形"之"品物"是合中有分、和而不同，标志是"各正性命"。"首出"之"庶物"则是"保合大和"，标志是"万国咸宁"。万国，指天下各国。咸，《说文解字》注："皆也，悉也。"万国咸宁，指天下各国都能安宁。乾道变化，顺天应人，乘时而行，始合终和，由"保合大和"到实现"万国咸宁"，揭示了中国和合思想的底蕴。

《象》曰　《象》又称《象传》，是《易传》"十翼"之一，是对卦爻辞进行解释的说辞。因据卦象和爻象进行立说，故称《象》。据卦象立说的称《大象》，又称《大象传》；据爻象立说的称《小象》，又称《小象传》。六十四卦的《大象传》象辞皆分两部分，前半部分解释卦象，由卦象点出卦名，后半部分由卦象引发出修身治国上的告诫和评说，其内容贯穿着儒家政治伦理思想。

天，天道。天行，指天道周行不止。乾为天，乾卦上下卦皆为天，上上下下，来来往往，天道运行周而复始，永无止息。健，音通"乾"而作"乾"。《说卦传》："乾，健也。""天行，健"，指天道周行不止，这是乾卦的卦象。

"君子以"，由此开始为《大象传》象辞的第二部分内容，是由卦象引发出的有关修身治国的解说。君子，在传文中指德才兼备之人。在经文中，君子与道德无关，与爻性、爻位有关，指阳爻或居高位者。以，指从而、因此。君子以，指君子观此卦象，从而应当效法。六十四卦《大象传》象辞的后半部分都是"君子以""先王以""后以""大人以""上以"的句式，通过观察前半段的卦象，推衍引发出后半段的立说评议。自强不息，这是儒家修身的一个道德要求。

《乾·文言》曰 《文言》是《易传》"十翼"之一，又称为《文言传》。《文言》是专门解说乾、坤两卦的文字。乾、坤两卦为"《易》之门"（《系辞下传》），在《易经》六十四卦中具有特殊地位，是理解《易经》的关键，因此特意加以文饰解说，为解说其他六十二卦作出示范引导。其中，解释乾卦的称《乾·文言》，解释坤卦的称《坤·文言》。在今本《周易》中，《文言》依卦一分为二，分别附于乾、坤两卦之后，居于《彖》《象》之末。本书则进一步拆开，分别将有关内容放置在乾、坤卦爻的大小象传之后。

长，指君长、首领。嘉，指美。《说文解字》："嘉，美也。"事，指做事、处事。干，指主干，引申为根本、本质。体，指践行、身体力行。长人，指为人首长。嘉会，指会合众美。贞固，指坚守正道。性情，指万物本性。美利，指美德和嘉利。纯粹，指乾卦纯阳不杂。精，指精妙。发挥，指运行变化。旁通，指贯通。时，指四时变化。

元，本义是从头开始一直如此。《说文解字》："元，始也，从一。"亨，本义是通达无阻。利，本义是有利、利于。贞，本义是占问、占卜。《说文解字》："贞，卜问也。""元亨"是一直亨通，"利贞"是利于占问。《乾·文言》则以儒家的视角，作了道德发挥，"元亨利贞"四个字成了君子"四德"。元与善长、亨与嘉会、利与和义、贞与干事合在一起，又进而与体仁、合礼、利物、守正（诚信）相连，最终，元、亨、利、贞与仁、义、礼、智、信是"两说而一道"，同归于儒家之道。因此，乾坤是《易》之门，而《文言传》是《易经》儒化之门。《易经》由一部占筮之书提升为修养道德之书，最终成为儒家经典，并为"五经之首"。

【卦象环境】

乾卦下卦为天，上卦为天，内卦为天，外卦为天，天上有天，天外有天，卦中阳爻从初爻至上爻，运行于天上天下、天内天外，有日出天行之象。乾本义亦为日之"上出",故取卦名为"乾"。

乾为首,有"元"之象;乾为天,又为良马,乾卦为天上天,天外天,天马行空,往来通达无阻,有"亨"之象。合观之,有"元亨"之象。

乾卦阳爻为乾元,也有"元"之象。乾元以善变的神龙为取象,神龙在天空飞行,从初爻到上爻,在六个不同时位,展现六种不同的神态,与时偕行,"时乘六龙以御天",也有"元亨"之象。

乾元阳刚健行,畅行无阻,一直亨通,自然利于占问。

《彖传》提示:"乾道变化,各正性命,保合大和,乃利贞。"各自端正本性,适应天命,保持融合,扩大和谐,这是乾卦提示的做人处事之道。

《大象传》提示:"天行,健。君子以自强不息。"君子应当效法乾卦刚强健行,从而自强不息。

《乾·文言传》提示:"君子体仁足以长人,嘉会足以合礼,利物足以和义,贞固足以干事。"君子践行仁善则足以为人首长,会合众美则足以符合礼,利益万物则足以和合义,坚守正道则足以办事。

乾卦为纯阳卦,人位互卦仍是乾卦,人位互卦与本卦一致,提示人们在乾卦环境中,应顺应环境,内外一致,言行一致,一以贯之,始终如一,方能一直亨通。

本卦:乾　　　　　人位互卦:乾

乾卦局势:如旭日东升,六龙御天,运势刚健,自强不息,拼搏进取,一直亨通。

《易经》启示:人在乾卦环境,若能坚守正道,刚健中正,审时度势,顺势而为,各正性命,保合大和,则能趋吉避凶。若不识时务,忘乎所以,逞强好胜,刚愎自用,固执己见,结果会凶多吉少。

初九,潜龙,勿用。

初九爻,龙潜隐深渊,此时不可施用。

《象》曰：潜龙勿用，阳在下也。

《小象传》解释："潜龙勿用"，这是因为阳气微弱未升发。

《乾·文言》曰：初九曰"潜龙勿用"，何谓也？子曰："龙德而隐者也。不易乎世，不成乎名，遁世无闷，不见是而无闷。乐则行之，忧则违之，确乎其不可拔，潜龙也。"潜龙勿用，下也；潜龙勿用，阳气潜藏。潜之为言也，隐而未见，行而未成，是以君子弗用也。

《乾·文言传》解释：初九爻辞说"潜龙勿用"，这是什么意思？孔子说："这是指具有龙德而隐遁的人。他不会为了世俗而改变自己，也不会为了名声而有所作为，避开人世而不觉苦闷，不被世人承认也不觉苦闷。世人乐于接受则入世有为，世人有所疑虑则出世退隐，这种坚韧不拔的心志便是潜龙的品格。""潜龙勿用"，这是因为处于卑下的位置；"潜龙勿用"，这也意味着阳气还在潜伏隐藏。所谓潜伏，是说隐藏而尚未显露能力，若行动但时机尚未成熟，所以此时君子不会施用作为。

【导读】

初九 爻题。爻，读yáo。爻题由爻位和爻性组成。爻位由下往上数，依次为初、二、三、四、五、上。爻性分阴阳，初、三、五为阳位，阳为刚，又称刚位；二、四、六为阴位，阴为柔，又称柔位。以"九"表示阳爻，卦画符号是—；以"六"表示阴爻，卦画符号是--。卦又分天、地、人三才之位，上面二爻为天位，中间二爻为人位，下面二爻为地位。不同的爻位、爻性形成了一定的爻际关系，爻际关系是分析爻象处境的重要依据。

潜龙 潜，《说文解字》曰："涉水也。一曰藏也。"朱骏声按："没水以涉曰潜。""潜"有二义，一是隐藏、隐而不见，二是潜涉、动而不现。"潜"不是静而不动，不是潜伏睡觉，而是潜心钻研、潜移默化、以待时发。龙，取象于日，日升日落，阳刚健行，日气变幻莫测，是古人创想龙的意象来源。卦爻下面二爻为地位，初爻为地底，此处引申为深渊。潜龙，指龙潜隐深渊。

勿用 勿，为象形字，右边像弓，旁边两小撇表示弓弦振动的样子，本意为引弓拨弦待发，后假借表示劝阻，作否定词，相当于"不"。但细究其义，又有所不同。勿用，不是不用，只是此时不用，暂时不用，正在待时而用，随时可用。"不"是肯定的否定，"勿"是否定的否定，意味更深。《易经》是卜筮之书，断辞都是就当下此时所作的判断，时位不同，就要随机应变。

《象》曰　此《象》位于爻辞之后，据爻象立说，又称《小象传》，同属《象传》。六十四卦中的《小象传》象辞皆分两部分，前部分是引爻辞，后部分是解说辞，一律用"也"字煞尾。阳在下，指阳气微弱，尚未升发。这是就初九的爻位爻性而言，初九是阳爻，又处全卦的下位。

《乾·文言》曰　易，指变易、改变。不易乎世，指不会为了世俗而改变自己。无闷，指不觉苦闷。见同现。不见，不能表现，此指才能不被世人承认。乐，指世人乐于接受。行，指入世有为。忧，指世人有所疑虑。违，指出世退隐。不可拔，指坚韧不拔。下，指处于卑下的位置。潜藏，指潜伏隐藏。隐而未见，指隐藏而尚未显露能力。行而未成，指若行动但时机尚未成熟。

【爻象处境】

初九居乾卦之底，初九、九二居卦中三才之地位，初九在九二之下，表示在地的下面，有"潜"之象；初九爻变，下卦乾变为巽，巽为入，也有"潜"之象；巽错卦为震，震为龙，有"龙"之象。合观之，有"潜龙"之象。

巽又为不果，有"勿"之象；巽错卦为震，震综卦为艮，艮为手，有"用"之象。合观之，有"勿用"之象。

初九阳爻居阳位，居位得当，但居位失中，重阳过刚，上无正应，近无亲比，上无靠山，下无基础。初九处在发展的初级阶段，往上有五个阳爻，皆刚健有力，不仅没有外力援助，反而同性相斥，前行阻力强大，因此处境艰难。

乾卦以龙为象，龙潜藏地下，隐而不现。"潜龙"既可指新手，是初出茅庐的小人物，也可指老手，是老谋深算的大人物，大人物退隐避世，也算"潜龙"。其特征是怀才不遇，自身有实力、有志向，却不遇良机，不为世用。"勿用"不是不用，只是此时不用，待时而动。"世用"由人不由己，"潜龙勿用"的主动性则在己不在人。

《小象传》提示："潜龙勿用，阳在下也。"阳气微弱未升发，时机尚未成熟。

《乾·文言传》提示："潜之为言也，隐而未见，行而未成，是以君子弗用也。"所谓潜伏，是说隐藏而尚未显露能力，若行动但时机尚未成熟，所以此时君子不会施用作为。

初九爻变，得乾之变卦姤卦。《姤》卦辞提示："女壮，勿用取女。"得乾之姤，卦辞也有"勿用"之词，戒惕、劝告之意明确。应戒惧谨慎，专心致志，不可心浮气躁、三心二意，勿让冲动蒙蔽了理智。

本卦：乾　　　　　变卦：乾之姤

《易经》启示：初九处境是时运未到，潜心待时，此时时机尚未成熟，只宜耐心等待，不宜轻举妄动。人在初九处境，若能审时度势，适时潜而勿用，克制忍耐，收敛含藏，韬光养晦，养精蓄锐，伺机而动，见机行事，自然获吉。相反，若逞强冒进，盲目妄行，必然遇凶。适时则吉，失时则凶。

九二，见龙在田，利见大人。

九二爻，龙出现在地面上，此时利于拜见大人物。

《象》曰：见龙在田，德施普也。

《小象传》解释："见龙在田"，这意味着可以施用才德，扩大影响。

《乾·文言》曰：九二曰"见龙在田，利见大人"，何谓也？子曰："龙德而正中者也。庸言之信，庸行之谨，闲邪存其诚，善世而不伐，德博而化。《易》曰'见龙在田，利见大人'，君德也。"见龙在田，时舍也；见龙在田，天下文明。君子学以聚之，问以辨之，宽以居之，仁以行之。《易》曰"见龙在田，利见大人"，君德也。

《乾·文言传》解释：九二爻辞说"见龙在田，利见大人"，这是什么意思？孔子说："这是指具有龙德而坚守中道的人。他平常都能做到言而有信，行必谨慎，防范邪恶而保持内心真诚，行善于世而不自夸，德泽广施而感化世人。《易经》所说'龙出现在地上，有利于出现大人'，这正是就君子的德行而言。""见龙在田"，这是因为阳气舒发时机已到；"见龙在田"，这也意味着天下显现光明，时机有利。九二君子通过博学以积累知识，审问疑难以辨明事理，以宽容态度处世，以仁爱之心行事。《易经》所说的"龙出现在地面上，有利于拜见大人物"，是说九二已具备了君子应有的德行。

【导读】

见龙在田 见通"现"，指出现。田，此指地上、地面。九二爻位仍处卦之地位，但已在地的上面，故称"田"。见龙在田，指龙已从潜隐地下上升出现在地上。

利见大人 利，有利于。见，拜见、见到。大人，俗称大人物，指尊贵富有之人，后世占卜书上称为"贵人"。《蹇·上六·象》解释说"利见大人，以从贵也"，即以"贵人"释"大人"。利见大人，指此时利于拜见大人物，亦有将得贵人相助之义。另，见通"现"，指展现。利见大人，亦指利于在大人物面前展现自己的才德。

《象》曰 德，才德。施，施用、施予。普，普及、扩大。德施普，指施用才德，扩大影响。初九时机未到，因此"勿用"；九二机会出现，可以"施普"。

《乾·文言》曰 "正中"与"中正"不同。"正中"是中而不正，如九二居中位但不当位，有其德，无其位；"中正"是既中又正，如九五居中位且当位，有其德，有其位。庸，平常的、普通的。《尔雅·释诂》："庸，常也。""闲"字拆开为门中有木，本义是栅栏，引申为防范。善世，指行善于世。伐，自夸。化，指感化世人。时舍，指时机已到。

【爻象处境】

九二爻变，下卦乾变为离，离为目，有"见"之象；九二爻变，得互卦巽（六二至九四），巽错卦为震，震为龙，有"龙"之象；九二处乾卦三才之地位，在地上，有"在田"之象。合观之，有"见龙在田"之象。

九二爻变，得互卦巽（六二至九四）和下卦离，巽为近利市三倍，有"利"之象；离为目，有"见"之象。九二爻变为六二，与九五正应，九五为阳爻，阳为大，有"大"之象；九五居上卦乾之人位，有"人"之象。合观之，九五有"大人"之象。九二爻变为六二，与九三相比，九三为阳爻、为大，九三处乾卦六画卦之人位，九三也有"大人"之象。诸象合观，有"利见大人"之象。

九二阳爻居阴位，虽居位失当，但居位得中，刚而能柔，利于随机应变，向上与九三相比，与九五相应，利于拜见、追随九三、九五"大人"，处境有利。

《小象传》提示："见龙在田，德施普也。"九二机会出现，可以施用才德，扩大影响。

《乾·文言传》提示："《易》曰'见龙在田，利见大人'，君德也。"《易经》所说的"龙出现在地面上，有利于拜见大人物"，是说九二已具备了君子应有的德行。

九二爻变，得乾之变卦同人卦。《同人·大象传》提示："君子以类族辨物。"得乾之同人，应明白物以类聚、人以群分的道理，明辨事物，求同存异，广聚志同道合者，方能前途亨通。

本卦：乾　　　　　变卦：乾之同人

《易经》启示：九二处境是时运已现，宜乘机而上。此时时机已出现，"见龙"得天时，"在田"得地利，"利见大人"得人和。天时、地利、人和，三才齐备，处境有利，此时利于拜见大人物，利于在大人物面前展现才德，将得到贵人相助。人在九二处境，一要"德施普"，施展才德，扩大影响；二要"见大人"，争取上层赏识；三要"同人于野"，广结人缘，积蓄力量。若能抓住时机，持守中道，刚而能柔，尊上顺承，及时现身，适时行动，自然获吉。若此时不现身行动，仍是"潜龙勿用"，则会坐失良机，失时失势，必然有凶。

九三，君子终日乾乾，夕惕，若厉无咎。

九三爻，君子白天勤勉，夜晚警惕，若能改过则无咎。

《象》曰：终日乾乾，反复道也。

《小象传》解释："终日乾乾"，这是讲"日乾""夕惕"循环反复、持续不断的道理。

《乾·文言》曰：九三曰"君子终日乾乾，夕惕若，厉无咎"，何谓也？子曰："君子进德修业。忠信所以进德也，修辞立其诚，所以居业也。知至至之，可与言几也；知终终之，可与存义也。是故居上位而不骄，在下位而不忧。故乾乾，因其时而惕，虽危无咎矣。"终日乾乾，行事也；终日乾乾，与时偕行。九三重刚而不中，上不在天，下不在田，故乾乾，因其时而惕，虽危无咎矣。

《乾·文言传》解释：九三爻辞说"君子终日乾乾，夕惕若，厉无咎"，这是什么意思？孔子说："这是讲君子应该增进德行和建功立业。追求忠信可以增进德行，修饰言辞而立足真诚可以积蓄功业。预知事物如何进展而采取行动相应跟进，这样的人才可以讨论几微之理；预知事物发展将如何终结而采取相应措施应对到底，这样的人才可能坚守正当作为。所以，居高位而不骄横，在下位而不忧愁。勤奋诫勉而随时警惕，虽有危险也不会有咎灾。""终日乾乾"，这是说要践行进德修业之事；"终日乾乾"，这也意味着要与时俱进。九三上下皆为阳刚而又居位不中，往上不在天位，往下不在地位，所以要勤奋诫勉而随时警惕，这样才能化险为夷。

【导读】

君子 经文中君子、大人与小人，以爻性爻位作区分。《易经》通例，阳为大，阴为小，高位为尊，低位为卑。"大人"是指富有（阳）且尊贵（高位）之人，"君子"是指富有（阳）或尊贵（高位）之人，"小人"是指贫弱（阴）且卑下（低位）之人。"大人"在爻性爻位上皆占优势，"君子"在爻性或爻位上只占其中一个优势，"小人"在爻性爻位上皆为劣势。因此，"大人"与"小人"相反，"君子"与"小人"也相对，但"大人"比"君子"更强势。

终日乾乾 终日，指整个白天。乾乾，指勤勉进取。

夕惕 夕，指日落的时候，泛指夜晚。《说文解字》："夕，莫也。"莫同暮。《书·洪范·五行》："初昏为夕。"惕，指警惕、戒惧。

若厉无咎 若，若能、如果。厉，历来注家多释为"危"，非也。厉同砺，本义是磨刀石。《说文解字》："厉，旱石也。"段玉裁注："旱石者，刚于柔石者也。字亦作厉、作砺。"《玉篇》："磨石也。"引申为磨平，磨去棱角，此指改过，即改掉过分、过度、过失、过错的东西。《广雅·释诂》："厉，磨也。"《礼记·儒行》："砥厉廉隅。"咎，读 jiù，咎灾，此指过错、罪过。《尔雅·释诂》："咎，病也。"《说文解字》："咎，灾也。从人从各。各者，相违也。"段玉裁注："小雅伐木传曰：咎，过也。北山笺云：咎犹罪过也。"无咎，指没有过错，没有罪过。若厉无咎，指若能改过则无咎。《系辞上传》："无咎者，善补过也。……震无咎者存乎悔。""善补过"即指"厉"，改过。悔，悔过也。能够戒惧而无咎就在于能够及时悔过、改过。占得此爻，表明可能已有过错或罪过，若能及时补过、改过，仍然可以化险为夷、逢凶化吉，故称"无咎"。

《象》曰 "终日乾乾"是"君子终日乾乾，夕惕，若厉无咎"之省文，《小象传》多此用法。反复，指"日乾""夕惕"循环反复，持续不断。道，指道理。

《乾·文言》曰 进德，指增进德行。修业，指建功立业。修辞，指修饰言辞。前"至"指进展，后"至"指跟进。前"终"指终结，后"终"指终究、到底。重刚，指上下皆为阳刚。上不在天，指往上不在六画卦天位。下不在田，指往下不在六画卦地位。

【爻象处境】

九三处下卦乾之极，乾为君，有"君子"之象；九三居乾卦之人位，阳爻居阳位，重阳刚健，也有"君子"之象。因此不称"龙"，改称"君子"。

九三在下卦乾之终，乾为天，有"终日"之象；九三爻变，得互卦离（九二至九四），离为日，也有"终日"之象；九三居下卦乾与上卦乾交接之处，上乾下乾，有"乾乾"之象。合观之，有"终日乾乾"之象。

九三在下卦乾之极，乾在后天八卦方位中为西北，太阳从东边升起在西边落下，有"夕"之象。九三处下卦之极，物极必反，九三爻变，得互卦离（九二至九四），离错卦为坎，坎为加忧、为亟心，有"惕"之象。合观之，有"夕惕"之象。

九三爻变，下卦乾变为兑，兑综卦为巽，巽为绳直（以平直为准绳），厉同砺，为磨平，因此巽有"厉"之象；巽又为不果，有"无"之象；坎又为多眚，有"咎"之象。合观之，有"若厉无咎"之象。

九三阳爻居阳位，虽居位得当，但居位失中，重阳过刚，处"三多凶"之位，"上不在天，下不在田"，上无正应，近无亲比，上无靠山，下无基础，不仅没有外力援助，反而同性相斥，前行阻力强大，后有推力冲击，处境凶险。

《小象传》提示："终日乾乾，反复道也。"朝乾夕惕，反复坚持，才是正道。

《乾·文言传》提示："九三重刚而不中，上不在天，下不在田，故乾乾，因其时而惕，虽危无咎矣。"九三上下皆为阳刚而又居位不中，往上不在天位，往下不在地位，所以要勤奋诚勉而随时警惕，这样才能化险为夷。

九三爻变，得乾之变卦履卦。《履·大象传》提示："君子以辨上下，定民志。"得乾之履，应分辨上下尊卑秩序，正定民众安分心志。

本卦：乾　　　变卦：乾之履

《易经》启示：九三处境是时运起伏，如履薄冰。人在九三处境，若能持守正道，朝乾夕惕，戒惧谨慎，谦虚柔顺，抑制过刚，及时改过，不过度，不失度，保持适度，谨守本分，兢兢业业，方能无咎。

九四，或跃在渊，无咎。

九四爻，跃出或跃入深渊，此时没有咎灾。

《象》曰：或跃在渊，进无咎也。

《小象传》解释："或跃在渊"，这意味着向上进取没有咎灾。

《乾·文言》曰：九四曰"或跃在渊，无咎"，何谓也？子曰："上下无常，非为邪也；进退无恒，非离群也。君子进德修业，欲及时也，故无咎。"或跃在渊，自试也；或跃在渊，乾道乃革。九四重刚而不中，上不在天，下不在田，中不在人，故或之。或之者，疑之也，故无咎。

《乾·文言传》解释：九四爻辞说"或跃在渊，无咎"，这是什么意思？孔子说："上去或下来没有常理，这并非是邪道；前进或后退没有定规，这并非是异类。君子增进德行和修养功业，都要抓住时机，所以没有咎灾。""或跃在渊"，这是说要试验自己的能力；"或跃在渊"，这也意味着此时正是乾道变革之际。九四上下皆为阳刚而居位又不中，往上不在天位，往下不在地位，中间又不在人的适宜位置，所以用"或"字来描述它。所谓"或"，是指疑虑而戒惧，所以没有咎灾。

【导读】

或跃在渊 或，不定词，也许、或许。或潜或跃，进退自由，见机行事。跃，指跃出，为进，也指跃入，为退。渊，深渊。或跃在渊，指或许从深渊跃出，或许跃入深渊。

无咎 龙从深渊跃出，进可升腾于云天之上；跃入深渊，退可潜隐于深渊之下。进可取誉，退可避险，进退得时，因此没有咎灾。

《象》曰 进，指向上进取。进无咎，指向上进取没有咎灾。

《乾·文言》曰 及，指抓住。《说文解字》："及，逮也。"及时，指抓住时机。试，指试验。中不在人，指九四居全卦中位但不在上卦人位。或之，指用"或"字来描述它。疑，指疑虑而戒惧。

【爻象处境】

九四已出下卦而入上卦乾，九四爻变，上卦乾变为巽，巽为进退，有"或"之象；巽错卦为震，震为足、为动，有"跃"之象；九四爻变，得互卦离（九三至九五），离错卦为坎，坎为水、为陷，有"渊"之象。合观之，有"或跃在渊"之象。

巽又为不果，有"无"之象；坎又为多眚，有"咎"之象。合观之，有"无咎"之象。

九四阳爻居阴位，居位失当，不中不正，又在"四多惧"之位，"上不在天，下不在田"，下无正应，近无亲比，处境不顺。但九四阳爻已接近九五，实力强大，机会很多，关键在于如何把握。

《小象传》提示："或跃在渊，进无咎也。"适时跃进，没有咎灾。

《乾·文言传》提示："或之者，疑之也，故无咎。"所谓"或"，是指疑虑而戒惧，所以没有咎灾。

九四爻变，得乾之变卦小畜卦。《小畜·大象传》提示："君子以懿文德。"得乾之小畜，应修养文明品德。

本卦：乾　　　　变卦：乾之小畜

《易经》启示：九四处境是时运将盛，宜待时而出。爻辞中"或"字值得玩味，"或"为不定词，暗示此时应更好掌握分寸，把握时机，进退有据。人在九四处境，若能坚守正道，戒惧谨慎，纠正过失，尊上谦下，审时度势，见机行事，适时适度，方能无咎。否则，优柔寡断，进退失据，坐失良机，失时失度，结果有咎。

九五，飞龙在天，利见大人。

九五爻，龙飞腾在天空，此时利于拜见大人物。

《象》曰：飞龙在天，大人造也。

《小象传》解释："飞龙在天"，这意味着有赖于大人物栽培造就。

《乾·文言》曰：九五曰"飞龙在天，利见大人"，何谓也？子曰："同声相应，同气相求。水流湿，火就燥，云从龙，风从虎，圣人作而万物睹。本乎天者亲上，本乎地者亲下，则各从其类也。"飞龙在天，上治也；飞龙在天，乃位乎天德。夫大人者，与天地合其德，与日月合其明，与四时合其序，与鬼神合其吉凶。先天而天弗违，后天而奉天时。天且弗违，而况于人乎？况于鬼神乎？

《乾·文言传》解释：九五爻辞说"飞龙在天，利见大人"，这是什么意思？孔子说："声调相同的就会相互吸应，气息相同的就会彼此聚合。水向低湿处流，火往干燥处烧，云随龙腾而浮现，风随虎跃而飘动，圣人兴起而引来万众瞩目。以天为本的亲近在上的天，以地为本的亲近在下的地，天地万物都是各自随从其类别而分。""飞龙在天"，这是说大人居上位而治理天下；"飞龙在天"，这也意味着九五居君位而且具备天德。所谓大人，他的德行与天地相合，他的贤明与日月相合，他的处事规则与四时秩序相合，他的吉凶把握与龟卜神断相合。在天意明朗之前采取行动而能不违反天道，在秉承天意之后采取行动而能遵守天时。与天道尚且能不违逆，更何况人道、神道呢？

【导读】

飞龙在天 指龙飞腾在天空。

利见大人 与九二"利见大人"辞同义不同。九二"在田"之际，"利见大人"，重在展现自己，希望得到大人物赏识。九五"在天"之时，"利见大人"，重在体现感恩，感谢大人物栽培造就。

《象》曰 造，造就。《说文解字》："造，就也。"大人造，指大人物栽培造就。先有九二之"利见大人"，后有九五之"飞龙在天"，由"在田"到"在天"，天壤之别，这意味着有赖于大人物栽培造就。

《乾·文言》曰 声，指声调。气，指气息。求通"逑"，指聚合。从，指随从。作，指兴起。睹，瞩目。本乎天，指以天为本。亲上，指亲近在上的天。类，指类别。上治，指居上位而治理天下。德，指德行。明，指贤明。序，指秩序。先天，指在天意明朗之前。后天，指在秉承天意之后。奉，指遵守。

【爻象处境】

九五居上卦乾之中位，九五爻变，乾变为离，离为雉，有"飞"

之象；九五爻变，得互卦兑（九三至六五），兑综卦为巽，巽错卦为震，震为龙，有"龙"之象；上卦乾为天，有"天"之象；九五在卦之天位，也有"天"之象。合观之，有"飞龙在天"之象。

巽又为近利市三倍，有"利"之象；离又为目，有"见"之象；九五为阳爻，阳为大，有"大"之象；九五居上卦乾卦之人位，有"人"之象。合观之，有"利见大人"之象。

九五居乾卦之尊位，为九五之尊，阳爻居阳位，居中得正，刚中健行，正是神龙现身、一飞冲天的好时机，天高任龙飞，处境极佳。

《小象传》提示："飞龙在天，大人造也。"个人能力很重要，但还需要有人赏识造就。离开"大人造"，飞龙在天，难飞久远。

《乾·文言传》提示："子曰：'同声相应，同气相求。水流湿，火就燥，云从龙，风从虎，圣人作而万物睹。'"孔子说：声调相同的就会相互吸应，气息相同的就会彼此聚合。水向低湿处流，火往干燥处烧，云随龙腾而浮现，风随虎跃而飘动，圣人兴起而引来万众瞩目。

九五爻变，得乾之变卦大有卦。《大有·大象传》提示："君子以遏恶扬善，顺天休命。"得乾之大有，惩恶扬善，顺应天道，自有天祐。

本卦：乾　　　变卦：乾之大有

《易经》启示：九五处境是时运大盛，直上云霄，此时正可大展宏图，应适时行动有所表现。人在九五处境，若能持守中正之道，得到大人物赏识重用，追随大人物，得道多助，风云际会，龙腾虎跃，定能建功立业。

上九，亢龙，有悔。

上九爻，龙飞得过高，有过可悔。

《象》曰：**亢龙有悔，盈不可久也。**

《小象传》解释："亢龙有悔"，这是因为凡事过度不可能长久。

《乾·文言》曰：上九曰"亢龙有悔"，何谓也？子曰："贵而无位，高而无民，贤人在下位而无辅，是以动而有悔也。"亢龙有悔，穷之灾也；亢龙有悔，与时偕极。亢之为言也，知进而不知退，知存而不知亡，知得而不知丧。其唯圣人乎，知进退存亡而不失其正者，其唯圣人乎？

《乾·文言传》解释：上九爻辞说"亢龙有悔"，这是什么意思？孔子说："身份尊贵却没有位置，高高在上却失去民众，贤人居下位却无法前往辅佐，所以他的行动必然招致悔恨。""亢龙有悔"，这是说穷困潦倒时必有灾难；"亢龙有悔"，这也意味着上九与时运一起到了穷途末路的地步。所谓亢，是说只知前进而不知后退，只知生存而不知死亡，只知获得而不知丧失。大概只有圣人吧，能知进退存亡的道理而不会迷失正道，这恐怕只有圣人才能做到吧？

【导读】

亢龙 亢，极也，指过高。亢龙，指龙飞得过高。

有悔 悔，悔恨，此指悔过。《说文解字》："悔，恨也。"段玉裁注："悔者，自恨之意。"有悔，指对自己的过错有悔恨。《系辞上传》："悔吝者，忧虞之象也。"悔与吝都是讲当下心理活动，与吉凶范畴不同，此时吉凶后果尚未产生。

《象》曰 盈，过满、过度，此释"亢"字。《说文解字》："盈，满器也。"段玉裁注："满下云盈，溢也。"盈不可久，指凡事过度不可能长久。

《乾·文言》曰 无辅，指无法辅佐。动，指行动。穷之灾，指穷困潦倒时必有灾难。时，指时运。极，指尽头。

【爻象处境】

上九阳爻居乾卦之极顶，乾阳刚健，高亢之极，上九爻变，上卦乾变为兑，兑综卦为巽，巽为高，有"亢"之象；巽错卦为震，震为龙，有"龙"之象。合观之，有"亢龙"之象。震为反生，有"悔"之象。诸象合观，有"亢龙有悔"之象。

上九居乾卦之终，阳爻居阴位，居位失当，不中不正，下无正应，近无亲比，前无去路，后无退路，处境不利。

《小象传》提示："盈不可久也。"凡事过度，不可能长久。

《乾·文言传》提示："子曰：'贵而无位，高而无民，贤人在下位而无辅，是以动而有悔也。'"孔子说：身份尊贵却没有位置，高高在上却失去民众，贤人居下位却无法前往辅佐，所以他的行动必然招致悔恨。

上九爻变，得乾之变卦夬卦。《夬·大象传》提示："君子以施禄及下，居德则忌。"得乾之夬，福泽恩惠应当下施众人共享，最忌独享过多。

本卦：乾　　　　　变卦：乾之夬

《易经》启示：上九处境是时运穷途，盛运不长，龙飞得过高，已到英雄末路。人在上九处境，若能持守正道，摆正心态，戒骄戒躁，谦下柔顺，抑制过刚，悔过知止，低调处事，自然无悔。若不知悔改，刚愎自用，骄盈自满，只进不退，必然过亢而衰，以致追悔莫及。

用九，见群龙无首，吉。

用九，群龙涌现没有开端，此时吉利。

《象》曰：用九，天德不可为首也。

《小象传》解释："用九之吉"，这是因为天道运行不可以有开端。

《乾·文言》曰：乾元用九，天下治也；乾元用九，乃见天则。

《乾·文言传》解释：乾元仁善美德体现在"用九"，群龙涌现没有首领，这是说天下都治理好了；乾元仁善美德体现在"用九"，群龙涌现没有首领，这也意味着最终体现了天道。

【导读】

用九　六十四卦中，六十二卦皆六爻，只乾、坤两卦多出一爻，即"用九""用六"。马王堆帛书本写作"迵九""迵六"。迵，读 dòng，指更替。《说文解字》："迵，迭也。"又注："迭，更递也。"九，代称阳爻。用九，即更替九，指占得乾卦任何一阳爻，皆可以"用九"爻辞更替。

见群龙无首，吉　此释卦辞"元亨，利贞"之义。见同现。群龙，指卦爻中六龙。首，始也。无首，没有开端。见群龙无首，指群龙不断涌现，没有开端，表示循环反复，通达无阻，永无止息。此即"元亨"一直亨通之义。"吉"为"利贞"之结果验证。

《象》曰　用九，为"用九之吉"的省文。天，指天道。德，指德性。天德不可为首，指天道运行不可以有开端。

《乾·文言》曰　乾元用九，指乾元仁善美德体现在"用九"。见通"现"，指体现。天则，指天道。

第二卦　坤

䷁ 坤，元亨，利牝马之贞。君子有攸往，先迷后得，主利。西南得朋，东北丧朋。安贞吉。

坤卦，一直亨通，利于乘母马出行占问。占问者行有所往，起先会迷路，后来走对路，主吉利。行往西南方向得利，行往东北方向失利。占问安居吉利。

《彖》曰：至哉坤元，万物资生，乃顺承天。坤厚载物，德合无疆。含弘光大，品物咸亨。牝马地类，行地无疆，柔顺利贞。君子攸行，先迷失道，后顺得常。西南得朋，乃与类行。东北丧朋，乃终有庆。安贞之吉，应地无疆。

《彖传》解释：无微不至啊坤元，万物赖以生长，而它顺承天道而变化。坤地宽厚，载养万物，德性和合，广阔无边。它蕴藏深厚，功德广大，万物生长顺畅。母马与大地类似，奔跑在辽阔无垠的大地上，柔顺的品德利于固守正道。君子有所行往，先迷失路途，后来顺利找到正道。往西南得到朋友，于是与志同道合的友人同行。往东北会丧失朋友，但最终还是吉庆的。安固正道而获得吉利，这意味着应合坤地的美德是永无止境的。

《象》曰：**地势，坤。君子以厚德载物。**

《大象传》解释：顺地势而行，这是坤卦卦象。君子观此卦象，应当效法，以宽厚美德包容万物。

《坤·文言》曰：**坤，至柔而动也刚，至静而德方。后得主而有常，含万物而化光。坤道其顺乎，承天而时行。**

《坤·文言传》解释：坤卦，最为柔顺，但运动却是刚健的；最为宁静，但功德却遍及四方。它随后而行，以乾道为主宰而有恒常之道，蕴含万物而化育广大。坤道就是顺势，顺天道按时序而行。

【导读】

坤 卦名。《周易》(通行本)第二卦。《序卦传》:"有天地,然后万物生焉。"《杂卦传》:"乾刚坤柔。"先有天地,后生万物。第一卦乾为天,因此继乾卦之后紧接着为代表地的坤卦。乾刚坤柔,刚柔相济,万物始生。这是《易传》释坤卦卦序、卦义。乾、坤是六十四卦中最重要的两卦,《系辞下传》称为"《易》之门"。

坤,马王堆帛书本作"川"。川,甲骨文字形为 (《新甲骨文编》,第617页),左右两边为岸,中间两点为流水,表示水流顺地势而穿行。《说文解字》:"川,贯穿通流水也。"本义是水流顺地势贯穿畅通,引申为顺势而行。坤卦是讲如何顺势而行。

坤与乾相对,乾为上出之日气,坤为下注之川水,乾为纯阳卦,上出者积阳为天,坤为纯阴卦,下注者积阴为地,阴阳变化,创生天地万物。

元亨 一直亨通。参见乾卦卦辞【导读】。

利牝马之贞 牝,读 pìn,指雌性动物。利牝马之贞,指利于乘母马出行时占问。

君子有攸往 君子,此指占问者。攸,读 yōu,指所。君子有攸往,指占问者行有所往。

先迷后得,主利 迷,迷路。得,走对路。主利,主吉利,与"主吉""主凶"之类用词相同。

西南得朋 西南,在后天八卦方位中西南为坤,坤为顺,象征顺利。朋,朋友,也可指朋贝,古代以贝作货币,十贝一串为一朋。得朋,指得利,与上文"主利"一致。西南得朋,指行往西南方向得利。

东北丧朋 东北,在后天八卦方位中东北为艮,艮为山、为止,象征阻碍。东北丧朋,指行往东北方向失利。

安贞吉 安,安定,此指安居。《尔雅·释诂》:"安,定也。"《说文解字》:"安,静也。"段玉裁注:"安,竫也。竫各本作静。今正。立部曰:竫者,亭安也。"又注:"亭者,民所安定也。故安定曰亭安。其字俗作停、作渟。"

《彖》曰 至哉坤元,指无微不至啊坤元。与"大哉乾元"相

对。(详见乾卦【导读】)

万物资生,指万物赖以生长。乾坤为万物之父母,乾元为"资始",坤元为"资生"。《系辞上传》称:"乾道成男,坤道成女。乾知大始,坤作成物。""男女媾精,万物化生。"《序卦传》称:"有天地然后万物生焉……屯者物之始生也。"屯卦列乾坤二卦之后,象征开天辟地之后,父母精血结合成胎儿,新生命诞生,故称"物之始生"。"孤阴不生,独阳不长。"乾元坤元,阴阳合二为一,和合则生,分则不生。乾元为主动,为资"始";坤元为被动、顺承,为资"生"。

承,《说文解字》曰"奉也"。乃顺承天,指大地顺承天道而变化。厚,宽容又深厚。载,容载又滋养。坤厚载物,指坤地宽厚,载养万物。合,和合。德合,指坤地载物之德与顺承之性和合。无疆,指广阔无边。德合无疆,指大地与天道和合,广阔无边。含,蕴藏。弘,深厚。光,功德。含弘光大,指蕴藏深厚,功德广大。咸,皆也。品物咸亨,指万物生长顺畅。类,类似。牝马地类,指母马与大地类似。行地无疆,指奔跑在辽阔无垠的大地上。贞,固守正道。柔顺利贞,指柔顺的品德利于固守正道。安贞之吉,指安固正道而获得吉利。应,应合。应地无疆,指应合坤地的美德是永无止境的。

三个"无疆"深化了和合思想的内涵。"德合无疆"是地"顺承天",坤地与乾天和合无疆;"行地无疆"是"品物咸亨""牝马地类",天下万物与大地和合无疆;"应地无疆"是"安贞之吉",君子与大地和合无疆。《乾·象传》提出的"保合大和"思想,在此得以落地生根。参见乾卦【导读】。

《象》曰 势,趋向、姿态。地势,指顺着大地走势而行。坤,指坤的卦象。"地势,坤",指顺地势而行,这是坤的卦象。"君子以厚德载物",指君子观此卦象,从而应当效法,以宽厚美德包容万物。

《坤·文言》曰 德方,指功德遍及四方。得主,指以乾道为主宰。常,指恒常之道。化,化育。光,光大、广大。顺,指顺势。承天而时行,指顺天道按时序而行。

【卦象环境】

坤卦下卦为地，上卦为地，地质深厚；内卦为地，外卦为地，地缘辽阔；地下有地、地外有地。坤为地，故取卦名为"坤"。

坤卦六爻皆为阴爻，六爻皆断，中间虚空，坤卦从下坤至上坤，从初爻至上爻，一路畅通，一无所阻，有"元亨"之象。

坤为纯阴卦，为母，阴柔和顺，乾为纯阳卦，阴顺阳，柔顺刚，坤与乾相配，乾为公马，坤有"牝马"之象；乾为健，坤顺之也为健，柔顺健行。合观之，有"利牝马之贞"之象。

坤卦六个阴爻，从初至上，从低到高，地有高低，形成高低起伏之势，地势起伏，有"山"之象；下卦山中有山，容易迷路，上卦登上山顶，可看清地势，走对路。爻序自下而上，下为先，上为后。合观之，有"先迷后得"之象。

坤在后天八卦方位中为西南，有"西南"之象；坤为藏，有"得"之象；坤又为众，有"朋"之象。合观之，有"西南得朋"之象。在后天八卦方位中，东北为艮，艮错卦为兑，兑为毁折，有"丧"之象。合观之，有"东北丧朋"之象。

坤为藏，有"安"之象；下卦坤错卦为乾，变卦为泰卦，卦中有互卦兑（九二至六四），兑为巫，有"贞"之象；坤为文、为柄，有"吉"之象。合观之，有"安贞吉"之象。

《象传》提示："安贞之吉，应地无疆。"若想安定吉祥，多学大地美德。

《大象传》提示："地势，坤。君子以厚德载物。"应顺势而为，厚德待人，宽厚容人，包容万物。

《坤·文言传》提示："坤道其顺乎，承天而时行。"坤道就是顺势，顺天道按时序而行。

坤卦为纯阴卦，人位互卦仍是坤卦，人位互卦与本卦一致，提示人们在坤卦环境中，应适应环境，顺势而为，言行一致，表里如一，始终如一，方能一直亨通。

本卦：坤　　　　　　人位互卦：坤

坤卦局势：如地势起伏，博厚无疆，运势柔顺，承天时行，厚德载物，一直亨通。

《易经》启示：人在坤卦环境，若能谦逊柔顺，宽厚包容，见微知著，见机行事，择善追随，顺势而为，则能趋吉避凶。若不识时务，不知收敛，锋芒毕露，逞强好胜，结果会凶多吉少。

初六，履霜，坚冰至。

初六爻，踩着薄霜，此时应知道冰冻寒冷的日子就要到了。

《象》曰：履霜坚冰，阴始凝也。驯致其道，至坚冰也。

《小象传》解释："履霜坚冰"，这表明阴气开始凝聚了。顺着这种发展趋势，就要到冰冻寒冷的日子了。

《坤·文言》曰：积善之家必有余庆，积不善之家必有余殃。臣弑其君，子弑其父，非一朝一夕之故，其所由来者渐矣，由辨之不早辨也。《易》曰"履霜，坚冰至"，盖言顺也。

《坤·文言传》解释：积累善德的人家，后代子孙必有余存的福庆；积累恶行的人家，后代子孙必有不尽的祸殃。臣子弑杀国君，儿子弑杀父亲，这不是一天之内突然发生的，而是长期逐渐积累形成的，只是由于没有及早辨明罢了。《易经》所说的"履霜，坚冰至"，说的就是随顺时序逐渐变化的现象。

【导读】

履霜，坚冰至 履，踩。坚冰，指冰冻寒冷季节。"履霜，坚冰至"，指踩着薄霜之时，应知道冰冻寒冷的日子就要到了。自"霜"至"坚冰"，是天气季节变化的趋势。坤卦重"势"，先知势识势，后顺势乘势，方能"应地无疆"。占得此爻，应察知几微，见几而作，防微杜渐。

《象》曰 阴，阴冷、寒气。凝，凝结。霜与坚冰皆为阴，初霜为秋日景象，为"阴始凝"，坚冰为冬日景象，已至"阴大凝"，时变势亦变。驯同顺。道，趋势。

《坤·文言》曰 "积善之家必有余庆，积不善之家必有余殃。"这是《易传》中的一句名言警句，是有关因果报应的话，在中国流传很广，至今仍有很多人信服。其中有三个关键字：一是"积"。"积"是累积、聚积，是一个一点一滴逐渐累积聚积的过程，积少成多，积沙成塔，从量变到质变。善有善报，恶有恶报，善果是积来的，不善果也是积来的，不是一朝一夕得来的，一切都有征兆，因此要见微知著，及早辨识善恶真伪，谨慎行事。二是"家"。"家"指家人、家庭，也指家族。这与一些宗教因果报应观不同。宗教报应观只讲个人，如佛教三世因果观，"欲知过去因，见其现在果；欲知未来果，见其现在因"，讲的是个人前生、今生、来生三世。而《易传》因果观讲的是"家"的三世，上一代、这一代、下一代。善恶即使不报应在本人身上，也会报应在自己这一代或下一代家人（包括族人）身上。三是"余"。"余"是剩余、多余。善恶除了报应在本人身上，还有剩余的会报应在这一代和下一代家人身上。积善则家人得到余荫，积恶则家人一同遭殃。"祸福无门，惟人自召。"吉凶福祸不会毫无缘由降临到人身上，人的善恶行为才是吉凶福祸的直接原因。《系辞下传》所说："善不积不足以成名，恶不积不足以灭身。小人以小善为无益而弗为也，以小恶为无伤而弗去也，故恶积而不可掩，罪大而不可解。"与此旨意一致。

【爻象处境】

初六处下卦坤之初，坤错卦为乾，乾为寒，初六初寒，有"霜"之象；初六阴爻处坤卦之始，坤为地，阴气在地上初始凝结，也有"霜"之象；坤为十二消息卦之一，为阴历十月份，相应节气为霜降经立冬至小雪，早晨地上结霜，也有"霜"之象；初六为踏上大地的第一步，初六爻变，下卦坤变为震，震为足、为动，有"履"之象。合观之，一脚踩到霜上，有"履霜"之象。

初六处下卦坤之初，坤错卦为乾，乾又为冰，有"冰"之象，乾为纯阳卦，阳爻阳刚，有"坚"之象。合观之，有"坚冰"之象。初六爻变，下卦坤变为震，震为足、为动，有"至"之象。综合观之，有"坚冰至"之象。初六踩到地上霜，就知道寒冬就要到了，随着阴冰寒气渐升之势，地上将逐渐冻结成冰，坚硬难行。

初六处坤卦之初始，阴爻居阳位，居位失当，不中不正，上无正应，近无亲比，上无靠山，下无基础，处境不利。

《小象传》提示："驯致其道，至坚冰也。"事物发展总是有趋势规律的。

《坤·文言传》提示："《易》曰'履霜，坚冰至'，盖言顺也。"《易经》所说的"履霜，坚冰至"，说的就是随顺时序逐渐变化的现象。

初六爻变，得坤之变卦复卦。《复·象传》提示："复，亨，刚反动而以顺行。"得坤之复，复返亨通，顺势而行。一元复始，万象更新。

本卦：坤　　　　　变卦：坤之复

《易经》启示：初六处境是时运不正，如履薄冰。冰冻三尺，非一日之寒。人在初六处境，若无见微知著能力，自然有凶险。若能见微知著，却不采取防范措施，也有凶险。既能见微知著，又能防微杜渐，方能趋吉避凶。

六二，直方大，不习无不利。

六二爻，直接效法天道，即使不练习，也无所不利。

《象》曰：六二之动，直以方也。不习无不利，地道光也。

《小象传》解释："六二之动"，这表明具有品性耿直、品行端正的品德。"不习无不利"，这是因为把坤卦承天时行之道发扬光大了。

《坤·文言》曰：直其正也，方其义也。君子敬以直内，义以方外，敬义立而德不孤。直方大，不习无不利，则不疑其所行也。

《坤·文言传》解释：直，是指内心正直；方，是指行事合义。君子通过恭敬态度从而保持内心正直，通过行事合义从而规范外在表现，能够做到恭敬正直、行事合义，他的德行就不会孤单了。若能做到如《易经》所说的"直方大，不习无不利"，就不会疑虑自己的行为了。

【导读】

直方大　此三字历来注家众说纷纭，莫衷一是。直，本义为不弯曲，指直接。《说文解字》："直，正见也。"方，本义为并列、并行，引申为效法。《说文解字》："方，併船也。"段玉裁注："併船者，并两船为一。"大，天也。《说文解字》："天大，地大，人亦大。故大象人形。……按天之文从一大。"比较天、地、人，得出结论，天是唯一的老大。直方大，指直接效法天道，义同《坤·象传》所称"乃顺承天"、《坤·文言传》所称"坤道其顺乎，承天而时行"。老子曰："道大，天大，地大，人亦大。域中有四大，而人居其一焉。人法地，地法天，天法道，道法自然。"老子此言正可作"直方大"注脚。

不习无不利 习，本义是学过之后再反复练习，使熟练。如果做到"直方大"，直接效法天道，承天时行，即使不练习，也无所不利。

《象》曰 直，品性耿直。方，品行端正。地道，指坤卦承天时行之道。光，发扬光大。

《坤·文言》曰 正，指内心正直。义，指行事合义。敬以直内，指通过恭敬态度从而保持内心正直。义以方外，指通过行事合义从而规范外在表现。

【爻象处境】

六二居下卦坤之中位，六二爻变，得互卦震（九二至六四），震错卦为巽，巽为绳直，有"直"之象；坤为顺、为藏，顺承效法而藏之，有"方"之象；《易经》通例，阳为大，阴为小，六二爻变，得互卦震（九二至六四），震为阳卦为大，下卦坤错卦为乾，乾为纯阳卦，也有"大"之象。合观之，有"直方大"之象。

六二爻变，得互卦震（九二至六四），震错卦为巽，巽为不果，有"不"之象；巽为绳直，有"习"之象；巽为近利市三倍，有"利"之象，换言之，即"无不利"之象。合观之，有"不习无不利"之象。

六二处坤卦下坤之中位，阴爻居阴位，虽重阴过弱，上无正应，近无亲比，但居中得正，与众阴爻同在坤体，同体同性，志同道合，处境有利。

《小象传》提示："不习无不利，地道光也。""不习无不利"，在于把坤卦承天时行之道发扬光大了。

《坤·文言传》提示："君子敬以直内，义以方外，敬义立而德不孤。"君子通过恭敬态度从而保持内心正直，通过行事合义从而规范外在表现，能够做到恭敬正直、行事合义，他的德行就不会孤单了。

六二爻变，得坤之变卦师卦。《师·大象传》提示："君子以容民畜众。"得坤之师，应容纳畜养民众。成就丰功伟业，离不开众人支持。

本卦：坤　　　　　　　变卦：坤之师

《易经》启示：六二处境是时运中正，柔和顺利。人在六二处境，若能持守中正之道，尊上谦下，诚心顺承上尊，虚心效法上尊，忠心追随上尊，顺势而为，得道多助，方可无所不利。

六三，含章，可贞。或从王事，无成有终。

六三爻，含藏才华，利于占问。若能随从最高领导做事，即使没有成就，亦能有好结局。

《象》曰：含章可贞，以时发也。或从王事，知光大也。

《小象传》解释："含章可贞"，这是说要抓住时机，乘机发挥。"或从王事"，就是说要把自己的才智发扬光大。

《坤·文言》曰：**阴虽有美，含之，以从王事，弗敢成也。地道也，妻道也，臣道也。地道无成而代有终也。**

《坤·文言传》解释：坤地阴性虽有美好条件，但也要隐藏起来，以这种态度追随君王做事，不敢占据成就功劳。这是坤地的法则，妻子的法则，臣子的法则。地道并不成就什么，只是代替乾天得到了好的结局。

【导读】

含章　含，含藏。章，文采，引申为才华。含章，即含藏才华。

可贞　可，与用、利义同，指利于。可贞，指利于占问。

或从王事 或，不定词，指若有可能。从，随从、顺从。王，指君王，引申为最高领导。

无成有终 成，成就。终，善终、好结局。《易》之"终"字皆指善终。有终，指有好结局、好结果。

《象》曰 时，时机。发，发挥才能。以时发，指要抓住时机，乘机发挥。知同智，指才智。知光大，指把自己的才智发扬光大。

《坤·文言》曰 含，指隐藏。成，原指成就，此指将成就占为己有。地道，指坤为地的法则。妻道，指做妻子的法则。臣道，指做臣子的法则。无成，指不成就什么。代有终，指代替乾天得到了好的结局。

【爻象处境】

六三居下卦坤之极，坤为藏，有"含"之象；坤为文，文之极，有"章"之象。合观之，有"含章"之象。

六三爻变，下卦坤变为艮，艮错卦为兑，兑为巫，有"可贞"之象。

兑综卦为巽，巽为进退，有"或"之象；下卦坤为顺，有"从"之象；坤错卦为乾，乾为君，有"王"之象。合观之，有"或从王事"之象。

巽又为不果，有"无成"之象；艮又为止、为万物之所成终，有"终"之象。合观之，有"无成有终"之象。

六三阴爻居阳位，居位失当，不中不正，不得时位，又处"三多凶"之位，上无正应，近无亲比，上无靠山，近无帮手，缺少外力支持，处境不利。

《小象传》提示："含章可贞，以时发也。"要抓住时机，乘机发挥。

《坤·文言传》提示："阴虽有美，含之，以从王事，弗敢成也。"坤地阴性虽有美好条件，但也要隐藏起来，以这种态度追随君王做事，不敢占据成就功劳。

既要有坤母之大肚，能忍天下难忍之事，又要练好"含"功，含藏不露，待时以发。口中含物，既不吐出，也不吞下，既可吐

上经
第二卦
坤☷

59

出，也可吞下，两可之间，关键在一"时"字，审时而定，因时而发。时止则止，止则能含；时行则行，行则能发。有如此"含章"修为，得遇良机，追随上尊，即使没有成就，亦能有好结局。

六三爻变，得坤之变卦谦卦。《谦》卦卦辞提示："谦，亨，君子有终。"得坤之谦，坤卦大肚（大度），加上谦卦虚心，大度虚心，必然亨通，必有好结局。

本卦：坤　　　变卦：坤之谦

《易经》启示：六三处境是时运不显，审时而发，此时不宜冒险妄动，只宜含藏不露，审时度势，待时而发。人在六三处境，若能戒惧谨慎，谦逊应比，大度虚心，尊上谦下，韬光养晦，含而不露，承天时行，即使无成就也会有善终。若恃才傲物，居功自傲，锋芒毕露，必招疑忌，令人厌烦，多有麻烦。

六四，括囊，无咎无誉。

六四爻，扎紧口袋，既无咎过，也无称誉。

《象》曰：括囊无咎，慎不害也。

《小象传》解释："括囊无咎"，这意味着谨慎处事没有危害。

《坤·文言》曰：天地变化，草木蕃，天地闭，贤人隐。《易》曰"括囊，无咎无誉"，盖言谨也。

《坤·文言传》解释：天地变化不已，草木滋长茂盛。天地闭塞不通，贤人就会隐退。《易经》所说的"括囊，无咎无誉"，大概说的就是要谨慎言行的事情。

【导读】

括囊　括，打结、扎紧。《广雅·释诂》："括，结也。"囊，口袋。

无咎无誉　咎，咎过、咎灾。誉，称誉、赞誉。

《象》曰　慎，谨慎。害，危害。慎不害，指谨慎处事没有危害。

《坤·文言》曰　蕃，滋长茂盛。闭，闭塞不通。隐，隐退。

【爻象处境】

六四居上卦坤之初，坤为布、为腹，腹中虚，有"囊"之象；六四爻变，上卦坤变为震，震错卦为巽，巽为绳直，有"括"之象。合观之，有"括囊"之象。

巽又为不果，有"无"之象；六四爻变，得互卦坎（六三至六五），坎为多眚，有"咎"之象；巽综卦为兑，兑为口舌、为说，有"誉"之象。合观之，有"无咎无誉"之象。

六四阴爻居阴位，虽居位得正，但居位失中，重阴过弱，下无正应，近无亲比，下无基础，缺少基层支持，身边又无得力帮手，没有外援；六四处"四多惧"之位，进逼六五君位，"伴君如伴虎"，稍有不慎，难免遭受祸害，处境十分敏感。

《小象传》提示："括囊无咎，慎不害也。"谨慎处事，没有危害。

《坤·文言传》提示："《易》曰'括囊，无咎无誉'，盖言谨也。"《易经》所说的"括囊，无咎无誉"，大概说的就是要谨慎言行的事情。

六四爻变，得坤之变卦豫卦。《豫》卦卦形就像扎紧袋口的大袋子，也有"括囊"之象。《豫·象传》提示："顺以动，豫。"得坤之豫，顺时而动，才有豫悦结果。

本卦：坤　　　变卦：坤之豫

《易经》启示：六四处境是时运不畅，宜静待时机。人在六四处境，若能戒惧谨慎，尊上谦下，谨言慎行，守口如瓶，收敛低调，不求有功，但求无过，不求有赞誉，只求无咎过，方可保全自身。等到时机成熟，顺时而动，施用锦囊妙计，变"括囊"为"囊括"，一切将尽收囊中。

六五，黄裳，元吉。

六五爻，黄色衣裳，一直吉利。

《象》曰：黄裳元吉，文在中也。

《小象传》解释："黄裳元吉"，这是因为有持守中道的美德。

《坤·文言》曰：君子黄中通理，正位居体，美在其中而畅于四支，发于事业，美之至也。

《坤·文言传》解释：君子采用黄色的中色，表明他通情达理，时位正当，居中得体，内在的美德，畅通展现于外在四肢行动中，发挥于事业，这真是把美德发挥到极致了。

【导读】

黄裳 黄，黄色。裳，泛指衣裳。周朝人以黄裳为吉祥、尊贵的象征。

元吉 元，一直。元吉，一直吉利。

《象》曰 文，《广雅·释诂》："文，饰也。"引申为美德。在中，持守中道。文在中，指持守中道的美德。

《坤·文言》曰 黄中，指黄色这种中色。通理，通情达理。正位，时位正当。居体，居中得体。美在其中，指内在的美德。四支，指四肢。

【爻象处境】

六五爻变，得互卦艮（六三至九五），艮综卦为震，震为玄黄，有"黄"之象；六五阴爻居上卦坤之中位，在五行颜色中，黄为中央土颜色，居五色中间，六五阴柔得中，也有"黄"之象；坤为布，有"裳"之象。合观之，有"黄裳"之象。

六五居坤卦之尊位，为坤卦之主爻，坤为坤元，有"元"之象；六五爻变，上卦坤变为坎，坎错卦为离，离为日、为明、为丽，有"吉"之象。合观之，有"元吉"之象。

六五居上卦坤之中位，阴爻居阳位，阴柔居中，内有柔和，外以柔顺，居中得体，与众阴爻同在坤体，同体同性，得道多助，处境和顺。

《小象传》提示："文在中也。"持守中道，是一种美德。

《坤·文言传》提示："美在其中而畅于四支，发于事业，美之至也。"内在的美德畅通展现于外在四肢行动中，发挥于事业，这真是把美德发挥到极致了。

六五爻变，得坤之变卦比卦。《比·象传》提示："比，吉也。比，辅也，下顺从也。"得坤之比，比卦象征辅佐，得到下层亲近顺从，无比吉利。

　　本卦：坤　　　　　变卦：坤之比

《易经》启示：六五处境是时运大盛，比肩而行。人在六五处境，若能持守中正之道，谦虚谨慎，戒骄戒躁，以"柔中"待人处世，谦下柔顺，宽厚包容，得道多助，方能一直吉利。

上六，龙战于野，其血玄黄。

上六爻，雌雄二龙交战于旷野，斗得天昏地暗。

《象》曰：龙战于野，其道穷也。

《小象传》解释："龙战于野"，这意味着已经到了穷途末路。

《坤·文言》曰：阴疑于阳必战。为其嫌于无阳也，故称龙焉。犹未离其类也，故称血焉。夫玄黄者，天地之杂也。天玄而地黄。

《坤·文言传》解释：坤阴受到乾阳猜疑，必然发生争战。因为坤阴嫌弃自己没有阳刚，因此自称为龙。但坤阴仍未脱离它的类别，因此用代表阴性的血来表述它。至于玄黄，是指天地混杂的颜色。但最终还是要复返天地本色，天为青色，地为黄色。

【导读】

龙战于野　龙，此泛指雌雄二龙。《坤·文言传》："阴疑于阳必战。"野，旷野。龙战于野，指雌雄二龙交战于旷野。

其血玄黄　《坤·文言传》："夫玄黄者，天地之杂也。天玄而地黄。"玄为天色，黄为地色，玄黄为天地混杂色，此指斗得天昏地暗。

《象》曰　道，指阴气上升通道。穷，尽头。《说文解字》："穷，极也。"其道穷，指已经到了穷途末路。

《坤·文言》曰　疑，猜疑。嫌，嫌弃。离，脱离。杂，指混杂的颜色。玄，青色。黄，黄色。

【爻象处境】

上六居上卦坤之极，上六爻变，坤变为艮，艮综卦为震，震为龙，有"龙"之象；阳为雄，阴为雌，震为阳卦、为雄龙，上六为雌龙。合观之，有"雌雄二龙"之象。震为决躁，有"战"之象；上六居外卦之外，有"野"之象。合观之，有"龙战于野"之象。震又为玄黄，有"其血玄黄"之象。

上六居坤卦之终，阴爻居阴位，居位不中，已失坤道柔顺，阴阳相互怀疑，互生嫌隙，遂起争战。乾阳认定坤阴自行其是，目无尊主，故以强龙介入干涉；坤阴判断失误，以为可以摆脱乾阳，独立自主，其实根本就没有离开乾阳掌控。乾坤大战，两败俱伤，血流遍野，处境凶险。

《小象传》提示："其道穷也。"不顺承天道，必然穷困窘迫。

《坤·文言传》提示："阴疑于阳必战。"坤阴受到乾阳猜疑，必然发生争战。

上六爻变，得坤之变卦剥卦。《剥·大象传》提示："上以厚下安宅。"得坤之剥，宜止不宜行，应顺时而止，加厚基础，安固根基，才能化险为夷，趋吉避凶。

本卦：坤　　　　　变卦：坤之剥

《易经》启示：上六处境是好运穷尽，阴极抗阳。人在上六处境，若能持守正道，谦逊柔顺，尊上谦下，功成身退，收敛低调，顺势而为，方能趋吉避凶。

用六，利永贞。

用六，利于长久占问。

《象》曰：用六永贞，以大终也。

《小象传》解释："用六永贞"，这是因为阴盛到极点向阳转化得以善终。

【导读】

利永贞　永，长久。《说文解字》："永，长也。"贞，经文中皆指占问。利永贞，指利于长久占问。

　　《象》曰　贞，传文中皆指守正，传文释义与经文有异。用六永贞，指用六爻辞说永远守正。大，阳。阴极必反，转化为阳。《易经》通例，阳为大，阴为小。终，善终。以大终，指阴盛到极点向阳转化得以善终。与上六《小象传》"道穷"相对。

第三卦　屯　☳

☳　屯，元亨，利贞。勿用有攸往，利建侯。

屯卦，一直亨通，利于占问。此时不可有所前往，利于确立目标。

《彖》曰：屯，刚柔始交而难生。动乎险中，大亨贞。雷雨之动满盈，天造草昧，宜建侯而不宁。

《彖传》解释：屯卦象征天地开始刚柔相交，艰难初生。在险难中萌动，需要有博大、通泰、贞正的品德。天地创生，雷雨交加，草木杂乱而蒙昧，正是宜于建功立业、建国封侯之际，虽然并不安宁。

《象》曰：云雷，屯。君子以经纶。

《大象传》解释：云雷交加，这是屯卦卦象。君子观此卦象，应当效法，要善于统筹谋划。

【导读】

屯　读 zhūn，卦名。《周易》（通行本）第三卦。《序卦传》："盈天地之间者唯万物，故受之以屯。屯者，盈也。屯者，物之始生也。"《杂卦传》："屯，见而不失其居。"天地生万物，充满天地之间的是万物，屯为盈满，又为万物之始生，因此继开天辟地之后紧接着为屯卦。这是《易传》释屯卦卦序、卦义。《说文解字》："屯，难也。象艸木之初生。屯然而难。从中贯一。一，地也。"中（chè）为草，一为土地。屯从中贯一，为草木初生破土而出。最后一笔弯曲，象征草木初生的艰难。屯为象形字，也有"孕妇挺着大肚子"之象。因此，六二、六四、上六诸爻爻辞都讲到结婚生育之事。屯卦是讲创生如何艰难。

元亨，利贞　指一直亨通，利于占问。详见乾卦【导读】。卦名"屯"字既象征草木初生艰难，又象征生命力顽强，"野火烧不尽，春风吹又生"，故称"元亨，利贞"。

勿用有攸往 勿用，指此时不用，不是永远不用。详见乾卦【导读】。《说文解字》："用，可施行也。"勿用有攸往，指此时不可有所前往。

利建侯 侯，甲骨文字形为 𰀀（《新甲骨文编》，第325页），上面"厂"表示箭靶，下面为箭矢，象征张弓搭箭对准目标准备射箭。《说文解字》："侯，春飨所射侯也。从人、从厂，象张布，矢在其下。"《小尔雅·广器》："射有张布谓之侯。"本义是箭靶，引申为目标。利建侯，指利于确立目标。历代注家多以建国封侯释之，大谬。屯卦正处初生之际，当以确立目标为重，尚无能力建国封侯。"勿用有攸往，利建侯"，劝告此时不用急于出行，先明确目标再出行也不迟。

《彖》曰 大亨贞，指博大、通泰、贞正的品德。造，创生。草昧，草木杂乱而蒙昧。建侯，传文中指建国封侯。传文释义与经文有异。

《象》曰 "云雷，屯"，此释屯卦卦象。上卦坎为云，下卦震为雷，上云下雷。经纶，本义是整理丝线，此指善于统筹谋划。

【卦象环境】

屯卦下卦为震，上卦为坎，震为雷，坎为水，水蒸发为云，云在震雷之上，有"云雷"之象，乌云密布，雷声隆隆，尚未成雨，云雷聚集，一片混沌，故取卦名为"屯"。

屯卦下卦为震，震由乾卦一阳入坤阴之底部而生成，有交媾之象。乾为天、为父，坤为地、为母，天地交会、父母交媾而万物生。六二至六四组成互卦坤，坤为地、为母，初九至九五组成互卦离（六二至六四同类合并为一个阴爻），离为大腹，上卦为坎水，下卦为震、为长男，坤母与离腹、坎水、震男，合而观之，有大地之母怀孕之象，象征大地母亲腹内羊水中孕育新生命成长，终至婴儿呱呱坠地，生下第一胎为长男。从怀孕到生产，整个过程都是屯卦之象。

屯卦中有互卦坤（六二至六四），坤为坤元，有"元"之象；上卦坎为通，有"亨"之象。合观之，有"元亨"之象。

下卦震错卦为巽，巽为近利市三倍，有"利"之象；巽综卦为兑，兑为巫，有"贞"之象。合观之，有"利贞"之象。

下卦震综卦为艮，也有互卦艮（六三至九五），艮为止，有"勿"之象；艮又为手，有"用"之象；震为足、为动，有"往"之象。合观之，有"勿用有攸往"之象。

巽为近利市三倍，有"利"之象；卦中互卦离（初九至九五）为目，上卦坎为弓轮，坎离合观，张弓搭箭瞄准目标，有"建侯"之象。诸象合观，有"利建侯"之象。参见本卦卦辞【导读】。

人在屯卦环境犹如十月怀胎，不宜轻举妄动（"勿用有攸往"），只宜聚集能量，囤积实力，做好前期准备，确立目标（"利建侯"），待时而行。若能如此，结果自然"元亨"。屯卦"元亨"之"元"，为乾元坤元合二为一、天地交合之元，承天时顺地势，必然一直亨通，自然利于占问。

《彖传》提示："动乎险中，大亨贞。"在险难中萌动，需要有博大、通泰、贞正的品德。

《大象传》提示："君子以经纶。"凡事要未雨绸缪，事先经营筹划。

屯卦的人位互卦为剥卦（下卦：六二至六四；上卦：六三至九五）。《剥·大象传》提示："上以厚下安宅。"剥卦提示，人在屯卦环境，应厚实基础，安稳根基。

本卦：屯　　　　人位互卦：剥

屯卦局势：如万物始生，初始艰难，运势曲折，生命顽强，势不可挡，一直亨通。

《易经》启示：人在屯卦环境，若能委曲求全，统筹经纶，奋发图强，蓄势待发，终能趋吉避凶。若不合时宜，自不量力，轻举妄动，冒险躁进，结果会凶多吉少。

初九，磐桓，利居贞，利建侯。

初九爻，前有巨石木柱阻拦，利于占问居住，利于确立目标。

《象》曰：虽磐桓，志行正也。以贵下贱，大得民也。

《小象传》解释：虽有巨石木柱阻拦，但德行守正。若尊贵而能谦下，必然大得民心。

【导读】

磐桓 磐，巨石。《广韵》："磐，大石。"桓，木柱。古代立在城郭、宫殿、官署、陵墓或驿站等建筑物旁作标志的木柱，后称华表。《说文解字》："桓，亭邮表也。"磐桓，指前有巨石木柱阻拦。

利居贞 利于占问居住。前有巨石木柱阻拦，宜止不宜行，因此"利居贞"。

利建侯 利于确立目标。参见本卦卦辞【导读】。

《象》曰 志行，德行。正，守正。贵，尊贵。贱，卑贱。以贵下贱，指尊贵而能谦下。民，民心。

【爻象处境】

初九处下卦震之初，上面有一个互卦艮（六三至九五），艮为山、为小石，艮又为阳卦，阳为大，因此艮有"磐"之象；艮为门阙，阙为门前楼台，有"桓"之象。合观之，有"磐桓"之象。

初九在下卦震，震错卦为巽，巽为近利市三倍，有"利"之象；初九处互卦艮之内，艮为门阙，有"居"之象；巽综卦为兑，兑为巫，有"贞"之象。合观之，有"利居贞"之象。

巽为近利市三倍，有"利"之象；初九在互卦离（初九至九五）之始，离为目，初九与六四正应，六四在上卦坎中，坎为弓，坎离合观，象征张弓搭箭瞄准目标，有"建侯"之象。诸象合观，有"利建侯"之象。

初九居屯卦之始，阳爻居阳位，虽居位得当，又为内卦震之主爻，震为动，初九为动力之源，但居位失中，重阳过刚，初九前行不仅有坎水风险，还有艮山阻止，处境艰难。不过，初九与六四正应，六四为大臣，初九又处互卦坤（六二至六四）之下，坤为众，有上层信任和众人支持，为下一步走出险境创造了条件。

《小象传》提示："以贵下贱，大得民也。"谦下聚众，大得民心。

初九爻变，得屯之变卦比卦。《比·象传》提示："比，吉也。比，辅也，下顺从也。"得屯之比，比卦象征辅佐，得到下层亲近顺从，无比吉利。

本卦：屯　　　　变卦：屯之比

《易经》启示：初九处境是时运受阻，应等待时机。此时正是开局初创时期，宜切实打好基础。人在初九处境，若能持守正道，抑制过刚，养精蓄锐（"利居贞"），明确目标（"利建侯"），择善而随，争取上下支持（上应六四，谦下聚众），等时机成熟再前行，方能化险为夷。

六二，屯如邅如，乘马班如，匪寇婚媾，女子贞不字，十年乃字。

六二爻，行进艰难，驾着马车原地回旋。这不是抢劫，而是求婚。女子占问结果是不能出嫁，十年以后才能出嫁。

《象》曰：六二之难，乘刚也。十年乃字，反常也。

《小象传》解释：六二爻之所以艰难，在于以柔凌驾于刚之上。十年以后才出嫁，回归了正常。

【导读】

屯如邅如　如，语气助词，无实义，下同。邅，读 zhān，指难以行走。屯如邅如，指行进艰难。

乘马班如　班同般，盘旋、返还，此指进退回旋。《说文解字》："般，辟也，象舟之旋。"《尔雅·释言》："般，还也。"

匪寇婚媾　匪同非。寇，指盗寇抢劫。媾，读 gòu，结亲、亲上加亲。《说文解字》："媾，重婚也。"段玉裁注："重婚者，重叠交互为婚姻也。"婚媾，求婚。

女子贞不字　贞，占问。字，出嫁。古称女子许嫁为字。女子贞不字，指女子占问结果是不能出嫁。

十年乃字　十年以后才能出嫁。

《象》曰　乘，凌驾。乘刚，即柔乘刚，指柔凌驾于刚之上。反即返。反常，指返回常道、回归正常。

【爻象处境】

六二处下卦震之中，震错卦为巽，巽为进退，有"屯如邅如"之象。

巽又为入，有"乘"之象；震于马为善鸣，有"马"之象。合观之，有"乘马"之象。巽为进退，也有"班如"之象。合观之，有"乘马班如"之象。

巽又为不果，有"匪"之象。六二上应九五，九五在互卦艮（六三至九五）中，艮为山，九五在山顶，六二在山脚，中间隔着一段距离，看不清楚，九五又在上卦坎之中，坎为盗，有"寇"之象，九五下应六二时，六二以为遇到强盗下山抢亲。靠近才知道是来求婚的，六二与九五正应，有"婚媾"之象。合观之，有"匪寇婚媾"之象。

六二爻变，下卦震变为兑，兑为少女，有"女子"之象；兑又为巫，有"贞"之象；兑综卦为巽，巽为不果，有"不"之象；兑又为妾，女子许嫁为字，有"字"之象。合观之，有"女子贞不字"之象。

六二与九五之间隔着互卦坤（六二至六四），坤地数为十，有"十年"之象。象征需要经过十年，六二与九五才能走到一起结婚，故称"十年乃字"。

六二阴爻居阴位，虽居中得正，但重阴过柔，又居内卦震之中，内心有冲动，上与九五正应，六二处互卦艮（六三至九五）山脚，前有大山阻止，不能前行，九五陷于上卦坎险之中，不能动弹；六二又与初九亲比，关系不正，六二在初九、九五之间难以抉择，犹豫不决，进退不定，处境不顺。

《小象传》提示："十年乃字，反常也。"先犹豫，后守正，最终回归正常。

六二爻变，得屯之变卦节卦。《节·彖传》提示："说以行险，当位以节，中正以通。"得屯之节，和悦面对险境，行事得当节制，持中守正可以亨通。

本卦：屯　　　　　　变卦：屯之节

《易经》启示：六二处境是时运艰难，此时危机四伏，中正可通。人在六二处境，若能持守中正之道，纠正过柔，正定心志，等待时机，顺势而为，方能顺利。

六三，即鹿无虞，惟入于林中，君子几，不如舍，往吝。

六三爻，狩猎逐鹿时缺少熟悉情况的向导，鹿逃入森林里去，君子察觉到危险苗头，不如放弃，知过不改必有遗恨。

《象》曰：即鹿无虞，以从禽也。君子舍之，往吝穷也。

《小象传》解释："即鹿无虞"，这是因为贪图猎物。君子及时放弃，这说明已意识到继续追逐会有危险，已到穷途末路了。

【导读】

即鹿无虞　即，就、近。即鹿，逐鹿、猎鹿。虞，即虞人，周代掌管山林狩猎的官员。王侯贵族围猎时，虞人负责将野兽驱赶出来供狩猎者射杀。此处引申为向导。

惟入于林中　惟，发语词，无实义。

君子几　几，读 jī，隐微，此指危险苗头。《说文解字》："几，微也，殆也。"君子几，指君子察觉到危险苗头。

不如舍　舍，舍弃、停置。不如舍，不如舍弃。

往吝　吝，恨惜、遗恨。《说文解字》："吝，恨惜也。"《系辞上传》："悔吝者，忧虞之象也。……悔吝者，言乎其小疵也。"悔、吝皆指有过错，悔者知过而悔过，吝者知过而不改。《尚书·仲虺之诰》："改过不吝。"往吝，指知过不改，继续追逐必有遗恨。

《象》曰　从通"纵"，放纵、贪图。禽，猎物。从禽，指贪图猎物。穷，穷尽、穷途。

【爻象处境】

六三处下卦震之终，震为足、为动，有"即"之象；震综卦为艮，艮为黔喙之属，有"鹿"之象；下卦震错卦为巽，巽为不果，有"无"之象；六三处六画卦之人位，有"虞（人）"之象。合观之，有"即鹿无虞"之象。

震错卦为巽，巽为入，有"入"之象；震综卦为艮，艮为山、为木坚多节，有"林"之象。合观之，有"惟入于林中"之象。

六三爻变，下卦震变为离，离为乾卦，乾为君，有"君子"之象；六三爻变，得互卦坎（六二至六四），上卦也为坎，坎为陷、为隐伏，有"几"之象；震综卦为艮，艮为止，有"舍"之象。合观之，有"君子几，不如舍"之象。

六三在下卦震，震为足、为动，有"往"之象；六三爻变，得互卦坎（六二至六四），坎为加忧、为心病、为亟心，有"吝"之象。合观之，有"往吝"之象。

六三居下卦震动之极，阴爻居阳位，居位失当，不中不正，有自不量力、盲目妄动、急功躁进倾向。上无正应，近无亲比，上无靠山，下无基础，缺少外力支持。处"三多凶"之位，即将转入上卦坎险，又在互卦艮（六三至九五）中，艮为止，前行有阻碍，处境凶险。

《小象传》提示："君子舍之，往吝穷也。"应及时放弃，继续追逐会有危险，已到穷途末路了。

六三爻变，得屯之变卦既济卦。《既济·大象传》提示："君子以思患而豫防之。"得屯之既济，应居安思危，防患于未然，采取预防措施。

本卦：屯　　　　　　变卦：屯之既济

《易经》启示：六三处境是时运穷尽，不宜前往，此时不宜盲目行动。人在六三处境，若能察觉到危险苗头，就应随机应变，不如及时放弃，等待时机成熟，得到贵人相助，仍可趋吉避凶。若自不量力，刚愎自用，知过不改，执意前往，必有遗恨。

六四，乘马班如，求婚媾，往吉，无不利。

六四爻，乘驾马车原地徘徊，这是来求婚。前往吉祥，事无不利。

《象》曰：求而往，明也。

《小象传》解释：勇往直前去追求，前途是光明的。

【导读】

乘马班如　参见本卦六二【导读】。

往吉，无不利　指此时前往吉祥，事无不利。

《象》曰　求而往，指勇往直前去追求。明，前途光明。

【爻象处境】

六四在上卦坎之初，六四爻变，坎变为兑，兑综卦为巽，巽为入，有"乘"之象；坎于马为美脊，有"马"之象；巽为进退、为不果，有"班如"之象。合而观之，有"乘马班如"之象。

兑为口舌、为说，有"求"之象；六四与九五亲比，有"婚媾"之象。合观之，有"求婚媾"之象。兑又为少女、为悦，坎为中男，少女听到中男求婚，心中喜悦，欣然接受。六四在互卦艮（六三至九五），艮综卦为震，震为足、为动，有"往"之象；上卦坎错卦为离，离为日、为明、为丽，有"吉"之象；巽又为近利市三倍，有"利"之象，换言之，即"无不利"之象。合观之，男欢女爱，情投意合，你来我往，有"往吉，无不利"之象。

六四处"四多惧"之位，阴爻居阴位，虽居位得正，上承亲比九五，下应初九，关系皆好，但居位失中，重阴过弱，优柔寡断，左右为难，处境不顺。

《小象传》提示："求而往，明也。"勇于追求，前途光明。

六四爻变，得屯之变卦随卦。《随·彖传》提示："随之时义大矣哉。"得屯之随，随时应变，谦逊顺随，意义重大。

本卦：屯　　变卦：屯之随

《易经》启示：六四处境是时运不畅，此时进退两难，宜顺时而动。人在六四处境，若能持守正道，权衡利弊，果断取舍，选准追随目标，立即积极行动，方能吉无不利。

九五，屯其膏，小贞吉，大贞凶。

九五爻，囤积财富，小事占问吉利，大事占问凶险。

《象》曰：屯其膏，施未光也。

《小象传》解释："屯其膏"，这意味着福泽施舍不广。

【导读】

屯其膏 屯，囤积。膏，肥肉，引申为财富。传统婚俗婚娶时要以猪肉等为聘礼。

小贞吉，大贞凶 小，小事。大，大事。小事占问吉利，大事占问凶险。

《象》曰 施未光，指福泽施舍不广。

【爻象处境】

九五居上卦坎之中，坎为陷，有"屯"之象；坎又为水，有"膏"之象。合观之，有"屯其膏"之象。

九五下与六二正应。《易经》通例，阳为大，阴为小。六二阴爻为小，有"小"之象；六二在下卦震，震综卦为艮，艮错卦为兑，兑为巫，有"贞"之象；六二柔中，持中守正，在互卦离（初九至九五）中，离为日、为明、为丽，有"吉"之象。合观之，有"小贞吉"之象。

九五阳爻为大，有"大"之象；九五在互卦艮（六三至九五），艮错卦为兑，兑为巫，有"贞"之象；九五刚中，却陷入上卦坎中，坎为血卦，有"凶"之象。合观之，有"大贞凶"之象。

九五居屯卦之君位，阳爻居阳位，虽居中得正，但重阳过刚，刚愎自用，深陷坎险，为上六、六四上下两阴爻所围困，不能动弹。虽九五与六二正应，但六二阴柔乏力，无力应援，因此九五处境困难。

《小象传》提示："屯其膏，施未光也。"问题在于囤积财富，施恩不广。

九五爻变，得屯之变卦复卦。《复·六五》提示："敦复，无悔。"得屯之复，恢复敦厚包容，没有悔恨。

本卦：屯　　　　　变卦：屯之复

《易经》启示：九五处境是时运不畅，施用不广，此时孤立无援。人在九五处境，若能持守中正之道，戒骄戒躁，抑制过刚，谦逊包容，广施恩泽，广结人缘，遇到小事可保吉利，若遇大事，难免有凶险。

上六，乘马班如，泣血涟如。

上六爻，乘驾马车原地徘徊，哭泣无声，血泪涟涟。

《象》曰：泣血涟如，何可长也？

《小象传》解释："泣血涟如"，这意味着，怎么可能长久？

【导读】

乘马班如　参见本卦六二【导读】。

泣血涟如　泣，哭而无声。涟，流泪不断。如，语气助词，无实义。

《象》曰　长，长久。

【爻象处境】

上六在上卦坎之极，上六爻变，上卦坎变为巽，巽为入，有"乘"之象；坎于马为美脊，有"马"之象；巽又为进退、为不果，有"班如"之象。合观之，有"乘马班如"之象。

巽综卦为兑，兑为口，有"泣"之象；上卦坎为血卦，有"血"之象；坎又为水，有"涟"之象。合观之，有"泣血涟如"之象。

上六居屯卦上卦坎之终，为坎险之极。阴爻居阴位，重阴过弱，上六自身阴柔乏力，前无去路，后有险阻，凌乘九五，下无正应，得罪尊者，又无基础，前途渺茫，处境艰险，心中极度悲伤，不禁哭泣得血泪涟涟。

《小象传》提示："泣血涟如，何可长也？"泣血涟如，情何以堪，怎能长久？

上六爻变，得屯之变卦益卦。《益·大象传》提示："风雷，益。君子以见善则迁，有过则改。"得屯之益，疾风迅雷，风雷交加，应当醒悟，敬畏天威，见善则迁，知过悔过，有过就改，善莫大焉。

本卦：屯　　　　变卦：屯之益

《易经》启示：上六处境是好运到头，前无去路，此时正陷入绝境。人在上六处境，若能及早醒悟，戒惧谨慎，持守正道，纠正过失，既尊上谦下，柔顺应比，争取支持，又自身坚毅隐忍，不畏艰险，终能化险为夷。

第四卦　蒙

☷☵　蒙，亨。匪我求童蒙，童蒙求我。初筮告，再三渎，渎则不告。利贞。

蒙卦，亨通。不是我去求蒙昧者占卦，而是蒙昧者来求我占卦。初次占卦，神灵会告知结果。如果一而再、再而三地重复占卦，就是不诚心不恭敬，亵渎了神灵，就不会告知结果。此卦利于占问。

《彖》曰：蒙，山下有险，险而止，蒙。蒙亨，以亨行时中也。匪我求童蒙，童蒙求我，志应也。初筮告，以刚中也。再三渎，渎则不告，渎蒙也。蒙以养正，圣功也。

《彖传》解释：蒙卦象征艮山之下有坎险，遇险而止，这是蒙卦的卦德。蒙卦所称亨通，是因为行动适时适中。不是我去求蒙昧者，而是蒙昧者来求我，这是因为神灵与求筮者的心志是相互感应的。初次占卦而能告知结果，是因为他信仰刚毅、品德中正。再三占卦则亵渎神灵，亵渎神灵就不会告诉他，亵渎神灵正是蒙昧无知的表现。让蒙昧者修养纯正品德，这是神圣的功德。

《象》曰：山下出泉，蒙。君子以果行育德。

《大象传》解释：山下出泉，这是蒙卦卦象。君子观此卦象，应当效法，果敢行动，培育美德。

【导读】

蒙　卦名。《周易》（通行本）第四卦。《序卦传》："物生必蒙，故受之以蒙。蒙者，蒙也，物之稚也。"《杂卦传》："蒙，杂而著。"万物初生必有幼稚，鸿蒙初开，先杂乱无章，后显明有序，因此继屯卦之后紧接着为蒙卦。这是《易传》释蒙卦卦序、卦义。蒙通"矇"。《说文解字》："矇，童矇也。一曰不明也。"蒙，指蒙昧不明。蒙卦是讲如何启蒙。蒙昧有三种类型：一是六三"见金夫，不有躬"，用心不专类蒙昧；二是六四"困蒙"，执迷不悟类蒙昧；三是六五"童蒙"，童真纯朴类蒙昧。启蒙方式有三种：一是初六"发蒙"，启发式启蒙；二是九二"包蒙"，赏识式启蒙；三是上九"击蒙"，惩罚式启蒙。

匪我求童蒙 匪同非。童有二义：一指幼童、年幼者；二同瞳，指瞳孔、眼睛。童蒙，指年幼者心智未开的幼稚蒙昧，也同"瞳蒙"，指视野局限者的蒙昧不明。此指蒙昧无知的问筮者。

初筮告 筮，读 shì，指占卦，是古代用蓍草来占问吉凶的占筮方法。初筮告，指初次占卦会告知结果。

再三渎，渎则不告 渎，亵渎，不恭敬。如果一而再、再而三地重复占卦，就是不诚心、不恭敬。亵渎神灵，就不会告知结果。

《彖》曰 时中，指行动适时适中。应，感应。志应，心志感应。刚，信仰坚定刚毅。中，品德中正。蒙以养正，指让蒙昧者修养纯正品德。圣功，神圣的功德。

《象》曰 "山下出泉"，此释蒙卦卦象。蒙卦上卦艮为山，下卦坎为水，山下有水，即"山下出泉"。果，果敢。育，培育。果行育德，指果敢行动，培育美德。

【卦象环境】

蒙卦下卦为坎，上卦为艮，坎为水，艮为山，山下有水，有"山下出泉"之象；水汽蒸发为云雾，云雾弥漫不见山，双眼蒙眬，有蒙昧之象；泉水从山中流出，犹如头脑开窍，有启蒙之象，故取卦名为"蒙"。

蒙卦艮山在上，坎水在下，水在山下，水往低处流，坎为通，有"亨"之象。

蒙卦有互卦震（九二至六四），震错卦为巽，巽为不果，有"匪"之象；《易经》通例，内卦为自己，外卦为他人，内卦坎为中男，有"我"之象；巽综卦为兑，兑为口、为说，有"求"之象；外卦艮为少男，有"童蒙"之象。合观之，有"匪我求童蒙"之象。

外卦艮为少男，有"童蒙"之象；艮错卦为兑，兑为口、为说，有"求"之象；艮综卦为震，震为反生，震兑合观，有"反求"之象；内卦坎为中男，有"我"之象。合观之，有"童蒙求我"之象。

上卦艮为手指，艮综卦为震，震为萑苇，艮错卦为兑，兑为巫，艮震兑合观，以手揲蓍草占卦，有"筮"之象；兑又为口、为说，有"告"之象；六二刚中，为下卦坎之主爻，与六五正应，有"初筮告"之象。

下卦坎为沟渎，有"渎"之象；互卦震（九二至六四）错卦为巽，巽为不果，有"不"之象；兑又为口、为说，有"告"之象；六三凌乘九二，有"三渎"之象，六三非真心求教，九二不予相告；九二与六四无应，四为二的两倍，为"再"，有"再渎"之象；六四也非真心求教，九二也不予相告。合观之，有"再三渎，渎则不告"之象。

上卦艮错卦为兑，兑综卦为巽，巽为近利市三倍，有"利"之象；兑为巫，有"贞"之象。合观之，有"利贞"之象。

《彖传》提示："蒙亨，以亨行时中也。"蒙卦得以亨通，在于适时适中。

《大象传》提示："君子以果行育德。"犹如泉水从高山下奔涌而出，清澈纯洁，君子应当果决行动，培育纯正品德。

人在蒙卦环境，启蒙亨通之道，关键在"时中"：一要适时相应。不妄动，不先物而动，不必有求必应，而是先求后应，"童蒙求我"，我方应之，非我求童蒙。二要适中相告。初筮虚心求问，我诚心相告，再三筮问，三心二意，非真心求问，我不予相告，否则就失中过度了。适时适中，方能亨通。

蒙卦的人位互卦为复卦（下卦：九二至六四；上卦：六三至六五）。《复·彖传》提示："复，亨，刚反动而以顺行，是以出入无疾，朋来无咎。"复卦提示，人在蒙卦环境，刚强复返，顺时而动，顺势而为，如此方能亨通，出入无患，朋友来助，没有咎过。一阳复始，万象更新。

本卦：蒙　　　　人位互卦：复

蒙卦局势： 如幼童蒙昧，瞳蒙无知，运势昏暗，冥顽不灵，犹豫不决，迟疑不定，终能亨通。

《易经》启示：人在蒙卦环境，若能持守正道，诚心求教，因材施教，启蒙育智，去除蒙昧，终能逢凶化吉。若用心不专，有过不改，远离正道，见异思迁，结果会凶多吉少。

初六，发蒙，利用刑人，用说桎梏。以往吝。

初六爻，启发式启蒙，利于用典型示范启发人，利于用来解脱精神枷锁。此时启蒙未成，依然前往，有过不改，必有遗恨。

《象》曰：利用刑人，以正法也。

《小象传》解释："利用刑人"，这是为了端正法度。

【导读】

发蒙 发，启发。发蒙，此指启发式启蒙。

利用刑人 刑，历来注家多释为刑罚之刑，非也。刑通"型"，指典型、典范、法式、榜样。《诗经·周颂·我将》："仪式刑文王之典，日靖四方。"刘勰《文心雕龙·奏启》："必使理有典刑，辞有风轨。"《荀子·强国》："刑范正，金锡美，工冶巧，火齐得，剖刑而莫邪已。"王先谦集解："刑范，铸剑规模之器也。"规模即规范模具。刑人，指以典型示范启发人，如现代启发式教育。

用说桎梏 说同脱，指解脱、免除。桎梏，读 zhìgù，《说文解字》："桎，足械也。梏，手械也。"即古代拘系犯人的木制脚镣、手铐。用说桎梏，此指利于用来解脱精神枷锁。如果人蒙昧无知，就如同戴着精神枷锁一样，心灵不自由。启蒙成功，心智开窍，就如同挣脱精神桎梏，恢复自由。

以往吝 以，依然。蒙亦为过，为智之过错。童蒙之过，过不在童；童蒙不受发蒙，有过不改，则过在童。以往吝，指启蒙未成，依然前往，有过不改，必有遗恨。参见屯卦六三【导读】。

《象》曰 正法，端正法度。

【爻象处境】

初六处蒙卦下卦坎之始，初六爻变，坎变为兑，兑综卦为巽，巽错卦为震，震为莩，莩为植物开花，有"发蒙"之象。

巽为近利市三倍，有"利"之象；兑错卦为艮，艮为手，有"用"之象；巽又为绳直、为工，有"刑人"之象。合观之，有"利用刑人"之象。

艮为手，有"用"之象；兑又为毁折，有"脱"之象；坎错卦为离，离中虚，离于木为科上槁，有"桎梏"之象。合观之，有"用说桎梏"之象。

初六爻变，下卦坎变为兑，兑错卦为艮，艮综卦为震，震为足、为动，有"往"之象；初六在下卦坎之始，坎为加忧、为心病、为亟心，有"吝"之象。合观之，有"往吝"之象。

初六阴爻居阳位，虽居位失当，不中不正，上无正应，但顺承亲比九二，虚心求启蒙，九二阳刚守中，以身作则，既言传，又身教，示范启发初六，处境有利有弊。人蒙昧无知，如同戴着精神枷锁，心灵不自由。启蒙成功，心智开窍，如同挣脱桎梏，恢复自由。

《小象传》提示："利用刑人，以正法也。"典型示范，在于端正法度。

初六爻变，得蒙之变卦损卦。《损·大象传》提示："君子以惩忿窒欲。"得蒙之损，应启蒙修养，损过益善，惩戒愤怨，窒塞贪欲。

本卦：蒙　　　　变卦：蒙之损

《易经》启示：初六处境是时运未明，前途迷茫，此时正是启蒙开智之时。人在初六处境，若能持守正道，谦逊承比，虚心求教，得贵人相助，必有所获。六三至上九组成互卦大艮，艮为止，若越过九二，不虚心接受启蒙，有过不改，蒙昧前往，将遇到艮山阻止，不会顺利，必有遗恨。

九二，包蒙，吉。纳妇吉，子克家。

九二爻，赏识式启蒙，吉利。娶媳妇吉祥，儿子能管好家业。

《象》曰：子克家，刚柔接也。

《小象传》解释："子克家"，这意味着刚柔相济、夫妻相配、家庭和顺。

【导读】

包蒙 包，包容、接纳。包蒙，指有教无类，包容资质不同的童蒙，相当于赏识式启蒙。

纳妇 娶媳妇。

子克家 克，克制。子克家，指儿子能管好家业。当代著名诗人臧克家，其名"克家"即取自于此。

《象》曰 接，交接、相济。刚柔接，指刚柔相济、夫妻相配、家庭和顺。

【爻象处境】

九二处下卦坎之中，九二爻变，下卦坎变为坤，坤为布、为藏，九二处坎之中犹如包在坤中，有"包蒙"之象。

九二与六五正应，六五在上卦艮，艮错卦为兑，兑综卦为巽，巽为入，有"纳"之象；兑为妾，有"妇"之象；下卦坎错卦为离，离为日、为明、为丽，有"吉"之象。合观之，有"纳妇吉"之象。

九二在互卦震（九二至六四）中，震为长子，有"子"之象；震为决躁，有"克"之象；震综卦为艮，艮为门阙，有"家"之象。合观之，有"子克家"之象。

九二阳爻居阴位，刚而能柔，居位得中，上与六五正应，又与初六、六三亲比，既有上层信任，又有基层支持，上有靠山，下有基础，处境顺利。

《小象传》提示："子克家，刚柔接也。"刚柔相济，夫妻相配，家庭和顺。

九二爻变，得蒙之变卦剥卦。《剥·象传》提示："顺而止之，观象也。君子尚消息盈虚，天行也。"得蒙之剥，应当领悟，增减盈亏，这是天行之道。应居安思危，顺时行止。

本卦：蒙　　　　变卦：蒙之剥

《易经》启示：九二处境是时运中兴，包容和顺。人在九二处境，若能持守中道，刚而能柔，尊上谦下，谦逊包容，方可趋吉避凶。

六三，勿用取女，见金夫，不有躬，无攸利。

六三爻，不可娶这样的女人，一见到有财有貌的男人，就控制不住自己，没有好结果。

《象》曰：勿用取女，行不顺也。

《小象传》解释："勿用取女"，这是因为娶这样的女人之后行事不会顺利。

【导读】

勿用取女　勿用，不可。取通"娶"。

见金夫　金夫，指有财无德、有貌无才的男人。

不有躬　躬，自身。《说文解字》："躬，身也。"不有躬，身不由己，自己控制不住自己。"见金夫，不有躬"，是一种用心不专的蒙昧。

《象》曰　行不顺，行事不会顺利。

【爻象处境】

六三爻变，下卦坎变为巽，巽为不果，有"勿"之象；巽又为入，有"取"之象；巽又为长女，有"女"之象。合观之，有"勿用取女"之象。

六三处下卦坎之极，坎错卦为离，离为目，有"见"之象；离为乾卦，乾为金，有"金"之象；坎为中男，有"夫"之象。合观之，有"见金夫"之象。

巽为不果，有"不"之象；巽错卦为震，震为反生，有"躬"之象。合观之，有"不有躬"之象。

巽为不果，有"无"之象；巽又为近利市三倍，有"利"之象。合观之，有"无攸利"之象。

六三处"三多凶"之位，阴爻居阳位，居位不当，不中不正，既与上九正应，又下乘亲比九二，周旋于二阳之间，三心二意，见异思迁，缺乏诚心，迷失自己，处境不利。

《小象传》提示："行不顺也。"如六三行事，必然不顺。

六三爻变，得蒙之变卦蛊卦。《蛊·大象传》提示："君子以振民育德。"得蒙之蛊，应端正民风，培育德行。

　　　　　本卦：蒙　　　　　变卦：蒙之蛊

《易经》启示：六三处境是时运不顺，蛊惑迷乱。人在六三处境，若能持守正道，正定心志，举止得当，真诚应比，静待时机，顺势而为，方能顺利。

六四，困蒙，吝。

六四爻，执迷不悟的蒙昧，有遗恨。

《象》曰：困蒙之吝，独远实也。

《小象传》解释："困蒙之吝"，这是因为离群索居，远离了现实生活。

【导读】

　困蒙　困，受困于。困蒙，指因受困于执迷不悟而产生的蒙昧。

　《象》曰　独，离群索居。远，远离。实，现实生活。远实，指远离现实生活。

【爻象处境】

六四居蒙卦之人位，在互卦坤（六三至六五）之中，坤为大舆、为吝啬、为藏，有"困蒙"之象。

六四爻变，互卦坤变互卦坎（六三至六五），坎为加忧、为心病，因"困蒙"而不得启蒙，有过不知，有过不改，心有遗恨，有"吝"之象。参见屯卦六三【导读】。

六四居上卦艮之底，处"四多惧"之位，阴爻居阴位，重阴过弱，下与初六敌而不应，近与六三、六五敌而不比，被阻止在山脚，远离九二、上九两阳爻，上有艮山，不能进，下有坎险，不能退，且下无基础，没有外援，处境艰难。

《小象传》提示："困蒙之吝，独远实也。"困于蒙昧，不得启蒙，孤独无助，空虚不实，必有遗憾。

六四爻变，得蒙之变卦未济卦。《未济·大象传》提示："君子以慎辨物居方。"得蒙之未济，要谨慎辨别各类事物，使各得其所，有序发展。

本卦：蒙　　　变卦：蒙之未济

《易经》启示：六四处境是时运困厄，孤独无助，此时正困于与外界渐行渐远。人在六四处境，若能持守正道，纠正过失，不好高骛远，不自视清高，正视现实，谦逊包容，以诚待人，方能无吝。

六五，童蒙，吉。

六五爻，童真纯朴的蒙昧，吉利。

《象》曰：**童蒙之吉，顺以巽也。**

《小象传》解释："童蒙之吉"，这是因为柔顺服从。

【导读】

童蒙　与卦辞中"童蒙"词同义不同，前指蒙昧无知的占筮者，此指童真纯朴的蒙昧。

《象》曰　顺，柔顺。巽，服从。

【爻象处境】

六五居蒙卦上卦艮之中，艮为少男，有"童蒙"之象。

六五爻变，上卦艮变为巽，巽为近利市三倍，有"吉"之象；六五爻变，得互卦离（九二至九五），离为日、为明、为丽，也有"吉"之象。

六五居蒙卦之尊位，阴爻居阳位，居位得中，上承亲比上九，下应九二，上下都有援助；九二为启蒙者，九二至六五为互卦震，震为动，六五在九二启蒙行动中；六五虽居尊位，但柔顺谦下，仍以"童蒙"心态虚心求教，因此处境顺利。

《小象传》提示："童蒙之吉，顺以巽也。"童蒙吉利，在于柔顺服从。

六五爻变，得蒙之变卦涣卦。《涣·象传》提示："利涉大川，乘木有功也。"凿木虚心为舟，顺风行舟，成功涉渡大川。得蒙之涣，虚心向学，见贤思齐，焕然一新。

本卦：蒙　　　　　变卦：蒙之涣

《易经》启示：六五处境是时来运转，顺风顺水，此时正处于时运转盛中。人在六五处境，若能持守中道，谦逊柔顺，宽厚包容，得道多助，顺势而为，必然吉利。

上九，击蒙，不利为寇，利御寇。

上九爻，惩罚式启蒙，不利于在室外敲打，利于在室内敲打。

《象》曰：利用御寇，上下顺也。

《小象传》解释："利用御寇"，这是因为上下顺应同心。

【导读】

击蒙　击，敲打。击蒙，指对冥顽不化者进行敲打，是惩罚式启蒙，也是一种"发蒙"方式。旧时私塾老师都有一把戒尺，用来惩责上课调皮捣蛋或完不成作业的学生，通常打手心。手心有劳宫穴，打手心不伤筋骨，反而能激发智力，有利于启蒙。

不利为寇，利御寇　寇，会意字，从宀（mián），表示与家室房屋有关，从元（人），从攴（pū），表示持械击打，意思是在室内持械敲打。《说文解字》："寇，暴也。"《左传·文公七年》："凡兵作于内为乱，于外为寇。"为寇是在室外，御寇是在室内。击蒙是"发蒙"方式之一，是对个别冥顽不化者的一种惩罚式启蒙，有三个特点：一是带有惩罚性质，是持械敲击。二是在室内敲打，不主动到室外敲打，是为"不利为寇"。三是迫不得已、迫于无奈，对个别冥顽不化者实在没有其他更好的启蒙办法，被动实行击蒙，是为"利御寇"。

《象》曰　上下顺，指击蒙时敲打者打得顺当，被击者顺服，上下顺应同心。

【爻象处境】

上九在上卦艮之顶，艮为手、于木为坚多节，对蒙昧至极者，手持木棒当头棒喝，有"击蒙"之象。

上九在上卦艮，艮综卦为震，震错卦为巽，巽为不果，有"不"之象；巽又为近利市三倍，有"利"之象；上九与六三正应，六三在下卦坎中，坎为寇，有"为寇"之象。合观之，有"不利为寇"之象。

巽为近利市三倍，有"利"之象；艮为手、为止，有"御"之象；下卦坎为盗，有"寇"之象。合观之，有"利御寇"之象。

上九居蒙卦之极，阳爻居阴位，虽已穷途末路，居位失当，不中不正，但近与六五亲比，并被六五顺承，下与六三正应，上有靠山，下有基础，处境有利有弊。

《小象传》提示："利用御寇，上下顺也。"上下顺应，同心启蒙。

上九爻变，得蒙之变卦师卦。《师·彖传》提示："刚中而应，行险而顺。"得蒙之师，刚健中正，上下顺应，行遇危险，终能顺利。

本卦：蒙　　　变卦：蒙之师

《易经》启示：上九处境是时运严酷，已是穷途末路。人在上九处境，若能反省自省，戒惧谨慎，纠正过失，刚而能柔，谦逊柔顺，忠诚尊上，取信于人，上下顺应，方能趋吉避凶。

第五卦　需　䷄

䷄　需，有孚，光亨，贞吉，利涉大川。

需卦，卦兆显示，大亨通，占问吉利，利于涉渡大川。

《彖》曰：需，须也，险在前也。刚健而不陷其义，不困穷矣。需有孚，光亨，贞吉。位乎天位，以正中也，利涉大川，往有功也。

《彖传》解释：需卦象征等待，因为危险就在前面。刚健中正而不失正义，自然不会遭遇困穷了。需卦具有诚信、光明、通达、贞正、吉祥的品德。高居天位，又有至正至中德性，利于涉渡大川，勇往直前，必能建功立业。

《象》曰：云上于天，需。君子以饮食宴乐。

《大象传》解释：云在天上，尚未成雨，需要等待，这是需卦卦象。君子观此卦象，应当效法，以饮食宴乐调养身心，养精蓄锐，等待有利时机。

【导读】

需　卦名。《周易》（通行本）第五卦。《序卦传》："物稚不可不养也，故受之以需。需者，饮食之道也。"《杂卦传》："需，不进也。"万物生长靠滋养，这是饮食之道。事物稚嫩不可不养，因此继蒙卦之后紧接着为需卦。需要饮食滋养，暂时不进。这是《易传》释需卦卦序、卦义。《说文解字》："需，䇓也。遇雨不进，止䇓也。从雨而声。"䇓，读 xū。段玉裁注："䇓者，待也。"需，本义是遇雨不进，有需要等待之义。需卦是讲需要等待时机。

有孚，光亨，贞吉　孚通"浮"，浮在表面如浮标，引申为征兆、卦兆。孚又指信。《说文解字》："孚，一曰信也。"经文释"孚"为征兆、应验，传文释"孚"为诚信。光，大。光亨，大亨通。"有孚，光亨，贞吉"，指卦兆显示，大亨通，占问吉利。

《象》曰　须，等待。孚，诚信。光，光明。亨，通达。贞，固正。"位乎天位，以中正也"，此就需卦主爻九五而言，九五居卦之天位，以阳爻居阳位，至正至中。

《象》曰　"云上于天"，此释需卦卦象。需卦下卦乾为天，上卦坎为水，水蒸发在天上为云。云在天上，尚未成雨，需要等待。饮食宴乐，指应以饮食宴乐调养身心，饮食以养身，宴乐以养心，养精蓄锐，等待有利时机。

【卦象环境】

需卦下卦为乾，上卦为坎，乾为天，坎为水，水蒸发为云，有"云上于天"之象。云为含雨水气，尚未成雨，天上下雨的时机未到，需要等待，故取卦名为"需"。

需卦有互卦兑（九二至六四），兑为巫，有"有孚"之象。

互卦离（九三至九五）为火、为明，有"光"之象；上卦坎为通，有"亨"之象。离坎合观，有"光亨"之象。

互卦兑为巫，有"贞"之象；互卦离为日、为明、为丽，有"吉"之象。合观之，有"贞吉"之象。

互卦兑综卦为巽，巽为近利市三倍，有"利"之象；巽错卦为震，震为足、为动，有"涉"之象；上卦坎为阳卦，阳为大，坎又为水、为沟渎，象征"川"，因此坎有"大川"之象。合观之，有"利涉大川"之象。

《象传》提示："需，须也，险在前也。"需卦象征等待，因为危险就在前面。

《大象传》提示："君子以饮食宴乐。"应以饮食宴乐调养身心，养精蓄锐，等待有利时机。

处需之道重在二需：一需等待时机。因为"险在前"，因此需要等待时机成熟。若时机未到，盲目妄动，可能事倍功半，甚至一事无成。二需刚健身体。只有"刚健而不陷"，才能"利涉大川，往有功也"。在等待期间，该喝就喝，该吃就吃，该乐就乐，滋养身心，积蓄力量，养精蓄锐，待时而行。否则，机会来了，人不行了，徒唤奈何。

需卦的人位互卦为睽卦（下卦：九二至六四；上卦：九三至九五）。《睽·彖传》提示："睽之时用大矣哉！""睽"为张目而视。睽卦提示，人在需卦环境，应睁大眼睛，见微知著，见机行事，洞察先机，因时而用。

本卦：需　　　　　　　人位互卦：睽

需卦局势：如云霭中天，密云不雨，运势蹉跎，未雨绸缪，耐心等待，前途亨通。

《易经》启示：人在需卦环境，若能坚守正道，磨练耐心，积蓄实力，静待时机，终能大器晚成，趋吉避凶。若不识时务，轻举妄动，冒险前进，结果会身陷泥潭，凶多吉少。

初九，需于郊，利用恒，无咎。

初九爻，在郊外等待，利于有耐心，不会有咎灾。

《象》曰：需于郊，不犯难行也。利用恒无咎，未失常也。

《小象传》解释："需于郊"，这意味着不能冒险前行。"利用恒无咎"，这意味着未失常理。

【导读】

需于郊　《说文解字》："郊，距国百里为郊。"周朝时距离国都五十里的地方叫近郊，百里的地方叫远郊。需于郊，指在郊外等待。

利用恒　恒，持久，有耐心。

《象》曰　犯难，冒险。常，常理。

【爻象处境】

初九处需卦下卦乾之初，乾为圆、为周边，乾错卦为坤，坤为地、为邑，邑外周边，有"需于郊"之象。

初九爻变，下卦乾变为巽，巽为近利市三倍，有"利"之象；巽又为长，有"恒"之象。合观之，有"利用恒"之象。

巽又为不果，有"无"之象；初九爻变，得互卦坎（初六至六四），坎为多眚，有"咎"之象。合观之，有"无咎"之象。

初九阳爻处阳位，虽居位得当，但居位不中，重阳过刚，虽上与六四正应，但六四重阴过弱，且"四多惧"，无力也无心援助，近与九二敌而不比，得罪上司，因此处境不利。

《小象传》提示："需于郊，不犯难行也。"危邦不入，乱邦不居，需要耐心等待，不能冒险前行。

初九爻变，得需之变卦井卦。《井》卦辞提示："汔至亦未繘井，羸其瓶，凶。"得需之井，井卦提示：井水可供需求，用木桶到井中汲水，提至井口，木桶倾覆坠毁，没有坚持到最后，功亏一篑，前功尽弃，那是很凶险的。

本卦：需　　　　　　变卦：需之井

《易经》启示：初九处境是时运未到，此时危机四伏，宜止不宜进，不可轻举妄动。人在初九处境，若能持守正道，抑制过刚，节制过激，纠正过失，谦逊柔顺，耐心等待，从长计议，方能无咎。

九二，需于沙，小有言，终吉。

九二爻，在沙滩上等待，会有小的责难，但最终吉利。

《象》曰：需于沙，衍在中也。虽小有言，以吉终也。

《小象传》解释："需于沙"，这意味着过错正在内部滋生。虽然受到小的责难，但还是以吉祥终结。

【导读】

需于沙　沙，沙滩。沙滩是松软、流动的，比喻不牢靠的地方。需于沙，指在沙滩上等待，比喻在不牢靠的地方等待，处境不是很好。

小有言　言，闲言、责难。小有言，指会有小的责难。

《象》曰　衍通"愆"，《说文解字》："愆，过也。从心衍声。"中，内部。衍在中，指过错正在内部滋生。

【爻象处境】

九二居下卦之中，比较初九之"郊"，离上卦坎险渐进了一步；又在互卦兑（九二至六四）的边沿，兑为泽，可视为沙滩，需要在沙滩上等待，有"需于沙"之象。

九二在互卦兑（九二至六四）中，兑为阴卦，阴为小，有"小"之象；兑为口舌、为说，有"言"之象。合观之，有"小有言"之象。

兑错卦为艮，艮为止、为万物之所成终，有"终"之象；九二爻变，下卦乾变为离，离为日、为明、为丽，有"吉"之象。合观之，有"终吉"之象。

九二处下卦乾之中位，阳爻居阴位，居位虽得中，但居位不当，上与九五敌而不应，近与九三敌而不比，举止不当，得罪上下，上无靠山，下无基础，处境不顺。

《小象传》提示："虽小有言，以吉终也。"小有责言，在所难免，能得善终就行。

九二爻变，得需之变卦既济卦。《既济·六二》提示："妇丧其茀，勿逐，七日得。"得需之既济，犹如妇人丢失车帷，无须追寻，七日之后，失而复得。

本卦：需　　　变卦：需之既济

《易经》启示：九二处境是时运不通，此时受非难指责，不可急躁妄动，需以待时。人在九二处境，若能持守中道，纠正过失，摆正心态，不被闲言碎语左右，坚定内心信念，耐心等待，沉着应对，终有吉利。

九三，需于泥，致寇至。

九三爻，在泥泞中等待，招致盗寇到来。

《象》曰：需于泥，灾在外也。自我致寇，敬慎不败也。

《小象传》解释："需于泥"，这意味着灾祸自外而来。自己招致盗寇到来，这意味着要小心谨慎才能避免失败。

【导读】

需于泥　泥，泥泞。在泥泞中，行动不便，难以脱身。引申为陷入难以脱身的危险境地。需于泥，在泥泞中等待。

致寇至 致，招致。寇，盗寇。致寇至，招致盗寇到来。

《象》曰 灾在外，指盗寇灾祸自外而来。寇为外灾，《左传·文公七年》："凡兵作于内为乱，于外为寇。"敬慎不败，指小心谨慎才能避免失败。

【爻象处境】

九三处出乾入坎之际，已濒临坎险，相比九二之沙险，又渐进了一步。乾错卦为坤，坤为地、为藏，有"需于泥"之象。

九三爻变，下卦乾变为兑，兑为口舌、为说，有"致"之象；九三与上六正应，上六在外卦坎，坎为盗，有"寇"之象；兑错卦为艮，艮综卦为震，震为足、为动，有"至"之象。合观之，有"致寇至"之象。

九三居下卦之终，处"三多凶"之位，阳爻居阳位，虽居位得正，但居位失中，重阳过刚，上与上六正应，急于应合，当止不止，逞强躁进，身陷泥泞，不能动弹，又被六四凌乘，自己招致盗寇来抢夺，处境凶险。

《小象传》提示："自我致寇，谨慎不败也。""慎"字拆开为真、心。真心才会恭敬谨慎，谨慎才能不败。

九三爻变，得需之变卦节卦。《节·六三》提示："不节若，则嗟若，无咎。"得需之节，需求应节制，不知自我节制，不知悔过改过，贪心不足，结果令人悲伤忧叹。若合宜节制，最终可无咎过。

本卦：需　　　　　变卦：需之节

《易经》启示：九三处境是时运艰险，此时正处于人生重大关口，不可感情冲动，以免给自己招来灾祸。人在九三处境，若能持守正道，戒惧谨慎，抑制过刚，纠正过失，当止则止，精心防护，也可化险为夷。

六四，需于血，出自穴。

六四爻，在血泊中等待，陷进深穴又逃了出来。

《象》曰：需于血，顺以听也。

《小象传》解释："需于血"，这意味着必须顺承听从尊者。

【导读】

需于血 血，血泊，比喻处境凶险。需于血，在血泊中等待。

出自穴 出，逃出。出自穴，从深穴中逃出。

《象》曰 顺，顺承。听，听从。顺以听，顺承听从尊者。

【爻象处境】

六四居需卦上卦坎之初，坎为血卦，有"需于血"之象。

六四在互卦离（九三至九五）中，离为上、为日，日上出，有"出"之象；上卦坎为陷，有"穴"之象；六四爻变，坎变为兑，兑为口，也有"穴"之象。合观之，有"出自穴"之象。

六四居"四多惧"之位，阴爻居阴位，虽居位得当，上与九五承比，下与初九正应，但重阴过弱，又凌乘九三，受九三、九二联合逼迫，并已陷入上卦坎险，前有坎险，后有逼迫，前后夹攻，难免受伤流血，当下处境十分凶险。

《小象传》提示："需于血，顺以听也。"虽入坎险，若能柔顺听从上尊，终能等到时机，脱出险境。

六四爻变，得需之变卦夬卦。《夬·大象传》提示："君子以施禄及下，居德则忌。"得需之夬，福泽需要共享，应广施恩德于人，最忌独占独享。

本卦：需　　　变卦：需之夬

《易经》启示：六四处境是时运凶险，此时危机已显现，已陷入危险境地。人在六四处境，若能持守正道，尊上谦下，谦逊柔顺，借助外力，顺势用柔，施惠于人，化敌为友，方能化危为机，化险为夷。

九五，需于酒食，贞吉。

九五爻，在酒宴上等待，占问吉利。

《象》曰：酒食贞吉，以中正也。

《小象传》解释："酒食贞吉"，这是因为具有居中守正的品德。

【导读】

需于酒食　酒食，引申为酒宴，比喻处境优越。需于酒食，指在酒宴上等待。

《象》曰　中正，指居中守正的品德。

【爻象处境】

九五在上卦坎中，坎为水，有"酒"之象；上六与六四两阴爻象征口中上下两排牙齿，九五阳爻为上下牙齿所咬食物。合观之，有"需于酒食"之象。

九五爻变，得互卦震（九三至六五），震错卦为巽，巽综卦为兑，兑为巫，有"贞"之象；上卦坎错卦为离，离为日、为明、为丽，有"吉"之象。合观之，有"贞吉"之象。

九五居需卦之尊位，阳爻居阳位，居中得正，阳刚中正，上与上六亲比，下被六四顺承亲比，处境和顺。

《小象传》提示："酒食贞吉，以中正也。"酒食贞吉，在于适中守正。

九五爻变，得需之变卦泰卦。《泰·彖传》称："泰，小往大来，吉亨，则是天地交而万物通也，上下交而其志同也。"得需之泰，天地交泰，阴阳交会，志同道合，终能心想事成。

本卦：需　　　变卦：需之泰

《易经》启示：九五处境是时运大盛，大器晚成，此时丰衣足食，没有后顾之忧，正可勇往直前。人在九五处境，若能持守中正之道，谦逊柔和，宽厚包容，得道多助，必能大展宏图，建功立业。

上六，入于穴，有不速之客三人来，敬之终吉。

上六爻，刚进土室，有三位客人不请自来，以礼相敬，最终吉祥。

《象》曰：不速之客来，敬之终吉，虽不当位，未大失也。

《小象传》解释："不速之客来，敬之终吉"，这意味着虽有不妥，只要以礼相待，就没有大的失误。

【导读】

入于穴 穴，土室、泥墙屋。《说文解字》："穴，土室也。"入于穴，走进土室。

有不速之客三人来 速，邀请。不速之客，指不请自来的客人。

敬之 以礼相敬。

《象》曰 不当位，指一方为客人不请自来，一方为主人毫无准备，进退失据，有失身份。未大失，指只要以礼相待，就没有大的失误。

【爻象处境】

上六居上卦坎之极，上六爻变，坎变为巽，巽为入，有"入"之象；坎为陷，有"穴"之象。合观之，有"入于穴"之象。

上六与九三正应，九三前来援救，并带来同在乾卦的初九、九二两阳爻，三人合力援助，有"不速之客三人来"之象。

上六在上卦坎，坎为水，引申为酒，有"敬之"之象。

巽综卦为兑，兑错卦为艮，艮为止、为万物之所成终，有"终"之象；巽又为近利市三倍，有"吉"之象。合观之，有"终吉"之象。

上六居上卦坎之极，阴爻居阴位，虽居位得当，但居位失中，重阴过弱，无力脱险，身处坎陷最深处，难以自拔。幸好近与九五亲比，下与九三正应，九三带来下卦乾中其他二阳，三人不请自来相助，上六有靠山、有帮手，因此处境有惊无险。

九三与上六正应，皆处"寇至"之时，九三以"敬慎不败"，上六以"敬之终吉"，关键均在一"敬"字，意味深长。

《小象传》提示："虽不当位，未大失也。"虽有不妥，只要以礼相待，就没有大的失误。

上六爻变，得需之变卦小畜卦。《小畜·彖传》提示："柔得位而上下应之,曰小畜。"得需之小畜,以小事大,不宜相斗,只宜相敬,柔顺得当,上下应和,和平共存。

本卦:需　　　变卦:需之小畜

《易经》启示:上六处境是时运坎坷,敬之终吉。人在上六处境,若能持守正道,尊上谦下,谦逊柔顺,面对不速之客,恭敬相待,赢得众人信任,得到众人相助,最终可获吉祥。

第六卦　讼

☰ 讼，有孚，窒惕，中吉，终凶。利见大人，不利涉大川。

讼卦，卦兆显示，抑制冲动，小心戒惧，中途退出吉利，坚持到底凶险。此时利于拜见大人物，不利于冒险涉渡大川。

《彖》曰：讼，上刚下险。险而健，讼。讼有孚，窒惕，中吉，刚来而得中也。终凶，讼不可成也。利见大人，尚中正也。不利涉大川，入于渊也。

《彖传》解释：讼卦象征上有刚健，下有陷险。为人内阴险而外刚健，有争强好胜之性，必生争讼之事。讼卦卦辞说，有诚信品德，警惕戒惧，中正吉祥，这是因为刚健之人拥有中正之德。所谓终凶，是说争讼最终不可获胜。利见大人，是因为崇尚中正之德。不利涉大川，是说冒险妄进就会坠入深渊。

《象》曰：天与水违行，讼。君子以作事谋始。

《大象传》解释：天与水相背而行，这是讼卦卦象。君子观此卦象，应当效法，在做事开始时就要把问题考虑清楚，防患于未然。

【导读】

讼　卦名。《周易》（通行本）第六卦。《序卦传》："饮食必有讼，故受之以讼。"《杂卦传》："讼，不亲也。"人多粥少，饮食常有争抢，争抢必起事端，就要打架打官司，因此继需卦之后紧接着为讼卦。这是《易传》释讼卦卦序、卦义。讼，指争辩是非曲直，打官司。《说文解字》："讼，争也。……以手曰争，以言曰讼。"讼卦是讲如何应对争讼。

有孚，窒惕，中吉，终凶　孚，卦兆。窒，读 zhì，堵塞，此指抑制自己感情冲动。《说文解字》："窒，塞也。"惕，戒惧。中，中途，此指中途退出。终，终止，此指坚持到底。

利见大人，不利涉大川 指此时利于拜见大人物，听取指点，争取支持，不利于冒险涉渡大川。

《彖》曰 "上刚下险。险而健"，此释讼卦卦象、卦德。此处释卦由上往下说，从外向内说，上卦乾为外，表刚健，下卦坎为内，表阴险。险而健，指为人内阴险而外刚健，有争强好胜的性格。孚，诚信。经文皆释"孚"为征兆、征验，传文皆释"孚"为诚信。刚来而得中，指刚健之人拥有中正之德。讼不可成，指争讼最终不可获胜。尚中正，指崇尚中正之德。

《象》曰 天与水违行，指上卦乾为天，下卦坎为水，天在上，水往下流，流向相背，志向不同，意见不合，易起争讼事端，这就是讼卦卦象。谋，考虑问题。《说文解字》："虑难曰谋。"作事谋始，指在做事开始时就要把问题考虑清楚，防患于未然。

【卦象环境】

讼卦下卦为坎，上卦为乾，坎为水，顺势下流，乾为天，刚健上行，二者背道而驰，有"天与水违行"之象。下卦坎水冒险，上卦乾天阳刚，有"险而健"之象。天水违行，险健抗争，皆有争讼之意，故取卦名为"讼"。

讼卦有互卦巽（六三至九五），巽综卦为兑，兑为巫，有"有孚"之象。

下卦坎为加忧，有"窒惕"之象。

九二阳爻居下卦坎之中位，有"中"之象；九二在互卦离（九二至九四），离为日、为明、为丽，有"吉"之象。合观之，有"中吉"之象。

互卦巽（六三至九五）综卦为兑，兑错卦为艮，艮为止、为万物之所成终，有"终"之象；下卦坎为血卦，有"凶"之象。合观之，有"终凶"之象。

互卦巽（六三至九五）为近利市三倍，有"利"之象；互卦离（九二至九四）为目，有"见"之象；九五阳爻居上卦乾之中位，居中得正，刚健适中，阳为大，又居上卦乾之人位，有"大人"之象。合观之，有"利见大人"之象。

互卦巽（六三至九五）为不果，有"不"之象；巽又为近利市三倍，有"利"之象；巽错卦为震，震为足、为动，有"涉"之象；下卦坎为阳卦，阳为大，坎又为水、为沟渎，象征"川"，因此坎有"大川"之象。合观之，有"不利涉大川"之象。

《彖传》提示："利见大人，尚中正也。"利见大人，贵在崇尚中正之德。

《大象传》提示："君子以作事谋始。"开始做事，就要把问题考虑清楚，防患于未然。

讼卦的人位互卦为家人卦（下卦：九二至九四；上卦：六三至九五）。《家人·彖传》提示："正家而天下定矣。"人与人相处，难免会发生争端，若一味争强好胜，会给自己带来灾祸，即使赢了，也不光彩，不受人尊敬，反而会蒙受羞辱。家人卦提示，人在讼卦环境，应具有家人般的和谐关系，能和解就和解。

本卦：讼　　　　　人位互卦：家人

讼卦局势：如天水相违，阴阳不和，运势不顺，求事未遂，有得有失。

《易经》启示：人在讼卦环境，若能持守正道，忍让不争，息事宁人，合和休讼，终能逢凶化吉。若不知进退，争强好胜，一意孤行，纠缠不休，结果会凶多吉少，得不偿失。

初六，不永所事，小有言，终吉。

初六爻，不能长久争讼，稍有辩解，结局吉利。

《象》曰：不永所事，讼不可长也。虽小有言，其辩明也。

《小象传》解释："不永所事"，这是说争讼不可长久。"虽小有言"，这是说争讼之事只要辩论明白就行了。

【导读】

不永所事　永，永久、长久。所事，指争讼之事。

小有言　言，直言、辩解。《说文解字》："直言曰言，论难曰语。"段玉裁注："言，言己事。为人说为语。"小有言，为自己稍有辩解。

《象》曰 讼不可长，指争讼不可长久。虽小有言，此为节引经文，足文当为"虽小有言终吉"。辩明，辩论明白清楚。

【爻象处境】

初六处讼卦下卦坎之始，初六爻变，坎变为兑，兑为口舌，可视为口舌之争，有"讼"之象；初六与九四正应，九四在互卦巽（六三至九五）中，巽为不果，有"不"之象；巽又为长，有"永"之象。合观之，不能长久争讼，有"不永所事"之象。

初六阴爻，阴为小，有"小"之象；初六爻变，得兑卦，兑为口舌、为说，有"言"之象。合观之，有"小有言"之象。

兑错卦为艮，艮为止、为万物之所成终，有"终"之象；下卦坎错卦为离，离为日、为明、为丽，旭日东升，前途光明，有"吉"之象。合观之，有"终吉"之象。

初六处讼卦之初，虽上与九四正应，近与九二顺承亲比，但初六阴爻居阳位，居位失当，不中不正，才弱位低，自身乏力，不能长久争讼，处境不顺。

《小象传》提示："不永所事，讼不可长也。虽小有言，其辩明也。"争讼不可长久，辩论明白就行。

初六爻变，得讼之变卦履卦。《履·象传》提示："履，柔履刚也。说而应乎乾，是以履虎尾，不咥人，亨。"《系辞下传》提示："履和而至……履以和行。"得讼之履，人生之履，以自身的柔和去应付外界的刚健，时时戒惧谨慎，虽处险境，亦能免祸，终得亨通。人生旅途，柔和履行，会更顺畅。

本卦：讼　　　变卦：讼之履

《易经》启示：初六处境是时运不顺，此时争端初起，不宜拖延太久，应尽快化解。人在初六处境，若能控制情绪，谦下柔顺，承比九二，上应九四，借助外力，能及时化解纠纷。对一些争端，能和解则和解，不必长久纠缠；对一些责难，能辩解则辩解，不必过于介意，彼此得到谅解，结果自然吉利。

九二，不克讼，归而逋。其邑人三百户，无眚。

九二爻，打官司败诉，此时走为上策，赶快逃回来。隐匿在只有三百户人家的小国中，可以避开灾祸。

《象》曰：**不克讼归逋，窜也。自下讼上，患至掇也。**

《小象传》解释："不克讼归逋"，这是为了隐匿避祸。下级与上级争讼，这是自不量力，自取其祸。

【导读】

不克讼　克，胜、成功。不克讼，指打官司没有胜诉。

归而逋　逋，读bū，逃亡。《说文解字》："逋，亡也。"归而逋，逃亡回来。

其邑人三百户　邑，读yì，古代称侯国为邑。《说文解字》："邑，国也。"段玉裁注："《左传》凡称人曰大国，凡自称曰敝邑。古国邑通称。"邑人三百户，表示邑国不大。

无眚　眚，读shěng，本义为眼睛生翳，引申为灾祸。《说文解字》："眚，目病生翳也。"

《象》曰　窜，逃窜隐匿。自下讼上，指地位低下势弱者与位高势强者争讼。掇，读duō，拾取。《说文解字》："掇，拾取也。"患至掇，指这祸患是自找的。

【爻象处境】

九二爻变，得互卦艮（六二至九四），艮错卦为兑，兑综卦为巽，巽为不果，有"不克"之象；兑为口舌、为说，有"讼"之象。合观之，有"不克讼"之象。

艮综卦为震，震为足、为动、为反生，有"归"之象；九二处下卦坎之中，坎为隐伏，有"逋"之象；九二爻变，得坤卦，坤为地、为藏，隐藏地下，也有"逋"之象。合观之，有"归而逋"之象。

九二为下卦坎之主爻，为大臣，有封邑，九二爻变，坎变坤，坤为地、为众，有"邑人"之象；下卦三爻，有"三百"之象。合观之，有"其邑人三百户"之象。

巽为不果，有"无"之象；下卦坎为多眚，有"眚"之象。合观之，有"无眚"之象。

九二居下卦坎之中位，上与九五敌而不应，九二与九五争讼，九二"自下讼上"，下告上。九二阳爻居柔位，居位不当，理不当讼；九五居尊位，刚中得位，位高权重，九二居卑位，势不可讼。九二之"讼"，以下犯上，理不当，势不均，力不敌，处境不利。

《小象传》提示："自下讼上，患至掇也。"以下犯上，自不量力，自取其祸。

九二爻变，得讼之变卦否卦。《否·大象传》提示："君子以俭德辟难，不可荣以禄。"得讼之否，赶快收敛退隐避难，不可贪图荣华富贵。

本卦：讼　　变卦：讼之否

《易经》启示：九二处境是时运颠倒，此时处境不利，宜止不宜进，应退而避祸，能避免争讼则尽量避免，能终止则尽早终止，以免招致更大的灾祸。人在九二处境，若能持守中道，刚而能柔，谦逊尊上，冷静谨慎，避免冲动，委曲求全，及时退让，方能无眚。

六三，食旧德，贞厉，终吉。或从王事，无成。

六三爻，享用祖上遗业，占问有厉危，但最终吉利。不诚心跟从最高领导做事，不会成功。

《象》曰：食旧德，从上吉也。

《小象传》解释："食旧德"，这说明顺从上级可获吉利。

【导读】

食旧德　食，享用。旧德，祖上遗业、功德。

贞厉　贞，占问。厉，危险。

或从王事　或通"惑"，指迷惑、怀疑，引申为不诚心、心疑不定、三心二意。或从王事，指不诚心跟从最高领导做事。

《象》曰　上，祖上，引申为上级。从上吉，指顺从上级可获吉利。

【爻象处境】

六三爻变，下卦坎变为巽，六三也在互卦巽（六三至九五），巽综卦为兑，兑为口舌，有"食"之象；六三与上九正应，上九居上卦乾之顶，乾为老马，有"旧德"之象。合观之，有"食旧德"之象。

兑又为巫，有"贞"之象；六三处下卦坎之极，坎为隐伏、为血卦，有"厉"之象。合观之，有"贞厉"之象。

兑错卦为艮，艮为止、为万物之所成终，有"终"之象；六三又在互卦离（九二至九四）中，下卦坎错卦也为离，离为日、为明、为丽，旭日东升，前途光明灿烂，有"吉"之象。合观之，有"终吉"之象。

巽为进退，有"或"之象；巽又为入，有"从"之象；六三与上九正应，上九在上卦乾，乾为君，有"王"之象。合观之，有"或从王事"之象。巽又为不果，有"无成"之象。

六三处讼卦下卦坎险之终，处"三多凶"之位，阴爻居阳位，居位不当，不中不正，自知才力柔弱，不敢逞强争讼，持守柔顺之德，以阴顺阳，以柔顺刚，与上九阳爻正应，与九二、九四亲比，上有靠山，下有基础，处境有利。

《小象传》提示："从上吉也。"跟从上层领导，吉利。

六三爻变，得讼之变卦姤卦。《姤》卦辞提示："女壮，勿用取女。"得讼之姤，应当明白，犹如女子交往过滥，千万不能娶，只有专一忠诚，忠心耿耿，方得信任，追随上层领导也如此。

本卦：讼　　　　　　变卦：讼之姤

《易经》启示：六三处境是时运否塞，此时无力与人争讼，应顺时安分，不应争强好胜。人在六三处境，若能持守正道，戒惧谨慎，谦逊柔顺，尊上谦下，真诚相待，避免争执，择善而从，顺势而为，终有吉祥。

九四，不克讼，复即命渝，安贞吉。

九四爻，打官司败诉，回家服从判决，占问安居吉利。

《象》曰：复即命渝，安贞不失也。

《小象传》解释："复即命渝"，这是因为安守正固，不失正道。

【导读】

复即命渝 复，返回。即，服从。渝同谕，为旧时上对下的文告。《说文解字》："谕，告也。"命渝，此指判决。

安贞吉 安，安居。安贞吉，指占问安居吉利。

《象》曰 复即命渝，为"复即命渝，安贞吉"之省文。"安贞不失"，指安守正固，不失正道。

【爻象处境】

九四爻变，上卦乾变为巽，巽为不果，有"不克"之象；巽综卦为兑，兑为口舌、为说，有"讼"之象。合观之，有"不克讼"之象。

巽错卦为震，震为反生，有"复"之象；九四在上卦乾，乾错卦为坤，坤为顺，有"即"之象；乾为天，有"命"之象；兑为口、为说，也有"渝"之象。合观之，有"复即命渝"之象。

巽综卦为兑，兑错卦为艮，艮为止、为门阙，止在家，有"安"之象；兑为巫，有"贞"之象；九四在互卦离（九二至九四），离为日、为明、为丽，有"吉"之象。合观之，有"安贞吉"之象。

九四已出坎入乾，阳爻居阴位，居位失当，不中不正，又在"四多惧"之位，争讼的实力不够；九四亲比六三，与初六正应，争讼的理由不足，处境不利。

《小象传》提示："复即命渝，安贞不失也。"安守正固，不失正道。

九四爻变，得讼之变卦涣卦。《涣》卦辞提示："亨，王假有庙，利涉大川，利贞。"得讼之涣，涣散口舌之争，祈求内心平安，利于渡过艰险。

本卦：讼　　　变卦：讼之涣

《易经》启示：九四处境是时运反复，此时争讼的实力不够、理由不足，争讼不容易成功，应安心待时。人在九四处境，若能持守正道，恢复理智，纠正过失，终止争讼，刚而能柔，柔顺安命，安分守己，结局自然吉祥。

九五，讼，元吉。

九五爻，此时打官司，一直吉利。

《象》曰：讼元吉，以中正也。

《小象传》解释："讼元吉"，这是因为固守中正之道。

【导读】

元吉　元，一直。元吉，一直吉利。参见乾卦卦辞【导读】。

《象》曰　中正，中正之道。

【爻象处境】

九五在互卦巽（六三至九五）之极，巽综卦为兑，兑为口舌、为说，有"讼"之象。

九五居讼卦之尊位，为卦之主爻，居上卦乾之中，乾有"元"之象；九五爻变，得离卦，离为日、为明、为丽，公开透明，公平公正，有"吉"之象。合观之，有"元吉"之象。

九五阳爻居阳位，居中得正，刚健中正，既无正应，也无亲比，若为诉讼者，则能适可而止。若为决讼者，则能公平公正，处境有利。

《小象传》提示："讼元吉，以中正也。"九五之吉，在于持中守正。

九五爻变，得讼之变卦未济卦。《未济》卦辞提示："亨，小狐汔济，濡其尾，无攸利。"得讼之未济，前途亨通，但处事未成，尚未脱险。半途而废，则无所利；坚持到底，终会亨通。

本卦：讼　　　变卦：讼之未济

《易经》启示：九五处境是时运中正，化讼为安，此时处于有利时机，做事容易成功。人在九五处境，若能持守中正之道，中正无私，得道多助，必然一直吉利。

上九，或锡之鞶带，终朝三褫之。

上九爻，或许能得到皮革大带之赐，但一天之内三次赐予三次被剥夺。

《象》曰：以讼受服，亦不足敬也。

《小象传》解释：因讼事受到赏赐，这是不值得尊敬的。

【导读】

或锡之鞶带 或，或许。锡通"赐"，赐予。《说文解字》："赐，予也。"鞶，读pán，指皮制的束衣大带。《说文解字》："鞶，大带也。"鞶带，指男子腰间所系皮制大带。《礼记·内则》："男鞶革，女鞶丝。"

终朝三褫之 朝，读zhāo，日、天。终朝，终日、一整天。褫，读chǐ，剥夺。《说文解字》："褫，夺衣也。"

《象》曰 服，泛指赏赐。以讼受服，指因讼事受到赏赐。不足敬，指不值得尊敬。

【爻象处境】

上九爻变，上卦乾变为兑，兑综卦为巽，巽为进退、为不果，有"或"之象；上九在上卦乾之极，乾为君，爻变得兑，兑为口舌、为说，乾君与兑说合观，有"锡"之象；乾为马，象征皮革，巽又为长，乾巽有"鞶带"之象。合观之，有"或锡之鞶带"之象。

上九居讼卦之终，乾为天，有"终朝"之象；上九与六三正应，六三在互卦离（九二至九四）中，离在先天八卦方位中位数为三，有"三"之象；兑又为毁折，引申为剥夺，有"褫"之象。合观之，有"终朝三褫之"。

上九居讼卦之终，居上卦乾之极，阳爻居阴位，居位失当，不中不正，与九五敌而不比，虽与六三正应，但六三自身柔弱，难以援助；上九刚健居极位，逞强争讼不止，或许一时胜诉，有受赏鞶带之荣，但最终仍有被夺回赏物之辱，处境不顺。

《小象传》提示："以讼受服，亦不足敬也。"因讼事受到赏赐，不值得尊敬。

上九爻变，得讼之变卦困卦。《困·上六》提示："困于葛藟，于臲卼，曰动悔有悔，征吉。"得讼之困，时位不当，葛藤困绕，山石欲坠，困难重重，早些悔悟，前行吉祥。

本卦：讼　　　　变卦：讼之困

《易经》启示：上九处境是时运多变，患得患失，此时即使赢了争讼，也不一定是真正的胜利者，有可能失去别人对自己的尊敬。人在上九处境，若能持守正道，节制过激，纠正过失，含藏收敛，举止得当，谦逊应比，退让自保，方能吉无不利。

第七卦 师

师，贞丈人吉，无咎。

师卦，占问长者的事吉利，没有咎灾。

《彖》曰：师，众也。贞，正也。能以众正，可以王矣。刚中而应，行险而顺，以此毒天下，而民从之，吉又何咎矣？

《彖传》解释：师卦象征兴师动众。贞，是固守正道的意思。能够使众人行正道，就可以成就王业。刚健中正而上下相应，行遇危险而能顺势而为，以此治理天下，民众拥护顺从，这是吉祥之兆，又会有什么咎灾呢？

《象》曰：地中有水，师。君子以容民畜众。

《大象传》解释：地中有水，这是师卦卦象。君子观此卦象，应当效法，容纳畜养民众。

【导读】

师 卦名。《周易》（通行本）第七卦。《序卦传》："讼必有众起，故受之以师。师者，众也。"《杂卦传》："师，忧。"有争端就会扩大，从动口到动手，从起哄到起兵，从争吵到战争，从单挑对骂到兴师动众，因此继讼卦之后紧接着为师卦。争讼伤心，出师伤命，兵者凶事，令人担忧。这是《易传》释师卦卦序、卦义。师，指军队的编制单位，泛指军事，古称军旅为师。《说文解字》："师，二千五百人为师。"师卦是讲如何用兵。《孙子兵法》曰："兵者，国之大事，死生之地，存亡之道，不可不察也。故经之以五事，较之以计，而索其情：一曰道，二曰天，三曰地，四曰将，五曰法。"孙武说兵法正好与师卦爻辞相对应。初六"师出以律"，是说"道"；九二"在师中"，这是将帅的天职，是说"天"；六三"师或舆尸，凶"，是说"死生之地"；六四"师左次"，后退扎营防守，是说"地"；六五"长子帅师，弟子舆尸"，是说"将"；上六"大君有命"，是说"法"。

贞丈人吉　丈人，长者。贞丈人吉，指占问长者的事吉利。

《彖》曰　毒，治理。《释文》引马融云："毒，治也。"俞樾说："毒，读为督，治也。"以此毒天下，指以此治理天下。

《象》曰　"地中有水"，此释师卦卦象。上卦坤为地，下卦坎为水，上地下水，地中有水，水藏地中。容，容纳。畜，畜养。容民畜众，指广为容纳，畜养民众，平时兵藏民间，战时全民皆兵。毛泽东的"兵民是胜利之本"这一军事思想深得师卦要旨。

【卦象环境】

师卦下卦为坎，上卦为坤，坎为水，坤为地，有"地中有水"之象。师卦为一阳五阴卦，九二阳爻为师卦之主爻，一阳率五阴，有一人统众人之象；外卦坤为众，有劳师动众之象。故取卦名为"师"。

师卦有互卦震（九二至六四），震综卦为艮，艮错卦为兑，兑为巫，有"贞"之象；震为长子，上卦坤为众，坤震合观为众人长子，有"丈人"之象；下卦坎错卦为离，离为日、为明、为丽，有"吉"之象。合观之，有"贞丈人吉"之象。

震错卦为巽，巽为不果，有"无"之象；下卦坎为多眚，有"咎"之象。合观之，有"无咎"之象。

九二作为师卦主爻，是唯一阳爻，居下卦坎之中位，阳刚居中，上与六五正应，近与六三、初六亲比，上有靠山，下有基础，环境有利。

《象传》提示："能以众正，可以王矣。"能率众人行正道，则可成就王业。

《大象传》提示："君子以容民畜众。"应广为容纳，广结人缘。

师卦的人位互卦为复卦（下卦：九二至六四；上卦：六三至六五）。《复·象传》提示："复，其见天地之心乎？"复卦提示，人在师卦环境，应当领悟，天道运行，循环往复，不失时序，顺天应人，与时偕行，方能顺利。

本卦：师　　　　　人位互卦：复

师卦局势：如天马出群，以寡伏众，运势刚强，前途难料，心有隐忧。

《易经》启示：人在师卦环境，若能持守正道，严明纪律，赏罚分明，顺势而为，则能趋吉避凶。若好大喜功，盲目冒险，独断专行，结果会凶多吉少。

初六，师出以律，否臧，凶。

初六爻，军队出征必须遵守军纪，不守军纪，必有凶险。

《象》曰：师出以律，失律凶也。

《小象传》解释："师出以律"，这是因为失去军纪约束必有凶险。

【导读】

师出以律　师，军队。出，出征。以，遵守。律，纪律。师出以律，指军队出征必须遵守军纪。

否臧　否，不。臧，读 zāng，指顺从，引申为遵守。否臧，不遵守。《左传·宣公十二年》："执事顺成为臧，逆为否。"

《象》曰　失律，指失去军纪约束。

【爻象处境】

初六处师卦下卦坎之始，坎错卦为离，离为甲胄、为戈兵，有"师"之象；《易经》通例，自内而外为"出"，初六爻变，下卦坎变为兑，兑综卦为巽，巽错卦为震，震为足、为动，有"出"之象；巽为绳直，有"以律"之象。合观之，有"师出以律"之象。

巽又为不果，有"否"之象；坎为隐伏，有"藏"之象。合观之，有"否臧"之象。

初六在下卦坎，坎为血卦，有"凶"之象。

初六处师卦之初，阴爻居阳位，居位不当，不中不正，上无正应，军人以服从命令为天职，目无军纪，处境凶险。

《小象传》提示："失律凶也。"失去纪律约束，必有凶险。

初六爻变，得师之变卦临卦。《临·象传》提示："大亨以正，天之道也。"得师之临，固守正道方能大为亨通，这是天道。

本卦：师　　　　　变卦：师之临

《易经》启示：初六处境是时运严酷，违时凶险，此时不宜各行其是，应有严格的纪律约束。人在初六处境，若能持守正道，严于律己，遵纪守法，循规蹈矩，举止得当，方能趋吉避凶。纪律是护身符、保护伞。凡人必受约束，不能任性，任性必有凶险，这是咎由自取。

九二，在师中吉，无咎，王三锡命。

九二爻，在军中任统帅，吉利，没有咎祸，君王多次嘉奖。

《象》曰：在师中吉，承天宠也。王三锡命，怀万邦也。

《小象传》解释："在师中吉"，这是因为承蒙天子宠信。"王三锡命"，这意味着君王安抚天下。

【导读】

在师中　师中，即中军，引申为统帅，古时军队统帅居于中军。在师中，指在军中任统帅。

王三锡命　锡同赐，嘉奖。王三锡命，指君王多次嘉奖。

《象》曰　承天宠，指承蒙天子宠信。怀，安抚。万邦，泛指天下。

【爻象处境】

九二处师卦下卦之中，得中位，上与六五之君正应，有"在师中"之象。

六五下应九二，六五在互卦震（九二至六五）中，震为龙，有"王"之象；六五比九二爻位高出三，有"三"之象；震为善鸣，有"锡命"之象。合观之，有"王三锡命"之象。

九二在互卦震中，震为动，象征军事行动，九二为师卦主爻，为统军主帅。九二阳爻居阴位，居位得中，与六五正应，上承天宠，近与初六、六三亲比，上有靠山，下有基础，自身刚而能柔，中而不偏，处境甚佳。

《小象传》提示："在师中吉，承天宠也。""在师中吉"，在于承蒙天子宠信。

九二爻变，得师之变卦坤卦。《坤·大象传》提示："地势，坤。君子以厚德载物。"得师之坤，应顺势用柔，厚德载物，怀柔万邦，容民畜众，这是主帅的天职。

本卦：师　　　　变卦：师之坤

《易经》启示：九二处境是时运中兴，承天之宠，正处于有利时机。人在九二处境，若能持守中道，刚而能柔，尊上谦下，谦逊柔顺，上承天宠，得道多助，积极行动，必能建功立业。

六三，师或舆尸，凶。

六三爻，军中或许有运载伤亡士兵的车辆，这是凶象。

《象》曰：师或舆尸，大无功也。

《小象传》解释："师或舆尸"，这意味着刚愎自用造成失败无功而返。

【导读】

师或舆尸　或，不定词，指或许、不时。舆尸，指用车辆运载战死士兵的尸体。

《象》曰　大，刚愎自用。大无功，指刚愎自用招致失败无功而返。

【爻象处境】

六三居下卦坎之极，坎错卦为离，离为甲胄、为戈兵，有"师"之象；六三爻变，坎变为巽，巽为进退、为不果，有"或"之象；坎为舆，有"舆"之象；坎又为血卦，有"尸"之象。合观之，有"师或舆尸"之象。

六三在下卦坎，坎为血卦，有"凶"之象。

六三处"三多凶"之位，阴爻居阳位，居位失当，不中不正，志大才疏，刚愎自用，贪功冒进；上与上六敌而不应，上无靠山；

下又凌乘九二，九二是师卦主爻，得罪主帅，违反军纪；众将士出师未捷身先死，招致战败，用车辆将众多将士的尸体运载回来。因此，六三处境十分凶险。

《小象传》提示："大无功也。"刚愎自用，难以成功。

六三爻变，得师之变卦升卦。《升·大象传》提示："君子以顺德，积小以高大。"得师之升，顺天应人，循序渐进，积少成多，脚踏实地，一步一个台阶，不要幻想一步登天。

本卦：师　　　　变卦：师之升

《易经》启示：六三处境是时运不顺，劳而无功，此时做事不易成功，宜止不宜动。人在六三处境，若能持守正道，戒惧谨慎，抑制过激，纠正过失，尊上谦下，积蓄力量，等待时机，顺势而为，方能趋吉避凶。若急于求成，轻举妄动，结果必有凶险。

六四，师左次，无咎。

六四爻，率军后退扎营防守，没有咎灾。

《象》曰：左次无咎，未失常也。

《小象传》解释："左次无咎"，这是因为没有违背兵家常道。

【导读】

师左次　左，后退。古人读写从右往左，右为前，左为后。次，本义是临时驻扎和住宿。《左传·襄公二十六年》："师陈焚次。"杜预注："次，舍也。"此指临时驻扎。《左传·庄公三年》："凡师一宿为舍，再舍为信，过信为次。"左次，指后退扎营防守。

《象》曰　"未失常"，指没有违背兵家常道。

【爻象处境】

六四居上卦坤之始，坤为众，有"师"之象；六四爻变，坤变为震，震为反生，有"左"之象；震综卦为艮，艮为门阙，有"次"之象。合观之，有"师左次"之象。

震错卦为巽，巽为不果，有"无"之象；六四爻变，得互卦坎（六三至六五），坎为多眚，有"咎"之象。合观之，有"无咎"之象。

六四居上卦坤之初，处"四多惧"之位，阴爻居阴位，重阴过弱，近与六五、六三敌而不比，下与初六敌而不应，树敌太多，外无援助，处境不利。

《小象传》提示："左次无咎，未失常也。"后退防守，没有违背兵家常道。

六四爻变，得师之变卦解卦。《解·彖传》提示："解，险以动。动而免乎险，解。"得师之解，后退防守不是固守死守，而是在险境中行动，在行动中解困脱险。

本卦：师　　　变卦：师之解

《易经》启示：六四处境是时运不济，此时毫无胜算，不宜冒险妄进，适宜退让避险，退守自保。人在六四处境，若能戒惧谨慎，适时应变，知难而退，后退防守，争取外援，静待时机，方能无咎。

六五，田有禽，利执言，无咎。长子帅师，弟子舆尸，贞凶。

六五爻，出师有俘获，利于兑现军令状，没有咎灾。长子率师出征，次子阵亡尸体运回，占问有凶兆。

《象》曰：长子帅师，以中行也。弟子舆尸，使不当也。

《小象传》解释："长子帅师"，这是因为按中正之道行事。"弟子舆尸"，这说明用人不当。

【导读】

田有禽　田通"畋"，读tián，打猎。《广韵》："畋，取禽兽也。"禽，鸟兽总名，此指猎物。田有禽，指打猎获得猎物，引申为出师有俘获。

利执言　执，执行。言，诺言，引申为军令状。利执言，指利于兑现军令状。

弟子舆尸　弟子，次子，相对长子而言，泛指长子之外的子弟。弟子舆尸，指次子阵亡尸体运回。

《象》曰　中行，适中行事。使，用人。

【爻象处境】

六五居上卦坤之中位，坤为地，有"田"之象；六五与九二正应，九二处卦之地位，在初六之上，也有"田"之象；六五爻变，得互卦艮（六三至九五），艮为黔喙之属，为黑嘴禽兽，有"禽"之象。合观之，有"田有禽"之象。

艮综卦为震，震错卦为巽，巽为近利市三倍，有"利"之象；艮又为手，有"执"之象；震于马为善鸣，有"言"之象。合观之，有"利执言"之象。

巽又为不果，有"无"之象；六五爻变，上卦坤变为坎，坎为多眚，有"咎"之象。合观之，有"无咎"之象。

六五与九二正应，九二在互卦震（九二至六五）中，震为长男，有"长子"之象；坤为众，为众将士，有"师"之象；震为行动，九二在震之初位，一阳率众阴，九二为师卦主爻，有"帅"之象。合观之，有"长子帅师"之象。

六三与九二亲比，六三居下卦坎之顶，坎为中男，为震之弟，有"弟子"之象；坎为舆，有"舆"之象；坎又为血卦，有"尸"之象。合观之，有"弟子舆尸"之象。

六五爻变，得互卦艮（六三至九五），艮错卦为兑，兑为巫，有"贞"之象；六五爻变，上卦坤变为坎，坎为血卦，有"凶"之象。合观之，有"贞凶"之象。

六五居师卦之君位，居上卦坤之中位，居位得中，下与九二正应，信任重用九二。九二为长子，阳刚居中，适时而动，师出以律，结果吉而无咎。但是，六五阴爻居阳位，居位失当，举止失措，用人不当，误用六三。六三为弟子，以阴居阳，下乘刚又无应，才不配位，自不量力，必然失败，载尸而归，处境凶险。

《小象传》提示："弟子舆尸，使不当也。""弟子舆尸"，在于用人不当。

六五爻变，得师之变卦坎卦。《坎·大象传》提示："君子以常德行，习教事。"得师之坎，应经常修养德行，温习教化之事。

☷☷ 本卦：师   ☵☷ 变卦：师之坎

《易经》启示：六五处境是时运中行，适中无咎，此时用人至关重要。人在六五处境，若能持守中正之道，公正无私，谦逊柔顺，宽厚包容，用人得当，得道多助，群策群力，方能趋吉避凶。若用人不当，会有凶险。

上六，大君有命，开国承家，小人勿用。

上六爻，从战场凯旋，君王颁布封赏功臣的诏命，封诸侯建侯国，封大夫立家业，但小人不可重用。

《象》曰：**大君有命，以正功也。小人勿用，必乱邦也。**

《小象传》解释："大君有命"，这是为了论功行赏。"小人勿用"，这是因为小人必然擅权作乱，危害国家。

【导读】

大君有命　大君，君王。命，指颁布封赏功臣的诏命。

开国承家　开国，指封为诸侯，建立侯国。承家，指封为大夫，在所赐邑地上建立家业。

小人勿用　小人，无德无才之人。勿用，不可施用。

《象》曰　正功，论功行赏。邦，国家。

【爻象处境】

上六居师卦之终，居上卦坤之极，处战争终结、论功行赏之时，上六爻变，上卦坤变为艮，艮为阳卦，阳为大，有"大"之象；上卦坤错卦为乾，乾为君，有"君"之象；艮错卦为兑，兑为口、为说，有"命"之象；艮综卦为震，震为善鸣，也有"命"之象。合观之，有"大君有命"之象。

上六居上卦坤之极，坤为地，"坤六断"，象征裂地封侯，有"开国"之象；上六爻变，坤变成艮，艮为门阙，有"承家"之象。合观之，有"开国承家"之象。

上六与六三敌而不应，六三为阴爻，《易经》通例，阴为小，有"小"之象；六三处六画卦之人位，有"人"之象。合观之，有"小人"之象。上六爻变，坤变成艮，艮为止，有"勿"之象；艮又为手，有"用"之象。合观之，有"小人勿用"之象。

九二为主帅，得首功，封之"开国"；六四"左次""未失常"，赏之"承家"；六三"舆尸"，无大功，是小人，诫以"勿用"；六五大君论功行赏，赏罚分明。

上六居师卦之终，阴爻居阴位，虽居位不中，重阴过弱，下无正应，但居位得正，与六五之君及众阴爻同在坤体，同体同性，志同道合，得到六五之君信任重用，受到众人支持，因此处境顺利。

《小象传》提示："小人勿用，必乱邦也。"若是无德无才，又争名夺利的小人，不宜重用。小人擅权作乱，必然危害国家。

上六爻变，得师之变卦蒙卦。《蒙·大象传》提示："君子以果行育德。"得师之蒙，蒙蔽理智，赏罚不明，错用小人，必将生乱。因此，应端正品德，果断行动，赏罚分明，论功行赏。

本卦：师　　　　变卦：师之蒙

《易经》启示：上六处境是时运大盛，功德圆满，此时正是论功行赏之时。人在上六处境，若能持守正道，尊上谦下，谦逊柔顺，不是居功自傲，而是功成身退，可得善终。

第八卦　比

☷ 比，吉，原筮元。永贞，无咎。不宁方来，后夫凶。

比卦，吉利，卦兆显示，一直亨通。占问长久之事，没有咎灾。不甘心臣服的小国纷纷来朝贡，拖延滞后者将有凶险。

《彖》曰：比，吉也。比，辅也，下顺从也。原筮元，永贞无咎，以刚中也。不宁方来，上下应也。后夫凶，其道穷也。

《彖传》解释：比卦象征吉祥。比，意思是辅佐，是下级亲近顺从上级。推究卦兆，具有博大、永固、坚贞的德性，没有咎灾，这是因为刚健中正的缘故。不甘心臣服的小国纷纷来朝贡，这象征万邦拥赞王朝。拖延滞后者将有凶险，这意味着是到了穷途末路才来的。

《象》曰：地上有水，比。先王以建万国，亲诸侯。

《大象传》解释：地上有水，这是比卦卦象。先王观此卦象后效法，封建万国，亲近诸侯。

【导读】

比　卦名。《周易》（通行本）第八卦。《序卦传》："师者，众也。众必有所比，故受之以比。比者，比也。"《杂卦传》："比，乐。师，忧。"兴师动众，聚集众多乡里乡亲，团结出战斗力，因此继师卦之后紧接着为比卦。出师凶事令人担忧，聚众亲比有喜同乐，一忧一乐，两卦成为一对。这是《易传》释比卦卦序、卦义。比，甲骨文字形为𠤎𠤎（《新甲骨文编》，第470页），像两人比肩而行，步调一致，关系亲密。它与"从"字同形，只是方向相反。《说文解字》："比，密也。二人为从，反从为比。""比"的本义是比肩而行，关系亲密。比卦是讲如何亲比。

原筮元　原，推究。《汉书·薛宣传》："原心定罪。"注："谓寻其本也。"筮，古代用蓍草占问的一种占卦方法。《礼记·曲礼》："龟为卜，蓍为筮。"原筮，本义是推究卦兆，此指卦兆显示。元，一直。高亨以为"元下疑当有亨字"（《周易古经今注》），可从。《左传·昭公七年》即引作"元亨"。元（亨），指一直亨通。

永贞 占问长久之事。

不宁方来 宁，安宁、安心。不宁，此指不甘心臣服。方，方国。古代将诸侯小国称为方国。不宁方来，指不甘心臣服的小国纷纷来朝贡。

后夫凶 后夫，拖延滞后者。后夫凶，指拖延滞后者将有凶险。

《彖》曰 辅，辅佐。下顺从，指下级亲近顺从上级。刚中，刚健中正。上下应，上下呼应，此指万邦朝贡王朝。道穷，穷途末路。

《象》曰 "地上有水"，此释比卦卦象。比卦下卦坤为地，上卦坎为水，大地上百川争流，流水浸润着大地，地与水亲密无间，互相依存，这是比卦意象。亲，亲近。

【卦象环境】

比卦下卦为坤，上卦为坎，坤为地，坎为水，有"地上有水"之象。地上流水，水下润地，相依相附，相辅相成，毗邻而合，亲密无间，又全卦五阴一阳，九五为唯一阳爻，刚健中正，阳少阴多，上下五阴爻围绕着它，一阳统领五阴，五阴亲比一阳，比肩而行，故取卦名为"比"。

上卦坎错卦为离，离为日、为明、为丽，有"吉"之象。

坎又为加忧、为亟心，心中思考推究，有"原"之象；比卦有互卦艮（六三至九五），艮错卦为兑，兑为巫，有"筮"之象；下卦为坤，坤为坤元，有"元"之象。合观之，有"原筮元"之象。

互卦艮（六三至九五）错卦为兑，兑为巫，有"贞"之象；兑综卦为巽，巽为长，有"永"之象。合观之，有"永贞"之象。

巽又为不果，有"无"之象；坎又为多眚，有"咎"之象。合观之，有"无咎"之象。

下卦坎为加忧、为亟心，有"不宁"之象；坤为地、为众，有

"方"之象；上六阴爻居阴位，不中不正，凌乘九五之君，自上而下，有"来"之象。合观之，有"不宁方来"之象。

上六处上卦坎之极，坎为曳，向后拖曳不进，卦爻自下而上，下为前，上为后，坎为阳卦、为中男，有"后夫"之象；坎又为血卦、为多眚，有"凶"之象。合观之，有"后夫凶"之象。

《彖传》提示："比，辅也，下顺从也。"比即辅佐，就是下级服从上级，下级顺从上级，下级亲近上级。

《大象传》提示："先王以建万国，亲诸侯。"封建万国，亲近诸侯，这是先王亲比之道。

比卦的人位互卦为剥卦（下卦：六二至六四；上卦：六三至九五）。《剥·彖传》提示："顺而止之，观象也。君子尚消息盈虚，天行也。"剥卦是讲剥落，阴柔不断剥落阳刚，阴阳刚柔发生互变。剥卦提示，人在比卦环境，应当顺势而止，这是观察卦象得到的启示。顺天应人，遵循增减盈亏规律，顺天时行，时行则行，时止则止。

本卦：比　　　　人位互卦：剥

比卦局势： 如水行地上，众星捧月，运势和顺，前途光明，百事无忧。

《易经》启示：人在比卦环境，若能持守正道，心怀诚信，择善亲比，积极主动，则能趋吉避凶。若背离正道，迟疑怠慢，唯利是图，交友不慎，结果会凶多吉少。

初六，有孚比之，无咎。有孚盈缶，终来有它，吉。

初六爻，卦兆显示与人亲近，没有咎灾。卦兆显示用满罐美酒款待，即使将来有意外，仍然吉利。

《象》曰：比之初六，有它吉也。

《小象传》解释：比卦的初六爻，表示一开始就有诚信品德，即使有意外，结果仍然吉利。

【导读】

有孚比之　孚，经文皆释为卦兆，传文皆释为诚信。比，亲近。比之，指与人亲近。

盈缶 盈，满、溢出。缶，读 fǒu，古代盛酒浆的土瓦罐，腹大口小，有盖。《说文解字》："缶，瓦器，所以盛酒浆。"盈缶，指用满罐美酒去款待，以示与人诚心亲近。

终来有它 终来，将来。它，本义为虫，后作蛇，此指意外。"它"字为象形字，小篆字形像虫形。《说文解字》："它，虫也。从虫而长，象冤曲垂尾形，上古草居患它，故相问无它乎？"终来有它，指将来有意外。

【爻象处境】

初六爻变，下卦坤变为震，震综卦为艮，艮错卦为兑，兑为巫，有"孚"之象；下卦坤为众、为顺，有"比"之象。合观之，有"有孚比之"之象。

震错卦为巽，巽为不果，有"无"之象；初六爻变，得互卦离（初九至九五），离错卦为坎，坎为多眚，有"咎"之象。合观之，有"无咎"之象。

兑为巫，有"孚"之象；兑又为附决，有"盈"之象；初六处下卦坤之始，坤为地、为釜、为腹，有"缶"之象。合观之，有"有孚盈缶"之象。

震综卦为艮，艮为止、为万物之所成终，有"终"之象；《易经》通例，自上而下为"来"。初六爻变，与六四有应，六四在上卦坎之中，六四应合，有"来"之象；坎为弓轮，杯弓蛇影，有"它"之象。合观之，有"终来有它"之象。

初六爻变，得互卦离（初九至九五），离为日、为明、为丽，有"吉"之象。

初六处比卦之初，阴爻处阳位，居位失当，不中不正，上无正应，近无亲比，上无靠山，下无基础，势单力薄，前面又有坎水危险和艮山阻止，处境艰险。

《小象传》提示："比之初六，有它吉也。"一开始就有诚信品德，即使有其他忧患，结果仍然吉利。

初六爻变，得比之变卦屯卦。《屯·彖传》提示："屯，刚柔始交而难生。动乎险中，大亨贞。"得比之屯，万事开头难，险中有生机，终有大亨通。

本卦：比   变卦：比之屯

《易经》启示：初六处境是好运上门，有意外收获，此时与人亲比的第一步是讲诚信。人在初六处境，若能谦逊柔顺，宽厚包容，以诚待人，真心亲比，广交朋友，只要充满诚信，终会得到信任，可获意外之吉。

六二，比之自内，贞吉。

六二爻，自己主动亲近外人，占问吉利。

《象》曰：**比之自内，不自失也。**

《小象传》解释："比之自内"，这意味着不自失中正品德。

【导读】

比之自内　即"自内比之"，指自己主动亲近外人。《易经》通例，下卦为内卦，上卦为外卦。内，就自己而言。

《象》曰　不自失，指不自失中正品德。

【爻象处境】

六二居内卦之中位，与外卦九五正应，有"比之自内"之象。

六二爻变，得互卦震（九二至六四），震综卦为艮，艮错卦为兑，兑为巫，有"贞"之象；六二爻变，下卦坤变为坎，坎错卦为离，离为日、为明、为丽，有"吉"之象。合观之，有"贞吉"之象。

六二处比卦下卦坤之中，阴爻居阴位，居正得中，虽重阴过弱，但上与九五正应，九五为全卦唯一阳爻，六二又近与众阴爻同在坤体，同体同性，志同道合，相互支持，因此处境顺利。

《小象传》提示："比之自内，不自失也。"自己主动亲近外人，不能自己失去中正品德。

六二爻变，得比之变卦坎卦。《坎》卦辞提示："有孚，维心亨，行有尚。"得比之坎，卦兆显示，顺心亨通，前行会有贵人相助。

本卦：比　　　　变卦：比之坎

《易经》启示：六二处境是时运顺心，此时宜主动接近别人，主动拓展人际交往圈子。人在六二处境，若能持守中道，谦卑柔顺，宽厚包容，以诚待人，发自内心，真心与人亲比，结果自然吉利。

六三，比之匪人。

六三爻，亲近不正派的人。

《象》曰：比之匪人，不亦伤乎？

《小象传》解释："比之匪人"，这难道不令人伤心吗？

【导读】

比之匪人　匪同非。匪人，指不是人的人，即不正派的人，经文指盗、寇，传文指品德不正者。比之匪人，指亲近不正派的人。

《象》曰　伤，伤心。不亦伤乎，难道不令人伤心吗？

【爻象处境】

六三处比卦下卦坤之终，即将入上卦坎，与上卦坎毗邻，坎为盗，有"比之匪人"之象。

六三处"三多凶"之位，阴爻居阳位，居位失当，不中不正，与上六敌而不应，与六四、六二敌而不比，困于六二、六四包围之中，六二阴柔乏力，志大才疏，六四阴柔不中，为人不正，都不是适合亲近之人，处境不利。

《小象传》提示："比之匪人，不亦伤乎？"交了"不是人"的朋友，岂能不糟糕？

六三爻变，得比之变卦蹇卦。《蹇·大象传》提示："君子以反身修德。"得比之蹇，困顿难行，皆因择友不慎，应反省自身，修养德行。

本卦：比　　　　变卦：比之蹇

《易经》启示：六三处境是时运不顺，此时不宜盲目亲近，不要不加选择轻易结交任何朋友。人在六三处境，若能持守正道，戒惧谨慎，纠正过失，举止得当，谨慎交友，方能无咎。若不分是非、善恶、好坏，不加选择，盲目亲近，交友不慎，则会反受其害。

六四，外比之，贞吉。

六四爻，向外亲比，占问吉利。

《象》曰：外比于贤，以从上也。

《小象传》解释：向外亲近贤明，这说明见贤思齐是积极向上的。

【导读】

外比之 外，向外。外比之，指向外亲比。

《象》曰 外比于贤，指向外亲近贤明。从上，指见贤思齐是积极向上的。

【爻象处境】

《易经》通例，下卦为内，上卦为外，自下而上为"向外"，自上而下为"向内"。六四居外卦坎之初，向内与初六敌而不应，向外顺承亲比九五，有"外比之"之象。

六四爻变，上卦坎变为兑，兑为巫，有"贞"之象；上卦坎错卦为离，离为日、为明、为丽，有"吉"之象。

六四阴爻居阴位，居位得正，虽下无正应，但顺承亲比九五，九五居尊位，阳刚中正，持守正道，向刚健中正的九五尊者亲近，得到九五信任，处境有利。

《小象传》提示："外比于贤，以从上也。"向外亲近贤明，见贤思齐，这是积极向上的。

六四爻变，得比之变卦萃卦。《萃》卦辞提示："亨，王假有庙，利见大人。"得比之萃，亨通，利于拜见大人物，若得贵人相助，可成大事。

本卦：比　　　变卦：比之萃

《易经》启示：六四处境是时运和顺，群英荟萃，此时适宜追随德、才、位高于自己的上尊。人在六四处境，若能持守正道，尊上承比，谦下柔顺，择善追随，真诚相待，顺势而为，必然吉利。

九五，显比，王用三驱，失前禽，邑人不诫，吉。

九五爻，尊贵者亲比，君王采用三面设围、前方网开一面的三驱方式狩猎，放走前逃的禽兽，随从邑人不警戒拦截，吉利。

《象》曰：显比之吉，位正中也。舍逆取顺，失前禽也。邑人不诫，上使中也。

《小象传》解释："显比之吉"，这是因为君王居位中正。"失前禽"，这意味着君王放弃前逃的，获取顺从的。"邑人不诫"，这说明君上行事合乎中正之道。

【导读】

显比　显，显著，此指尊贵者。显比，指尊贵者亲比。

王用三驱　三驱，指古代君王狩猎时，让随从从左、右、后三方驱赶禽兽，三面设围，前方网开一面，入围者射杀猎取，前逃者放生。

失前禽　放走前逃的禽兽。

邑人不诫　邑人，指陪同君王狩猎的属下随从。诫同戒，警戒。不诫，不警戒拦截。

《象》曰　舍，放弃。逆，背向，指前逃者。取，获取。顺，顺从者。舍逆取顺，指君王狩猎，放弃前逃的，获取顺从的。上，君上。使，役使、差遣。中，中正之道。上使中，指君上行事合乎中正之道。

【爻象处境】

九五居比卦之尊位，为比卦之主爻，地位显赫，有"显比"之象。

九五爻变，上卦坎变为坤，坤错卦为乾，乾为君，有"王"之象；九五居比卦之君位，也有"王"之象；九五在上卦坎之中位，坎为弓轮、为美脊马，君王骑马挎弓出狩行猎，有"驱"之象；九五在互卦艮（初六至九五）中，艮为门阙，艮卦卦形为三面围墙一面开门，有"三驱"之象。合观之，有"王用三驱"之象。

《易经》通例，爻序自下而上，下为前，上为后。互卦艮（初六至九五）中，初六阴爻中间断，为网开一面之处，有"失"之象；初六在下，有"前"之象；艮为黔喙之属，有"禽"之象。合观之，围猎时放走从开口处逃走的猎物，有"失前禽"之象。

下卦坤为地、为众，有"邑人"之象；上卦坎为通，不会戒备阻拦，戒同诫，有"不诫"之象。合观之，有"邑人不诫"之象。

上卦坎错卦为离，离为日、为明、为丽，有"吉"之象。

九五居比卦君位，为卦主爻，又是全卦唯一阳爻，阳爻居阳位，居中得正，阳刚中正，地位显赫，下与六二正应，近与上六、六四亲比，处境甚佳。

初六至六四四个阴爻，皆为前往与九五顺承亲比者，"不宁方来"，因此除六三不定，其他皆获吉。上六在互卦艮之外，不在"三驱"之内，为"后夫"，"比之无首"，结果获凶。

《小象传》提示："舍逆取顺。"放弃叛逆者，接纳顺比者。

九五爻变，得比之变卦坤卦。《坤·大象传》提示："君子以厚德载物。"得比之坤，顺势亲比，宽厚德行，容载万物。

本卦：比　　　　变卦：比之坤

《易经》启示：九五处境是时运大盛，顺时必显，此时凡事都应网开一面，得饶人处且饶人。人在九五处境，若能持守中正之道，既阳刚中正，又谦逊柔顺，宽厚包容，得道多助，结果必然吉利。

上六，比之无首，凶。

上六爻，相互亲近，但没有核心人物，将有凶险。

《象》曰：比之无首，无所终也。

《小象传》解释："比之无首"，这意味着没有好结果。

【导读】

比之无首 首，首领，此指核心人物。比之无首，指相互亲近，但没有核心人物，如一盘散沙，不能长久。

《象》曰 无所终，指没有好结果。

【爻象处境】

上六居比卦之极，亲比九五，有"比"之象；上六在上卦坎之终，上六爻变，坎变为巽，巽为不果，有"无"之象；上卦坎为下首，有"首"之象。合观之，有"比之无首"之象。

上六在上卦坎，坎为血卦，有"凶"之象。

上六居比卦之终，阴爻居阳位，居位失当，不中不正，下无正应，凌乘九五，得罪上尊，无靠山，无基础，前无去路，后无退路，处境凶险。

《小象传》提示："比之无首，无所终也。"目无领导，没有好结果。

上六爻变，得比之变卦观卦。《观·象传》提示："中正以观天下。"得比之观，应中正以观，洞察先机，若观望过度则会错失良机。吉凶相互依存，相互转化，吉时不要得意忘形，凶时不必灰心丧气，危机中有生机，逢凶可以化吉。

本卦：比　　　　变卦：比之观

《易经》启示：上六处境是好运到头，六神无主，此时正处于英雄末路。人在上六处境，若能持守正道，戒惧谨慎，纠正过失，静观时变，韬光养晦，尊上谦下，以柔顺刚，以退为进，以静待动，方能逢凶化吉。

第九卦　小畜

☰ 小畜，亨。密云不雨，自我西郊。

小畜卦，亨通。浓云密布，尚未下雨，云气从城西郊区升起。

《彖》曰：**小畜，柔得位而上下应之，曰小畜。健而巽，刚中而志行，乃亨。密云不雨，尚往也。自我西郊，施未行也。**

《彖传》解释：小畜卦象征柔爻当位而上下阳爻呼应，这叫小有所畜。内有刚健之德，外能柔顺施行，刚毅中正，践行志向，终能亨通。密云不雨，这是说如上升的云气那样聚积力量。自我西郊，这意味着虽有抱负，但未能得以施行。

《象》曰：**风行天上，小畜。君子以懿文德。**

《大象传》解释：风行天上，这是小畜卦卦象。君子观此卦象，应当效法，修美文明德行。

【导读】

小畜　卦名。《周易》（通行本）第九卦。《序卦传》："比必有所畜，故受之以小畜。"《杂卦传》："小畜，寡也。"让人亲比必须有实惠，要有实惠就要有实力有积蓄，所畜不多总比没有好，因此继比卦之后紧接着为小畜卦。这是《易传》释小畜卦卦序、卦义。畜，甲骨文字形为 🐂（《新甲骨文编》，第738页），下部分为出气的牛鼻形，上部分为绳子，牛鼻被牵引着，表示已被人类驯服豢养的家畜。本义是牵引，也指家畜，引申为积蓄。小畜，指小有积蓄，从小积多。小畜卦是讲如何畜积。

密云不雨　密云，云气积聚很厚重。不雨，没下雨。

自我西郊　云气从城西郊区升起来。

《彖》曰　"柔得位而上下应之"，此释小畜卦卦象。六四阴爻居柔位是为"柔得位"，其余五个爻为阳爻为刚，围绕六四，是为"上下应之"。刚中，指下卦乾为内卦，乾卦阳刚，象征内心刚毅。

志行，志向上行。乾为天，今在下，志向在于上进复位。

《象》曰　懿，读yì，美好，此指修美。《说文解字》："懿，专久而美也。从壹。"《尔雅·释诂》："懿，美也。""懿"字拆开为壹、次、心，壹心为一心一意，用心专一，次为舍，指暂时安居不动，次心为安心居守。"懿"通常指女性阴柔之美，女性美德称"懿德"，古代皇后或太后的诏令称"懿旨"。文德，文明德行。

【卦象环境】

小畜卦下卦为乾，上卦为巽，乾为天，巽为风，有"风行天上"之象；巽卦二阳一阴，为阴卦，乾为纯阳卦，阳为大，阴为小，上巽下乾有"以小畜大"之象；全卦一阴五阳，一阴为主爻，一阴统五阳，也有"以小畜大"之象。故取卦名为"小畜"。

小畜卦中有互卦离（九三至九五），离错卦为坎，坎为通，有"亨"之象。

下卦乾为纯阳，阳气蒸腾上升为云，有"密云"之象；上卦巽为风，云将变雨，天上有风，风吹云散，云不成雨，有"密云不雨"之象。

互卦离（九三至九五）错卦为坎，坎为水，有"云"之象，也有"雨"之象；上卦巽为不果，有"不"之象。合观之，也有"密云不雨"之象。

卦中有互卦兑（九二至六四），兑在后天八卦方位中为西方，下卦乾为西北方，有"西郊"之象；密云由乾阳自下而上蒸发生成，有"自我西郊"之象。

人在小畜卦环境，风行天上，尚未成雨，云雨不够，有待蓄积。

《彖传》提示："健而巽，刚中而志行，乃亨。"内有刚健之德，外能柔顺施行，刚毅中正，践行志向，终能亨通。

《大象传》提示："君子以懿文德。"修畜美德，以待时发。

小畜卦的人位互卦为睽卦（下卦：九二至六四；上卦：九三至九五）。《睽》卦卦辞提示："睽，小事吉。""睽"为张目惊视。睽卦提示，人在小畜卦环境，若行为怪睽，内心生疑，疑神疑鬼，则难以共事，只适宜做小事，不可以做大事。

本卦：小畜　　　　人位互卦：睽

小畜卦局势：如风行天上，密云不雨，运势不畅，时机未到，耐心等候，前途亨通。

《易经》启示：人在小畜卦环境，若能持守正道，纠正过失，忍耐待时，厚积薄发，终能趋吉避凶。若不识时务，不知悔改，骄傲自大，冒险行动，结果会凶多吉少。

初九，复自道，何其咎？吉。

初九爻，自己原路返回，哪里会有什么咎灾呢？吉祥。

《象》曰：复自道，其义吉也。

《小象传》解释："复自道"，这表明行动适宜，符合常理，因而吉祥。

【导读】

复自道　复，返回，有主动之义。《说文解字》："复，行故道也。"自道，指自己原来走过的道路。复自道，自己原路返回。

《象》曰　义同宜，适宜。其义吉，指行动适宜，符合常理，因而吉祥。

【爻象处境】

初九爻变，下卦乾变为巽，巽错卦为震，震为大涂，涂通"途"，又为反生，反通"返"，因此有"复自道"之象。

巽又为不果，有"无"之象；初九爻变，得互卦坎（初六至六四），坎为多眚，有"咎"之象。合观之，有"何其咎"之象。坎错卦为离，离为日、为明、为丽，有"吉"之象。

初九居小畜卦下卦乾之始，阳爻居阳位，虽居位得正，但居位不中，重阳过刚，虽上与六四正应，但近与九二敌而不比，处境不顺。

《小象传》提示："复自道，其义吉也。"适时复返，符合常理，因而吉祥。

初九爻变，得小畜之变卦巽卦。《巽·大象传》提示："君子以申命行事。"得小畜之巽，应当顺天应人，见机行事。

本卦：小畜　　　　变卦：小畜之巽

《易经》启示：初九处境是时运平常，适宜退守自保。人在初九处境，若能持守正道，抑制过度，知足知止，避免贪心，一有小畜，即刻返回，及时改过，复守本分，方能免咎获吉。

九二，牵复，吉。

九二爻，被牵引返回，吉利。

《象》曰：牵复在中，亦不自失也。

《小象传》解释：被牵引返回中正之道，这意味着自己不会迷失方向了。

【导读】

牵复　牵，牵引，有被动之义。《说文解字》："牵，引前也。"

《象》曰　在中，指走上中正之道。不自失，指自己不会迷失方向。

【爻象处境】

九二爻变，得互卦坎（六二至六四），坎为曳，向后拖曳，有"牵复"之象。九二爻变，下卦乾变为离，离为日、为明、为丽，有"吉"之象。

九二居下卦乾之中位，阳爻居阴位，居位失当，上与九五敌而不应，近无亲比，九二在互卦兑（九二至六四）中，兑为妾、为少女，牵挂少妻，心有牵挂，心境不安，以致处境不顺。

《小象传》提示："牵复在中，亦不自失也。"能够牵复，在于没有迷失方向。

九二爻变，得小畜之变卦家人卦。《家人·六二》提示："无攸遂，在中馈，贞吉。"得小畜之家人，不外出，做家务，占问吉利。

家和万事兴。

本卦：小畜　　变卦：小畜之家人

《易经》启示：九二处境是时运中兴，应不失时机。人在九二处境，若能持守中道，顺势而为，知难而返，复守本位，也可获吉。

九三，舆说辐，夫妻反目。

九三爻，车轮脱出，夫妻失和。

《象》曰：夫妻反目，不能正室也。

《小象传》解释："夫妻反目"，这意味着不能端正家庭关系。

【导读】

舆说辐　舆，读 yú，本义是古代马车的车厢，泛指马车。《说文解字》："舆，车舆也。"说同脱。辐，车轮上连接车辆与车毂的直条，此指车轮。九三"舆说辐"，喻丈夫出轨。

夫妻反目　反目，失和。

《象》曰　正，端正。室，家庭。

【爻象处境】

九三居下卦乾之极，乾错卦为坤，坤为大舆，有"舆"之象；九三在互卦兑（九二至六四）中，九三爻变，下卦乾也变为兑，兑为毁折、为说，说同脱，有"说（脱）"之象；九三在互卦离（九三至九五），离错卦为坎，坎为弓轮，有"辐"之象。合观之，有"舆说辐"之象。

九三在下卦乾，乾为君、为父，有"夫"之象；上卦巽为长女，有"妻"之象；巽错卦为震，震为反生，有"反"之象；巽又为多白眼，有"目"之象；九三在互卦离（九三至九五），离为目，也有"目"之象。诸象合观，有"夫妻反目"之象。

九三处"三多凶"之位，阳爻居阳位，虽居位得正，但居位不中，重阳过刚，刚愎自用，躁动妄进；上与上九敌而不应，上九在上卦巽，巽为长女，象征妻，敌而不应即夫妻不和；亲比六四，又受六四凌乘。巽女为九三正室，六四非正室，九三亲比六四，六四犹如当今"小三"，"舆说辐"，车轮脱出，象征丈夫出轨，丈夫在外包养"小三"，故有"夫妻反目"，处境凶险。

《小象传》提示："夫妻反目，不能正室也。""夫妻反目"，在于不能端正家庭关系。

九三爻变，得小畜之变卦中孚卦。《中孚·大象传》提示："泽上有风，中孚。君子以议狱缓死。"得小畜之中孚，应当领悟，夫妻感情有风波，如泽上有风，必须诚信沟通，以期破镜重圆，暂缓宣判婚姻死刑。

本卦：小畜　　　　变卦：小畜之中孚

《易经》启示：九三处境是时运颠倒，内外不安。人在九三处境，若能持守正道，抑制过刚，节制贪欲，知过悔过，改过自新，方能逢凶化吉。

六四，有孚，血去惕出，无咎。

六四爻，卦兆显示，忧患消除，戒惧解除，没有咎灾。

《象》曰：**有孚惕出，上合志也。**

《小象传》解释：拥有诚信，解除警戒，这意味着崇尚志同道合。

【导读】

有孚　卦兆显示。

血去惕出　血通"恤"，忧患。去，除去、消除。惕，警惕、戒备。出，解除、解散。血去惕出，指忧患消除，戒惧解除。

《象》曰　有孚，拥有诚信。惕出，解除警戒。上同尚，指崇尚。合志，志同道合。

【爻象处境】

六四在上卦巽，巽综卦为兑，六四也在互卦兑（九二至六四），兑为巫，有"孚"之象。

六四在互卦离（九三至九五）中，离错卦为坎，坎为血卦，有

"血"之象；坎又为加忧、为心病，有"惕"之象；六四在上卦巽，在外卦，巽错卦为震，震为足、为动，有"去""出"之象。合观之，有"血去惕出"之象。

巽又为不果，有"无"之象；坎又为多眚，有"咎"之象。合观之，有"无咎"之象。

六四已出乾入巽，为卦之主爻，以阴爻居阴位，虽居位得正，但居位不中，重阴过弱，虽然下有初九正应，往上承比九五，与九五意志相合，但六四以一阴对上下五阳，下有乾刚进逼，上有巽风狂吹，更有九五之君强势下压，处境仍然艰难。

《小象传》提示："有孚惕出，上合志也。"关键要迎合上层意志。

六四爻变，得小畜之变卦乾卦。《乾·彖传》提示："乾道变化，各正性命，保合大和，乃利贞。"得小畜之乾，应端正本性，顺应天命，保持融合，扩大和谐，才能正常循环。若以软碰硬，以弱击强，只有被彻底摧毁，全局归于纯阳，再无阴柔存身之地。

本卦：小畜　　　　变卦：小畜之乾

《易经》启示：六四处境是时运顺心，无忧无虑。人在六四处境，若能持守正道，戒惧谨慎，尊上谦下，谦逊柔顺，以小事大，以柔顺刚，仍可避开流血并走出戒惧，结果没有咎灾。

九五，有孚挛如，富以其邻。

九五爻，卦兆显示，联结他人，富裕后将福泽施与邻里。

《象》曰：有孚挛如，不独富也。

《小象传》解释：用诚信联结他人，这意味着不能独自富裕。

【导读】

有孚挛如　挛，读 luán，《说文解字》注："系也。"本义是手脚蜷曲不能伸开，此指紧密联系。如，语气助词，无实义。

富以其邻　富，富裕。以通"与"，施与。邻，左邻右舍。富以其邻，指富裕后将福泽施与邻里。

《象》曰　有孚挛如，指用诚信联结他人。不独富，指不能独自富裕。

【爻象处境】

九五居上卦巽之中，巽综卦为兑，兑为巫，有"孚"之象；九五亲比六四，六四在互卦兑（九二至六四）中，上卦巽与互卦兑，经六四相连，巽为绳，有"挛如"之象。合观之，有"有孚挛如"之象。

巽又为近利市三倍，有"富"之象；巽又为风、为散，有"以其邻"之象。合观之，有"富以其邻"之象。

九五居小畜卦之尊位，阳爻居阳位，居中得正，虽无下应，但亲比六四。六四居大臣之位，顺承九五，小畜升至九五，已有小富，九五不独富，与比邻的六四大臣共享，六四更加"上合志"，全局无忧，处境有利。

《小象传》提示："有孚挛如，不独富也。"不能独自富裕。

九五爻变，得小畜之变卦大畜卦。《大畜》卦辞提示："利贞，不家食，吉，利涉大川。"得小畜之大畜，利于占问，结果吉利，不在家吃闲饭而外出谋生，利于涉渡大川。由小变大，形势开阔，大有发展空间，彻底摆脱夹缝中求生存。

　　本卦：小畜　　　　　变卦：小畜之大畜

《易经》启示：九五处境是时运亨通，无往不利。人在九五处境，若能持守中正之道，抑制过刚，刚而能柔，阳刚中正，谦逊包容，施惠于人，得道多助，必然吉利。

上九，既雨既处。尚德载，妇贞厉。月几望，君子征凶。

上九爻，雨已下并已停止了。贪求得到满载，妇人占问有厉危。接近阴历十五，男人出远门有凶险。

《象》曰：既雨既处，德积载也。君子征凶，有所疑也。

《小象传》解释："既雨既处"，这意味着施惠美德已积蓄充足。"君子征凶"，这说明对以后的危险还不清楚。

【导读】

既雨既处 既,已经。处,终止、完成。既雨既处,指雨已下并已停止了。

尚德载 尚,崇尚,引申为贪求。德通"得"。载,充满、满载。尚德载,指贪求得到满载。

妇贞厉 妇人占问有厉危。

月几望 几,指接近、将近。《尔雅》:"几,近也。"望,指阴历十五。月几望,指接近阴历十五。阴历十五为月圆日,但月盛则亏,此处旨在劝诫宜小畜,不宜贪多,与"尚德载"含义相近。

君子征凶 君子相对于妇人,此指男人。征,出远门。君子征凶,指男人出远门有凶险。

《象》曰 德,施惠美德。积,积蓄。载,满载、足够。德积载,指施惠美德已积蓄充足。疑,指不清楚。

【爻象处境】

上九爻变,上卦巽变为坎,坎为水为雨,有"既雨"之象;巽为进退、为不果,有"既处"之象。合观之,有"既雨既处"之象。

坎为劳卦,有"尚德"之象;坎为舆、为轮、为美脊马,有"载"之象。合观之,有"尚德载"之象。

上卦巽综卦为兑,兑为妾,有"妇"之象;兑又为巫,有"贞"之象;上九爻变,上卦巽变为坎,坎为隐伏、为血卦,有"厉"之象。合观之,有"妇贞厉"之象。

坎又为"月"之象;巽为入,有"几"之象;坎错卦为离,离为目,有"望"之象。合观之,有"月几望"之象。

上九阳爻居高位,有"君子"之象;巽错卦为震,震为足、为动,有"征"之象;巽综卦为兑,兑为毁折,有"凶"之象;上九爻变,巽变为坎,坎为血卦,也有"凶"之象。合观之,有"君子征凶"之象。

上九居小畜卦之终,阳爻居阴位,居位失当,不中不正,与九五敌而不比,与九三敌而不应,前无去路,后无退路,阳气将消,自身乏力，冒险妄进，处境凶险。

《小象传》提示："君子征凶，有所疑也。"做事不计后果，必然凶险。

上九爻变，得小畜之变卦需卦。《需·象传》提示："需，须也，险在前也。"得小畜之需，危险在前面，需要等待。

本卦：小畜　　　　变卦：小畜之需

《易经》启示：上九处境是时来运转，梦想成真，此时小畜已达极致，宜止不宜行，继续前行会有凶险。人在上九处境，若能持守正道，戒惧谨慎，纠正过失，尊上谦下，谦逊柔顺，与世无争，韬光养晦，静观时变，方能趋吉避凶。

第十卦 履

履，履虎尾，不咥人，亨。

履卦，踩着老虎尾巴，老虎不咬人，亨通。

《彖》曰：履，柔履刚也。说而应乎乾，是以履虎尾，不咥人，亨。刚中正，履帝位而不疚，光明也。

《彖传》解释：履卦象征阴柔踩着阳刚。用和悦去应合刚健，是卦辞所说"踩着老虎尾巴，老虎不咬人，亨通"的原因。具有刚健、中正的品德，居于帝位而没有灾患，前途无限光明。

《象》曰：上天下泽，履。君子以辨上下，定民志。

《大象传》解释：天在上，泽在下，这是履卦卦象。君子观此卦象，应当效法，分辨上下尊卑秩序，正定民众，安分心志。

【导读】

履 卦名。《周易》(通行本)第十卦。《序卦传》："物畜然后有礼，故受之以履。"《杂卦传》："小畜，寡也。履，不处也。"衣食足而知礼节，小畜后变得有礼，有礼不能停止在口头上，必须实实在在地履行，因此继小畜卦之后紧接着为履卦。这是《易传》对履卦卦序、卦义的解释。履，《说文解字》注："足所依也。从尸从彳从夂。"从尸，表示与人有关，从彳从夂，表示与行走有关。"足所依"指鞋，但"履"在战国以前一般只作动词用，一般用"屦"(jù)称鞋子，用"鞋"是唐以后的事。履的本义是践行。履卦是讲如何履险避险。

履虎尾，不咥人 履，踩。咥，读 dié，咬。

《彖》曰 说同悦，指下卦兑为和悦。乾，指上卦乾为刚健。说而应乎乾，指用和悦去应合刚健。刚中正，指刚健中正的品德。疚，灾患。《国语·齐语》注："疚，患也。"不疚，没有灾患。

《象》曰 "上天下泽"，此释履卦卦象。上卦乾为天，下卦兑为泽，天高泽下，天尊泽卑，尊卑有序。辨，分辨。辨上下，指分辨上下尊卑秩序。志，心志。定民志，指正定民众，安分心志。

【卦象环境】

履卦下卦为兑，上卦为乾，兑为泽，乾为天，有"上天下泽"之象。下卦兑为阴卦，为柔，上卦乾为阳卦，为刚，有"柔履刚"之象，故取卦名为"履"。

下卦兑错卦为艮，艮综卦为震，震为足、为动，有"履"之象；艮为黔喙之属，有"虎"之象；互卦离（九二至九四）错卦为坎，坎为曳，有"尾"之象。合观之，有"履虎尾"之象。

下卦兑综卦为巽，巽为不果，有"不"之象；兑为口，有"咥"之象；兑又为少女，有"人"之象。合观之，有"不咥人"之象。

履卦中间有互卦离（九二至九四），离错卦为坎，坎为通，有"亨"之象。

履卦天在上、泽在下，天尊泽卑，上下分明，尊卑有序。履卦为一阴五阳卦，全卦唯一阴爻为六三，六三与上九正应，顺承九四，亲比九二，既在互卦巽之底，谦卑柔顺，又在下卦兑之顶，和悦应对。虽有"履虎尾"之惊险，但终获"不咥人"结果，得以化险为夷。

人在履卦环境，有凶险，若能循礼而履，顺势而履，和悦而履，终可"履虎尾"而"不咥人"，可以逢凶化吉。

《彖传》提示："刚中正，履帝位而不疚，光明也。"具有刚健中正的品德，居于帝位而没有灾患，前途无限光明。

《大象传》提示："君子以辨上下，定民志。"分辨上下尊卑秩序，正定民众，安分心志。

履卦的人位互卦为家人卦（下卦：九二至九四；上卦：六三至九五）。《家人·彖传》提示："父父，子子，兄兄，弟弟，夫夫，妇妇，而家道正。正家而天下定矣。"家人卦提示，人在履卦环境，履礼规则家道正，家道正则家人和，家和则万事兴，家正则天下定。

本卦：履　　　　人位互卦：家人

履卦局势：如履虎尾，如履薄冰，运势拘谨，战战兢兢，戒惧谨慎，前途亨通。

《易经》启示：人在履卦环境，若能安守本分，居安思危，戒惧谨慎，循礼慎行，终能逢凶化吉。若自不量力，逞强冒进，一意孤行，结果会凶多吉少。

初九，素履往，无咎。

初九爻，穿着白色鞋子出门，没有咎灾。

《象》曰：素履之往，独行愿也。

《小象传》解释："素履之往"，这意味着要慎独守正，履行志愿。

【导读】

素履　素，纯正、洁白。《说文解字》："素，白致缯也。"本义是没有染色的丝绸。素履，指穿着白色鞋子。

《象》曰　独，单独、单一，引申为慎独。行，履行、践行。愿，志愿。独行愿，指慎独守正，履行志愿。

【爻象处境】

初九处履卦下卦兑之初，兑综卦为巽，巽为白，有"素"之象；巽错卦为震，震为足、为动，有"履"之象。合观之，有"素履"之象。

震为足、为动，又有"往"之象；巽又为不果，有"无"之象；初九爻变，下卦兑变为坎，坎为多眚，有"咎"之象。合观之，有"往无咎"之象。

初九处全卦之初始，阳爻处阳位，虽居位得当，但居位不中，重阳过刚，上无正应，近无亲比，上无靠山，下无基础，处境不利。

《小象传》提示："独行愿也。"慎独守正，履行志愿。

初九爻变，得履之变卦讼卦。《讼·大象传》提示："君子以作事谋始。"得履之讼,不必与人争口舌是非,埋头干自己的事,做事从一开始就要谋划好。

本卦:履　　　　变卦:履之讼

《易经》启示:初九处境是时运未到,此时正是行动之初,应安贫乐道。人在初九处,若能持守正道,抑制过刚,甘居下位,自守纯正,独善其身,朴素履行,应无咎灾。

九二,履道坦坦,幽人贞吉。

九二爻,世道平坦,与世无争者占问吉利。

《象》曰:**幽人贞吉,中不自乱也。**

《小象传》解释:"幽人贞吉",这是因为持中守正不会自乱方寸。

【导读】

履道坦坦　坦坦,平坦。

幽人　幽,《说文解字》注:"隐也。"段玉裁注:"从山,犹隐从阜,取遮蔽之意。"幽人,此指淡泊名利、与世无争者。

《象》曰　中,持中守正。不自乱,不会自乱方寸。

【爻象处境】

九二在下卦兑中,九二爻变,兑变为震,震为足、为动,有"履"之象;震又为大涂,涂同途,"大涂"有"道坦坦"之象。合观之,有"履道坦坦"之象。

九二处下卦兑,兑为泽,有"幽"之象;九二在下卦三画卦之人位,有"人"之象。合观之,有"幽人"之象。兑又为巫,有"贞"之象;九二在互卦离(九二至九四),离为日、为明、为丽,有"吉"之象。合观之,有"幽人贞吉"之象。

九二居履卦下卦兑之中位,阳爻居阴位,居位得中,刚而能柔,守中不偏,上无正应,上无靠山,未得出世之时,居下卦兑中,如隐居之"幽人",处境不顺。

《小象传》提示:"中不自乱也。"应持中守正,不自乱方寸。

九二爻变,得履之变卦无妄卦。《无妄》卦辞提示:"无妄,元亨，利贞。"得履之无妄，不妄想、不妄议、不妄动，循规蹈矩，自然一直亨通，吉利无灾。

本卦：履　　　　　变卦：履之无妄

《易经》启示：九二处境是时运平坦，此时正面临幽暗不明的前景，宜韬光养晦。人在九二处境，若能持守中道，具有定力，不乱心志，静待时机，养精蓄锐，待时而行，结果吉利。

六三，眇能视，跛能履，履虎尾，咥人凶。武人为于大君。

六三爻，已经缺眼睛少腿了，还逞强自认为能看能走，结果踩着老虎尾巴被老虎回头咬了，自然凶险。赳赳武夫自恃得到国君重用，刚愎自用，结局往往如此。

《象》曰：眇能视，不足以有明也。跛能履，不足以与行也。咥人之凶，位不当也。武人为于大君，志刚也。

《小象传》解释："眇能视"，这意味着不足以明辨是非。"跛能履"，这意味着不能出外远行。"咥人之凶"，这意味着没有摆正自己的位置。"武人为于大君"，这意味着刚愎自用。

【导读】

眇能视，跛能履　眇，读 miǎo，指瞎了一只眼睛。《说文解字》："眇，一目小也。"跛，读 bǒ，瘸了一条腿。《说文解字》："跛，行不正也。""眇能视，跛能履"，指已经缺眼睛少腿了，还逞强自认为能看能走。

武人为于大君　武人，赳赳武夫。大君，国君。武人为于大君，指赳赳武夫自恃得到国君重用，刚愎自用，结局往往就是，踩着老虎尾巴被老虎回头咬了。伴君如伴虎，结局大多如此。

《象》曰　有明，明辨是非。位不当，指没有摆正自己的位置。志刚，刚愎自用。

【爻象处境】

六三在互卦离（九二至九四）中，离为目，又在下卦兑中，兑为毁折，离目为兑所毁折，有"眇"之象；离为目，又有"视"之象。合观之，有"眇能视"之象。

六三在互卦巽（六三至九五）之下，巽为股，巽股为兑所毁折，有"跛"之象；巽错卦为震，震为足、为动，有"履"之象。合观之，有"跛能履"之象。

巽错卦为震，震为足、为动，有"履"之象；六三处下卦兑之终，兑错卦为艮，艮为黔喙之属，有"虎"之象；六三在互卦离（九二至九四），离错卦为坎，坎为曳，有"尾"之象。合观之，有"履虎尾"之象。

六三在履卦之人位，有"人"之象；下卦兑为口，有"咥"之象。合观之，有"咥人"之象。兑为毁折，有"凶"之象。

六三在互卦巽（六三至九五），巽为躁卦，有"武人"之象，巽卦初六爻辞也称"利武人之贞"；六三与上九正应，上九阳爻居卦之高位，《易经》通例，阳为大，高位为君，有"大君"之象；上九在上卦乾，乾为纯阳卦，阳为大，乾为君，也有"大君"之象。合观之，有"武人为于大君"之象。

六三居下卦兑之极，为履卦之主爻，处"三多凶"之位，阴爻居阳位，居位失当，不中不正，凌乘九二，被九二进逼，虽顺承亲比九四，九四多惧，不敢相助，因此处境危险。

《小象传》提示："咥人之凶，位不当也。"不摆正自己的位置，必将自招凶险。

六三爻变，得履之变卦乾卦。《乾·象传》提示："大哉乾元，万物资始，乃统天。"得履之乾，万物统归于天，顺天时行，听天命，尽人事。

本卦：履　　变卦：履之乾

《易经》启示：六三处境是时运不顺，审时不明，此时身处险境。人在六三处境，若能持守正道，纠正过失，摆正心态，戒惧谨慎，举止得当，尊上谦下，谦逊柔顺，顺势而为，方能无咎。若身处险境而不知险，刚愎自用，自不量力，盲目妄行，结局会凶多吉少。

九四，履虎尾，愬愬，终吉。

九四爻，踩着老虎尾巴，时时戒惧，最终吉利。

《象》曰：愬愬终吉，志行也。

《小象传》解释："愬愬终吉"，这表明志向得以践行。

【导读】

愬愬 愬，读 sù。愬愬，恐惧、戒惧。

《象》曰 志行，志向得以践行。

【爻象处境】

九四爻变，上卦乾变为巽，巽错卦为震，震为足、为动，有"履"之象；震综卦为艮，艮为黔喙之属，有"虎"之象；九四在互卦离（九二至九四），离错卦为坎，坎为曳，有"尾"之象。合观之，有"履虎尾"之象。

坎又为加忧、为心病、为亟心，有"愬愬"之象。

艮又为止、为万物之所成终，有"终"之象；离又为日、为明、为丽，有"吉"之象。合观之，有"终吉"之象。

九四已出兑入乾，处"四多惧"之位，阳爻居阴位，居位不当，虽与六三亲比，但与初九敌而不应，与九五敌而不比，上无靠山，下无基础，逼近九五君位，伴君如伴虎，处境凶险。

《小象传》提示："愬愬终吉，志行也。"最终吉祥，在于志向得以践行。

九四爻变，得履之变卦中孚卦。《中孚·彖传》提示："中孚以利贞，乃应乎天也。"得履之中孚，心中有诚信，利于守正，应顺天道，践行志向。

本卦：履　　　　变卦：履之中孚

《易经》启示：九四处境是时运起伏，先危后吉。人在九四处境，若能时时戒惧谨慎，处处小心翼翼，戒骄戒躁，尊上谦下，谦逊柔顺，方能逢凶化吉。

九五，夬履，贞厉。

九五爻，过急出行，占问有厉危。

《象》曰：夬履贞厉，位正当也。

《小象传》解释："夬履贞厉"，这意味着行事要中正得当。

【导读】

夬履 夬，读 guài，决断、果断，引申为过快、过急之义。《说文解字》："夬，分决也。"夬履，指过急出行，占问有厉危。

《象》曰 位正当，指行事要中正得当。

【爻象处境】

九五在互卦巽（六三至九五）中，巽错卦为震，震为决躁，有"夬"之象；震又为足、为动，有"履"之象。合观之，有"夬履"之象。

巽综卦为兑，兑为巫，有"贞"之象；九五爻变，上卦乾变为离，离错卦为坎，坎为隐伏、为血卦，有"厉"之象。合观之，有"贞厉"之象。

九五居履卦之尊位，居上卦乾之中位，阳爻居阳位，虽居中得正，但重阳过刚，下无应爻，近无亲比，没有基础，缺乏支持，处境危险。但九五居履卦之尊位，刚健中正，与九四、上九同在乾卦，同体同性，志同道合，可获亨通。

《小象传》提示："夬履贞厉，位正当也。"行事要中正得当。

九五爻变，得履之变卦睽卦。《睽·大象传》提示："君子以同而异。"得履之睽，要多听不同意见，集思广益，异中求同，求同存异。

本卦：履　　　变卦：履之睽

《易经》启示：九五处境是时来运转，拨云见日。人在九五处境，若能持守中正之道，阳刚中正，谦逊包容，得道多助，虽有危险，终可无咎。

上九，视履考祥，其旋元吉。

上九爻，回顾走过的道路，仔细考查凶吉预兆，返回就会一直吉利。

《象》曰：元吉在上，大有庆也。

《小象传》解释：大大吉祥，高高在上，这表明有大喜之事值得庆贺。

【导读】

视履考祥 视，察看。考，考核、考查。祥，凶吉之兆。《周书·武顺》："无道曰祥。"《左传·僖公十六年》："是何祥也，吉凶焉在？"

其旋元吉 旋，返回。元吉，一直吉利。

《象》曰 元，大。在上，身居高位。有庆，值得庆贺。

【爻象处境】

上九居履卦之终，与六三正应，六三在互卦离（九二至九四）中，离为目，有"视"之象；上九爻变，上卦乾变为兑，兑综卦为巽，巽错卦为震，震为足、为动，有"履"之象；巽为绳直，象征以准绳考评所履吉凶之兆，有"考祥"之象。合观之，有"视履考祥"之象。

震又为反生，有"旋"之象；上卦乾为乾元，有"元"之象；上九爻变，得互卦坎（六三至上六），坎错卦为离，离为日、为明、为丽，有"吉"之象。合观之，有"其旋元吉"之象。

上九居履卦之终，阳爻居阴位，虽居位失当，但刚而能柔，虽近无亲比，但与六三正应，处境有利有弊。

《小象传》提示："元吉在上，大有庆也。"有大喜事值得庆贺。

上九爻变，得履之变卦兑卦。《兑·大象传》提示："君子以朋友讲习。"得履之兑，两口相对，朋友讲习，学而时习之，心中喜悦。履是实际做，兑是高兴说，先做后说，做完再说，才有说服力。

本卦：履　　　　　变卦：履之兑

《易经》启示：上九处境是晚运亨通，福寿双全，正当一段履行告终时。人在上九处境，若能回顾所走道路，考评所获吉凶，反躬自省，知过改过，开始新的履行时，才能趋吉避凶、逢凶化吉，这才是大吉大利。

第十一卦　泰

泰，小往大来，吉亨。

泰卦，小的去，大的来，吉利而亨通。

《彖》曰：泰，小往大来，吉亨，则是天地交而万物通也，上下交而其志同也。内阳而外阴，内健而外顺。内君子而外小人，君子道长，小人道消也。

《彖传》解释：泰卦卦辞所说"小往大来，吉亨"，这是象征天地阴阳相互交感，万物顺利生长，这也象征君上与臣下相互交流，志同道合。泰卦象征内卦阳刚而外卦阴柔，内有刚健而外有柔顺。内用君子而疏远小人，这象征着君子之道增长，小人之道消亡。

《象》曰：天地交，泰。后以财成天地之道，辅相天地之宜，以左右民。

《大象传》解释：天地相交，这是泰卦卦象。君主观此卦象，应当效法，制定制度，提供辅助，引导民众顺应天地之道。

【导读】

泰　卦名。《周易》（通行本）第十一卦。《序卦传》："履而泰，然后安，故受之以泰。泰者通也。"《杂卦传》："否、泰，反其类也。"循礼履行则通畅安顺，因此继履卦之后紧接着为泰卦。泰为通顺，否为闭塞，泰与否正好相反，正好一对。这是《易传》释泰卦卦序、卦义。泰，《说文解字》注："滑也。从廾从水。"段玉裁注："字从水。水在手中。下溜甚利也。"本义是滑溜通达，也指大。朱骏声《说文通训定声》："泰，亦作汰。疑泰、太、汰三形实同字。"泰卦是讲如何大通。

小往大来　此释泰卦卦象。《易经》通例，阴为小，阳为大，由下至上为往，自上而下为来。泰卦是下乾上坤，坤为上卦，本在下，现往上，又是纯阴卦，为小，是为"小往"。乾是下卦，本在上，现向下，又是纯阳卦，为大，是为"大来"。

《象》曰　内，进用。外，疏远。内君子而外小人，指内用君子而疏远小人。

《象》曰　"天地交"，此释泰卦卦象。下乾上坤，坤地阴气下降，乾天阳气上升，阴阳二气一降一升，互相交合，顺畅通达。后，君主。财同裁，剪裁、制定。天地之道，天地变化规律。辅，辅佐、辅助。相，相助。天地之宜，指适宜天地万物生长的条件。左右，引导。

【卦象环境】

泰卦下卦为乾，上卦为坤，乾为天，乾元阳气为天气，坤为地，坤元阴气为地气，乾元阳气上升，坤元阴气下降，天地阴阳二气交错而行，有"天地交"之象。乾元阳气上升为云，坤元阴气下降为雨，云行雨施，象征天地通泰，故取卦名为"泰"。

《易经》通例，阳为大，阴为小，由下至上、由内而外为往，由上至下、由外而内为来。坤阴为小，原在下现在上，由下而上，有"小往"之象；乾阳为大，原在上现在下，由上而下，有"大来"之象。合观之，有"小往大来"之象。

乾元阳气、坤元阴气，二气相交，云行雨施，使万物资始资生，流形咸亨，因此吉利亨通。占得此卦，成功在望。

《象传》提示："内君子而外小人，君子道长，小人道消也。"内用君子而疏远小人，这象征着君子之道增长，小人之道消亡。

《大象传》提示："后以财成天地之道，辅相天地之宜，以左右民。"应制定制度，提供辅助，引导民众顺应天地之道。

泰卦的人位互卦为归妹卦（下卦：九二至六四；上卦：九三至六五）。《归妹·象传》提示："征凶，位不当也。无攸利，柔乘刚也。"归妹卦提示，人在泰卦环境，若位置摆不正，则行事有凶险；若柔弱欺刚强，则结局很不利。

本卦：泰　　　　人位互卦：归妹

泰卦局势： 如天地交泰，阴阳合和，运势顺畅，小往大来，和谐顺利，前途亨通。

《易经》启示：人在泰卦环境，若能持守正道，居安思危，顺势而为，循序渐进，则能趋吉避凶。若不守正道，得意忘形，恣意妄为，逆势而行，结果会凶多吉少，乐极生悲。

初九，拔茅茹，以其汇，征吉。

初九爻，拔茅除根，以绝后患，远行吉利。

《象》曰：拔茅征吉，志在外也。

《小象传》解释："拔茅征吉"，这是因为志向在于上进。

【导读】

拔茅茹，以其汇 茅茹，指根部联结的茅草。汇，回也，引申为复发。《说文解字》："汇，器也。"段玉裁注："旧说汇者，回也。"以，因为、由于。以其汇，因为它要复发。"拔茅茹，以其汇"，指拔茅除根，消除复发，以绝后患。

《象》曰 外，上卦为外卦，由下而上行进为向外。志在外，指志向在于上进。

【爻象处境】

初九处泰卦之始，初九爻变，下卦乾变为巽，巽为木，巽为阴卦，阴为小、为柔，细小柔软之木，有"茅"之象；初九在卦之地位，在地下，有"茹"之象；巽综卦为兑，兑为毁折，有"拔"之象。合观之，有"拔茅茹"之象。

巽又为入，有"以"之象；下卦乾错卦为坤，坤为众、为藏、为吝啬，有"汇"之象。合观之，有"以其汇"之象。

巽错卦为震，震为足、为动，有"征"之象；初九爻变，得互卦坎（初六至六四），坎错卦为离，离为日、为明、为丽，有"吉"之象。合观之，有"征吉"之象。

初九阳爻居阳位，居位得正，下卦三阳同在乾卦，同体同性，志同道合；初九与六四正应，初九争取志同道合的人一同前往，人多力量大，处境有利。

《小象传》提示："拔茅征吉，志在外也。""拔茅征吉"，志在上进。

初九爻变，得泰之变卦升卦。《升·象传》提示："柔以时升，巽而顺，刚中而应，是以大亨。"得泰之升，顺时进升，柔顺应合，刚健适中，方能大为亨通。

本卦：泰　　　　变卦：泰之升

《易经》启示：初九处境是时运顺利，得道多助。人在初九处境，若能持守正道，刚而能柔，尊上谦下，得道多助，团结一切可以团结的力量，共同努力，方能吉利。

九二，包荒，用冯河，不遐遗。朋亡，得尚于中行。

九二爻，凭借大葫芦，用来涉水渡河，不因遥远而离散。朋友走失，半路上得到贵人相助。

《象》曰：包荒得尚于中行，以光大也。

《小象传》解释："包荒，得尚于中行"，这是因为光明正大。

【导读】

包荒，用冯河　包，借作"匏"，即葫芦。荒，大。《诗经·周颂·天作》："天作高山，大王荒之。"包荒，指大葫芦。古人凭借大葫芦浮力渡河。冯，读 píng，指徒步涉水。冯河，徒步渡河。

不遐遗　遐，远。《说文新附》："遐，远也。"遗，《释言》："遗，离也。"不遐遗，指不因遥远而离散。

朋亡，得尚于中行　亡，丢失、走失。朋亡，朋友走失。尚，借作"赏"，帮助，此指得到贵人相助。中行，中途、半道。得尚于中行，指半路上得到贵人相助。

《象》曰　光大，光明正大。

【爻象处境】

九二居下卦乾之中，上与六五正应，九二在下卦乾，六五在上卦坤，在天地之间，天荒地老，坤为腹、为藏，有"包荒"之象。

九二爻变，下卦乾变为离，离错卦为坎，坎为水、为沟渎，有"河"之象；九二在互卦兑（九二至六四），兑错卦为艮，艮为手，有"用"之象；艮综卦为震，震为足、为动，有"冯"之象。合观之，有"用冯河"之象。

兑综卦为巽，巽为不果，有"不"之象；巽又为散，有"遐遗"之象。合观之，有"不遐遗"之象。

九二在下卦乾中，乾卦三阳同体同性，有"朋"之象；九二在互卦兑（九二至六四），兑为毁折，有"亡"之象。九二前往应合六五，合观之，有"朋亡"之象。

九二与六五正应，九二居下卦之中，六五居上卦之中，二者正应，以中道行事，有"得尚于中行"之象。

九二阳爻居阴位，居位得中，刚而能柔，上与六五正应，九二爻变，下卦乾变为离卦，离为火、为明，六五在上卦坤中，坤为文采，皆有"光"之象，因此九二处境理想，前途光明。

《小象传》提示："以光大也。"应把"包荒"精神发扬光大。

九二爻变，得泰之变卦明夷卦。《明夷》卦辞提示："利艰贞。"得泰之明夷，要居安思危，想到艰辛，更要包容。不能包容，不仅无法光大，反而使光明消夷，日落黑暗。

本卦：泰　　　变卦：泰之明夷

《易经》启示：九二处境是时运中兴，前途光明。人在九二处境，若能持守中道，刚而能柔，尊上谦下，谦逊柔和，宽厚包容，得道多助，自然吉祥。

九三，无平不陂，无往不复，艰贞无咎。勿恤其孚，于食有福。

九三爻，没有只平坦而无斜坡的道路，也没有只前往而无复归的事情，占问结果虽有艰难，但无咎灾。不用忧虑紧张，卦兆显示，有福可享。

《象》曰：无往不复，天地际也。

《小象传》解释："无往不复"，这意味着正处在天地变化转折点。

【导读】

无平不陂　陂，读 pō，亦作"坡"，指斜坡。

艰贞无咎　占问结果虽有艰难，但无咎灾。

勿恤其孚，于食有福　恤，忧虑、紧张。《说文解字》："恤，忧也，收也。从心，血声。"忧即忧虑，收为收紧，有紧张之义。"从心，血声"，心收紧，血压升高，就紧张了。孚，卦兆。食，食物，引申为享用。福，福气、福祉。于食有福，指有福可享。

《象》曰　天地际，指天地变化的转折点。

【爻象处境】

九三与上六正应，九三处下卦乾中，乾卦阳爻为一条直线，"乾三连"为"平"，有"不陂"之象；上六居上卦坤之终，坤卦阴爻为一条横线中间断裂，"坤六断"为"陂"，有"无平"之象；九三处下卦乾之极，即将出乾入坤，位于天地交际之处，有"无平不陂"之象。

九三正处于上下交会、天地交合之际，小往大来，有往必有来，九三在互卦震（九三至六五）中，震为反生，反通"返"，有"复"之象，"复"即"无往"，有"无往"之象；九三又在互卦兑（九二至六四）中，兑为毁折，兑震合观，有"不复"之象。合观之，有"无往不复"之象。

九三爻变，下卦乾变为兑，兑于地为刚卤，为坚硬盐碱地，有"艰"之象；兑又为巫，有"贞"之象；兑综卦为巽，巽为不果，有"无"之象；兑又为毁折，有"咎"之象。合观之，有"艰贞无咎"之象。

巽为不果，又有"勿"之象；巽又为躁卦，有"恤"之象；兑为巫，有"孚"之象。合观之，有"勿恤其孚"之象。

兑又为口，有"食"之象；兑为巫，赐予福祉，又有"福"之象。合观之，有"于食有福"之象。

九三阳爻居阳位，虽居位得正，与上六正应，与六四亲比，但处"三多凶"之位，居位不中，重阳过刚，刚愎自用，与九二敌而不比，又被六四凌乘，处境艰辛。

《小象传》提示："无往不复，天地际也。"无往则不复，有往必有复，循环往复，天地之道，关键在把握好转折点。

九三爻变，得泰之变卦临卦。《临》卦辞提示："元亨，利贞，至于八月有凶。"得泰之临，一直亨通，但八月有凶。正处于成败兴亡转折的临界点，居高临下，当有如临深渊的警惕心，及时应变，预作防范，处泰防否。

本卦：泰　　　　　变卦：泰之临

《易经》启示：九三处境是时运起伏，宜居安思危。人在九三处境，若能持守正道，摆正心态，抑制过刚，纠正过失，谦逊柔顺，安守本分，顺其自然，终可有福无咎。

六四，翩翩，不富以其邻，不戒以孚。

六四爻，翩翩飞翔，张扬炫耀，不将福泽施与邻里，对卦兆不戒惧。

《象》曰：**翩翩不富，皆失实也。不戒以孚，中心愿也。**

《小象传》解释："翩翩不富"，说明这些都是虚荣浮夸、不诚实的行为。"不戒以孚"，这说明都是发自内心的愿望。

【导读】

翩翩，不富以其邻　翩翩，指张扬炫耀。以，施与。不富以其邻，指不将福泽施与邻里。

不戒以孚　戒，戒惧。孚，卦兆。不戒以孚，指对卦兆不戒惧。

《象》曰　失实，虚荣浮夸。中心愿，即心中愿望。

【爻象处境】

六四居上卦坤之初，坤为众，又在互卦震（九三至六五）中，震为动，合观之，有"翩翩"之象；六四与初九正应，六四与六五、上六同体同性，分别与下卦三阳爻应会，都在互卦震（九三至上六）中，震为行动，三阴联袂下应三阳，犹如群鸟齐飞，翩翩而降，也有"翩翩"之象。

六四在上卦坤中，坤为吝啬、为藏，有"不富以其邻"之象。

六四在互卦兑（九二至六四），兑综卦为巽，巽为躁卦，有"不戒"之象；兑为巫，有"孚"之象。合观之，有"不戒以孚"之象。

六四阴爻居阴位，虽居位得正，但居位不中，重阴过弱，上卦三阴爻分别下应下卦三阳爻，几乎将阳气消耗殆尽，阴虚阳实，阴阳相应，异性相吸，难以抗拒，禁止没用，不如不戒，因为双方心中愿意，处境无奈。

《小象传》提示："翩翩不富，皆失实也。不戒以孚，中心愿也。"明知失实，却心甘情愿上当受骗。

六四爻变，得泰之变卦大壮卦。《大壮·大象传》提示："君子以非礼弗履。"得泰之大壮，血气方刚，冲动难免，但仍要守住底线，非礼弗履。

　　　本卦：泰　　　　　　　变卦：泰之大壮

《易经》启示：六四处境是时运不利，虚而不实，此时面对诱惑，翩翩飞舞，优美诱人，虽"中心愿"，唯恐"皆失实"。人在六四处境，若能处泰防否，居安思危，戒惧谨慎，不冲动冒险，不掉以轻心，方能趋吉避凶。

六五，帝乙归妹，以祉元吉。

六五爻，帝乙嫁妹，可以得福，一直吉利。

《象》曰：以祉元吉，中以行愿也。

《小象传》解释："以祉元吉"，这说明行事中正，践行了志愿。

【导读】

帝乙归妹　帝乙，指殷纣王的父亲。归，女子出嫁。古代女子以出嫁为归宿。妹，少女。据史载，殷纣王父亲帝乙曾嫁女于周文王。

以祉元吉　祉，福，此指得福。元吉，一直吉利。

《象》曰　中，中正。行，践行。愿，志愿。

【爻象处境】

六五居卦之君位，在互卦震（九三至六五）中，"帝出乎震"（《说卦传》），有"帝乙"之象；六五与九二正应，六五在互卦震（九三至六五），九二在互卦兑（九二至六四），下兑上震为归妹卦，有"归妹"之象。合观之，有"帝乙归妹"之象。

六五正应九二，九二在互卦兑，兑为巫，有"祉"之象；六五在上卦坤，坤为坤元，有"元"之象；六五爻变，上卦坤变为坎，坎错卦为离，离为日、为明、为丽，有"吉"之象。合观之，有"以祉元吉"之象。

六五阴爻居阳位，居位得中，下与九二正应，与上六、六四同在坤卦，同体同性，志同道合，处境甚佳。

《小象传》提示："中以行愿也。"行事中正，践行志愿。

六五爻变，得泰之变卦需卦。《需·象传》提示："利涉大川，往有功也。""帝乙归妹"，功在济渡时艰。得泰之需，和亲策略，政治联姻，纯属需要，未必有真实感情。

本卦：泰　　　　变卦：泰之需

《易经》启示：六五处境是时运亨通，得道多助。人在六五处境，若能持守中道，谦逊柔顺，宽厚包容，得道多助，必然一直吉利。

上六，城复于隍，勿用师，自邑告命，贞吝。

上六爻，城墙倒塌在护城壕沟里，城中传出命令，不可用兵，占问结果有遗恨。

《象》曰：城复于隍，其命乱也。

《小象传》解释："城复于隍"，这意味着形势已变，大势已去。

【导读】

城复于隍　城，城墙。复同覆，倾覆、崩塌。隍，读 huáng，指没有水的城壕。《说文解字》："隍，城池也，有水曰池，无水曰隍。"

勿用师，自邑告命　勿用师，指不可用兵。邑，城邑、城中。告命，传达命令。

《象》曰　命，命运，此指形势。乱，变。其命乱，指形势已变，大势已去。

【爻象处境】

上六居泰卦之极，处泰极否将来之时，上六爻变，上卦坤变为艮，艮为小石、为门阙，有"城"之象；艮综卦为震，震为反生，有"复"之象；艮错卦为兑，兑为泽、为地刚卤，有"隍"之象。合观之，有"城复于隍"之象。

艮又为止、为手，有"勿用"之象；上六爻变，得互卦离（九三至上九），离为甲胄、为戈兵，有"师"之象。合观之，有"勿用师"之象。

上六在上卦坤，坤为地、为众，有"邑"之象；上六爻变，上卦坤变为艮，艮错卦为兑，兑为口舌、为说，有"告"之象；坤错卦为乾，乾为天，有"命"之象。合观之，有"自邑告命"之象。

兑又为巫，有"贞"之象；上六爻变，得互卦离（九三至上九），离错卦为坎，坎为加忧、为亟心，有"吝"之象。合观之，有"贞吝"之象。

上六居泰之极，阴爻居阴位，虽居位得正，但居位不中，重阴过弱，虽下与九三正应，但与六五敌而不比，前无去路，后无退路，处境危险。

《小象传》提示："城复于隍，其命乱也。"大势已去，处境凶险，危在旦夕。

上六爻变，得泰之变卦大畜卦。《大畜·大象传》提示："君子以多识前言往行，以畜其德。"得泰之大畜，面对泰极否来之大变局，应多学习先贤言行，汲取先贤智慧，用来修养自己的德行。

本卦：泰　　　　　变卦：泰之大畜

《易经》启示：上六处境是时运颠倒，此时大势已去，已无可挽救，宜谨慎自守。人在上六处境，若能冷静应对，不逞强冒险，不盲目妄动，不作无谓牺牲，及时止损，保守退避，静观时变，顺势而为，方能化险为夷。

第十二卦　否

䷋　否，否之匪人，不利君子贞，大往小来。

否卦，闭塞天道，不利于君子占问，损失大收获小。

《彖》曰：否之匪人，不利君子贞。大往小来，则是天地不交而万物不通也，上下不交而天下无邦也。内阴而外阳，内柔而外刚，内小人而外君子。小人道长，君子道消也。

《彖传》解释：否卦象征闭塞天道，不利于君子贞正自守。否卦乾阳上往，坤阴下来，这意味着天地阴阳二气不相交合，万物生长就不通顺。君上与臣下不相交流，天下就没有像样的国家。否卦是阴柔在内，阳刚在外，小人在内，君子在外。这象征小人之道增长，君子之道消亡。

《象》曰：天地不交，否。君子以俭德辟难，不可荣以禄。

《大象传》解释：天地不相交，这是否卦卦象。君子观此卦象，应当效法，收敛德才以避危难，不可贪求功名利禄。

【导读】

否　读 pǐ，卦名。《周易》（通行本）第十二卦。《序卦传》："物不可以终通，故受之以否。"《杂卦传》："否、泰，反其类也。"通泰到最终为不通，否是闭塞不通，否正好与泰相反，因此继泰卦之后紧接着为否卦。这是《易传》释否卦卦序、卦义。否，本义是阻隔不通。《广雅·释诂》："否，隔也。""否"字拆开为不、口，不开口即闭塞不通。否卦是讲如何疏通。

否之匪人　此句历来注家多歧义，朱熹甚至说"之匪人"三字为衍文，由《比》卦六三"比之匪人"而误。朱说非是。否，闭塞也。匪同非。匪人，非人也，此指天道、天命。否之匪人，指闭塞天道。

不利君子贞　在经文中，君子与道德无关。经文中君子、大人与小人，以爻性爻位作区分。《易经》通例，阳为大，阴为小，高位为尊，低位为卑。"大人"是指富有（阳）且尊贵（高位）之人，为"大人物"，"君子"是指富有（阳）或尊贵（高位）之人，"小人"是指贫弱（阴）且卑下（低位）之人，为"小人物"。"大人"在爻性爻位上皆占优势，"君子"在爻性或爻位上只占其中一个优势，"小人"在爻性爻位上皆为劣势。因此，"大人"与"小人"相反，"君子"与"小人"也相对。否卦是阴长阳消，是小人得势，君子失势，小人道长，君子道消。"否之匪人"，闭塞了天道，因此，不利于君子占问。

大往小来 此以否卦卦象为说。与泰卦正好相反，否卦是下坤上乾，乾为纯阳卦，阳为大，阳气往上，是为"大往"。坤为纯阴卦，阴为小，阴气下沉，是为"小来"。此指失去大的，得来小的。

《彖》曰 贞，贞正自守。不利君子贞，指不利于君子贞正自守。上，君上。下，臣下。邦，国家。

《象》曰 俭，约束、收敛。辟通"避"。俭德辟难，指收敛德才以避危难。荣，荣耀、功名。禄，禄位。不可荣以禄，指不可贪求功名利禄。

【卦象环境】

否卦下卦为坤，上卦为乾，坤为地，坤元阴气为地气，乾为天，乾元阳气为天气，乾元阳气蒸发上升，坤元阴气内敛下降，阴阳二气背道而行，上下不通气，阴阳不交合，有"天地不交"之象。天地不交，象征天地隔绝闭塞，故取卦名为"否"。

否卦有互卦艮（六二至九四），艮为止，有"否"之象；也有互卦巽（六三至九五），巽为不果，也有"否"之象；上卦乾为天，有"匪人"之象。合观之，有"否之匪人"之象。

互卦巽（六三至九五）为不果，有"不"之象；巽又为近利市三倍，有"利"之象；乾为君，有"君子"之象；巽综卦为兑，兑为巫，有"贞"之象。合观之，有"不利君子贞"之象。

《易经》通例，阳为大，阴为小，自下而上为往，自上而下为来。上卦乾为纯阳卦，阳为大，阳气往上升，有"大往"之象；下卦坤为纯阴卦，阴为小，阴气降下来，有"小来"之象。合观之，有"大往小来"之象。

《彖传》提示："否之匪人，不利君子贞。"否卦闭塞了天道，天运不畅，不利于君子占问。

《大象传》提示："君子以俭德辟难，不可荣以禄。"应收敛德才以避危难，不可贪求功名利禄。

否卦的人位互卦为渐卦（下卦：六二至九四；上卦：六三至九五）。《渐·大象传》提示："山上有木，渐。君子以居贤德善俗。"渐卦象征山上有木，逐渐长大。渐卦提示，人在否卦环境，应不断积蓄贤德，逐渐改善风俗。

本卦：否　　　　　　人位互卦：渐

否卦局势：如天地不交，夫妻不和，运势闭塞，泰极否来，安逸不再。

《易经》启示：人在否卦环境，若能谨慎行事，忍耐待时，韬光养晦，积蓄力量，终能逢凶化吉。若不识时务，不辨是非，逆天行事，结果会凶多吉少。

初六，拔茅茹，以其汇，贞吉，亨。

初六爻，拔茅除根，以绝后患，占问吉利，亨通。

《象》曰：**拔茅贞吉，志在君也。**

《小象传》解释："拔茅贞吉"，这意味着志向在清君侧，为君主效力。

【导读】

拔茅茹，以其汇　与泰卦初九爻辞相同。茅茹，指根部联结的茅草。拔茅茹，指拔茅除根。汇，回也，引申为复发。《说文解字》："汇，器也。"段玉裁注："旧说汇者，回也。"以其汇，指消除复发，以绝后患。

《象》曰　志在君，指志向在清君侧，为君主效力。

【爻象处境】

初六处否卦之始，初六爻变，下卦坤变为震，震错卦为巽，巽为木，又为阴卦，象征细小柔软之草木，有"茅"之象；初六在否卦之地位，在地下，有"茹"之象；震为动、为反生，有"拔"之象；巽综卦为兑，兑为毁折，也有"拔"之象。合观之，有"拔茅茹"之象。

巽又为入，有"以"之象；下卦坤为众、为藏、为吝啬，有"汇"之象。合观之，有"以其汇"之象。

兑又为巫，有"贞"之象；初六爻变，得互卦离（初九至九四），离为日、为明、为丽，有"吉"之象；离错卦为坎，坎为通，有"亨"之象。合观之，有"贞吉，亨"之象。

初六居否卦之初，阴爻居阳位，居位失当，不中不正，自身乏力，又在互卦艮（六二至九四）之底，艮为山、为止，前有大山阻止，初六与九四正应，但九四阳爻居阴位，居位不当，又处"四多惧"之位，自顾不暇，无力援助，因此初六处境困难。

否卦初六爻辞与泰卦初九爻辞几乎相同，但辞同境不同。泰卦环境大好，泰初"志在外"，立志向外发展，"拔汇"是积极扩充力量，进取可获吉，为"征吉"；否卦环境不好，否初"志在君"，期待得到外援，"拔汇"是团结内部力量，自保可获吉，为"贞吉"。

《小象传》提示："拔茅贞吉，志在君也。"志向在清君侧，为君王效力。

初六爻变，得否之变卦无妄卦。《无妄·象传》提示："无妄之往，何之矣？天命不祐，行矣哉！"得否之无妄，闭塞天道，天命不祐，前途无望，别有妄想，更勿轻举妄动，以免招来无妄之灾。

本卦：否　　　　　变卦：否之无妄

《易经》启示：初六处境是时运不畅，宜清除内部障碍。人在初六处境，若能尊上谦下，谦逊柔顺，宽厚包容，先团结内部力量，再争取外力相助，终能获吉亨通。

六二，包承，小人吉，大人否，亨。

六二爻，包容奉承，小人物吉利，大人物闭塞奉承，亨通。

《象》曰：大人否亨，不乱群也。

《小象传》解释："大人否亨"，这意味着不能搞乱下属的心志。

【导读】

包承　包，包容。承，奉承。包承，指喜欢奉承。

大人否　否，闭塞、隔绝。大人否，指大人物闭塞奉承。

《象》曰　不乱群，指不能搞乱下属的心志。

【爻象处境】

六二处下卦坤中，坤为腹、为藏，有"包"之象；六二与九五正应，为阴承阳，柔承刚，有"承"之象。合观之，有"包承"之象。

六二阴爻，阴为小，六二处三画卦之人位，有"小人"之象；六二爻变，得互卦离（九二至九四），离为日、为明、为丽，有"吉"之象。合观之，有"小人吉"之象。

上与九五之君正应，九五阳爻，阳为大，九五居上卦三画卦之人位，有"大人"之象；九五下临互卦艮（六二至九四），艮为山、为止，闭塞不通，有"否"之象。合观之，有"大人否"之象。

六二爻变，下卦坤变为坎，坎为通，有"亨"之象。

六二阴爻居阴位，居中得正，柔和中正，宽厚包容，与九五至尊正应，与初六、六三两阴爻同在坤卦，同体同性，志同道合，上有靠山，下有基础，处境理想。

《小象传》提示："大人否亨，不乱群也。"大人物虽有闭塞终能获亨通，在于没搞乱下属心志。

六二爻变，得否之变卦讼卦。《讼》卦辞提示："有孚，窒惕，中吉，终凶。利见大人，不利涉大川。"得否之讼，卦兆显示，谨慎戒惧，中途吉利，最终凶险。此时利于拜见大人物，不利于冒险涉渡大川。

本卦：否　　　　变卦：否之讼

《易经》启示：六二处境是时运不顺，因人成事。处否之道，关键在"包承"二字，一要"承"，即顺承大人物，二要"包"，即争取大人物包容，核心在"中正"。人在六二处境，若能持守中正之道，谦逊顺承，宽厚包容，择善追从，得道多助，暂时虽有否塞，最终亦能亨通。

六三，包羞。

六三爻，包羞忍耻。

《象》曰：包羞，位不当也。

《小象传》解释："包羞"，这意味着身份地位不得当。

【导读】

包羞　羞，羞耻、羞辱。包羞，包羞忍耻。

《象》曰　位，身份地位。不当，不得当。

【爻象处境】

六三处下卦坤，坤为腹、为藏，有"包"之象；六三处互卦巽（六三至九五）之底，巽为多白眼、为臭，有"羞"之象。合观之，有"包羞"之象。

六三处下卦坤之极，处"三多凶"之位，阴爻居阳位，居位失当，不中不正，柔弱无才，为阴之极，否中之否，处境凶险。

六三上应上九，但上九却以"倾否"相应，六三感觉受到羞辱；邻近顺承亲比九四，九四阳爻居阴位，也是不中不正，六三感到羞耻；向下亲近坤中初六、六二同胞姐妹，也是处境尴尬，觉得羞愧。六三已到穷途末路，坠入人生低谷，心中被一个"羞"字所包裹，包羞忍耻。这是小人物人生至暗时刻的真实心境和当下处境。

唐朝诗人杜牧《题乌江亭》咏叹楚霸王项羽："胜败兵家事不期，包羞忍耻是男儿。江东子弟多才俊，卷土重来未可知。"其中"包羞"二字即来源于此爻。"包羞忍耻"，说起来容易，做起来不易。"非人"处境，不是什么人都能忍的。

六三"包羞"，六二"包承"，都含有一个"包"字，字同义不

上经 第十二卦 否

同。六二为我"承"人，则人"包"我；六三为人"羞"我，则我"包"己。六二之"包"在人，六三之"包"在己。自己需要有强大的内心，才能"包羞"。

《小象传》提示："包羞，位不当也。""包羞"，这意味着身份地位不得当。

六三爻变，得否之变卦遁卦。《遁·彖传》提示："遁，亨，遁而亨也。"得否之遁，不妨及时隐遁，亦可亨通。退一步海阔天空。

本卦：否　　　　　变卦：否之遁

《易经》启示：六三处境是时运不当，宜忍辱负重。人在六三处境，若能持守正道，谦下柔顺，包羞忍耻，韬光养晦，养精蓄锐，静观时变，顺势而为，终有出头机会。

九四，有命无咎，畴离祉。

九四爻，奉天承运，没有咎灾，大家一起享福。

《象》曰：有命无咎，志行也。

《小象传》解释："有命无咎"，这表明志向得以实行。

【导读】

有命无咎　命，天命。有命，奉天承运，开通闭塞，即听天命，尽人事。

畴离祉　畴，本义是已耕作的田地，引申为同类。《说文解字》："畴，耕治之田也。"段玉裁注："引申之，高注国策、韦注汉书：畴，类也。"离通"丽"，附着。祉，福祉。畴离祉，指大家一起享福。

《象》曰　志行，指志向得以实行。

【爻象处境】

九四居上卦乾之始，乾为天，有"命"之象；九四爻变，乾变为巽，巽为不果，有"无"之象；巽综卦为兑，兑为毁折，有"咎"之象。合观之，有"有命无咎"之象。

九四与初六正应，初六在下卦坤中，坤为地、为众，有"畴"之象；九四在上卦乾，离为乾卦，有"离"之象；九四爻变，乾变为巽，巽综卦为兑，兑为巫，有"祉"之象。合观之，有"畴离祉"之象。

九四处上卦乾之初，转否为泰已见转机，下与初六正应，近与六三亲比，但九四居"四多惧"之位，阳爻居阴位，居位失当，不中不正，实力不足，处境有利有弊。

《小象传》提示："有命无咎，志行也。"奉天承运，志向得以实行。

九四爻变，得否之变卦观卦。《观·象传》提示："中正以观天下。"得否之观，处此复苏再起契机，必须冷静观察，静观时变，见机行事。处于大起大落的关键转折点时，非全神贯注不可。

本卦：否　　　　变卦：否之观

《易经》启示：九四处境是时运转盛，谋事可成。人在九四处境，若能持守正道，尊上谦下，谦逊柔顺，见机行事，与时偕行，增进以九五为核心的乾卦三阳之间团结，向下应合初六，共同行动，谋求共享福祉，方能亨通无咎。

九五，休否，大人吉。其亡其亡，系于苞桑。

九五爻，休止闭塞，大人物吉利。危险啊危险，如系在桑树上摇摇欲坠。

《象》曰：**大人之吉，位正当也。**

《小象传》解释："大人之吉"，这表明居位中正得当。

【导读】

休否　休，休止，本义是指人依傍大树休息。《说文解字》："休，息止也。从人依木。"休否，休止闭塞。大人，指大人物。

其亡其亡，系于苞桑　其，语助词，表示忧虑的样子。亡，危险、逃亡。《说文解字》："亡，逃也。"其亡其亡，指危险啊危险，用以自警自诫。系，联结、捆绑。苞，丛生。《尔雅·释诂》：

"苞，丰也。"苞桑，丛生的桑树。系于苞桑，指系在桑树上，摇摇欲坠，提醒时刻要居安思危。

《象》曰　位，居位。正当，中正得当。

【爻象处境】

九五在互卦巽（六三至九五），巽为木，九五居上卦乾之人位，人依木而休，有"休"之象；巽错卦为震，震综卦为艮，艮为止，阻止不通，有"否"之象。合观之，有"休否"之象。

九五阳爻，阳为大，居三画卦之人位，有"大人"之象；九五爻变，上卦乾变为离，离为日、为明、为丽，有"吉"之象。合观之，有"大人吉"之象。

离错卦为坎，坎为血卦，有"亡"之象；九五爻变，再得互卦坎（六三至六五），坎叠坎，有"其亡其亡"之象。

巽又为绳直，有"系"之象；巽为木，又有"苞桑"之象。合观之，有"系于苞桑"之象。

九五居否卦之尊位，阳爻居阳位，居中得正，与九四、上九同在上卦乾体，同体同性，志同道合；下与六二正应，六二在下卦坤为众，九五得基层众人支持，又在互卦艮之上，已摆脱艮山阻止，因此处境理想。

《小象传》提示："大人之吉，位正当也。"大人之所以吉利，关键在于居位中正得当。

九五爻变，得否之变卦晋卦。《晋·大象传》提示："君子以自昭明德。"得否之晋，应自省修行，昭著美德。

本卦：否　　　变卦：否之晋

《易经》启示：九五处境是时运渐佳，宜居安思危。人在九五处境，若能持守中正之道，既能居安思危，念念不忘危亡，时刻戒慎自警，又能阳刚中正，谦逊包容，得道多助，齐心协力，结果自然吉利。

上九，倾否，先否后喜。

上九爻，清除堵塞物，起先堵塞，后来畅通喜庆。

《象》曰：否终则倾，何可长也？

《小象传》解释：否极必然转化，有什么东西可以长久不变呢？

【导读】

倾否 倾，倾覆，引申为尽数拿出。《说文解字》："倾，仄也。"又注："仄，侧倾也。"倾否，指清除全部堵塞物。

先否后喜 指起先闭塞，后来亨通，苦尽甘来，皆大欢喜。

《象》曰 何可长，有什么东西可以长久不变？

【爻象处境】

上九居上卦乾之终，上九爻变，乾变为兑，兑综卦为巽，巽为入，有"倾"之象；兑错卦为艮，艮为止，有"否"之象。合观之，有"倾否"之象。

《易经》通例，爻序自下而上，下为先，上为后。上九与六三正应，六三在下卦，有"先"之象；六三在互卦艮（六二至九四）中，艮为止，有"否"之象；上九在上卦，有"后"之象；上九爻变，上卦乾变为兑，兑为说，说同悦，有"喜"之象。合观之，有"先否后喜"之象。

上九居否卦之终，居上卦乾之极，阳爻居阴位，下与六三正应，近与九五、九四同在乾卦，同体同性，志同道合，处境有利。

《小象传》提示："否终则倾，何可长也？"否极必反，没有什么东西可以长久不变。

上九爻变，得否之变卦萃卦。《萃·大象传》提示："君子以除戎器，戒不虞。"得否之萃，应修整武器，以防不测。

本卦：否　　　变卦：否之萃

《易经》启示：上九处境是时来运转，苦尽甘来。人在上九处境，乾天阳气已充分发挥，坤地阴气已被消除，虽已由"先否"转"后喜"，但也要居安思危，防患于未然，若能如此，方得长治久安。

第十三卦　同人

同人，同人于野，亨，利涉大川，利君子贞。

同人卦，聚众于郊野，亨通，利于涉渡大川，利于君子占问。

《彖》曰：同人，柔得位得中，而应乎乾，曰同人。同人曰："同人于野，亨，利涉大川。"乾行也。文明以健，中正而应，君子正也。唯君子为能通天下之志。

《彖传》解释：同人卦象征阴柔居位得当，持守中正，又与刚健乾阳应合，这说明能聚合众人。同人卦辞说："同人于野，亨，利涉大川。"这是乾天健行的表现。既有文明品德，又有刚健禀性，行为中正，内外应合，这正是君子之正道。只有坚守正道的君子才能通达天下众人之心志。

《象》曰：天与火，同人。君子以类族辨物。

《大象传》解释：天与火同行，这是同人卦卦象。君子观此卦象，应当效法，明白物以类聚、人以群分的道理，明辨事物，求同存异，聚合众人。

【导读】

同人　卦名。《周易》（通行本）第十三卦。《序卦传》："物不可以终否，故受之以同人。"《杂卦传》："同人，亲也。"成语有"否极泰来"，但《易传》则讲泰极否来，否极同人。否则不通，同人相通，相通相亲，因此继否卦之后紧接着为同人卦。这是《易传》释同人卦卦序、卦义。同，本义是聚合。《说文解字》："同，合会也。"同人，指聚合众人、凝聚人心。同人卦是讲如何聚人。

同人于野　野，郊外。《说文解字》："邑外谓之郊，郊外谓之野，野外谓之林，林外谓之门。象远界也。"又注："郊，距国百里为郊。"郊又细分，五十里为近郊，百里为远郊。同人于野，指聚众于郊外旷野。

利涉大川 川，本义是指水直达。《说文解字》："川，贯穿通流水也。"《管子·度地》："水之出于他水，沟流于大水及海者，命曰川水。"大川的意象特征不在水是否深，而在于川水自始至终一直畅流通达，有"元亨"之象。

《彖》曰 乾行，指乾天健行。文明，指文明品德。健，刚健禀性。中正，行为中正。应，内外应合。君子正，指君子之正道。唯，只有。通，沟通、通达。天下之志，指天下众人之心志。

《象》曰 "天与火"，此释同人卦卦象。上卦乾为天，乾天阳气向上蒸发，下卦离为火，火焰向上燃烧，二者同向而行。类，分类、分别。类族辨物，指物以类聚，人以群分。

【卦象环境】

同人卦下卦为离，上卦为乾，离为火，乾为天，有"天与火"之象。乾天阳气上升，离为火焰上烧，二者特性相同；乾为日，离也为日，二者取象相同；乾在先天八卦方位为南方，离在后天八卦方位也为南方，先天属体，后天属用，体用合一，二者先后天方位相同。上下卦特性、取象、方位皆相同，又卦中一阴与五阳协同，故取卦名为"同人"。

六二与九五正应，六二处内卦离，离为丽，丽为依附，九五居外卦乾，乾错卦为坤，坤为众，离坤合观，依附众人，有"同人"之象；坤又为地、为黑，有"野"之象。合观之，有"同人于野"之象。

离为火，象征灶火，有火的地方就有人家。在古代，国之中称邑，邑城之外为郊，郊外为野，越向外灯火越稀少，到最边缘的旷野，是辽阔大地，乾卦变为坤卦，坤为大地、为旷野、为众人，故称"同人于野"。

下卦离错卦为坎，坎为通，有"亨"之象。

互卦巽（六二至九四）为近利市三倍，有"利"之象；巽错卦为震，震为足、为动，有"涉"之象；下卦离错卦为坎，坎为阳卦，阳为大，坎又为水、为沟渎，象征"川"，因此坎有"大川"之象。合观之，有"利涉大川"之象。

巽为木，"刳木为舟，剡木为楫"（《系辞下传》），巽又为风，上卦乾天行健，巽得乾助力为劲风，乘风行舟，也有"利涉大川"之象。

互卦巽（六二至九四）为近利市三倍，有"利"之象；上卦乾为纯阳卦，乾为君，有"君子"之象；巽综卦为兑，兑为巫，有"贞"之象。合观之，有"利君子贞"之象。

《象传》提示："文明以健，中正而应，君子正也。"既有文明品德，又有刚健禀性，行为中正，内外应合，这是君子中正之道。

《大象传》提示："君子以类族辨物。"物以类聚，人以群分，应明辨事物，求同存异，聚合众人。

同人卦的人位互卦为姤卦（下卦：六二至九四；上卦：九三至九五）。《姤·彖传》提示："刚遇中正，天下大行也。""同人"即与人同。姤卦提示，人在同人卦环境，结交志同道合、刚健中正之人，方能大行于天下。择友不慎，则自招祸端。

本卦：同人　　　　人位互卦：姤

同人卦局势：如浮鱼从水，鱼水情深，运势柔和，志同道合，光明无私，前途亨通。

《易经》启示：人在同人卦环境，若能光明磊落，同心同德，齐心协力，则能趋吉避凶。若有门户之见，排除异己，结党营私，结果会凶多吉少。

初九，同人于门，无咎。

初九爻，聚众于城门，没有咎灾。

《象》曰：出门同人，又谁咎也？

《小象传》解释：出了城门都是同门兄弟，又有谁会来危害你呢？

【导读】

同人于门　门，城门。同人于门，聚众于城门。

《象》曰　出门同人，指走出城门的都是同门兄弟。

【爻象处境】

初九处同人卦下卦离之初，离为丽，丽为依附，有"同人"之象；初九爻变，下卦离变为艮，艮为门阙，有"门"之象。合观之，有"同人于门"之象。

初九爻变，下卦离变为艮，艮错卦为兑，兑综卦为巽，巽为不果，有"无"之象；下卦离错卦为坎，坎为多眚，有"咎"之象。合观之，有"无咎"之象。

初九阳爻居阳位，居位得正，但居位不中，重阳过刚，上无正应，虽与六二亲比，但被六二凌乘，上无靠山，近无亲友，处境不顺。

《小象传》提示："出门同人，又谁咎也？"出了城门都是同门兄弟，又有谁会来危害你呢？

初九爻变，得同人之变卦遁卦。《遁·彖传》提示："刚当位而应，与时行也。"得同人之遁，应出门聚合众人，与时同行，勇敢应对，积极进取，不可隐遁逃避。

本卦：同人   变卦：同人之遁

《易经》启示：初九处境是时运平顺，适宜外出，此时应扩大交际范围，扩充人际关系。人在初九处境，若能持守正道，抑制过刚，刚而能柔，谦逊柔顺，开诚布公，坦诚相待，顺势而为，方能无咎。

六二，同人于宗，吝。

六二爻，聚众于宗庙，有遗恨。

《象》曰：同人于宗，吝道也。

《小象传》解释：只与宗亲聚合，这是难免吝惜的根源。

【导读】

同人于宗　宗，宗庙。同人于宗，指聚众于宗庙。

《象》曰　道，指根源。吝道，指令人惋惜的根源。聚合众人只顾宗亲，心胸过于偏狭，陷入宗派之争，知过不改，必有遗恨，是为"吝道"。参见屯卦六三【导读】。

【爻象处境】

六二在互卦巽（六二至九四）中，巽综卦为兑，兑为巫，有"宗"之象；巽为绳直，六二只与九五有应，以同宗为准绳取舍，有"同人于宗"之象。

六二处下卦离，离错卦为坎，坎为心病、为亟心，有"吝"之象。

六二居下卦离之中位，为全卦之主爻，阴爻居阴位，虽重阴过弱，但居中得正，上与九五之君正应，近与九三、初九亲比，上有靠山，下有基础，处境有利。

《小象传》提示："同人于宗，吝道也。"只认同宗，独亲同宗，盲目排外，过分狭隘，这是取吝之道。

六二爻变，得同人之变卦乾卦。《乾·象传》提示："乾道变化，各正性命，保合大和，乃利贞。"得同人之乾，应以"和合"统"同人"。顺天应人，各正本性，保持融合，扩大和谐，才能普利万物，固守正常循环。

☰☲　　　　　　　☰☰
本卦：同人　　　变卦：同人之乾

《易经》启示：六二处境是时运未佳，狭隘排外。人在六二处境，若只同人于同宗之人，心胸过于偏狭，以同宗为准绳取舍，难免偏私排外，陷入宗派之争，知过不改，必有遗恨。若能持守中正之道，宽厚包容，一视同仁，广结人缘，得道多助，方能无咎。

九三，伏戎于莽，升其高陵，三岁不兴。

九三爻，伏兵草莽，登上高丘，三年不敢兴兵。

《象》曰：**伏戎于莽，敌刚也。三岁不兴，安行也？**

《小象传》解释："伏戎于莽"，这是因为敌人力量强大。"三岁不兴"，这是因为敌我力量相差悬殊，怎能冒险行事呢？

【导读】

伏戎于莽，升其高陵　伏，埋伏。戎，兵戎、军队。莽，草莽、灌木丛。升，登。陵，山丘。

三岁不兴 兴，起兵。先是"伏戎于莽"，意欲潜伏偷袭，后又"升其高陵"，意欲武力威慑，皆因聚众不多，实力不强，不敢冒险，以致三年都没有兴兵举事。

《象》曰 敌刚，指敌人力量强大。安，疑问副词，怎能。行，行动、行事。

【爻象处境】

九三在下卦离，离错卦为坎，坎为隐伏，有"伏"之象；离为甲胄、为戈兵，有"戎"之象；九三在互卦巽（六二至九四），巽为木，有"莽"之象。合观之，有"伏戎于莽"之象。

巽为长，有"升"之象；巽为高，有"高"之象；九三爻变，下卦离变为震，震综卦为艮，艮为山，有"陵"之象。合观之，有"升其高陵"之象。

九三在下卦离，离在先天八卦位数为三，有"三岁"之象；巽又为不果，有"不"之象；巽为长，又有"兴"之象。合观之，有"三岁不兴"之象。

九三居下卦离之顶，处"三多凶"之位，阳爻居阳位，虽居位得当，但居位不中，重阳过刚，刚健冲动；虽上无正应，但下据亲比唯一阴爻六二，只认同六二。可是，六二与九五正应，六二不同九三。九三求同于六二，软的不行就来硬的，明的不行就来暗的，凶相毕露，处境凶险。

《小象传》提示："三岁不兴，安行也？"力量相差悬殊，怎能冒险行事呢？

九三爻变，得同人之变卦无妄卦。《无妄》卦辞提示："其匪正有眚，不利有攸往。"得同人之无妄，不守正道，必有眚祸，不利行动。

本卦：同人　　变卦：同人之无妄

《易经》启示：九三处境是时运不佳，潜伏三年。人在九三处境，若能持守正道，摆正心态，戒惧谨慎，抑制过刚，知过悔过，纠正过失，刚而能柔，谦逊柔顺，静待时机，方能趋吉避凶。

九四，乘其墉，弗克攻，吉。

九四爻，登上城墙，却不攻克，吉利。

《象》曰：乘其墉，义弗克也。其吉，则困而反则也。

《小象传》解释："乘其墉"，这是因为从道义上讲不能攻城。这样做能获吉祥，因为在困惑时能及时反省，并返回到正道上。

【导读】

乘其墉，弗克攻 乘，登上。墉，读 yōng，城墙。《说文解字》："墉，城垣也。"克，攻下。弗克攻，不攻克。

《象》曰 义，道义。义弗克，指从道义上讲不能攻城。反，反省、返回。则，原则，此处指正道。则困而反则，指在困惑时能及时反省，并返回到正道上。

【爻象处境】

九四爻变，上卦乾变为巽，巽为入，有"乘"之象；九四爻变，得互卦离（九三至九五），离中虚，外实内虚，有"墉"之象。合观之，有"乘其墉"之象。

巽又为不果，有"弗克"之象；离又为甲胄、为戈兵，有"攻"之象。合观之，有"弗克攻"之象。离又为日、为明、为丽，有"吉"之象。

九四阳爻居阴位，居位失当，不中不正，阳刚躁动，下无正应，近无亲比，处境不顺。虽与六二非应非比，却过分强求同人，"乘其墉"，欲强攻；好在九四刚而能柔，眼见九五与六二亲密应同，知难而退，放弃强攻。

《小象传》提示："其吉，则困而反则也。"能获吉祥，在于困惑时能及时反省，并返回正道。

九四爻变，得同人之变卦家人卦。《家人·彖传》提示："正家而天下定矣。"得同人之家人，修身、齐家、治国、平天下，欲同人于天下，必先修身正家。

本卦：同人　　　变卦：同人之家人

《易经》启示：九四处境是时运不正，宜退守不动。人在九四处境，若能戒惧谨慎，抑制过刚，节制冲动，知过改过，回归正道，刚而能柔，顺势而为，见机行事，方能吉利。

九五，同人先号咷而后笑，大师克相遇。

九五爻，聚合的众人先号啕大哭，后破涕为笑，增援的大军攻克了相遇的敌军。

《象》曰：同人之先，以中直也。大师相遇，言相克也。

《小象传》解释："同人之先"，这是因为持中守正回归正道。"大师相遇"，这表明已经克敌制胜，胜利会师。

【导读】

号咷 指号啕大哭。

大师克相遇 大师，大军。相遇，指相遇的敌军。大师克相遇，指增援的大军攻克了相遇的敌军。

《象》曰 中直，持中守正回归正道。言相克，表明已经克敌制胜。

【爻象处境】

九五与六二正应，六二处下卦离之中位，离为丽，丽为依附，有"同人"之象；六二在互卦巽（六二至九四）中，巽在下为先，有"先"之象；巽综卦为兑，兑为口，有"号咷"之象；九五爻变为六五，得互卦兑（九三至六五），互卦兑在上为后，有"后"之象；兑为说，说同悦，有"笑"之象。合观之，有"同人先号咷而后笑"之象。

九五阳爻，阳为大，有"大"之象；九五爻变，上卦乾变为离，离为甲胄、为戈兵，有"师"之象。合观之，有"大师"之象。九五爻变为六五，得互卦兑（九三至六五），兑为毁折，有"克"之象；兑综卦为巽，巽为入，有"相遇"之象。合观之，有"大师克相遇"之象。

九五居卦之君位，阳爻居阳位，居中守正，与六二正应，先遭遇九三设伏暗算，又遭受九四骑墙威胁，受隔绝阻碍，九五与六二不得相见，不禁心生悲愤，号啕大哭；后得援军相助，克敌制胜，如愿以偿，得见六二佳人，笑逐颜开。

《小象传》提示："同人之先，以中直也。"同人先哭后笑，在于持中守正回归正道。

九五爻变，得同人之变卦离卦。《离·大象传》提示："大人以继明照于四方。"得同人之离，道路曲折，前途光明。

本卦：同人　　　变卦：同人之离

《易经》启示：九五处境是时运曲折，前途光明。人在九五处境，若能持守中正之道，抑制过刚，谦逊包容，得道多助，齐心协力，即使先有不顺，只要坚持不懈，结果终能成功。

上九，同人于郊，无悔。

上九爻，聚众于城郊，没有懊悔。

《象》曰：同人于郊，志未得也。

《小象传》解释："同人于郊"，这是因为壮志未酬。

【导读】

同人于郊　郊，城外。同人于郊，指聚众于城郊。

《象》曰　志未得，指壮志未酬。

【爻象处境】

上九居同人卦之极，在上卦乾之上，乾为圜，圜代表边缘，乾错卦为坤，坤为地，合观之，有"同人于郊"之象。

上九爻变，上卦乾变为兑，兑综卦为巽，巽为不果，有"无"之象；上九爻变，得互卦坎（六二至上六），坎为加忧、为心病，有"悔"之象。合观之，有"无悔"之象。

上九居同人卦之极，阳爻居阴位，居位不当，不中不正，下无正应，近无亲比，孤立无援，力不从心，处境不顺。

《小象传》提示："同人于郊，志未得也。"聚众于城郊，壮志未酬。

上九爻变，得同人之变卦革卦。《革·彖传》提示："天地革而四时成。"得同人之革，因顺时宜，适时变革，方能成功。

本卦：同人　　　　　变卦：同人之革

《易经》启示：上九处境是时运不顺，此时正是英雄末路，壮志未酬，宜顺势而为。人在上九处境，若能持守正道，摆正心态，抑制过刚，量力而行，顺势而为，适时应变，方能无悔。

第十四卦 大有

大有，元亨。

大有卦，一直亨通。

《彖》曰：大有，柔得尊位大中，而上下应之，曰大有。其德刚健而文明，应乎天而时行，是以元亨。

《彖传》解释：大有卦象征阴柔处尊位，持守中道，上下都来应和，这叫大有收获。内有刚健品德，外有文明举止，顺应天道，与时偕行，所以大有通顺。

《象》曰：火在天上，大有。君子以遏恶扬善，顺天休命。

《大象传》解释：火在天上，大放光明，这是大有卦卦象。君子观此卦象，应当效法，惩恶扬善，顺应天道，自有天祐。

【导读】

大有 卦名。《周易》（通行本）第十四卦。《序卦传》："与人同者，物必归焉，故受之以大有。"《杂卦传》："大有，众也。"同人得人，大有得物，同人聚众人，大有聚众物，得人得亲才能得物得利，先与人同，后物必归焉，因此继同人卦之后紧接着为大有卦。这是《易传》释大有卦卦序、卦义。有，指丰足、富有。《诗经·鲁颂·有駜》："自今以始，岁其有。"毛传："岁其有，丰年也。"《诗经·大雅·公刘》："止基迺理，爰众爰有。"有，也有不应有而拥有之意。《说文解字》："有，不宜有也。"段玉裁注："谓本是不当有而有之称。"大有，指拥有所有，包括应有及不应有。大有卦是讲如何扩大拥有。

元亨 一直亨通。详见乾卦卦辞【导读】。

《彖》曰 德刚健，指刚健品德。文明，指文明举止。应乎天，指顺应天道。时行，与时偕行。

《象》曰 遏，读è，遏制、阻止。《尔雅·释诂》："遏，止也。"顺天，指顺应天道。休，休息。"休"字拆开为一人一木，字形为人依傍大树休息。《说文解字》："休，息止也。从人依木。"《五经文字》："休，象人息木阴。"休命，指得天命庇荫，即大有上九爻辞所言"自天祐之"。顺天休命，指顺应天道，自有天祐。

【卦象环境】

大有卦下卦为乾，上卦为离，乾为天，离为火，有"火在天上"之象；离又为日，有如日中天之象。天上大放光明，普照万物，大有所获，有"大有"之象；上卦离为罗网，下卦为乾天，罗网在天上，网罗天下之物，有"大有"之象；全卦五阳一阴，阴爻为卦之主爻，阳为大，阴为小，五阳归一阴所有，一阴拥有五阳，也有"大有"之象。故取卦名为"大有"。

下卦乾为乾元，有"元"之象；上卦离错卦为坎，坎为通，有"亨"之象。合观之，有"元亨"之象。

《彖传》提示："其德刚健而文明，应乎天而时行，是以元亨。"若能内主刚健，外辅文明，与时偕行，顺应天道，自然一直亨通。

《大象传》提示："君子以遏恶扬善，顺天休命。"惩恶扬善，顺应天道，自有天祐。

大有卦的人位互卦为夬卦（下卦：九二至九四；上卦：九三至六五）。《夬·大象传》提示："君子以施禄及下，居德则忌。"夬卦提示，人在大有卦环境，应当施禄惠人，最忌独占福泽。

本卦：大有　　　人位互卦：夬

大有卦局势： 如日中天，阳光普照，运势昌盛，盛极防衰，一直亨通。

《易经》启示：人在大有卦环境，若能戒惧谨慎，修德守正，顺天时行，自天祐之，终能吉无不利。若得意忘形，骄奢淫逸，逆天而行，结果会凶多吉少。

初九，无交害，匪咎，艰则无咎。

初九爻，没有自相残害，不是咎灾，即使处境艰难也没有咎灾。

《象》曰：大有初九，无交害也。

《小象传》解释："大有初九"，这是为了说明不要自相残害。

【导读】

交害 指自相残害。匪同非，不是。艰，处境艰难。

《象》曰 无交害，指不要自相残害。

【爻象处境】

初九与九四无应，有"无交"之象；九四在上卦离中，离为戈兵，又在互卦兑（九三至六五）中，兑为毁折，离兑合观，有"害"之象。合观之，有"无交害"之象。

初九爻变，下卦乾变为巽，巽为不果，有"匪"之象；初九爻变，得互卦坎（初六至六五），坎为多眚，有"咎"之象。合观之，有"匪咎"之象。

巽综卦为兑，兑于地为刚卤，有"艰"之象；巽为不果，有"无"之象；坎为多眚，有"咎"之象。合观之，有"艰则无咎"之象。

初九处大有卦之始，阳爻居阳位，虽居位得当，但居位不中，自身居位底层，身份低微，却又重阳过刚，刚愎自用，上与九四敌而不应，近与九二敌而不比，上无靠山，下无基础，自身无实力，却又上下得罪人，处境艰难。

《小象传》提示："大有初九，无交害也。"初来乍到，不要自相残害。

初九爻变，得大有之变卦鼎卦。《鼎·大象传》提示："君子以正位凝命。"得大有之鼎，应摆正位置忠于职守，不忘初心牢记使命。革故鼎新，终能渡过艰险，由无咎而大有。

本卦：大有　　变卦：大有之鼎

《易经》启示：初九时势是好运未到，宜谨慎待时。人在初九处境，若能持守正道，抑制过刚，纠正过失，既坚毅隐忍，艰辛自守，又刚而能柔，谦逊应比，化敌为友，方能无咎。

九二，大车以载，有攸往，无咎。

九二爻，大车运载，有所行往，没有咎灾。

《象》曰：大车以载，积中不败也。

《小象传》解释："大车以载"，这意味着把货物堆积在大车中不会损坏。

【导读】

大车以载　用大车运载。

《象》曰　积中，指把货物堆积在车中。败，损坏。

【爻象处境】

九二居下卦乾之中，乾错卦为坤，坤为大舆，有"大车"之象；坤为吝啬、为藏，有"以载"之象。合观之，有"大车以载"之象。

九二爻变，得互卦巽（六二至九四），巽错卦为震，震为足、为动，有"往"之象；九二与六五正应。合观之，有"有攸往"之象。

巽又为不果，有"无"之象；九二爻变，下卦乾变为离，离错卦为坎，坎为多眚，有"咎"之象。合观之，有"无咎"之象。

九二居下卦乾之中，阳爻居阴位，虽居位失当，但居位得中，刚而能柔，虽近无亲比，但上与六五之君正应，处境利大于弊。

《小象传》提示："积中不败也。"累积居中之功，力行时中之道，立于不败之地。

九二爻变，得大有之变卦离卦。《离·大象传》提示："大人以继明照于四方。"得大有之离，前途无限光明，先求稳定，再谋发展。

本卦：大有　　　变卦：大有之离

《易经》启示：九二处境是时运正好，前途光明。人在九二处境，若能持守中道，刚而能柔，尊上谦下，扬长避短，顺势而为，稳中求进，自然无咎。

九三，公用亨于天子，小人弗克。

九三爻，天子宴请王公大臣，小人物不能享用。

《象》曰：公用亨于天子，小人害也。

《小象传》解释："公用亨于天子"，这是因为担心阴险小人参与国家大事，将是国家的祸害。

【导读】

公用亨于天子 公，王公大臣。亨通"享"，即飨，宴会。古时王公大臣朝见天子，天子赐宴。公用亨于天子，指天子宴请王公大臣。

小人弗克 小人，指小人物，相对王公大臣之类大人而言。克，能够。《尔雅·释诂》："克，能也。"小人弗克，指小人物不能享用。

《象》曰 小人，指阴险卑鄙之人。传文依据道德标准区分君子、大人与小人，经文中君子、大人、小人则与道德无关。小人害，指阴险小人参与国家大事，将是国家的祸害。

【爻象处境】

九三居下卦乾之顶，九三阳爻为大，处六画卦之人位，九三为大人，有"公"之象；九三与六五分别在互卦兑（九三至六五）两端，兑为口，有"用亨（享）"之象；六五居大有卦之君位，居上卦离之中位，离为乾卦，乾为天，有"天子"之象。合观之，有"公用亨于天子"之象。

九三处下卦乾之极，九三爻变，下卦乾变为兑，兑为少女，为阴卦，阴为小，九三处六画卦之人位，有"小人"之象；兑综卦为巽，巽为不果，有"弗克"之象。合观之，有"小人弗克"之象。

九三阳爻居阳位，居位得正，但九三处乾之极，处"三多凶"之位，居位不中，上无正应，近无亲比，上无靠山，下无基础，重阳过刚，处境不利。

《小象传》提示："公用亨于天子，小人害也。"小人是国家的祸害。

九三爻变，得大有之变卦睽卦。《睽·大象传》提示："君子以同而异。"反目为睽,众目睽睽,猜忌纷争。得大有之睽,应异中求同,求同存异,化解纷争。

本卦:大有　　　变卦:大有之睽

《易经》启示:九三处境是时运正盛,隆盛昌荣。人在九三处境,若能持守正道,戒惧谨慎,抑制过刚,刚而能柔,顺势而为,终可建功立业。若修为不够,刚愎自用,成为私心自用的小人,不能做到奉公尽职,结果反受其害。为"大公"或为"小人",全在个人修为,或吉或凶,皆由自取。修为不同,结局也不同。九三爻辞未言吉凶,而吉凶自明。

九四,匪其彭,无咎。

九四爻,不自我膨胀,没有咎灾。

《象》曰:匪其彭无咎,明辨晢也。

《小象传》解释:"匪其彭无咎",这表明能够把事情分辨明白。

【导读】

匪其彭　彭,本义为鼓声,引申为自我膨胀、自高自大。《说文解字》:"鼓声也。从壴彡声。""壴"在古文字中像鼓形。匪其彭,指不自我膨胀。

《象》曰　明,察。辨,辨别。晢,光明、明亮。《说文解字》:"晢,昭明也。"

【爻象处境】

九四在互卦兑(九三至六五)中,兑综卦为巽,巽为不果,有"匪"之象;九四居上卦离之始,离为大腹、为明,有"彭"之象。合观之,有"匪其彭"之象。

巽为不果,有"无"之象;九四在上卦离,离错卦为坎,坎为多眚,有"咎"之象。合观之,有"无咎"之象。

九四已出乾入离,处"四多惧"之位,阳爻居阴位,居位失当,不中不正,上与六五亲比,得君王宠信,位极人臣,有过盛之势；下无正应，没有基础，有不当位之虞，处境堪忧。

《小象传》提示："匪其彭无咎，明辨晢也。"人不自我膨胀，就不会自招咎灾，这是明哲保身之道。

九四爻变，得大有之变卦大畜卦。《大畜·大象传》提示："君子以多识前言往行，以畜其德。"得大有之大畜，更应多学习先贤言行，用来修养自己的品德。

本卦：大有　　　变卦：大有之大畜

《易经》启示：九四处境是时运极盛，宜持盈保泰。人在九四处境，若能戒惧谨慎，尊上谦下，谦卑收敛，虚心含藏，不自大，不炫耀，结果必然无咎。自大一点为臭，若自高自大，盛气凌人，忘乎所以，结果必有凶险。

六五，厥孚交如威如，吉。

六五爻，卦兆显示，恩威并用，吉利。

《象》曰：厥孚交如，信以发志也。威如之吉，易而无备也。

《小象传》解释："厥孚交如"，这表明他以诚信来表现自己志向。"威如之吉"，这表明平易近人能让人消除戒备心理。

【导读】

厥孚交如威如　厥，其。孚，卦兆。交，上下呼应，指施恩。如，语气助词。威，威严。交如威如，指恩威并用，软硬兼施。

《象》曰　信，诚信。发，表现。志，心志。易，平易近人。备，戒备。

【爻象处境】

六五在互卦兑（九三至六五）中，兑为巫，有"孚"之象；六五居上卦离之中，离为丽，有"交如"之象；离又为甲胄、为戈兵，有"威如"之象。合观之，有"厥孚交如威如"之象。

六五居上卦离之中，离为日、为明、为丽，有"吉"之象。

六五居大有卦之尊位，又为卦之主爻，阴爻居阳位，居尊得中，柔中有刚，下与九二正应，近与上九、九四亲比，处境和顺。

《小象传》提示："威如之吉，易而无备也。"威望不是来自威胁，平易近人让人消除戒务，反得威严，不怒自威。

六五爻变，得大有之变卦乾卦。《乾》卦辞提示："元亨，利贞。"得大有之乾，一直亨通，利于占问。

本卦：大有　　　变卦：大有之乾

《易经》启示：六五处境是晚运亨通，得道多助。人在六五处境，若能持守中道，谦逊柔和，宽厚包容，平易近人，反得威严，得道多助，广受拥护，必然吉利。

上九，自天祐之，吉，无不利。

上九爻，上天保佑，吉利，事无不利。

《象》曰：**大有上吉，自天祐也。**

《小象传》解释：大有是大吉大利之卦，这是因为有上天保佑。

【导读】

自天祐之　祐同佑，保佑、佑助。祐与佑，细究其义，仍有区别。祐，指天神佑助；佑，人字旁，指人佑助。自天祐之，指上天保佑。被誉为"中国铁路之父"的詹天佑，其名"天佑"即取自于此。

《象》曰　大有上吉，指大有卦是大吉大利之卦。自天祐也，指因为得到上天保佑。

【爻象处境】

上九居上卦离之顶，离为乾卦，乾为天，有"天"之象；上九爻变，上卦离变为震，震错卦为巽，巽综卦为兑，兑为巫，有"祐"之象。合观之，有"自天祐之"之象。

上九在上卦离，离为日、为明、为丽，有"吉"之象；巽又为近利市三倍，有"利"之象，亦即"无不利"之象。合观之，有"吉无不利"之象。

上九居大有卦之极,已至大有极境,阳爻居阴位,虽居位不当,但刚而能柔,虽下无正应,但近与六五亲比,得六五信任,处境理想。

《小象传》提示:"大有上吉,自天祐也。"大有大吉,在于上天保佑。

上九爻变,得大有之变卦大壮卦。《大壮·大象传》提示:"君子以非礼弗履。"得大有之大壮,正是人生巅峰,不可得意忘形,不合礼规的事不做,以免爬得越高摔得越重。

本卦:大有　　　变卦:大有之大壮

《易经》启示:上九处境是时逢好运,诸事吉祥。人在上九处境,若能居安思危,功成身退,尊上谦下,顺天时行,自有天祐,吉无不利。

第十五卦　谦

䷎　谦，亨，君子有终。

谦卦，亨通，君子有好结果。

《彖》曰：谦，亨，天道下济而光明，地道卑而上行。天道亏盈而益谦，地道变盈而流谦，鬼神害盈而福谦，人道恶盈而好谦。谦，尊而光，卑而不可逾，君子之终也。

《彖传》解释：谦卦象征亨通，这是因为天道谦下而光明，地道卑下而上进。天道减损满盈而增益谦虚，地道弱化满盈而调节谦虚，鬼神加害满盈而赐福谦虚，人道厌恶满盈而喜好谦虚。保持谦虚的品德，使尊贵者得到荣耀，卑微者不受欺压，君子最终有好结果。

《象》曰：地中有山，谦。君子以裒多益寡，称物平施。

《大象传》解释：地中有山，这是谦卦卦象。君子观此卦象，应当效法，聚多以益少，衡量事物，平衡施与。

【导读】

谦　卦名。《周易》（通行本）第十五卦。《序卦传》："有大者，不可以盈，故受之以谦。"《杂卦传》："谦轻而豫怠也。"大有讲有大，讲大车以载，但有大终不可以盈，盈则有过，因此继大有卦之后紧接着为谦卦。谦卦讲轻，轻车简从，可以亨通有终。这是《易传》释谦卦卦序、卦义。轻，《说文解字》曰："轻车也。"段玉裁注："轻本车名，故字从车。引申为凡轻重之轻。"谦卦与大有卦在卦爻上没有内在联系，既不是爻画互变关系，也不是卦爻翻覆关系，但在卦义上有对等关系，大有卦重功名，谦卦轻功名，正好一对。谦，还有恭敬、谦让之义。《说文解字》："谦，敬也。"《玉篇》："谦，逊让也。"谦卦是讲如何养谦用谦。

有终　有善终，有好结果。

《象》曰　益，增益。流，调节。福，降福。恶，读 wù，厌恶。好，读 hào，喜好。光，荣耀。逾，超越，引申为欺压、欺凌。

《象》曰　裒，读 póu，聚集。《尔雅·释诂》："裒，聚也。"裒多益寡，指聚集多的以便补益少的。旧注释"裒"为减少，裒多益寡即减多益少。这是在社会财富没有增加的情况下搞平衡，这种绝对平均主义不利于社会进步。而聚集资源是先把蛋糕做大，再求合理分配，权衡考虑公平。这种水涨船高式的"裒多益寡"，才是谦卦所追求的目标，亦正是《象传》所说："谦，尊而光，卑而不可逾，君子之终也。"让尊贵者得到荣耀，卑微者不被欺压。称，本义是量物体轻重的器具，后来写作"秤"，指称量、衡量。《说文解字》："称，铨也。"铨即秤。平，平衡、平均。施，施与、给予。称物平施，指衡量事物，平衡施与。

【卦象环境】

谦卦下卦为艮，上卦为坤，艮为山，坤为地，山在地下，有"地中有山"之象。艮山为阳卦，阳为天，阴为地，阳卦象征天道，天道崇高，却降于地下，坤地为阴卦，地道卑下，却升在上面，上下易位，高者不自以为高，甘于卑下，有谦下之象。全卦五阴一阳，唯一阳爻居下卦之顶，阳刚当位，刚健有力，却甘心处上卦三阴爻之下，也有自我谦下之象。故取卦名为"谦"。

谦卦为大象坎，坎为通，有"亨"之象。

谦卦为一阳五阴卦，一阳为卦之主爻，《易经》通例，阳为大人君子，有"君子"之象；下卦艮为止、为万物之所成终，有"有终"之象。合观之，有"君子有终"之象。

人在谦卦环境，凡能谦下自处，皆能亨通，谦谦君子，可得善终。谦卦"非吉则利"，内卦三爻皆吉，外卦三爻皆利，六十四卦中仅此一卦。对内，修身养谦，本人获吉；对外，用谦处事，众人有利。

《象传》提示："谦，尊而光，卑而不可逾，君子之终也。"谦虚的品德使尊贵者得到荣耀，卑微者不受欺压，这是君子最终有好结果的原因。

《大象传》提示："君子以裒多益寡，称物平施。"应聚多以益少，衡量事物，平衡施授。

谦卦的人位互卦为解卦（下卦：六二至六四；上卦：九三至六五）。《解·象传》提示："险以动。动而免乎险。"解卦提示，人在谦卦环境，谦是解困脱险的一把钥匙，内以修身养谦，外则用谦处事，可以逢凶化吉，化险为夷。

本卦：谦　　　　　　人位互卦：解

谦卦局势：如地下有山，仰高就下，运势含藏，外表柔顺，内含笃实，前途亨通。

《易经》启示：人在谦卦环境，若能谦虚谨慎，不骄不躁，刚柔相济，则能趋吉避凶。若骄傲自大，自以为是，目空一切，结果会凶多吉少。

初六，谦谦君子，用涉大川，吉。

初六爻，谦而又谦的君子，利于涉渡大川，吉利。

《象》曰：谦谦君子，卑以自牧也。

《小象传》解释："谦谦君子"，这意味着能以谦卑的态度自我约束。

【导读】

谦谦君子，用涉大川　谦谦，谦而又谦。用，可行。《说文解字》："用，可施行也。"可行即为用，有用则有利，经文中"可""利""用"三者相通。细究其义，三者仍有区别。可，只讲是否可行，不问是否有利；用，只讲是否可用，不问是否有利；利，只讲是否有利。但笼统使用，三者可通用。用涉大川，即"利涉大川"，指利于涉渡大川。

《象》曰　牧，放牧，引申为约束。卑以自牧，指以谦卑的态度自我约束。

【爻象处境】

初六处下卦艮山之底，艮为少男，为阳卦，有"君子"之象；下卦艮山在上卦坤地之下，初六又在下卦的山脚下，"山在地下"为"谦"，初六又在山下，下而又下，谦而又谦，有"谦谦"之象。合观之，有"谦谦君子"之象。

初六在下卦艮，艮综卦为震，震为足、为动，有"用涉"之象；初六爻变，下卦艮变为离，离错卦为坎，坎为阳卦，阳为大，坎又为水、为沟渎，象征"川"，因此坎有"大川"之象。合观之，有"用涉大川"之象。

初六爻变，下卦艮变为离，离为日、为明、为丽，有"吉"之象。

初六阴爻居阳位，居位失当，不中不正，上无正应，近无亲比，无身份、无靠山、无基础，处境不理想。

《小象传》提示："谦谦君子，卑以自牧也。"做谦谦君子，关键在于以谦卑的态度自我约束。

初六爻变，得谦之变卦明夷卦。《明夷·象传》提示："内文明而外柔顺，以蒙大难。"得谦之明夷，要内怀文明之德，外能柔顺处事，如此方能化险为夷。此与谦道旨意一致。

　　　　本卦：谦　　　　　　　变卦：谦之明夷

《易经》启示：初六处境是时运平顺，宜与世无争。人在初六处境，若能修身养谦，用谦处事，谦虚谨慎，尊上谦下，谦逊柔顺，以柔济刚，可渡险难，最终获吉。

六二，鸣谦，贞吉。

六二爻，名声越大而人越谦虚，占问吉利。

《象》曰：鸣谦贞吉，中心得也。

《小象传》解释："鸣谦贞吉"，这表明心中已得正道。

【导读】

鸣谦　鸣，名声在外，声名远播。《广雅·释诂》："鸣，名也。"鸣谦，名声越大而人越谦虚。贞，占问。

《象》曰　中心得，即心中得，指心中已得正道。

【爻象处境】

六二爻变，下卦艮变为巽，巽错卦为震，震于马为善鸣，有"鸣"之象；巽综卦为兑，兑为口舌，也有"鸣"之象；六二处下卦艮之中位，艮为山，隐居山中，有"谦"之象。合观之，有"鸣谦"之象。

兑又为巫，有"贞"之象；六二在互卦坎（六二至六四），坎错卦为离，离为日、为明、为丽，有"吉"之象。合观之，有"贞吉"之象。

六二居内卦中位，阴爻居阴位，居中得正，上无正应，承比九三，虽六二自身有优势，又有基础，但重阴内向，暂时未被上层赏识，上无靠山，处境不顺。

《小象传》提示："鸣谦贞吉，中心得也。"固守中正，可获吉祥。

六二爻变，得谦之变卦升卦。《升·大象传》提示："君子以顺德，积小以高大。"得谦之升，谦虚使人进步，因时制宜，顺势而为，积小可成高大。

本卦：谦　　　　　变卦：谦之升

《易经》启示：六二处境是时运中兴，声名远扬。人在六二处境，若能持中守正，修身养谦，发自内心，真诚而非虚伪，名副其实而非沽名钓誉，真心自谦却能声名在外，声名远播，结果自然吉利。

九三，劳谦君子，有终，吉。

九三爻，功劳越大而人越谦虚的君子，有好结果，吉利。

《象》曰：劳谦君子，万民服也。

《小象传》解释："劳谦君子"，这表明人人佩服。

【导读】

劳谦　劳，功劳。劳谦，指功劳越大而人越谦虚。

《象》曰　服，佩服。

【爻象处境】

九三在互卦坎（六二至六四）中，坎为劳卦，有"劳"之象；坎又为隐伏，六三居下卦艮山之巅，居高而不自以为高，有"谦"之象；九三阳爻居阳位，阳刚当位，阳为君子，有"君子"之象。合观之，有"劳谦君子"之象。

九三在下卦艮中，艮为止、为万物之所成终，有"有终"之象。

九三在互卦坎（六二至六四）中，坎错卦为离，离为日、为明、为丽，有"吉"之象。

九三处下卦艮与上卦坤交接之际，将出山入世。谦卦为五阴一阳卦，九三为全卦唯一阳爻，为卦之主爻，阳爻居阳位，居位得当，上与上六正应，近与六四、六二亲比，处下卦之极，下卦艮为阳卦，上卦坤为阴卦，坤为顺，为众，阴顺阳，众人归服。九三有能力，有权势，却能谦卑待人，让众人佩服并归服，处境理想。

《小象传》提示："劳谦君子，万民服也。"劳谦君子，人人佩服。

九三爻变，得谦之变卦坤卦。《坤·大象传》提示"君子以厚德载物"，与《谦·小象传》所称"万民服"旨意一致。得谦之坤，"劳谦"得"厚德"，"厚德"得"万民服"。

本卦：谦　　　变卦：谦之坤

《易经》启示：九三处境是时运艰辛，谦谦君子，劳苦功高。人在九三处境，若能谨慎小心，内敛含藏，低调处事，不居功自傲，不自夸自耀，不惹是生非，必有善终，必然吉祥。

六四，无不利，㧑谦。

六四爻，人越谦虚而威望越高，事无不利。

《象》曰：无不利㧑谦，不违则也。

《小象传》解释："无不利㧑谦"，这表明他不会违反原则。

【导读】

㧑谦 㧑，读 huī，指挥，引申为威望。《淮南子·兵略》："拱揖指㧑，而天下响应，此用兵之上也。"一㧑百应，比喻威望很高。㧑谦，指人越谦虚而威望越高。拥有崇高威望，处事则"无不利"。上卦养谦修身，自六四开始，下卦用谦处事。

《象》曰 则，原则。不违则，指不违反原则。

【爻象处境】

六四爻变，上卦坤变为震，震错卦为巽，巽为近利市三倍，有"利"之象，换言之，即"无不利"之象。

震综卦为艮，艮为手，有"㧑"之象；六四在互卦坎（六二至六四）中，坎为隐伏，有"谦"之象。合观之，有"㧑谦"之象。

㧑通"挥"，为发挥。六四已出内卦入外卦，内卦艮为山，外卦坤为地、为众，引申为人世间，象征隐居山中修身养谦已成，现在出山入世，应当用谦处世。"㧑谦"即发挥山中所养谦德以及由谦德形成的崇高威望，用于入世处事。六四阴爻居阴位，居位得正，上与六五之君同在坤体，同体同性，志同道合，下乘亲比九三，处境有利。

《小象传》提示："㧑谦，不违则也。"㧑谦不要违反原则。

六四爻变，得谦之变卦小过卦。《小过·大象传》提示："君子以行过乎恭，丧过乎哀，用过乎俭。"得谦之小过，略有过谦，未尝不可，言行尽量恭敬，丧事尽量悲哀，费用尽量节俭。

本卦：谦　　　　　　变卦：谦之小过

《易经》启示：六四处境是时当好运，万事顺利。人在六四处境，若能持守正道，用谦处世，尊上谦下，谦逊柔和，宽厚包容，赢得威望，得到相助，结果吉无不利。

六五，不富以其邻，利用侵伐，无不利。

六五爻，对于不让邻国富强起来的国家，利于用来征伐，无往不利。

《象》曰：利用侵伐，征不服也。

《小象传》解释："利用侵伐"，这表明是征伐不顺服的邑国。

【导读】

不富以其邻 以，使、令、让。不富以其邻，即"不以其邻富"，指不让邻国富强起来的国家，喻不顺服的国家。

利用侵伐 侵伐，征伐。《周礼·夏官·司马》："侵之者，兵加其境而已。"侵伐的对象为邻国。

《象》曰 征不服，指征伐不顺服的邑国。

【爻象处境】

六五在上卦坤之中，坤为吝啬、为藏，有"不富"之象；坤又为众，有"邻"之象。合观之，有"不富以其邻"之象。

六五在互卦震（九三至六五），震错卦为巽，巽为近利市三倍，有"利"之象；震综卦为艮，艮为手，有"用"之象；六五爻变，得互卦离（九三至九五），离为甲胄、为戈兵，有"侵伐"之象。合观之，有"利用侵伐"之象。

巽为近利市三倍，有"利"之象，换言之，即"无不利"之象。

六五居谦卦之君位，处上卦坤之中位，阴爻居阳位，居位得中，下无正应，近无亲比，无偏爱私情，公正公平，柔中带刚，刚柔相济，处境和顺。

《小象传》提示："利用侵伐，征不服也。"谦下不是迁就，若有不服，则用征伐。

六五爻变，得谦之变卦蹇卦。《蹇·大象传》提示："君子以反身修德。"得谦之蹇，遭遇困难时，应反躬自省，从自身找原因找不足，修养德行。

本卦：谦　　　　变卦：谦之蹇

《易经》启示：六五处境是时运起伏，不可姑息。人在六五处境，若能持守中道，公正无私，刚柔相济，软硬兼施，恩威并用，"万民服"则用谦，"征不服"则"利用侵伐"。用谦用武，两手抓两手都要硬。若能如此，自然无所不利。俗话所谓"霹雳手段，菩萨心肠"，与此相似。

上六，鸣谦，利用行师征邑国。

上六爻，人越谦虚而越有影响，利于出兵征讨邑国。

《象》曰：鸣谦，志未得也。可用行师，征邑国也。

《小象传》解释："鸣谦"，这表明安邦定国之志未酬。"可用行师"，这意味着可以征讨不安定的邑国了。

【导读】

鸣谦　指人越谦虚越有影响。与六二"鸣谦"词同义不同，六二"鸣谦"是名声越大，人越谦虚。六二"鸣谦"是养谦，上六"鸣谦"是用谦。

利用行师征邑国　行师，出兵。征，征讨、征伐。《孟子·尽心下》："征者，上伐下也。"邑国，属邑小国。征邑国，即为"上伐下"。

《象》曰　志未得，指安邦定国之志未酬。

【爻象处境】

上六居谦卦之极，上六爻变，上卦坤变为艮，艮综卦为震，震于马为善鸣，有"鸣谦"之象。

震错卦为巽，巽为近利市三倍，有"利"之象；艮又为手，有"用"之象；震又为足、为动，有"行"之象，也有"征"之象；上六爻变为上九，得互卦离（九三至上九），离为甲胄、为戈兵，有"师"之象；上六在上卦坤中，坤为地、为众，有"邑国"之象。合观之，有"利用行师征邑国"之象。

上六居谦卦之极，阴爻居阴位，虽居位得当，但居位不中，重阴过弱，虽下与九三正应，但近无亲比，谦极必反，一味过谦，则至穷途末路，处境不顺。

上六"鸣谦"与六二"鸣谦",词同义不同。六二处境为修身养谦之时,退隐山林而名声在外,非自鸣其谦,名声越大,人越谦虚。上六处境为用谦处世之际,出山入世,"鸣谦"是自用其谦,人越谦虚,越有影响力、号召力。但用谦济世之志难以实现时,对不顺服者,只好找个借口,利用"鸣谦"的影响力、号召力,出兵征服。"敬酒不吃吃罚酒""先礼后兵",讲的都是用谦不能过分,过谦则失之软,过软不行就应来硬的。用谦处世,必要时也可利用强硬手段来达到目的。

《小象传》提示:"可用行师,征邑国也。"对不顺服的,可用武力征服。

上六爻变,得谦之变卦艮卦。《艮·象传》提示:"艮,止也。时止则止,时行则行,动静不失其时,其道光明。艮其止,止其所也。上下敌应,不相与也。"得谦之艮,彼此敌对,不愿和解,只有武力解决。该谦和时谦和,该动武时动武,动静不失时机,前途才会光明。

本卦:谦　　　　变卦:谦之艮

《易经》启示: 上六处境是盛运已过,志向受阻。人在上六处境,若能持守正道,纠正过谦,因时制宜,顺势而为,积极有为,方能无咎。

第十六卦　豫

豫，利建侯行师。

豫卦，利于确立目标后行动。

《彖》曰：豫，刚应而志行。顺以动，豫。豫，顺以动，故天地如之，而况建侯行师乎？天地以顺动，故日月不过，而四时不忒。圣人以顺动，则刑罚清而民服。豫之时义大矣哉！

《彖传》解释：豫卦象征阳刚行动得到一致应和，志向得以实行。顺时而动，这是豫卦卦义。豫卦讲究顺时而动，天地运行也如此，更何况建国封侯、出师征战呢？天地运行顺时而动，因此日月运行不会有过失，四季交替不会有差错。圣人行事也顺时而动，因此赏罚分明而民心诚服。豫卦顺时适宜的道理真是博大精深啊！

《象》曰：雷出地奋，豫。先王以作乐崇德，殷荐之上帝，以配祖考。

《大象传》解释：雷出地奋，这是豫卦卦象。先王观此卦象而效法，制作礼乐，崇敬文德，隆重祭祀天帝以及祖先。

【导读】

豫　卦名。《周易》（通行本）第十六卦。《序卦传》："有大而能谦必豫，故受之以豫。"《杂卦传》："谦轻而豫怠也。"大有卦看重"有大"，谦卦看轻"有大"，有大而能谦，但过分看轻则会变得轻慢、懈怠，谦轻之后必有豫怠，因此继谦卦之后紧接着为豫卦。这是《易传》释豫卦卦序、卦义。豫，本义为大象。《说文解字》："豫，象之大者。"大象生性犹豫小心，因此，豫有戒备之义。豫假借为"娱"，又有快乐之义。《尔雅·释诂》："豫，乐也。"豫卦是讲如何豫乐。

利建侯行师　建侯，此指确立目标。参见屯卦卦辞【导读】。行师，此指行动。

《象》曰　顺以动，顺时而动。如之，如此。过，过失。忒，差错。清，分明。民服，民心诚服、顺服。时，顺时。义，适宜。大，博大精深。

《象》曰　作乐，制作礼乐。崇德，崇敬文德。殷，隆重。荐，献、祭。上帝，天帝。配，配合、连同。祖考，祖先。"殷荐之上帝，以配祖考"，指隆重祭祀天帝以及祖先。

【卦象环境】

豫卦下卦为坤，上卦为震，坤为地，震为雷、为动，雷从地出，大地因此震动，有"雷出地奋"之象。震为阳气，坤为柔顺，阳气出于地，大地上春暖花开，万物复苏，上震动，下和顺，上下通畅和乐，故取卦名为"豫"。

上卦震错卦为巽，巽为近利市三倍，有"利"之象；豫卦为大象坎，坎为弓轮，坎错卦为离，离为目，离坎合观，张弓搭箭瞄准目标，有"建侯"之象；上卦震为足、为动，有"行"之象；下卦坤为众，有"师"之象。合观之，有"利建侯行师"之象。

豫卦为五阴一阳卦，九四阳爻为卦之唯一阳爻，为主爻。九四阳爻在上卦震中，上卦为阳卦，为刚，下卦坤为阴卦，为顺，下卦坤地顺应上卦震动，柔顺应刚，阳爻得到众阴爻顺应，志向畅行，万物和乐。

《彖传》提示："顺以动，豫。"豫卦讲究顺时而动。

《大象传》提示："先王以作乐崇德，殷荐之上帝，以配祖考。"应制作礼乐，崇敬文德，敬天祭祖。

豫卦的人位互卦为蹇卦（下卦：六二至九四；上卦：六三至六五）。《蹇·彖传》提示："蹇，难也，险在前也。见险而能止，知矣哉。"蹇即艰难，象征艰险在前面。遇见艰险能及时停止，这是明智的。《蹇·大象传》提示："君子以反身修德。"蹇卦提示，人在豫卦环境，应遇险而止，反省自身，找出不足，修养德行，以便继续前行。

本卦：豫　　　　人位互卦：蹇

豫卦局势：如春雷震响，万物竞发，运势勃发，生机勃勃，欢欣鼓舞。

《易经》启示：人在豫卦环境，若能戒惧谨慎，居安思危，预备防范，则能趋吉避凶。若得意忘形，沉迷享乐，谄媚取悦，结果会凶多吉少，乐极生悲。

初六，鸣豫，凶。

初六爻，自鸣得意，耽于逸乐，必有凶险。

《象》曰：初六鸣豫，志穷凶也。

《小象传》解释："初六鸣豫"，这是因为胸无大志。

【导读】

鸣豫　鸣，鸟叫，指自鸣得意。豫通"娱"，指耽于逸乐。自鸣得意，高兴过头，结果乐极生悲，必有凶险。

《象》曰　穷，尽。志穷，指胸无大志。

【爻象处境】

初六居豫卦之始，初六爻变，下卦坤变为震，震于马为善鸣，有"鸣豫"之象。震综卦为艮，艮错卦为兑，兑为毁折，有"凶"之象。

初六阴爻居阳位，居位失当，不中不正，上与九四正应，近无亲比。因与上层九四有应，仗恃上有靠山，不禁沾沾自喜，自鸣得意，以致得意忘形，为所欲为，处境凶险。

《小象传》提示："初六鸣豫，志穷凶也。"自鸣得意，胸无大志。

初六爻变，得豫之变卦震卦。《震·大象传》提示："君子以恐惧修省。"得豫之震，应诚惶诚恐，小心戒惧，修身自省。

本卦：豫　　　　　　　变卦：豫之震

《易经》启示：初六处境是初运颇佳，不宜自鸣得意。人在初六处境，若能持守正道，戒惧谨慎，谦逊柔顺，纠正过失，居安思危，低调内敛，方能趋吉避凶。若豫而忘忧，得意忘形，仗势欺人，令人反感，必然有凶险。

六二，介于石，不终日，贞吉。

六二爻，悬崖勒马，及时回头，占问吉利。

《象》曰：不终日贞吉，以中正也。

《小象传》解释："不终日贞吉"，这是因为持中守正不走邪路。

【导读】

介于石，不终日，贞吉 介，居中、处于……之间。《左传·襄公九年》："天祸郑国，使介居二大国之间。"石，山上悬崖。《释名·释山》："山体曰石。"介于石，指处于悬崖上下之间，引申为悬崖勒马。不终日，指当日，不拖到第二日。"介于石，不终日，贞吉"，指悬崖勒马，及时回头，占问吉利。介于石，历来注家或以操守坚硬如石不可移变为说，如王弼注："故不改其操，介如石焉。"孔颖达疏："守志耿介，似于石然。"或以居安思危为说，如朱熹注："其德安静而坚确，故其思虑明审。"诸说皆为误读误解。

《象》曰 中正，指持中守正不走邪路。

【爻象处境】

六二在互卦艮（六二至九四）中，艮为山、为小石，有"石"之象；艮错卦为兑，兑综卦为巽，巽为入，有"介"之象。合观之，有"介于石"之象。

巽又为不果，有"不"之象；艮又为止、为万物之所成终，有"终"之象；六二爻变为九二，得互卦离（九二至九四），离为日，有"日"之象。合观之，有"不终日"之象。

兑为巫，有"贞"之象；离又为日、为明、为丽，有"吉"之象。合观之，有"贞吉"之象。

六二处豫卦下卦之中位，阴爻居阴位，居中得正，虽上无正应，近无亲比，但阴柔中正，处境仍然和悦。

《小象传》提示："不终日贞吉，以中正也。"持中守正，不走邪路。

六二爻变，得豫之变卦解卦。《解·大象传》提示："君子以赦过宥罪。"得豫之解，冤家宜解不宜结，应赦免有过失的，饶恕有罪过的。悔过改过，知过能改，善莫大焉。

本卦：豫　　　　变卦：豫之解

《易经》启示：六二处境是时运中正，不走邪路。人在六二处境，若能时时豫戒，视豫为险，居豫思危，时止则止，悬崖勒马，及时回头，必然吉利。

六三，盱豫悔，迟有悔。

六三爻，谄媚取悦，会有悔恨，不知悔改，还有悔恨。

《象》曰：盱豫有悔，位不当也。

《小象传》解释："盱豫有悔"，这是因为没有摆正自己的位置。

【导读】

盱豫悔，迟有悔　盱，读 xū，张目仰视。《说文解字》："盱，张目也。"盱豫，指察言观色，谄媚奉承，取悦上层。迟，迟缓，引申为执迷不悟。迟有悔，指执迷不悟，不知悔改，还有悔恨。

《象》曰　位不当，指没有摆正自己的位置。

【爻象处境】

六三在互卦坎（六三至六五）中，坎错卦为离，离为目，有"盱豫"之象；坎为加忧、为心病，有"悔"之象。合观之，有"盱豫悔"之象。

六三爻变，下卦坤变为艮，六三也在互卦艮（六二至九四），艮为止，有"迟"之象；坎又为曳，也有"迟"之象；坎为加忧、为心病，有"悔"之象。合观之，有"迟有悔"之象。

六三处下卦坤之极，阴爻居阳位，居位失当，不中不正，虽上无正应，但一心向上顺承亲比九四，察言观色，谄媚奉承，取悦上层。不过六三身处"三多凶"之位，又在互卦坎（六三至六五）中，坎为加忧，又为陷险，处境凶险。

《小象传》提示："盱豫有悔，位不当也。"盱豫之悔，在于没摆正自己的位置。

六三爻变，得豫之变卦小过卦。《小过·彖传》提示："过以利贞，与时行也。"得豫之小过，必须顺时而行。不能慎之又慎，总是过与不及，不能恰到好处，所以悔之又悔。

本卦：豫　　　　　　变卦：豫之小过

《易经》启示：六三处境是时运不当，难免有悔。人在六三处境，若能持守正道，正定心志，知过豫诫，尽快悔改，谦逊柔顺，以诚相待，方能无悔。若心术不正，阿谀奉承，不知悔改，越陷越深，必有悔恨。

九四，由豫，大有得。勿疑，朋盍簪。

九四爻，犹豫戒惧，大有所得。若不猜疑，朋友们会像头发会聚于簪子一样，聚集在周围。

《象》曰：由豫，大有得，志大行也。

《小象传》解释："由豫，大有得"，这意味着志向得到充分实现。

【导读】

由豫，大有得　由豫，同"犹豫"，指戒惧。大有得，大有所得。

勿疑，朋盍簪　疑，猜疑。朋，朋友。盍，读 hé，会合。"簪"，读 zān，头簪，古人用来绾发或固定头冠的头饰。

《象》曰　志大行，志向得到充分实现。

【爻象处境】

九四居豫卦"四多惧"之位，在互卦坎（六三至六五）中，坎为加忧、为亟心，有"由豫"之象。

九四居上卦震之始，九四爻变，震变坤，坤为众、为藏，有"大有得"之象。

震错卦为巽，巽为不果，有"勿"之象；坎为加忧、为心病，也有"疑"之象。合观之，有"勿疑"之象。

九四上与六五亲比，下与六三亲比，又与初六正应，阴阳相合，有"朋"之象；九四为上卦震动之主，为下卦坤中三阴顺承，坤为众、为吝啬、为藏，有"盍簪"之象。合观之，有"朋盍簪"之象。

九四居上卦震中，为全卦之主爻，进逼君位，有功高震主之虞。但九四以阳爻居柔位，刚而能柔，上与六五亲比，得到了六五之君信任。九四为全卦唯一阳爻，为下卦三阴爻顺承，成为众阴聚合的中心，像头上的发簪一样，把众人聚合在一起，处境和谐有利。

《小象传》提示："由豫，大有得，志大行也。"志向得到充分实现。

九四爻变，得豫之变卦坤卦。《坤·大象传》提示："君子以厚德载物。"得豫之坤，应宽厚自己的德行，容纳万事万物。

本卦：豫　　　　　变卦：豫之坤

《易经》启示：九四处境是时逢大运，大行大得。人在九四处境，若能持守正道，尊上谦下，以诚待人，既能被上层赏识，又能得众人拥护，毋庸置疑，可以大行其志，也能大有所得。

六五，贞疾，恒不死。

六五爻，占问疾病，会病很久，但不会死亡。

《象》曰：六五贞疾，乘刚也。恒不死，中未亡也。

《小象传》解释："六五贞疾"，这是因为冒犯了刚强之人。"恒不死"，这意味着中正之道尚未丧失。

【导读】

贞疾，恒不死　疾，疾病。贞疾，指占问疾病。恒，长久。不死，不会死亡。恒不死，指会病很久，但不会死亡。

《象》曰　乘，凌驾、冒犯。乘刚，指冒犯了刚强之人。中未亡，指中正之道尚未丧失。

【爻象处境】

六五爻变，上卦震变为兑，兑为巫，有"贞"之象；六五在互卦坎（六三至六五）中，坎为心病，有"疾"之象。合观之，有"贞疾"之象。

兑综卦为巽，六五爻变也得互卦巽（六三至九五），巽为长，有"恒"之象；巽又为不果，有"不"之象；坎又为血卦，有"死"之象。合观之，有"恒不死"之象。

六五居豫卦君位，阴爻居阳位，虽居位得中，但居位失当；虽亲比九四，视九四为心腹，但下乘九四，阴乘阳，柔乘刚，已被九四架空，心腹已成心腹大患，六五有位无权，不仅不能豫悦，反而有心病，处境堪忧。

《小象传》提示："六五贞疾，乘刚也。""六五贞疾"，在于冒犯了刚强之人。

六五爻变，得豫之变卦萃卦。《萃·大象传》提示："君子以除戎器，戒不虞。"得豫之萃，应居安思危，修整武装，以防不测。

　　本卦：豫　　　　　变卦：豫之萃

《易经》启示：六五处境是时运不正，柔弱不振。人在六五处境，若能持守中道，纠正过失，戒惧谨慎，居安思危，未雨绸缪，积极有为，虽有"贞疾"，但轻易不死，结果有惊无险。

上六，冥豫，成有渝，无咎。

上六爻，沉迷享乐，最终有改变，没有咎灾。

《象》曰：冥豫在上，何可长也？

《小象传》解释：身居高位仍沉迷享乐，怎么可能长久？

【导读】

冥豫，成有渝　冥，昏暗，引申为沉迷。《广雅·释言》："冥，暗也。"冥豫，沉迷享乐。成，终。渝，变。

《象》曰　在上，指身居高位。何可长，指怎么可能长久。

【爻象处境】

上六居上卦震之极,震为玄黄,有"冥豫"之象。

震综卦为艮,艮为万物之所成终,有"成"之象;震为反生,有"渝"之象。合观之,有"成有渝"之象。

震错卦为巽,巽为不果,有"无"之象;上六爻变,上卦震变为离,离错卦为坎,坎为多眚,有"咎"之象。合观之,有"无咎"之象。

上六居豫卦之极,阴爻居阴位,居位得当,但居位不中,重阴过弱,乐极生悲,前无去路,下无正应,近无亲比,无前途、无实力、无靠山、无基础,"四无"之时,处境堪忧。

六三为内卦之终,对内而言,强调内心悔悟,尽早悔过觉悟则无患,悔过迟则有患;上六为外卦及全卦之终,对外而言,强调行为改变,尽早改过迁善则无咎,改过迟则有咎。

《小象传》提示:"冥豫在上,何可长也。"身居高位仍沉迷享乐,怎么可能长久?

上六爻变,得豫之变卦晋卦。《晋·彖传》提示:"晋,进也。明出地上。"《晋·大象传》提示:"君子以自昭明德。"得豫之晋,以明破冥,自昭明德,苟日新,日日新,又日新,才是正道。

本卦:豫　　　变卦:豫之晋

《易经》启示:上六处境是时来运转,此时沉迷于豫悦,执迷不悟,终究不可长久,必须顺时以动,有所改变。人在上六处境,若能冷静醒悟,谨慎小心,及时改过,顺时以动,随机应变,变则无咎,不变则有咎。

第十七卦　随

　随，元亨，利贞，无咎。

随卦，一直亨通，利于占问，没有咎灾。

《彖》曰：**随，刚来而下柔，动而说，随。大亨贞，无咎，而天下随时。随之时义大矣哉。**

《彖传》解释：随卦象征阳刚居于阴柔之下，刚健行动而柔顺和悦，这就是随卦。随卦有宽大、通达、中正的品德，没有咎灾，天下人都随时追随。随时适宜的道理真是博大精深啊！

《象》曰：**泽中有雷，随。君子以向晦入宴息。**

《大象传》解释：泽中有雷，泽随雷动，这是随卦卦象。君子观此卦象，应当效法，随时作息，傍晚则入室休息。

【导读】

随　卦名。《周易》（通行本）第十七卦。《序卦传》："豫必有随，故受之以随。"《杂卦传》："随，无故也。"有豫乐好事必有人追随，紧随其后，不会有事故，因此继豫卦之后紧接着为随卦。这是《易传》释随卦卦序、卦义。随，本义是随从、随顺。《说文解字》："随，从也。"《广雅·释诂》："随，顺也。"《广韵》："随，从也，顺也。"随卦是讲如何顺随。

元亨，利贞，无咎　元亨，一直亨通。利贞，利于占问。无咎，没有咎灾。元亨，是就卦本身运势而言。利贞，是就占问者而言。无咎，是就所占问之事结果而言。三者所言对象不同，皆由卦象卦兆得出。

《彖》曰　"刚来而下柔，动而说"，此以随卦卦象为说，指阳刚居于阴柔之下，刚健行动而柔顺和悦。（详见下文【卦象环境】）大亨贞，指宽大、通达、中正的品德。随时，随时追随。义通"宜"。随之时义，指随时适宜。大，博大精深。

《象》曰　向，临近。晦，夜晚，本义是阴历每月的最后一天。《说文解字》："晦，月尽也。"向晦，傍晚。宴，安。《说文解字》："宴，安也。"宴息，安息。向晦入宴息，傍晚入室休息，有"日出而作，日入而息"之义，指随时作息。

【卦象环境】

随卦下卦为震，上卦为兑，震为雷，兑为泽，泽上雷下，有"泽中有雷"之象。雷动泽中，泽随雷震动；雷息泽中，泽随雷归静，有"随"之象；外卦兑为少女，内卦震为长男，少女嫁人为归，由外而内归从长男，也有"随"之象；下卦震为动，上卦兑为悦，长男下动而少女上悦，随动而悦，也有"随"之象。故取卦名为"随"。

随卦有互卦离（初九至九四），离为乾卦，乾为乾元，有"元"之象；离错卦为坎卦，坎为通，有"亨"之象。合观之，有"元亨"之象。

随卦有互卦巽（六三至九五），巽为近利市三倍，有"利"之象；上卦兑为巫，有"贞"之象。合观之，有"利贞"之象。

巽又为不果，有"无"之象；坎又为多眚，有"咎"之象。合观之，有"无咎"之象。

《彖传》提示："随，刚来而下柔，动而说，随。"随卦象征阳刚居于阴柔之下，刚健行动而柔顺和悦。随卦为三阴三阳卦，上卦兑二阳一阴为阴卦，下卦震一阳二阴为阳卦，阳为刚，阴为柔，震阳自上而来，居兑阴之下。下卦震随时而动，动则有随，上卦兑随动而悦，以悦相随，天下人都乐于追随。占得此卦，环境理想。

《大象传》提示："君子以向晦入宴息。"应天时行，该吃就吃，该睡就睡。

随卦的人位互卦为渐卦（下卦：六二至九四；上卦：六三至九五）。《渐·大象传》提示："山上有木，渐。君子以居贤德善俗。"渐卦提示，人在随卦环境，应当如山上之木，循序渐进，逐渐长大，随时积蓄贤德，及时改善风俗。

本卦：随　　　　　人位互卦：渐

随卦局势：如风雨雷电，相随而行，运势随顺，天下随时，不违天道，一直亨通。

《易经》启示：人在随卦环境，若能不违正道，谦虚随和，择善而随，则能趋吉避凶。若弃正就邪，固执己见，趋炎附势，结果会凶多吉少。

初九，官有渝，贞吉，出门交有功。

初九爻，房屋有变故，占问吉利，出门交往有收获。

《象》曰：官有渝，从正吉也。出门交有功，不失也。

《小象传》解释："官有渝"，这说明随从正道可逢凶化吉。"出门交有功"，这是因为没有坐失良机。

【导读】

官有渝，贞吉，出门交有功　官通"馆"，房屋。俞樾《诸子平议》："官乃馆之古文。"渝，变故。《说文解字》："渝，变污也。"交，交友、交往。有功，有收获，有好处。房屋有变故，有变故则出门，出门则有交往，有交往则有收获，随机应变，随时适宜，因此占问吉利。

《象》曰　从正吉，指随从正道可逢凶化吉。不失，指不失时机，没有坐失良机。

【爻象处境】

初九处下卦震之始，震综卦为艮，艮为门阙，象征"馆"，馆同官，有"官"之象；震为反生，有"渝"之象。合观之，有"官有渝"之象。

震错卦为巽，巽综卦为兑，兑为巫，有"贞"之象；初九在互卦离（初九至九四）中，离为日、为明、为丽，有"吉"之象。合观之，有"贞吉"之象。

震又为足、为动，有"出"之象；前有互卦艮（六二至九四），艮为门阙，有"门"之象；艮又为手，有"交"之象；艮为万物之所成终，有"有功"之象。合观之，有"出门交有功"之象。

初九阳爻居阳位，虽居位得当，但居位不中，重阳过刚，居内卦震之初，为内震之主，震为动，行动有力。初九虽上无正应，但近与六二亲比，六二柔和中正，值得亲近交往，处境利大于弊。

《小象传》提示："官有渝，从正吉也。"随从正道，可逢凶化吉。

初九爻变，得随之变卦萃卦。《萃·象传》提示："萃，聚也。"得随之萃，随缘会聚，群英荟萃，一定要牢牢把握机遇。

本卦：随　　　　　变卦：随之萃

《易经》启示：初九处境是时来运转，辞旧迎新。人在初九处境，若能持守正道，时行则行，不失时机，随机应变，出门与人交往，追随上位者，得贵人相助，容易建功立业。

六二，系小子，失丈夫。

六二爻，得到小的，失去大的。

《象》曰：系小子，弗兼与也。

《小象传》解释："系小子"，这表明两者不能兼得。

【导读】

系小子，失丈夫　系，束缚、抓住。《说文解字》："系，约束也。""系小子，失丈夫"，指得到小的，失去大的。因小失大，得不偿失。

《象》曰　弗，不。与，给予、得到。弗兼与，不能兼得。

【爻象处境】

六二在互卦艮（六二至九四）中，艮为手，有"系"之象；艮又为少男，有"小子"之象。合观之，有"系小子"之象。

六二在下卦震，震为长子，有"丈夫"之象；六二爻变，下卦震变为兑，兑为毁折，有"失"之象。合观之，有"失丈夫"之象。

六二居下卦震之中位，阴爻处阴位，阴柔中正，上与九五正应，下与初九亲比，上下应比，左右逢源，但六二重阴过弱，难以两面讨好，结果适得其反，处境不顺。

《小象传》提示："系小子，弗兼与也。"不能兼得。

六二爻变，得随之变卦兑卦。《兑·大象传》提示："君子以朋友讲习。"得随之兑，应广交朋友，讲道义，重学习，共同进步。

本卦：随　　　　变卦：随之兑

《易经》启示：六二处境是时运颠倒，宜自审慎。人在六二处境，若能持守中正之道，摆正心态，安守本分，谦逊柔顺，尊上谦下，顺其自然，终有所获。

六三，系丈夫，失小子。随有求得，利居贞。

六三爻，得到大的，失去小的。紧随其后，必有所得，利于居住占问。

《象》曰：系丈夫，志舍下也。

《小象传》解释："系丈夫"，这表明他志在舍弃小的。

【导读】

系丈夫，失小子　指得到大的，失去小的。

随有求得，利居贞　指紧随其后，必有所得，利于居住占问。

《象》曰　舍，舍弃。下，低下，此指小的。志舍下，指志在舍弃小的。

【爻象处境】

六三在互卦巽（六三至九五）中，巽为绳，有"系"之象；又在互卦艮（六二至九四）中，艮为手，也有"系"之象；艮又为少男，有"丈夫"之象。合观之，有"系丈夫"之象。

六三处下卦震之极，震为长子，有"子"之象；初九初爻，有"小"之象；震错卦为巽，巽综卦为兑，兑为毁折，有"失"之象。合观之，有"失小子"之象。

六三亲比九四，有"随"之象；九四在上卦兑中，兑为口、为说，有"求"之象；兑综卦为巽，巽为入，有"得"之象。合观之,有"随有求得"之象。

巽又为近利市三倍,有"利"之象;艮又为门阙,有"居"之象;艮错卦为兑,兑为巫,有"贞"之象。合观之,有"利居贞"之象。

六三居下卦震之终,阴爻居阳位,居位失当,不中不正,上与上六敌而不应,下与六二敌而不比,身份失当,上无靠山,下无基础。但六三近与九四亲比,得到九四援助,九四有求必给,六三有求必得,处境弊中有利。

《小象传》提示:"系丈夫,志舍下也。"志在抓大放小。

六三爻变,得随之变卦革卦。《革·大象传》提示:"君子以治历明时。"得随之革,随"无故",革"去故",明察时序,革故鼎新,不背包袱,不守故旧,轻装上阵,与时俱进,顺势而为。

本卦:随　　　　　变卦:随之革

《易经》启示:六三处境是时逢正运,有求必应。人在六三处境,若能因时制宜,谦逊顺承,真诚追随,得贵人相助,顺势而为,方能有利。

九四,随有获,贞凶。有孚在道以明,何咎。

九四爻,追随虽有收获,但占问有凶险。卦兆显示,半路上明白过来,没有咎灾。

《象》曰:随有获,其义凶也。有孚在道,明功也。

《小象传》解释:"随有获",这意味着有凶险。"有孚在道",这是因为光明磊落成就事功。

【导读】

随有获　随,随从、追随。获,收获。随有获,指追随会有收获。

有孚在道以明　孚,卦兆。有孚,卦兆显示。在道,途中、半路上。明,明白。

何咎　即"无咎"。

《象》曰　义，意思、意味。义凶，指意味着有凶险。有孚，有诚信。在道，守正道。明，光明磊落。

【爻象处境】

九四在互卦巽（六三至九五）中，巽为入，有"随"之象；巽又为近利市三倍，有"获"之象。合观之，有"随有获"之象。

九四居上卦兑之始，兑为巫，有"贞"之象；兑又为毁折，有"凶"之象；九四爻变，上卦兑变为坎，坎为血卦，也有"凶"之象。合观之，有"贞凶"之象。

兑为巫，也有"孚"之象；兑错卦为艮，九四也在互卦艮（六二至九四）中，艮为径路，有"道"之象；又在互卦离（初九至九四）中，离为明，有"明"之象。合观之，有"有孚在道以明"之象。

兑综卦为巽，巽为进退、为不果，有"何"之象；九四爻变，上卦兑变为坎，坎为多眚，有"咎"之象。合观之，有"何咎"之象。

九四阳爻居阴位，居位失当，不中不正，下与初九敌而不应，没有基础；九四虽亲比六三，也被六三顺承亲比，但六三处"三多凶"之位，自身难保，无力援助；九四又居"四多惧"之位，与九五敌而不比，进逼九五之君，伴君如伴虎，处境凶险。

《小象传》提示："随有获，其义凶也。"追随领导，如一把双刃剑，既能斩获，也有凶险。

九四爻变，得随之变卦屯卦。《屯·大象传》提示："君子以经纶。"得随之屯，应重视经营，筹划如何追随。

本卦：随　　变卦：随之屯

《易经》启示：九四处境是时运起伏，顺势而为。人在九四处境，若能随从正道，尊上谦下，择善追随，表明心迹，忠心耿耿，方能无咎。

九五，孚于嘉，吉。

九五爻，卦兆显示，有嘉赏，吉利。

《象》曰：孚于嘉吉，位正中也。

《小象传》解释：诚信带来嘉赏吉祥，这是因为持守中正之道。

【导读】

孚于嘉 嘉，嘉赏。《说文解字》："嘉，美也。"《尔雅·释诂》："嘉，善也。"孚于嘉，指卦兆显示有嘉赏。

《象》曰 位正中，指持守中正之道。

【爻象处境】

九五居上卦兑之中，兑为巫，有"孚"之象；兑又为说，说同悦，有"嘉"之象。合观之，有"孚于嘉"之象。

九五爻变，得互卦坎（六三至六五），坎错卦为离，离为日、为明、为丽，有"吉"之象。

九五居随卦之君位，阳爻居阳位，居中得正，上与上六亲比，下与六二正应，阴阳和合，上下和谐，又居上卦兑悦之中，为随悦之主，处境和谐。

《小象传》提示："孚于嘉吉，位正中也。"诚信带来嘉赏吉祥，关键在于持守中正之道。

九五爻变，得随之变卦震卦。《震·大象传》提示："君子以恐惧修省。"得随之震，应居安思危，时时惶恐戒惧，随时修养自省。

本卦：随　　变卦：随之震

《易经》启示：九五处境是时运大盛，诸事皆吉。人在九五处境，若能持守中正之道，既阳刚中正，又谦逊柔和，宽厚包容，得道多助，自然吉利。

上六，拘系之，乃从维之。王用亨于西山。

上六爻，囚禁他，又释放他。周文王在镐京西边的西山举行祭祀大礼，祭祀神灵。

《象》曰：拘系之，上穷也。

《小象传》解释："拘系之"，这表明殷王纣已是穷途末路了。

【导读】

拘系之，乃从维之。王用亨于西山 拘系，囚禁。乃，又。从通"纵"，放纵、释放。维，奔走、急走。王，此指周文王。亨通"享"，祭祀。上六爻辞记述了殷末的一段史事。殷王纣先将周文王囚禁起来，后又放了他，使他得以归周。回来后，周文王就在镐京西边的西山举行祭祀大礼，祭祀神灵。

《象》曰 上，君王，此指殷王纣。穷，穷尽。上穷，指殷王纣已是穷途末路了。

【爻象处境】

上六处上卦兑之极，兑错卦为艮，艮为手，有"拘系之"之象，为六二"系小子"、六三"系丈夫"之象。

上六在上卦兑，兑为毁折、为附决，有"从维"之象。

上六爻变，得乾卦，乾为君，有"王"之象；上六在上卦兑，兑为巫，象征祭享，享通"亨"，有"亨"之象；兑在后天八卦方位中为西方，有"西"之象；兑错卦为艮，艮为山，有"山"之象。合观之，有"王用亨于西山"之象。

上六居随卦之终，阴爻居阴位，虽居位得当，但居位不中，重阴过弱，下无正应，不能强迫他人随从；幸好亲比九五，得九五信任，不用捆绑，用劝导也能让他人乐于追随，因此处境有利。

《小象传》提示："拘系之，上穷也。""拘系之"，这表明已是穷途末路了。

上六爻变，得随之变卦无妄卦。《无妄》卦辞提示："其匪正有眚，不利有攸往。"得随之无妄，至诚无妄，不守正道必有灾祸，不利有所随行。

本卦：随　　　　　变卦：随之无妄

《易经》启示：上六处境是时运不顺，不甚如意。人在上六处境，若能持守正道，尊上谦下，谦逊柔顺，追随上尊，真诚守信，顺势而为，方能趋吉避凶。

第十八卦　蛊

蛊，元亨，利涉大川，先甲三日，后甲三日。

蛊卦，一直亨通，利于涉渡大川，甲日及前后各三日是吉日。

《彖》曰：蛊，刚上而柔下，巽而止，蛊。蛊，元亨而天下治也。利涉大川，往有事也。先甲三日，后甲三日，终则有始，天行也。

《彖传》解释：蛊卦象征外刚强，内柔和，谦顺制止，这是治蛊之道。蛊卦讲整治蛊乱就会有大亨通，天下得到大治。利于涉渡大川，是说前往就会成就事功。先甲三日，后甲三日，七天时间，终而复始，正是天道运行的规律。

《象》曰：山下有风，蛊。君子以振民育德。

《大象传》解释：山下有风，这是蛊卦卦象。君子观此卦象，应当效法，以培育德行来振救民风。

【导读】

蛊　读 gǔ，卦名。《周易》（通行本）第十八卦。《序卦传》："以喜随人者必有事，故受之以蛊。蛊者，事也。"《杂卦传》："随，无故也。蛊则饬也。"饬，读 chì，有修整、整治之义。跟随本不会出事，若以喜好、偏爱追随别人，则必有事故，有事故必有蛊。蛊者事故也，蛊则整治也，有事故就要整治。因此继随卦之后紧接着是蛊卦。这是《易传》释蛊卦卦序、卦义。蛊，甲骨文字形为 （《新甲骨文编》，第 723 页），像人肚子里或器皿中有寄生虫。蛊的本义是人肚子里的寄生虫，后来多指淫邪之事、男女的淫乱行为，并且主要指女子迷惑男子，称为"蛊惑"。《说文解字》："蛊，腹中虫也。《春秋传》曰：皿虫为蛊，晦淫之所生也。"后又指传说中一种人工培养的毒虫，专用来害人。《舆地志》："江南数郡有畜蛊者，主人行之以杀人，行食饮中，人不觉也。"饲养蛊虫、利用符咒害人，称为"蛊术"。这是蛊害，不是蛊治。蛊卦是讲如何整饬蛊乱。

先甲三日，后甲三日 有多种说法。古代以天干记日，每月三旬，每旬十日，分别是甲、乙、丙、丁、戊、己、庚、辛、壬、癸等十天干。先甲三日，即甲日前三日，为辛日。后甲三日，即甲日后三日，为丁日。自辛日至丁日，共有七日，是为"先甲三日，后甲三日"。也有说"先甲三日，后甲三日"即辛日、丁日两日。辛日、丁日在天干中都是偶数，古人称为"柔日"，认为是适宜祭祀的日子。还有认为"甲"为开始，"先甲三日，后甲三日"，即先前开始的三日，后面开始的三日。此取第一种说法，指甲日及前后各三日是吉日，七日为一个周期，与《复》卦所谓"反复其道，七日来复"旨意一致。

《彖》曰 刚，刚健。柔，柔顺。《易经》通例，爻序自下而上，下为内，上为外。刚上而柔下，指外刚强，内柔和。巽，谦顺。止，制止。终则有始，指终而复始，循环往复。天行，指天道运行规律。

《象》曰 "山下有风"，此释蛊卦卦象。下卦巽为风，上卦艮为山，艮山在上，巽风在下。振，振救。《说文解字》："振，举救也。"振民育德，即育德振民，指以培育德行来振救民风。

【卦象环境】

蛊卦下卦为巽，上卦为艮，巽为风，艮为山，有"山下有风"之象。上卦艮为阳卦，一阳居二阴之上，下卦巽为阴卦，二阳居一阴之上，为"刚上而柔下"，外刚内柔，上实下虚，巽风乘虚而入，艮山坚壁阻止，在密不透风的环境，闭息不通极易腐朽生虫，巽又为臭，艮为覆器，把臭物放在器皿中覆盖起来，也容易腐败生虫。一虫生二虫，二虫生三虫，虫子愈生愈多，有皿中生虫之象。蛊字拆开即为一皿一虫，蛊的繁体字"蠱"拆开即为一皿三虫，故取卦名为蛊。上卦艮为少男，下卦巽为长女，长女经验老到，少男血气方刚，长女引诱蛊惑少男，因此蛊卦也有淫乱之象。

蛊卦有互卦离（九三至上九），离为乾卦，乾为乾元，有"元"

之象；又有互卦坎（初六至六四），坎为通，有"亨"之象。合观之，有"元亨"之象。

下卦巽为近利市三倍，有"利"之象；互卦震（九三至六五）为足、为动，有"涉"之象；互卦坎（初六至六四）为阳卦，阳为大，坎又为水、为沟渎，象征"川"，因此坎有"大川"之象。合观之，有"利涉大川"之象。

《易经》通例，爻序自下而上，下为先，上为后。下卦巽有"先"之象；初六处下卦巽之始，有"甲"之象；一爻一日，下卦巽三爻，有"三日"之象。合观之，有"先甲三日"之象。

上卦艮有"后"之象；六四居上卦艮之始，有"甲"之象；一爻一日，上卦艮三爻，有"三日"之象。合观之，有"后甲三日"之象。

蛊卦为三阳三阴卦，九三与九二抑制了初六，上九与九三围住了六五、六四两阴爻，三阳控制了大局。下卦巽为阴卦，巽为风，象征柔和吹风教化；上卦艮为阳卦，艮为止，象征刚严治腐治乱。自下卦巽开始治乱，先吹风教化，然后在上卦艮采用刚严手段治腐治乱，前面三天开始用软办法，后面三天开始用硬手段，软硬兼施，恩威并施，六爻结束，六天止乱为治，到第七日，如复卦所言"七日来复"，一元复始，万象更新。

《彖传》提示："蛊，刚上而柔下，巽而止，蛊。"蛊卦象征外刚强，内柔和，谦顺制止，这是治蛊之道。

《大象传》提示："君子以振民育德。"应培育德行，振救民风。

蛊卦的人位互卦为归妹卦（下卦：九二至六四；上卦：九三至六五）。《归妹·大象传》提示："君子以永终知敝。"归妹卦提示，人在蛊卦环境，要从长远结果来考虑利弊。

本卦：蛊　　　　人位互卦：归妹

蛊卦局势：如山下有风，风遇山阻，运势迷乱，祸起萧墙，积弊已深，但一直亨通。

《易经》启示：人在蛊卦环境，若能大胆求变，整治弊乱，谨始善终，终能逢凶化吉。若胆小怕事，熟视无睹，姑息养奸，结果会凶多吉少。

初六，干父之蛊，有子考，无咎。厉，终吉。

初六爻，纠正父亲蛊乱，儿子能够成功，没有咎灾。即使厉危，终归吉利。

《象》曰：干父之蛊，意承考也。

《小象传》解释："干父之蛊"，这是因为意在继承父亲未竟的事业。

【导读】

干父之蛊，有子考 干，纠正。子干父，下干上，有冒犯之意。《说文解字》："干，犯也。"蛊，淫乱。考，甲骨文、金文均像偻背老人扶杖而行之状，本义是老，引申为成。《说文解字》："考，老也。"段玉裁注："（考）老也。凡言寿考者，此字之本义也。引申之为成也。"有子考，即子有考，即子有成，指子"干父之蛊"有成。成，成功。

《象》曰 承，继承。考，父亲。意承考，指意在继承父亲未竟的事业。

【爻象处境】

初六居蛊卦下卦巽之初，巽为绳直、为工，有"干"之象；初六爻变，下卦巽变为乾卦，乾为父，有"父"之象；巽又为臭，有"蛊"之象。合观之，有"干父之蛊"之象。

初六在互卦坎（初六至六四）中，坎为中男，有"子"之象；巽综卦为兑，兑错卦为艮，艮为万物之所成终，有"考（成）"之象。合观之，有"有子考"之象。

巽又为不果，有"无"之象；坎又为多眚，有"咎"之象。合观之，有"无咎"之象。坎又为隐伏、为血卦，有"厉"之象。

巽综卦为兑，兑错卦为艮，艮为止、为万物之所成终，有"终"之象；坎错卦为离，离为日、为明、为丽，有"吉"之象。合观之，有"终吉"之象。

初六处蛊卦之初，阴爻处阳位，居位失当，不中不正，虽顺承亲比九二，但上无正应，上无靠山，居位不正，处境艰难。

《小象传》提示："干父之蛊，意承考也。"整治父辈蛊乱过错，意在继承父亲未竟的事业。

初六爻变，得蛊之变卦大畜卦。《大畜·大象传》提示："君子以多识前言往行，以畜其德。"得蛊之大畜，在整治前辈蛊乱时，应多学习先贤言行，用来培养自己的品德。

本卦：蛊　　　　变卦：蛊之大畜

《易经》启示：初六处境是好运初交，可望改观。人在初六处境，若能持守正道，以柔济刚，及时矫正蛊乱过错，仍能成功，没有咎灾，虽有危险，最终吉利。

九二，干母之蛊，不可贞。

九二爻，儿子纠正母亲蛊乱，占问结果是不可行。

《象》曰：干母之蛊，得中道也。

《小象传》解释："干母之蛊"，这意味着必须持守中正之道。

【导读】

干母之蛊，不可贞　指儿子纠正母亲蛊乱，占问结果是不可行。陈鼓应、赵建伟在《周易今注今译》中注释说："为什么矫正母亲之淫乱而占曰不可呢？盖所谓'母'乃是父之妾，也即所谓'诸母'或'庶母'。父之妾与父之子之间设制有许多禁忌，都是出于对乱伦的戒防，如《礼记·曲礼》说'诸母不漱裳'（父之妾不能为父之子洗浣下衣）。不可轻易正庶母之淫乱，也是出于避嫌考虑的。宣姜之与宣公子即是其事。"

《象》曰　得中道，指必须持守中正之道。

【爻象处境】

九二处下卦巽之中位，巽为绳直，有"干"之象；巽综卦为兑，兑为妾，有"母"之象；巽又为臭，有"蛊"之象。合观之，有"干母之蛊"之象。

九二在下卦巽，巽为不果，有"不可"之象；巽综卦为兑，兑为巫，有"贞"之象。合观之，有"不可贞"之象。

九二处下卦之中位，阳刚居中，上与六五正应，又下据亲比初六，看似上下内外关系和谐，处境理想，但九二阳爻居阴位，居位失当，九二又在互卦坎（初六至六四）中，坎为隐伏，隐患隐伏未明，因此处境潜伏着危险。

《小象传》提示："干母之蛊，得中道也。"整治女性前辈蛊乱，必须持守中道。

九二爻变，得蛊之变卦艮卦。《艮·象传》提示："艮，止也。时止则止，时行则行，动静不失其时，其道光明。"得蛊之艮，因时制宜，当行则行，当止则止，顺天时行，顺势而为，前途光明。

本卦：蛊　　　变卦：蛊之艮

《易经》启示：九二处境是时运适中，顺势而行。人在九二处境，若能持守中道，适时适中，刚而能柔，抑制过刚，防止过急，既讲原则性，又有灵活性，随机应变，顺势而为，方能无咎。

九三，干父之蛊，小有悔，无大咎。

九三爻，纠正父亲蛊乱，虽有小懊悔，但无大咎灾。

《象》曰：干父之蛊，终无咎也。

《小象传》解释："干父之蛊"，这是因为最终没有咎灾。

【导读】

小有悔　即"有小悔"，指有小懊悔。

《象》曰　干父之蛊，为"干父之蛊，小有悔，无大咎"之省文。

【爻象处境】

九三居蛊卦下卦巽之极，巽为绳直，有"干"之象；九三在互卦离（九三至上九）中，离为乾卦，乾为父，有"父"之象；巽又为臭，有"蛊"之象。合观之，有"干父之蛊"之象。

巽为阴爻，阴为小，有"小"之象；九三爻变，巽变为坎，坎为加忧、为心病、为亟心,有"悔"之象。合观之,有"小有悔"之象。

巽又为不果,有"无"之象;坎为阳卦,阳为大,有"大"之象;坎又为多眚,有"咎"之象。合观之,有"无大咎"之象。

九三居下卦巽之终,处"三多凶"之位,阳爻居阳位,居位得正,但居位不中,重阳过刚,与九二敌而不比,与上九敌而不应,虽亲比六四,却又被六四凌乘,缺乏刚柔相济,又处互卦震(九三至六五)中,震为动,难免因急躁冲动而产生过错,留下悔恨,处境不顺。

《小象传》提示:"干父之蛊,终无咎也。"整治父辈蛊乱过错,最终没有咎灾。

九三爻变,得蛊之变卦蒙卦。《蒙·象传》提示:"蒙以养正,圣功也。"得蛊之蒙,外阻内险,得小心应付,应修养纯正德行,以成就神圣功业。

本卦:蛊　　　　　变卦:蛊之蒙

《易经》启示:九三处境是时运曲折,仍有未来。人在九三处境,若能持守正道,抑制过刚,刚而能柔,尊上谦下,谦逊柔顺,有节有度,适可而止,虽有小过错,但无大灾害,前行有喜悦。

六四,裕父之蛊,往见吝。

六四爻,包容父亲蛊乱,有过不改,以后见到必有遗恨。

《象》曰:**裕父之蛊,往未得也。**

《小象传》解释:"裕父之蛊",这意味着往前发展下去不会有好结果。

【导读】

裕父之蛊,往见吝　裕,包容。《贾子道术》:"包众容物谓之裕。"往,前往、以后。吝,有过不改,必有遗恨。《尚书·仲虺之诰》:"改过不吝。"往见吝,指有过不改,以后见到必有遗恨。参见屯卦六三【导读】。

《象》曰　得，指所得、好结果。往未得，指往前发展下去不会有好结果。

【爻象处境】

六四在互卦离（九三至上九）中，六四爻变，上卦艮也变为离，离为大腹，有"裕"之象；离又为乾卦，乾为父，有"父"之象；上卦艮错卦为兑，兑综卦为巽，巽为臭，有"蛊"之象。合观之，有"裕父之蛊"之象。

艮综卦为震，六四也在互卦震（九三至六五）中，震为足、为动，有"往"之象；又在互卦离（九三至上九），六四爻变，上卦艮也变为离，离为目，有"见"之象；离错卦为坎，坎为加忧、为心病、为亟心，有"吝"之象。合观之，有"往见吝"之象。

六四居上卦艮之初，阴爻居阴位，虽居位得正，但居位不中，重阴过弱，处"四多惧"之位，既无才能，又无勇气；上无亲比，下无正应，既无靠山，又无基础，处境不利。

《小象传》提示："裕父之蛊，往未得也。"过分包容父辈过错，发展下去不会有好结果。

六四爻变，得蛊之变卦鼎卦。《鼎·大象传》提示："君子以正位凝命。"得蛊之鼎，应摆正位置忠于职守，坚定信念牢记使命。

本卦：蛊　　　　　　变卦：蛊之鼎

《易经》启示：六四处境是时运平常，毫无所得。人在六四处境，若能持守正道，纠正过弱，既谦逊柔和，争取援助，又顺势而为，果断行动，及时改过，方能无咎。若过度宽容蛊乱过错，蛊乱必然日渐恶化，有过不改，以后见到必有遗恨。

六五，干父之蛊，用誉。

六五爻，纠正父亲蛊乱过错，得到赞誉。

《象》曰：干父用誉，承以德也。

《小象传》解释："干父用誉"，这意味着传承了中正品德。

【导读】

用誉 用,得到、受到。誉,赞誉。

《象》曰 承,传承。承以德,指传承了中正品德。

【爻象处境】

六五居上卦艮之中位,六五爻变,艮变为巽,巽为绳直,有"干"之象;六五在互卦离(九三至上九)中,离为乾卦,乾为父,有"父"之象;巽又为臭,有"蛊"之象。合观之,有"干父之蛊"之象。

艮为手,有"用"之象;艮错卦为兑,兑为口、为说,有"誉"之象。合观之,有"用誉"之象。

六五居蛊卦之君位,阴爻居阳位,居位得中,柔中有刚,上与上九亲比,下与九二正应,九二阳刚得中,德才兼备,声誉卓著,六五信任重用九二,九二承接治蛊大任,堪当重任,处境理想。

《小象传》提示:"干父用誉,承以德也。"重用有声誉者整治蛊乱,在于传承中正品德。

六五爻变,得蛊之变卦巽卦。《巽·大象传》提示:"申命行事。"得蛊之巽,重用能人,雷厉风行整治蛊乱过错,自己低调隐伏,幕后发号施令。

本卦:蛊　　　变卦:蛊之巽

《易经》启示:六五处境是时运中兴,除旧布新。人在六五处境,若能持守中道,尊上谦下,刚柔相济,得道多助,必有功效。

上九,不事王侯,高尚其事。

上九爻,不到朝廷做事,重视自己家事。

《象》曰:不事王侯,志可则也。

《小象传》解释:"不事王侯",这种志向值得效法。

【导读】

不事王侯,高尚其事 王侯,引申为朝廷。高尚,重视。其事,指家事。"不事王侯,高尚其事",指不到朝廷做事,重视自己家事。

《象》曰　则，准则，引申为效法。志可则，指这种志向值得效法。儒家讲修齐治平，先齐家，后治国，因此，"不事王侯，高尚其事"，这种志向值得效法。

【爻象处境】

上九居上卦艮之极，艮为止，有"不事"之象；上九在互卦离（九三至上九），离为乾卦，乾为君，有"王侯"之象。合观之，有"不事王侯"之象。

艮错卦为兑，兑综卦为巽，巽为高，有"高尚"之象；艮为门阙，有家事之象。合观之，有"高尚其事"之象。

上九居蛊卦之极，治蛊治乱大业终获成功，爻辞中不见"蛊"字，表明已经拨乱反正。上九阳爻居阴位，虽居位失当，不中不正，但刚而能柔，虽下无正应，但与六五亲比，处境有利有弊。

《小象传》提示："不事王侯，志可则也。"不事王侯，这种志向值得效法。

上九爻变，得蛊之变卦升卦。《升·大象传》提示："地中生木，升。君子以顺德，积小以高大。"得蛊之升，如地中生木，循序渐进，修身养德，顺以时升，积小善改小过以成就高大。

本卦：蛊　　　变卦：蛊之升

《易经》启示：上九处境是时运到头，宜退守自保，此时居上卦艮山之顶，艮又为止，下卦巽为木为树林，有终止仕途、退隐山林之意。人在上九处境，若能见几而作，见机行事，一旦使命完成，功德圆满，当止则止，淡泊名利，功成身退，与世无争，可保无咎。

第十九卦　临 ䷒

䷒ **临，元亨，利贞，至于八月有凶。**

临卦，一直亨通，利于占问，只是到了八月份会有凶险。

《彖》曰：临，刚浸而长，说而顺，刚中而应。大亨以正，天之道也。至于八月有凶，消不久也。

《彖传》解释：临卦象征阳刚之气正在逐渐增长，和悦而柔顺，刚健而中正，上下有应和。博大、通达、中正，这是天道的特征。只是到了八月份会有凶险，这意味着阳气渐消不会太长久。

《象》曰：泽上有地，临。君子以教思无穷，容保民无疆。

《大象传》解释：泽上有地，地在上居高临下，这是临卦卦象。君子观此卦象，应当效法，尽最大可能教化关心民众，尽最大可能包容保护民众。

【导读】

临　卦名。《周易》（通行本）第十九卦。《序卦传》："蛊者，事也。有事而后可大，故受之以临。临者，大也。"《杂卦传》："临、观之义，或与或求。"蛊为有事，临为大，事后可大，蛊后授临。蛊事者家事，临大者国事，由蛊而临，则由家事到国事，蛊卦讲齐家，临卦则讲治国治民，或给予，或求得。因此继蛊卦之后紧接着为临卦。这是《易传》释临卦卦序、卦义。临，甲骨文字形为 ![字形] （《新甲骨文编》，第1025页），右上角像人的眼睛，左下角像众多的器物，整个字形像人俯视器物的样子。本义是从高处往低处察看。《说文解字》："临，监临也。"引申为临众治民。《墨子·尚贤下》："临众发政而治民。"临卦是讲如何临众治民。

至于八月有凶　指只是到了八月份会有凶险。临卦为十二消息卦之一，为十二月份，之后的第八个月为观卦。《杂卦传》："临、观之义，或与或求。"此时，阴爻之数已超过阳爻之数，阴气控制了局面，阴为虚，只求不与，是为"有凶"。

《彖》曰　说同悦，和悦。说而顺，和悦柔顺。大亨以正，指博大、通达、中正。消，阳气逐渐消弱。消不久，指阳气渐消不会太长久。

《象》曰　"泽上有地"，此释临卦卦象。临卦下兑上坤，兑为泽，坤为地。教，教化、教导。思，关心。容，包容。保即保护。无穷即坚持不懈，无疆即宽广无边，皆指尽最大可能。

【卦象环境】

临卦下卦为兑，上卦为坤，兑为泽，坤为地，有"泽上有地"之象。地位高上，泽位低下，位高者居高临下；卦有四阴二阳，四阴在上，二阳在下，阳上进临阴，身临其境。故取卦名为"临"。

上卦坤为坤元，有"元"之象；坤六断，中间虚空，畅通无阻，有"亨"之象。合观之，有"元亨"之象。

下卦兑综卦为巽，巽为近利市三倍，有"利"之象；兑为巫，有"贞"之象。合观之，有"利贞"之象。

临卦有互卦震（九二至上九），震为足、为动，有"至"之象；上卦坤在先天八卦位数为八，有"八月"之象；下卦兑为毁折，有"凶"之象。合观之，有"至于八月有凶"之象。

上卦坤为地、为土，下卦泽为水，土克水，土可治水，有"治"之象。下卦兑为和悦，上卦坤为顺、为众，九二居下卦之中位，与六五之君正应，象征君王顺民意而临治，民众和悦而顺应，持中守正，方能一直亨通。

《彖传》提示："临，刚浸而长，说而顺，刚中而应。"临卦象征阳刚之气正在逐渐增长，和悦而柔顺，刚健而中正，上下有应和。

《大象传》提示："君子以教思无穷，容保民无疆。"应尽最大可能教化关心民众，尽最大可能包容保护民众。

临卦的人位互卦为复卦（下卦：九二至六四；上卦：六三至六五）。《复·彖传》提示："复，亨，刚反动而以顺行，是以出入无疾，朋来无咎。"复卦提示，人在临卦环境，一阳复始，万象更新。复卦亨通，阳刚复返而动，顺时而行，因此出行返回没生病，赚钱又没咎灾。

本卦：临　　　　人位互卦：复

临卦局势：如地下有泽，居高临下，运势通畅，上下相应，相互配合，一直亨通。

《易经》启示：人在临卦环境，若能如临深渊，临机而动，顺势而为，感应于上，施惠于下，则能趋吉避凶。若临阵退缩，半途而废，坐失良机，结果会凶多吉少。

初九，咸临，贞吉。

初九爻，以感化之策治民，占问吉利。

《象》曰：咸临贞吉，志行正也。

《小象传》解释："咸临贞吉"，这表明志向行为都很中正。

【导读】

咸临　咸，为无心之感，指感化之策。临，本指从高处往低处察看、监视，泛指临治。咸临，指以感化之策治民。

《象》曰　志行正，指志向行为都很中正。

【爻象处境】

初九处下卦兑之初，初九爻变，兑变为坎，坎为加忧、为心病，有"咸（感）"之象；兑综卦为巽，巽为高、为多白眼，从高处看，有"临"之象。合观之，有"咸临"之象。

兑又为巫，有"贞"之象；初九爻变，兑变为坎，坎错卦为离，离为日、为明、为丽，有"吉"之象；兑综卦为巽，巽为近利市三倍，也有"吉"之象。合观之，有"贞吉"之象。

初九处临卦之始，阳爻居阳位，阳刚得正，虽近无亲比，但上与六四正应，初九刚而有志，六四柔而守正，阴阳感应，刚柔相济，处境有利。

《小象传》提示："咸临贞吉，志行正也。""咸临贞吉"，在于志向行为都很中正。

初九爻变，得临之变卦师卦。《师·大象传》提示："君子以容民畜众。"得临之师，应包容民众，关注民生。

本卦：临　　　　　变卦：临之师

《易经》启示：初九处境是初交好运，此时时运开始好转，机会开始显露，守正有利。人在初九处境，若能持守正道，尊上谦下，刚而能柔，择善而随，自身刚健有志，又得贵人相助，抓住机遇，顺势而为，方能前途吉祥。

九二，咸临，吉，无不利。

九二爻，以严厉之策治民，此时吉利，无所不利。

《象》曰：咸临，吉无不利，未顺命也。

《小象传》解释："咸临，吉无不利"，这是因为还有民众未能顺从君命。

【导读】

咸临　与初九爻辞相同，但辞义不同。高亨指出："《周易》通例，一卦之筮辞，其文有相同者，其旨趣必异。"（《周易古经今注》）当从。咸，本义是杀，引申为严厉之策。甲骨文字形为 ![]（《新甲骨文编》，第56页），从戌，从口。"戌"是长柄大斧，"口"指人头，合起来表示用大斧砍人头。咸临，指以严厉之策治民。"咸"一字二义，一软一硬，一恩一威，软硬兼施，恩威并重，正是治国治民之不二法门。"咸"虽为无心之感，但要用心感悟。

《象》曰　未顺命，指没有顺从君命。

【爻象处境】

九二处下卦兑中，兑为毁折，"咸"本义是杀，因此兑有"咸"之象；兑综卦为巽，巽为高、为多白眼，从高处看，有"临"之象。合观之，有"咸临"之象。巽为近利市三倍，有"吉"之象，又有"无不利"之象。

九二居下卦兑之中位，阳爻居阴位，刚健居柔位，居位得中，又在互卦震（九二至上六）始，为震之源，震为雷、为动，既有惊雷震怒之威，又有雷厉风行之动，上与六五之君正应，九二得到六五之君信任重用，处境顺利。

《小象传》提示："未顺命也。"既指民众未能顺从君命，也暗示九二大臣僭越擅权。九二阳爻居阴位，居位不当，臣强主弱，功高震主，也有"未顺命"之虞。

九二爻变，得临之变卦复卦。《复·六二》提示："休复，吉。"得临之复，功成身退，返回休息，方能吉利。

本卦：临　　　　　变卦：临之复

《易经》启示：九二处境是时运正佳，此时正是有所作为的大好时机，宜顺势而为。人在九二处境，若能持守中道，刚而能柔，谦逊尊上，得贵人相助，顺势而为，勇往直前，前途吉无不利。

六三，甘临，无攸利。既忧之，无咎。

六三爻，以甜言蜜语治民，没任何好处。尽心考虑民生，没有咎灾。

《象》曰：甘临，位不当也。既忧之，咎不长也。

《小象传》解释："甘临"，这是因为处置不当。"既忧之"，这意味着咎灾就不会出现。

【导读】

甘临　甘，甜美，引申为甜言蜜语。《说文解字》："甘，美也。"甘临，指以甜言蜜语治民。

既忧之　既，尽。《穀梁传》："既者，尽也。"忧，忧愁，引申为操心、考虑。《说文解字》："忧，愁也。"之，指民生。既忧之，指尽心考虑民生。

《象》曰　位不当，处置不当。长，生长、出现。咎不长，指咎灾就不会出现。

【爻象处境】

六三处下卦兑之极，兑为说，说同悦，有"甘"之象；兑综卦为巽，巽为高、为多白眼，有"临"之象。合观之，有"甘临"之象。

兑为毁折，有"无攸利"之象；兑综卦为巽，巽为不果，有"无"之象；巽又为近利市三倍，有"利"之象。合观之，也有"无攸利"之象。

兑错卦为艮，艮为止、为万物之所成终，有"既"之象；六三爻变，得乾卦，《乾·九三》"夕惕若"，有"忧"之象。合观之，有"既忧之"之象。

兑综卦为巽，巽为不果，有"无"之象；兑为毁折，有"咎"之象。合观之，有"无咎"之象。

六三处下卦兑之终，处"三多凶"之位，阴爻居阳位，居位不当，不中不正，柔弱无才，上无正应，近则凌乘九二，以甜言蜜语、哗众取宠等不正当方式取悦众人，"甘临"取悦不能赢得众人信任，处境不顺。

《小象传》提示："甘临，位不当也。"甘临，在于处置不当。

六三爻变，得临之变卦泰卦。《泰·九三》提示："无平不陂，无往不复，艰贞无咎。勿恤其孚，于食有福。"得临之泰，没有只平坦而无斜坡的道路，也没有只前往而无复归的事情，占问结果虽有艰难，但无咎灾。不用忧虑紧张，卦兆显示，有福可享。

本卦：临　　　　变卦：临之泰

《易经》启示：六三处境是时运不佳，后运可望。人在六三处境，若能持守正道，戒惧小心，谨言慎行，知过悔过，及时改过，真诚相待，终可无咎。

六四，至临，无咎。

六四爻，以体察民情治民，没有咎灾。

《象》曰：至临无咎，位当也。

《小象传》解释："至临无咎"，这表明处置得当。

【导读】

至临　至，本义是从高到下，引申为深入民间体察民情，也有无微不至之义。《说文解字》："至，鸟飞从高下至地也。"至临，指以体察民情治民。

《象》曰 位当，处置得当。

【爻象处境】

六四已出下卦兑而入上卦坤，六四爻变，坤变为震，震为足、为动，有"至"之象；震错卦为巽，巽为高、为多白眼，有"临"之象。合观之，有"至临"之象。

巽又为不果，有"无"之象；六四爻变，得互卦坎（六三至六五），坎为多眚，有"咎"之象。合观之，有"无咎"之象。

六四居上卦坤之初，阴爻居阴位，虽居位得正，但居位不中，重阴过弱；虽下与初九正应，得到基层民众支持，但与六五敌而不比，又处"四多惧"之位，虽有基础，但无靠山，自身又是过分柔弱，伴君如伴虎，处境堪忧。

《小象传》提示："至临无咎，位当也。"至临无咎，关键在于处置得当。

六四爻变，得临之变卦归妹卦。《归妹》卦辞提示："征凶，无攸利。"得临之归妹，小心过分感情用事，盲目冲动，急躁妄进，必有凶祸降临。

本卦：临　　变卦：临之归妹

《易经》启示：六四处境是好运降临，无不得当。人在六四处境，若能持守正道，戒惧谨慎，尊上谦下，择善追随，以柔济刚，冷静处事，方能无咎。

六五，知临，大君之宜，吉。

六五爻，以聪明才智治民，这是最高领导应采用的适宜之策，吉利。

《象》曰：大君之宜，行中之谓也。

《小象传》解释："大君之宜"，这是说践行了中正之道。

【导读】

知临，大君之宜　知同智，指聪明才智。知临，以聪明才智治民。大君，君王，此指最高领导。宜，适宜。大君之宜，指最高领导应采用的适宜之策。

《象》曰　行中之谓，这是说践行了中正之道。

【爻象处境】

六五居上卦坤中，坤为文，有"知"之象；坤错卦为乾，乾为天，坤为地，自天而地，有"临"之象。合观之，有"知临"之象。

六五居上卦坤之中位，为全卦君位，坤错卦为乾，乾为君，有"大君"之象；坤为顺，有"宜"之象。合观之，有"大君之宜"之象。

六五爻变，上卦坤变为坎，坎错卦为离，离为日、为明、为丽，有"吉"之象。

六五居上卦坤之中位，阴爻居阳位，虽居位失当，但居位得中，柔而能刚，下与九二正应，又与上六、六四众阴同在坤体，同体同性，志同道合，处境有利。

《小象传》提示："大君之宜，行中之谓也。"大君之宜，在于践行了中正之道。

六五爻变，得临之变卦节卦。《节·大象传》提示："君子以制数度，议德行。"得临之节，虽已授权行事，并非放任不管，关键之处，仍须节制。既要制度节制，又要通过评议德行，促进自我约束。

　　　　☷☱　　　　　　　☵☱
　　本卦：临　　　　　变卦：临之节

《易经》启示：六五处境是时当好运，得道多助。人在六五处境，若能持守中道，谦逊柔顺，宽厚包容，充分授权，柔刚相济，节制适度，宽严合宜，以众智为己智，得道多助，必然吉利。

上六，敦临，吉，无咎。

上六爻，以丰富民生治民，吉利，没有咎灾。

《象》曰：敦临之吉，志在内也。

《小象传》解释：仁厚治民之所以吉利，表明这个志向发自内心。

【导读】

敦临 敦，本义指古代盛黍稷的器具，引申为丰厚富足，称"敦庞"。《左传·成公十六年》："民生敦庞。"《国语·周语上》："敦庞纯固于是乎成。"敦临，指以丰富民生治民。

《象》曰 敦，仁厚。《系辞上传》："安土敦乎仁。"这体现了儒家思想，与卦辞有异。志在内，指志向发自内心。

【爻象处境】

上六居临卦之顶，又在上卦坤之极，坤为地、为厚，坤之极，有"敦"之象；居临卦之顶，有"临"之象。合观之，有"敦临"之象。

上六爻变，得互卦离（九二至上九），离为日、为明、为丽，有"吉"之象。

上六爻变，上卦坤变为艮，艮错卦为兑，兑综卦为巽，巽为不果，有"无"之象；兑为毁折，有"咎"之象。合观之，有"无咎"之象。

上六居临卦之终，阴爻居阴位，虽居位不中，重阴过弱，但居位得正，虽下无正应，但与六五、六四同在坤体，同体同性，志同道合，处境有利有弊。

《小象传》提示："敦临之吉，志在内也。""敦临"要发自内心。

上六爻变，得临之变卦损卦。《损·大象传》提示："君子以惩忿窒欲。"得临之损，应损己益人，抑止私愤，宽厚待人，窒塞私欲，施惠于人。

本卦：临　　　　变卦：临之损

《易经》启示：上六处境是好运已终，忠厚无咎。人在上六处境，若能持守正道，谦逊柔顺，宽厚包容，与世无争，真诚待人，方能无咎。

第二十卦　观 ䷓

䷓ 观，盥而不荐，有孚颙若。

观卦，净手虔诚迎神，适当摆放祭品，卦兆显示，高大庄重，利于观瞻。

《彖》曰：大观在上，顺而巽，中正以观天下，观。盥而不荐，有孚颙若，下观而化也。观天之神道，而四时不忒。圣人以神道设教，而天下服矣。

《彖传》解释：观卦象征尊者在上为众人仰观，众人柔顺，尊者谦逊，尊者持中守正以观天下众生，这就是观卦。虔诚薄祭，诚信庄重，天下之人观此可得感化。观瞻天地神妙之道，四季变化井然有序。圣人以神妙天道设置教化，天下之人都会信服。

《象》曰：风行地上，观。先王以省方观民设教。

《大象传》解释：风行地上，吹拂万物，这是观卦卦象。先王观此卦象后效法，视察四方，考察民风，设置教化。

【导读】

观　卦名。《周易》（通行本）第二十卦。《序卦传》："临者，大也。物大然后可观，故受之以观。"《杂卦传》："临、观之义，或与或求。"临者为大，庞然大物，居高临下，必然可观。因此继临卦之后紧接着为观卦。大观在上，或与或求，"与"则以我向外观人，"求"则被人向内观我。这是《易传》释观卦卦序、卦义。观，甲骨文字形为 ![字形] （《新甲骨文编》，第497页），像飞鸟在空中俯瞰。繁体字"觀"拆开为"雚见"，雚即鹳鸟。鹳飞上高空，俯瞰大地，自上观下，而古人则自下观上，观鹳之飞鸣宿食，以此来占测天气变化，从而趋吉避凶。《说文解字》："观，谛视也。从见，雚声。"段玉裁注："凡以我谛视物曰观。使人得以谛视我亦曰观。"因此，观的本义是以我观人，也是使人观我。观卦是讲如何观察。

盥而不荐 盥，读 guàn，本义是洗手。《说文解字》："盥，澡手也。从白水临皿。"从水，从皿，合起来表示以手承水冲洗而下流于皿（水盘）。后作祭祀礼仪，祭祀开始时，以酒灌地以迎神，称为"盥祭"。荐，奉献，指盥祭之后奉献酒食祭神灵。祭祀是国家大事，礼仪很重要，请神迎神之初，盥洗必不可少，体现虔诚之心，心诚则灵。祭品多少不重要，心意到了就行。"盥而不荐"，指净手虔诚迎神，适当摆放祭品。

有孚颙若 有孚，指卦兆显示。颙，读 yóng，高大、庄重，此指神高大庄重。《说文解字》："颙，大头也。"若，语气助词，无实义。有孚颙若，指卦兆显示，高大庄重，利于观瞻。虔诚求神，神来到，神观我，我瞻神。

《彖》曰 大，尊者。大观在上，指尊者在上为众人仰观。盥而不荐，指薄祭。孚，诚信。颙，庄重肃穆。下，天下之人。化，感化。天之神道，指天地神妙之道。四时，四季变化。忒，差错。设教，设置教化。服，信服。

《象》曰 "风行地上"，此释观卦卦象。观卦下坤上巽，坤为地，巽为风，风行地上，吹拂天下万物。省，视察。《说文解字》："省，视也。"《尔雅·释诂》："省，察也。"方，邦国、天下各地。民，民风。

【卦象环境】

观卦下卦为坤，上卦为巽，坤为地，巽为风，有"风行地上"之象。风行于大地之上，犹如骑马观花，有巡视、浏览、遍观之象；初六至上九为大象艮，艮为山，大艮为大山，上九、九五在大山之巅，有在风中往下观望之象；巽又为木，有"木在地上"之象，地中生木，木长在地上，高大树木，明显可观，成为众人仰观的对象。卦象既有观察众人之象，也有被众人观察之象，故取卦名为"观"。

上卦巽为入，象征两手入水以净手，有"盥"之象。"盥"字从白从皿，水在皿中，有两手掬水之象；巽又为不果，有"不荐"之象。合观之，有"盥而不荐"之象。只要清净身心，供品是否丰盛并不重要。

上卦巽综卦为兑，兑为巫，有"孚"之象；观卦卦形二阳高高在上，四阴在下，下卦坤为地，如高大伟岸的巨人叉开双脚站立在大地上，有"颙"之象。合观之，在它面前，由下往上观望，虔诚信仰，油然而生，气氛庄重肃穆，有"有孚颙若"之象。

《彖传》提示："大观在上，顺而巽，中正以观天下，观。"观卦是说，尊者在上为众人仰观，众人柔顺，尊者谦逊，尊者持中守正以观天下众生。

《大象传》提示："风行地上，观。先王以省方观民设教。"观卦巽风为教化，如风行地上，应察四方，观民风，设教化。

观卦的人位互卦为剥卦（下卦：六二至六四；上卦六三至九五）。《剥·大象传》提示："山附于地，剥。上以厚下安宅。"剥卦提示，山被剥蚀，必然倾覆。人在观卦环境，应重视加厚基础，稳固根基。

䷓　　　　　　　　䷖

本卦：观　　　　人位互卦：剥

观卦局势：如云卷晴空，春花竞发，运势多变，姿态万千，势必可观。

《易经》启示：人在观卦环境，若能中正以观，高瞻远瞩，洞察先机，见机行事，则能趋吉避凶。若浅薄短视，观望不止，犹豫不决，错失良机，结果会凶多吉少。

初六，童观，小人无咎，君子吝。

初六：用幼稚的眼光观看，小人物没咎灾，君子有遗恨。

《象》曰：初六童观，小人道也。

《小象传》解释："初六童观"，这是浅薄的小人之道。

【导读】

童观　童，幼稚。童观，指用幼稚的眼光观看。

小人无咎，君子吝　小人，指小人物。君子，指尊者。

《象》曰　小人，品德浅薄的小人。与经文所指有异。小人道，指浅薄的小人之道。

【爻象处境】

初六在大象艮（初六至上九）之初，艮为少男，有"童"之象；初六爻变为初九，得互卦离（初九至九五），离为目，有"观"之象。合观之，有"童观"之象。

初六为阴爻，阴为小，有"小"之象；艮为少男，有"人"之象；艮错卦为兑，兑综卦为巽，巽为不果，有"无"之象；初六爻变，得互卦离（初九至九五），离错卦为坎，坎为多眚，有"咎"之象。合观之，有"小人无咎"之象。

初六处下卦坤之初，坤错卦为乾，乾为君，有"君子"之象；坎又为加忧、为心病，有"吝"之象。合观之，有"君子吝"之象。

初六居观卦之初，处下卦坤之底，阴爻居阳位，居位不当，不中不正，上无正应，近无亲比，上无靠山，下无基础，自身幼稚，处境不利。

《小象传》提示："初六童观，小人道也。"初六童观，是小人之道。

初六爻变，得观之变卦益卦。《益·大象传》提示："君子以见善则迁，有过则改。"得观之益，应损过益善，见善就迁，有过就改。

本卦：观　　　　变卦：观之益

《易经》启示：初六处境是初运未佳，幸无大碍，此时层次最低，缺乏才识，难免幼稚，见识浅薄，不足为怪。人在初六处境，若能持守正道，纠正过失，养精蓄锐，尊上谦下，等待时机，择善而随，高瞻远瞩，君子方可无咎。若君子也如小人"童观"，浅薄偏狭，就有过失过错了，有过不改，就不是无咎，而是有遗恨了。

六二，窥观，利女贞。

六二爻，从门缝里向外偷看，此时利于女人占问。

《象》曰：窥观女贞，亦可丑也。

《小象传》解释：女人暗中向外偷看，即使德行贞正，也是难看不体面的。

【导读】

窥观 窥，本义是从门缝或小孔向外偷看。《说文解字》："窥，小视也。"窥观，指从门缝里向外偷看，比喻见识狭隘。俗话说："门缝里看人，把人看扁了。"

《象》曰 窥观，指女人暗中向外偷看。贞，德行贞正。丑，指难看不体面。"窥观女贞，亦可丑也"，指女人暗中向外偷看，即使德行贞正，也是难看不体面的。

【爻象处境】

六二居下卦坤之中，六二在大象艮（初六至上九）中，艮为门阙，六二阴爻为小，有门缝之象；六二爻变，下卦坤变为坎，坎为隐伏，坎错卦为离，离为目，有"观"之象。合观之，隐伏门后，从门缝向外看，有"窥观"之象。

六二爻变，得互卦震（九二至六四），震错卦为巽，巽为近利市三倍，有"利"之象；巽为长女，有"女"之象；巽综卦为兑，兑为巫，有"贞"之象。合观之，有"利女贞"之象。

六二阴爻居阴位，居中得正，上与九五正应，近与下卦坤中众阴爻同体同性，和谐相处，但重阴柔弱，处境对女子有利。

《小象传》提示："亦可丑也。"有点难看不体面。

六二爻变，得观之变卦涣卦。《涣·象传》提示："利涉大川，乘木有功也。"得观之涣，应跋山涉水，旅游观光，见多识广。

本卦：观　　　　　变卦：观之涣

《易经》启示：六二处境是时运不顺，女人有利。"窥观"毕竟所观狭隘，眼光不高，视野不宽，见识不广。人在六二处境，若为女子，足不出户，从门缝里向外偷看，也是理所当然。若为男子，则有失正常，不够光明正大，显得卑劣丑陋。

六三，观我生，进退。

六三爻，观察自己的人生运势，利于决定进退。

《象》曰：观我生进退，未失道也。

《小象传》解释："观我生进退"，这表明没有失去人生正道。

【导读】

观我生 生，本义是草木从土里生长出来。甲骨文字形为 ᵾ（《新甲骨文编》，第368页），上面是初生的草木，下面是地面或土壤，表示草木从土里生长出来。引申为生进，此指生进运势。《说文解字》："生，进也。象草木生出土上。"观我生，指观察自己的人生运势。

《象》曰 未失道，指没有失去人生正道。

【爻象处境】

六三爻变为九三，得互卦离（九三至九五），离为目，有"观"之象；六三爻变，下卦坤变为艮，艮在内卦，艮为门阙，象征"家"，有"我"之象；艮综卦为震，震为反生，有"生"之象。合观之，有"观我生"之象。

震错卦为巽，巽为进退，有"进退"之象。

六三居观卦下卦坤之终，将出坤入巽，正处在上下卦交界之地，处在"三多凶"之位，阴爻居阳位，居位失当，不中不正，虽与上九正应，但上九自身已是穷途末路，无力援助，六三近无亲比，靠山不力，基础不实，自身不当，处境不利。

《小象传》提示："观我生进退，未失道也。"人生总有得失进退，无论如何不能失去人生正道。

六三爻变，得观之变卦渐卦。《渐·象传》提示："止而巽，动不穷也。"得观之渐，时行则行，时止则止，待时而动，动而不穷，循序渐进，渐入佳境。

本卦：观　　　变卦：观之渐

《易经》启示：六三处境是时运平平，此时宜止不宜动。人在六三处境，若能谨慎止步，内观自省，检讨过失，然后决定进退，循序渐进，方能渐入佳境。

六四，观国之光，利用宾于王。

六四爻，观察国家运势，利于追随最高领导做事。

《象》曰：观国之光，尚宾也。

《小象传》解释：观瞻国家辉煌历史，这表明崇尚功臣如贵宾。

【导读】

观国之光，利用宾于王 光，日光、兆头，引申为运势。宾，从。宾于王，即从王事，此指追随最高领导做事。

《象》曰 国之光，指国家辉煌历史。尚，崇尚。宾，贵宾。尚宾，指崇尚功臣如贵宾。

【爻象处境】

六四在上卦巽中，巽为高、为多白眼，登高望远，有"观"之象；六四在互卦坤（六二至六四）中，坤为地、为众，有"国"之象；六四爻变，上卦巽变为乾，乾为日之光，有"光"之象。合观之，有"观国之光"之象。

六四在上卦巽，巽为近利市三倍，有"利"之象；巽又为入，有"宾"之象；六四爻变，得乾卦，乾为君，有"王"之象。合观之，有"利用宾于王"之象。

六四已出内卦入外卦，由内观进入外观，有观人之象。六四阴爻居阴位，居位得当，向上承比九五之君，深得九五信任，六四登高望远，观察国家运势，有利于追随君王做事。但六四重阴软弱，能力不强，下无正应，基础不实，又处在"四多惧"之位，虽亲比九五，但伴君如伴虎，处境有风险。

《小象传》提示："观国之光，尚宾也。"观瞻国家辉煌历史，崇尚功臣如贵宾。

六四爻变，得观之变卦否卦。《否·大象传》提示："君子以俭德辟难，不可荣以禄。"得观之否，君臣否隔，小人离间，时当守正避难，含藏收敛，不可贪图富贵。

本卦：观　　　　　变卦：观之否

《易经》启示：六四处境是时当盛运，前途光明，此时利于追随大人物建功立业。人在六四处境，若能持守正道，戒惧谨慎，择善追随，谦逊柔顺，忠心耿耿，顺势而为，方能无咎。

九五，观我生，君子无咎。

九五爻，我观察民生，君子没有咎灾。

《象》曰：观我生，观民也。

《小象传》解释："观我生"，这就是观察民生。

【导读】

观我生　即"我观生"，指君王观察民生。与上文六三"观我生"，词同义不同。

《象》曰　观民，指观察民生。

【爻象处境】

九五居上卦巽之中位，巽为高、为多白眼，登高望远，有"观"之象；九五与六二正应，九五观六二，六二在下卦坤中，坤为地、为众，有"民众"之象；坤为母，有"生"之象。合观之，有"观（众）生"之象。

九五阳爻居卦之君位，有"君子"之象；巽为近利市三倍，有"无咎"之象。合观之，有"君子无咎"之象。

九五居观卦之君位，阳爻居阳位，阳刚中正，君临天下，观览全局。九五正应六二，亲比六四，一阳统众阴，众阴顺承九五，处境和顺。

《小象传》提示："观我生，观民也。""观我生"，这就是观察民生。

九五爻变，得观之变卦剥卦。《剥·大象传》提示："上以厚下安宅。"得观之剥，应重视民生，厚实基础，安稳基层。基础不牢，地动山摇。

本卦：观　　　　　变卦：观之剥

《易经》启示：九五处境是时运得正，此时居高临下，无往不利。人在九五处境，若能持中守正，戒惧谨慎，居安思危，宽厚包容，关注基层，夯实基础，方能无咎。

上九，观其生，君子无咎。
上九爻，观察其他人的人生运势，君子没有咎灾。
《象》曰：观其生，志未平也。
《小象传》解释："观其生"，这表明志向还没有全部实现。

【导读】

观其生　其，指其他人。观其生，指观察其他人的人生运势。

《象》曰　平，平舒。《说文解字》："平，语平舒也。"志未平，指心志未平舒，表明志向还没有全部实现。

【爻象处境】

上九居观卦之终，居上卦巽之顶，巽为高、为多白眼，登高望远，有"观"之象；巽为散，有"其"之象；巽又为长，有"生"之象；巽错卦为震，震为反生，也有"生"之象。合观之，有"观其生"之象。

上九爻变，上卦巽变为坎，坎错卦为离，离为乾卦，乾为君，有"君子"之象；巽为不果，有"无"之象；坎为多眚，有"咎"之象。合观之，有"君子无咎"之象。

上九居观卦之终，高而无位，终极有危，但阳爻居阴位，刚而能柔，上九在上卦巽之极，巽为谦逊，又为绳直，上九以九五为准绳，观九五人生，向九五看齐，有"观其生"之象。上九下与六三正应，观基层民生，助九五设教，也有"观其生"之象。上九观九五之"生"，为有核心意识；观六三之"生"，为有大局意识。上九"观其生"，既得九五之君信任，又得基层民众支持，处境有利。

《小象传》提示："观其生，志未平也。""观其生"，表明志向还没有全部实现。

上九爻变，得观之变卦比卦。《比·象传》提示："比，吉也。比，辅也，下顺从也。"得观之比，见几而作，顺势而为，以下顺上，亲比相辅，观生看齐，有吉无咎。

本卦：观　　　　　变卦：观之比

《易经》启示：上九处境是盛运已过，此时自省无失。人在上九处境，若能居安思危，刚而能柔，谦逊柔顺，尊上谦下，观察细微，洞察先机，见机行事，方能趋吉避凶。

第二十一卦　噬嗑

噬嗑，亨，利用狱。

噬嗑卦，亨通，利于狱讼。

《彖》曰：颐中有物，曰噬嗑，噬嗑而亨。刚柔分，动而明，雷电合而章。柔得中而上行，虽不当位，利用狱也。

《彖传》解释：口中含有食物，这就是噬嗑卦，象征经过牙咬咀嚼才能亨通。刚柔相济，既有行动又能明察，犹如雷电交合，相得益彰。柔和中正又上进，虽不适当，但利于狱讼。

《象》曰：雷电，噬嗑。先王以明罚敕法。

《大象传》解释：雷电交合，这是噬嗑卦卦象。古代君王观此卦象后效法，严明刑罚，严整法令。

【导读】

噬嗑　读 shìhé，卦名。《周易》（通行本）第二十一卦。《序卦传》："可观而后有所合，故受之以噬嗑。嗑者，合也。"《杂卦传》："噬嗑，食也。"东看西看，肚子饿了，回家吃饭。拿到食物先观赏，然后品尝，先满足眼神，再满足口福。因此继观卦之后紧接着为噬嗑卦。这是《易传》释噬嗑卦卦序、卦义。噬，本义是用牙齿咬食物。《说文解字》："噬，啮也。喙也。"嗑，本义是上下颚合拢。噬嗑，本义是合住嘴牙咬咀嚼食物，既咀嚼又牙咬，如同刑罚既审案又判刑。噬嗑卦是讲刑罚之事。

利用狱　利，利于。用，用来。狱，狱讼。《诗经·国风·召南·行露》："谁谓女无家，何以速我狱？"毛传："狱，讼也。"《周礼》："以两剂禁民狱。"郑玄注："狱，谓相告以罪名者。"利用狱，指利于用来狱讼。

《彖》曰　颐，读 yí，口颊。章，明显、相得益彰。

《象》曰　"雷电"，此释噬嗑卦卦象。下震上离，震为雷，离为火、为电，象征雷电交合。先王，指古代君王。明罚，严明刑罚。敕，读 chì，整理。敕法，严整法令。

【卦象环境】

噬嗑卦下卦为震，上卦为离，全卦三阳三阴，卦形像一张大口，二阳在外，为上下唇，三阴在内，为口中上下牙齿，另有一阳爻，犹如口中横梗着一根硬物，口不能合。咬断硬物，才能合口。"噬"为啮、为咬，"嗑"为合，故取卦名为"噬嗑"。

卦中有互卦坎（六三至六五），坎为通，有"亨"之象。

下卦震错卦为巽，巽为近利市三倍，有"利"之象；巽又为工，有"用"之象；巽又为绳直，有"狱"之象。合观之，有"利用狱"之象。

上卦为离，离中虚，外实中虚，有牢狱之象；下卦震为动，初爻至九四组成互卦小颐卦，为自求口实，象征贪欲。贪欲动于下，刑狱威于上，若有违法犯案，可用决狱断案；下卦震为雷，象征威严，为动，象征动用法律，上卦离为电、为明，象征严明、明察，二者相合，法律得以严明，事理得以昭彰，是为"利用狱"。

《彖传》提示："柔得中而上行，虽不当位，利用狱也。"柔和中正又上进，虽不适当，但利于狱讼。

《大象传》提示："先王以明罚敕法。"应严明刑罚，严整法令。

噬嗑卦的人位互卦为蹇卦（下卦：六二至九四；上卦：六三至六五）。《蹇·大象传》提示："君子以反身修德。"蹇卦提示，人在噬嗑卦环境，应反躬自省，修养德行，禁止贪欲，方能趋吉避凶，避免牢狱之灾。

本卦：噬嗑　　　人位互卦：蹇

噬嗑卦局势： 如口中有物，贪食堵塞，运势不畅，咀嚼消化，去除障碍，前途亨通。

《易经》启示： 人在噬嗑卦环境，若能戒惧谨慎，知过改过，纠正过失，终能逢凶化吉。若受惩不诫，执迷不悟，不知悔改，结果会凶多吉少。

初九，屦校灭趾，无咎。

初九爻，脚戴刑具，毁掉脚趾，此时没有咎灾。

《象》曰：屦校灭趾，不行也。

《小象传》解释："屦校灭趾"，这是为了不再犯法。

【导读】

屦校灭趾 屦，读 jù，本义是用麻、葛等制成的单底鞋，后泛指鞋。《说文解字》："屦，履也。"校，读 jiào，《说文解字》注："木囚也。"校是古代木制刑具枷械的统称，加于颈者为枷，加于手者为梏（类似手铐），加于足者为桎（类似脚镣）。此指桎。灭，毁掉。《尔雅·释诂》："灭，绝也。"趾，脚趾。屦校灭趾，指脚戴刑具，毁掉脚趾。

《象》曰 不行，指不再犯法。

【爻象处境】

初九处下卦震之底，震为足，有"屦"之象；震错卦为巽，巽为木、为绳直，有"校"之象；巽综卦为兑，兑为毁折，有"灭"之象；初九在震，震为足，《易经》通例，爻序自下而上，初九为前，足之前，有"趾"之象。合观之，有"屦校灭趾"之象。

震错卦为巽，巽为不果，有"无"之象；初九在互卦离（初九至九四），离错卦为坎，坎为多眚，有"咎"之象。合观之，有"无咎"之象。

初九居噬嗑卦之初，象征初犯。初九阳爻居阳位，居位不中，重阳过刚，又处下卦震之始，为震动之源，容易刚愎自用，盲目冲动，上与九四敌而不应，被六二凌乘，上不被信任，下又无支持，处境艰难。

《小象传》提示："屦校灭趾，不行也。"采用"屦校灭趾"刑罚，是为了惩戒不再犯法。

初九爻变，得噬嗑之变卦晋卦。《晋·大象传》提示："君子以自昭明德。"得噬嗑之晋，知过能改，善莫大焉。自省修德，日益昭著。

本卦：噬嗑　　　　变卦：噬嗑之晋

《易经》启示：初九处境是时运不顺，小灾无患。人在初九处境，此时即使初次犯下过错，亦应受到惩罚，以免酿成大错。若受惩而能知诫，及时悔过改过，不再继续犯错，自然无咎。

六二，噬肤灭鼻，无咎。

六二爻，偷吃肉皮，割掉鼻子，此时没有咎灾。

《象》曰：噬肤灭鼻，乘刚也。

《小象传》解释："噬肤灭鼻"，这是因为以下犯上冒犯了刚强者。

【导读】

噬肤灭鼻　噬，咬，此指偷吃。自六二至六五爻，爻辞开头都是"噬"字，但均无"嗑"字。"噬"为牙咬食物，"嗑"为上下颚合拢，合上嘴牙咬咀嚼为"食"。合上嘴吃，是吃口内食物，是自己的、正当的。无"嗑"之"噬"，有偷吃外面食物的隐喻，为不正当之"噬"，因此要受到惩罚。肤，肉体表面的皮。灭鼻，割掉鼻子，是古代的一种刑罚，称"劓"。

《象》曰　乘刚，指以下犯上冒犯了刚强者。

【爻象处境】

六二居下卦震之中，六二爻变，得兑卦，兑为口，有"噬"之象；兑为羊，有"肤"之象；兑为毁折，有"灭"之象；兑错卦为艮，六二也在互卦艮（六二至九四），艮为山，山根有"鼻"之象。合观之，有"噬肤灭鼻"之象。

震错卦为巽，巽为不果，有"无"之象；六二在互卦坎（六三至六五）之下，坎为多眚，有"咎"之象。合观之，有"无咎"之象。

六二阴爻居阴位，虽居中得正，但重阴过弱，与六五敌而不应，又凌乘初九，阳为大，阴为小，阳为尊，阴为卑，为卑贱小人冒犯尊贵大人。"噬肤"食肉，僭越名分，因而受到"灭鼻"处罚，处境不利。

《小象传》提示："噬肤灭鼻，乘刚也。""噬肤灭鼻"，在于以下犯上冒犯了刚强者。

六二爻变，得噬嗑之变卦睽卦。《睽·六五》提示："悔亡，厥宗噬肤，往何咎？"得噬嗑之睽，认祖归宗很重要，鼻为祖，服从判决，认罪认罚，悔过改过，方可悔亡无咎。

本卦：噬嗑　　　　　变卦：噬嗑之睽

《易经》启示：六二处境是时运平平，顺势而为。六二居下卦震之中位，刑罚中正，六二又在互卦艮中，艮为止，震为动，艮震二者结合为止动，刑罚的目的就在于"小惩而大诫"。人在六二处境，若能受惩知止，及时悔过改过，从此以后安守本分，持中守正，尊上谦下，终可无咎。

六三，噬腊肉，遇毒，小吝，无咎。

六三爻，偷吃腊肉，遭遇中毒，小有遗恨，此时没有咎灾。

《象》曰：遇毒，位不当也。

《小象传》解释：所谓"遇毒"，这是行为不正当造成的。

【导读】

噬腊肉，遇毒，小吝，无咎　腊肉，指腌制后风干或熏干的肉。遇毒，是对偷吃腊肉行为的一种惩罚。有"小吝"是必然的，"无咎"只是一种可能。此时"无咎"，将来难说。若能小惩知诫，悔过改过，自然没有咎灾。若不知悔改，终有咎灾。下文九四、六五爻辞皆同此理。

《象》曰　位不当，指行为不正当。

【爻象处境】

六三在下卦震，震错卦为巽，巽综卦为兑，六三爻变为九三，也得互卦兑（九三至六五），兑为口，有"噬"之象；震为春季卦，有"腊月"之象；兑为羊，有"肉"之象。合观之，有"噬腊肉"之象。

震错卦为巽，巽为臭，有"遇毒"之象。

六三阴爻，阴为小，有"小"之象；六三在互卦坎（六三至六五）中，坎为心病、为呕心，有"吝"之象。合观之，有"小吝"之象。

巽又为不果，有"无"之象；坎又为多眚，有"咎"之象。合观之，有"无咎"之象。

六三居噬嗑卦下卦震之极，阴爻居阳位，居位不当，不中不正，不守本分。六三与上九正应，又顺承亲比九四，有靠山，有基础，处境优越。但因六三不守本分，"遇毒"而受到惩罚，毒肉入口而未入腹，"遇毒"而未中毒。

《小象传》提示："遇毒，位不当也。"所谓"遇毒"，是行为不正当造成的。

六三爻变，得噬嗑之变卦离卦。《离·初九》提示："履错然，敬之，无咎。"得噬嗑之离，小惩大诫，谨慎警觉，可以避免咎灾。

本卦：噬嗑　　　　变卦：噬嗑之离

《易经》启示：六三处境是时运不正，幸无大害。人在六三处境，若能受小惩而知大诫，及时悔过改过，戒惧谨慎，守住本分，举止正当，虽有"小吝"，也可"无咎"，最终可免大祸。若受惩而不知戒惧，不知悔改，结果必将凶多吉少。

九四，噬干胏，得金矢，利艰贞，吉。

九四爻，偷吃干肉，咬到箭头，利于艰难之事的占问，此时吉利。

《象》曰：利艰贞吉，未光也。

《小象传》解释："利艰贞吉"，这意味着尚未进入光明境地。

【导读】

噬干胏，得金矢　干，读 gān，甲骨文字形为 ¥（《新甲骨文编》，第124页），像叉子一类的猎具、武器。本是用于进攻的，后来用于防御，本义是盾牌。《礼记·檀弓下》："能执干戈以卫社稷。"此指坚硬。肺，读 zǐ，指有骨的肉。干肺，指有骨头的干肉。金矢，金属箭头。正因前有"干肺"之"干"取盾牌本义，才有后面"得金矢"之说。"得金矢"是对偷吃干肉行为的一种惩罚。

《象》曰 未光，指尚未进入光明境地。

【爻象处境】

九四居上卦离之初，九四爻变，离变为艮，艮错卦为兑，兑为口，有"噬"之象；兑为刚卤，有"干"之象；兑为羊，有"肺"之象。合观之，有"噬干肺"之象。

九四爻变，上卦离变为艮，九四也在互卦艮（六二至九四）中，艮错卦为兑，兑综卦为巽，巽为入、为近利市三倍，有"得"之象；又在上卦离中，离为乾，乾为金，有"金"之象；又在互卦坎（六三至六五）中，坎为弓轮，有"矢"之象。合观之，有"得金矢"之象。

坎又为劳卦，有"艰"之象；艮错卦为兑，兑为巫，有"贞"之象；兑综卦为巽，巽为近利市三倍，有"利"之象。合观之，有"利艰贞"之象。

九四在上卦离，离为日、为明、为丽，有"吉"之象。

九四居"四多惧"之位，阳爻居阴位，居位失当，不中不正，上被六五凌乘，下与初九敌而不应，上无靠山，下无基础，处境艰险。

《小象传》提示："利艰贞吉，未光也。"尚未进入光明境地。

九四爻变，得噬嗑之变卦颐卦。《颐·大象传》提示："君子以慎言语，节饮食。"得噬嗑之颐，应管住嘴巴，严把关口，以防祸从口出、病从口入，慎言语，节饮食，修养身心。

本卦：噬嗑　　　　变卦：噬嗑之颐

《易经》启示：九四处境是时运未盛，宜改旧从新。人在九四处境，若能持守正道，戒惧谨慎，抑制过刚，纠正过失，尊上谦下，谦逊柔顺，方能无咎。九四"噬干肺"遇凶险，虽"得金矢"，但未吞入腹中，受小惩而免大祸。

六五，噬干肉，得黄金，贞厉，无咎。

六五爻，偷吃精肉，吃到黄金，占问有厉危，此时没有咎灾。

《象》曰：贞厉无咎，得当也。

《小象传》解释："贞厉无咎"，这是因为处理及时得当。

【导读】

噬干肉，得黄金 《易经》通例，一卦之筮辞，其文有相同者，其旨趣必异（高亨语）。六五"干肉"之"干"与九四"干胏"之"干"，同字不同义。六五之"干"，读 gàn，指事物的主干、主体或精华部分。干肉，指精肉。噬干肉，指偷吃精肉。得黄金，指吃到黄金。黄金入腹会中毒。得黄金是对偷吃精肉的一种惩罚。

《象》曰 得当，指处理及时得当。

【爻象处境】

六五居上卦离之中位，六五爻变，得互卦巽（六三至九五），巽综卦为兑，兑为口，有"噬"之象；六五爻变，上卦离变为乾，乾为刚，有"干"之象；又为马，有"肉"之象。合观之，有"噬干肉"之象。

巽又为入、为近利市三倍，有"得"之象；乾又为金，有"黄金"之象。合观之，有"得黄金"之象。

兑又为巫，有"贞"之象；六五在互卦坎（六三至六五），坎为隐伏、为血卦，有"厉"之象。合观之，有"贞厉"之象。

巽又为不果，有"无"之象；坎又为多眚，有"咎"之象。合观之，有"无咎"之象。

六五居全卦君位，阴爻居阳位，虽居位失当，但居位得中，柔而能刚，柔刚适中，惩罚得当；虽下无正应，但与上九、九四亲比，因此处境有利有弊。

《小象传》提示："贞厉无咎，得当也。"处事要及时得当。

六五爻变，得噬嗑之变卦无妄卦。《无妄》卦辞提示："其匪正有眚，不利有攸往。"得噬嗑之无妄，不守正道，必有灾祸，不利前行。

本卦：噬嗑　　　变卦：噬嗑之无妄

《易经》启示：六五处境是时运得当，无不如意。人在六五处境，若能持守中道，刚柔相济，谦逊包容，得众人相助，处境虽有危险，但终无咎害。

上九，何校灭耳，凶。

上九爻，肩扛刑具，割掉耳朵，必有凶险。

《象》曰：何校灭耳，聪不明也。

《小象传》解释："何校灭耳"，这是因为聪而不明，闻过不改，结果受到严惩。

【导读】

何校灭耳 何同荷，负荷。何校，肩扛刑具。参见本卦初九【导读】。灭耳，指割掉耳朵，也指杀身之祸。古人在田猎和战争时，无论捕获野兽，还是抓获俘虏，皆以割取猎物和俘虏的左耳代表斩首的数量用以报功。《周礼·夏官·大司马》："大兽公之，小禽私之，获者取左耳。"《说文解字》："馘，军战断耳也。"《春秋传》曰："以为俘馘。"馘，读 guó，从耳，本义就是古代战争中割取敌人的左耳，用以计数报功。本卦从初爻到上爻，初九可能没偷吃到什么，上九不知偷吃了什么，其他四个爻，随着爻位上升，偷吃的食物越来越好，从皮肉、腊肉、骨肉到精肉，所受到的相应惩罚也越来越重，包括初九和上九，从起初的"屦校灭趾"，到"灭鼻""遇毒""得金矢""得黄金""何校灭耳"，最后是灭顶之灾。爻辞中吉凶悔吝也有明示，有必然，有或然，或然者此一时彼一时也，此时如此，将来难说。吉凶悔吝，皆由自取。若能"小惩而大诫"，悔过改过，此时虽然必有"小吝"，但仍可最终"无咎"。若不知悔改，此时虽然"无咎"，但最终必然有凶。有过不悔改，惩前不毖后，自寻死路，怨不得别人。《系辞下传》孔子曰："恶不积不足以灭身。"然也。

《象》曰 聪，听。《尚书·洪范》："听曰聪。"聪不明，指聪而不明，闻过不改。

【爻象处境】

上九爻变，上卦离变为震，震错卦为巽，巽为入、为工，有"何（荷）"之象；巽又为木、为绳直，有"校"之象；上卦离于木为科上槁，即蛀空的枯木，象征套在犯人脖子上的木枷，也有"校"之象；上卦离错卦为坎，坎为血卦，有"灭"之象；坎又为耳、为耳痛，有"耳"之象。合观之，有"何校灭耳"之象。

坎为血卦，也有"凶"之象。

上九居卦之天位，亲比六五，又与六三正应，上九位高权重，既得最高领导信任，又有基层拥护，处境有利。但上九不知珍惜，居噬嗑卦之极，极其贪婪，不知收敛。又阳爻居阴位，居位失当，不中不正，刚愎自用，自以为是，以致犯下重罪，受到严惩，处境凶险。

《小象传》提示："何校灭耳，聪不明也。"聪而不明，闻过不改，结果受到严惩。

上九爻变，得噬嗑之变卦震卦。《震·大象传》提示："君子以恐惧修省。"得噬嗑之震，应敬畏天威，惶恐戒惧，修身自省，收敛知止，悔过改过，方能亨通。

本卦：噬嗑　　　变卦：噬嗑之震

《易经》启示：上九处境是好运已终，顺势而为。人在上九处境，若能持守正道，受惩知诫，戒惧谨慎，循规蹈矩，安分守己，尊上谦下，抑制过刚，纠正过失，收敛含藏，方能趋吉避凶。若居功自傲，刚愎自用，失聪不明，愚顽不化，有过不改，受惩不诫，不知收敛，顶风作案，以身试法，终致身遭刑戮，实在是凶由自取。

第二十二卦 贲 ䷕

䷕ 贲，亨，小利有攸往。

贲卦，亨通，黄昏时利于有所前往。

《彖》曰：贲，亨。柔来而文刚，故亨。分刚上而文柔，故小利有攸往。刚柔交错，天文也。文明以止，人文也。观乎天文，以察时变。观乎人文，以化成天下。

《彖传》解释：贲卦象征亨通。阴柔下来文饰阳刚，因此亨通。阳刚上去文饰阴柔，因此阴柔利于前往。阴阳交合，刚柔相济，这是天象景观。文明礼仪，规范举止，这是人类文明。观察天象，可以察知时节变化。观察人类文明，可以教化成就天下之人。

《象》曰：山下有火，贲。君子以明庶政，无敢折狱。

《大象传》解释：山下有火，火光通明，这是贲卦卦象。君子观此卦象，应当效法，明察各项政务，不能判错官司。

【导读】

贲 读 bì，卦名。《周易》（通行本）第二十二卦。《序卦传》："嗑者，合也。物不可以苟合而已，故受之以贲。贲者，饰也。"《杂卦传》："噬嗑，食也。贲，无色也。"食、色，性也。噬嗑讲食，贲卦讲色，嗑者为合，不可以苟合，因此贲卦讲装饰娶亲，变苟合为婚媾而已。因此继噬嗑卦之后紧接着为贲卦。这是《易传》释贲卦卦序、卦义。贲，本义是装饰、扮美。《说文解字》："贲，饰也。从贝卉声。"《广雅·释诂》："贲，美也。"贲卦是讲如何装饰迎亲。

小利有攸往 《易经》通例，阳为大，阴为小。小，阴也，又为月，引申为黄昏。《素问》："日为阳，月为阴。"小利有攸往，指黄昏时利于有所前往。古代以黄昏为迎亲吉时。《太玄·内》："昏者，亲迎之时也。"《说文解字》："婚，妇家也。礼，娶妇以昏时。妇人阴也，故曰婚。"《释名·释亲属》："妇之父曰婚，言婿亲迎用昏，又恒以昏夜成礼也。"《白虎通·嫁娶》："婚者，昏时行礼，故曰婚。"贲卦下卦离日，上卦艮山，为太阳落山时近黄昏之象。详见下文【卦象环境】。

《彖》曰　文，文饰，指画有交错纹线的装饰。《说文解字》："文，错画也。象交文。今字作纹。"柔来而文刚，指阴柔下来文饰阳刚。刚柔交错，即为"文刚"。小，指阴柔。小利有攸往，指阴柔利于前往。天文，指天象景观。止，举止。文明以止，指以文明礼仪规范举止。人文，指人类文明。时变，指时节变化。化成天下，指教化成就天下之人。

《象》曰　"山下有火"，此释贲卦卦象。下卦离火，上卦艮山，山下有火，火光通明。明，明察。庶，读 shù，众多。《说文解字》："庶，屋下众也。"庶政，指各项政务。不敢，即不能。折，歪曲。《广雅·释诂》："折，曲也。"狱，讼狱案件，即官司。折狱，指判错官司。

【卦象环境】

贲卦下卦为离，离为鳖、为蟹、为蠃、为蚌、为龟，皆有硬壳在外，有"贝"之象；上卦为艮，艮为果蓏，有"卉"之象。"贲"字拆开，从卉从贝，上艮下离，上卉下贝，有"贲"之象，故取卦名为"贲"。

贲卦下卦离为日，上卦艮为山，日在山下为太阳落山，有黄昏之象，有黄昏迎亲之意。上卦艮为山，下卦离为火，有"山下有火"之象，山生草木，下有火光照亮，草木艳丽多彩。古人视黄昏为娶妇吉时，贲卦爻象就是男女婚媾情景。

贲卦有互卦坎（六二至六四），坎为通，有"亨"之象。

下卦离为阴卦，阴为小，有"小"之象；上卦艮综卦为巽，巽为近利市三倍，有"利"之象；《易经》通例，自下而上、自内而外为往，互卦震（三至五爻）为足、为动，有"往"之象。合观之，有"小利有攸往"之象。

《彖传》提示："贲，亨。柔来而文刚，故亨。"贲卦象征亨通。阴柔下来文饰阳刚，因此亨通。

《大象传》提示："君子以明庶政，无敢折狱。"应明察政务，不能不明辨是非就决狱断案。

贲卦的人位互卦为解卦（下卦：六二至六四；上卦：九三至六五）。《解·象传》提示："天地解而雷雨作，雷雨作而百果草木皆甲坼。"解卦提示，人在贲卦环境，应知境由心生，解开心结，好心境会有好环境，天地舒解，雷雨交作，阴阳交合，草木开花结果，正是贲卦景象。

本卦：贲　　　　人位互卦：解

贲卦局势： 如日在山下，落日余晖，运势低落，小事可成，大事难成，最终亨通。

《易经》启示： 人在贲卦环境，若能修身养性，内外兼美，择善追随，恰如其分，则能趋吉避凶。若追求奢华，随波逐流，徒有其表，华而不实，结果会凶多吉少。

初九，贲其趾，舍车而徒。

初九爻，装饰脚上，舍弃坐车徒步走。

《象》曰：舍车而徒，义弗乘也。

《小象传》解释："舍车而徒"，这是因为适宜不乘车。

【导读】

贲其趾，舍车而徒　贲，装饰。趾，足，此指鞋。舍，舍弃。徒，徒步、步行。

《象》曰　义通"宜"，适宜。义弗乘，适宜不坐车。

【爻象处境】

初九居下卦离之初，离为火、为电、为明、为丽，有"贲"之象；初九爻变，离变为艮，艮综卦为震，震为足，《易经》通例，爻序自下而上，初爻为前，足之前，有"趾"之象。合观之，有"贲其趾"之象。

初九爻变，离变为艮，艮为止，有"舍"之象；艮综卦为震，震错卦为巽，巽为不果，也有"舍"之象；下卦离错卦为坎，坎为舆，有"车"之象；艮综卦为震，震为足、为动，有"徒"之象。合观之，有"舍车而徒"之象。

初九阳爻居阳位，虽居位不中，重阳过刚，但居位得正，处卦之初，居位卑下，有车不坐，宁愿徒步，是合宜的。初九上与六四正应，近与六二亲比，自身刚健有力，举止得当，又上有靠山，下有基础，处境顺利。

《小象传》提示："舍车而徒，义弗乘也。"这是因为不适宜乘车。

初九爻变，得贲之变卦艮卦。《艮·大象传》提示："君子以思不出其位。"得贲之艮，艮为止，该止则止，应守住界限，不越界，不过度，思不出位，行不失正。

本卦：贲　　　　　　变卦：贲之艮

《易经》启示：初九处境是时运不顺，不可任性。人在初九处境，若能持守正道，抑制过刚，纠正过失，明确目标，谦逊柔顺，尊上谦下，顺势前行，方能无咎。

六二，贲其须。

六二爻，装饰胡须。

《象》曰：贲其须，与上兴也。

《小象传》解释："贲其须"，这是为了随应长者兴致。

【导读】

贲其须　须，胡须。贲其须，装饰胡须。

《象》曰　与，随应。上，尊者、长者。兴，兴致。

【爻象处境】

六二处下卦离之中位，离为火、为电、为明、为丽，有"贲"之象；又在互卦小颐（九三至上九）之下，颐有口之象；六二爻变，得互卦兑（九二至六四），兑为口，也有口之象；六二阴爻两断画为两撇，附于口之下，有"须"之象。合观之，有"贲其须"之象。

六二阴爻处阴位，阴柔中正，虽上无正应，但顺承亲比九三，下亲比初九，自身又居中得正，处境有利。

《小象传》提示："贲其须，与上兴也。"装饰胡须，随应长者兴致。

六二爻变，得贲之变卦大畜卦。《大畜·象传》提示："刚健笃实，辉光日新。"得贲之大畜，上承刚健，辉光交映，气象日新，美化胡须，焕然一新。

本卦：贲　　　　　变卦：贲之大畜

《易经》启示：六二处境是时运平平，因人成事。人在六二处境，若能持中守正，谦逊柔顺，尊上谦下，表里一致，以柔济刚，以诚待人，方能无咎。

九三，贲如濡如，永贞吉。

九三爻，装饰得光彩润泽，占问长远之事吉利。

《象》曰：**永贞之吉，终莫之陵也。**

《小象传》解释：长久固守正道可以获吉，这意味着终于没有人能凌侮他了。

【导读】

贲如濡如，永贞吉　如，语气助词，无实义。濡，读 rú，指水，引申为油。《说文解字》："濡，水。"贲如濡如，指给头发上油，装饰得光彩润泽。永，长久、长远。

《象》曰　贞，固守正道。永贞之吉，指长久固守正道可以获吉。陵通"凌"，凌侮。终莫之陵，指终于没有人能凌侮他了。

【爻象处境】

九三处下卦离之极，离为火、为电、为明、为丽，有"贲"之象；九三在互卦坎（六二至六四）中，坎为水，有"濡"之象；合观之，有"贲如濡如"之象。

九三爻变，下卦离变为震，九三也在互卦震（九三至六五），震错卦为巽，巽为长，有"永"之象；巽综卦为兑，兑为巫，有"贞"之象；九三在下卦离，离为日、为明、为丽，有"吉"之象。合观之，有"永贞吉"之象。

九三阳爻处阳位，居位得正，虽近与六四、六二亲比，但处下卦之极、处"三多凶"之位，居位不中，重阳过刚，上无正应，又在互卦坎险（六二至六四）中，处境艰险。

《小象传》提示："永贞之吉，终莫之陵也。"长久固守正道可以获吉，最终没有人能凌侮他。

九三爻变，得贲之变卦颐卦。《颐·彖传》提示："颐，贞吉，养正则吉也。"得贲之颐，正道养生则吉，身心颐养自在。

本卦：贲　　　　　　变卦：贲之颐

《易经》启示：九三处境是时逢盛运，光彩润泽。人在九三处境，若能持守正道，戒惧谨慎，刚而能柔，遇险知止，不受诱惑，就可长久吉利。

六四，贲如皤如，白马翰如，匪寇婚媾。

六四爻，装饰白马，毛色雪白，翰音悠长，不是盗寇来抢劫，而是来迎娶新娘。

《象》曰：六四，当位疑也。匪寇婚媾，终无尤也。

《小象传》解释：对柔弱女子来说，虽明媒正娶，但心中仍有疑虑。"匪寇婚媾"，这表明最终将无所怨恨。

【导读】

贲如皤如，白马翰如　如，语气助词，无实义。皤，读pó，白色。《说文解字》："皤，老人白也。"翰，翰音，声音悠长洪亮。《说文解字》："翰，天鸡。"《礼记·曲礼》："鸡曰翰音。"

匪寇婚媾　匪通"非"。寇，盗寇抢劫。婚媾，迎娶新娘。

《象》曰　六四，阴爻，指柔弱女子。当位，指六四阴爻处于阴位，此指明媒正娶。疑，疑虑。尤，怨恨。

【爻象处境】

六四居上卦艮之始，六四爻变，上卦艮变为离，离为火、为电、为明、为丽，有"贲"之象；六四爻变为九四，得互卦巽（六二至九四），巽为白，有"皤"之象。合观之，有"贲如皤如"

之象。

六四在上卦艮，艮综卦为震，六四也在互卦震（九三至六五）中，震于马为馵足、为的颡，白足、白额，有"白马"之象；震于马为善鸣，有"翰如"之象。合观之，有"白马翰如"之象。

六四与九三亲比，九三在互卦坎（六二至六四）中，坎为盗，有"寇"之象；六四在上卦艮，艮错卦为兑，兑综卦为巽，巽为不果，有"匪"之象。合观之，有"匪寇"之象。六四与初九正应，两者皆当位，六四爻变，得互卦兑（九三至六五），兑为妾，有"婚媾"之象。合观之，有"匪寇婚媾"之象。

六四阴爻居阴位，居位得正，下与初九正应，自身正直，且下有基础，但六四处"四多惧"之位，重阴过弱，又与六五之君敌而不比，并凌乘九三，得罪上下，被人排挤，处境利中有弊。

《小象传》提示："匪寇婚媾，终无尤也。"最终无忧。

六四爻变，得贲之变卦离卦。《离·九四》提示："突如其来如，焚如，死如，弃如。"得贲之离，道路曲折，前途光明，有情人终成眷属。

本卦：贲　　　　变卦：贲之离

《易经》启示：六四处境是时运曲折，前途光明。人在六四处境，若能戒惧谨慎，持守正道，柔和处事，尊上谦下，谦逊柔顺，择善追随，真诚相待，方能趋吉避凶。

六五，贲于丘园，束帛戋戋，吝，终吉。

六五爻，装饰山丘林园，用五匹一束的丝绸作聘礼，女方嫌少，此时有遗恨，最终吉祥。

《象》曰：六五之吉，有喜也。

《小象传》解释：女方吉祥，这表明有喜事临门。

【导读】

贲于丘园，束帛戋戋　丘园，山丘林园。束帛，指五匹一束的丝绸。戋，读 jiān，残伤，此指中伤。《说文解字》："戋，贼也。"

段玉裁注："贼也，此与残音义皆同。故残用以会意。今则残行而戕废矣。篇、韵皆云伤也。"《广韵》："戕，伤也。二戈叠加，有贼伤之象。通作残。"戋戋，此指女方嫌聘礼少而冷言冷语中伤。

《象》曰 六五，指女方。有喜，指有喜事临门。

【爻象处境】

六五居贲卦君位，在互卦离（九三至上九）中，离为火、为电、为明、为丽，有"贲"之象；六五处上卦艮之中位，艮为山，有"丘"之象；艮又为门阙、为果蓏、于木为坚多节，有"园"之象。合观之，有"贲于丘园"之象。

离又为乾卦，乾错卦为坤，坤为布、为藏，有"束帛"之象；艮错卦为兑，兑为毁折，有"戋戋"之象。合观之，女方嫌男方聘礼少而冷言冷语中伤，有"束帛戋戋"之象。

坤又为吝啬，有"吝"之象；离错卦为坎，坎为加忧、为心病，也有"吝"之象；艮又为止、为万物之所成终，有"终"之象；离又为日、为明、为丽，有"吉"之象。合观之，有"吝，终吉"之象。

六五处上卦艮中，艮为止，有嫌聘物少而欲加阻止之意，迎亲遇到麻烦。六五居上卦之中位，阴爻居阳位，居位得中，虽下无正应，但顺承亲比上九，柔而能刚，最终还是通情达理，成全了婚事。因此处境曲折，先吝终吉。

《小象传》提示："六五之吉，有喜也。"有喜事临门。

六五爻变，得贲之变卦家人卦。《家人·象传》提示："男女正，天地之大义也。"得贲之家人，男女品行端正才是最重要的，不要迷失于外表装饰。

本卦：贲　　　变卦：贲之家人

《易经》启示：六五处境是时逢正运，守正为宜。人在六五处境，若能持守中道，谦逊柔和，宽厚包容，开诚布公，虽先有吝，但终可获吉。

上九，白贲，无咎。

上九爻，纯白装饰，没有咎灾。

《象》曰：白贲无咎，上得志也。

《小象传》解释："白贲无咎"，这表明崇尚洁白终于得以实现志向。

【导读】

白贲 指纯白装饰。

《象》曰 上通"尚"，崇尚，此指崇尚洁白。上得志，崇尚洁白终于得以实现志向。

【爻象处境】

上九居上卦艮之极，艮错卦为兑，兑综卦为巽，巽为白，有"白"之象；上九在互卦离（九三至上九）中，离为火、为电、为明、为丽，有"贲"之象。合观之，有"白贲"之象。

巽又为不果，有"无"之象；离错卦为坎，坎为多眚，有"咎"之象。合观之，有"无咎"之象。

上九居贲卦之极，从下卦离明上升到互卦大离（九三至上九），大放光明，以致贲极无色，返璞归真，人文化成，功德圆满。但上九居贲卦之终，阳爻居阴位，居位失当，不中不正，凌乘六五之君，又下无正应，居位不正，无靠山，无基础，前无去路，英雄末路，处境堪忧。

《小象传》提示："白贲无咎，上得志也。"崇尚洁白，终于实现志向。

上九爻变，得贲之明夷卦。《明夷·大象传》提示："君子以莅众，用晦而明。"得贲之变卦明夷，应柔顺示人，韬光养晦，方能化险为夷。

本卦：贲　　　　　变卦：贲之明夷

《易经》启示：上九处境是好运已终，顺其自然。人在上九处境，上有艮山，中有坎水，上下有离明，摆正心态，顺其自然，功成身退，归隐山水，也可有光明的未来，终可无咎。

第二十三卦　剥 ䷖

䷖ 剥，不利有攸往。

剥卦，不利于有所行往。

《彖》曰：剥，剥也，柔变刚也。不利有攸往，小人长也。顺而止之，观象也。君子尚消息盈虚，天行也。

《彖传》解释：剥卦象征剥落，阴柔不断剥落阳刚，阴阳刚柔发生互变。不利于有所行往，这是因为卑鄙小人势力正在增长。顺势而止，这是观察卦象得到的启示。君子应当遵循消长盈虚的自然规律，这是顺天道而行。

《象》曰：山附于地，剥。上以厚下安宅。

《大象传》解释：山附于地，又剥落于地，这是剥卦卦象。居上位者观此卦象，应当效法，厚实基础，安稳根基。

【导读】

剥　卦名。《周易》（通行本）第二十三卦。《序卦传》："贲者，饰也。致饰，然后亨则尽矣，故受之以剥。剥者，剥也。"《杂卦传》："剥，烂也。"贲为装饰，办法用尽，饰极必反，瓜熟蒂落，烂熟易剥，因此继贲卦之后紧接着为剥卦。这是《易传》释剥卦卦序、卦义。剥，指剥离、剥落，本义是用刀削去物体表面东西。《说文解字》："剥，裂也。从刀从录。录，刻割也。"《广雅·释诂》："剥，离也。"剥卦是讲剥落之事。

不利有攸往　攸，所。《尔雅·释言》："攸，所也。"往，行往。不利有攸往，指不利于有所行往。此时不利于行动，宜静不宜动，动则不利，静则有利。

《彖》曰　柔变刚，指阴柔不断剥落阳刚，阴阳刚柔发生互变。小人，指品德不正的卑鄙之人。长，指小人势力正在增长。顺而止，顺势而止。观象，指观察卦象得到启示。君子，指品德中正之人。天行，即顺天道而行。

《象》曰 "山附于地"，此释剥卦卦象。附，附着、依附。下卦坤为地，上卦艮为山，山依附地，风吹雨打，山体剥落。上，居上位者。厚下安宅，指厚实基础，安稳根基。

【卦象环境】

剥卦下卦为坤，上卦为艮，坤为地，艮为山，有"山附于地"之象。山出于地，日渐剥落，日久必覆，从"山附于地"终成"山覆于地"，剥与附、覆通用，故取卦名为"剥"。

剥卦上卦为艮，整个卦形为一个大艮，为大象艮，艮错卦为兑，兑综卦为巽，巽为不果，有"不"之象；巽为近利市三倍，有"利"之象；艮综卦为震，震为足、为动，有"往"之象。合观之，有"不利有攸往"之象。

剥卦为一阳五阴卦，五阴并进，剥蚀一阳。《易经》通例，阳大阴小，阳为君子，阴为小人。阴长阳消，小人势盛，君子势弱，小人道长，君子道消，也有"不利有攸往"之象。

《彖传》提示："顺而止之，观象也。"顺势而止，时止则止，这是观察卦象得到的启示。

《大象传》提示："上以厚下安宅。"上卦艮山象征上层领导，下卦坤地为基层民众，坤地为厚，艮山为安，基础不牢，地动山摇。因此，应当厚实基础，安稳根基。

剥卦的人位互卦为坤卦（下卦：六二至六四；上卦：六三至六五）。《坤·文言传》提示："坤道其顺乎，承天而时行。"与剥卦"顺而止"旨意一致。坤卦提示，人在剥卦环境，应当顺天应人，承天时行，顺时而止，宜退不宜进，进则不利，退则有利，厚下安宅，可获亨通。

本卦：剥　　　　人位互卦：坤

剥卦局势：如山被风化，逐层剥落，运势衰落，阴盛阳衰，动荡剧烈。

《**易经**》启示：人在剥卦环境，若能戒惧谨慎，居安思危，见微知著，防微杜渐，则能逢凶化吉。若不识时务，不知凶险，不作防范，结果会凶多吉少。

初六，剥床以足，蔑，贞凶。

初六爻，剥落床脚，没睡醒看不清，占问有凶险。

《象》曰：剥床以足，以灭下也。

《小象传》解释："剥床以足"，这意味着是在毁灭根基。

【导读】

剥床以足，蔑，贞凶 足，床脚。蔑，从苜（mò），从戍，"苜"是眼睛歪斜无神，"戍"是戍守人，表示人过于疲倦，眼睛歪斜无神，本义是没睡醒看不清。剥落床脚，影响睡眠没睡醒，看不清问题，没引起警觉，不能及时消除隐患于萌芽，任其发展，必有凶险。

《象》曰 灭下，指毁灭根基。

【爻象处境】

初六处剥卦之始，剥卦为大象艮，艮错卦为兑，兑为毁折，有"剥"之象；剥卦一阳五阴，上实下虚，上九一阳为床顶（床板），以下五阴爻为床架床脚，有"床"之象；艮综卦为震，震为足，有"足"之象。合观之，有"剥床以足"之象。

初六处下卦坤之初，坤为吝啬、为黑，有"蔑"之象。兑又为巫，有"贞"之象；兑为毁折，有"凶"之象。合观之，有"贞凶"之象。

初六阴爻处阳位，居位失当，不中不正，阴气自下升上，阴剥阳也自下而上，初六阴爻为剥卦之始，为阴剥阳的初期。初六阴气初生，阴柔虚弱，上无正应，近无亲比，但与众阴同体同性，剥已开始，处境初显凶险。

《小象传》提示："剥床以足，以灭下也。""剥床以足"，这是在毁灭根基。

初六爻变，得剥之变卦颐卦。《颐·象传》提示："颐，贞吉，养正则吉也。"得剥之颐，以正道颐养，可逢凶化吉。

本卦：剥　　　　　　变卦：剥之颐

《易经》启示：初六处境是时运不佳，祸起萧墙，此时开始剥床脚，虽小有凶险，但积小成大。人在初六处境，若不能见微知著，不及时纠正过失，不防微杜渐，难免会有凶险。

六二，剥床以辨，蔑，贞凶。

六二爻，剥落床沿，没睡醒看不清，占问有凶险。

《象》曰：剥床以辨，未有与也。

《小象传》解释："剥床以辨"，这是因为没人提醒。

【导读】

剥床以辨　辨，指床脚与床身分辨交接之处，即床沿。

《象》曰　与，给予，此指提醒。未有与，指没人提醒。

【爻象处境】

六二处剥卦下卦之中，剥卦为大象艮，艮错卦为兑，兑为毁折，有"剥"之象；剥卦一阳五阴，上实下虚，上九一阳为床顶（床板），以下五阴爻为床架床脚，有"床"之象；六二爻变，下卦坤变为坎，坎为沟渎，有"辨"之象。合观之，有"剥床以辨"之象。

六二处下卦坤之中，坤为吝啬、为黑，有"蔑"之象。兑又为巫，有"贞"之象；兑为毁折，有"凶"之象。合观之，有"贞凶"之象。

六二阴爻处阴位，居中得正，但上无正应，近无亲比，没有阴阳中和，阴气过重，不能阻止阴邪之气上升蔓延剥蚀，处境难免有凶险。初六在床足，六二已上进至床脚与床身交接处，只是仍未剥及人身，算是小凶险。

《小象传》提示："剥床以辨，未有与也。""剥床以辨"，在于没人提醒。

六二爻变，得剥之变卦蒙卦。《蒙·象传》提示："蒙以养正，圣功也。"《蒙·大象传》提示："君子以果行育德。"得剥之蒙，应修养中正之德，方能启蒙得道，得道多助，果断行动，最终成就圣功。

本卦：剥　　　　　变卦：剥之蒙

《易经》启示：六二处境是时运低落，邪气入侵。人在六二处境，除了自身持中守正，以正压邪，还需要有外力支持。六二之所以被剥蚀，没有外援支持是一大因素。

六三，剥之，无咎。

六三爻，剥落床板，没有咎灾。

《象》曰：剥之无咎，失上下也。

《小象传》解释：虽然结果无咎，但还是被剥落床板，这表明没有得到周边人的提醒帮助。

【导读】

剥之　之，本义是草木从地里生出、长出。《说文解字》："之，出也。象艸过中，枝茎益大有所之，一者，地也。"此指已从床下升至床上，为床板。剥之，即剥落床板。

《象》曰　剥之无咎，即"无咎之剥"，指虽然结果无咎，但还是被剥落床板。失上下，指没有得到周边人的提醒帮助。

【爻象处境】

六三处剥卦下卦坤之终，六三爻变，下卦坤变为艮，艮错卦为兑，兑为毁折，有"剥"之象；六三即将出下卦入上卦，六三阴爻变阳爻，阳爻一画如床板，已从床下升至床面，有"之"之象。合观之，有"剥之"之象。

兑综卦为巽，巽为不果，有"无"之象；六三爻变，得互卦坎（六二至六四），坎为多眚，有"咎"之象。合观之，有"无咎"之象。

六三居下卦坤之顶，阴爻居阳位，居位失当，不中不正，但柔而能刚，与上九正应，得到上九强有力的应援，虽遭剥蚀，也可无咎。六三居下卦坤之极，处"三多凶"之位，阴居阳，不当位，坤为众，六三也有脱离众阴之象。

《小象传》提示："剥之无咎，失上下也。"被剥落床板，在于没有得到周边人的提醒帮助。

六三爻变，得剥之变卦艮卦。《艮·象传》提示："艮，止也。时止则止，时行则行，动静不失其时，其道光明。"得剥之艮，顺时行止，不失时机，前途就光明。

☵ 本卦：剥   ☶ 变卦：剥之艮

《易经》启示：六三处境是时运不正，此时邪气旺盛、正气衰弱，应见机行事，及时脱离是非之地。人在六三处境，若能持守正道，柔而能刚，借助外援，顺时而行，全身而退，方能最终无咎。

六四，剥床以肤，凶。

六四爻，剥落床席，凶险。

《象》曰：剥床以肤，切近灾也。

《小象传》解释："剥床以肤"，这意味着接近灾祸了。

【导读】

剥床以肤　肤，床席。剥床以肤，剥落床席。古代习俗，家中有人去世，家人会将其用过的床席烧掉，现在有的山村仍保留这一习俗。因此，死者用过的床上无席子。床上无席，为大凶之兆。

《象》曰　切近，接近。

【爻象处境】

六四已出下卦入上卦，下卦象征床下，上卦象征床上。六四爻变为九四，得互卦艮（初六至九四），艮错卦为兑，兑为毁折，有"剥"之象；艮卦上实下虚，阳爻一画如床板，有"床"之象；六四在互卦坤（六三至六五）中，坤为布，有"肤"之象。合观之，席子铺在床的表面，如肌体表面的皮肤，剥蚀到床上席子，有"剥床以肤"之象。

六四爻变,得互卦坎(六三至六五),坎为血卦,有"凶"之象。

六四阴爻居阴位,居位不中,阴气过重,床上席子被剥蚀掉了,接着就要剥蚀人身,凶灾随时可能降临,处境凶险。

《小象传》提示:"剥床以肤,切近灾也。""剥床以肤",意味着接近灾祸了。

六四爻变,得剥之变卦晋卦。《晋·大象传》提示:"君子以自昭明德。"得剥之晋,处在阴柔势力逐渐强大、阳刚势力逐渐减弱之时,应加强自身修养,使自我的美德日益昭明,沉得住气,耐得住寂寞,待时晋升。

本卦:剥　　　　　变卦:剥之晋

《易经》启示:六四处境是时运不佳,此时正是"四多惧"之际,不宜冒险躁进,须防受伤。人在六四处境,若能持守正道,戒惧谨慎,防微杜渐,冷静应对,退避自保,方能化险为夷。

六五,贯鱼以宫人宠,无不利。

六五爻,宫人鱼贯而入依次受宠,无所不利。

《象》曰:以宫人宠,终无尤也。

《小象传》解释:"以宫人宠",这意味着最终没有忧患。

【导读】

贯鱼以宫人宠　贯鱼,即"鱼贯",指鱼贯而入。

《象》曰　以宫人宠,为"贯鱼以宫人宠"之省文。尤,忧患。

【爻象处境】

剥卦为大象艮,艮错卦为兑,兑综卦为巽,巽为绳直,有"贯"之象;六五阴爻居卦之尊位,为五阴爻之长,鱼为阴类,以鱼比喻阴爻,有"鱼"之象;兑为少女、为妾,有"宫人"之象;六五象征皇后,其他四阴爻为后宫嫔妃。六五与上九阳爻顺承亲比，有"宠"之象。合观之，有"贯鱼以宫人宠"之象。巽又为近利市三倍，有"利"之象，换言之，即有"无不利"之象。

六五阴爻居阳位，虽居位失当，但居位得中，柔而能刚，上与上九顺承亲比，下与众阴同体同性，上得君王宠爱，下得众嫔妃随从，最终无忧虑，无往不利，处境顺利。

《小象传》提示："以宫人宠，终无尤也。"君王宠幸，最终无忧。

六五爻变，得剥之变卦观卦。《观·象传》提示："大观在上，顺而巽，中正以观天下。"得剥之观，应观察天下运势，顺势而为，该止则止，该行则行，方能趋吉避凶，无往不利。

本卦：剥　　　　变卦：剥之观

《易经》启示：六五处境是时运堂皇，事无不利。人在六五处境，若能持守中道，纠正过失，尊上谦下，柔顺宽厚，择善而从，得道多助，方能吉无不利。

上九，硕果不食，君子得舆，小人剥庐。

上九爻，硕大果实不剥落，卦兆显示，君子将得马车奖赏，小人将有破家之灾。

《象》曰：君子得舆，民所载也。小人剥庐，终不可用也。

《小象传》解释："君子得舆"，这是因为得到民众拥戴。"小人剥庐"，这表明小人终究不可以任用。

【导读】

硕果不食，君子得舆，小人剥庐　硕，大。不食，此指不剥。舆，马车。庐，住宅。

《象》曰　载，拥戴。终，始终、终究。不可用，不可以任用。

【爻象处境】

上九为剥卦唯一阳爻，阳为大，有"硕"之象；上九居上卦艮之顶，艮为果蓏，有"果"之象；艮错卦为兑，兑综卦为巽，巽为不果，有"不"之象；兑为口，有"食"之象。合观之，有"硕果不食"之象。

上九阳爻居卦之高位，阳为君子，有"君子"之象；上九爻变，得坤卦，坤为藏，有"得"之象；坤又为大舆，有"舆"之象。合观之，有"君子得舆"之象。

上九在上卦艮中，艮错卦为兑，兑为阴卦，阴为小，有"小"之象；兑为少女，有"人"之象；兑又为毁折，有"剥"之象；艮为门阙，有"庐"之象。合观之，有"小人剥庐"之象。

上九居剥之终，阳爻居阴位，虽居位失当，不中不正，但下据众阴，被众阴顺承。"君子得舆"，象征受到众人拥戴，众阴剥阳转为用车载阳，阳生阴消，阳为君子，阴为小人。"君子得舆，小人剥庐"，小人最终不可发挥作用，处境有利。

《小象传》提示："小人剥庐，终不可用也。"小人剥庐，说明小人终究不可以任用。

上九爻变，得剥之变卦坤卦。《坤·大象传》提示："君子以厚德载物。"得剥之坤，应修养宽厚品德，容载万事万物。

本卦：剥　　　变卦：剥之坤

《易经》启示：上九处境是时运衰微，此时诸阳皆已被剥成阴，上九阳爻是硕果独存，年后转运。人在上九处境，若能持守正道，处置得当，保住唯一阳爻，把握时机拨乱反正，方能转危为安，化险为夷。

第二十四卦　复

复，亨，出入无疾，朋来无咎。反复其道，七日来复，利有攸往。

复卦，亨通，出行返回，没生病，又赚到钱，没有咎灾。原路返回，从第七天开始复返，利于有所行往。

《彖》曰：复，亨，刚反动而以顺行，是以出入无疾，朋来无咎。反复其道，七日来复，天行也。利有攸往，刚长也。复，其见天地之心乎？

《彖传》解释：复卦象征亨通，阳刚复返而动，顺时而行，这是出行返回、没生病，又赚到钱、没有咎灾的原因。原路返回，从第七天开始复返，这是天道运行规律。利于有所行往，这是因为阳刚不断增长。复卦，这不正体现了天地运行的规律吗？

《象》曰：雷在地中，复。先王以至日闭关，商旅不行，后不省方。

《大象传》解释：雷回复到地中，这是复卦卦象。古代君王观此卦象后效法，在冬至日封闭关卡，经商旅行不放行，君王也不巡视四方。

【导读】

复　卦名。《周易》（通行本）第二十四卦。《序卦传》："物不可以终尽剥，穷上反下，故受之以复。"《杂卦传》："剥，烂也。复，反也。"物烂易剥，剥不可穷尽，剥极必反，剥卦剥落，复卦恢复。因此继剥卦之后紧接着为复卦。这是《易传》释复卦卦序、卦义。复，本义是原路返回、复行复发、反复其道。《说文解字》："复，行故道也。"段玉裁注："彳部又有復，復行而夏（復）发矣。"复卦是讲如何复返。

出入无疾，朋来无咎　出，出行。入，返回。疾，疾病。朋，朋贝之朋，指赚到钱，或指朋友之朋。

反复其道，七日来复 指原路返回，从第七天开始复返。一卦六个爻，每爻配一日，走完一卦正好六日，第七日开始复返。

《彖》曰 反通"返"。刚反动而以顺行，指阳刚复返而动，顺时而行。天行，天道运行。天地之心，指天地运行规律。

《象》曰 "雷在地中"，此释复卦卦象。下卦震为雷，上卦坤为地，雷回复到地中。至日，冬至日。闭关，封闭关卡。不行，不放行。后，君王。方，邦国，泛指天下四方。省，巡视。

【卦象环境】

复卦下卦为震，上卦为坤，震为雷，坤为地，有"雷在地中"之象。卦象是剥卦卦爻的翻覆，是剥卦的综卦，剥卦为阴剥阳，阳将剥尽，剥极必反，复返之后，开始阳剥阴。复卦初九由剥卦上九回复而来，刚回复的初阳需要恢复，蓄养前行的能量动力，卦象兼有回复、恢复之义，故取卦名为"复"。

复卦为一阳五阴卦，卦形为大象震，震为动，五阴爻为"大坤"，坤为顺，坤卦中间断开，顺畅无阻，合观之，有"亨"之象。

《易经》通例，爻序自下而上为出、为往，自上而下为入、为来。下卦震为足、为动，有"出"之象；震错卦为巽，巽为入，有"入"之象；巽为不果，有"无"之象；巽为多白眼，有"疾"之象。合观之，有"出入无疾"之象。

上卦坤为布、为釜，有"朋（贝）"之象；坤为众，也有"朋（友）"之象；下卦为震，震错卦为巽，巽为入，有"来"之象；巽为近利市三倍，有"利"之象，换言之，即"无咎"之象。合观之，有"朋来无咎"之象。

复卦为大象震，震为反生，有"反复"之象；震又为大涂，涂同途，有"道"之象。合观之，有"反复其道"之象。

复卦综卦为剥，剥卦为大象艮，艮在先天八卦位数为七，有"七日"之象；复卦为剥卦自上而下翻覆，有"来"之象；复卦为大象震，震为反生，有"复"之象。合观之，有"七日来复"之象。

震错卦为巽，巽为近利市三倍，有"利"之象；震为足、为动，有"往"之象。合观之，有"利有攸往"之象。

《彖传》提示："反复其道，七日来复，天行也。"原路返回，从第七天开始复返，这是天道运行规律。

《大象传》提示："先王以至日闭关，商旅不行，后不省方。"复卦为十二消息卦之一，为十一月卦，正是严冬季节，需要一段时间存养元气，逐渐恢复，待日而动。因此，要在冬至日，封闭关卡，不经商旅行，不巡视四方，以蓄养元气。

复卦的人位互卦为坤卦（下卦：六二至六四；上卦：六三至六五）。《坤·文言传》提示："坤道其顺乎，承天而时行。"《坤·大象传》提示："君子以厚德载物。"坤卦提示，人在复卦环境，应顺天应人，承天时行，宽厚德行，容载万物，养精蓄锐，顺势而为。

本卦：复　　　人位互卦：坤

复卦局势：如春回大地，万物复苏，运势复兴，一阳复始，万象更新，前途亨通。

《易经》启示：人在复卦环境，若能持守正道，迷途知返，顺势而为，谨慎行事，则能趋吉避凶。若迷途不返，执迷不悟，一意孤行，结果会凶多吉少。

初九，不远复，无祗悔，元吉。

初九爻，迷路不远就原路返回，没有大悔恨，一直吉利。

《象》曰：不远之复，以修身也。

《小象传》解释：迷失不远就复归正道，这表明能及时反省，修养自身品德。

【导读】

不远　指迷失正道不远。

无祗悔　祗，读 zhī，大。悔，指已有过错，但能知过悔过，从而产生悔恨。《系辞上传》："悔吝者，忧虞之象也。……悔吝者，言乎其小疵也。"悔、吝都是心理类词，悔吝者皆有过错，皆因过错而生恨。区别是：悔者，知过悔过而留下悔恨；吝者，知过但不知悔改，从而留下遗恨。《尚书·仲虺之诰》："改过不吝。"悔与无咎的区别是，"悔"为悔过后尚未改过补过，"无咎"为悔过后已改过补过。《系辞上传》："无咎者，善补过也。……震无咎者存乎悔。"

《象》曰　不远，指迷失不远。复，指复归正道。修，修养。

【爻象处境】

初九居复卦之初，处下卦震之始，震综卦为艮，艮为止，有"不远"之象；震为反生，有"复"之象。合观之，有"不远复"之象。

震错卦为巽，巽为不果，有"无"之象；初九为阳爻，震为阳卦，阳为大，有"祗"之象；巽又为进退，有"悔"之象。合观之，有"无祗悔"之象。

初九与六四正应，六四在上卦坤中，坤为坤元，有"元"之象；巽又为近利市三倍，有"吉"之象。合观之，有"元吉"之象。

初九阳爻居阳位，虽居位不中，重阳过刚，但居位得正，行事得当，上与六四正应，近与六二亲比，上下关系融合，处境和谐。

《小象传》提示："不远之复，以修身也。"迷路不远就复归正道，在于能及时反省修身。

初九爻变，得复之变卦坤卦。《坤·彖传》提示："至哉坤元，万物资生，乃顺承天。"《坤·文言传》提示："坤道其顺乎，承天而时行。"《坤·大象传》提示："君子以厚德载物。"得复之坤，应顺天时行，修身厚德，容载万物。

　　本卦：复　　　　　变卦：复之坤

《易经》启示：初九处境是时运渐好，此时一切刚刚开始，难免会有过错。人在初九处境，若能及时知过悔过，及时纠正过错，及时复归正道，避免一错再错，自然一直吉利。

六二，休复，吉。

六二爻，出行结束返回，吉利。

《象》曰：休复之吉，以下仁也。

《小象传》解释：退休回家获得吉祥，这是为了让贤于仁者。

【导读】

休复 休，止。《说文解字》："休，息止也。""休"字拆开为人倚木休止。休复，指出行结束返回。

《象》曰 下，卸下，此指让位。仁，仁者。以下仁，指让贤于仁者。

【爻象处境】

六二居下卦震之中，震综卦为艮，艮为止，有"休"之象；震为反生，有"复"之象。合观之，有"休复"之象。

震错卦为巽，六二爻变，下卦震变为兑，兑综卦也为巽，巽为近利市三倍，有"吉"之象。

六二阴爻居阴位，虽重阴过弱，但居中得正，下与初九亲比，上与众阴同在坤体，同体同性，志同道合，因此处境和顺。

《小象传》提示："休复之吉，以下仁也。"退休回家获得吉祥，这是为了让贤于仁者。

六二爻变，得复之变卦临卦。《临·彖传》提示："大亨以正，天之道也。"得复之临，应持中守正，方能大有亨通，这是天道决定的。

本卦：复　　　　变卦：复之临

《易经》启示：六二处境是时运尚好，此时正是阳刚之气逐渐增长之际，宜顺势而为。人在六二处境，若能持守中正之道，谦逊柔顺，尊上谦下，诚心应比，得道多助，借助外援，顺势而为，结果吉利。

六三，频复，厉，无咎。

六三爻，愁眉苦脸回来，虽有厉危，但终无咎灾。

《象》曰：频复之厉，义无咎也。

《小象传》解释：屡错屡改，虽有危险，但最终理应没有咎灾。

【导读】

频复 频同颦，指碰壁之后愁眉苦脸。

《象》曰 频复，指屡错屡改。义通"宜"，理应。

【爻象处境】

六三爻变，得互卦坎（六二至六四），坎为加忧、为呕心，象征"颦"，颦同频，因此有"频"之象；六三处下卦震之极，震为反生，有"复"之象。合观之，有"频复"之象。

坎又为隐伏、为血卦，有"厉"之象；震错卦为巽，巽为不果，有"无"之象；坎又为多眚，有"咎"之象。合观之，有"厉无咎"之象。

六三处震之极，阴爻居阳位，居位失当，不中不正，上无正应，近无亲比，无靠山，无基础，自身躁动不安，又处"三多凶"之位，处境凶险。

《小象传》提示："频复之厉，义无咎也。"最终理应没有咎灾。

六三爻变，得复之变卦明夷卦。《明夷·彖传》提示："内文明而外柔顺，以蒙大难……内难而能正其志。"得复之明夷，应坚定志向，内怀美德，外用柔顺，以济渡险难。

本卦：复　　　　变卦：复之明夷

《易经》启示：六三处境是时运起伏，时好时坏。人在六三处境，若能居危知诫，小心谨慎，抑止冲动，及时知过悔过，有过就改，举止得当，虽有厉危，最终无咎。

六四，中行独复。

六四爻，出行中途独自回来。

《象》曰：中行独复，以从道也。

《小象传》解释：中途独自回来，这是为了随从正道。

【导读】

中行独复 中行,出行的中途。独复,独自回来。

《象》曰 以从道,指这是为了随从正道。

【爻象处境】

六四居上卦坤之初,居五个阴爻中间,有"中"之象;六四爻变,上卦坤变为震,震在先天八卦位数为四,处中位,也有"中"之象;震为足、为动,有"行"之象。合观之,有"中行"之象。

六四与初九正应,在全卦五阴爻中是独一无二的,有"独"之象;震为反生,有"复"之象。合观之,有"独复"之象。

六四阴爻居阴位,居位得正,下应初九,但六四处"四多惧"之位,近无亲比,自身重阴过弱,六四爻变,得互卦坎(六三至六五),坎为隐伏、为陷,处境隐伏危险。

《小象传》提示:"中行独复,以从道也。"中途独自回来,是为了随从正道。

六四爻变,得复之变卦震卦。《震·大象传》提示:"君子以恐惧修省。"得复之震,犹如闻雷惊醒,应敬畏天威,惶恐戒惧,自省修身,循道行正。

本卦:复　　　　　变卦:复之震

《易经》启示:六四处境是时运柔弱,顺时而动。人在六四处境,若能持守正道,尊上谦下,柔顺处事,调和周边关系,增加自身能力,方能化险为夷。

六五,敦复,无悔。

六五爻,被敦促回来,没有悔恨。

《象》曰:敦复无悔,中以自考也。

《小象传》解释:敦厚复归没有后悔,这是为了以中正之道考验自己。

【导读】

敦复 敦,本义是责问,此指敦促、催逼。《说文解字》:

"敦，怒也，诋也。一曰谁何也。"段玉裁注："怒也，诋也，一曰谁何也。皆责问之意。"能听从、遵从敦促，也有敦厚之貌，传文即释为敦厚之义。敦复，指被敦促回来。

《象》曰 敦，此指敦厚。中，中正之道。自考，考验自己。中以自考，以中正之道考验自己。

【爻象处境】

六五爻变为九五，上卦坤变为坎，坎为曳，又有互卦艮（六三至九五），艮为手，用手往后拖曳，象征敦促，有"敦"之象；互卦艮综卦为震，六五也在复卦大象震中，震为反生，有"复"之象。合观之，有"敦复"之象。

震错卦为巽，巽为不果，有"无"之象；坎又为加忧、为心病、为亟心，有"悔"之象。合观之，有"无悔"之象。

六五阴爻居阳位，虽居位失当，下无正应，但六五居复卦之尊位，处上卦坤之中位，居尊得中，与众阴同在坤体，同体同性，志同道合，得到众阴拥戴，因此处境有利。

《小象传》提示："敦复无悔，中以自考也。"敦厚复归没有后悔，这是为了以中正之道考验自己。

六五爻变，得复之屯卦。《屯·象传》提示："屯，刚柔始交而难生。动乎险中，大亨贞。"得复之屯，屯卦象征天地开始刚柔相交，艰难初生。在险难中萌动，需要有博大、通泰、贞正的品德。

本卦：复　　　　变卦：复之屯

《易经》启示：六五处境是时运当正，顺势而为。人在六五处境，若能持中守正，顺天应人，含藏谦下，柔顺包容，广结人缘，扎实基础，共克时艰，方能最终无悔。

上六，迷复，凶，有灾眚。用行师，终有大败，以其国君凶，至于十年不克征。

上六爻，迷途难返，凶险，因过失带来灾祸。用兵征战，最终必有大败，甚至国君也有凶险，以至于十年不能举兵征战。

《象》曰：迷复之凶，反君道也。

《小象传》解释："迷复之凶"，这是因为违反了为君之道。

【导读】

迷复，凶，有灾眚　迷，迷失方向。眚，读 shěng，《广韵》："眚，过也。"本义是过失，此指因过失带来灾祸。

用行师　指用兵征战。

以其国君凶，至于十年不克征　以其，及其、甚至。克，能。不克征，不能举兵征战。

《象》曰　反君道，指违反为君之道。

【爻象处境】

上六居复卦之终、上卦坤之极，坤于地为黑，有"迷"之象；复卦为大象震，震为反生，有"复"之象。合观之，有"迷复"之象。

上六爻变，得复之颐，颐卦为大象离，离错卦为坎，坎为血卦，有"凶"之象；坎又为多眚，有"灾眚"之象。

上六爻变，上卦坤变为艮，艮为手，有"用"之象；艮综卦为震，震为足、为动，有"行"之象；上卦坤为众，有"师"之象。合观之，有"用行师"之象。

上六居复卦之终，有"终"之象；上六爻变，上卦坤变为艮，艮为止、为万物之所成终，也有"终"之象；上六在大象震中，震为阳卦，阳为大，有"大"之象；坎又为血卦，有"败"之象。合观之，有"终有大败"之象。

上卦坤为地、为众，有"国"之象；坤错卦为乾，乾为君，有"君"之象；坎为血，有"凶"之象。合观之，有"以其国君凶"之象。

上六在上卦坤，坤为纯阴卦，由长女、中女、少女率师出征，在先天八卦位数中，长女为五，中女为三，少女为二，合计总数为十，有"十年"之象；坤为地，地数也有十，也有"十年"之象；艮错卦为兑，兑综卦为巽，巽为不果，有"不克"之象；上六爻变，得复之颐，颐卦为大象离，离为甲胄、为戈兵，震为足、为动，离震合观，有"征"之象。合观之，有"至于十年不克征"之象。

上六居复卦之终，阴爻居阳位，居位失当，不中不正，下无正应，近无亲比，已到终极，又迷失了路，却不知悔改，执迷不悟，不改过复返，一意孤行，处境凶险。

《小象传》提示："迷复之凶，反君道也。""迷复之凶"，在于违反了为君之道。

上六爻变，得复之变卦颐卦。《颐·大象传》提示："君子以慎言语，节饮食。"得复之颐，为避免身败名裂，宜修心养性，谨慎言语，节制饮食。

本卦：复　　　　　变卦：复之颐

《易经》启示：上六处境是时运颠倒，此时大势已定，谨慎免祸。人在上六处境，若能戒惧谨慎，反省自省，幡然醒悟，及时知过悔过，有过就改，迷途知返，方能趋吉避凶，化险为夷。若迷失了方向，又失去了理智，执迷不悟，一意孤行，不知悔改，最终必有凶险。

第二十五卦　无妄

☰ 无妄，元亨，利贞。其匪正有眚，不利有攸往。

无妄卦，一直亨通，利于占问。若不顺应天时会有眚灾，不利于有所前往。

《彖》曰：无妄，刚自外来，而为主于内。动而健，刚中而应，大亨以正，天之命也。其匪正有眚，不利有攸往。无妄之往，何之矣？天命不祐，行矣哉！

《彖传》解释：无妄卦象征阳刚自外而来成为内部主导。行动刚健，阳刚中正，又有应和，具有博大、通达、贞正的品德，体现了天命。若不走正道就有眚灾，不利于有所前往。若没有妄行，能有什么眚灾呢？上天不保佑，怎么出行啊！

《象》曰：天下雷行，物与，无妄。先王以茂对时，育万物。

《大象传》解释：天下雷行，威震天下，万物无不顺从，这是无妄卦卦象。古代君王观此卦象后效法，振奋勤勉，顺应天时，养育万物。

【导读】

无妄　卦名。《周易》（通行本）第二十五卦。《序卦传》："复则不妄矣，故受之以无妄。有无妄，物然后可畜，故受之以大畜。"《杂卦传》："大畜，时也。无妄，灾也。"顺时而复则不妄，不妄即无妄，无妄则可畜，适时可大畜，妄则背时，背时则有灾，无妄讲不妄消灾。因此继复卦之后紧接着为无妄卦。这是《易传》释无妄卦卦序、卦义。《说文解字》："妄，乱也。"乱，西周金文字形为 🈂 (《金文编》，第962页），像上下两手在整理架子上散乱的丝。妄，本义是不顺。无妄，即没有不顺，此指没有不顺天时，亦即没有妄行。无妄卦是讲如何不妄行。

其匪正有眚　匪通"非"。正，顺也，此指顺应天时。"正"为

"守一以止"(《说文解字》徐锴注),时行则行,时止则止,顺时而行,是为"正"。眚,读shěng,眚灾。

《彖》曰 大,博大。亨,通达。正,中正。天之命,天命。无妄之往,指没有妄行。何之矣,指能有什么眚灾呢?之,指上半句所言"眚"。行矣哉,怎么出行啊!

《象》曰 "天下雷行,物与,无妄",此释无妄卦卦象。下卦震为雷,上卦乾为天,天下春雷震动,万物萌发滋生。茂通"懋",振奋勤勉。对,配对、顺应。时,天时。育,养育。

【卦象环境】

无妄卦下卦为震,上卦为乾,震为雷,乾为天,有"天下雷行"之象。天下雷鸣,威震天下,天下之人应当敬畏天威,恐惧修身,不敢妄行;下卦震为东方,为春季,又为动,"万物出乎震"(《说卦传》),天下万物应当顺应天时,养育万物。雷未动而出,逆时而行则有妄;雷已动而不出,过时才行亦为妄;雷动而万物出,顺时而行则无妄。下卦震动,上卦乾天,雷行天下,下行要顺应上天,顺应天时而行,不得妄行。卦象有不敢妄行、不能妄行、不想妄行之意,故取卦名为"无妄"。

上卦乾为乾元,有"元"之象;卦中有互卦离(初九至九四),离错卦为坎,坎为通,有"亨"之象。合观之,有"元亨"之象。

卦中有互卦巽(六三至九五),巽为近利市三倍,有"利"之象;巽综卦为兑,兑为巫,有"贞"之象。合观之,有"利贞"之象。

下卦震为反生,有"匪正"之象;卦中有互卦离(初九至九四),离错卦为坎,坎为多眚,有"眚"之象。合观之,有"其匪正有眚"之象。

巽又为不果,有"不"之象;巽又为近利市三倍,有"利"之象;下卦震为足、为动,有"往"之象。合观之,有"不利有攸往"之象。

《彖传》提示:"动而健,刚中而应,大亨以正,天之命也。"下卦为震,上卦为乾,乾阳为刚,刚自外来,震动在下,乾天健行在上，九五阳刚中正，六二居中得正，六二与九五正应，持守正道，一直亨通，这是顺应天时。

《大象传》提示："先王以茂对时，育万物。"应勉力顺应天时，养育天下万物。

无妄卦的人位互卦为渐卦（下卦：六二至九四；六三至九五）。《渐·象传》提示："进得位……进以正……止而巽，动不穷也。"渐卦提示，人在无妄卦环境，应当顺应天时，守正得位，顺时而进，时止则止，时动则动，没有妄行，方能永无穷困，一直亨通。

本卦：无妄　　　　　人位互卦：渐

无妄卦局势： 如雷震天下，闻雷惊惧，运势收敛，动静行止，守旧安常，一直亨通。

《易经》启示：人在无妄卦环境，若能持守正道，安分守己，循规蹈矩，谦恭不妄，则能逢凶化吉。若品行不端，妄想妄求，冒险妄动，结果会凶多吉少。

初九，无妄往，吉。

初九爻，没有妄行，吉利。

《象》曰：无妄之往，得志也。

《小象传》解释："无妄之往"，这意味着能实现志向。

【导读】

无妄往　没有妄行。

《象》曰　得志，实现志向。

【爻象处境】

初九处无妄卦下卦震之始，震错卦为巽，巽为不果，有"无"之象；震为反生，有"妄"之象；震又为足、为动，有"往"之象。合观之，有"无妄往"之象。

初九在互卦离（初九至九四），离为日、为明、为丽，有"吉"之象。

初九处内卦震之始，为内震之主爻，阳爻居阳位，当位得正，近与六二亲比，但处卦之初始，地位低微，居位不中，重阳过刚，与九四敌而不应，上无靠山，近被六二凌乘，自身又刚愎自用，处境不顺。

《小象传》提示："无妄之往，得志也。"无妄而往，人生得志。

初九爻变，得无妄之变卦否卦。《否·大象传》提示："天地不交，否。"得无妄之否，正处天地不交之时，若逆天违时，恣意妄行，终有否塞。若顺天而行，没有妄行，终可得志。

本卦：无妄　　　　变卦：无妄之否

《易经》启示：初九处境是时运初起，宜出有为。人在初九处境，若能持守正道，抑制过刚，节制冲动，知过悔过，有过就改，顺时而行，没有冒险妄行，方能前往吉利，终可实现志向。

六二，不耕获，不菑畬，则利有攸往。

六二爻，没有耕种就没有收获，没有初垦田就没有成熟田，遵循天地常道，利于有所前往。

《象》曰：不耕获，未富也。

《小象传》解释："不耕获"，这意味着不能致富。

【导读】

不耕获，不菑畬　耕，耕种。获，收获。不耕获，即"不耕不获"，指没有耕种就没有收获。菑，读 zī，指刚开垦出来还没种过的初垦田。《说文解字》："菑，不耕田也。"段玉裁注："海宁陈氏鳣曰：不，当为才。才耕田，谓始耕田也。"畬，读 shē，指已耕种三年的成熟田。《尔雅·释地》："田一岁曰菑，二岁曰新田，三岁曰畬。"不菑畬，即"不菑不畬"，指没有初垦田就没有成熟田。

则利有攸往　"则"字历来注家多释副词义，非也。则，即法则、规则、常道，此指遵循天地常道。《尔雅·释诂》："则，常也。则，法也。"《管子·形势》："天不变其常，地不易其则。"有耕才有获，有菑才有畬，不耕不获，不菑不畬，这是天地之"则"，是天地常道。"则利有攸往",指遵循天地常道,利于有所前往。六二爻辞与初九爻辞旨意一致,初九指没有妄行,六二指没有妄想。

《象》曰　未富,指不能致富。

【爻象处境】

六二居下卦震之中位,震错卦为巽,巽为不果,有"不"之象;巽为入,有"耕"之象;震综卦为艮,艮为手,有"获"之象。合观之,有"不耕获"之象。

巽为不果,有"不"之象;六二处卦之地位,在地上,代表熟田,有"畲"之象;六二亲比初九,初九处卦之地位,在地底、地之初,有"菑"之象。合观之,有"不菑畲"之象。

巽又为绳直,象征准绳、准则,有"则"之象;巽又为近利市三倍,有"利"之象;震为足、为动,有"往"之象。合观之,有"则利有攸往"之象。

六二阴爻居阴位,虽重阴过弱,但居中得正,上与九五正应,近与初九亲比,上有靠山,下有基础,处境甚好。

《小象传》提示:"不耕获,未富也。"不耕种就想有收获,注定不能致富。

六二爻变,得无妄之变卦履卦。《履·上九》提示:"视履考祥,其旋元吉。"得无妄之履,应实事求是进行回顾考评,不作脱离实际的妄想,脚踏实地履行,才有利于行往,才能一直吉利。

本卦:无妄　　　　变卦:无妄之履

《易经》启示:六二处境是时运得正,无妄有利。此时刚耕种就想有收获,刚开垦就想丰收,这是不符合天地常道的妄想。人在六二处境,若能持中守正,遵循常道,顺其自然,丢掉妄想,不过分强求,不逾越法则,不逆天妄行,结果必然吉利。

六三,无妄之灾。或系之牛,行人之得,邑人之灾。

六三爻,意外之灾。好比有村民在村口拴了一头牛,过路人顺手把牛牵走,村中居民都被怀疑偷牛而蒙受不白之冤。

《象》曰：行人得牛，邑人灾也。

《小象传》解释："行人得牛"，这意味着同村人就会蒙受不白之冤。

【导读】

无妄之灾 没有妄行却获灾，此指无缘无故遭受灾祸，为意外之灾，即所谓"飞来横祸"。

或系之牛，行人之得，邑人之灾 或，比如，引言举例说明"无妄之灾"。行人，过路人。行人之得，即"行人得之"，指过路人顺手把牛牵走。邑，村。邑人，村中居民。

《象》曰 邑人灾，指村中居民蒙受不白之冤。

【爻象处境】

六三处下卦震之极，震错卦为巽，六三也在互卦巽（六三至九五）中，巽为不果，有"无"之象；震为反生，有"妄"之象；六三爻变，下卦震变为离，离错卦为坎，坎为血卦、为多眚，有"灾"之象。合观之，有"无妄之灾"之象。

巽又为进退，有"或"之象；巽又为绳直，又在互卦艮（六二至九四）中，艮为手，有"系"之象；六三爻变，得互卦乾（九三至九五），乾错卦为坤，坤为牛，有"牛"之象。合观之，有"或系之牛"之象。

震又为足、为动，有"行"之象；六三处六画卦之人位，有"人"之象；巽又为入、为近利市三倍，有"得"之象。合观之，有"行人之得"之象。

六三爻变，得互卦乾（九三至九五），乾错卦为坤，坤为地、为众，有"邑"之象；六三在六画卦之人位，有"人"之象；六三爻变，下卦震变为离，离错卦为坎，坎为多眚，有"灾"之象。合观之，有"邑人之灾"之象。

六三阴爻居阳位，上与上九正应，近与九四亲比，虽上有靠山，下有基础，但居位不当，不中不正，处"三多凶"之位，处境不顺。有人在村口拴了一头牛，被行人牵走了，结果全村人被怀疑，自己没有妄为，却无辜受牵连，蒙受不白之冤，遭受"无妄之灾"。

《小象传》提示:"行人得牛,邑人灾也。"过路人顺手把牛牵走,同村人会蒙受不白之冤。

六三爻变,得无妄之变卦同人卦。《同人·大象传》提示:"君子以类族辨物。"得无妄之同人,应懂得人以群分、物以类聚的道理,要区别对待。

本卦:无妄　　　　变卦:无妄之同人

《易经》启示:六三处境是时运不利,小心意外。人在六三处境,若能持守正道,摆正心态,冷静应对,以诚相待,静待时机,清者自清,方能最终无咎。

九四,可贞,无咎。

九四爻,可以占问,没有咎灾。

《象》曰:可贞无咎,固有之也。

《小象传》解释:固守正道就没有咎灾,这表明要坚固应有的品德。

【导读】

可贞　可以占问。

《象》曰　可,能。贞,固正,固守正道。固有之,指要坚固应有的品德。

【爻象处境】

九四爻变,上卦乾变为巽,巽为近利市三倍,象征"利","利"犹"可",有"可"之象;巽综卦为兑,兑为巫,有"贞"之象。合观之,有"可贞"之象。

巽又为不果,有"无"之象;九四在互卦离(初九至九四),离错卦为坎,坎为多眚,有"咎"之象。合观之,有"无咎"之象。

九四阳爻居阴位,居位失当,不中不正,又处"四多惧"之位，下与初九敌而不应，近与九五敌而不比，进逼九五之君，伴君如伴虎，处境不利。

《小象传》提示："可贞无咎，固有之也。"要坚固应有的中正品德。

九四爻变，得无妄之变卦益卦。《益·大象传》提示："君子以见善则迁，有过则改。"得无妄之益，应及时知过悔过，及时迁善改过，方能终身受益。

本卦：无妄　　　变卦：无妄之益

《易经》启示：九四处境是时运平顺，切勿妄动。人在九四处境，若能持守正道，刚而能柔，尊上谦下，刚正无私，光明磊落，纠正过失，善于补过，不妄想，不妄议，不妄行，方能无咎。

九五，无妄之疾，勿药有喜。

九五爻，意外染疾，不需用药可自愈。

《象》曰：无妄之药，不可试也。

《小象传》解释："无妄之药"，这表明药不可以轻易尝试。

【导读】

无妄之疾，勿药有喜　疾，《说文解字》曰："病也。"段玉裁注："析言之则病为疾加，浑言之则疾亦病也。"疾比病轻，疾加重称病，笼统讲疾也是病。无妄之疾，指意外染疾。勿药，不需用药。有喜，病愈。

《象》曰　无妄之药，指意外染疾而用药。不可试，指不可以轻易尝试。

【爻象处境】

九五在互卦巽（六三至九五），巽为不果，有"无"之象；巽错卦为震，震为反生，有"妄"之象；九五爻变，得互卦坎（六三至六五），坎为隐伏、为心病，病因隐伏不明，有"疾"之象。合观之，有"无妄之疾"之象。

巽为不果，也有"勿"之象；巽又为木，巽为阴卦，阴为小，象征柔软细小，因此巽有"草药"之象；巽综卦为兑，兑为说，说同悦，有"喜"之象。合观之，有"勿药有喜"之象。

九五居无妄卦之尊位，居上卦乾之中位，阳爻居阳位，居中得正，下与六二正应，近与众阳同在乾卦，同体同性，志同道合，处境和顺尊贵。

《小象传》提示："无妄之药，不可试也。"治疗意外染疾，药不可以轻易尝试。

九五爻变，得无妄之变卦噬嗑卦。《噬嗑·彖传》提示："颐中有物，曰噬嗑，噬嗑而亨。"得无妄之噬嗑，无缘无故受人猜疑，如鲠在喉，不得不吐，但辩解无用，只好强忍委屈，打落牙齿和血吞，清者自清，浊者自浊，终可真相大白，亨通无咎。

本卦：无妄　　　变卦：无妄之噬嗑

《易经》启示：九五处境是时运当正，顺势而为。人在九五处境，若能持守中正之道，刚健中正，动静适中，得道多助，结果有喜无咎。

上九，无妄行，有眚，无攸利。

上九爻，没有妄行，仍有眚灾，没有任何利益。

《象》曰：无妄之行，穷之灾也。

《小象传》解释："无妄之行"，这是因为身处穷困环境所遭受的灾祸。

【导读】

《象》曰　无妄之行，为"无妄行，有眚，无攸利"之省文。穷之灾，指因为身处穷困环境所遭受的灾祸。

【爻象处境】

上九爻变，上卦乾变得兑，兑综卦为巽，巽为不果，有"无"之象；巽错卦为震，震为反生，有"妄"之象；上九居上卦乾之极，乾为天，天行健，有"行"之象。合观之，有"无妄行"之象。

上九爻变，得互卦坎（六三至上六），坎为多眚，为"有眚"之象。

巽为不果，有"无"之象；巽又为近利市三倍，有"利"之象。合观之，有"无攸利"之象。

上九居无妄卦之终，处无妄之极，阳爻居阴位，居位失当，不中不正，虽与六三正应，但前无去路，近无亲比，居位不当，处境不利。

《小象传》提示："无妄之行，穷之灾也。"无妄之行，是穷困处境所遭受的灾祸。

上九爻变，得无妄之变卦随卦。《随·彖传》提示："随之时义大矣哉。"《随·大象传》提示："君子以向晦入宴息。"得无妄之随，应顺天随时，时行则行，时止则止，日出而作，日入而息，该吃就吃，该睡就睡；否则，不合时宜，任意妄为，必有眚灾。

本卦：无妄　　　变卦：无妄之随

《易经》启示：上九处境是好运已终，此时已是穷途末路，虽无妄想，前行仍有灾祸，没有任何好处。人在上九处境，若能持守正道，退守自保，静待时机，见机行事，可以避免自招灾祸。

第二十六卦 大畜

☱ 大畜，利贞，不家食，吉，利涉大川。

大畜卦，利于占问，不在家吃闲饭而外出谋生，吉利，利于涉渡大川。

《彖》曰：大畜，刚健笃实，辉光日新。其德刚上而尚贤，能止健，大正也。不家食吉，养贤也。利涉大川，应乎天也。

《彖传》解释：大畜卦象征刚健与厚实，交相辉映，气象日新。品德刚健向上，崇尚贤能，蓄积强健，这是大畜中正之道。不食于家吉祥，这是因为君王善于畜养贤人。利于涉渡大川，这是因为君王能够顺应天道。

《象》曰：天在山中，大畜。君子以多识前言往行，以畜其德。

《大象传》解释：天在山中，这是大畜卦卦象。君子观此卦象，应当效法，要多学习先贤言行，用来培养自己的品德。

【导读】

大畜 卦名。《周易》（通行本）第二十六卦。《序卦传》："有无妄，物然后可畜，故受之以大畜。"《杂卦传》："大畜，时也。无妄，灾也。"无妄即没有不顺，不顺则有灾，顺为顺天时，因此无妄讲天时，大畜也讲天时，无妄反说，大畜正讲。先有无妄之无不顺天时，物可顺天时而蓄积，然后有大畜。因此继无妄卦之后紧接着为大畜卦。这是《易传》释大畜卦卦序、卦义。畜，甲骨文字形为 🐄（《新甲骨文编》，第738页），下面为出气的牛鼻形，牛鼻被牵着，说明已是被人驯服豢养的家畜。《左传·昭公二十三年》疏："家养谓之畜，野生谓之兽。"畜，本义是家畜。家畜有牛、马、羊、鸡、狗、猪等六畜，"六畜兴旺"即指此。大畜卦是讲如何畜养。

不家食 即"不食于家",指不在家吃闲饭,亦即应外出谋生。

《彖》曰 笃,厚。刚上,刚健向上。止,阻止,此指蓄养。大正,指大畜中正之道。应乎天,顺应天道。

《象》曰 "天在山中",此释大畜卦象。下卦乾为天,上卦艮为山,天上阳光普照山中,万物汲取阳光雨露。识,学习领会。前、往,此指先贤、前辈。前言往行,指先贤的言行。畜,蓄养、培养。

【卦象环境】

大畜卦下卦为乾,上卦为艮,乾为天,艮为山,有"天在山中"之象。乾、艮皆为阳卦,阳为大,上下卦皆为大;艮山为止、为畜,乾天为日气、为云气,云气在山下,遇山而止,为山所畜。故取卦名为"大畜"。

卦中有互卦兑(九二至六四),兑综卦为巽,巽为近利市三倍,有"利"之象;兑为巫,有"贞"之象。合观之,有"利贞"之象。

巽又为不果,有"不"之象;上卦艮为门阙,有"家"之象;互卦兑(九二至六四)为口,有"食"之象。合观之,有"不家食"之象。

下卦乾为天,上有互卦离(九三至上九),离为日、为明、为丽,日辉照天,有"吉"之象。

巽为近利市三倍,有"利"之象;巽错卦为震,也有互卦震(九三至六五),震为足、为动,有"涉"之象;卦中有互卦离(九三至上九),离错卦为坎,坎为阳卦为大,坎又为水、为沟渎,象征"川",因此有"大川"之象。合观之,有"利涉大川"之象。巽为木,刳木为舟,巽又为风,乘风行舟,也有"利涉大川"之象。

《彖传》提示:"其德刚上而尚贤,能止健,大正也。"品德刚健向上,崇尚贤能,蓄积强健,这是大畜中正之道。

《大象传》提示:"君子以多识前言往行,以畜其德。"要多学习先贤言行,用来培养自己的品德,以备时用。

大畜卦的人位互卦为归妹卦（下卦：九二至六四；上卦：九三至六五）。《归妹·象传》提示："归妹，天地之大义也。"归妹卦提示，人在大畜卦环境，行事必须合于天地之道。

本卦：大畜　　　　人位互卦：归妹

大畜卦局势：如山聚天气，积小成大，运势大盛，积蓄力量，大展宏图。

《易经》启示：人在大畜卦环境，一方面要积蓄力量，修身畜德，等待时机；另一方面要顺势而行，畜极则通，当蓄积到有足够力量时，就要抓住机会，出去干大事，顺天应人，与时俱进，时行则行。若能审时度势，脚踏实地，知进知止，顺势而为，则能趋吉避凶。若好高骛远，盛气凌人，冲动冒进，结果会凶多吉少。

初九，有厉，利已。

初九爻，有厉危，利于停止。

《象》曰：有厉利已，不犯灾也。

《小象传》解释："有厉利已"，这表明不必冒着灾险前进。

【导读】

利已　已，止、停止。《玉篇》："已，止也，毕也，讫也。"利已，利于停止。

《象》曰　不犯灾，指不冒着灾险前行。

【爻象处境】

初九爻变，得互卦坎（初六至六四），坎为隐伏、为血卦，有"厉"之象。

初九爻变，下卦乾变为巽，巽为近利市三倍，有"利"之象；巽错卦为震，震综卦为艮，艮为止，有"已"之象。合观之，有"利已"之象。

初九居大畜卦之始，阳爻居阳位，虽居位得当，但居位不中，重阳过刚，刚愎自用；虽上与六四正应，但初九处大畜初始，积蓄不足，中间有九二、九三两阳爻阻隔，六四在上卦艮，艮为山、为止，外援难以到位，因此处境艰难。

《小象传》提示："有厉利已，不犯灾也。"遇险即止，不必冒着灾难风险前进。

初九爻变，得大畜之变卦蛊卦。《蛊·彖传》提示："蛊，刚上而柔下，巽而止，蛊。"得大畜之蛊，若上能刚猛节止，下能柔和顺从，必能治乱出险。

本卦：大畜　　　　变卦：大畜之蛊

《易经》启示：初九处境是时运尚微，宜守不进。此时为大畜初期，面对前行中的阻力，既要有知难而上的阳刚勇气，尽力而为，攻坚克难，又要有知危而止的灵活应变，量力而行，适可而止。人在初九处境，若能持守正道，抑制过刚，节制冲动，宜行则行，宜止则止，方能无咎。否则，自不量力，贸然前行，必有厉危。

九二，舆说輹。

九二爻，车厢与车辐脱开。

《象》曰：舆说輹，中无尤也。

《小象传》解释："舆说輹"，这意味着居中没有忧患。

【导读】

舆说輹　舆，车厢、车身。说通"脱"。輹，读 fù，车辐。《说文解字》："輹，车轴缚也。"指古代车厢下面和车轴相勾连的木头，也叫车伏兔，主要用于大车上。舆说輹，常隐喻丈夫出轨。

《象》曰　尤，忧患。中无尤，指居中没有忧患。

【爻象处境】

九二居下卦乾之中位，乾为圜，圜同圆，为圆形车盖，乾又为良马，有"舆"之象；乾错卦为坤，坤为大舆，也有"舆"之象；九二在互卦兑（九二至六四）中，兑为毁折、为说，说同脱，有"说（脱）"之象；兑综卦为巽，巽为木、为绳直，有"輹"之象。

合观之，有"舆说輹"之象。

九二阳爻居阴位，阳刚居中，刚而能柔，持守中道，不会冒进，上与六五正应，但六五阴爻，阴柔乏力，又居上卦艮之中，艮为山、为止，阻力很大，对九二支持不力，近与九三、初九敌而不比，因此九二处境艰难。

《小象传》提示："中无尤也。"居中没有忧患。

九二爻变，得大畜之变卦贲卦。《贲·象传》提示："柔来而文刚。"得大畜之贲，外形华美，内无动力，脱了辐的车子，中看不中用。

本卦：大畜　　　变卦：大畜之贲

《易经》启示：九二处境是时运不当，如车身与车轴脱离，车子不能前行，宜止不宜行，宜退守自保。人在九二处境，若能持守中道，有自知之明，量力而行，知难而止，心无怨尤，养精蓄锐，等待时机，方能亨通。

九三，良马逐，利艰贞，曰闲舆卫，利有攸往。

九三爻，良马追逐，利于艰难之事的占问，这是说熟练了驾车与防卫，利于有所前往。

《象》曰：利有攸往，上合志也。

《小象传》解释："利有攸往"，这意味着与上层意志相符合。

【导读】

良马逐，利艰贞　逐，追逐。《说文解字》："逐，追也。"利艰贞，指利于艰难之事的占问。

曰闲舆卫　闲，练习。《尔雅·释诂》："闲，习也。"舆，此指驾车。卫，防卫。

《象》曰　上合志，指与上层的意志相符合。

【爻象处境】

九三居下卦乾之极，乾为良马，有"良马"之象；九三在互卦震（九三至六五）中，震为足、为动，有"逐"之象。合观之，有"良马逐"之象。

九三爻变，下卦乾变为兑，九三也在互卦兑（九二至六四），兑综卦为巽，巽为近利市三倍，有"利"之象；兑为刚卤，有"艰"之象；兑又为巫，有"贞"之象。合观之，有"利艰贞"之象。

兑又为口、为说，有"曰"之象；兑综卦为巽，巽为绳直、为工，象征学习练习，有"闲"之象；乾错卦为坤，坤为大舆，有"舆"之象；九三在互卦离（九三至上九），离为戈兵，有"卫"之象。合观之，有"曰闲舆卫"之象。

巽为近利市三倍，有"利"之象；巽错卦为震，震为足、为动，有"往"之象。合观之，有"利有攸往"之象。

九三居"三多凶"之位，处上下卦交界之际，阳爻居阳位，居位得正，但过刚不中，上与上九敌而不应，又被六四凌乘，前有艮山阻止，处境艰难。

《小象传》提示："利有攸往，上合志也。"利于有所前往，在于与上层的意志相符合。

九三爻变，得大畜之变卦损卦。《损·大象传》提示："君子以惩忿窒欲。"得大畜之损，应惩戒愤怒，窒塞贪欲，修养德行。

本卦：大畜　　　变卦：大畜之损

《易经》启示：九三处境是时运艰险，宜适时而行。人在九三处境，若能持守正道，摆正心态，抑制过刚，多加磨炼，消其傲气，刚而能柔，尊上谦下，充实自己，做好准备，方能适宜今后前行。

六四，童牛之牿，元吉。

六四爻，把小牛关进栏里驯养，一直吉利。

《象》曰：六四元吉，有喜也。

《小象传》解释："六四元吉"，这是可喜的结果。

【导读】

童牛之牿 童牛，小牛。牿，读 gù，指关牛马的圈栏。《说文解字》："牿，牛马牢也。"童牛之牿，指把小牛关进栏里驯养。

《象》曰 有喜，可喜。

【爻象处境】

六四居上卦艮之始，艮为门阙，有"牿"之象；六四与初九正应，初九在下卦乾之初，有"童"之象；乾错卦为坤，坤为牛，有"牛"之象。合观之，有"童牛之牿"之象。

六四阴爻居阴位，居位得正，过阴不中，下与初九正应，但初九为"童牛"，初生牛犊不怕虎，躁动冒进，容易惹是生非，受到牵连，六四居"四多惧"之位，上与六五敌而不比，得罪上尊，前面又有艮山阻止，处境艰难。

《小象传》提示："六四元吉，有喜也。"结局可喜。

六四爻变，得大畜之变卦大有卦。《大有·彖传》提示："其德刚健而文明，应乎天而时行，是以元亨。"《大有·大象传》提示："遏恶扬善，顺天休命。"得大畜之大有，应内秉刚健，外辅文明，因顺天道，与时偕行，抑止冲动，惩恶扬善，蓄积德智，方能趋吉避凶，一直亨通。

本卦：大畜　　　变卦：大畜之大有

《易经》启示：六四处境是时运正顺，宜顺时而动。人在六四处境，若能持守正道，纠正过失，真诚亲比六五之君，主动下应初九，以阴济阳，以柔济刚，把小牛关进栏里驯养，加强调养，以免伤人，防患于未然，方能一直吉利。

六五，豶豕之牙，吉。

六五爻，阉猪的牙，吉利。

《象》曰：六五之吉，有庆也。

《小象传》解释："六五之吉"，这是从根本上治理，因而值得庆贺。

【导读】

豮豕之牙 豮，读 fén，指阉割过的猪。豕，读 shǐ，猪。"豮豕之牙"，面对长有锋利牙齿的公猪，并不是从除去它的牙齿上下手，而是避其锋利，击其要害，将它阉割。这样就可以驯服它刚暴凶猛的本性，使它变得温顺。这样便能平安无事，获得吉祥。

《象》曰 有庆，值得庆贺。

【爻象处境】

六五爻变，上卦艮变为巽，巽综卦为兑，兑为毁折，象征给野猪阉割去势，有"豮"之象；六五爻变，得互卦离（九三至九五），离错卦为坎，坎为豕，有"豕"之象；六五居上卦艮，艮为黔喙之属，带着又黑又长的嘴，也有"豕"之象。合观之，有"豮豕"之象。兑为口、为刚卤，有"牙"之象；六三在互卦小颐（九三至上九）中，颐为口，两个阴爻为上下两排牙齿，也有"牙"之象。合观之，有"豮豕之牙"之象。

六五居大畜卦之君位，居上卦之中位，阴爻居阳位，居位得中，柔而能刚，上与上九亲比，下与九二正应，以柔克刚，畜止阳刚九二，处境顺利。

《小象传》提示："六五之吉，有庆也。"六五畜养野猪，经过阉割去势，野性得以驯服，獠牙不会伤人，自然吉祥，值得庆贺。

六五爻变，得大畜之变卦小畜卦。《小畜·大象传》提示："君子以懿文德。"得大畜之小畜，应克制刚躁野性，修养柔美品德。

本卦：大畜　　　变卦：大畜之小畜

《易经》启示：六五处境是时运柔顺，不可躁进。人在六五处境，若能持守中道，谦逊柔和，以柔克刚，治本除疾，防患于未然，必能趋吉避凶。

上九，何天之衢，亨。

上九爻，上承天道，亨通。

《象》曰：何天之衢，道大行也。

《小象传》解释："何天之衢"，这意味着天道畅通无阻。

【导读】

何天之衢 何通"荷"，承接、承受。衢，读 qú，指四通八达的道路。《说文解字》："衢，四达谓之衢。"天之衢，天道。何天之衢，上承天道。

《象》曰 道大行，指天道畅通无阻。

【爻象处境】

上九居上卦艮之顶，艮为手，下有互卦震（九三至六五），震为足、为动，上九一阳贯顶，犹如肩挑负荷，有"荷"之象；上九处卦之天位，有"天"之象；上九居上卦艮之终，艮为径路，有"衢"之象。合观之，有"何天之衢"之象。下卦乾为天，上卦艮为径路，路在天上，也有"天之衢"之象。

上九在互卦离（九三至上九），离错卦为坎，坎为通，有"亨"之象。

上九居大畜卦之极，阳爻居阴位，居位失当，不中不正，下无正应，处境不顺。幸好上九刚而能柔，与六五之君亲比，得到六五信任，大畜之极，功德圆满，大功告成，处境亨通。

《小象传》提示："何天之衢，道大行也。"上承天道，畅通无阻。

上九爻变，得大畜之变卦泰卦。《泰·大象传》提示："天地交，泰。后以财成天地之道，辅相天地之宜，以左右民。"得大畜之泰，天地通泰，应制定制度，提供辅助，引导民众顺应天地之道。

本卦：大畜　　　变卦：大畜之泰

《易经》启示：上九处境是时运通泰，顺畅无阻。人在上九处境，若能守正适中，刚而能柔，尊上谦下，诚信谨慎，顺天时行，得贵人相助，必然亨通吉利。

第二十七卦　颐 ䷚

䷚ 颐，贞吉。观颐，自求口实。

颐卦，占问吉利。观颐养方式，看自食其力情况。

《彖》曰：颐，贞吉，养正则吉也。观颐，观其所养也。自求口实，观其自养也。天地养万物，圣人养贤以及万民。颐之时大矣哉。

《彖传》解释：颐卦象征守正则吉利，以正道颐养就可获吉。观颐，是指观察他如何养人。自求口实，是指观察他如何养己。天地滋养万物，圣人养育贤人及千万民众。颐卦顺应天时的道理真是博大精深啊！

《象》曰：山下有雷，颐。君子以慎言语，节饮食。

《大象传》解释：山下有雷，这是颐卦卦象。君子观此卦象，应当效法，谨慎言语，节制饮食。

【导读】

颐　卦名。《周易》（通行本）第二十七卦。《序卦传》："物畜然后可养，故受之以颐。颐者，养也。"《杂卦传》："颐，养正也。"先畜后养，畜后可养，养也有道，以正道颐养，因此继大畜卦之后紧接着为颐卦。这是《易传》释颐卦卦序、卦义。颐，《方言》："颔、颐，颔也。南楚谓之颔，秦晋谓之颔。颐，其通语也。"《说文解字》段玉裁注："颔，口也。"本义是口腔，包括上下部的骨骼和肌肉组织，上部称上颔，下部称下颔。引申为养。《尔雅·释诂》："颐，养也。"六十四卦中有两卦与颐直接有关，一是噬嗑卦，内观颐中之物以断吉凶；二是颐卦，外观颐养方式以辨吉凶。颐卦是讲如何颐养。

观颐，自求口实　观颐，指观察颐养方式。自求口实，指自食其力。

《象》曰 "山下有雷"，此释颐卦卦象。下卦震为雷，上卦艮为山，雷在山下，惊雷戒惧。慎，谨慎。节，节制。

【卦象环境】

颐卦下卦为震，上卦为艮，震为雷，艮为山，有"山下有雷"之象。全卦为二阳四阴，上九、初九为两阳爻，分别为上颌、下颌，中间四阴爻，为上下两排牙齿，有口腔之象，故取卦名为"颐"。

下卦震为动，上卦艮为止，下卦动，上卦不动，犹如人咀嚼食物时，下颌动，上颌不动，有张口咀嚼吞食之象。

上卦艮错卦为兑，兑为巫，有"贞"之象；颐卦为大象离，离为日、为明、为丽，有"吉"之象。合观之，有"贞吉"之象。

颐卦为大象离，离为目，有"观"之象；大离与颐重合，有"观颐"之象。

下卦震为反生，有"自求"之象；颐卦卦形有"口"之象；上下两卦皆为阳卦，《易经》通例，阳为实，有"实"之象。合观之，有"自求口实"之象。

《象传》提示："颐之时大矣哉。"上卦艮为山、为止，为蓄养，下卦震为雷、为动，震在春季，开春之时，山下春雷隆隆，震出万物，艮山止之而蓄养，养得其时，养得其正，自然吉祥，是为"颐之时大矣哉"。

《大象传》提示："君子以慎言语，节饮食。"颐为人口之象，口为人之关口，应严把关口，警觉戒惧。既要严把出口关，做到"慎言语"，防止祸从口出，以求养心，又要严把入口关，做到"节饮食"，防止病从口入，以求养身。

颐卦的人位互卦为坤卦（下卦：六二至六四；上卦：六三至六五）。《坤·文言传》提示："坤道其顺乎，承天而时行。"《坤·大象传》提示："君子以厚德载物。"坤道承天时行与"颐之时"旨意一致。坤卦提示，人在颐卦环境，应顺天时以养，养得其时，养得其正，"自养"以"厚德"，"所养"以"载物"。

本卦：颐　　　　　　人位互卦：坤

颐卦局势：如口嚼食物，自食其力，运势收敛，颐养自得，近善远恶。

《易经》启示：人在颐卦环境，若能持守正道，严把关口，谨言慎食，顺时而动，适可而止，则能趋吉避凶。若贪得无厌，欲壑难填，求养于人，结果会凶多吉少。

初九，舍尔灵龟，观我朵颐，凶。

初九爻，放弃自己谋生，羡慕我口中食物，凶险。

《象》曰：观我朵颐，亦不足贵也。

《小象传》解释："观我朵颐"，这个不值得推崇。

【导读】

舍尔灵龟，观我朵颐　舍，放弃、舍弃。尔，你自己，指占问者。灵龟，指占卜灵验的神龟，此指占卦谋生。朵颐，指活动上下颌咀嚼东西的样子，此指口中食物。观，观赏，此指羡慕。观我朵颐，指羡慕我口中食物。

《象》曰　贵，贵重，此指推崇。不足贵，不值得推崇。

【爻象处境】

《易经》通例，下卦为内卦、为自己，上卦为外卦、为对方、为他人。初九与六四正应，六四在上卦、外卦，有"尔"之象；六四在上卦艮，艮错卦为兑，兑为毁折，有"舍"之象；兑又为巫，有"灵"之象；颐卦为大象离，离为龟，有"龟"之象；兑离合观，有"灵龟"之象；离又为乾卦，乾为天，天上之龟，也有"灵龟"之象。诸象合观，有"舍尔灵龟"之象。

颐卦为大象离，离为目，有"观"之象；初九处下卦，下卦为内卦、为自己，有"我"之象；初九处下卦震，震为动、为蕾，"蕾"为植物开花，有"朵"之象；初九为颐卦之初，有"颐"之象。合观之，有"观我朵颐"之象。

颐卦为大象离，离错卦为坎，坎为血卦，有"凶"之象。

初九阳爻居阳位，居位不中，重阳过刚，刚愎自用，妄动冒进，虽与六四正应，与六二亲比，但初九自身过刚不中，处互卦艮

（六二至上九）之下，艮为山，犹如泰山压顶，阻力强大，六四难以援助，又被六二凌乘，因此处境凶险。

《小象传》提示："观我朵颐，亦不足贵也。"羡慕我的食物，不值得推崇。

初九爻变，得颐之变卦剥卦。《剥·大象传》提示："上以厚下安宅。"得颐之剥，资源流失，岌岌可危。临川羡鱼，不如退而结网。羡慕别人生活，不如厚实自己家底。

本卦：颐　　　变卦：颐之剥

《易经》启示：初九处境是时运不佳，因小失大。人在初九处境，若能持守正道，既坚持自力更生，自食其力，又能谦逊应比，争取外援，方能趋吉避凶。若不以正道自养，不自力更生，不求自养，反而求养于他人，必有凶险。

六二，颠颐。拂经于丘颐，征凶。

六二爻，向内自养。若违背正道，乞食于上层权贵，前往有凶险。

《象》曰：六二征凶，行失类也。

《小象传》解释："六二征凶"，这是因为行为有失正派。

【导读】

颠颐　颠，颠倒，自上而下，此指自外向内。《诗经·齐风·东方未明》："颠之倒之。"《说文解字》："颠，顶也。"段玉裁注："离骚注曰：自上下曰颠。"颠颐，指向内自养。

拂经于丘颐　拂，违背。经，常道。《广雅·释诂》："经，常也。"丘，凸出，此指上层权贵。《说文解字》："丘，土之高也。"《广雅·释丘》："小陵曰丘。"丘颐，指乞食于上层权贵。

《象》曰　类，同类，引申为正派。《说文解字》："类，种类相似。"行失类，指行为有失正派。

【爻象处境】

六二处下卦震之中，震为反生，有"颠"之象；六二爻变，得兑卦，兑为口，有"颐"之象。合观之，有"颠颐"之象。

兑又为毁折，有"拂"之象；兑错卦为艮，艮为径，有"经"之象；下卦震为大涂，涂同途，也有"经"之象。合观之，有"拂经"之象。六二爻变，与六五正应，六二欲求养于六五，六五在上卦艮中，艮为山，有"丘"之象；六二爻变，下卦震变为兑，兑为口，有"颐"之象。合观之，有"丘颐"之象。诸象合观，有"拂经于丘颐"之象。

六二在下卦震，震为足、为动，有"征"之象；震错卦为巽，巽综卦为兑，兑为毁折，有"凶"之象。合观之，有"征凶"之象。

六二处下卦震之中位，阴爻居阴位，居中得正，亲比初九，可以向内自养，这是自养之常道。六二却求养于六五，这不是自养之正道，违背了自养常道。六五与六二敌而不应，六五不收养六二，下卦艮为山、为止，阻止六二求养于六五，六二变爻求养于六五，纯属一厢情愿，前往无望，境由心生，心念不正，处境凶险。

《小象传》提示："六二征凶，行失类也。"六二前往有凶险，在于行为有失正派。

六二爻变，得颐之变卦损卦。《损·大象传》提示："君子以惩忿窒欲。"得颐之损，贪多妄求必有损，应惩戒愤怒，窒塞贪欲。

本卦：颐　　　　　变卦：颐之损

《易经》启示：六二处境是时运颠倒，举止失措。人在六二处境，若能持中守正，安分守己，自食其力，以正道自养，遵循常道，方可颐养天年。反之，若求养于权贵，轻则受羞辱，重则有凶险，必将自食恶果。

六三，拂颐，贞凶。十年勿用，无攸利。

六三爻，违背向内自养之道，占问凶险。十年不能有所作为，没有任何利益。

《象》曰：十年勿用，道大悖也。

《小象传》解释："十年勿用"，这是因为与颐养正道大相径庭。

【导读】

拂颐 拂，违背。颐，指向内自养之道。

十年勿用 指十年不能有所作为。

《象》曰 道，此指正养之道。道大悖，指与颐养正道大相径庭。

【爻象处境】

六三处下卦震之极，震为反生，有"拂"之象；六三与上九正应，上九在上卦艮之顶，艮错卦为兑，兑为口，有"颐"之象。合观之，六三求食于上九，有"拂颐"之象。兑为巫，有"贞"之象；兑为毁折，有"凶"之象。合观之，有"贞凶"之象。

六三在互卦坤（六三至六五）中，坤卦三个阴爻，分别为长女、中女、少女，在先天八卦位数中，分别为五、三、二，合计为十，有"十年"之象；坤为地，地数为十，也有"十年"之象；上卦艮为止，有"勿用"之象。合观之，有"十年勿用"之象。

上九在上卦艮之终，艮错卦为兑，兑综卦为巽，巽为不果，有"无"之象；巽又为近利市三倍，有"利"之象。合观之，有"无攸利"之象。

六三处"三多凶"之位，处下卦震之极，躁动之极，阴爻居阳位，居位失当，不中不正，与上九正应，欲求养于上九，但上九在上卦艮中，艮为止，阻止六三前往，近无亲比，没有基础，处境凶险。

《小象传》提示："十年勿用，道大悖也。"十年无所作为，原因在于与颐养正道大相径庭。

六三爻变，得颐之变卦贲卦。《贲·彖传》提示："文明以止，人文也。……观乎人文，以化成天下。"得颐之贲，应以制度约束人，以道德成就人，鼓励谋生自养，反对好吃懒做。

本卦：颐　　　　　变卦：颐之贲

《易经》启示：六三处境是时运颠倒，处事不利，此时宜止不宜行。人在六三处境，若能持守正道，纠正过失，不违常理，自食其力，"自求口实"，向内自养，方为颐养之道。若急于前往求养，只求养于上层权贵，有违颐养之道，必有凶险，没有任何好处。

六四，颠颐，吉。虎视眈眈，其欲逐逐，无咎。

六四爻，向下颐养，吉利。如老虎目不转睛地盯着，急于追逐得到，没有咎灾。

《象》曰：颠颐之吉，上施光也。

《小象传》解释："颠颐之吉"，这是因为居上者施恩广大。

【导读】

颠颐　向下颐养。参见本卦六二【导读】。

虎视眈眈，其欲逐逐　眈眈，注视、逼视，指目不转睛的样子。逐逐，追逐，指急于得到的样子。

《象》曰　上，居上者。施，施舍。光，借为"广"。上施光，指居上者施恩广大。

【爻象处境】

六四居上卦艮之始，艮综卦为震，震为反生，有"颠"之象；艮错卦为兑，兑为口，有"颐"之象。合观之，有"颠颐"之象。

六四爻变，上卦艮变为离，离为日、为明、为丽，有"吉"之象。

艮为黔喙之属，有"虎"之象；六四爻变，得离卦，离为目，有"视"之象；离又为火、为电，有"眈眈"之象；六四爻变，得互卦坎（六三至六五），坎为亟心、为心病，有"欲"之象；坎又为加忧，有"逐逐"之象。合观之，有"虎视眈眈，其欲逐逐"之象。

艮错卦为兑，兑综卦为巽，巽为不果，有"无"之象；坎又为多眚，有"咎"之象。合观之，有"无咎"之象。

六四阴爻居阴位，居位得正，上九为上卦艮之主爻，六四向上为自养，为正道，下与初九正应，向下颐养初九，为"颠颐"。为何六二"颠颐"获凶，六四"颠颐"却获吉？六二之"颠颐"，是理应向内自养，却向上求养，乞求于人，违背自养之道，因而获凶。六四之"颠颐"，是在向上自养富足后，向下颐养众人，虽违背自养之道，却是救助他人，损己益人，因此获吉。

六四居位得正，与初九正应，又与众阴同在坤体，同体同性，志同道合，因此处境和顺。但六四居"四多惧"之位，既有艮山阻止，又有坎陷隐伏，犹如"虎视眈眈"，因此处境隐伏危险。

《小象传》提示："颠颐之吉，上施光也。""颠颐之吉"，在于居上者施恩广大。

六四爻变，得颐之变卦噬嗑卦。《噬嗑·彖传》提示："颐中有物，曰噬嗑，噬嗑而亨。"得颐之噬嗑，噬嗑象征口中含有食物，经过上下牙咬咀嚼消化才能亨通。

本卦：颐　　　　　　变卦：颐之噬嗑

《易经》启示：六四处境是时运正顺，前途光明。人在六四处境，若能持守正道，戒惧谨慎，尊上谦下，谦逊柔顺，颐养惠人，广结人缘，方能化险为夷，逢凶化吉。

六五，拂经，居贞吉，不可涉大川。

六五爻，违背颐养常道，占问居住吉利，但不利涉渡大川。

《象》曰：居贞之吉，顺以从上也。

《小象传》解释："居贞之吉"，这是因为能够顺势随从上层大人物。

【导读】

拂经　拂，违背。经，常道，此指颐养常道。

居贞吉，不可涉大川　居，居住。不可，不利。

《象》曰　顺，顺势。从，追随、随从。上，指上层大人物。顺以从上，指顺势随从上层大人物。

【爻象处境】

六五居上卦艮之中位，艮综卦为震，震为反生，有"拂"之象；震为大涂，涂同途，有"经"之象；艮为径，也有"经"之象。合观之，有"拂经"之象。

六五在上卦艮，艮为门阙，有"居"之象；艮错卦为兑，兑为巫，有"贞"之象；六五居颐卦之君位，颐卦为大象离，离为日、为明、为丽，有"吉"之象。合观之，有"居贞吉"之象。

艮又为止，有"不可"之象；艮综卦为震，震为足、为动，有"涉"之象；颐卦为大象离，离错卦为坎，坎为阳卦，阳为大，坎又为水、为沟渎，象征"川"，因此坎有"大川"之象。合观之，有"不可涉大川"之象。

六五居颐卦之君位，本应向下颐养众人，这是为君者颐养之常道，但六五阴爻居阳位，居位不正，阴虚乏力，无力自养，也无力养民，下无应爻，不能颐养众人，违背向下颐养之道，因此有"拂经"之斥。

六五虽居位不当，但居尊得中；虽无下应，但承比上九，又与众阴同在坤体，同体同性，志同道合；虽自身柔弱乏力，但位高权重，得到众人相助。因此，处境平和。

《小象传》提示："居贞之吉，顺以从上也。""居贞之吉"，在于能够顺势随从上层大人物。

六五爻变，得颐之变卦益卦。《益·大象传》提示："君子以见善则迁，有过则改。"得颐之益，应自省自警，人生在世总得做点有益的事，见到好的就学，有过失过错就改，不断增益修养自己的品德。

本卦：颐　　　　　变卦：颐之益

《易经》启示：六五处境是时运失当，宜顺以从上。人在六五处境，若能持中守正，谦逊柔和，宽厚包容，虽做不了大事，但能平安过日子。

上九，由颐，厉，吉，利涉大川。

上九爻，由此颐养，虽有厉危，终获吉利，利于涉渡大川。

《象》曰：由颐厉吉，大有庆也。

《小象传》解释："由颐厉吉"，这意味着最终得以普天同庆。

【导读】

由颐 由，甲骨文字形为 凷（《新甲骨文编》，第62页），表示树木枯槁或被砍伐后重新萌生枝条。本义是萌生，引申为从、自。《尔雅·释诂》："由，自也。"由颐，指由此颐养。

《象》曰 大有庆，普天同庆。

【爻象处境】

上九居颐卦之终，居上卦艮之极，艮为万物之所成终，有"由"之象；艮综卦为震，震为反生，也有"由"之象；艮错卦为兑，兑为口，有"颐"之象。合观之，有"由颐"之象。

上九为颐卦之主爻，颐为大象离，离错卦为坎，坎为隐伏、为血卦，有"厉"之象；离为日、为明、为丽，有"吉"之象。合观之，虽隐伏厉危，但终究吉利，有"厉吉"之象。

上九在上卦艮，艮错卦为兑，兑综卦为巽，巽为近利市三倍，有"利"之象；艮综卦为震，震为足、为动，有"涉"之象；颐为大象离，离错卦为坎，坎为阳卦，阳为大，坎又为水、为沟渎，象征"川"，因此坎有"大川"之象。合观之，有"利涉大川"之象。

上九居颐卦之极，阳刚强健，能自养，也能养人。上九与初九合力建立了颐养的正道框架，合养四阴。初九在下，实力尚弱，上九居顶，阳刚充足，卦中四阴皆由上九所养，功德圆满。但上九阳爻居阴位，居位不当，不中不正，又居全卦之终，前无去路，处境堪忧。幸好上九与六三正应，又有六五顺承亲比，并有六五率众阴顺承，因此，处境有惊无险，虽有厉危，但终可获吉。

《小象传》提示："由颐厉吉，大有庆也。"虽厉终吉，普天同庆。

上九爻变，得颐之变卦复卦。《复·大象传》提示："先王以至日闭关，商旅不行，后不省方。"得颐之复，功成身退，闭门不出，颐养天年。

本卦：颐　　　　　变卦：颐之复

《易经》启示：上九处境是时运复兴，万象更新。人在上九处境，若能持守正道，刚而能柔，谦逊顺应，宽厚包容，施惠于人，广积善缘，行善积德，得道多助，方能逢凶化吉。

第二十八卦　大过

☱☴ 大过，栋桡，利有攸往，亨。

大过卦，栋梁弯曲，利于有所前往，亨通。

《彖》曰：**大过，大者过也。栋桡，本末弱也。刚过而中，巽而说行，利有攸往，乃亨。大过之时大矣哉。**

《彖传》解释：大过卦象征大的方面过度。栋梁弯曲，是因为首尾两端太弱。虽然阳刚过度，但能持中守正，谦卑顺随，和悦健行，因此利于有所前往，并且亨通。大过卦顺时而行的道理真是博大精深啊！

《象》曰：**泽灭木，大过。君子以独立不惧，遁世无闷。**

《大象传》解释：泽水淹没树木，这是大过卦卦象。君子观此卦象，应当效法，进则临危不惧，守节不屈，退则隐居避害，没有苦闷。

【导读】

大过　卦名。《周易》（通行本）第二十八卦。《序卦传》："颐者，养也。不养则不可动，故受之以大过。"《杂卦传》："大过，颠也。"先畜后养，畜足好养，颐养有养人养己，养人不养为不足，相反为养己过足，过足之颠为大过，因此继颐卦之后紧接着为大过卦。这是《易传》释大过卦序、卦义。过，度也。《说文解字》："过，度也。从辵呙声。"从辵（chuò），表示与行走有关。古人多用走过的步数来测量长度衡量平衡。《虞书》："同律度量衡。"过为过度，适度为平衡，过度则失去平衡，大过则大失平衡。大过卦是讲大过之事。

栋桡　栋，栋梁。《说文解字》："栋，极也。从木，东声。屋内至中至高之处亦曰阿，俗谓之正梁。"屋的正梁，即屋顶最高处的水平木梁。俗话说"上梁不正下梁歪"，栋梁对房屋的整体结构平衡事关重大，因此农村建新房专门有"上梁"习俗。桡，读ráo，木头弯曲。《说文解字》："桡，曲木。"栋桡，栋梁弯曲。

《彖》曰　本末，首尾两端。本末弱，指栋梁两端太弱。刚过，阳刚过度。中，持中守正。巽，谦卑随顺。说同悦。说行，和悦健行。大过之时，指大过卦顺时而行。

《象》曰　"泽灭木"，此释大过卦卦象。下卦巽为木，上卦兑为泽，木在泽下，泽水淹没了木。"独立不惧，遁世无闷"，指顺时而行，适时进退，进则临危不惧，守节不屈，退则隐居避害，没有苦闷。

【卦象环境】

大过卦下卦为巽，上卦为兑，巽为木，兑为泽，泽上木下，有"泽灭木"之象。泽水过多，淹过了树木，有大过之义；全卦为四阳二阴，阳为大，阴为小，阳相比阴，四比二，阳大过阴，也有大过之义。故取卦名为"大过"。

下卦巽为木，古人"筑土构木以为宫室"（《淮南子·氾论训》），有房屋之象；上卦兑错卦为艮，艮为门阙，也有房屋之象。

下卦巽为木、为绳直、为高，有"栋"之象；大过卦卦形为大象坎，坎为矫𫐓、为弓轮，有"桡"之象。合观之，有"栋桡"之象。

巽又为近利市三倍，有"利"之象；巽错卦为震，震为足、为动，有"往"之象。合观之，有"利有攸往"之象。

大过卦卦形为大象坎，坎为通，有"亨"之象。

大过卦为四阳二阴卦，四阳爻阳气过盛，阳刚过强，中间四阳爻为房屋栋梁，上下两阴爻为两端，中间阳爻过强过重，两端阴爻支撑力太弱，造成栋梁弯曲，岌岌可危，环境极险。但九五、九二居中，能持守中道，矫枉过正，结果仍能亨通。

《彖传》提示："大过，大者过也。"大过卦是指大的方面过度。

《大象传》提示："君子以独立不惧，遁世无闷。"在大过环境，既要无所畏惧，勇敢面对，又要慎独自重，即使与世不合，不为世用，亦无苦闷，绝不郁闷。

大过卦的人位互卦为乾（下卦：九二至九四；上卦：九三至九五）。《乾·大象传》提示："天行，健。君子以自强不息。"大过卦卦形为大象坎，坎为陷险，大坎为大险，环境极为凶险。乾卦提示，人在大过环境，环境凶险，正是大显身手、有所作为之时。人在大过卦，应认清时境，不退反进，迎难而上，因时制宜，顺时行事，勇往直前，方能亨通。大过之时，也正是自强、大为之时，君子健行，自强不息，方能改大过为大有作为。

本卦：大过　　　人位互卦：乾

大过卦局势： 如栋梁弯曲，本末俱弱，运势过盛，根基不稳，隐患不绝，最终亨通。

《易经》启示： 人在大过卦环境，若能持中守正，顺时而行，知过改过，矫枉过正，平衡适中，则能逢凶化吉。若刚柔失衡，纠正失时，有过不改，结果会凶多吉少。

初六，藉用白茅，无咎。

初六爻，用白色茅草衬垫祭品，没有咎灾。

《象》曰：藉用白茅，柔在下也。

《小象传》解释："藉用白茅"，这表明具有柔顺谦下的品德。

【导读】

藉用白茅　藉，衬垫、铺垫。《说文解字》："藉，祭藉也。"段玉裁注："祭天以为藉也。"白茅，白色茅草。藉用白茅，指祭祀时用白色茅草衬垫在祭品下面。祭祀时，通常直接将祭品放在案几上，祭品下还要铺垫上洁白的茅草，显示出"大过"的通常做法，但这种"大过"正显示出特别的虔诚。

《象》曰　柔在下，指具有柔顺谦下的品德。

【爻象处境】

初六处下卦巽之底，巽为入，有"藉"之象；巽又为白，有

"白"之象；巽又为木，巽为阴卦，阴为柔、为小，有"茅"之象。合观之，有"藉用白茅"之象。

巽又为不果，有"无"之象；大过卦为大象坎，坎为多眚，有"咎"之象。合观之，有"无咎"之象。

初六处大过卦之始，阴爻居阳位，居位不当，不中不正，但上与九四正应，近与九二亲比，上有靠山，下有基础，处境有利。

《小象传》提示："藉用白茅，柔在下也。""藉用白茅"，表明具有柔顺谦下的品德。

初六爻变，得大过之变卦夬卦。《夬·大象传》提示："君子以施禄及下，居德则忌。"得大过之夬，应广施恩惠予人，最忌独享所得。

本卦：大过　　　　　变卦：大过之夬

《易经》启示：初六处境是时运不当，宜谦下柔顺。人在初六处境，若能小心谨慎，谦逊顺承，及时纠正过失，及时调和上下关系，尊上谦下，以柔济刚，柔顺以对，方能无咎。

九二，枯杨生稊，老夫得其女妻，无不利。

九二爻，枯老杨树长出新芽，老夫少妻，没有什么不利。

《象》曰：老夫女妻，过以相与也。

《小象传》解释：老夫少妻，这种婚配是有过错的。

【导读】

枯杨生稊　指枯老杨树长出新芽。稊，读 tí，一种实如小米、形似稗的野草，此指新芽。

老夫得其女妻　指老男人娶了少女，即老夫少妻，亦即俗话所谓"老牛吃嫩草"。老夫，指老头子、老男人。女妻，指初六，为未婚少女。在经文看来，老夫少妻，年龄差距确实"大过"，但你情我愿，这种"大过"不是什么大过错，因此"无不利"。

《象》曰　过，过失、过错。相与，相配，此指婚配。过以相与，指这种婚配是有过错的。对老夫少妻的看法，传文与经文异义，传文认为，年龄不相配，这种"大过"是过错。

【爻象处境】

九二居大过卦下卦巽中，巽为木、为不果，有"枯"之象；大过卦为大象坎，坎错卦为离，离于木为科上槁，槁即"枯槁"，也有"枯"之象；巽为木，有"杨"之象。合观之，有"枯杨"之象。下卦巽错卦为震，震为反生，有"生"之象；震又为蕃鲜、为勇，"勇"为植物开花，有"稊"之象。诸象合观，有"枯杨生稊"之象。

九二为阳爻，象征男人，九二在下卦巽，巽为寡发，因此有"老夫"之象；巽为入，有"得"之象；巽综卦为兑，兑为少女、为妾，有"女妻"之象。合观之，有"老夫得其女妻"之象。

巽又为近利市三倍，有"利"之象，换言之，亦即"无不利"之象。

九二处下卦巽之中位，阳爻居阴位，居位得中，刚而能柔，下据亲比初六，阴阳调和，枯木逢春，重现生机，处境有利。但九二上无正应，九二爻变，得艮卦，有艮山阻力，不但没人赞同，反对的还不少，压力山大，处境利中有弊。

《小象传》提示："老夫女妻，过以相与也。"老头子娶少女，婚配有过失。

九二爻变，得大过之变卦咸卦。《咸·大象传》提示："君子以虚受人。"得大过之咸，应虚怀若谷，包容接受他人。

本卦：大过　　　变卦：大过之咸

《易经》启示：九二处境是时运颠倒，枯木逢春。人在九二处境，若能持守中道，纠正过刚，刚而能柔，谦逊应比，尊上谦下，广结人缘，借助外援，顺势而为，方能吉无不利。

九三，栋桡，凶。

九三爻，栋梁受重压向下弯曲，凶险。

《象》曰：栋桡之凶，不可以有辅也。

《小象传》解释："栋桡之凶"，这表明弯曲不正者不可用来支撑。

【导读】

栋桡 指栋梁受重压向下弯曲。栋梁向下弯曲，这种"大过"有"凶"。

《象》曰 辅，本义是车旁横木。古代夹在车轮外旁的直木，每轮二木，用以增加车轮载重支力。此指支撑。不可以有辅，指栋梁弯曲不可用来支撑。

【爻象处境】

九三居下卦巽之极，巽为木、为绳直、为高，有"栋"之象；九三爻变，得坎卦，坎为矫輮、为弓轮，有"桡"之象。合观之，有"栋桡"之象。坎又为血卦，有"凶"之象。

九三阳爻居阳位，居位得正，但重阳过刚，九三在六爻中间，为栋梁中部，过刚过重，梁木有压弯折断的危险。九三与上六有应，但上六阴爻乏力，不足以支持九三。九三在下卦顶点，处"三多凶"之位，居位不中，刚愎自用，近无亲比，没有基础，因此处境凶险。

《小象传》提示："栋桡之凶，不可以有辅也。"弯曲不正者，不可用来支撑。

九三爻变，得大过之变卦困卦。《困·大象传》提示："君子以致命遂志。"得大过之困，应听天命顺势而为，尽人事成就志向。

本卦：大过　　　变卦：大过之困

《易经》启示：九三处境是时运不正，孤立无助。人在九三处境，若能持守正道，戒骄戒躁，抑制过刚，纠正过失，小心谨慎，谦逊柔顺，借助外力，与时进退，方可逢凶化吉。

九四，栋隆，吉。有它，吝。

九四爻，栋梁向上拱起，吉利。恐有意外，有遗恨。

《象》曰：栋隆之吉，不桡乎下也。

《小象传》解释："栋隆之吉"，这意味着栋梁不再向下弯曲。

【导读】

栋隆 指栋梁向上拱起。

有它，吝 它，原指蛇，引申为意外隐患。由九三"栋桡"到九四"栋隆"，矫枉过正，恐有其他意外之患。吝，指有过不改而留下遗恨。"有它，吝"，指矫枉过正，恐有其他意外之患，若不改过，会有遗恨。

《象》曰 不桡乎下，指栋梁不再向下弯曲。

【爻象处境】

九四居上卦兑之始，兑综卦为巽，巽为木、为绳直、为高，有"栋"之象；巽又为升、为高，有"隆"之象。合观之，有"栋隆"之象。

九四爻变，上卦兑变为坎，坎错卦为离，九四爻变也得互卦离（九三至九五），离为日、为明、为丽，有"吉"之象。

坎为隐伏、为弓轮，杯弓蛇影，有"它"之象。坎又为加忧、为呕心，有"吝"之象。

九四阳爻居阴位，阴阳相和，刚柔相济，矫正过刚，恢复平衡，又与众阳同在乾体，同体同性，志同道合，齐心协力，扭转危局，转危为安，因此处境平安。但九四处"四多惧"之位，居位失当，不中不正，与初六正应，得初六阴爻回应过多，又会失衡，恐有其他隐患。

《小象传》提示："栋隆之吉，不桡乎下也。"栋梁之材不能向下弯曲。

九四爻变，得大过之变卦井卦。《井·象传》提示："井养而不穷也。改邑不改井，乃以刚中也。"得大过之井，应如井水养人，永不穷尽。城邑改变，水井不变，人来人往，自己固守中正之道不变。

本卦：大过　　变卦：大过之井

《易经》启示：九四处境是时运兴隆，宜防范意外。人在九四处境，若能持守正道，尊上谦下，谦逊柔顺，宽厚包容，和合上下，平衡内外，防范意外，方能吉而无咎。

九五，枯杨生华，老妇得其士夫，无咎无誉。

九五爻，枯老杨树开花，老妇人嫁给年轻人，既没有坏处也没有好处。

《象》曰：枯杨生华，何可久也？老妇士夫，亦可丑也。

《小象传》解释："枯杨生华"，这怎么可以长久？"老妇士夫"，这意味着这种婚配是不光彩的。

【导读】

枯杨生华 华同花。枯杨生华，指枯老杨树开花。

老妇得其士夫 "老妇"，老年妇女。"士夫"，年轻人，未婚青年。"老妇得其士夫"，指老妇人嫁给年轻人。

无咎无誉 指既没有坏处也没有好处。经文认为，老妇嫁士夫，双方年龄差距虽有"大过"，但也不算过错，不好不坏。

《象》曰 何可久，指怎么可以长久。老妇士夫，为"老妇得其士夫，无咎无誉"之省文。丑，不光彩。"老妇士夫"也是婚配年龄上的"大过"，传文与经文的态度也不同，传文斥之为"亦可丑也"。

【爻象处境】

九五居上卦兑中，兑综卦为巽，巽为木、为不果，有"枯"之象；巽为木，有"杨"之象。合观之，有"枯杨"之象。九五爻变，上卦变为震，震为反生，有"生"之象；震又为勇、为蕃鲜，"勇"为植物开花，有"华"之象。诸象合观，有"枯杨生华"之象。

巽为寡发，有"老"之象；巽为长女，有"妇"之象；巽为入，有"得"之象；九五在上卦兑，兑为少女，象征少年，九五阳爻为男人，因此有"士夫"之象。合观之，有"老妇得其士夫"之象。

巽为不果，有"无"之象；大过卦为大象坎，坎为多眚，有"咎"之象；兑为口、为说，有"誉"之象。合观之，有"无咎无誉"之象。

九五阳爻居阳位，虽居中得正，但重阳过刚，向下无应，向上亲比上六，上六居卦之极，为阴极，老妇嫁年轻丈夫，犹如枯树开花，不过老妇不能生育，昙花一现，没有咎过，也没有称誉。

《小象传》提示："枯杨生华，何可久也？老妇士夫，亦可丑也。"老妇少夫，难以长久，也不光彩。

九五爻变，得大过之变卦恒卦。《恒·大象传》提示："君子以立不易方。"得大过之恒，做人处事应恒久持守正道，永不改变。

本卦：大过　　　变卦：大过之恒

《易经》启示：九五处境是时运颠倒，难以长久。人在九五处境，若能持中守正，抑制过刚，刚而能柔，谦逊柔顺，宽厚包容，可保无咎无誉。

上六，过涉灭顶，凶，无咎。

上六爻，徒步过河淹没头顶，此时有凶险，最终无咎灾。

《象》曰：过涉之凶，不可咎也。

《小象传》解释："过涉之凶"，这不用去责备。

【导读】

过涉灭顶　涉，徒步过河。《说文解字》："涉，徒行濿水也。"顶，头顶。河水淹没了头顶，这是灾情程度上的"大过"。

凶，无咎　指遇到凶险，若能及时补救，可以逢凶化吉，化险为夷，最终不会有咎灾。

《象》曰　咎，责备、怪罪。不可咎，指不用去责备。

【爻象处境】

上六居上卦兑之顶，兑错卦为艮，艮综卦为震，震为足、为动，有"过涉"之象；兑又为毁折，有"灭"之象；上六爻变，上卦兑变为乾卦，乾为首，有"顶"之象；大过卦为大象坎，坎为下首，也有"顶"之象。合观之，有"过涉灭顶"之象。

兑为毁折，有"凶"之象。兑综卦为巽，巽为不果，有"无"之象；大过卦为大象坎，坎为多眚，有"咎"之象。合观之，有

"无咎"之象。

上六居大过卦之极，阴爻居阴位，居位得正，与九五亲比，又与九三正应。上六虽居位不中，重阴过弱，前无去路，但有靠山，又有基础，因此处境有惊无险。

《小象传》提示："过涉之凶，不可咎也。"过涉之凶，不用责备。

上六爻变，得大过之变卦姤卦。《姤·象传》提示："刚遇中正，天下大行也。"得大过之姤，刚柔相遇，若能持中守正，就能畅行天下。

本卦：大过　　　变卦：大过之姤

《易经》启示：上六处境是好运已过，灭顶之灾。人在上六处境，若能持守正道，纠正过弱，以柔济刚，举止得当，谦逊尊上，诚信对下，借助外援，终能化险为夷。

第二十九卦　坎 ䷜

䷜ 习坎，有孚，维心亨，行有尚。

习坎卦，卦兆显示，顺心亨通，前行会有贵人相助。

《彖》曰：习坎，重险也。水流而不盈，行险而不失其信。维心亨，乃以刚中也。行有尚，往有功也。天险不可升也，地险山川丘陵也，王公设险以守其国。险之时用大矣哉。

《彖传》解释：习坎卦象征坎险重重。如水奔流，永不止息，历经坎险而不失信念。顺心亨通，这是因为刚健中正。前行有贵人相助，意味着前往必定成功。天险高不可及，地险就在山川丘陵，王公据险设关，守卫国家。坎卦因时施用的道理真是博大精深啊！

《象》曰：水洊至，习坎。君子以常德行，习教事。

《大象传》解释：流水重复不断滚滚而来，这是习坎卦卦象。君子观此卦象，应当效法，经常修养德行，温习教化之事。

【导读】

习坎　卦名。《周易》（通行本）第二十九卦。此卦有二名：一为习坎，帛书本、《彖传》、《象传》同；一为坎，《序卦传》、《杂卦传》同。《序卦传》："物不可以终过，故受之以坎。坎者，陷也。"《杂卦传》："坎，下也。"待人接物不可太过分，大过就会有陷害，爬得越高跌得越重，最终跌下深坑，因此继大过卦之后紧接着为坎卦。这是《易传》释坎卦卦序、卦义。《说文解字》："习，数飞也。从羽从白。"习字从羽，与鸟飞有关，本义是小鸟重复不断试飞，引申为重复、重合。坎，本义是坑、穴。《说文解字》："坎，陷也。"《汉书·李广苏建传》："凿地为坎。"陷阱不是馅饼，有坎陷就有坎险。习坎是坎叠坎，险象环生。坎卦是讲如何应对重重坎险。

有孚，维心亨，行有尚　孚，卦兆。有孚，卦兆显示。维，本义是系物的绳，引申为顺、随。《广雅·释诂》："维，系也。"维心亨，顺心亨通。尚，佑也，佑助。行有尚，指前行会有贵人相助。

《彖》曰 重险，坎险重重。不盈，不满、不止。行险，历经坎险。信，信念。不可升，高不可及。设险，据险设关卡。

《象》曰 洊，读 jiàn，同荐，重叠、屡次、接连。水洊至，指流水重复不断滚滚而来。常德行，常常修养德行。习，温习。教事，教化之事。

【卦象环境】

坎卦下卦为坎，上卦也为坎，坎下有坎，坎内有坎，坎叠坎，坎连坎，"习"为重，有"习坎"之象，故取卦名为"坎"，又称"习坎"。习字从羽从白，为小鸟练习飞翔。坎为险、为陷，上险下险，险陷重重，有"重险"之象；上下卦的一阳陷于二阴之中，也有"重险"之象。人生在世，难免会遇坎险，"学而时习之"，方能涉险出坎。

坎卦中有互卦艮（六三至九五），艮错卦为兑，兑为巫，有"孚"之象。

兑综卦为巽，巽为绳直、为入，有"维"之象；坎卦中有互卦震（九二至六四），震错卦为巽，也有"维"之象；坎卦上下卦皆为坎，坎为亟心、为心病，有"心"之象；坎又为通，有"亨"之象。合观之，有"维心亨"之象。

震为足、为动，有"行"之象；震综卦为艮，坎卦中也有互卦艮（六三至九五），艮为手、为指，有"尚（佑）"之象。合观之，有"行有尚"之象。

《彖传》提示："维心亨，乃以刚中也。"顺心亨通，在于刚健中正。

《大象传》提示："君子以常德行，习教事。"应经常修养德行，温习教化之事。

坎卦的人位互卦为颐卦（下卦：九二至六四；上卦：六三至九五）。《颐·彖传》提示："颐，贞吉，养正则吉也。"颐卦提示，人在坎卦环境中，应固守正道，谨慎颐养，自养养众，养身养心，养正则吉。首先要"心亨"。刚健中正则内心亨通，虽身陷坎险，心却不困，心先通而后身可通。其次还要"身行"。身通则要践行，才能"往有功"，出坎脱险。

☵　　　　　　　　　☶
☵　　　　　　　　　☳
本卦：坎　　　　人位互卦：颐

习坎卦局势：如入坑中坑，重重险境，运势艰难，内忧外患，险中求生，最终亨通。

《易经》启示：人在坎卦环境，若能坚定信念，不忘初心，坚韧不拔，步步为营，争取外援，终能逢凶化吉。若丧失信心，惊慌失措，冲动冒险，愈陷愈深，结果会凶多吉少。

初六，习坎，入于坎窞，凶。

初六爻，身处重重险境，陷入坑中坑，凶险。

《象》曰：习坎入坎，失道凶也。

《小象传》解释："习坎入坎"，这是因为偏离正道而导致凶险。

【导读】

入于坎窞　窞，读 dàn，深坑、坎中之坎。

《象》曰　失道凶，指偏离正道而导致凶险。

【爻象处境】

初六处下卦坎之底，坎下之坎，有"习坎"之象；初六爻变，得兑卦，兑综卦为巽，巽为入，有"入"之象；初六处上下两坎之底，有"坎窞"之象。合观之，有"入于坎窞"之象。坎为血卦，有"凶"之象。

初六处下卦坎之底，阴爻居阳位，居位失当，不中不正，阴柔软弱，自身乏力，上无正应，没有外援，陷入坎险深处，不能自拔，处境十分凶险。

《小象传》提示："习坎入坎，失道凶也。"偏离正道，导致凶险。

初六爻变，得坎之变卦节卦。《节·大象传》提示："君子以制数度，议德行。"得坎之节，应以制度、道德进行约束节制。

本卦：坎　　　　　　变卦：坎之节

《易经》启示：初六处境是时运失当，失道入坎，此时处于自身乏力又无外援的险境中，不宜轻举妄动。人在初六处境，若能持守正道，谨慎小心，三思而行，有所节制，避免犯错，以免愈陷愈深，方能逢凶化吉。若不节制，冒险妄行，结果会大凶特凶。

九二，坎有险，求小得。

九二爻，坎中有危险，只求小有所得。

《象》曰：**求小得，未出中也。**

《小象传》解释：虽处坎险仍能"求小得"，这是因为还没有离开中正之道。

【导读】

求小得　指只求小有所得。

《象》曰　中，中正之道。未出中，指没有离开中正之道。

【爻象处境】

九二处下卦坎之中，坎为陷，有"坎有险"之象。

九二在互卦震（九二至六四）中，震错卦为巽，巽综卦为兑，兑为口、为说，有"求"之象；巽为阴卦，阴为小，有"小"之象；巽为入、为近利市三倍，有"得"之象。合观之，有"求小得"之象。

九二处下卦坎之中位，阳爻居阴位，居位失当，陷于上下两阴之中，上与九五敌而不应，没有外力援助，虽与初六、六三亲比，但已陷于坎底，又被六三凌乘，既有坎险隐伏，又有互卦艮（六三至九五）山阻止，处境艰险。

《小象传》提示："求小得，未出中也。"虽处坎险仍能"求小得"，在于没有离开中道。

九二爻变，得坎之变卦比卦。《比·六二》提示："比之自内，贞吉。"得坎之比，自己主动亲近别人，占问吉利。

☵☵　　　　　　☵☷
本卦：坎　　　　变卦：坎之比

《易经》启示：九二处境是时运适中，小有所得。人在九二处境，若能持守中道，刚而能柔，力求自保，既要从小处着手，靠自己"求小得"，逐步解决难题，也要重视争取外援，寻找盟友，共克时艰，共渡险难，方能小有所得。

六三，来之坎坎，险且枕，入于坎窞，勿用。

六三爻，在重重坎坑中来回徘徊，坎坑既险又深，陷入坎中之坎，暂时不要轻举妄动。

《象》曰：来之坎坎，终无功也。

《小象传》解释："来之坎坎"，这意味着最终不能有任何作为。

【导读】

来之坎坎　之，往。《说文解字》："之，出也。"《易经》通例，由下而上、由内而外为往，由上而下、由外而内为来。来之，指来回徘徊。坎坎，指坎连着坎，重重坎坑。

险且枕，入于坎窞，勿用　枕，古文作"沈"，指深。入于坎窞，参见本卦初六【导读】。勿用，暂时不用。

《象》曰　终无功，指最终不能有任何作为。

【爻象处境】

六三爻变，下卦坎变为巽，巽为进退，爻序自下而上，进为往，退为来，之即往，因此有"来之"之象；六三处下卦坎中，下卦坎在上卦坎之下，坎叠坎，有"坎坎"之象。合观之，有"来之坎坎"之象。

坎为陷，有"险"之象；巽又为高、为入，有"枕（深）"之象。合观之，有"险且枕"之象。

巽为入，有"入"之象；六三处下卦坎中，上面还有上卦坎，有"坎窞"之象。合观之，有"入于坎窞"之象。

六三在互卦艮（六三至九五），艮为止，有"勿"之象；艮又为手，有"用"之象。合观之，有"勿用"之象。

六三居下卦坎之极，处"三多凶"之位，阴爻居阳位，居位失当，不中不正，与上六敌而不应，与六四敌而不比，凌乘九二，得罪九二，被九二进逼，上无靠山，近无帮手，没有外援，在上坎下坎之间，来往进退皆为坎，坎坎相连，险象环生，处境凶险。

《小象传》提示："来之坎坎，终无功也。""来之坎坎"，最终不能有任何作为。

六三爻变，得坎之变卦井卦。《井·象传》提示："井养而不穷也。"得坎之井，即使被困井底，也有活路。

本卦：坎　　　　　变卦：坎之井

《易经》启示：六三处境是时运不顺，此时坎险连连，宜止不宜动。人在六三处境，若能持守正道，戒惧谨慎，冷静处事，纠正过失，谦逊柔顺，广结人缘，养精蓄锐，等待时机，方能无咎。若惊惶失措，轻举妄动，不仅无济于事，还会愈陷愈深。

六四，樽酒，簋贰，用缶，纳约自牖，终无咎。

六四爻，一樽酒，两簋饭，用缶器装着，用绳子从坑口天窗吊下去，最终没有咎灾。

《象》曰：樽酒簋贰，刚柔际也。

《小象传》解释："樽酒簋贰"，这表明要柔顺与外面刚强者交接沟通，争取外援。

【导读】

樽酒，簋贰，用缶　樽，读 zūn，古代盛酒的器具。簋，读 guǐ，古代盛食物的器具。《说文解字》："簋，黍稷方器也。"缶，读 fǒu，古代一种大肚子小口的盛酒瓦器。《说文解字》："缶，瓦器所以盛酒浆，秦人鼓之以节歌。象形。"用缶，指用缶器装着。

纳约自牖　纳，送入。约，绳索。《说文解字》："约，缠束也。从糸勺声。"段玉裁注："束者，缚也。"糸是细丝，有缠束作用。牖，窗，此指坑口（如天窗）。《说文解字》："牖，穿壁以木为交窗也。从片、户、甫。"段玉裁注："交窗者，以木横直为之，即今之窗也。在墙曰牖，在屋曰窗。"片是锯开的木片，户指窗。先秦多用牖，窗少见。

《象》曰 际，交接。本义是两墙相合之缝。《说文解字》："际，壁会也。"段玉裁注："两墙相合之缝也。引申之，凡两合皆曰际。"刚柔际，此指身在坎险处境，要柔顺与外面刚强者交接沟通，争取外援。

【爻象处境】

六四居上卦坎之始，坎为水，有"酒"之象；坎又为陷，可视为杯，有"樽"之象；六四爻变，得互卦离（九二至九四），离中虚，也有"樽"之象。合观之，有"樽酒"之象。

六四在互卦震（九二至六四）中，震为苍筤竹，有"簋"之象；六四爻变，上卦坎变为兑，兑在先天八卦位数为二，有"贰"之象；六四阴爻为偶，也有"贰"之象。合观之，有"簋贰"之象。

六四在互卦艮（六三至九五）中，艮为手，有"用"之象；离中虚，离为大腹，又有"缶"之象。合观之，有"用缶"之象。兑综卦为巽，巽为入，有"纳"之象；巽又为绳直，有"约"之象。合观之，有"纳约"之象。艮为门阙，有"牖"之象。诸象合观，手捧装有酒饭的缶器去进献，从窗口送入室内，有"用缶，纳约自牖"之象。

艮又为止、为万物之所成终，有"终"之象；巽又为不果，有"无"之象；离又为多眚，有"咎"之象。合观之，有"终无咎"之象。

六四阴爻居阴位，居位得正，顺承亲比在上位的九五之君，以进献樽酒二簋结好九五，争取九五的信任和支持，可以脱险，终得无咎。

《小象传》提示："樽酒簋贰，刚柔际也。"以柔顺刚，交接沟通，争取外援。

六四爻变，得坎之变卦困卦。《困·大象传》提示："君子以致命遂志。"得坎之困，既要听天命，顺势而为，也要尽人事，最终成就志向。

本卦：坎　　　　　　变卦：坎之困

《易经》启示：六四处境是时运正当，刚柔相济。人在六四处境，若能持守正道，谦逊顺承，灵活变通，想尽办法，择善追随，争取外援，得贵人相助，借力借势，方能最终无咎。

九五，坎不盈，祇既平，无咎。

九五爻，坎坑没被填满，但地很快就会平坦，没有咎灾。

《象》曰：坎不盈，中未大也。

《小象传》解释："坎不盈"，这意味着中正九五填坑之功尚未大成。

【导读】

坎不盈，祇既平　盈，满，此指填满。《说文解字》："盈，满器也。"坎不盈，坎坑没被填满。祇，本义是地神，此指地。《说文解字》："祇，地祇也。"《尸子》："天神曰灵，地神曰祇。"既，不久、随即。甲骨文字形为 𱃌（《新甲骨文编》，第312页），右边是食器的形状，左边像一人吃罢而掉转身体将要离开的样子。《说文解字》："既，小食也。"小食即小吃，一下子就吃完，喻时间很短。祇既平，指有地神护佑，地很快就会平坦。

《象》曰　中，指中正九五。未大，指填坑之功尚未大成。

【爻象处境】

九五居上卦坎之中位，有"坎"之象；九五在互卦艮（六三至九五），艮错卦为兑，兑综卦为巽，巽为不果，有"不"之象；兑为附决，有"盈"之象。合观之，有"坎不盈"之象。

九五爻变，上卦为坤，坤为地，兑又为巫，坤兑合观，有

"祇"之象；巽又为绳直、为工，有"平"之象。合观之，有"祇既平"之象。

巽为不果，有"无"之象；上卦坎为多眚，有"咎"之象。合观之，有"无咎"之象。

九五居上卦坎之中位，虽身陷坎中，下无正应，没有基础，但九五居全卦之君位，阳爻居阳位，居中得正，阳刚中正，近与六四、上六亲比，处境尚可。

《小象传》提示："坎不盈，中未大也。"填坑之功尚未大成。

九五爻变，得坎之变卦师卦。《师·大象传》提示："君子以容民畜众。"得坎之师，应容纳畜养众人，聚集力量，共克时艰。

本卦：坎　　　　　　变卦：坎之师

《易经》启示：九五处境是时运中兴，尚未大成。人在九五处境，若能持守中正之道，既刚健中正，又谦逊柔和，宽厚包容，得道多助，上下相应，共渡坎险，终能化险为夷，逢凶化吉。

上六，系用徽纆，寘于丛棘，三岁不得，凶。

上六爻，用粗绳捆绑，投入四周长满荆棘的牢狱，三年不得出狱，凶险。

《象》曰：上六失道，凶三岁也。

《小象传》解释：上六偏离正道，所以遭受三年的凶险。

【导读】

系用徽纆　系，捆绑。徽，指三股绳拧成的绳索。《说文解字》："徽，三股绳也。"纆，读 mò，指两股绳拧成的绳索。《说文解字》："纆，索也。"段玉裁注："系用徽纆。刘表曰：三股曰徽，两股曰纆。"徽纆，指粗绳。

寘于丛棘　寘，读 zhì，同置，放置。《说文解字》："寘，置也。"丛棘，指四周长满荆棘的牢狱。

三岁不得　指三年不得出狱。

《象》曰　失道，指偏离正道。

【爻象处境】

上六居上卦坎之极，上六爻变，坎变为巽，巽为绳直、为长，有"徽纆"之象；巽综卦为兑，兑错卦为艮，艮为手，有"系"之象。合观之，有"系用徽纆"之象。

巽又为入，有"寘"之象；坎于木为坚多心，有"丛棘"之象。合观之，有"寘于丛棘"之象。

上六在上卦坎，坎错卦为离，离在先天八卦位数为三，有"三岁"之象；巽又为不果，有"不得"之象。合观之，有"三岁不得"之象。

上六在上卦坎，坎为血卦，有"凶"之象。

上六居坎卦之终，居坎险之极，阴爻居阴位，重阴过弱，下与六三敌而不应，没有基础，又凌乘九五，得罪九五之尊，处境凶险。

《小象传》提示："上六失道，凶三岁也。"处事不对路，有三年凶险。

上六爻变，得坎之变卦涣卦。《涣·大象传》提示："先王以享于帝立庙。"得坎之涣，应祈求上天、祖宗保佑。

本卦：坎　　　　　变卦：坎之涣

《易经》启示：上六处境是时运失道，此时自身乏力，孤立无援，难以脱险，有三年凶险。人在上六处境，此时自身乏力，孤立无援，难以脱险。若能戒惧谨慎，退守自保，谦下尊上，谦逊顺承，争取外援，借助外力，方能趋吉避凶。

第三十卦　离　☲

☲ 离，利贞，亨，畜牝牛吉。

离卦，利于占问，亨通，蓄养母牛吉利。

《彖》曰：离，丽也。日月丽乎天，百谷草木丽乎土，重明以丽乎正，乃化成天下。柔丽乎中正，故亨，是以畜牝牛吉也。

《彖传》解释：离卦象征附丽。日月附丽于上天，百谷草木附丽于土地，庄重光明的德行附丽于正道，这样才能化育成就天下万物。柔顺品德附丽于中正之道，才能亨通，因此蓄养柔顺的母牛是吉利的。

《象》曰：明两作，离。大人以继明照于四方。

《大象传》解释：光明接连升起，这是离卦卦象。大人物观此卦象，应当效法，用持续不断的美德光芒照耀四方。

【导读】

离　卦名。《周易》（通行本）第三十卦。《序卦传》："坎者，陷也。陷必有所丽，故受之以离。离者，丽也。"《杂卦传》："离上而坎下也。"坎为地下深坑，陷入深坑，必有坎险，上有所附，方能脱险。离者丽也，丽者附丽，就是上面有依靠。离火坎水，水火不容，又相辅相成，因此继坎卦之后紧接着为离卦。这是《易传》释离卦卦序、卦义。离，本义是山神、猛兽。《说文解字》："离，山神，兽也。从禽头，从厹从中。欧阳乔说：离，猛兽也。"商周时期金文"离"字为 ▨（《新金文编》，第2043页），像猛兽。因此，离有二义：一是附丽，二是山神。离卦是讲附丽山神之事。

畜牝牛吉　蓄养母牛吉利。牝，读 pìn，雌性的禽兽。《说文解字》："牝，畜母也。"

《彖》曰　丽，附丽、附着。重明，指庄重光明的德行。正，正道。

《象》曰 "明两作",此释离卦卦象。上下两卦皆为离,离为日、火,皆有明义。两作,接连升起。大人,大人物。明,指美德光芒。

【卦象环境】

离卦下卦为离,上卦也为离,离为日、为火、为明,两离重叠,有"明两作"之象。六二至九四组成互卦巽,巽为木,上卦离为火,木在下,火在上,火依附木,丽即附丽、依附,有"离丽"之象;六五、六二两阴爻在上下阳爻中间,为火焰,阳为实物,依附四个阳爻,实物着火燃烧,大放光明,有离火之明。故取卦名为"离"。离卦既有"依附"也有"光明"的含义。

离卦有互卦巽(六二至九四),巽为近利市三倍,有"利"之象;巽综卦为兑,卦中也有互卦兑(九三至六五),兑为巫,有"贞"之象。合观之,有"利贞"之象。

离卦上下卦皆为离,离错卦为坎,坎为通,有"亨"之象。

离为乾卦,乾错卦为坤,坤为吝啬、为藏、为顺,有"畜"之象;坤为母牛,有"牝牛"之象;离为日、为明、为丽,有"吉"之象。合观之,有"畜牝牛吉"之象。

离卦"畜牝牛",培养温顺德性,亲和力大,适应力强,易接受他人,也易为他人接受,依附于天地,持守中正之道,承天时,顺地势,自然亨通吉利。

《彖传》提示:"柔丽乎中正,故亨。"柔顺品德,依附于中正之道,才能亨通。

《大象传》提示:"大人以继明照于四方。"要用连续不断的光明照耀天下。

离卦的人位互卦为大过卦(下卦:六二至九四;上卦:九三至六五)。《大过·大象传》提示:"君子以独立不惧,遁世无闷。"大过卦提示,人在离卦环境,不能遗世独立,只有依附才有发展,但依附必须正当,前途才能光明。若不被世用,也要心无苦闷,坚持操守,无所畏惧。

本卦：离　　　　　人位互卦：大过

离卦局势：如日依附天，光明普照，运势柔顺，顺天时行，耀眼靓丽，前途亨通。

《易经》启示：人在离卦环境，若能柔顺守正，择善而从，顺势而为，谨慎行事，则能趋吉避凶。若不知戒惧，刚愎自用，轻举妄动，逆天而行，结果会凶多吉少。

初九，履错然，敬之，无咎。

初九爻，行走时谨慎小心，心存敬畏，没有咎灾。

《象》曰：履错之敬，以辟咎也。

《小象传》解释："履错之敬"，这是为了避免灾祸。

【导读】

履错然，敬之　履，行走、行进。"履"在战国以前一般只作动词用，后来逐渐演变为名词鞋子，唐朝以后称"鞋"。错然，谨慎小心。敬，心存敬畏。《说文解字》："敬，肃也。"恭与敬不同，恭在外表，敬存内心。"履错然，敬之"，指行走在山下，要谨慎小心，对山神心存敬畏。

《象》曰　辟咎，指避免灾祸。

【爻象处境】

初九爻变，下卦离变为艮，艮综卦为震，震为足、为动，有"履"之象；初九处下卦离之始，离错卦为坎，坎为加忧、为亟心，有"错然"之象，也有"敬"之象。合观之，有"履错然，敬之"之象。

艮错卦为兑，兑综卦为巽，巽为不果，有"无"之象；坎又为多眚，有"咎"之象。合观之，有"无咎"之象。

初九处离卦之初，阳爻居阳位，虽居位得当，但居位不中，重阳过刚，刚愎自用，妄动躁进，上无正应，近比六二，又被六二凌乘，初九之上有互卦坎（六二至六五），坎为陷、为险，处境危险。

《小象传》提示："履错之敬，以辟咎也。"小心行走可以避灾免祸。

初九爻变，得离之变卦旅卦。《旅·彖传》提示："旅，小亨。柔得中乎外而顺乎刚，止而丽乎明，是以小亨，旅贞吉也。"得离之旅，人生旅途即将开始，若能柔和守中，在外顺从刚强，居止时依附光明之德，如此才能小有亨通，旅居在外持中守正可获吉祥。

本卦：离　　　　　变卦：离之旅

《易经》启示：初九处境是时运未现，此时为行动的初始阶段，初履坎险，宜戒惧谨慎。人在初九处境，若能持守正道，抑制过刚，刚而能柔，尊上谦下，柔顺应比，步履谨慎，小心从事，以免犯错，终可无咎。

六二，黄离，元吉。

六二爻，附丽黄色山神，一直吉利。

《象》曰：黄离元吉，得中道也。

《小象传》解释："黄离元吉"，这意味着体现了中正之道。

【导读】

黄离　指附丽黄色山神。

《象》曰　得中道，体现了中正之道。

【爻象处境】

六二在互卦巽（六二至九四），巽错卦为震，震为玄黄，有"黄"之象；六二居下卦离之中位，为下卦离之主爻，有"离"之象。合观之，有"黄离"之象。

六二爻变，下卦离变为乾卦，乾为乾元，有"元"之象；六二在下卦离中，离为日、为明、为丽，有"吉"之象。合观之，有"元吉"之象。

六二阴爻居阴位，虽上无正应，但近与初九、九三亲比，基础扎实，自身又居位中正，因此处境顺利。

《小象传》提示："黄离元吉，得中道也。""黄离元吉"，在于体现了中正之道。

六二爻变，得离之变卦大有卦。《大有·象传》提示："其德刚健而文明，应乎天而时行，是以元亨。"得离之大有，持守中正之道才能获得光明，走极端则不利，顺天时行，才能大有亨通。

本卦：离　　　　　变卦：离之大有

《易经》启示：六二处境是时运中兴，前途光明。人在六二处境，若能持守中正之道，刚柔相济，谦逊柔顺，尊上亲下，得道多助，方能一直亨通。

九三，日昃之离，不鼓缶而歌，则大耋之嗟，凶。

九三爻，太阳偏西时附丽山神，不敲着缶器歌舞欢庆，高龄老人就会嗟叹伤心，有凶险。

《象》曰：日昃之离，何可久也？

《小象传》解释："日昃之离"，这怎么能长久呢？

【导读】

日昃之离　昃，读 zè，太阳偏西。《说文解字》："昃，日在西方时侧也。"日昃之离，指太阳偏西时见到山神。

不鼓缶而歌，则大耋之嗟　缶，古代一种大肚子小口的瓦器，既可盛酒，又可作乐器。此指乐器。《说文解字》："缶，瓦器所以盛酒浆，秦人鼓之以节歌。象形。"参见坎卦六四爻【导读】。耋，读 dié，八十岁老人，泛指老年人。《说文解字》："年八十曰耋。"耄（mào）耋之年，古称八九十岁年纪。嗟，感叹词，表示忧感。

《象》曰　何可久也，指怎么能长久呢。

【爻象处境】

九三居下卦离之极，离为日，有"日"之象；九三在互卦兑（九三至六五）之始，兑在后天八卦方位中为西方，日薄西山，有

"昃"之象；九三爻变，得互卦艮（六二至九四），艮为山，象征山神，离为山神，因此有"离"之象。合观之，有"日昃之离"之象。

九三在互卦巽（六二至九四），巽为不果，有"不鼓"之象；九三在下卦离中，离中虚，为大腹，有"缶"之象；九三在互卦兑（九三至六五），兑为口舌、为说，有"歌"之象。合观之，有"不鼓缶而歌"之象。

九三阳爻，阳为大，有"大"之象；巽又为寡发，有"耋"之象。合观之，有"大耋"之象。兑为口舌，有"嗟"之象。合观之，有"大耋之嗟"之象。

九三在下卦离，离错卦为坎，坎为血卦，有"凶"之象。

九三居下卦离之终，阳爻居阳位，居位不中，重阳过刚，上与上九敌而不应，近与九四敌而不比，又处"三多凶"之位，四面楚歌，危机四伏，处境凶险。

《小象传》提示："日昃之离，何可久也？""日昃之离"，怎么能长久呢？

九三爻变，得离之变卦噬嗑卦。《噬嗑·象传》提示："颐中有物，曰噬嗑，噬嗑而亨。"得离之噬嗑，应乐天知命，当吃则吃，当歌则歌，知足常乐，自娱自乐，自得其乐，晚年可获亨通。如果老了还不知及时行乐，逆向而行，难免有垂老之叹。

本卦：离　　　　　　变卦：离之噬嗑

《易经》启示：九三处境是时运不利，日薄西山。人在九三处境，若能持守正道，抑制过刚，知过改过，刚而能柔，尊上谦下，谦逊柔顺，广结人缘，方能无咎。

九四，突如其来如，焚如，死如，弃如。

九四爻，山神来去匆匆，见到山神来时激情似火，见到山神离去时死一般寂静，最后感觉被抛弃而伤心不已。

《象》曰：突如其来如，无所容也。

《小象传》解释："突如其来如"，这是无法形容的。

【导读】

突如其来如，焚如，死如，弃如 诸"如"皆为语气助词，无实义。突如其来如，指山神来也突然，去也突然，来去匆匆。焚，指见到山神来时激情似火。死，指见到山神离去时死一般寂静。弃，指感觉被抛弃而伤心。

《象》曰 无所容，指无法形容。

【爻象处境】

九四已出下卦离而入上卦离，在互卦巽（六二至九四）之极，巽为躁卦，有"突如"之象；巽又为入，《易经》通例，自上入下为来，有"来如"之象。合观之，有"突如其来如"之象。

九四在上卦离，离为火，熊熊烈火，有"焚如"之象；离错卦为坎，坎为血卦，有"死如"之象；九四在互卦兑（九三至六五）中，兑为毁折，有"弃如"之象。

九四居上卦离之初，处"四多惧"之位，阳爻居阴位，居位失当，不中不正，举止失措，冲动躁进，进逼六五之君，下与初九敌而不应，近与九三敌而不比，没有基础，玩火自焚，最终灰飞烟灭，处境凶险。

《小象传》提示："突如其来如，无所容也。"突如其来，只可意会，不可言传。

九四爻变，得离之变卦贲卦。《贲·彖传》提示："观乎天文，以察时变。观乎人文，以化成天下。"华丽的外表下，隐藏着致命的风险，若无预警，易遭意外。得离之贲，应观天象知时变，承天应人，顺时而为，以人文教化成就天下之人。

本卦：离　　　　　　变卦：离之贲

《易经》启示：九四处境是好运不长，突如其来。人在九四处境，若能持守正道，抑制过刚，纠正过失，谦下尊上，戒惧谨慎，方能趋吉避凶。

六五，出涕沱若，戚嗟若，吉。

六五爻，痛哭流涕，泪如雨下，悲戚伤心，最终吉利。

《象》曰：六五之吉，离王公也。

《小象传》解释："六五之吉"，这是因为依附于王公。

【导读】

出涕沱若，戚嗟若 涕，眼泪，痛哭流涕。沱，恸哭，泪如雨下。若，语气助词，无实义。戚，忧愁、悲哀。嗟，感叹词，表示忧感。

《象》曰 离，附丽、依附。

【爻象处境】

六五居上卦离之中，离为目，离错卦为坎，坎为水，离坎合观，有"出涕沱若"之象。

坎又为加忧、为亟心，有"戚"之象；六五在互卦兑（九三至六五），兑又为口舌、为说，有"嗟"之象。合观之，有"戚嗟若"之象。

六五在上卦离中，离为日、为明、为丽，有"吉"之象。

六五阴爻居阳位，虽居位得中，但居位失当，下无正应，自身软弱，又无基础，夹在上九、九四两阳爻之间，处境堪忧。

《小象传》提示："六五之吉，离王公也。"六五最终之所以能获得吉祥，在于依附于王公。

六五爻变，得离之变卦同人卦。《同人·大象传》提示："君子以类族辨物。"得离之同人，应懂得人以群分、物以类聚的道理，分清谁是朋友、谁是敌人，团结一切可以团结的力量，同心协力，共渡险难。

本卦：离　　　　　变卦：离之同人

《易经》启示：六五处境是时运失当，先失后得。人在六五处境，若能持守中道，知忧戒惧，谨言慎行，纠正过失，防微杜渐，谦逊柔和，宽厚包容，团结众人，方能逢凶化吉。

上九，王用出征，有嘉，折首，获匪其丑，无咎。

上九爻，君王出兵征伐，嘉奖功臣，斩杀敌首，俘获敌众，没有咎灾。

《象》曰：王用出征，以正邦也。

《小象传》解释："王用出征"，这是为了安邦定国。

【导读】

有嘉，折首，获匪其丑 嘉，嘉奖。折首，斩杀敌首。获，俘获。匪，强盗贼寇，此指敌人。丑，众。《尔雅·释诂》："醜，众也。"醜简化字为"丑"。获匪其丑，俘获敌众。

《象》曰 正邦，安邦定国。

【爻象处境】

上九居离卦之极，离为乾卦，乾为君，有"王"之象；上九爻变，得震卦，震综卦为艮，艮为手，有"用"之象；震为足、为动，有"出"之象；离为甲胄、为戈兵，有"征"之象。合观之，有"王用出征"之象。

上九亲比六五君王，六五在互卦兑（九三至六五），兑为口舌、为说，有"嘉"之象。

兑又为毁折，有"折"之象；上九在上卦离，离错卦为坎，坎为下首，有"首"之象。合观之，有"折首"之象。

震错卦为巽，巽为入、为近利市三倍，有"获"之象；坎又为盗，有"匪"之象；巽又为寡发、为广颡、为多白眼，有"丑"之象。合观之，有"获匪其丑"之象。

巽又为不果，有"无"之象；坎又为多眚，有"咎"之象。合观之，有"无咎"之象。

上九据比六五，六五也承比上九，上九得六五君王信任重用，奉王命出师，建立功勋，受到嘉奖，处境极盛，但上九居离卦之终，前无去路，阳爻居阴位，居位失当，不中不正，下无正应，没有基础，处境喜中有忧。

《小象传》提示："王用出征，以正邦也。"君王出兵征伐，在于安邦定国。

上九爻变，得离之变卦丰卦。《丰·彖传》提示："日中则昃，月盈则食，天地盈虚，与时消息，而况于人乎？"太阳到正午后就会逐渐向西偏斜，月亮圆满了就会逐渐亏损，天地万物种种盈亏变化，一切都随四时季节而消长，更何况是人呢？得离之丰，立下丰功伟业，如日中天，盛极必衰，激流勇退，正当离开之时。

本卦：离　　　　　变卦：离之丰

《易经》启示：上九处境是时运鼎盛，功德圆满。人在上九处境，荣极一时，功高震主，若能持守正道，功成身退，谦逊柔顺，方可无咎。

高金坚 著

于变局中开新局 下

易经易知

YI JING YI ZHI

华夏出版社
HUAXIA PUBLISHING HOUSE

图书在版编目（CIP）数据

易经易知：于变局中开新局. 下 /高金坚著. --北京：华夏出版社有限公司，2024.8. -- ISBN 978－7－5222－0733－9

Ⅰ.B221.5

中国国家版本馆 CIP 数据核字第 2024C04W44 号

下经

第三十一卦 咸 ䷞

䷞ 咸，亨，利贞，取女吉。

咸卦，亨通，利于占问，娶妻吉利。

《彖》曰：咸，感也。柔上而刚下，二气感应以相与。止而说，男下女，是以亨利贞取女吉也。天地感而万物化生，圣人感人心而天下和平。观其所感，而天地万物之情可见矣。

《彖传》解释：咸卦象征感应。阴柔居上，阳刚处下，阴阳二气交相感应而相互交融。少男举止得当，少女和悦随从，少男谦下应和少女，因此通达，利于贞正，娶妻吉利。天地阴阳感应而使万物化生，圣人德行感动人心而使天下和谐太平。观察这种感应，天地万物的情况就可以知道了。

《象》曰：山上有泽，咸。君子以虚受人。

《大象传》解释：山上有泽，这是咸卦卦象。君子观此卦象，应当效法，虚怀若谷以容纳感化他人。

【导读】

咸 卦名。《周易》（通行本）第三十一卦。《序卦传》："有天地然后有万物，有万物然后有男女，有男女然后有夫妇，有夫妇然后有父子，有父子然后有君臣，有君臣然后有上下，有上下然后礼义有所错。夫妇之道不可以不久也，故受之以恒。恒者，久也。"《杂卦传》："咸，速也。恒，久也。"《易传》把《易经》分为上下经，下经从咸卦开始。上经从乾、坤二卦开始，乾天坤地始生天下万物，有万物然后有男女。下经咸卦开始讲男女关系，由此引出夫妇、父子、君臣、上下关系，引出夫妇之道、君臣之道、上下之道、礼义纲常。咸为无心之感，男女之间的感觉来得快，去得也快，因此男女之咸"速也"。由男女成为夫妇，夫妇之道则不可以不恒久，否则一系列礼义纲常无处措置。因此继咸卦之后紧接着为恒卦。这是《易传》释咸卦卦序、卦义。

咸，指都、普遍、全部。《说文解字》："咸，皆也，悉也。"但是，咸的本义却是"砍人头"。咸，甲骨文字形为 ![字形] （《新甲骨文编》，第56页），从戌，从口，戌表示长柄大斧，口指人头，合起来表示大斧砍人头。男女情事怎么成了掉脑袋的事，好像说不通，但从心理学角度好像又说得通。潘光旦在汉译名著《性心理学》译注中指出，《咸》卦是"描写性交的准备"，"都是一些准备性的性戏耍，并且自外而内，步骤分明"。（《性心理学》，商务印书馆1997年版，第480页）咸卦从初爻到上爻全讲抚摸感应，从脚摸到头，摸遍全身，性心理反应也从紧张到兴奋，最后到亢奋时感到瞬间的眩晕，失去对周围环境的知觉，就好像脑袋不在自己身上了。因此，咸卦是讲男女抚摸感应之事。

取女吉 取同娶。咸卦下卦艮山，上卦兑泽，为水绕山转，艮又为少男，兑为少女，男谦下，女悦从，象征男欢女爱，因此娶妻安家吉利。

《彖》曰 "咸，感也"，以感应释"咸"。"止而说，男下女"，此就卦象而言，下卦艮为止、为少男，上卦兑为说，为少女。

《象》曰 "山上有泽"，此释咸卦卦象。下卦艮为山，上卦兑为泽，山谦下，泽滋润。虚，虚怀若谷。受，容纳、接受，又通"授"，指感化、教化。

【卦象环境】

咸卦下卦为艮，上卦为兑，艮为山，兑为泽，有"山上有泽"之象。泽在山上，泽中阴气在上而下降，山中阳气在下而上升，二者交感互应，有山泽通气、二气感应之象。咸为无心之感，故取卦名为"咸"。

咸卦有互卦坎（六二至上六），坎为通，有"亨"之象。

咸卦有互卦巽（六二至九四），巽为近利市三倍，有"利"之象；上卦兑为巫，有"贞"之象。合观之，有"利贞"之象。

下卦艮为手、为万物之所成终，有"取（娶）"之象；上卦兑为少女，有"女"之象；卦中有互卦乾（九三至九五），乾为天、为圆，乾错卦为坤，坤为地、为顺，天长地久，圆满顺利，有"吉"之象；互卦坎（六二至上六）错卦为离，离为日、为明、为丽，也有"吉"之象。合观之，有"取女吉"之象。

上卦兑为阴柔、为少女，下卦艮为阳刚、为少男，少男谦下追求少女，把少女奉承到山顶，少女欣然悦随，少男求婚成功，男欢女爱，娶女安家，自然吉利。

咸卦六爻皆为正应，阴阳有感应，有了感应才有应和。咸为无心之感，无心即虚心，虚怀若谷，有利于感应。有心就会有私心，有心计，有杂念，感应就迟钝。"咸"味值得玩味。

《彖传》提示："观其所感，而天地万物之情可见矣。"观察这种感应，天地万物的情况就可以知道了。

《大象传》提示："君子以虚受人。"虚怀若谷，可以容纳感化人。

咸卦的人位互卦为姤卦（下卦：六二至九四；上卦：九三至九五）。一阴遇五阳，一女周旋于五个男人之间。《姤》卦辞提示："女壮，勿用取女。"意思是：女子交往过滥，不可娶这女子。姤卦提示，人在咸卦环境，应远离自私任性、缺乏真诚、三心二意、用情不专的人。

本卦：咸　　　　人位互卦：姤

咸卦局势：如山泽通气，阴阳交感，运势和顺，万物感应，各有所成，前途亨通。

《易经》启示：人在咸卦环境，若能持守正道，正定心志，真诚相待，谦逊柔顺，顺时而动，则能趋吉避凶。若动机不正，缺乏真诚，随心所欲，盲目冲动，结果会凶多吉少。

初六，咸其拇。

初六爻，抚摸感应在脚拇指上。

《象》曰：咸其拇，志在外也。

《小象传》解释："咸其拇"，这表明心思在于向上。

【导读】

咸其拇 咸，指因抚摸而有所感应。拇，指手、脚的大指，此指脚拇指。咸其拇，指抚摸感应在脚拇指上。初六爻辞无吉凶断辞，表明感应之初，吉凶未卜，有待观察，不利匆忙下结论。

《象》曰 外，上。《易经》通例，下卦为内，上卦为外。志，志向、意向，此指心思。志在外，指心思在于向上。

【爻象处境】

初六爻变，下卦艮变为离，离错卦为坎，坎为加忧、为亟心，有"咸"之象；艮为指，艮综卦为震，震为足，震艮合观，有"拇"之象。诸象合观，有"咸其拇"之象。

初六阴爻居阳位，居位失当，不中不正，自身乏力，上与九四正应，近无亲比，感应在初步，又有下卦艮山阻止，有志外应九四，却得不到回应，处境不利。

《小象传》提示："咸其拇，志在外也。"心思在于向上追求。

初六爻变，得咸之变卦革卦。《革·大象传》提示："君子以治历明时。"得咸之革，应审明历法时令，顺时而为，革故鼎新，创新开始。

本卦：咸　　　变卦：咸之革

《易经》启示：初六处境是时运初显，万事开头难，此时不宜盲目冲动，宜谦下柔顺。人在初六处境，若能坚守正道，正定心志，养精蓄锐，冷静处事，静观其变，静待发展，终有所成。

六二，咸其腓，凶，居吉。

六二爻，抚摸感应在小腿肚上，有凶险，蹲着暂时不动吉利。

《象》曰：虽凶居吉，顺不害也。

《小象传》解释："虽凶居吉"，这表明顺势而为不会有危害。

【导读】

咸其腓 腓，读 féi，胫骨后的肉，亦称"腓肠肌"，俗称"腿肚子"。《说文解字》："腓，胫腨也。"段玉裁注："诸书或言胻

（zhuān）肠，或言腓肠，谓胫骨后之肉也。腓之言肥，似中有肠者然，故曰腓肠。"腨，读 shuàn，小腿肚子。咸其腓，指抚摸感应在小腿肚上。

居吉　居，蹲着，此指暂时不动。《说文解字》："居，蹲也。"居吉，指蹲着暂时不动吉利。此时宜静不宜动，需要再慎重考察。

《象》曰　顺不害，指顺势而为不会有危害。

【爻象处境】

六二在互卦坎（六二至上六），坎为加忧、为亟心，有"咸"之象；六二处互卦巽（六二至九四）之下，巽为股，股之下为腓，有"腓"之象。合观之，有"咸其腓"之象。

六二爻变，得咸之大过卦，大过卦为大象坎，坎为血卦，有"凶"之象；六二爻变，下卦艮变为巽，巽综卦为兑，兑为毁折，也有"凶"之象。

六二在下卦艮，艮为门阙，有"居"之象；巽又为近利市三倍，有"吉"之象。合观之，有"居吉"之象。

六二居下卦艮之中位，阴爻居阴位，居中得正，上与九五正应，近与九三承比，虽上有靠山，下有基础，但自身无实力，重阴过弱，又处下卦艮中，有艮山阻止，处境艰难。

《小象传》提示："虽凶居吉，顺不害也。"顺势而为，不会有危害。

六二爻变，得咸之变卦大过卦。《大过·大象传》提示："君子以独立不惧，遁世无闷。"得咸之大过，进则临危不惧，守节不屈，退则隐居避害，没有苦闷。

本卦：咸　　　变卦：咸之大过

《易经》启示：六二处境是时运中正，此时宜止不宜动，不宜强求，宜待时以动。人在六二处境，若能持守中正之道，谦逊柔顺，尊上谦下，安居不动，静观其变，顺其自然，方能获吉。若贪心强求，躁动妄进，则有凶险。

九三，咸其股，执其随，往吝。

九三爻，抚摸感应在大腿上，随心所欲，一意孤行，有遗恨。

《象》曰：咸其股，亦不处也。志在随人，所执下也。

《小象传》解释："咸其股"，这意味着不能安心静处了。"志在随人"，这表明追求过于低下。

【导读】

咸其股，执其随，往吝 股，大腿，自胯至膝盖的部分。《说文解字》："股，髀也。"髀，读 bì，大腿。膝盖以上为股，膝盖以下为胫。执，固执。执其随，指随心所欲。往吝，指随心所欲已有过失，有过不知或知过不改，一意孤行，必有遗恨。告诫不得盲从，不能随心所欲，不能简单地跟着感觉走。

《象》曰 不处，不能安心静处。随人，指随从自己的欲望。志在随人，指心志在于随心所欲。执下，追求低下。

【爻象处境】

九三在互卦坎（六二至上六），坎为加忧、为亟心，有"咸"之象；又居互卦巽（六二至九四）之中，巽为股，有"股"之象。合观之，有"咸其股"之象。

九三处下卦艮之顶，艮为手，有"执"之象；九三爻变，得坤卦，坤为顺，有"随"之象。合观之，有"执其随"之象。

艮综卦为震，震为足、为动，有"往"之象；九三在互卦坎（六二至上六）中，坎为心病、为亟心，有"吝"之象。合观之，有"往吝"之象。

九三阳爻居阳位，居位得当，上与上六正应，近与六二亲比，但九三重阳过刚，处"三多凶"之位，在下卦艮山之顶，处于转入上卦的转折之际，艮为止，正是当止之时，处境不利。

《小象传》提示："志在随人，所执下也。"随心所欲，追求过于低下。

九三爻变，得咸之变卦萃卦。《萃·彖传》提示："萃，聚也。顺以说，刚中而应，故聚也。"得咸之萃，应知萃卦象征聚人，顺人心而人悦从，阳刚居中而谦下应合，顺人心而非随己所欲，所以能聚人。

本卦：咸　　　变卦：咸之萃

《易经》启示：九三处境是时运失中，执迷不悟。人在九三处境，若能持中守正，戒惧谨慎，抑制过刚，刚而能柔，尊上谦下，谦逊柔顺，顺时而动，方能无咎。若随心所欲，冲动躁进，必有过失。若有过不知，知过不改，一意孤行，必有遗恨。

九四，贞吉，悔亡。憧憧往来，朋从尔思。

九四爻，占问吉利，悔意消亡。害羞地上下抚摸，女友随从你的心意。

《象》曰：贞吉悔亡，未感害也。憧憧往来，未光大也。

《小象传》解释："贞吉悔亡"，这意味着不感到害怕了。"憧憧往来"，这表明行动还不够光明正大。

【导读】

憧憧往来，朋从尔思　憧，害羞，心神不定。《说文解字》："憧，意不定也。"憧憧，指兴奋害羞的样子。往来，《易经》通例，由下而上为往，由上而下为来，此指上下抚摸。朋，此指女友。从，悦随。尔，你，此指男方。思，指上文"志在外也"之"志"，心思、心意。朋从尔思，指女友随从你的心意。同时也告诫要在感性的基础上进行理性把握。

《象》曰　未感害，没有感到害怕。未光大，没有光明正大。

【爻象处境】

九四居上卦兑之始，兑为巫，有"贞"之象；九四爻变，上卦兑变为坎，坎错卦为离，离为日、为明、为丽，有"吉"之象。合观之，有"贞吉"之象。

坎为加忧、为亟心、为心病，有"悔"之象；上卦兑为毁折，有"亡"之象。合观之，有"悔亡"之象。

坎为加忧、为亟心、为心病，也有"憧憧"之象；上卦兑综卦为巽，巽错卦为震，震为足、为动，有"往"之象；巽为入，有

"来"之象。合观之，有"憧憧往来"之象。

九四在互卦乾（九三至九五）中，乾错卦为坤，坤为众，有"朋"之象；坤又为顺，有"从"之象；《易经》通例，下卦为内卦、为己，上卦为外卦、为对方，九四在上卦，有"尔"之象；坎为加忧、为亟心、为心病，有"思"之象。合观之，有"朋从尔思"之象。

九四居"四多惧"之位，阳爻居阴位，居位不当，不中不正，心神不定，近无亲比，但下与初六正应，以正道感应，一心一意，结局吉利，悔恨消失，因此处境有利有弊。

《小象传》提示："憧憧往来，未光大也。"不够光明正大。

九四爻变，得咸之变卦蹇卦。《蹇·大象传》提示："君子以反身修德。"得咸之蹇，应反躬自省，修养德行。

本卦：咸　　　　变卦：咸之蹇

《易经》启示：九四处境是时运失当，尚未光大。人在九四处境，若能持守正道，刚而能柔，谦逊柔顺，专心致志，一心一意，方能一直吉利，一定成功。

九五，咸其脢，无悔。

九五爻，抚摸感应在脊背上，没有悔意。

《象》曰：**咸其脢，志末也。**

《小象传》解释："咸其脢"，这意味着心思在于向上行动。

【导读】

咸其脢　脢，读 méi，背脊肉，此指脊背。《说文解字》："脢，背肉也。"咸其脢，指抚摸感应在脊背上。

《象》曰　末，指卦的上爻。志末，即"志在末"，指心思在于向上行动。

【爻象处境】

九五爻变，得咸之小过卦，小过卦为大象坎，坎为加忧、为亟心，有"咸"之象；坎于马为美脊，有"脢"之象。合观之，有

"咸其脢"之象。

九五爻变，得震卦，震错卦为巽，巽为不果，有"无"之象；坎为加忧、为亟心、为心病，有"悔"之象。合观之，有"无悔"之象。

九五居咸卦之君位，阳爻居阳位，虽居中得正，但重阳过刚，虽与六二正应，可吸引六二来相应，但九三据比六二，受九三阻挠，六二不能前来与九五应和，九五亲比上六，欲与上六相交。亲比上六，无阻力，九五得其所愿。因此处境有曲折，结果无悔。

《小象传》提示："咸其脢，志末也。"志向在于向上行动。

九五爻变，得咸之变卦小过卦。《小过·象传》提示："过以利贞，与时行也。"得咸之小过，虽有小过，但利于守正，与时俱进，防微杜渐，及时悔过改过，终能无悔。

本卦：咸　　　　变卦：咸之小过

《易经》启示：九五处境是时运中正，顺时而动。人在九五处境，若能持守中正之道，抑制过刚，纠正过失，谦逊包容，真诚应比，顺势而为，顺其自然，方能无悔。

上六，咸其辅颊舌。

上六爻，抚摸感应在脸颊舌头上。

《象》曰：咸其辅颊舌，滕口说也。

《小象传》解释："咸其辅颊舌"，这意味着深情表白，情意绵绵。

【导读】

咸其辅颊舌　辅颊，脸颊。舌，舌头。"舌"字高亨疑为"吉"字之误，可从。

《象》曰　滕，本义是水向上腾涌，此指口中说出情话如泉水涌出，滔滔不绝。《说文解字》："滕，水超涌也。"滕口说，指深情表白，情意绵绵。

【爻象处境】

上六在互卦坎（六二至上六），坎为加忧、为亟心，有"咸"之象；上六又居上卦兑之极，兑错卦为艮，艮为门阙，门阙为门面，如人之脸面，有"辅颊"之象；兑为口舌，有"舌"之象。合观之，有"咸其辅颊舌"之象。

上六居咸卦之极，阴爻居阴位，居位得正，下与九三正应，近与九五亲比，既有九三明媒正娶，又有九五信任见证，情之所至，水到渠成，处境顺利。

《小象传》提示："咸其辅颊舌，滕口说也。"深情表白，情意绵绵。

上六爻变，得咸之变卦遁卦。《遁·上九》提示："肥遁，无不利。"得咸之遁，比翼双飞，无所不利。

本卦：咸　　　　变卦：咸之遁

《易经》启示：上六处境是时运失中，宜谨言慎行。人在上六处境，若能持守正道，以柔济刚，以诚相待，情之所至，水到渠成，吉利亨通，喜事临门。

第三十二卦　恒

䷟ 恒，亨，无咎，利贞，利有攸往。

恒卦，亨通，没有咎灾，利于占问，利于有所前往。

《彖》曰：恒，久也。刚上而柔下，雷风相与，巽而动，刚柔皆应，恒。恒亨无咎利贞，久于其道也。天地之道，恒久而不已也。利有攸往，终则有始也。日月得天而能久照，四时变化而能久成，圣人久于其道而天下化成。观其所恒，而天地万物之情可见矣。

《彖传》解释：恒卦象征恒久。阳刚居上，阴柔处下，雷风相益，巽顺而动，刚柔相应，这是恒卦卦象。恒卦有通达、无咎、利于贞正的品德，这是因为恒久持守正道。天地之道，是恒久运行而永不止息的。利于有所行往，这是说终而复始。日月恒久遵循天道才能长久照映，四时变化恒久遵循天道才能长久成就万物，圣人恒久遵循天道才能教化成就天下众人。只要观察恒久遵循的天道，那么天地万物变化发展的情况就可以知道了。

《象》曰：雷风，恒。君子以立不易方。

《大象传》解释：雷风相得益彰，这是恒卦卦象。君子观此卦象，应当效法，恒久持守正道，不轻易改变方向。

【导读】

恒　卦名。《周易》（通行本）第三十二卦。《序卦传》："夫妇之道不可以不久也，故受之以恒。恒者，久也。"《杂卦传》："咸，速也。恒，久也。"咸卦讲男女感应，感应来去迅速，夫妇之道不可以不恒久，因此继咸卦之后紧接着为恒卦。这是《易传》释恒卦卦序、卦义。恒，常也，长久。《说文解字》："恒，常也。从心从舟，在二之闲上下。心以舟施，恒也。古文恒从月。《诗》曰：如月之恒。"段玉裁注："常当作长。古长久字只作长。"《诗经·小雅·天保》："如月之恒，如日之升。"古文恒从月，如月之恒，是指月恒久随从日运行，即《丰·象传》所言："日中则昃，月盈则食，天地盈虚，与时消息。"夫妻如日月，日行月随，恒久不变，夫唱妇随，从一而终。恒卦是讲夫妻恒久之道。

《彖》曰　与，给予。相与，相得益彰。已，止。恒久而不已，指恒久运行而永不止息。天下化成，指教化成就天下众人。观其所恒，指观察恒久遵循的天道。

《象》曰　"雷风"，此释恒卦卦象。下卦巽为风，上卦震为雷，雷风相随，相得益彰。立，持守。易，改变。方，方向。立不易方，指恒久持守正道，不轻易改变方向。

【卦象环境】

恒卦下卦为巽，上卦为震，巽为风，震为雷，有"雷风"之象。雷风相随，象征恒久之道；上卦震为阳卦，下卦巽为阴卦，刚上柔下，阳尊阴卑有序，有"恒久不易"之象。故取卦名为"恒"。

恒卦有互卦坎（初六至六五），坎为通，有"亨"之象。

下卦巽为不果，有"无"之象；坎又为多眚，有"咎"之象。合观之，有"无咎"之象。

巽又为近利市三倍，有"利"之象；巽综卦为兑，恒卦也有互卦兑（九三至六五），兑为巫，有"贞"之象。合观之，有"利贞"之象。

巽为近利市三倍，有"利"之象；震为足、为动，有"往"之象。合观之，有"利有攸往"之象。

恒卦与咸卦为卦爻翻覆的关系，互为综卦。咸卦上卦兑为少女，下卦艮为少男，男下女，少男追求少女，为"情侣恋爱"之象，以男女交感讲感应之道；恒卦上卦震为长男，下卦巽为长女，男在外卦主外，女在内卦主内，为"夫妻持家"之象，以夫妻之道讲恒久之道。

《象传》提示："恒，久也。刚上而柔下，雷风相与，巽而动，刚柔皆应，恒。"恒卦象征恒久，阳刚居上，阴柔处下，雷风相益，巽顺而动，刚柔相应。

《大象传》提示："君子以立不易方。"君子应恒久持守正道，不轻易改变方向。

恒卦的人位互卦为夬卦（下卦：九二至九四；上卦：九三至六五）。《夬·大象传》提示："君子以施禄及下，居德则忌。"夬卦象征泽水上于天，泽水又润天下。夬卦提示，人在恒卦环境，应广施福泽于众，最忌贪多独享。

本卦：恒　　　　人位互卦：夬

恒卦局势：如雷厉风行，刚柔相与，阴阳相随，运势随顺，持之以恒，前途亨通。

《易经》启示：人在恒卦环境，若能持守正道，正定心志，谦逊柔顺，顺势而为，持之以恒，终能趋吉避凶。若缺少定力，缺乏恒心，进退失据，冒险躁进，结果会凶多吉少。

初六，浚恒，贞凶，无攸利。

初六爻，疏浚恒道，占问凶险，没有任何好处。

《象》曰：浚恒之凶，始求深也。

《小象传》解释："浚恒之凶"，这是因为一开始追求的目标太深远了。

【导读】

浚恒　浚，疏通、疏浚。

《象》曰　始求深，指一开始追求的目标太深远了。

【爻象处境】

初六处在恒卦之始，处下卦巽之初，巽错卦为震，震为决躁，有"浚"之象；巽为长，有"恒"之象。合观之，有"浚恒"之象。

巽综卦为兑，兑为巫，有"贞"之象；兑为毁折，有"凶"之象。合观之，有"贞凶"之象。

巽又为不果，有"无"之象；巽又为近利市三倍，有"利"之象。合观之，有"无攸利"之象。

初六处下卦巽，为主爻，阴爻居主位，应以柔静为主。但初六阴爻居阳位，居位不当，初六与九四正应，中间被九二、九三两阳爻阻隔，无法前往应和，处境不利。

《小象传》提示："浚恒之凶，始求深也。"刚开始起步，追求的目标太深远了。

初六爻变，得恒之变卦大壮卦。《大壮·大象传》提示："雷在天上，大壮。君子以非礼弗履。"得恒之大壮，要用惊雷轰鸣的气势克服非礼行为，悔过改过，循礼而行，方能恒久。

本卦：恒　　　　　　变卦：恒之大壮

《易经》启示：初六处境是时运未到，步步为营。人在初六处境，位卑势弱，此时宜静不宜动。若过分追求，一味强求，不是循序渐进，顺其自然，而是冲动躁进，结果会有凶险，不利于前往。操之过急，势所不能，急于求成，反而不成。

九二，悔亡。

九二爻，悔事消亡。

《象》曰：九二悔亡，能久中也。

《小象传》解释："九二悔亡"，这是因为能够恒久持守中道。

【导读】

悔亡　指悔事消亡。

《象》曰　久中，指恒久持守中道。

【爻象处境】

九二爻变，得恒之小过卦，小过卦为大象坎，坎为加忧、为心病、为恶心，有"悔"之象；坎为血卦，有"亡"之象；九二处下卦巽之中，巽为不果，也有"亡"之象；巽综卦为兑，兑为毁折，也有"亡"之象。合观之，有"悔亡"之象。

九二阳爻居阴位，虽居位不当，但居位得中，刚而能柔，适中有度，又上与六五正应，近与初六亲比，上有靠山，下有基础，自然悔根消亡，处境和顺。

《小象传》提示："九二悔亡，能久中也。"九二悔事消亡，在于能够恒久持守中道。

九二爻变，得恒之变卦小过卦。《小过·彖传》提示："小过，小者过而亨也。过以利贞，与时行也。"得恒之小过，小过卦象征小有过度仍可亨通，过度之时，矫枉过正仍然利于守正，因此与时俱进，及时改过，仍可恒久。

本卦：恒　　　　　　变卦：恒之小过

《易经》启示：九二处境是时运中兴，持久适中。人在九二处境，若能持守中道，抑制过刚，节制冲动，刚而能柔，尊上谦下，谦逊柔顺，方能趋吉避凶，悔事消亡。

九三，不恒其德，或承之羞，贞吝。

九三爻，不恒久持守夫妻之道，将会蒙受羞辱，占问有遗恨。

《象》曰：**不恒其德，无所容也。**

《小象传》解释："不恒其德"，这意味着会有无处容身的下场。

【导读】

不恒其德，或承之羞　德，指夫妻之道。或，将。承，承受、遭受。

《象》曰　无所容，指无处容身。

【爻象处境】

九三处下卦巽之顶，巽为不果，有"不"之象；巽又为长，有"恒"之象；巽又为绳直、为入，有"德"之象。合观之，有"不恒其德"之象。

巽为进退，有"或"之象；巽为入，有"承"之象；巽为多白眼，九三在互卦兑（九三至六五），兑为口舌，巽兑合观，有"羞"之象。综合观之，有"或承之羞"之象。

兑为巫，有"贞"之象；九三爻变，下卦巽变为坎，坎为加忧、为亟心，有"吝"之象。合观之，有"贞吝"之象。

九三处下卦巽之极，处"三多凶"之位，阳爻居阳位，虽居位得正，但居位不中，重阳过刚，刚愎自用，阳刚躁动，与上六正应，欲求上六阴阳之和，心神不定。但九三下无亲比，没有基础，又处互卦兑（九三至六五）中，会有口舌是非，不时蒙受羞辱，处境不顺。

《小象传》提示："不恒其德，无所容也。"不能恒久保持美好品德，会有无处容身的下场。

九三爻变，得恒之变卦解卦。《解·大象传》提示："君子以赦过宥罪。"得恒之解，应赦免有过失的，饶恕有罪过的，解开心结，可得恒定。

本卦：恒　　　变卦：恒之解

《易经》启示：九三处境是时运失中，进退无恒。人在九三处境，若能持守正道，正定心志，戒惧谨慎，抑制过刚，纠正过失，刚而能柔，尊上谦下，广结人缘，顺势而为，方能无咎。

九四，田无禽。

九四爻，田猎没有收获。

《象》曰：久非其位，安得禽也？

《小象传》解释：长久处在不适当的位置，这怎么能够捕获到禽兽呢？

【导读】

田无禽　田同畋，田猎。《广韵》："畋，取禽兽也。"田无禽，指田猎没有收获。

《象》曰　久非其位，长久处在不适当的位置。

【爻象处境】

九四居上卦震之初，九四爻变，震变为坤，坤为地，有"田"之象；九四在互卦兑（九三至六五），兑为毁折，坤兑合观，有"畋"之象；兑综卦为巽，巽为不果，有"无"之象；震综卦为艮，艮为黔喙之属，有"禽"之象。综合观之，有"田无禽"之象。

九四居上卦震之始，上与六五亲比，下与初六正应，近与九三、九二同在乾体，同体同性，志同道合。九四上有靠山，近有同志，下有基础，处境有利。震为动，九四为动力之源，应时行则行，当动则动，但九四阳爻居阴位，失位又失中，居"四多惧"之位，忧惧过度，结果没有收获。

《小象传》提示："久非其位，安得禽也？"长久处在不适当的位置，怎么能够捕获到禽兽呢？

九四爻变，得恒之变卦升卦。《升·大象传》提示："君子以顺德，积小以高大。"得恒之升，应有顺时而行之德行，及时改小过积小进，以成就高大恒久。

本卦：恒　　　　　变卦：恒之升

《易经》启示：九四处境是时运已失，此时才不配位，难有建树，多无成效。人在九四处境，若能持守正道，随机应变，尊上谦下，团结众人，借助外力，乘势而上，方能建功立业。若因循守旧，该动不动，守株待兔，则会坐失良机，失时失势，自然毫无所获。

六五，恒其德，贞妇人吉，夫子凶。

六五爻，恒久持守夫妻之道，妇人占问吉利，丈夫占问凶险。

《象》曰：妇人贞吉，从一而终也。夫子制义，从妇凶也。

《小象传》解释：妇人贞正而获吉，这是说女人只随从一个丈夫直到终生。丈夫则因事制宜，如果像女人那样顺从就会遭遇凶险。

【导读】

夫子凶　夫子，丈夫。夫子凶，指丈夫占问凶险。

《象》曰　从一而终，指妇人一生结一次婚，随从一个丈夫，直到终身，即使丈夫去世也不能改嫁。义同宜。制义，因事制宜。从妇，指丈夫随从妇人。后世"从一而终"的贞节观即来源于此。

【爻象处境】

六五居上卦震之中，震错卦为巽，巽为长，有"恒"之象；巽又为入、为绳直，有"德"之象。合观之，有"恒其德"之象。

巽综卦为兑，兑为巫，有"贞"之象；兑为妾，有"妇人"之象；六五爻变，得恒之大过卦，大过卦为大象坎，坎错卦为离，离为日、为明、为丽，有"吉"之象。合观之，有"贞妇人吉"之象。

震又为长男，有"夫子"之象；坎又为血卦，有"凶"之象。合观之，有"夫子凶"之象。

六五阴爻居阳位，虽居位失当，但居位得中，近比九四，下应九二，处境理想。但是，不同时境仍会有不同结局。六五居恒卦之尊位，为卦主爻，阴爻居中位，居位得中，柔顺守中，结果是对妇人吉祥。六五居震中，震为动，阴爻居刚位，居位不当，正是当动之时，却如妇人一般柔弱静守，当动不动，坐失良机，结果是对男人有凶险。

《小象传》提示："夫子制义，从妇凶也。"大丈夫因事制宜，如果像女人那样就会遭遇凶险。

六五爻变，得恒之变卦大过卦。《大过·彖传》提示："大过之时大矣哉。"得恒之大过，应认清时境，掌握时机，事关重大。

本卦：恒　　　　变卦：恒之大过

《易经》启示：六五处境是时运失当，阴阳失和。人在六五处境，必须认清时境，"恒其德"，是恒久不易，还是恒行不止，需要根据不同时境来确定。若能掌握时机，随机应变，见机行事，当止则止，恒久不易，方能获得"妇人吉"；当行则行，恒行不止，方可避免"夫子凶"。

上六，振恒，凶。

上六爻，没有恒久，凶险。

《象》曰：振恒在上，大无功也。

《小象传》解释：居上位者朝令夕改，这意味着做事大多不会成功。

【导读】

振恒 振，动、变动。《广雅·释诂》："振，动也。"振恒，变动恒久，即没有恒久。

《象》曰 振恒，此指朝令夕改。在上，居上位者。大无功，指做事大多不会成功。

【爻象处境】

上六居恒卦之顶、上卦震之极，震为动、为反生，有"振"之象；下有互卦兑（九三至六五），兑综卦为巽，巽为长，有"恒"之象。合观之，有"振恒"之象。

上六爻变，上卦震变为离卦，离错卦为坎，坎为血卦，有"凶"之象。

上六居恒卦之终，阴爻居阴位，居位得正，但重阴过弱，正处宜静不宜动之位；上六处上卦震动之极，物极必反，正当动极必静之时。上六虽下与九三正应，但与六五敌而不比，因此处境不佳。

《小象传》提示："振恒在上，大无功也。"居上位者朝令夕改，难成大事。

上六爻变，得恒之变卦鼎卦。《鼎·大象传》提示："君子以正位凝命。"得恒之鼎，应端正时位，方能完成使命。

本卦：恒　　　　　变卦：恒之鼎

《易经》启示：上六处境是好运已终，静守待时。人在上六处境，若能持守正道，正定心志，纠正过失，尊上谦下，以诚相待，持之以恒，取信于人，方能逢凶化吉。若缺乏恒心耐心，心浮气躁，冲动妄进，必遇凶险。

第三十三卦　遯

遯，亨，小利贞。

遯卦，亨通，占问小事有利。

《彖》曰：遯，亨，遯而亨也。刚当位而应，与时行也。小利贞，浸而长也。遯之时义大矣哉！

《彖传》解释：遯卦象征通达，意思是适时遯避才能通达。阳刚当位，则阴柔相应，遯避应当顺时而行。遯避虽是小事，但利于持守正道，因为阴柔势力正在逐渐增长。遯避因时制宜的道理真是博大精深啊！

《象》曰：天下有山，遯。君子以远小人，不恶而严。

《大象传》解释：天下有山，这是遯卦卦象。君子观此卦象，应当效法，疏远小人，表面不厌恶，内心严明界限。

【导读】

遯　读 dùn，卦名。《周易》（通行本）第三十三卦。《序卦传》："物不可以久居其所，故受之以遯。遯者，退也。"《杂卦传》："遯则退也。"不能在一个地方待太久，待太久了必须换个地方，把原先的退掉找新的地方，因此继恒卦之后紧接着为遯卦。这是《易传》释遯卦卦序、卦义。遯，本义是避开、回避。《广雅·释诂》："遯，避也。"《说文解字》："遯，迁也。一曰逃也。"迁是主动避开，逃是被逼而逃，被动避开。有身份者的遯叫隐退、隐居，没身份者的遯叫隐匿、潜逃。遯的目的都是相同的，只有一个，就是趋吉避凶。遯卦是讲如何遯避。下卦讲了三种不宜遯的情况，初六"遯尾"是缺少主见不敢遯，六二"执遯"是身不由己不能遯，九三"系遯"是心有系念不想遯。上卦讲了三种适宜遯的情况，九四"好遯"是身心安好时遯避，九五"嘉遯"是功成名就时遯避，上九"肥遯"是富裕肥润时遯避。

小利贞 小，小事。小利贞，指占问小事有利。

《彖》曰 遁而亨，指适时遁避才能通达。与时行，指遁避应当顺时而行。浸，逐渐。浸而长，指阴柔势力正在逐渐增长。

《象》曰 "天下有山"，此释遁卦卦象。远小人，疏远小人。恶，厌恶。不恶，指表面不表现出厌恶，不与小人直接产生冲突。严，严明，此指内心严明与小人的界限，不能混同于小人。

【卦象环境】

遁卦下卦为艮，上卦为乾，艮为山，乾为天，有"天下有山"之象；艮山在内卦，乾天在外卦，有"天在山外"之象。天下有山，正可退隐山林，天在山外，正好远走高飞，故取卦名为"遁"。遁者，退也，离去也。

上卦乾错卦为坤，得谦卦，卦中有互卦坎，坎为通，有"亨"之象。

遁卦有互卦巽（六二至九四），巽为阴卦，阴为小，有"小"之象；巽又为近利市三倍，有"利"之象；巽综卦为兑，兑为巫，有"贞"之象。合观之，有"小利贞"之象。

遁卦是十二消息卦之一，代表农历六月，来自姤卦，姤卦初爻一阴，阴长阳消，长至二阴，成为遁卦，阴气渐成气候。遁卦有阳避阴而遁之义。当初爻、二爻两阴爻渐长之时，为遁卦将转入否卦之际，洞察几微，及时遁隐则得亨通。

全卦四阳在上，二阴处下，阴为虚空，有"上被下架空"之象。居上而被下架空，无立足之地，不得不退出。乾为阳，为大人、贤人，艮为宫阙，又为畜止，有贤人居于宫阙外之象，贤人不被朝廷所识，也可身在宫阙，而心遁山林，心遁身不隐。乾为日气，为云气，艮为山，为留止，云气不被山所蓄，不得不离开，有"云气出于山"之象，可以远走高飞，全身心遁隐。

《彖传》提示："遁，亨，遁而亨也。"遁卦所谓的通达，是说及时遁避才算通达。

《大象传》提示："君子以远小人，不恶而严。"疏远小人，表面不厌恶，但内心严明界限。

遁卦的人位互卦为姤卦（下卦：六二至九四；上卦：九三至九五）。《姤·彖传》提示："姤，遇也，柔遇刚也。……姤之时义大矣哉！"姤卦提示，人在遁卦环境，柔遇刚，少阴对多阳，势不均，力不敌，因时制宜，事关重大。

本卦：遁　　　　　人位互卦：姤

遁卦局势：如归隐山林，守道远恶，运势含藏，小人势长，退守自保，前途亨通。

《易经》启示：人在遁卦环境，若能持守正道，识时退避，韬光养晦，隐忍待机，则能逢凶化吉。若贪图名利，当退不退，优柔寡断，甚至同流合污，结果会凶多吉少。

初六，遁尾，厉，勿用有攸往。

初六爻，尾随遁避，有厉危，暂时不用有所行往。

《象》曰：遁尾之厉，不往何灾也？

《小象传》解释："遁尾之厉"，这是说不前往又有什么灾患呢？

【导读】

遁尾，厉，勿用有攸往　尾，末尾，此指尾随。遁尾，即"尾遁"，指尾随遁避。遁避滞后，又尾随别人，表明缺乏独立，缺少主见，一个人独自不敢遁避，不是见机行事，适时而遁，因此这种遁避有厉危。勿用，暂时不用，静观不动。

《象》曰　不往何灾，指不前往又有什么灾患。

【爻象处境】

初六爻变，下卦艮变为离，离错卦为坎，坎为隐伏，有"遁"之象；坎为曳，有"尾"之象。合观之，有"遁尾"之象。坎又隐伏、为血卦，有"厉"之象。

初六处下卦艮之始，艮为止，有"勿用"之象；艮错卦为兑，兑综卦为巽，巽为不果，也有"勿用"之象；艮综卦为震，震为足、为动，有"往"之象。合观之，有"勿用有攸往"之象。

初六处遁卦之底，阴爻居阳位，居位失当，不中不正，近无亲比，上与九四正应，初六追随九四前往隐遁，但位处最底为末尾，为"遁尾"。初六处下卦艮之始，艮为山、为止，在山脚被山阻止，此时宜止不宜行，"遁尾"滞后，为时已晚，处境不利。

《小象传》提示："遁尾之厉，不往何灾也？"不前往，又有何灾？

初六爻变，得遁之变卦同人卦。《同人·大象传》提示："君子以类族辨物。"得遁之同人，应分辨人物，跟对人，这很重要。

　　　本卦：遁　　　　　　变卦：遁之同人

《易经》启示：初六处境是好运已过，正当宜止不宜动之时，宜退不进。人在初六处境，若能持守正道，小人物不必急着追随隐遁，不轻举妄动，不随便表态，谨慎言语就行，因人微言轻，讲了也没用，还惹祸上身，不如睁一眼闭一眼，静观时变，不惹是非，不起冲突，方能免祸消灾。

六二，执之用黄牛之革，莫之胜说。

六二爻，用黄牛皮绳捆绑，难以解脱。

《象》曰：执用黄牛，固志也。

《小象传》解释："执用黄牛"，这表明要固守中正志向。

【导读】

执之用黄牛之革，莫之胜说　执，捆缚。黄牛之革，黄牛皮绳。说通"脱"，解脱、挣脱。莫之胜说，难以解脱，指身不由己不能遁。

《象》曰　执用黄牛，为"执之用黄牛之革，莫之胜说"之省文。固志，指固守中正志向。

【爻象处境】

六二居下卦艮之中，艮为手，六二爻变，下卦艮变为巽，六二也在互卦巽（六二至九四），巽为绳直、为捆绑，艮巽合观，有

"执"之象；巽错卦为震，震为玄黄，有"黄"之象；六二爻变，得互卦乾（九二至九四），乾错卦为坤，坤为母牛，有"牛"之象；坤为布、为柔，有"革"之象。诸象合观，有"执之用黄牛之革"之象。

巽又为不果，有"莫之胜"之象；巽综卦为兑，兑为说，有"说"之象。合观之，有"莫之胜说"之象。

六二阴爻居阴位，居中得正，上与九五正应，近与九三承比，九五、九三都是六二的贵人，九五居君位，即将"嘉遁"，所以要用黄牛皮做的皮绳紧紧捆住，不能挣脱，让九五把六二扶上马再送一程，让九三合力相助，能够顺利上行，上有靠山，下有基础，处境理想。遁卦诸爻辞多言"遁"，唯独六二爻辞不见"遁"字，阳消阴长，六二有利，处境理想，当然不遁。

《小象传》提示："执用黄牛，固志也。""执用黄牛"，在于固守中正志向。

六二爻变，得遁之变卦姤卦。《姤》卦辞提示："女壮，勿用取女。"姤卦提示，女子交往过滥，千万别娶。得遁之姤，应当领悟，追随大人物，也应忠心耿耿，专心致志，一心一意。若三心二意，则不被信任重用。

本卦：遁　　　　　变卦：遁之姤

《易经》启示：六二处境是时运束缚，难遂志愿。人在六二处境，若能持中守正，尊上谦下，择善追随，忠心耿耿，借助外力，顺势而为，方能趋吉避凶。

九三，系遁，有疾厉，畜臣妾，吉。

九三爻，心有牵挂难以遁避，有忧患厉危，在家陪老婆孩子，吉利。

《象》曰：系遁之厉，有疾惫也。畜臣妾吉，不可大事也。

《小象传》解释："系遁之厉"，这是因为有疾病缠身使人疲惫不堪。"畜臣妾吉"，这表明不可以做大事了。

【导读】

系遁，有疾厉，畜臣妾 系，牵挂、系念。六二之"执"，是外在的，黄牛皮绳捆绑了手脚，身不由己不能遁。九三之"系"，是内在的，心有牵挂受到束缚，心有系念不想遁。疾，忧患。疾与病，笼统叫疾病，细分有所不同，疾为病之初，轻微的叫疾，疾加重叫病。《说文解字》："疾，病也。"段玉裁注："析言之则病为疾加，浑言之则疾亦病也。"有疾厉，指内心有忧患厉危。臣妾，此指妻子，泛指妻儿。臣妾是古代官员对外称呼自己妻子的谦称，这种谦称还有贱内、拙荆等，此处非指奴仆。畜臣妾，指此时宜在家陪老婆孩子。如南北朝诗人鲍照《拟行路难·其六》所言，"弄儿床前戏，看妇机中织"，韬光养晦，静待时机，是另一种形式的遁避。

《象》曰 疾惫，指因为有疾病缠身使人疲惫不堪。不可大事，指不可以做大事。

【爻象处境】

九三在互卦巽（六二至九四），巽为绳直，有"系"之象；巽又为入，有"遁"之象。合观之，有"系遁"之象。

巽又为多白眼，有"疾"之象；巽综卦为兑，兑为毁折，有"厉"之象。合观之，有"有疾厉"之象。

九三在下卦艮中，艮为止、为门阙，有"畜"之象；上卦乾为君，九三处下卦，有"臣"之象；兑又为妾，有"妾"之象。诸卦合观，有"畜臣妾"之象。

九三爻变，得坤卦，坤为文、为炳，有"吉"之象。

九三处遁卦即将出艮入乾之际，阳爻居阳位，居位得当，但居位不中，重阳过刚，又处"三多凶"之位，上无正应，没有靠山，近与六二亲比，心系六二，不忍超然远遁，恐有"疾厉"。九三居下卦艮之极，艮为止，上无正应，下有威胁，阳消阴长，面临初六、六二两阴爻进逼，因心有所系，退有牵制，进又被山阻，处境不顺。

《小象传》提示："畜臣妾吉，不可大事也。"在家陪老婆孩子，表明此时不宜做大事。

九三爻变,得遁之变卦否卦。《否·大象传》提示:"君子以俭德辟难,不可荣以禄。"得遁之否,应收敛德才以避危难,不可贪图功名利禄。

本卦:遁　　　　变卦:遁之否

《易经》启示:九三处境是时运否塞,此时已失时失势,宜隐忍待机。人在九三处境,若能持守正道,抑制过刚,节制冲动,退避自保,在家陪老婆孩子,韬光养晦,静待时机,见机行事,方能趋吉避凶。

九四,好遁,君子吉,小人否。

九四爻,身心安好时遁避,君子吉利,小人物不利。

《象》曰:君子好遁,小人否也。

《小象传》解释:君子能够做到适时遁避,而小人却做不到。

【导读】

好遁,君子吉,小人否　好,安好,此指身心安好。九四之"好",具体应指六二之"执"、九三之"系"已去除,已放开手脚、放宽心胸,身心安好,就要见好就收,适时遁避。君子、小人,经文中仅就爻位、爻性而分,与传文从道德伦理区分不同,详见乾卦【导读】。

《象》曰　君子好遁,指君子能够做到适时遁避。

【爻象处境】

九四居上卦乾之始,九四爻变,得巽卦,巽为近利市三倍,有"好"之象;巽为入,有"遁"之象。合观之,有"好遁"之象。

九四在上卦乾,乾为君,有"君子"之象;九四爻变,得互卦离(九三至九五),离为日、为明、为丽,有"吉"之象。合观之,有"君子吉"之象。

九四与初六正应,初六阴爻,阴为小,有"小"之象;初六在下卦艮，艮为少男，有"人"之象；艮为止，有"否"之象。合观之，有"小人否"之象。

九四已出艮止而入上卦乾，阳爻居阴位，居位失当，不中不正，但阳爻居乾卦，与众阳爻同体同性，志同道合，持守正道，随从众阳爻而退。九四与初六正应，初六对九四有所好，九四割舍初六所好，决意远遁，身心安好，处境有利。

《小象传》提示："君子好遁，小人否也。"君子能够做到适时遁避，而小人却做不到。

九四爻变，得遁之变卦渐卦。《渐·象传》提示："其位刚得中也，止而巽，动不穷也。"得遁之渐，摆正位置，刚健适中，内心静止，外表谦顺，行动就永远不会走入绝境。

本卦：遁　　　变卦：遁之渐

《易经》启示：九四处境是时运不利，适时而遁。人在九四处境，若能持守正道，顺天时行，顺势而为，及时"好遁"，方能避祸趋吉。若见小利而不知隐遁，不能避祸，自然不吉。

九五，嘉遁，贞吉。

九五爻，功成名就时遁避，占问吉利。

《象》曰：嘉遁贞吉，以正志也。

《小象传》解释："嘉遁贞吉"，这是因为有中正之志。

【导读】

嘉遁　嘉，本义是美、善。《说文解字》："嘉，美也。"《尔雅·释诂》："嘉，善也。"此指人生最得意、最辉煌、最美好、最巅峰的时候，亦即功成名就之时。此时遁避，激流勇退，功成身退。

《象》曰　正志，中正之志。

【爻象处境】

九五居遁卦之尊位，处上卦乾之中位，乾为君、为玉、为金，有"嘉"之象；九五爻变，得离卦，离错卦为坎，坎为隐伏，有

"遁"之象。合观之，有"嘉遁"之象。

九五爻变，得互卦兑（九三至六五），兑为巫，有"贞"之象；九五爻变，上卦乾变为离，离为日、为明、为丽，有"吉"之象。合观之，有"贞吉"之象。

九五阳爻居阳位，居中得正，下与六二正应，近与众阳爻同体同性，志同道合，处境有利。

《小象传》提示："嘉遁贞吉，以正志也。""嘉遁贞吉"，在于有中正之志。

九五爻变，得遁之变卦旅卦。《旅》卦辞提示："小亨，旅贞吉。"旅卦提示，小事亨通，旅行吉利。得遁之旅，嘉遁之后，世界那么大，正好去看看，周游天下，岂不快哉？

本卦：遁　　　变卦：遁之旅

《易经》启示：九五处境是时运正盛，随机应变。人在九五处境，正是功成名就之时，若能持守中正之道，阳刚中正，不为利益所牵绊，不为现状所迷惑，该舍则舍，该退则退，顺势而为，激流勇退，适时"嘉遁"，必然吉利。

上九，肥遁，无不利。

上九爻，富裕肥润时遁避，无所不利。

《象》曰：肥遁无不利，无所疑也。

《小象传》解释："肥遁无不利"，这表明没有什么可迟疑的。

【导读】

肥遁　肥，富裕肥润。《礼记·礼运》："四体既正，肤革充盈，人之肥也。父子笃，兄弟睦，夫妇和，家之肥也。大臣法，小臣廉，官职相序，君臣相正，国之肥也。"肥遁，指富裕肥润时遁避。遁避不是说非隐居山林不可，退出让贤也是遁避，如比尔·盖茨，当属肥遁典范。或同"飞"，指远走高飞。俗语说："猪养肥了就要被宰杀。"此时不遁更待何时？也是一种解读。

《象》曰　无所疑，指没有什么可迟疑的。

【爻象处境】

上九爻变，得兑卦，兑综卦为巽，巽为近利市三倍，有"肥"之象；巽又为入，有"遁"之象。合观之，有"肥遁"之象。巽为近利市三倍，有"利"之象，换言之，即"无不利"之象。

上九居遁卦之极，处卦之天位，在上卦乾之顶，阳爻居阴位，居位失当，不中不正，下与九三敌而不应，近与九五虽同在乾体，同体同性，但终究敌而不比，面和心不和，处境不利。

《小象传》提示："肥遁无不利，无所疑也。"肥遁没有不利，毫无疑问。

上九爻变，得遁之变卦咸卦。《咸·大象传》提示："君子以虚受人。"得遁之咸，应虚怀若谷，广纳众人，与群众打成一片，大隐隐于市。

本卦：遁　　　　　变卦：遁之咸

《易经》启示：上九处境是好运到头，正处人生巅峰，宜乐天知命。人在上九处境，若能身处高位而不恋栈，功成身退，激流勇退，及时高飞远遁，自然无所不利。

第三十四卦　大壮

☷ 大壮，利贞。

大壮卦，利于占问。

《彖》曰：大壮，大者壮也。刚以动，故壮。大壮利贞，大者正也。正大，而天地之情可见矣。

《彖传》解释：大壮卦象征大而又壮。刚强健行，因此强壮。大壮卦利于固正，是说强大者必须守正。观察大壮卦中正强大的道理，就可知道天地万物变化的情况。

《象》曰：雷在天上，大壮。君子以非礼弗履。

《大象传》解释：雷在天上，这是大壮卦卦象。君子观此卦象，应当效法，循规蹈矩，不符合礼规的事情不做。

【导读】

大壮　卦名。《周易》（通行本）第三十四卦。《序卦传》："物不可以终遁，故受之以大壮。"《杂卦传》："大壮则止，遁则退也。"遁为退避，物不可以终遁，若不及时阻止，都遁避了就无法壮大，若要壮大就要终止遁退，因此继遁卦之后紧接着为大壮卦。这是《易传》释大壮卦卦序、卦义。壮，《说文解字》曰"大也"，《广雅·释天》曰"健也"。壮、大、健，三者含义相近，大壮合在一起，表示特别壮，即极壮、壮极之义。最果断的终止就是宰杀，养肥了不遁就只有等着被宰杀。大壮卦是讲如何保壮防变。

《彖》曰　大者正，指强大者必须守正。从《咸·彖传》"观其所感，而天地之情可见矣"，《恒·彖传》"观其所恒，而天地之情可见矣"，可知"正大，而天地之情可见矣"中"正大"为"观其所正大"，即观察大壮卦中正强大的道理。

《象》曰　"雷在天上"，此释大壮卦卦象。下卦乾为天，上卦震为雷，雷在天上，威震天下。非礼弗履，指不符合礼制的事情不做。

【卦象环境】

大壮卦下卦为乾，上卦为震，乾为天，震为雷，有"雷在天上"之象。雷刚壮，天健壮，上壮下壮，壮而又壮，刚雷震天，威震八方，有"大壮"之象；全卦四阳二阴，四阳刚壮强进，已越过六爻卦的中线，阳爻数目已大于阴爻，阳为大，阳气大盛，也有"大壮"之象。故取卦名为"大壮"。

大壮卦下卦乾为纯阳卦，上卦震为阳卦，因此大壮卦为阳卦，阳为雄性，大壮卦形为大象兑，兑为羊，合观之，大壮有"公羊"之象。公羊生性刚烈勇猛，因此卦中有四个爻的爻辞涉及公羊的刚烈行为。

上卦震错卦为巽，巽为近利市三倍，有"利"之象；巽综卦为兑，大壮卦中也有互卦兑（九三至六五），兑为巫，有"贞"之象。合观之，有"利贞"之象。

《彖传》提示："大壮利贞，大者正也。"大壮卦利于固正，强大者必须守正。

《大象传》提示："君子以非礼弗履。"不符合礼制的事情不做。

大壮卦的人位互卦为夬卦（下卦：九二至九四；上卦：九三至六五）。夬卦一阴浮于五阳之上，阳盛阴衰，阳极必反，阴爻全部出局后，将重新洗牌上场。《夬·大象传》提示："君子以施禄及下，居德则忌。"夬卦提示，人在大壮卦环境，为防止出现物壮则老、物极必反的局面，应将福泽恩惠下施，最忌独享所得。

本卦：大壮　　人位互卦：夬

大壮卦局势：如羝羊触藩，声威大壮，运势强盛，物极必反，先顺后逆。

《易经》启示：人在大壮卦环境，若能守正养德，用壮适中，谦让退避，终能趋吉避凶。若以壮凌人，逞强妄动，莽撞行事，结果会凶多吉少。

初九，壮于趾，征凶，有孚。

初九爻，脚趾强壮，远行有凶险，卦兆已显示。

《象》曰：壮于趾，其孚穷也。

《小象传》解释："壮于趾"，这意味着无路可走是必然结果。

【导读】

有孚 孚，卦兆。有孚，卦兆已显示。

《象》曰 壮于趾，为"壮于趾，征凶"之省文。孚，诚信，此指必然结果。穷，穷途末路，无路可走。

【爻象处境】

初九处下卦乾之始，初九爻变，得巽卦，巽错卦为震，震为健，有"壮"之象；震为足，《易经》通例，自下而上，下为前，初九为足前，有"趾"之象。合观之，有"壮于趾"之象。

震为足、为动，有"征"之象；巽综卦为兑，兑为毁折，有"凶"之象。合观之，有"征凶"之象。兑又为巫，有"孚"之象。

初九处大壮卦之底，阳爻居阳位，虽居位得当，但居位不中，重阳过刚，刚愎自用，趾高气扬，急于前行；上与九四敌而不应，近与九二敌而不比，上无靠山，下无基础，在初九前面有三阳爻，前行将有强大阻力，处境不佳。

《小象传》提示："壮于趾，其孚穷也。""壮于趾"，无路可走是必然结果。

初九爻变，得大壮之变卦恒卦。《恒·大象传》提示："君子以立不易方。"得大壮之恒，应恒久持守正道，不轻易改变方向。尚需稳定心情，长久历练。

本卦：大壮　　　　变卦：大壮之恒

《易经》启示：初九处境是时运未到，待时而动。人在初九处境，若能持守正道，抑制过刚，纠正过失，尊上谦下，谦逊柔顺，谨慎前行，方能无咎。若刚愎自用，盲目妄动，急躁冒进，必有凶险。

九二，贞吉。

九二爻，占问吉利。

《象》曰：九二贞吉，以中也。

《小象传》解释："九二贞吉"，这是因为持守中道。

【导读】

《象》曰　以中，指持守中道。

【爻象处境】

九二爻变，得互卦巽（六二至九四），巽综卦为兑，兑为巫，有"贞"之象；九二爻变，下卦乾变为离，离为日、为明、为丽，有"吉"之象。合观之，有"贞吉"之象。

九二处大壮卦下卦乾之中位，阳爻处阴位，虽居位失当，但居位得中，刚而能柔，与六五正应，近与众阳爻同在乾体，同体同性，志同道合，上有靠山，下有基础，处境理想。

《小象传》提示："九二贞吉，以中也。"九二之吉，在于持守中道。

九二爻变，得大壮之变卦丰卦。《丰·彖传》提示："丰，大也。明以动，故丰。"得大壮之丰，内心明智，外有行动，可建丰功伟绩。

本卦：大壮　　　变卦：大壮之丰

《易经》启示：九二处境是时运中兴，进退适中。人在九二处境，若能持守中道，尊上谦下，谦逊柔顺，得道多助，阴阳相应，刚柔相济，自然吉利。

九三，小人用壮，君子用罔，贞厉。羝羊触藩，羸其角。

九三爻，小人恃壮逞强，君子不用，占问有厉危。就像公羊去撞篱笆，结果卡住羊角，难以摆脱。

《象》曰：小人用壮，君子罔也。

《小象传》解释：小人恃壮逞强，君子不会这样。

【导读】

小人用壮，君子用罔 小人，指小人物。用壮，恃壮逞强。罔，读 wǎng。《尔雅·释言》："罔，无也。"用罔，即不用，与用壮相反。

羝羊触藩，羸其角 羝，读 dī，公羊。藩，篱笆。羸，读 léi，通"累"，缠绕、困住。

【爻象处境】

九三在互卦兑（九三至六五），兑为阴卦，阴为小，有"小"之象；兑为少女，有"人"之象；兑错卦为艮，艮为手，有"用"之象；艮综卦为震，震为健，有"壮"之象。合观之，有"小人用壮"之象。

九三处下卦乾之极，乾为君，有"君子"之象；艮为手，有"用"之象；兑综卦为巽，巽为不果，有"罔"之象。合观之，有"君子用罔"之象。

兑为巫，有"贞"之象；兑又为毁折，有"厉"之象；九三爻变，得互卦坎（六三至六五），坎为隐伏、为血卦，也有"厉"之象。合观之，有"贞厉"之象。

九三阳爻为雄性，兑为羊，有"羝羊"之象；兑综卦为巽，巽为入，有"触"之象；巽错卦为震，震为苍筤竹、为萑苇，有"藩"之象。合观之，有"羝羊触藩"之象。

兑又为毁折，有"羸"之象；坎又为下首，有"角"之象。合观之，有"羸其角"之象。

九三处下卦乾之极，乾为天，天行健，极其强健，九三又为阳爻居阳位，居位不中，重阳过刚，刚愎自用，急躁冲动，上与上六正应，上六自身柔弱，无能为力，近无亲比，没有基础，又在"三多凶"之位，因此处境危险。

《小象传》提示："小人用壮，君子罔也。"小人恃壮逞强，君子不会这样。

九三爻变，得大壮之变卦归妹卦。《归妹·大象传》提示："君子以永终知敝。"得大壮之归妹，如同对待婚姻大事，不能感情冲动，要从长远结果来考虑利弊。

本卦：大壮　　变卦：大壮之归妹

《易经》启示：九三处境是时运过刚，宜知壮守柔。人在九三处境，若能持中守正，抑制过刚，节制过激，及时改过，刚而能柔，戒骄戒躁，冷静处事，方能化险为夷。若刚愎自用，逞强任性，冒险躁进，必有凶险。

九四，贞吉，悔亡。藩决不羸，壮于大舆之輹。

九四爻，占问吉利，悔事消亡。篱笆撞开，羊角解脱，车輹壮实。

《象》曰：藩决不羸，尚往也。

《小象传》解释："藩决不羸"，这表明还要向上积极进取。

【导读】

藩决不羸，壮于大舆之輹　决，冲破、撞开决口。舆，车。輹，古代车厢下面和轴相勾连的木头，上面承载车厢，下面呈弧形，架在轴上，也叫车伏兔，用于大车上。《说文解字》："輹，车轴缚也。"

《象》曰　尚通"上"。《广雅·释言》："尚，上也。"尚往，指还要向上积极进取。

【爻象处境】

九四在互卦兑（九三至六五），兑为巫，有"贞"之象；兑综卦为巽，巽为近利市三倍，有"吉"之象。合观之，有"贞吉"之象。

下卦乾错卦为坤，下坤上震，为大象坎，坎为加忧、为心病、为亟心，有"悔"之象；兑又为毁折，有"亡"之象。合观之，有"悔亡"之象。

九四在上卦震中，震为苍筤竹、为萑苇，有"藩"之象；兑又为附决，有"决"之象；兑综卦为巽，巽为不果，有"不"之象；兑为毁折，有"羸"之象。合观之，有"藩决不羸"之象。

震又为健，有"壮"之象；九四爻变，得坤卦，坤为大舆，有"大舆"之象；巽又为木、为绳直、为入，有"輹"之象。合观之，有"壮于大舆之輹"之象。

九四居上卦震之初，阳爻居阴位，虽居位失当，不中不正，又处"四多惧"之位，但刚而能柔，上与六五亲比，阴阳调和，刚柔相济，下与众阳爻同在乾体，同体同性，志同道合，因此处境利大于弊。

《小象传》提示："藩决不羸，尚往也。"羊角解脱，表明还要向上积极进取。

九四爻变，得大壮之变卦泰卦。《泰》卦辞提示："小往大来，吉亨。"得大壮之泰，小去大来，吉利亨通。

本卦：大壮　　变卦：大壮之泰

《易经》启示：九四处境是时运显泰，畅通无阻。人在九四处境，若能戒惧谨慎，抑制过刚，节制冲动，刚而能柔，尊上谦下，谦逊柔顺，追随至尊，团结众人，乘势而上，结果可获吉利，悔事消亡。

六五，丧羊于易，无悔。

六五爻，羊往边界跑掉了，没有后悔。

《象》曰：丧羊于易，位不当也。

《小象传》解释："丧羊于易"，这是因为所处位置不恰当。

【导读】

丧羊于易　丧，丧失、跑掉。易通"埸"，读 yì，边境、边界。《说文解字》："埸，疆也。"

《象》曰　位不当，指所处位置不恰当。

【爻象处境】

六五在互卦兑（九三至六五）中，兑为毁折，有"丧"之象；兑又为羊，有"羊"之象；六五爻变，六五在互卦乾（九三至九五），乾为圜，象征边界，乾错卦为坤，坤为地，地的边界古时称"埸"，埸同易，因此有"易"之象。合观之，有"丧羊于易"之象。

六五在上卦震，震错卦为巽，巽为不果，有"无"之象；六五与九二正应，九二爻变为六二，六五在互卦坎（六二至六五），坎为加忧、为亟心、为心病，有"悔"之象。合观之，有"无悔"之象。

六五居上卦震之中位，阴爻居阳位，虽居位失当，但居位得中，下与九二正应，近与九四亲比，虽自身柔弱，但身边有能人，下边有基础，处境有利。

《小象传》提示："丧羊于易，位不当也。"羊往边界跑掉了，在于所处位置不恰当。

六五爻变，得大壮之变卦夬卦。《夬·大象传》提示："君子以施禄及下，居德则忌。"得大壮之夬，应将福泽恩惠下施，最忌独享所得。

本卦：大壮　　变卦：大壮之夬

《易经》启示：六五处境是时运不当，亡羊补牢。人在六五处境，若能持守中道，谦逊柔和，宽厚包容，用好能人，广结人缘，夯实基础，就会有喜无悔。

上六，羝羊触藩，不能退，不能遂，无攸利，艰则吉。

上六爻，公羊撞篱笆，进退不得，很不利，渡过难关，结果吉利。

《象》曰：不能退，不能遂，不详也。艰则吉，咎不长也。

《小象传》解释："不能退，不能遂"，这是因为考虑不周详。"艰则吉"，这表明咎灾不会持续太长久。

【导读】

不能遂　遂，前往。《广雅·释诂》："遂，往也。"

《象》曰　不详，不周详。

【爻象处境】

上六在上卦震，震为阳卦，阳为雄性，震错卦为巽，巽综卦为兑，兑为羊，有"羝羊"之象；兑又为毁折，有"触"之象；震又为苍筤竹、为萑苇，有"藩"之象。合观之，有"羝羊触藩"之象。

巽又为进退、为不果，有"不能退，不能遂"之象。

巽为不果，有"无"之象；巽又为近利市三倍，有"利"之象。合观之，有"无攸利"之象。

上六爻变，上卦震变为离卦，离错卦为坎，坎为劳卦，有"艰"之象；离为日、为明、为丽，有"吉"之象。合观之，有"艰则吉"之象。

上六居全卦之终，居上卦震之极，阴爻居阴位，位极势衰，重阴过弱，虽与九三正应，但与六五至尊敌而不比，得罪至尊，后果严重，前路穷尽，后路已断，处境艰难。

《小象传》提示："艰则吉，咎不长也。"渡过难关迎来吉祥，咎灾不会长久。

上六爻变，得大壮之变卦大有卦。《大有·大象传》提示："君子以遏恶扬善，顺天休命。"得大壮之大有，应有过就改，见善则迁，惩恶扬善，顺应天道，自有天祐。

　　　　本卦：大壮　　　　变卦：大壮之大有

《易经》启示：上六处境是好运到头，宜退守自保。人在上六处境，若能正确对待艰难处境，持守正道，纠正过失，谦逊柔顺，尊上谦下，退守自保，渡过难关，则可趋吉避凶。

第三十五卦　晋 ䷢

䷢ **晋，康侯用锡马蕃庶，昼日三接。**

晋卦，康侯享用所赐马车装载的众多赏赐物品，白天三次接受到赏赐。

《彖》曰：晋，进也。明出地上，顺而丽乎大明，柔进而上行，是以康侯用锡马蕃庶，昼日三接也。

《彖传》解释：晋卦象征上进。太阳升起在大地上，万物柔顺依附着太阳，柔和前进而不断上升，因此卦辞说康侯享用所赐马车装载的众多赏赐物品，一天内三次接受了赏赐。

《象》曰：明出地上，晋。君子以自昭明德。

《大象》解释：太阳升起在大地上，这是晋卦卦象。君子观此卦象，应当效法，自省修行，昭著美德。

【导读】

晋　卦名。《周易》(通行本)第三十五卦。《序卦传》："物不可以终壮，故受之以晋。晋者，进也。"《杂卦传》："晋，昼也。"物不可以一直壮大下去，壮极必反，壮大至极就要晋级升进，如旭日东升，如日中天，因此继大壮卦之后紧接着为晋卦。这是《易传》释晋卦卦序、卦义。晋，本义是上进。《说文解字》："晋，进也。日出，万物进。"晋卦是讲晋升之事。爻辞描述了伴随晋升而来的六种情景：初六"晋如摧如"，排挤伴随而来；六二"晋如愁如"，忧愁伴随而来；六三"众允"，信任伴随而来；九四"晋如鼫鼠"，惊慌伴随而来；六五"往有庆"，喜庆伴随而来；上九"晋其角"，崭露头角的机会伴随而来。

康侯用锡马蕃庶，昼日三接　康侯，周武王之弟，初封于康，被称康侯或康叔，后封于卫。用，受用、享用。锡同赐，赐予。马，指马车拉载的众多赏赐物品。蕃，指东西好。《说文解字》：

"蕃，草茂也。"庶，指种类多。《尔雅·释诂》："庶，众也。"昼，明。《说文解字》："昼，明也。日之出入，与夜为介。"昼日，白天。接，接受，此指接受赏赐。

《象》曰 "明出地上"，此释晋卦卦象。下卦坤为地，上卦离为日、为明，太阳升起，普照大地。自，反省、自省。昭，昭著、彰显。《说文解字》："昭，日明也。"明德，光明美德。

【卦象环境】

晋卦下卦为坤，上卦为离，坤为地，离为火、为日、为明，日升于地，有"明出地上"之象，象征日之光明进升出于地面之上，进同晋，故取卦名为"晋"。

下卦坤为地、为众、为邑，有"康侯"之象；互卦艮（六二至九四）错卦为兑，兑为口，有"（享）用"之象；艮又为手，象征君王手拿财物赏赐，有"锡"之象；艮综卦为震，震于马为善鸣、为馵足、为作足、为的颡，有"马"之象；震又为蕃鲜，有"蕃庶"之象。诸象合观，有"康侯用锡马蕃庶"之象。

上卦离为日、为明，有"昼日"之象；离在先天八卦位数为三，有"三"之象；互卦艮为手，有"接"之象。合观之，有"昼日三接"之象。

晋卦卦象为明升地上，主要讲进升之道。康侯善用晋道，得到君王赏识，一日内多次受到车载赏赐。晋卦环境理想，前途一片光明。

《彖传》提示："晋，进也。"晋卦象征上进。

《大象传》提示："君子以自昭明德。"君子应彰显自己光明的德行。

晋卦的人位互卦为蹇卦（下卦：六二至九四；上卦：六三至六五）。《蹇·彖传》提示："蹇，难也，险在前也。见险而能止，知矣哉。"蹇卦提示，人在晋卦环境，走在光明大道上，也会遇到蹇难艰险，并非一帆风顺。遇见险阻而能停止，也是十分明智的。

本卦：晋　　　人位互卦：蹇

晋卦局势：如旭日东升，渐升渐高，前途光明，运势旺盛，依附红日，步步高升。

《易经》启示：人在晋卦环境，若能持守正道，择善追随，忠于职守，则能趋吉避凶。若不知戒惧，得意忘形，逞强斗胜，结果会凶多吉少。

初六，晋如摧如，贞吉。罔孚裕，无咎。

初六爻，晋升伴随排挤，占问吉利。无卦兆显示富裕，也无咎灾。

《象》曰：晋如摧如，独行正也。裕无咎，未受命也。

《小象传》解释："晋如摧如"，这意味着要慎独，行为要端正。"裕无咎"，这是因为尚未接到任命。

【导读】

晋如摧如 晋，晋升。摧，排挤。《说文解字》："摧，挤也。"又注："挤，排也。"两"如"为语气助词，无实义。晋如摧如，指晋升伴随排挤。"誉之所至，谤亦随之。"更何况职位晋升，僧多粥少，竞争激烈，相互排挤，自古如此，司空见惯。

罔孚裕 罔，读 wǎng，无。《尔雅·释言》："罔，无也。"孚，卦兆。罔孚，与"有孚"相对，指无卦兆显示。裕，富裕。

《象》曰 独行正，指慎独且行为端正。裕无咎，为"罔孚裕，无咎"之省文。"未受命"，指尚未接到任命。

【爻象处境】

初六爻变，下卦坤变为震卦，震错卦为巽，巽为长、为高，有"晋"之象；震为反生，有"摧"之象；巽综卦为兑，兑为毁折，也有"摧"之象。合观之，有"晋如摧如"之象。

兑又为巫，有"贞"之象；初六与九四正应，九四在上卦离，离为日、为明、为丽，有"吉"之象。合观之，有"贞吉"之象。

巽又为不果，象征无，无同罔，有"罔"之象；巽综卦为兑，兑为巫，有"孚"之象；坤为众，有"裕"之象。合观之，有"罔孚裕"之象。

巽为不果，有"无"之象；初六与九四正应，九四在上卦离，离错卦为坎，坎为多眚，有"咎"之象。合观之，有"无咎"之象。

初六阴爻处阳位，虽居位不当，不中不正，自身乏力，但上与九四正应，近与六二、六三同在坤体，同体同性，志同道合，上有靠山，近有同志，处境利大于弊。

《小象传》提示："晋如摧如，独行正也。""晋如摧如"，意味着要慎独，行为要端正。

初六爻变，得晋之变卦噬嗑卦。《噬嗑·象传》提示："颐中有物，曰噬嗑，噬嗑而亨。"得晋之噬嗑，晋升通道被堵塞，犹如口中含有食物，经过牙咬咀嚼，排除障碍，才能亨通。

本卦：晋　　　　　　变卦：晋之噬嗑

《易经》启示：初六处境是好运初来，迟缓以待。人在初六处境，若能持守正道，谦逊柔顺，尊上谦下，广结人缘，养精蓄锐，静待时机，终有出头之日。晋之初始，前途未明，无一官半职，无官一身轻，或进或退，宽裕自如，进退适时，如此行事，自然吉利，没有咎害。

六二，晋如愁如，贞吉。受兹介福，于其王母。

六二爻，晋升伴随忧愁，占问吉利。康侯享受众多特有的福泽，来自祖母。

《象》曰：**受兹介福，以中正也。**

《小象传》解释："受兹介福"，这是因为持守中正之道。

【导读】

晋如愁如　愁，忧愁。《说文解字》："愁，忧也。"晋如愁如，晋升伴随忧愁。

受兹介福，于其王母　受，享受，此指康侯享受。兹，众多。《说文解字》："兹，草木多益也。"介，独特。《广雅·释诂》："介，独也。"其，指康侯。王母，指康侯的祖母。《尔雅·释亲》：

"父之考为王父,父之妣为王母。"

《象》曰 受兹介福,为"受兹介福,于其王母"之省文。中正,指中正之道。

【爻象处境】

六二在互卦艮(六二至九四),艮综卦为震,震错卦为巽,巽为长、为高,有"晋"之象;六二爻变,下卦坤变为坎,坎为加忧、为心病、为亟心,有"愁"之象。合观之,有"晋如愁如"之象。

互卦艮(六二至九四)错卦为兑,兑为巫,有"贞"之象;六二爻变,得互卦离(九二至九四),离为日、为明、为丽,有"吉"之象。合观之,有"贞吉"之象。

艮为手,有"受"之象;坤为众,有"兹"之象;坤为大舆、为布、为釜,有"介福"之象。合观之,有"受兹介福"之象。

坤错卦为乾,乾为君,有"王"之象;坤为母,有"母"之象。合观之,有"于其王母"之象。

六二居下卦坤之中位,阴爻居阴位,居中得正,六二与六五虽无应,但二者皆以阴爻居中,同属"柔中",志同道合;六二虽无亲比,但与初六、六三阴爻同在坤卦,同体同性,也是志同道合;六二得到六五赏识,得到众阴爻支持,也是理所当然,因此处境和顺。

《小象传》提示:"受兹介福,以中正也。""受兹介福",在于持守中正之道。

六二爻变,得晋之变卦未济卦。《未济·大象传》提示:"君子以慎辨物居方。"得晋之未济,应谨慎辨别各类事物,使各得其所,有序发展。

本卦:晋　　变卦:晋之未济

《易经》启示:六二处境是运途多阻,守正亨通。人在六二处境,若能持守中正之道,谦逊柔和,宽厚包容,尊上谦下,得道多助,方能吉利多福。

六三，众允，悔亡。

六三爻，众人信任，悔事消亡。

《象》曰：众允之志，上行也。

《小象传》解释：得到众人信任的志向，这表明要努力上进前行。

【导读】

众允 允，信任。《说文解字》："允，信也。"众允，指众人信任。

《象》曰 志，志向。上行，上进前行。

【爻象处境】

六三处下卦坤之顶，坤为众，有"众"之象；六三在互卦艮（六二至九四），艮错卦为兑，兑为巫，有"允"之象。合观之，有"众允"之象。

六三在互卦坎（六三至六五），坎为加忧、为心病、为呕心，有"悔"之象；六三在互卦艮（六二至九四），艮错卦为兑，兑为毁折，有"亡"之象。合观之，有"悔亡"之象。

六三处下卦坤之终，阴爻居阳位，居位失当，不中不正，又在"三多凶"之位，心中有悔，但六三与上九正应，与九四承比，又与初六、六二同在坤体，同体同性，志同道合，上有靠山，下有基础，众人信服，悔根消亡，处境顺利。

《小象传》提示："众允之志，上行也。"志向得到众人信任，就要努力上进前行。

六三爻变，得晋之变卦旅卦。《旅》卦辞提示："小亨，旅贞吉。"得晋之旅，尚未得势得位，小有亨通，前途吉祥。

本卦：晋　　　　变卦：晋之旅

《易经》启示：六三处境是好运上升，众望所归。人在六三处境，若能持守正道，戒惧谨慎，有过就改，尊上谦下，谦逊顺承，以诚待人，取信于人，自然顺利，悔事消亡。

九四，晋如鼫鼠，贞厉。

九四爻，晋升如过街老鼠，占问有厉危。

《象》曰：鼫鼠贞厉，位不当也。

《小象传》解释："鼫鼠贞厉"，这表明职位不适当。

【导读】

晋如鼫鼠 鼫，读 shí，古书上指鼫鼠一类的动物，亦称"大飞鼠"或"五技鼠"。《说文解字》："五技鼠也。能飞，不能过屋。能缘，不能穷木。能游，不能渡谷。能穴，不能掩身。能走，不能先人。"鼫鼠，大老鼠。

《象》曰 位不当，指职位不适当。

【爻象处境】

九四已出坤入离，九四爻变，上卦离变为艮，艮错卦为兑，兑综卦为巽，巽为长、为高，有"晋"之象；九四阳爻，阳为大，有"鼫"之象；艮为鼠，有"鼠"之象。合观之，有"晋如鼫鼠"之象。

九四爻变，上卦离变为艮，艮错卦为兑，兑为巫，有"贞"之象；兑为毁折，有"厉"之象。合观之，有"贞厉"之象。

九四居上卦离之始，阳爻居阴位，居位不当，不中不正，进逼六五君位，处"四多惧"之位，正应初六、亲比六三，受两阴爻牵累，既怕犯上，又怕惹众怒，畏上畏下，进退失常，犹疑不决，首鼠两端。九四在上卦离之底，又在互卦坎（六三至六五）之中，离为火，坎为水，火在上，水在下，处在水深火热之中，处境十分险恶。

《小象传》提示："鼫鼠贞厉，位不当也。"鼫鼠之厉，在于职位不适当。

九四爻变，得晋之变卦剥卦。《剥·大象传》提示："上以厚下安宅。"得晋之剥，宜止不宜行，应厚实基础，稳固根基，安心宅家，静待时机。

本卦：晋　　　　变卦：晋之剥

《易经》启示：九四处境是时运不当，守正为宜。人在九四处境，若能持守正道，戒惧谨慎，刚而能柔，谦逊包容，尊上谦下，静观时变，量力而行，顺势而为，方能趋吉避凶。

六五，悔亡，失得勿恤，往吉，无不利。

六五爻，悔事已消亡，无须忧虑得失，前往吉利，无所不利。

《象》曰：**失得勿恤，往有庆也。**

《小象传》解释："失得勿恤"，这意味着奋勇前进就会有喜庆。

【导读】

失得勿恤　恤，忧虑。《说文解字》："恤，忧也。"

《象》曰　往有庆，奋勇前进就会有喜庆。

【爻象处境】

六五在互卦坎（六三至六五），坎为加忧、为心病、为亟心，有"悔"之象；坎又为血卦，有"亡"之象；六五爻变，得互卦巽（六三至九五），巽综卦为兑，兑为毁折，也有"亡"之象。合观之，有"悔亡"之象。

巽为不果，有"失"之象；巽又为入，有"得"之象；巽为不果，也有"勿"之象；坎为加忧、为血卦，有"恤"之象。合观之，有"失得勿恤"之象。

六五爻变，得晋之否卦，否卦为大象艮，艮综卦为震，震为足、为动，有"往"之象；六五在上卦离之中位，离为日、为明、为丽，有"吉"之象。合观之，有"往吉"之象。

巽又为近利市三倍，有"利"之象，换言之，即"无不利"之象。

六五居晋卦之尊位，居上卦离之中位，阴爻居阳位，居尊柔中，向上承比上九，向下乘比九四，大放光明，处境理想。

《小象传》提示："失得勿恤，往有庆也。"无须忧虑得失，前往会有喜庆。

六五爻变，得晋之变卦否卦。《否·大象传》提示："君子以俭德辟难，不可荣以禄。"得晋之否，应收敛德才以避危难，不可贪求功名利禄。

本卦：晋　　　　变卦：晋之否

《易经》启示： 六五处境是时当盛运，灾去福来。人在六五处境，若能持守中道，光明磊落，谦逊柔顺，宽厚包容，因时制宜，既有原则，又能变通，不必考虑得失，悔事自然消亡，前行吉无不利。

上九，晋其角，维用伐邑，厉吉，无咎，贞吝。

上九爻，晋升后崭露头角，维持锋芒用来征伐属邑，有厉危仍吉利，没有咎灾，占问有遗恨。

《象》曰：维用伐邑，道未光也。

《小象传》解释："维用伐邑"，这表明正道尚未发扬光大。

【导读】

晋其角，维用伐邑　角，本义是兽角，此指崭露头角。《说文解字》："角，兽角也。"晋其角，指晋升后崭露头角。维，维系、维持。《说文解字》："维，系也。"

贞吝　吝，指有过不改而留下遗恨。《尚书·仲虺之诰》："改过不吝。"参见屯卦六三【导读】。贞吝，指贞问结果显示，有过不改，必有遗恨。

《象》曰　道，正道。道未光，指正道尚未发扬光大。

【爻象处境】

上九居上卦离之顶，上九爻变，离变为震，震错卦为巽，巽为长、为高，有"晋"之象；离为甲胄，有"角"之象。合观之，有"晋其角"之象。

巽又为绳直，有"维"之象；震综卦为艮，艮为手，有"用"之象；离为甲胄、为戈兵，有"伐"之象；上九与六三正应，六三在下卦坤中，坤为地、为邑，有"邑"之象。合观之，邑国有乱，应六三所求，上九出兵征伐，有"维用伐邑"之象。

离错卦为坎，坎为隐伏、为血卦，有"厉"之象；离为日、为明、为丽，有"吉"之象。合观之，有"厉吉"之象。

巽为不果，有"无"之象；坎又为多眚，有"咎"之象。合观之，有"无咎"之象。

巽综卦为兑，兑为巫，有"贞"之象；坎又为加忧、为心病，有"吝"之象。合观之，有"贞吝"之象。

上九居晋卦之极，虽阳爻居阴位，居位失当，不中不正，但据比六五，正应六三，有靠山，有基础，处境理想。但因自身阳极过刚，处置不当，钻进了牛角尖，已无处可进。因六五信任可以用于征伐邑国，虽有厉险，仍然吉利无害，不过最终仍有遗恨。

《小象传》提示："维用伐邑，道未光也。"正道尚未发扬光大。

上九爻变，得晋之变卦豫卦。《豫·象传》提示："顺以动，豫。"得晋之豫，顺势而为，晋升豫悦。

本卦：晋　　　　变卦：晋之豫

《易经》启示：上九处境是好运将终，危而无咎。人在上九处境，若能持守正道，抑制过刚，尊上谦下，谦逊柔顺，顺势而为，最后功成身退，退守自保，方能趋吉避凶。

第三十六卦　明夷 ䷣

䷣ **明夷，利艰贞。**

明夷卦，利于艰难时占问。

《彖》曰：明入地中，明夷。内文明而外柔顺，以蒙大难，文王以之。利艰贞，晦其明也。内难而能正其志，箕子以之。

《彖传》解释：太阳隐入地中，这是明夷卦卦象。内含文明美德，外用柔顺之道，用这种方法渡过危难，周文王就是这样做的。利于艰难中守正，这是说要把自己的德才智慧收敛隐藏起来。无论内心有多艰难也要坚定固正志向，商朝箕子就是这样做的。

《象》曰：明入地中，明夷。君子以莅众，用晦而明。

《大象传》解释：太阳隐入地中，这是明夷卦卦象。君子观此卦象，应当效法，多听群众意见，少自作聪明。

【导读】

明夷　卦名。《周易》(通行本)第三十六卦。《序卦传》："进必有所伤，故受之以明夷。夷者，伤也。"《杂卦传》："晋，昼也。明夷，诛也。"晋升有时，不可以终进，进必有伤，晋升如日中天之时，正是明夷诛伤之际，因此继晋卦之后紧接着为明夷卦。这是《易传》释明夷卦卦序、卦义。夷，甲骨文字形为𢎘(《新甲骨文编》，第576页)，像人持弓箭正在瞄准水平目标。《说文解字》："夷，平也。从大从弓。"段玉裁注："按天大、地大、人亦大。大象人形。""夷"字拆开，是一人、一弓、一支箭(一横画)。持弓箭瞄准必须持平，因此夷的本义是平，后引申为铲平、弄平。对被铲者而言，则有了诛伤、损伤之义。《老子》所谓"天之道，其犹张弓欤！高者抑之，下者举之。有余者损之，不足者补之"，正可作"夷"的注脚。明夷之"明"应指晋，《杂卦传》："晋，昼也。"昼者明也。"明夷"实指晋升时被诛伤。明夷卦是讲如何避免伤害。

《象》曰　以蒙大难，指用这种方法渡过危难。文王以之，指周文王曾被商纣王囚禁在羑里，柔顺应付，渡过险难，以此说明周文王就是这样做的。内难，内心艰难。正其志，坚定固正志向。箕子以之，箕子为商纣王之叔，见纣王残暴，比干因进谏而死，知道进谏已无用，就装疯卖傻，既可守正道，又可以避祸，以此说明箕子就是这样做的。

《象》曰　"明入地中"，此释明夷卦卦象。下卦离为日、为明，上卦坤为地，太阳落山，明入地中。莅的异体字为涖，读lì，指走到近处察看。《说文解字》："涖，视也。"莅众，指走到群众中，多听群众意见。晦，隐晦、隐藏。明，聪明。用晦而明，指隐藏自己的聪明，即少自作聪明。

【卦象环境】

明夷卦下卦为离，上卦为坤，离为日、为明，坤为地，有"明入地中"之象。"明入地中"，象征"明"被"夷"灭，"夷"为陨灭，故取卦名为"明夷"。

明夷卦为四阴二阳卦，二阳被四阴所分隔，阳刚被阴邪所困，光明受到伤害；上坤地，下离明，明入地中，进入黑暗时期；六二至六四组成互卦坎，坎为险，有险难之象。因此，明夷卦环境艰险。

明夷卦中有互卦震（九三至六五），震错卦为巽，巽为近利市三倍，有"利"之象；巽综卦为兑，兑于地为刚卤，有"艰"之象；兑又为巫，有"贞"之象。合观之，有"利艰贞"之象。

《彖传》提示："内文明而外柔顺，以蒙大难，文王以之。利艰贞，晦其明也。内难而能正其志，箕子以之。"向周文王学习，内含文明美德，外用柔顺之道，以此渡过危难；向商朝箕子学习，收敛隐藏自己的德才智慧，无论内心有多么艰难也要坚定志向，以此在艰难中守住正道。

《大象传》提示："君子以莅众，用晦而明。"大智若愚，韬光养晦，少自作聪明，可以渡过险难，摆脱困境。

明夷卦的人位互卦为解卦（下卦：六二至六四；上卦：九三至六五）。《解·彖传》提示："天地解而雷雨作，雷雨作而百果草木皆甲坼。解之时大矣哉！"解卦提示，人在明夷卦环境，顺天时行，顺势而为，方能解困。

本卦：明夷　　　人位互卦：解

明夷卦局势：如日落地下，出明入暗，运势艰难，光明损伤，退守自保。

《易经》启示：人在明夷卦环境，若能恪守正道，审时度势，韬光养晦，隐忍待时，终能逢凶化吉。若不辨是非，随波逐流，同流合污，结果会凶多吉少。

初九，明夷于飞，垂其翼。君子于行，三日不食。有攸往，主人有言。

初九爻，飞鸟受伤，垂翼低飞。君子出行，三日没饭吃。有所前往，主人有责言。

《象》曰：君子于行，义不食也。

《小象传》解释："君子于行"，这是因为坚持道义，不食俸禄。

【导读】

明夷于飞，垂其翼　明夷，夷伤。飞，飞鸟。明夷于飞，指飞鸟被夷伤。垂其翼，指垂翼低飞。

君子于行，三日不食　行，出行遁避。不食，无食，没饭吃。

主人有言　主人，指旅舍主人。言，责骂。

《象》曰　义，道义。不食，不食俸禄。

【爻象处境】

初九处下卦离之初，离为明，有"明"之象；离错卦为坎，坎为血卦，有"夷"之象。合观之，有"明夷"之象。离为雉，有"飞"之象。合观之，有"明夷于飞"之象。坎为下首，有"垂"之象；坎为弓轮，有"翼"。合观之，有"垂其翼"之象。

初九在下卦离，离为乾卦，乾为君，有"君子"之象；初九与六四正应，六四在互卦震（九三至六五），震为足、为动，有"行"之象。合观之，有"君子于行"之象。

离在先天八卦位数为三，有"三"之象；离为日，有"日"之象；震错卦为巽，巽为不果，有"不"之象；巽综卦为兑，兑为口，有"食"之象。合观之，有"三日不食"之象。

初九与六四正应，六四在互卦震（九三至六五），震为足、为动，初九应合六四，有"有攸往"之象。震综卦为艮，艮为门阙，六四有"主人"之象；艮错卦为兑，兑为口舌、为说，有"言"之象。合观之，有"主人有言"之象。

初九阳爻处阳位，居位得当，上与六四正应，近与六二亲比，上有靠山，下有基础，处境理想。但初九居位不中，重阳过刚，情欲冲动，急于应合六四，躁动妄进，招致一路劫难，实在是咎由自取。

《小象传》提示："君子于行，义不食也。""君子于行"，在于坚持道义，不食俸禄。

初九爻变，得明夷之变卦谦卦。《谦·彖传》提示："谦，尊而光，卑而不可逾，君子之终也。"得明夷之谦，应当明白，保持谦下柔顺的德行，使尊贵者得到荣耀，卑微者不受欺压，这是君子最终有好结果的原因。

本卦：明夷　　　变卦：明夷之谦

《易经》启示：初九处境是初运不佳，明哲保身。人在初九处境，若能持中守正，抑制过刚，节制冲动，纠正过失，戒惧谨慎，冷静处事，方能趋吉避凶。

六二，明夷夷于左股，用拯马壮，吉。

六二爻，夷伤了左腿，乘坐壮马逃离，吉利。

《象》曰：六二之吉，顺以则也。

《小象传》解释："六二之吉"，这意味着以顺承为原则。

【导读】

明夷夷于左股，用拯马壮　夷，伤。左股，左腿。拯，通"乘"。马壮，即"壮马"。用拯马壮，指乘坐壮马逃离。

《象》曰　顺，顺承。顺以则，以顺承为原则。

【爻象处境】

六二处下卦离之中，离为明，有"明"之象；离错卦为坎，坎为血卦，有"夷"之象。合观之，有"明夷"之象。

六二爻变，得互卦兑（九二至六四），兑为毁折，有"夷"之象；兑综卦为巽，巽为股，有"股"之象；六二处下卦离之中，处臣位，为股肱之臣，与六五敌而不应，六五居君位，为明夷之主，古代君臣之分，左为大，右为小，君立于左，臣立于右，六二左腿被立于左边的君王所伤，有"左股"之象。合观之，有"夷于左股"之象。

兑错卦为艮，艮为手，有"用"之象；六二乘比初九，乘通"拯"，有"拯"之象；艮综卦为震，震于马为善鸣、为馵足、为作足、为的颡，有"马壮"之象。合观之，有"用拯马壮"之象。

六二处下卦离之中位，离为日、为明、为丽，有"吉"之象。

六二阴爻居阴位，虽居中得正，但重阴过弱，与六五之君敌而不应，左腿受伤，难以行走，处境凶险。六二顺承亲比九三，九三阳爻居阳位，刚强有力，得以骑着壮马迅速逃离，结果逢凶化吉。

《小象传》提示："六二之吉，顺以则也。""六二之吉"，在于以顺承为原则。

六二爻变，得明夷之变卦泰卦。《泰》卦辞提示："小往大来，吉亨。"得明夷之泰，先舍后得，小往大来，方能吉祥亨通。

本卦：明夷　　　变卦：明夷之泰

《易经》启示：六二处境是时运中正，顺势而为。人在六二处境，若能持中守正，谦逊柔顺，尊上谦下，追随上尊，广结人缘，争取外援，借势借力，方能逢凶化吉，化险为夷。

九三，明夷于南狩，得其大首，不可疾贞。

九三爻，夷伤于南征讨伐，斩获其首领，不利于疾速占问。

《象》曰：南狩之志，乃大得也。

《小象传》解释："南狩之志"，这表明将大有所获。

【导读】

明夷于南狩，得其大首 南狩，南征讨伐。大首，首领。

不可疾贞 不可，不利。疾，疾速。

《象》曰 大得，大有所获。

【爻象处境】

九三处下卦离之极，离为明，有"明"之象；离错卦为坎，坎为血卦，有"夷"之象。合观之，有"明夷"之象。离在后天八卦方位中为南方，有"南"之象；离为甲胄、为戈兵，有"狩"之象。合观之，有"南狩"之象。诸象合观，有"明夷于南狩"之象。

九三在互卦震（九三至六五），震错卦为巽，巽为入、为近利市三倍，有"得"之象；九三与上六正应，上六居上卦坤中，坤错卦为乾，乾为阳，阳为大，有"大"之象；乾为首，有"首"之象。合观之，有"得其大首"之象。

巽又为不果，有"不可"之象；九三在互卦坎（六二至六四），坎为心病，有"疾"之象；巽综卦为兑，兑为巫，有"贞"之象。合观之，有"不可疾贞"之象。

九三处下卦离之极，阳爻居阳位，居位得当，上与上六正应，近与六二、六四亲比，上有靠山，下有基础，处境理想。但九三又处"三多凶"之位，居位不中，重阳过刚，容易刚愎自用，急躁冲动，妄进冒险。

《小象传》提示："南狩之志，乃大得也。"怀有南征讨伐的志向，就会大有所获。

九三爻变，得明夷之变卦复卦。《复·大象传》提示："先王以至日闭关，商旅不行，后不省方。"得明夷之复，应因时制宜，时止则止，闭门不出，暂避凶险，静待时机。

本卦：明夷　　　变卦：明夷之复

《易经》启示：九三处境是好运复返，南方有利，但此时前途尚未光明，不可操之过急。人在九三处境，若能持守正道，抑制过刚，纠正过失，居安思危，戒惧谨慎，冷静处事，方能无咎。

六四，入于左腹，获明夷之心，于出门庭。

六四爻，成为心腹，获知明夷心机，于是逃出家门避险。

《象》曰：入于左腹，获心意也。

《小象传》解释："入于左腹"，这意味着获得了明夷心意。

【导读】

入于左腹，获明夷之心，于出门庭 左腹，指室内左侧房间，为室内深奥隐蔽之处。古代房屋建筑结构，一般坐北朝南，从门口进去，由外向内，由前向后，有门、庭、堂、室、房等部分，最里边的室、房是私密隐蔽场所，外人不得轻易入内。室内左边西南角，称为"奥"，为最尊，是祭祀设神主或尊者、主人居坐之处，为最核心之地。《说文解字》："奥，宛也。室之西南隅。"段玉裁注："宛者，委曲也。室之西南隅，宛然深藏，室之尊处也。"入于左腹，有成为心腹之意。进入左边内室，就是进入核心，成为心腹，因此能获知明夷心机。心，心机也，不让外人知道的心中机密。门庭，指家门。

《象》曰 获心意，指获得明夷心意。

【爻象处境】

六四在互卦震（九三至六五），震错卦为巽，巽为入，有"入"之象；六四已出下离入上坤，坤为腹，有"腹"之象；按后天八卦方位，离为正南方，坤为西南方，在离的左侧，有"左"之象。合观之，有"入于左腹"之象。

坤为吝啬、为藏，有"获"之象；六四与初九正应，初九处下卦离之初，离为明，有"明"之象；离错卦为坎，坎为血卦，有"夷"之象；坎又为心病，有"心"之象。合观之，有"获明夷之心"之象。

六四爻变，得上卦震，震为足、为动，有"出"之象；震综卦为艮，艮为门阙，有"门庭"之象。合观之，有"于出门庭"之象。

六四居上卦坤之始，阴爻居阴位，居位得正，下与初九正应，近与九三亲比，与众阴爻同在坤卦，同体同性，志同道合，深得六五至尊信任，"入于左腹"，成为心腹，处境甚好。但六四处"四多惧"之位，与六五至尊敌而不比，伴君如伴虎，心腹最容易成为心腹之患。六四经深思熟虑，得悟出明夷之道，于是出门隐遁避难了。

《小象传》提示："入于左腹，获心意也。""入于左腹"，意味着获得了明夷心意。

六四爻变，得明夷之变卦丰卦。《丰·彖传》提示："丰，大也。明以动，故丰。"得明夷之丰，内离明，外震动，看准了才行动，可成就丰功伟业。

本卦：明夷　　变卦：明夷之丰

《易经》启示：六四处境是时运不利，出明入暗。人在六四处境，若能持守正道，居安思危，戒惧谨慎，见微知著，见机行事，方能趋吉避凶。

六五，箕子之明夷，利贞。

六五爻，箕子佯狂避祸，利于占问。

《象》曰：箕子之贞，明不可息也。

《小象传》解释："箕子之贞"，这表明光明是不会熄灭的。

【导读】

箕子之明夷　指箕子佯狂避祸。参见本卦《彖传》【导读】。

《象》曰　明不可息，指光明是不会熄灭的。

【爻象处境】

六五在互卦震（九三至六五），震为苍筤竹、为萑苇，有"箕"之象；震为长子、为阳卦，有"子"之象。合观之，有"箕子"之象。六五爻变，上卦坤变为坎，坎错卦为离，离为明，有"明"之象；坎为血卦，有"夷"之象。合观之，有"明夷"之象。诸象合观，有"箕子之明夷"之象。

震错卦为巽，巽为近利市三倍，有"利"之象；巽综卦为兑，兑为巫，有"贞"之象。合观之，有"利贞"之象。

六五阴爻居阳位，居位失当，近无亲比，下无正应，无实力、无外援、无基础，处境艰险。但六五居上卦坤之中位，为柔中，既能坚守中正，保持内心明智，又能对外柔顺，韬光养晦。爻辞以箕子为例说事。箕子为纣王（由上六代表）诸父，居朝中尊位（六五），纣王暴虐，箕子知道自己既不能改变纣王，又不能割舍亲情，于是装疯佯狂，最终逃过一劫。

《小象传》提示："箕子之贞，明不可息也。"坚守正道，坚信光明不会熄灭。

六五爻变，得明夷之变卦既济卦。《既济·大象传》提示："君子以思患而豫防之。"得明夷之既济，应居安思危，防患于未然，采取预防措施。

本卦：明夷　　　　　变卦：明夷之既济

《易经》启示：六五处境是时运困厄，守正能通。人在六五处境，若能持守中道，谦卑柔顺，因时制宜，明哲保身，韬光养晦，方能逢凶化吉，化险为夷。

上六，不明晦，初登于天，后入于地。

上六爻，不见光明，进入昏暗，起初升起在天空，后来却堕入地下。

《象》曰：初登于天，照四国也。后入于地，失则也。

《小象传》解释："初登于天"，这是表明它的光明普照四方各国。"后入于地"，这是因为迷失正道而由光明转入了黑暗。

【导读】

不明晦　晦，昏暗。不明晦，指不见光明，进入昏暗。

《象》曰　照四国，指普照四方各国。失则，指迷失正道。

【爻象处境】

上六与九三正应，九三在互卦震（九三至六五），震错卦为巽，巽为不果，有"不"之象；九三在下卦离中，离为明，有"明"之象；上六居上卦坤之极，坤于地为黑，有"晦"之象。合观之，有

"不明晦"之象。

《易经》通例，爻序自下而上，下为先，上为后。上六与九三正应，九三有"初"之象；九三在互卦艮（九三至六五），艮错卦为兑，兑综卦为巽，巽为进退、为长、为高，有"登"之象；九三在下卦离，离为乾卦，乾为天，有"天"之象。合观之，有"初登于天"之象。

上六居上卦坤之终，上六有"后"之象；上六爻变，得艮卦，艮综卦为震，震错卦为巽，巽为入，有"入"之象；坤为地，有"地"之象。合观之，有"后入于地"之象。

上六爻辞是纣王从登基（"初登于天"）到日后亡国（"后入于地"）的真实写照。上六居明夷卦之极，处上卦坤之顶，为卦主，下卦离明入于地下，已是"不明"，又被互卦坎（六二至六四）陷于坎底昏晦之处，为"不明晦"，昏之又昏，象征昏君。明夷卦六爻中，唯独上六爻辞不见"明夷"二字，其他五爻皆有"明夷"，表明上六是"明夷"的源头。

上六居明夷卦之极，阴爻居阴位，居位得当，但居位不中，重阴过阴，阴极必反，下与九三正应，九三陷于坎陷之中，无力援助，近与六五敌而不比，得罪六五至尊，因此处境不利。

《小象传》提示："后入于地，失则也。""后入于地"，在于迷失正道，由光明转入了黑暗。

上六爻变，得明夷之变卦贲卦。《贲·大象传》提示："君子以明庶政，无敢折狱。"得明夷之贲，应明察各项事务，不能判断失误。

本卦：明夷　　　　变卦：明夷之贲

《易经》启示：上六处境是初运虽好，后运不佳。人在上六处境，若能持守正道，纠正过失，谦下柔顺，宽厚包容，顺势而为，方能化险为夷。

第三十七卦　家人

☲ 家人，利女贞。

家人卦，利于女人占问。

《彖》曰：家人，女正位乎内，男正位乎外。男女正，天地之大义也。家人有严君焉，父母之谓也。父父，子子，兄兄，弟弟，夫夫，妇妇，而家道正。正家而天下定矣。

《彖传》解释：家人卦象征女人要摆正在内的位置，男人要摆正在外的位置。男主外，女主内，男女都摆正位置了，这就是天地间最大的道义。一家人中有严明的家长，这就是父母。父亲要有父亲的样子，儿子要有儿子的样子，兄长要有兄长的样子，弟弟要有弟弟的样子，丈夫要有丈夫的样子，妻子要有妻子的样子，这样家道就端正了。能如此端正治理好家庭，天下也就安定了。

《象》曰：风自火出，家人。君子以言有物，而行有恒。

《大象传》解释：风自火出，这是家人卦卦象。君子观此卦象，应当效法，反省自律，言之有物，行之有恒，言行一致，方能教化家人。

【导读】

家人　卦名。《周易》（通行本）第三十七卦。《序卦传》："伤于外者必反于家，故受之以家人。"《杂卦传》："家人，内也。"反者返也。家是避风港，在外受到伤害必返回家里，寻求家人的安慰帮助，家人是内部自己人，有话好说，因此继明夷卦之后紧接着为家人卦。这是《易传》释家人卦卦序、卦义。家，甲骨文字形为 ⌂（《新甲骨文编》，第424页），上面是宀，表示与房屋有关，下面是豕，即猪。古代生产力低下，人们多在屋里养猪，所以屋里有猪就成了家的标志。家的本义是屋内、居住。《说文解字》："家，居也。"同进一个门，同吃一锅饭，同在一屋住的人，就是家人。家人卦是讲如何治家富家,上卦讲治家,下卦讲富家。

《彖》曰:女正位乎内,指女人要摆正在内的位置。男正位乎外,指男人要摆正在外的位置。男女正,男女都摆正位置。严君,指严明的家长。父父,指父亲要有父亲的样子。以下子子、兄兄等均与此同。正家,指端正治理好家庭。

《象》曰"风自火出",此释家人卦卦象。下卦离为火,上卦巽为风,风助火势,火借风威。言有物,言之有物。行有恒,行之有恒。

【卦象环境】

家人卦下卦为离,上卦为巽,离为火,巽为风,风在上,火在下,风在外,火在内,有"风自火出"之象。巽又为木,木在火上,木会燃烧,木烧烟出。古人以灶为家的象征,屋内炉灶火烧木柴,屋外烟囱冒烟,看到远处袅袅炊烟,就可知道炊烟升处有家有人,故取卦名为"家人"。

家人卦六爻之中,除了上九,其余五爻皆当位,阳爻居阳位,阴爻居阴位,而且巽为长女居上卦,离为中女居下卦,长上中下,象征家人卦每个成员各循其序,各当其位,各司其职,各尽本分,故称"家道正"。

六二处内卦离之中位,阴爻居柔位,处中得正,为"柔中",为内卦主爻,阴柔为女,象征女主内;九五居外卦巽之中位,为全卦尊位,阳爻居刚位,居中得正,为"刚中",为外卦主爻,阳刚为男,象征男主外。六二为内卦之主,九五为外卦之主,六二、九五皆为家人卦"严君"。

上卦巽为近利市三倍,有"利"之象;巽为长女,有"女"之象;巽综卦为兑,兑为巫,有"贞"之象。合观之,有"利女贞"之象。

女主内,女人是家庭的主角,因此家人卦有利于女人占问。

《象传》提示:"家人,女正位乎内,男正位乎外。"家人卦象征女人要摆正在内的位置,男人要摆正在外的位置。

《大象传》提示:"君子以言有物,而行有恒。"反省自律,言之有物,行之有恒,言行一致,方能教化家人。

家人卦的人位互卦为未济卦（下卦：六二至六四；上卦：九三至九五）。人位互卦上卦为离为火，与家人卦的下卦离火紧密相连，有红红火火之象，象征家和万事兴。同时，木在火上，有木被火烧成灰、灰飞烟灭之象。人位互卦未济卦火在水上，水火背离，有事未成之象，暗示家人不和，将导致家庭面临崩溃，甚至家破人亡的危险。《未济·大象传》提示："君子以慎辨物居方。"未济卦提示，人在家人卦环境，应谨慎辨别各自特性，使各得其所，有序发展。

本卦：家人　　　　　人位互卦：未济

家人卦局势：如烟囱冒烟，风自火出，运势柔和，家人和睦，其乐融融。

《易经》启示：人在家人卦环境，若能齐家有道，严宽适中，各尽其责，和睦团结，相亲相爱，则能趋吉避凶。若家道不正，严宽失调，不尽本分，家人不和，结果会凶多吉少。家和万事兴，家不和则外人欺。

初九，闲有家，悔亡。

初九爻，成家之初就看好家门，悔恨消亡。

《象》曰：闲有家，志未变也。

《小象传》解释："闲有家"，这表明端正治家的志向没有改变。

【导读】

闲有家　闲，防闲、预防。《说文解字》："闲，阑也。从门中有木。"又注："阑，门遮也。"段玉裁注："闲，阑也。引申为防闲。""闲"字为"从门中有木"，门内加木，有"用木栓门"之象。门中有栅栏，有防范之意。有家，即成家。闲有家，成家之初就看好家门，防患于未然。

《象》曰　志未变，指志向没有改变。

【爻象处境】

初六爻变，下卦离变为艮，艮为门阙、为木坚多节、为止，有"闲"之象；艮卦顶上阳爻一画，犹如在门中间加上一根横杠，象征"门闩"，也有"闲"之象；艮为门阙，有"家"之象。合观之，有"闲有家"之象。

初九处下卦离之初，离错卦为坎，坎为加忧、为心病、为亟心，有"悔"之象；艮错卦为兑，兑为毁折，有"亡"之象。合观之，有"悔亡"之象。

初九处家人卦之初，为成立家庭的初期。初九阳爻居阳位，居位得正，上与六四正应，近与六二亲比，阴阳相合，刚柔相济，处境和谐。

《小象传》提示："闲有家，志未变也。"治家从成家之初就打好基础，在于端正治家的志向没有改变。

初六爻变，得家人之变卦渐卦。《渐·象传》提示："渐，之进也。"得家人之渐，渐卦为雁行团队，分工合作，无怨无悔，循序渐进，可至高位。

本卦：家人　　　　　变卦：家人之渐

《易经》启示：初九处境是好运初来，自我检点。人在初九处境，成家之初，若能以正道为家训，家教得当，并且守好家门，加强防范，防患于未然，悔事自然消亡。

六二，无攸遂，在中馈，贞吉。

六二爻，不外出，做好家务，占问吉利。

《象》曰：六二之吉，顺以巽也。

《小象传》解释："六二之吉"，这是因为柔顺谦逊。

【导读】

无攸遂，在中馈　遂，行往。《广雅·释诂》："遂，往也。"《易经》通例，由下而上、由内而外为往。无攸遂，即不要外出。馈，烹调，以食物送人。《说文解字》："馈，饷也。"在中馈，指在家中做好食物给家人吃，泛指做家务。"无攸遂，在中馈"，指不外出，做好家务。

《象》曰　顺，柔顺。巽，谦逊。

【爻象处境】

六二爻变，得互卦兑（九二至六四），兑综卦为巽，巽为不果，有"无"之象；巽错卦为震，震为足、为动，有"遂"之象。合观之，有"无攸遂"之象。

六二处下卦离之中位，为主爻，离错卦为坎，坎为劳卦。劳的繁体字为"勞"，上面是焱，即"焰"的本字，表示烧火，中间是冖，表示房屋，下面是力，表示用力，象征在家中用力烧火煮食，有"在中馈"之象。

兑为巫，有"贞"之象；六二在下卦离中，离为日、为明、为丽，有"吉"之象。合观之，有"贞吉"之象。

六二处下卦离之中位，阴爻处阴位，虽重阴过弱，但居中得正，上与九五正应，近与初九、九三亲比，上有靠山，下有基础，处境和顺。

《小象传》提示："六二之吉，顺以巽也。"六二之所以吉利，在于柔顺谦逊。

六二爻变，得家人之变卦小畜卦。《小畜·大象传》提示："君子以懿文德。"得家人之小畜，应修养家庭美德，传家训、立家规、扬家风。家和万事兴，家正天下定。

本卦：家人　　　　变卦：家人之小畜

《易经》启示：六二处境是时当大运，因人成事。人在六二处境，若能持中守正，谦逊柔顺，尊上谦下，尽心尽责，做好本职，得道多助，结局自然吉利。

九三，家人嗃嗃，悔厉，吉。妇子嘻嘻，终吝。

九三爻，家里人嗃嗃嗷嗷，治家过严，虽有悔恨厉危，但最终吉利。老婆孩子嘻嘻哈哈，治家不严，最终有吝憾。

《象》曰：家人嗃嗃，未失也。妇子嘻嘻，失家节也。

《小象传》解释："家人嗃嗃"，这是因为没有失去家道。"妇子嘻嘻"，这表明已失去了家规。

【导读】

家人嗃嗃 嗃，读 hè，严厉。嗃嗃，即嗃嗃嗷嗷，指过分严厉，心有愁怨。《说文解字》："嗃嗃，严酷貌。"

妇子嘻嘻 嘻嘻，即嘻嘻哈哈，不严厉。

【爻象处境】

九三爻变，内卦离变为震，震综卦为艮，艮为门阙，有"家"之象；九三在六画卦之人位，有"人"之象；九三在互卦坎（六二至六四）中，坎为加忧、为亟心，有"嗃嗃"之象。合观之，有"家人嗃嗃"之象。

坎为心病，有"悔"之象；坎又为隐伏、为血卦，有"厉"之象。合观之，有"悔厉"之象。

九三处下卦离之极，离为日、为明、为丽，有"吉"之象。

艮错卦为兑，兑为妾，有"妇"之象；坎又为中男，有"子"之象；兑又为口舌、为说（悦），有"嘻嘻"之象。合观之，有"妇子嘻嘻"之象。

艮又为止、为万物之所成终，有"终"之象；坎为加忧、为亟心、为心病，又有"吝"之象。合观之，有"终吝"之象。

九三阳爻居阳位，当位却失中，上无正应，重阳过刚，严宽失衡，威严有余，严厉过火。但治家过严，不算失误，家人"嗃嗃"，忧愁过度，虽有悔厉，终可转吉。九三近与六二、六四亲比，又在互卦坎中，坎为水，水性柔和，自由流动，放任自流。治家过宽，有失家教，妇子"嘻嘻"，溺爱过度，终会乐极生悲，留下遗憾。

《小象传》提示："家人嗃嗃，未失也。妇子嘻嘻，失家节也。"家人嗃嗃，没失家道。妇子嘻嘻，已失家规。

九三爻变，得家人之变卦益卦。《益·大象传》提示："君子以见善则迁，有过则改。"得家人之益，迁善改过，遵守家规，对家人成长有益。

本卦：家人　　变卦：家人之益

《易经》启示：九三处境是时运平平，因人成事。人在九三处境，若能持中守正，中正治家，刚柔相济，宽严适中，方能有吉无悔。若难以适中持平，宁可严厉，不可松懈，宁严勿宽，虽有悔厉，但终究吉利。相反，若失去规矩，治理不严，放任自流，最终必有吝憾。

六四，富家，大吉。

六四爻，家庭致富，大吉大利。

《象》曰：富家大吉，顺在位也。

《小象传》解释："富家大吉"，这是因为家人和顺而各守其职。

【导读】

富家　指家庭致富。

《象》曰　顺在位，指家人和顺，各守其职。

【爻象处境】

六四居上卦巽之初，巽为近利市三倍，有"富"之象；巽错卦为震，震综卦为艮，艮为门阙，有"家"之象。合观之，有"富家"之象。

六四爻变，得乾卦，乾为纯阳卦，阳为大，有"大"之象；六四在互卦离（九三至九五），离为日、为明、为丽，有"吉"之象。合观之，有"大吉"之象。

六四阴爻居阴位，当位得正，既上承亲比九五，又下与初九正应，与九三亲比，外有靠山，内有基础，近有亲朋，处境和谐顺利，家和万事兴，必能发家致富，大吉大利。

《小象传》提示："富家大吉，顺在位也。""富家大吉"，这是因为家人和顺而各守其职。

六四爻变，得家人之变卦同人卦。《同人》卦辞提示："同人于野，亨，利涉大川，利君子贞。"得家人之同人，应出门入仕，同人做事，必能亨通吉利。

本卦：家人　　变卦：家人之同人

《易经》启示：六四处境是好运正盛，发家致富。人在六四处境，外有靠山，内有基础，近有亲朋，处境优越。若能持守正道，谦逊柔顺，尊上谦下，尽心尽责，积极进取，必成大事。

九五，王假有家，勿恤，吉。

九五爻，有贵人到家，不用忧虑，吉利。

《象》曰：王假有家，交相爱也。

《小象传》解释："王假有家"，这表明君臣上下交相爱护。

【导读】

王假有家，勿恤 王，王公大人，此指贵人。假同徦（xiá），至、到。《说文解字》："徦，至也。"有，于。恤，忧虑。《说文解字》："恤，忧也。"

《象》曰 王假有家，指君王到臣民家里。交相爱，指上下交相爱护。

【爻象处境】

九五居家人卦尊位，在互卦离（九三至九五），离为乾卦，乾为君，有"王"之象；九五在上卦巽，巽错卦为震，震为足、为动，有"假"之象；震综卦为艮，艮为门阙，有"家"之象。合观之，有"王假有家"之象。

九五居上卦巽之中，巽为不果，有"勿"之象；离错卦为坎，坎为加忧、为亟心，有"恤"之象。合观之，有"勿恤"之象。

九五居互卦离（九三至九五）之极，离为日、为明、为丽，有"吉"之象。

九五阳爻居阳位，居中得正，下与六二正应，近与六四亲比，下有基础，近有亲信，处境和顺。

《小象传》提示："王假有家，交相爱也。"上下交相爱护。

九五爻变，得家人之变卦贲卦。《贲·象传》提示："观乎天文，以察时变。观乎人文，以化成天下。"得家人之贲，应审时度势，顺时应变，修齐治平，以人文化成天下人。由修身齐家，到治国平天下，大家相亲相爱，从一家人走向天下一家。

本卦：家人　　　　　变卦：家人之贲

《易经》启示：九五处境是时运中正，运来福到，此时有贵人到家，天大喜事，勿用忧虑。人在九五处境，若能持守中正之道，谦逊柔顺，宽厚包容，得道多助，结果吉利。

上九，有孚威如，终吉。

上九爻，卦兆显示，家人敬畏，最终吉利。

《象》曰：威如之吉，反身之谓也。

《小象传》解释："威如之吉"，这意味着要反省自省，严于律己。

【导读】

有孚威如　孚，卦兆。有孚，卦兆显示。威，敬畏。《说文解字》："威，畏也。"《吕氏春秋·荡兵》："威也者，力也。"

《象》曰　反身之谓，指要反省自省，严于律己。

【爻象处境】

上九居上卦巽之终，巽综卦为兑，兑为巫，有"孚"之象；巽为绳直，有"威如"之象。合观之，有"有孚威如"之象。

兑错卦为艮，艮为止、为万物之所成终，有"终"之象；上九爻变，得坎卦，坎错卦为离，离为日、为明、为丽，有"吉"之象。合观之，有"终吉"之象。

上九居家人卦之顶，前五爻皆位正，唯独上九阳爻居阴位，居位不当，并且无正应、无亲比，处境严酷。

《小象传》提示："威如之吉，反身之谓也。"反省自省，严于律己。

上九爻变，得家人之变卦既济卦。《既济·大象传》提示："君子以思患而豫防之。"得家人之既济，应居安思危，防患于未然，采取预防措施。

本卦：家人　　　　变卦：家人之既济

《易经》启示：上九处境是好运将尽，事无不成。上九在上卦巽之极，巽为绳直，象征要以身作则，约束自己，严于律己，取信于家人。上九与九三敌而不应，两爻均讲治家须严，但针对的对象不同。九三之严，严于家人，虽过严伤情，但九三得位，因此结果"未失"；上九之严，严在自身，严于律己，以身作则，取信家人，威严自成，结果吉利。人在上九处境，若能如此，令人敬畏，毋庸置疑，最终吉利。

第三十八卦　睽

☲☱ 睽，小事吉。

睽卦，占问小事吉利。

《彖》曰：睽，火动而上，泽动而下，二女同居，其志不同行。说而丽乎明，柔进而上行，得中而应乎刚，是以小事吉。天地睽而其事同也；男女睽而其志通也；万物睽而其事类也。睽之时用大矣哉！

《彖传》解释：睽卦象征火焰燃动向上，泽水流动向下，就像两个女子同居一屋，但志向不相同。和悦附丽光明，柔顺向上行进，适中应合阳刚，所以占问小事吉利。天地阴阳二气乖异，但阴阳相交、养育万物之事是共同的；男女性别乖异，但婚媾交合、生儿育女的志向是相通的；天下万物种类乖异，但事物变化规律是相类似的。睽卦因时适用的道理真是博大精深啊！

《象》曰：上火下泽，睽。君子以同而异。

《大象传》解释：上火下泽，这是睽卦卦象。君子观此卦象，应当效法，分析异同，异中求同，求同存异。

【导读】

睽　读 kuí，卦名。《周易》（通行本）第三十八卦。《序卦传》："家道穷必乖，故受之以睽。睽者，乖也。"《杂卦传》："睽，外也。家人，内也。"家人卦讲正家，正家用家道，家道没落必出乖戾。家人是家丑不外扬，睽时已是家丑不怕外扬，因此继家人卦之后紧接着为睽卦。这是《易传》释睽卦卦序、卦义。《说文解字》："睽，目不相视也。"目不相视，即双目不能集中视线同视一个目标，称作斜视。因此，睽有乖异、乖戾之义。睽卦是讲乖异之事。

小事吉　占问小事吉利。

《彖》曰　二女同居，指睽卦下卦兑为少女，上卦离为中女，两个女子同在一卦，就像两个女子同居一屋。天地睽，指天地阴阳二气乖异。其事同，指阴阳相交、养育万物之事是共同的。男女睽，指男女性别乖异。其志通，指婚媾交合、生儿育女的志向是相通的。万物睽，指天下万物种类乖异。其事类，指事物变化规律是相类似的。时用，因时适用。

《象》曰　"上火下泽"，此释睽卦卦象。下卦兑为泽，上卦离为火，火焰燃动向上，泽水流动向下，逆向而行。同而异，指要分析异同，异中求同，求同存异。

【卦象环境】

睽卦下卦为兑，上卦为离，兑为泽，离为火，火性上炎，泽性下渗，有"上火下泽"之象。火动而愈上，泽动而愈下，二者相背，上下相违，有乖异之象，乖通"睽"，故取卦名为"睽"。

睽卦下兑上离，皆为阴卦，阴为小，有"小"之象；睽卦有上卦离、互卦离（九二至九四），离为日、为明、为丽，有"吉"之象。合观之，有"小事吉"之象。

《彖传》提示："说而丽乎明，柔进而上行，得中而应乎刚，是以小事吉。"和悦附丽光明，柔顺向上行进，适中应合阳刚，所以占问小事吉利。

《大象传》提示："君子以同而异。"要分析异同，异中求同，求同存异。

睽卦的人位互卦为既济卦（下卦：九二至九四；上卦：六三至六五）。《既济》卦辞提示："亨，小利贞。"《既济·彖传》提示："利贞，刚柔正而位当也。"既济即事已成。既济卦提示，人在人心不和、内讧反目的睽乖环境，既要顺时而为，因时而用，又要异中求同，求同存异，刚柔相济。若能正其位，循其序，司其职，不仅小事吉，而且一切可成。

本卦：睽　　　　人位互卦：既济

睽卦局势：如夫妻反目，互生猜疑，运势不通，大事不成，小事可成。

《易经》启示：人在睽卦环境，若能持守正道，顺势利导，求同存异，睽违终合，则能逢凶化吉。若心有猜疑，互不信任，矛盾激化，结果会凶多吉少。

初九，悔亡，丧马，勿逐自复。见恶人，无咎。

初九爻，悔恨消失，丢失了马，不用追寻，自会返回。遇见恶人，没有咎灾。

《象》曰：见恶人，以辟咎也。

《小象传》解释："见恶人"，这是说要避免咎灾。

【导读】

丧马，勿逐自复　丧，丢失。逐，追寻。《说文解字》："逐，追也。"复，返回。

见恶人　见，指遇见。

《象》曰　辟咎，指避免咎灾。

【爻象处境】

初九处下卦兑之始，初九爻变，兑变为坎，坎为加忧、为心病，有"悔"之象；兑为毁折，有"亡"之象。合观之，有"悔亡"之象。

兑为毁折，也有"丧"之象；兑错卦为艮，艮综卦为震，震于马为善鸣、为馵足、为作足、为的颡，有"马"之象。合观之，有"丧马"之象。

兑综卦为巽，巽为不果，有"勿"之象；巽错卦为震，震为足、为动，有"逐"之象；震又为反生，反通"返"，有"自复"之象。合观之，有"勿逐自复"之象。

坎错卦为离，离为目，有"见"之象；坎为盗，有"恶人"之象。合观之，有"见恶人"之象。

兑综卦为巽，巽为不果，有"无"之象；坎又为多眚，有"咎"之象。合观之，有"无咎"之象。

初九阳爻处阳位，居位得正，但居位失中，重阳过刚，上与九四敌而不应，近与九二敌而不比，上无靠山，下无基础，处境不顺。

初九处睽乖之初期，反目之人有"恶人"，也有君子。君子反目犹如"丧马"，君子"睽而其志通"，对君子应异中求同，君子志同终将道合，不用去追，自然会复合；恶人"其志不同行"，对恶人应求同存异，和而不同，既要严守分际，也别动辄交恶，能远避则避，不能避则见，见见也无妨。

《小象传》提示："见恶人，以辟咎也。"遇见恶人，要避免咎灾。

初九爻变，得睽之变卦未济卦。《未济·大象传》提示："君子以慎辨物居方。"得睽之未济，应谨慎辨别各自特性，使各得其所。

本卦：睽　　　　变卦：睽之未济

《易经》启示：初九处境是好运初来，有失有得。人在初九处境，若能持守正道，抑制过刚，刚而能柔，顺势而为，灵活变通，方能悔亡无咎。

九二，遇主于巷，无咎。

九二爻，在小巷中遇见贵人，没有咎灾。

《象》曰：**遇主于巷，未失道也。**

《小象传》解释："遇主于巷"，这表明尚未失去中正之道。

【导读】

遇主于巷　主，此指贵人。遇主于巷，在小巷中遇见贵人。

《象》曰　未失道，指尚未失去中正之道。

【爻象处境】

九二在互卦离（九二至九四），离为目，有"遇"之象；九二与六五正应，六五居上卦离之中位，为主爻，离为乾卦，乾为君，有"主"之象；九二处下卦兑之中，兑错卦为艮，艮为径路、为门阙，有"巷"之象。合观之，有"遇主于巷"之象。

兑综卦为巽，巽为不果，有"无"之象；离错卦为坎，坎为多眚，有"咎"之象。合观之，有"无咎"之象。

九二处下卦兑之中位，阳爻居阴位，虽居位失当，但居位得中，刚而能柔，上与六五正应，近与六三亲比，上有靠山，下有基础，处境和顺。

《小象传》提示："遇主于巷，未失道也。""遇主于巷"，在于尚未失去中道。

九二爻变，得睽之变卦噬嗑卦。《噬嗑·象传》提示："颐中有物，曰噬嗑，噬嗑而亨。"得睽之噬嗑，犹如口中含有食物，经过牙咬咀嚼，排除障碍，才能亨通。

本卦：睽　　　　　　变卦：睽之噬嗑

《易经》启示：九二处境是好运乍现，绝好际遇。人在九二处境，若能持守中道，尊上谦下，柔顺处事，得道多助，既得贵人相助，又有近亲相帮，结果无咎。

六三，见舆曳，其牛掣，其人天且劓。无初有终。

六三爻，遇见一辆牛车，车夫向后拽，牛向前拉，车夫是个额头刺字且割掉鼻子的犯人。占得此爻，开局不好，结局很好。

《象》曰：见舆曳，位不当也。无初有终，遇刚也。

《小象传》解释："见舆曳"，这表明所处的位置不恰当。"无初有终"，这是因为遇见阳刚并相应合。

【导读】

见舆曳，其牛掣　舆，车，此指牛车。曳，向后拉。掣，读chè，向前拉。

其人天且劓　其人，指车夫。天，古代的墨刑，在额头上刺字的刑罚。《集韵》："天，刑名。剠凿其额曰天。"劓，读yì，从刀，从鼻，为刀割鼻子，是古代割掉鼻子的刑罚。

无初有终　指开局不好，结局很好。

【爻象处境】

六三在互卦离（九二至九四），离为目，有"见"之象；六三又在互卦坎（六三至六五），坎为舆，有"舆"之象；坎又为曳，有"曳"之象。合观之，有"见舆曳"之象。

六三与上九正应，上九居上卦离中，离为乾卦，乾错卦为坤，坤为牛，有"牛"之象；六三在下卦兑，兑错卦为艮，艮为手，有"掣"之象。合观之，有"其牛掣"之象。

六三处六画卦之人位，有"人"之象；兑综卦为巽，巽于人为广颡，又为入，有"天（刑）"之象；兑错卦为艮，艮为山，山根有"鼻"之象；兑为毁折，兑艮合观，有"劓"之象。诸象合观，有"其人天且劓"之象。

《易经》通例，爻序自下而上，下为初，上为终。六三在下卦兑，有"初"之象；兑综卦为巽，巽为不果，有"无"之象。合观之，有"无初"之象。六三与上九正应，上九居上卦离之终，有"终"之象；上九爻变，得震卦，震综卦为艮，艮为止、为万物之所成终，有"有终"之象。诸象合观，有"无初有终"之象。

六三处下卦之顶，介于上下卦交接地带，自下而上，有"斜坡"之象。六三处"三多凶"之位，阴爻居阳位，居位不当，不中不正，凌乘九二，被九二报复，往后拖住，处境有风险。但六三与上九正应，又顺承亲比九三，得上九、九三援助，因此处境利大于弊。

《小象传》提示："无初有终，遇刚也。""无初有终"，在于遇见阳刚并相应合。

六三爻变，得睽之变卦大有卦。《大有·大象传》提示："君子以遏恶扬善，顺天休命。"得睽之大有，悔过惩恶，改过扬善，顺应天道，自有天祐。

本卦：睽　　　变卦：睽之大有

《易经》启示：六三处境是时运不当，无初有终。人在六三处境，若能反省自省，悔过改过，持中守正，尊上谦下，柔顺处事，以诚相待，真诚应比，得遇贵人相助，自有出睽之时，起初虽然不好，但结局会好。

九四，睽孤，遇元夫，交孚，厉，无咎。

九四爻，正在独自惊顾之时，遇见贵人，与卦兆相合，虽有厉危，但无咎灾。

《象》曰：交孚无咎，志行也。

《小象传》解释："交孚无咎"，这表明志向能够实现。

【导读】

睽孤，遇元夫，交孚 孤，独自。《广雅·释诂》："孤，独也。"睽孤，独自惊顾。元夫，大人，此指贵人。交，交接、相合。孚，卦兆。交孚，与卦兆相合。

《象》曰 志行，指志向能够实现。

【爻象处境】

九四已出下卦入上卦，上卦为离，又在互卦离（九二至九四）中，离为目，上下有目相对，有"睽"之象；九四为阳爻，阳为奇数，有"孤"之象。合观之，有"睽孤"之象。

离为目，也有"遇"之象；离为乾卦，乾为乾元，有"元"之象；九四在六画卦之人位，有"夫"之象。合观之，有"遇元夫"之象。

九四爻变，上卦离变为艮，艮错卦为兑，兑为巫，有"孚"之象；兑综卦为巽，巽为绳直、为入，有"交"之象。合观之，有"交孚"之象。

九四在互卦坎（六三至六五），坎为隐伏、为血卦，有"厉"之象；巽又为不果，有"无"之象；坎又为多眚，有"咎"之象。合观之，有"厉无咎"之象。

九四居上卦离之初，居"四多惧"之位，阳爻居阴位，居位不当，不中不正，下无正应、没有基础，亲比六五至尊，反被六五凌乘，伴君如伴虎，九四惊慌四顾，惶恐不安，处境凶险。

《小象传》提示："交孚无咎，志行也。"志向能够实现。

九四爻变，得睽之变卦损卦。《损·大象传》提示："君子以惩忿窒欲。"得睽之损，应惩戒过激愤怒，窒塞过贪欲望。

本卦：睽　　　　　　变卦：睽之损

《易经》启示：九四处境是时运不当，幸得相助。人在九四处境，若能持守正道，纠正过失，刚而能柔，委曲求全，尊上谦下，真诚亲比六五，取信于六五，得六五至尊相助，虽处险境也可无咎。

六五，悔亡，厥宗噬肤，往何咎？

六五爻，悔事消失，正在饥饿无力晕厥之时，遇见贵人招待吃肉，前往能有什么咎灾呢？

《象》曰：厥宗噬肤，往有庆也。

《小象传》解释："厥宗噬肤"，这意味着前往有喜庆。

【导读】

厥宗噬肤　厥，读jué，晕厥，此指因饥饿手脚无力而晕厥。《素问·六节藏象论》："凝于足者为厥。"宗，主人，此指贵人。噬，读shì，吃。肤，肉。

《象》曰　庆，喜庆、庆贺。

【爻象处境】

六五在互卦坎（六三至六五），坎为加忧、为心病、为亟心，有"悔"之象；六五爻变，得互卦巽（六三至九五），巽为不果，有"亡"之象。合观之，有"悔亡"之象。

坎为心病、为亟心、为下首，有"厥"之象；巽又为绳直、为高、为长，有"宗"之象；巽综卦为兑，兑为口，有"噬"之象；六五爻变，上卦离变为乾，乾错卦为坤，坤为布，有"肤"之象。合观之，有"厥宗噬肤"之象。

巽错卦为震，震为足、为动，有"往"之象；巽为进退、为不果，有"何"之象；坎又为多眚，有"咎"之象。合观之，有"往何咎"之象。

六五居睽卦之尊位，阴爻居阳位，居位得中，下与九二正应，近与上九、九四亲比，处境顺利。虽有上九凌驾于上，六五凌乘九四，九四不服，有些睽乖不合，难免心中有悔恨；但六五与九二正应，九二之"遇主"，视六五为主，六五之"厥宗"，视九二为宗，认祖归宗，六五与九二会合，原有悔恨消亡了。九二爻动，卦变为噬嗑卦，该卦二爻说"噬肤"，故六五称"厥宗噬肤"。

《小象传》提示："厥宗噬肤，往有庆也。""厥宗噬肤"，前往有喜庆。

六五爻变，得睽之变卦履卦。《履·大象传》提示："君子以辨上下，定民志。"得睽之履，应分辨上下尊卑秩序，正定民众安分心志。

本卦：睽　　　　　变卦：睽之履

《易经》启示：六五处境是劣运已退，可以无咎。人在六五处境，若能持守中道，谦逊柔和，致力和解，必得人心，令人信服，得道多助，结果悔亡无咎。六五爻辞虽不言吉，而吉自明。

上九，睽孤，见豕负涂，载鬼一车。先张之弧，后说之弧。匪寇婚媾，往遇雨则吉。

上九爻，正在独自惊顾之时，遇见一头猪，在路上拉着一车鬼。先拉开弓准备射，后又放下弓箭。发现不是来抢劫的强盗，而是迎亲队伍，前往时遇雨就会吉利。

《象》曰：遇雨之吉，群疑亡也。

《小象传》解释："遇雨之吉"，这表明所有怀疑都已消除。

【导读】

睽孤　指独自惊顾。参见本卦九四【导读】。

见豕负涂，载鬼一车　负，恃、把持，此指拉车。《说文解字》："负，恃也。从人守贝，有所恃也。"涂同途，道路。如《论语·阳货》："道听而涂说。"

先张之弧，后说之弧　弧，弓。说同脱，放下。

匪寇婚媾，往遇雨则吉　匪同非。寇，盗寇。媾，读 gòu，结合、和好。《正字通》："媾，和好也。"婚媾，此指迎亲队伍。雨，阴阳交合为雨，因此婚嫁遇雨为吉兆。

《象》曰 群疑亡，指所有怀疑都已消除。

【爻象处境】

上九居上卦离之极，上九与六三正应，六三在互卦离（九二至九四），离为目，上下两目相对，有"睽"之象；上九为阳爻，阳为奇数，有"孤"之象。合观之，有"睽孤"之象。

离为目，有"见"之象；离错卦为坎，坎为豕，有"豕"之象；坎又为隐伏，有"负"之象；上九爻变，上卦离变为震，震为大涂，有"涂"之象。合观之，有"见豕负涂"之象。

坎又为舆，有"载"之象；坎为隐伏、为盗，有"鬼"之象；离为乾卦，乾在先天八卦方位数为一，有"一"之象；坎为舆，有"车"之象。合观之，有"载鬼一车"之象。

《易经》通例，爻序自下而上，下为先，上为后。上九与六三正应，六三在下卦，有"先"之象；上九又在互卦坎（六三至六五），坎为曳，有"张"之象；坎又为弓轮，有"弧"之象。合观之，有"先张之弧"之象。

上九在上卦，有"后"之象；上九爻变，得震卦，震综卦为艮，艮错卦为兑，兑为毁折、为说，有"说（脱）"之象；上卦离错卦为坎，坎为弓轮，有"弧"之象。合观之，有"后说之弧"之象。

震错卦为巽，巽为不果，表示非，非同匪，因此有"匪"之象；坎又为盗，有"寇"之象。合观之，有"匪寇"之象。上九与六三正应，阴阳应和，有"婚媾"之象。诸象合观，有"匪寇婚媾"之象。

震为足、为动，有"往"之象；离为目，有"遇"之象；离错卦为坎，坎为水，有"雨"之象；离为日、为明、为丽，有"吉"之象。合观之，有"往遇雨则吉"之象。

上九居睽卦之极，阳爻居阴位，下据亲比六五，又与六三正应，有靠山，有基础，处境本来有利，但居位失当，不中不正，心神不定，境由心生，心境影响处境，因此处境曲折不顺。

《小象传》提示："遇雨之吉，群疑亡也。"阴阳之间，生疑则不合，不合则无雨；疑亡则合，合则生雨。"遇雨之吉"，标志着由睽而合，所有的疑神疑鬼都已消亡。

上九爻变，得睽之变卦归妹卦。《归妹·大象传》提示："君子以永终知敝。"得睽之归妹，犹如对待婚姻大事，要冷静理性思考，从长远结果来考虑利弊。

本卦：睽　　　　变卦：睽之归妹

《易经》启示：上九处境是时当转运，正定心志。人在上九处境，若能持守正道，正定心志，理智处事，光明磊落，尊上谦下，以诚待人，刚柔相济，和谐相处，方能趋吉避凶。

第三十九卦　蹇

☶☵ 蹇，利西南，不利东北。利见大人，贞吉。

蹇卦，利于到西南，不利于到东北。利于拜见大人物，占问吉利。

《彖》曰：蹇，难也，险在前也。见险而能止，知矣哉。蹇利西南，往得中也。不利东北，其道穷也。利见大人，往有功也。当位贞吉，以正邦也。蹇之时用大矣哉！

《彖传》解释：蹇卦象征艰难，意思是艰险在前面。遇见险阻能够及时停止，这是明智的。蹇卦所谓利于到西南，意味着前往是得当适中的。不利于到东北，意味着已走到穷途末路了。利于拜见大人物，意味着前往必定有功效。摆正位置，持守正道，可获吉祥，这意味着可以正定邦国。蹇卦因时适用的道理真是博大精深啊！

《象》曰：山上有水，蹇。君子以反身修德。

《大象传》解释：山上有水，这是蹇卦卦象。君子观此卦象，应当效法，反躬自省，修养品德。

【导读】

蹇　读jiǎn，卦名。《周易》（通行本）第三十九卦。《序卦传》："乖必有难，故受之以蹇。蹇者，难也。"《杂卦传》："蹇，难也。"眼不能往一处视，力不能往一处使，就有睽乖，乖极必有难，蹇为难，因此继睽卦之后紧接着为蹇卦。这是《易传》释蹇卦卦序、卦义。蹇，本义是跛足，即瘸腿，指行走困难。《说文解字》："蹇，跛也。"蹇卦是讲如何应对蹇难。

利西南，不利东北　西南，在后天八卦方位中为坤卦，坤为顺，象征顺利，因此，利于到西南。东北，在后天八卦方位中为艮卦，艮为山、为止，象征大山阻止，因此，不利于到东北。

利见大人　大人，大人物。利见大人，利于拜见大人物。参见乾卦九二【导读】。

《象》曰　知同智，指明智。当位贞吉，指摆正位置，持守正道，可获吉祥。正邦，正定邦国。

《象》曰　"山上有水"，此释蹇卦卦象。下卦艮为山、为止，上卦坎为水，水滞留山上，山不转水也难转。反身，反躬自省。修德，修养品德。

【卦象环境】

蹇卦下卦为艮，上卦为坎，艮为山、为止，坎为水，水遇山而止，难以流下，有"山上有水"之象，蹇即难也，故取卦名为"蹇"。

下卦艮为山、为止，艮在后天八卦方位中为东北，东北有艮山阻止，有"不利东北"之象。

与东北相反的西南方为坤卦，坤为地、为母、为顺，柔顺包容，有"利西南"之象。

六二与九五有正应，六二在下卦艮中，艮综卦为震，震错卦为巽，巽为近利市三倍，有"利"之象；九五在互卦离（九三至九五），离为目，有"见"之象；九五居卦之尊位，有"大人"之象。合观之，有"利见大人"之象。

下卦艮错卦为兑，兑为巫，有"贞"之象；蹇卦中间有互卦离（九三至九五），离为日、为明、为丽，有"吉"之象。合观之，有"贞吉"之象。

蹇卦为四阴二阳卦，九三、九五两阳皆为四阴围困，外卦为坎陷多眚，内卦有艮山阻止，前险后阻，卦中还有两个互卦坎险（六二至六四、六四至上六），内忧外患，环境十分艰难。蹇卦被视为《易经》六十四卦中的四大难卦之一。

《彖传》提示："蹇，难也，险在前也。见险而能止，知矣哉。"蹇卦象征艰难，是艰险在前面。遇见险阻能够及时停止，这是明智的。

《大象传》提示："君子以反身修德。"应反躬自省，修养德行，

下经
第三十九卦
蹇

等待时机，以济蹇难。

处蹇难之时，一要等待时机。既要"见险而能止"，不能急躁冒险，又要"反身修德"，乘机养精蓄锐。二要选择时机。权衡"利"与"不利"，行动要适时适中。三要抓住时机。"利见大人，往有功也。"争取外力支持，以济蹇难。处蹇之道，重在顺时而用，正如《彖传》所提示："蹇之时用大矣哉！"

蹇卦的人位互卦为未济卦（下卦：六二至六四；上卦：九三至九五）。《未济·大象传》提示："君子以慎辨物居方。""未济"为事难成。未济卦提示，人在蹇难环境，将会十分艰难，应谨慎辨别各自特性，使各得其所，有序发展。

本卦：蹇　　　　　　人位互卦：未济

蹇卦局势：如山重水复，险象环生，运势艰难，背明向暗，进退维谷。

《易经》启示：人在蹇卦环境，若能因时制宜，识时知止，进退合宜，择善追随，寻求共济，则能逢凶化吉。若刚愎自用，独断专行，冒险躁进，结果会凶多吉少。

初六，往蹇，来誉。

初六爻，前往难行，回来很好。

《象》曰：往蹇来誉，宜待也。

《小象传》解释："往蹇来誉"，这意味着适宜等待时机。

【导读】

往蹇，来誉　《易经》通例，由下（内）向上（外）为往，由上（外）向下（内）为来。誉，赞誉。

《象》曰　宜待，指适宜等待时机，不要轻举妄动。

【爻象处境】

初六处下卦艮之始，艮综卦为震，震为足、为动，有"往"之象；艮为山、为止，前往有高山挡路，前面还有一个互卦坎（六二至六四），坎为陷、为多眚，前方山高路险，有"蹇"之象。合观之，有"往蹇"之象。

艮为山，初六前往遇见艮山迎面而来，有"来"之象；艮错卦为兑，兑为口、为说，有"誉"之象。合观之，有"来誉"之象。

初六阴爻居阳位，居位不当，不中不正，上无正应，近无亲比，自身柔弱乏力，上无靠山，下无基础，处境不利。

《小象传》提示："往蹇来誉，宜待也。"适宜等待时机。

初六爻变，得蹇之变卦既济卦。《既济·大象传》提示："君子以思患而豫防之。"得蹇之既济，应居安思危，防患于未然，采取预防措施。

本卦：蹇　　　　　　变卦：蹇之既济

《易经》启示：初六处境是好运未到，此时宜止不宜行，宜静不宜动，宜待时而动。人在初六处境，若能持守正道，慎终如始，稳重行事，知难而止，退守自保，等待时机，值得赞誉。

六二，王臣蹇蹇，匪躬之故。

六二爻，王臣更加难行，但这不是自身缘故。

《象》曰：王臣蹇蹇，终无尤也。

《小象传》解释："王臣蹇蹇"，这意味着最终没有忧患。

【导读】

王臣蹇蹇，匪躬之故　蹇蹇，指加倍难行、更加难行。匪同非。躬，自身。故，缘故。

《象》曰　终无尤，指最终没有忧患。

【爻象处境】

六二与九五正应，九五居君位，有"王"之象；六二处下卦中位，有"臣"之象；九五在上卦坎中，坎为陷、为多眚，有"蹇"之象；六二在互卦坎（六二至六四），也有"蹇"之象。合观之，有"王臣蹇蹇"之象。

下卦艮错卦为兑，兑综卦为巽，巽为不果，有"匪"之象；艮综卦为震，震为反生，有"躬"之象；艮为止、为万物之所成终，有"故"之象。合观之，有"匪躬之故"之象。

六二居下卦离之中，阴爻居阴位，居中得正，上与九五正应，志在勤王济蹇。六二在互卦坎（六二至六四）中，上行到上卦又是坎，过了一坎又一坎，坎险重重，行走蹇难，臣往有蹇，王来也有蹇，往来皆蹇，"王臣蹇蹇"，处境艰险。

《小象传》提示："王臣蹇蹇，终无尤也。""王臣蹇蹇"，最终没有忧患。

六二爻变，得蹇之变卦井卦。《井·大象传》提示："君子以劳民劝相。"得蹇之井，应慰劳众人，劝勉相助，共克时艰。

本卦：蹇　　　　变卦：蹇之井

《易经》启示：六二处境是时运尴尬，险难重重。人在六二处境，此时陷入重重险阻，但非自身过失所致，国难当头，职责所在，义不容辞，只求问心无愧。若能持守中正之道，追随九五至尊，忠心耿耿，得道多助，共渡险难，终能化险为夷。

九三，往蹇，来反。

九三爻，外出难行，返回原地。

《象》曰：往蹇来反，内喜之也。

《小象传》解释："往蹇来反"，这意味着自己内心乐意这样。

【导读】

来反　反同返，复返。来反，指返回原地。

《象》曰　内，内心。内喜之，指自己内心乐意这样。

【爻象处境】

九三处下卦艮之顶，艮综卦为震，震为足、为动，有"往"之象；艮为山、为止，有高山挡路，九三又在互卦坎（六二至六四），坎为陷、为多眚，沿途山高路险，有"蹇"之象。合观之，有"往蹇"之象。

艮为山，九三前往遇见艮山迎面而来，有"来"之象；艮综卦为震，震为反生，有"反"之象。合观之，有"来反"之象。

九三阳爻居阳位，居位得正，但居"三多凶"之位，居位不中，重阳过刚，刚愎自用，与上六正应，欲冒险前往应合，会有凶险。幸好九三在互卦离（九三至九五）中，离为明，有自知之明，又处下卦艮之极，艮为险、为止，能见险而止，知难而返。九三近与六二、六四亲比，有近亲相助，前行有难，不如退回有利。

《小象传》提示："往蹇来反，内喜之也。""往蹇来反"，在于自己内心乐意。

九三爻变，得蹇之变卦比卦。《比·彖传》提示："比，吉也。比，辅也，下顺从也。"得蹇之比，应领悟比卦所谓辅佐，就是下级亲近顺从上级，如此亲比，方能吉祥。

本卦：蹇　　　　　变卦：蹇之比

《易经》启示：九三处境是时运不利，候时待机。人在九三处境，若能持守正道，戒惧谨慎，抑制过刚，纠正过失，知难而止，退守自保，夯实基础，见机行事，方能无咎。

六四，往蹇，来连。

六四爻，外出难行，拉着车回来。

《象》曰：往蹇来连，当位实也。

《小象传》解释："往蹇来连"，这意味着有了适当地位又相当富有。

【导读】

来连　连，本义是人拉的车。《说文解字》："连，负车也。"段玉裁注："连即古文辇也。"来连，指拉着车回来。

《象》曰　当位，指适当地位。实，富有。当位实，指有了适当地位又相当富有。此处传文解释与经文有异义。

【爻象处境】

六四居上卦坎之初，六四爻变，得兑卦，兑错卦为艮，艮综卦为震，震为足、为动，有"往"之象；艮为山、为止，有高山挡路，坎为陷、为多眚，沿途山高路险，有"蹇"之象。合观之，有"往蹇"之象。

六四已出下艮入上坎，走出艮山，又迎来坎险，有"来"之象；坎又为舆，有"连"之象。合观之，有"来连"之象。

六四居上卦坎之始，阴爻居阴位，居位得当，但居位不中，重阴过弱，处"四多惧"之位，又在坎险中，处境艰难。但六四上承亲比九五，又亲比九三，上有靠山，下有基础，处境有弊有利。

《小象传》提示："往蹇来连，当位实也。""往蹇来连"，显示有地位有财富。

六四爻变，得蹇之变卦咸卦。《咸·大象传》提示："君子以虚受人。"得蹇之咸，应虚怀若谷，以虚心感召人，以诚心感化人，以真心感动人，齐心合力，共克时艰。

本卦：蹇　　　　　变卦：蹇之咸

《易经》启示：六四处境是时运多险，共克时艰。人在六四处境，若能持守正道，尊上谦下，以诚待人，联合上下，团结各方，借势借力，共渡蹇险，方能脱险。

九五，大蹇，朋来。

九五爻，正处重大艰难中，有朋友来相助。

《象》曰：大蹇朋来，以中节也。

《小象传》解释："大蹇朋来"，这是因为具有中正气节。

【导读】

大蹇，朋来　指正处重大艰难中，有朋友来相助。

《象》曰　中节，指中正气节。

【爻象处境】

九五居蹇卦之君位，九五为阳爻，阳为大，有"大"之象；九五在上卦坎中，坎为陷、为多眚，有"蹇"之象。合观之，有"大蹇"之象。

九五爻变，上卦得坤，坤为众，有"朋"之象；九五爻变，九五在互卦震（九三至六五），震为反生，有"来"之象。合观之，有"朋来"之象。

九五阳爻居阳位，居中得正，与六二正应，又亲比上六，又有六四顺承亲比，九五以刚中气节感召六二、六四、上六诸爻朋友前来相助，共渡蹇险，处境有利。

《小象传》提示："大蹇朋来，以中节也。""大蹇朋来"，在于具有中正气节。

九五爻变，得蹇之变卦谦卦。《谦·彖传》提示："谦，尊而光，卑而不可逾，君子之终也。"得蹇之谦，应领悟谦道，谦虚谨慎，使尊贵者得到荣耀，卑微者不受欺压，君子亨通有好结果。

本卦：蹇　　　　变卦：蹇之谦

《易经》启示：九五处境是厄运将退，转危为安。人在九五处境，若能持守中正之道，既阳刚中正，又谦逊包容，善于团结一切可以团结的力量，得道多助，必能济蹇出险。

上六，往蹇，来硕，吉，利见大人。

上六爻，外出难行，回来大有收获，吉利，利于拜见大人物。

《象》曰：往蹇来硕，志在内也。利见大人，以从贵也。

《小象传》解释："往蹇来硕"，这意味着内心已有这个志向。"利见大人"，这是为了追随贵人。

【导读】

来硕　硕，《说文解字》曰"头大也"，此指大有收获。

《象》曰　志在内，指内心已有这个志向。以从贵，指为了追随贵人。

【爻象处境】

上六居上卦坎之极，处蹇卦之终，上六爻变，坎变为巽，巽错卦为震，震为足、为动，有"往"之象；上六在上卦坎中，坎为陷、为多眚，有"蹇"之象。合观之，有"往蹇"之象。

震又为反生，有"来"之象；巽又为广颡，有"硕"之象。合观之，有"来硕"之象。

坎错卦为离，离为日、为明、为丽，有"吉"之象。

巽又为近利市三倍，有"利"之象；坎错卦为离，离为目，有"见"之象；坎为阳卦，阳为大，有"大"之象；坎为中男，有"人"之象。合观之，有"利见大人"之象。

上六阴爻居阴位，居位得当，但居位不中，重阴过弱，不足以济蹇，上六与九三正应，与九五亲比，上六退回来可以争取有实力的九五、九三支持与援助，上六处境是客观环境不佳、人际关系甚佳。

《小象传》提示："利见大人，以从贵也。"利于拜见大人物，这是为了追随大人物。

上六爻变，得蹇之变卦渐卦。《渐·彖传》提示："其位刚得中也，止而巽，动不穷也。"得蹇之渐，摆正位置，刚健适中，内心静止，外表谦顺，行动就永远不会走入绝境。

本卦：蹇　　　　变卦：蹇之渐

《易经》启示：上六处境是时来运转，循序渐进，此时前往有蹇险，退回来却会有收获。人在上六处境，若能持守正道，纠正过失，退守保全，追随至尊，争取外援，得贵人相助，终能济蹇获吉。

第四十卦　解 ䷧

䷧ 解，利西南。无所往，其来复吉。有攸往，夙吉。

解卦，利于到西南。若不去，七天内吉利。若要去，尽早出发吉利。

《彖》曰：解，险以动。动而免乎险，解。解利西南，往得众也。其来复吉，乃得中也。有攸往夙吉，往有功也。天地解而雷雨作，雷雨作而百果草木皆甲坼。解之时大矣哉！

《彖传》解释：解卦象征遇险要采取行动。行动才能避险，这就是解卦。解卦所谓利于到西南，这是因为去了会得到众人拥戴。不知所往，迷途知返则吉利，这是因为得到了正道。有所前往，尽早出发则吉利，这是因为前往必有功名。天地和解而雷雨大作，雷雨大作而百果草木发芽。解卦把握时机的道理真是博大精深啊！

《象》曰：雷雨作，解。君子以赦过宥罪。

《大象传》解释：雷雨大作，这是解卦卦象。君子观此卦象，应当效法，赦免有过失的，饶恕有罪过的。

【导读】

解 卦名。《周易》（通行本）第四十卦。《序卦传》："物不可以终难，故受之以解。解者，缓也。"《杂卦传》："解，缓也。蹇，难也。"蹇者遇难，遇难不用太紧张，物不可以终难，可以缓和舒缓，得以解难脱困，因此继蹇卦之后紧接着为解卦。这是《易传》释解卦卦序、卦义。解，甲骨文字形为 ![](《新甲骨文编》，第271页），左上部分表示刀具，下部分像牛，牛的左上部分像牛角，整体字形是用刀具夹住牛角，表示用刀把牛角剖开。《说文解字》："解，判也，从刀，判牛角。"又注："判，分也。"因此，解的本义是分解牛，后泛指解散、解开、解脱、解放等。解卦是讲如何解脱。

利西南 西南，在后天八卦方位中为坤，坤为顺，象征顺利，因此，利于到西南。

其来复吉 陈鼓应、赵建伟注释："'来复'，当指七日之内。一卦往复经七个爻位，故《复》卦说'七日来复'。此云若无所行往而止于原处，则只限于七日之内吉利，逾此期限则不吉矣。此戒人在解之时，不宜久滞原处，当速南行。"（《周易今注今译》）此说可从。七日之限正与下句"有攸往，夙吉"对应。

有攸往，夙吉 夙，读 sù，甲骨文字形为 (《新甲骨文编》，第402页)，左上方是月亮，是"夕"，表示夜间，右边是一人以手持物，表示天不亮就早起劳作，以示恭敬的意思。《说文解字》："夙，早敬也。"此指尽早、及早。夙吉，尽早出发吉利。

《彖》曰 得众，得到众人拥戴。得中，得到中正之道。有功，有功名。作，兴起。坼，裂开、分裂。

《象》曰 "雷雨作"，此释解卦卦象。下卦坎为水、为雨，上卦震为雷，雷雨交作，万物生长。赦，赦免。过，过失、过错。宥，读 yòu，宽容、饶恕。罪，罪过。

【卦象环境】

解卦下（内）卦为坎，上（外）卦为震，坎为雨，震为雷，上面打雷，下面下雨，春雷阵阵，春雨潇潇，万物舒展生长，有"雷雨作"之象，雷雨合作，是为和解；内卦为坎险，外卦为震动，有"动而免乎险"之象，动而脱险，是为解脱。因和解而解脱，故取卦名为"解"。

上卦震综卦为艮，艮在后天八卦方位中为东北，艮为山、为止，不利前往东北，应该往相反方向西南去，西南为坤，坤为众、为顺，有利于争取众人支持，因此有"利西南"之象。

上卦震错卦为巽，巽为不果，有"无"之象；震为足、为动，有"往"之象。合观之，有"无所往"之象。

震又为反生，有"来复"之象；下有互卦离（九二至九四），离为日、为明、为丽，有"吉"之象。合观之，有"其来复吉"之象。

上卦震为足、为动，有"往"之象；下卦坎为月，有"夙"之象；坎错卦为离，离为日、为明、为丽，有"吉"之象。合观之，有"有攸往，夙吉"之象。

卦辞提示，处解之道，一要明确方向。"利西南"，往西南前行有利。二要选择时机。如果不打算前往，等待观望，则七日内为吉，逾期难说（"无所往，其来复吉"）；如果打算前往，无须犹疑，宜早行动为吉（"有攸往，夙吉"）。

《彖传》提示："解，险以动。动而免乎险，解。"解卦象征遇险要采取行动。行动才能脱险，这才是解脱之道。

《大象传》提示："君子以赦过宥罪。"应赦免有过失的，饶恕有罪过的。

解卦的人位互卦为既济卦（下卦：九二至九四；上卦：六三至六五）。《既济·大象传》提示："君子以思患而豫防之。"既济卦提示，人在解卦环境，应居安思危，采取预防措施。防患于未然，不解之解，才是最佳解脱。

　　本卦：解　　　　人位互卦：既济

解卦局势：如春雷行雨，忧散喜生，运势疏解，去除隐患，生机盎然。

《易经》启示：人在解卦环境，若能持中守正，刚柔相济，顺势而为，见机行事，则能逢凶化吉。若不守正道，优柔寡断，错失良机，不除隐患，结果会凶多吉少。

初六，无咎。

初六爻，没有咎灾。

《象》曰：刚柔之际，义无咎也。

《小象传》解释："刚柔之际"，这表明理当没有咎灾。

【导读】

《象》曰　际，交接之处。义同宜，合宜、理当。

【爻象处境】

初六处下卦坎之始，初六爻变，坎变为兑，兑综卦为巽，巽为不果，有"无"之象；坎为多眚，有"咎"之象。合观之，有"无咎"之象。

初六处解卦之初，阴爻居阳位，虽居位失当，不中不正，但上与九四正应，近与九二承比，上有靠山，下有基础，因此处境有利。

《小象传》提示："刚柔之际，义无咎也。"处在刚柔交接之际，理当没有咎灾。

初六爻变，得解之变卦归妹卦。《归妹·大象传》提示："君子以永终知敝。"得解之归妹，应领悟夫妻之道，要从长远结果来考虑利弊。和为贵，能和解的要和解。

本卦：解　　　　变卦：解之归妹

《易经》启示：初六处境是时运初现，困难初解。人在初六处境，若能持守正道，纠正过失，谦逊柔顺，尊上谦下，以柔济刚，以诚待人，和谐相处，广结人缘，方能无咎。

九二，田获三狐，得黄矢，贞吉。

九二爻，田猎获得三只狐狸和黄色的箭，占问吉利。

《象》曰：九二贞吉，得中道也。

《小象传》解释："九二贞吉"，这是因为能够持守中道。

【导读】

田获三狐，得黄矢　田同畋，打猎。《广韵》："畋，取禽兽也。"矢，箭。《广雅·释器》："矢，箭也。"

《象》曰　得中道，指持守中道。

【爻象处境】

九二处解卦下卦坎之中，处六画卦之地位，在地上，有"田"之象；九二爻变，得互卦艮（六二至九四），艮为手，有"获"之象；艮又为黔喙之属，有"狐"之象；下卦坎错卦为离，九二也在互卦离（九二至九四）中，离在先天八卦位数为三，有"三"之象。诸象合观，有"田获三狐"之象。

艮综卦为震，震错卦为巽，巽为入，有"得"之象；震为玄黄，有"黄"之象；坎又为弓轮，有"矢"之象。合观之，有"得黄矢"之象。

艮错卦为兑，兑为巫，有"贞"之象；坎错卦为离，离为日、为明、为丽，有"吉"之象。合观之，有"贞吉"之象。

九二处下卦坎之中位，阳爻居阴位，虽居位失当，但居位得中，上与六五正应，近与初六、六三亲比，上有靠山，下有基础，处境和顺。

《小象传》提示："九二贞吉，得中道也。"九二之所以吉利，在于持守中道。

九二爻变，得解之变卦豫卦。《豫·大象传》提示："先王以作乐崇德，殷荐之上帝，以配祖考。"得解之豫，应崇敬祭祀，感谢上天好生之德，以及祖先积善之德，得遇贵人相助、众亲相帮，顺利解困。

本卦：解　　　　　　变卦：解之豫

《易经》启示：九二处境是时运中兴，去邪归正。人在九二处境，若能持守中道，抑制过刚，刚而能柔，谦逊柔顺，尊上谦下，得贵人相助，有众亲相帮，方能吉利。

六三，负且乘，致寇至，贞吝。

六三爻，肩背又车载，招致盗寇来抢，占问有遗憾。

《象》曰：负且乘，亦可丑也。自我致戎，又谁咎也？

《小象传》解释："负且乘"，这表明货物太多了。"自我致戎"，这是说，又能去怪罪谁呢？

【导读】

负且乘，致寇至　负，肩背。且，又。乘，车载。致，招致。

《象》曰　丑，众多。可丑，太多。《尔雅·释诂》："丑，众也。"戎，《说文解字》曰"兵也"。引申之，凡持兵器侵盗抢劫者亦称戎。咎，怪罪。

【爻象处境】

六三处下卦坎之顶，坎为隐伏，有"负"之象；坎为隐伏、为舆，有"乘"之象，六三乘比九二，也有"乘"之象。合观之，有"负且乘"之象。

六三爻变，得互卦兑（九三至六五），兑错卦为艮，艮为手，有"致"之象；坎又为盗，有"寇"之象；六三爻变，下卦坎变为巽，巽为入，有"至"之象。合观之，有"致寇至"之象。

兑又为巫，有"贞"之象；坎又为加忧、为心病、为呕心，有"吝"之象。合观之，有"贞吝"之象。

六三阴爻居阳位，居位失当，不中不正，重阴过弱，才不配位，力不胜任，又处"三多凶"之位，上无正应，凌乘九二，上无靠山，又得罪周边强者，处境凶险。

《小象传》提示："自我致戎，又谁咎也？"自己招致盗寇来抢，这又能去怪罪谁呢？

六三爻变，得解之变卦恒卦。《恒·大象传》提示："君子以立不易方。"得解之恒，应恒久持守正道，不轻易改变方向。

本卦：解　　　　　变卦：解之恒

《易经》启示：六三处境是时运不正，举止失当。人在六三处境，若能持守正道，戒惧谨慎，纠正过失，尊上谦下，谦逊柔顺，收敛含藏，低调处事，量力而行，方能化险为夷。

九四，解而拇，朋至斯孚。

九四爻，放开手脚大胆前行，卦兆显示有朋友相助。

《象》曰：解而拇，未当位也。

《小象传》解释："解而拇"，这是因为原先位置不得当。

【导读】

解而拇，朋至斯孚　拇，手、脚的大指。解而拇，指放开手脚大胆前行。孚，卦兆。朋至斯孚，指卦兆显示有朋友相助。

《象》曰　未当位，指位置不得当。

【爻象处境】

九四居解卦上卦震之始，震为决躁，有"解"之象；震又为足，有"拇"之象。合观之，有"解而拇"之象。

九四爻变，上卦震变为坤，坤为众，有"朋"之象；震错卦为巽，巽为入，有"至"之象；巽综卦为兑，兑为巫，有"孚"之象。合观之，有"朋至斯孚"之象。

九四阳爻居阴位，虽处"四多惧"之位，居位失当，不中不正，但九四刚而能柔，上与六五亲比，下与初六正应，又被六三顺承亲比，得上下左右信任支持，既有靠山，又有基础，处境有利。

《小象传》提示："解而拇，未当位也。""解而拇"，在于原先位置不得当。

九四爻变，得解之变卦师卦。《师·彖传》提示："刚中而应，行险而顺，以此毒天下，而民从之，吉又何咎矣？"得解之师，刚健中正而上下相应，行遇危险又能顺势而为，以此治理天下，民众拥护顺从，吉祥之兆，又有什么咎灾呢？

本卦：解　　　　　变卦：解之师

《易经》启示：九四处境是时运不当，因人成事。此时九四已入震体，为解卦主爻，动力之源，应放开脚步迅速行动。人在九四处境，若能持守正道，纠正过失，尊上谦下，追随至尊，借助外援，抓住机遇，乘机而上，方能解困脱险。若当动不动，止步不前，坐失良机，必然失位又失职，结果有凶险。

六五，君子维有解，吉，有孚于小人。

六五爻，君子解脱束缚，吉利，同样有卦兆显示给小人物。

《象》曰：君子有解，小人退也。

《小象传》解释："君子有解"，这意味着邪恶小人会畏惧退避。

【导读】

君子维有解　维，系缚、束缚。《说文解字》："维，车盖系也。"《广雅·释诂》："维，系也。"维有解，指解脱束缚。

有孚于小人　孚，卦兆。有孚，有卦兆显示。小人，指小人物。

《象》曰　君子有解，指正人君子得到解脱。小人，指邪恶小人。退，畏惧退避。

【爻象处境】

六五在互卦坎（六三至六五），坎错卦为离，离为乾卦，乾为君，有"君"之象；六五居上卦震之中，震为长子，有"子"之象；震错卦为巽，巽为绳直，有"维"之象；震为决躁，有"解"之象。合观之，有"君子维有解"之象。

离又为日、为明、为丽，有"吉"之象。

六五爻变，上卦震变为兑，兑为巫，有"孚"之象；六五与上六敌而不比，上六阴爻居阴位，阴为小，有"小"之象；兑为少女，有"人"之象。合观之，有"有孚于小人"之象。

六五居君位，居上卦震之中位，阴爻居阳位，居位得中，下与九二正应，又亲比九四，九二、九四两阳爻为君子，六五因九二、九四援助而得以脱险。六五虽与上六敌而不比，但六五以诚信感化小人，以和解化解险难。因此，处境和顺。

《小象传》提示："君子有解，小人退也。"君子得到解脱，小人自然会畏惧退避。

六五爻变，得解之变卦困卦。《困·大象传》提示："君子以致命遂志。"得解之困，应听天命顺势而为，尽人事成就志向。

本卦：解　　　　变卦：解之困

《易经》启示：六五处境是时运亨通，解脱困境。人在六五处境，若能持守中道，以柔济刚，谦逊柔和，宽厚包容，既能感召君子，合力解困，又能感化小人，和解脱险，结果自然吉利。

上六，公用射隼于高墉之上，获之，无不利。

上六爻，王公射获盘踞在高城上的猛禽，无所不利。

《象》曰：**公用射隼，以解悖也。**

《小象传》解释："公用射隼"，这是为了除去叛逆者。

【导读】

公用射隼于高墉之上 公，王公。隼，读 sǔn，鸟纲鹫鹰目，也称"鹘鸰"。其性情敏锐，飞行速度极快，饲养驯熟后，可以帮助猎人捕猎鸟兔。墉，读 yōng，城墙。《说文解字》："墉，城垣也。"

《象》曰 解，除去。悖，读 bèi，违反、违背。解悖，除去叛逆者。

【爻象处境】

上六爻变，上卦震变为离，离为乾卦，乾为君，有"公"之象；震综卦为艮，艮为手，有"用"之象；离错卦为坎，坎为弓轮，有"射"之象；艮又为黔喙之属，有"隼"之象；震错卦为巽，巽为高，有"高"之象；艮又为门阙，有"墉"之象；上六为上卦上爻，有"上"之象。合观之，有"公用射隼于高墉之上"之象。

震错卦为巽，巽为入，有"获之"之象。巽又为近利市三倍，有"利"之象，换言之，即"无不利"之象。

上六居解卦之极，阴爻居阴位，虽居位得正，但居位失中，重阴过弱，下与六三敌而不应，近与六五敌而不比，无靠山，无基础，前无去路，后无退路，穷途末路，处境凶险。

《小象传》提示："公用射隼，以解悖也。""公用射隼"，解除叛逆者。

上六爻变，得解之变卦未济卦。《未济·大象传》提示："君子以慎辨物居方。"得解之未济，应谨慎辨别各类事物，使各得其所，有序发展。

本卦：解　　　变卦：解之未济

《易经》启示：上六处境是运途顺利，须防意外。人在上六处境，若能持守正道，纠正过失，克制过阴，改过迁善，谦逊柔顺，尊上谦下，以诚相待，广结善缘，化敌为友，方能化险为夷，吉无不利。

第四十一卦　损

䷨　损，有孚，元吉，无咎，可贞，利有攸往。曷之用？二簋可用享。

损卦，卦兆显示，一直吉利，没有咎灾，可以占问，利于有所前往。有什么可以享用呢？二簋酒食可以享用。

《彖》曰：损，损下益上，其道上行。损而有孚，元吉，无咎，可贞，利有攸往。曷之用？二簋可用享，二簋应有时。损刚益柔有时，损益盈虚，与时偕行。

《彖传》解释：损卦象征减损下面增益上面，减损之道就是向上增益。减损而有诚信，就会大吉，无灾，合于正道，利于有所前往。减损之道有什么用呢？如减损祭品为二簋酒食也可以用来祭祀，这种二簋酒食祭祀应在特殊时期使用。减损阳刚增益阴柔要因时制宜，减损增益，盈满虚亏，都要顺天时而行。

《象》曰：山下有泽，损。君子以惩忿窒欲。

《大象传》解释：山下有泽，这是损卦卦象。君子观此卦象，应当效法，惩戒过激愤怒，窒塞过多贪欲。

【导读】

损　卦名。《周易》（通行本）第四十一卦。《序卦传》："缓必有所失，故受之以损。"《杂卦传》："损、益，盛衰之始也。"缓解则放松，放松久了就放任自流，放任自流必有损失，损益盛衰由此开始，因此继解卦之后紧接着为损卦。这是《易传》释损卦卦序、卦义。损，减少。《说文解字》："损，减也。"损卦是讲如何损己益人。

元吉　元，一直。元吉，一直吉利。参见乾卦【导读】。

曷之用？二簋可用享　曷，读 hé，同何。曷之用，指有什么可以享用。簋，读 guǐ，古代青铜或陶制盛食物的容器，圆口，两耳或四耳。《说文解字》："簋,黍稷方器也。"二簋,指二簋酒食。参见坎卦六四【导读】。二簋可用享,指二簋酒食可以享用。

《彖》曰　其道上行,指减损之道就是向上增益。应有时,指应在特殊时期使用。损刚益柔有时,指减损阳刚增益阴柔要因时制宜。与时偕行,指顺承天道,与时同行。

《象》曰　"山下有泽",此释损卦卦象。内卦兑为泽,外卦艮为山,自损谦卑,益人尊敬,高山仰止。惩,惩戒。《玉篇》："惩,戒也。"忿,过激愤怒。《广雅·释诂》："忿,怒也。"窒,窒塞。《说文解字》："窒,塞也。"欲,贪欲。

【卦象环境】

损卦下卦为兑,上卦为艮,兑为泽,艮为山,有"山下有泽"之象;下卦为内卦、为自己,上卦为外卦、为他人,山高泽低,人尊己卑,有"损己益人"之象;损卦来自泰卦,减损泰卦下卦乾的九三阳爻,增益上卦坤之上爻,使下卦乾变为兑,上卦坤变为艮,有"损下益上"之象。故取卦名为"损"。

下卦兑为巫,有"孚"之象。

损卦有互卦坤(六三至六五)为坤元,有"元"之象;又有互卦离(九二至上九),离为日、为明、为丽,有"吉"之象。合观之,有"元吉"之象。

下卦兑综卦为巽,巽为不果,有"无"之象;互卦离(九二至上九)错卦为坎,坎为多眚,有"咎"之象。合观之,有"无咎"之象。

巽为进退,可进可退,有"可"之象;兑为巫,有"贞"之象。合观之,有"可贞"之象。

巽为近利市三倍,又有"利"之象;艮综卦为震,震为足、为动,有"往"之象。合观之,有"利有攸往"之象。

下卦兑在先天八卦位数为二,有"二"之象;互卦离(九二至上九)为大腹,有"簋"之象;离又为鳖、为蟹、为蠃、为蚌、为龟、为雉,"簋"中有鱼肉美食;巽为进退,可进可退,有"可"之象;艮为手,有"用"之象;兑又为口,有"享"之象。合观之，有"二簋可用享"之象。

《彖传》提示："损，损下益上，其道上行。"损卦是减损下面增益上面，减损之道就是向上增益。

《大象传》提示："君子以惩忿窒欲。"应惩戒过激愤怒，窒塞过多贪欲。

损卦的人位互卦为复卦（下卦：九二至六四；上卦：六三至六五）。《复·彖传》提示："复，亨，刚反动而以顺行。"复卦提示，人在损卦环境，应如阳刚复返，顺势而动，顺时而行。复卦亨通，一阳复始，万象更新。

本卦：损　　　　　人位互卦：复

损卦局势： 如泽卑山高，损下益上，运势不正，先难后易，损益相间。

《易经》启示：人在损卦环境，若能持中守正，损己益人，以诚为本，损益得当，则能趋吉避凶。若自私自利，损人益己，减损无度，结果会凶多吉少。

初九，已事遄往，无咎，酌损之。

初九爻，停下正在做的事情，迅速前往助人，没有咎灾，但要酌情把握。

《象》曰：已事遄往，尚合志也。

《小象传》解释："已事遄往"，这是因为高尚行为符合自己的志向。

【导读】

已事遄往，无咎，酌损之　已，停止。《诗经·郑风·风雨》："风雨如晦，鸡鸣不已。"已事，指停止正在做的事情。遄，读chuán，速。《尔雅·释诂》："遄，速，迅疾也。"遄往，迅速前往。酌，斟酌、考虑。损之，指停下正在做的事情。酌损之，即酌情减损之，指损己助人要再三斟酌、把握分寸。

《象》曰　尚合志，指高尚行为符合自己的志向。

【爻象处境】

初九处损卦之底，为损之始，在下卦兑之初，兑错卦为艮，艮为止，有"已事"之象；艮综卦为震，震为健，有"遄"之象；震又为足、为动，有"往"之象。合观之，有"已事遄往"之象。

兑综卦为巽，巽为不果，有"无"之象；初九爻变，下卦兑变为坎卦，坎为多眚，有"咎"之象。合观之，有"无咎"之象。

巽又为进退，有"酌"之象；兑又为毁折，有"损"之象。合观之，有"酌损之"之象。

初九阳爻居阳位，虽居位得正，但居位失中，重阳过刚，虽上与六四正应，但近与九二敌而不比；六四阴柔虚弱，需要初九增益，初九刚愎自用，冒险前往；上有求助，近无帮手，处境不顺。

《小象传》提示："已事遄往，尚合志也。""已事遄往"，这是因为高尚行为符合自己的志向。

初九爻变，得损之变卦蒙卦。《蒙》卦辞提示："亨。匪我求童蒙，童蒙求我。"得损之蒙，损己益人，助人为乐犹如启蒙，不是我去求着帮助人家，而是人家有需求，我才去帮助，如此方能亨通。

本卦：损　　　　变卦：损之蒙

《易经》启示：初九处境是时运失中，适度前行。人在初九处境，若能持守正道，冷静处事，抑制过刚，节制冲动，不盲目逞能，除了尽力而为（"已事遄往"），也要量力而行（"酌损之"），当损则损，酌情而损，方能无咎，方得助人为乐。

九二，利贞，征凶，弗损益之。

九二爻，利于占问，远行有凶险，不宜减损，适宜增益。

《象》曰：九二利贞，中以为志也。

《小象传》解释：九二之所以利于坚守正道，这是因为它以持中守正为志向。

【导读】

弗损益之 弗损,不宜减损。益之,适宜增益。

《象》曰 中以为志,指以持中守正为志向。

【爻象处境】

九二处下卦兑之中,兑综卦为巽,巽为近利市三倍,有"利"之象;兑为巫,有"贞"之象。合观之,有"利贞"之象。

九二在互卦震(九二至六四)中,震为足、为动,有"征"之象;兑为毁折,有"凶"之象。合观之,有"征凶"之象。

巽又为不果,有"弗"之象;兑又为毁折,有"损"之象;巽为近利市三倍,有"益"之象。合观之,有"弗损益之"之象。

九二处下卦兑之中位,阳爻处阴位,虽居位失当,但居位得中,刚而能柔,上与六五正应,又与六三亲比,上有靠山,下有基础,自身也阴阳平衡,处境和顺。但九二之上有上卦艮山阻止,又有众阴凌乘,前行有凶险。

《小象传》提示:"九二利贞,中以为志也。"应以持中守正为志向。

九二爻变,得损之变卦颐卦。《颐·大象传》提示:"君子以慎言语,节饮食。"得损之颐,应严把"口"关,谨慎言语,以防祸从口出,节制饮食,以防病从口入。

本卦:损　　　　　　变卦:损之颐

《易经》启示:九二处境是时运中兴,万事适中。人在九二处境,若能持守中道,纠正过失,因时制宜,当止则止,适可而止,保存实力,有利于以后益助。若此时前往损己益人,会造成阴阳失衡,大伤元气,会有凶险。

六三,三人行,则损一人。一人行,则得其友。

六三爻,三人同行,会少一人。一人独行,会有朋友相助。

《象》曰:一人行,三则疑也。

《小象传》解释:一人独行可行,三人同行则容易相互猜疑。

【导读】

三人行，则损一人。一人行，则得其友 此就爻象而言。详见本爻【爻象处境】。

《象》曰 三则疑，指三人容易相互猜疑。

【爻象处境】

六三处下卦兑之顶，爻位为三，有"三"之象；六三在六画卦之人位，有"人"之象。合观之，有"三人"之象。六三爻变，下卦兑变为乾，乾卦三阳爻同体同性，也有"三人"之象；六三在互卦震（九二至六四），震为足、为动，有"行"之象。合观之，有"三人行"之象。

兑为毁折，有"损"之象；兑在先天八卦位数为二，三人留下二人，有"损一人"之象。

乾在先天八卦位数为一，有"一"之象；乾为君，有"人"之象；震为足、为动，有"行"之象。合观之，有"一人行"之象。

震错卦为巽，巽为入，有"得"之象；六三在互卦坤（六三至六五），坤为众，有"友"之象。合观之，有"得其友"之象。

六三处"三多凶"之位，阴爻居阳位，居位失当，不中不正，上与上九正应，但被艮山阻止，下凌乘九二，处境不利。三人共事，会因多疑而败事，必须有一人离去，二人阴阳相合，方能和谐。

《小象传》提示："一人行，三则疑也。"一人独行可行，三人同行则容易相互猜疑。

六三爻变，得损之变卦大畜卦。《大畜·大象传》提示："君子以多识前言往行，以畜其德。"得损之大畜，应多学习先贤言行，用来修养自己的品德。

本卦：损　　　　变卦：损之大畜

《易经》启示：六三处境是时运平平，少则有利。人在六三处境，若能持守正道，修养德行，谦逊包容，真诚相待，谨慎择友，方能前行顺利。

六四，损其疾，使遄有喜，无咎。

六四爻，减损自身过错，很快有喜讯，没有咎灾。

《象》曰：损其疾，亦可喜也。

《小象传》解释："损其疾"，这表明也是十分可喜的事情。

【导读】

损其疾，使遄有喜　其，自身，此指占问者。疾，疾患，此指过错。遄，迅速。有喜，病愈，此指喜讯。

《象》曰　可喜，指可喜的事情。

【爻象处境】

六四居上卦艮之始，艮错卦为兑，兑为毁折，有"损"之象；兑综卦为巽，巽为多白眼，有"疾"之象。合观之，有"损其疾"之象。

六四在互卦震（九二至六四）中，上卦艮综卦也为震，震于马为馵足、为作足、为的颡，有"遄"之象；兑又为说，说同悦，有"喜"之象。合观之，有"使遄有喜"之象。

巽又为不果，有"无"之象；六四爻变，得互卦坎（六三至六五），坎为多眚，有"咎"之象。合观之，有"无咎"之象。

六四阴爻居阴位，居位得当，虽居位失中，重阴过弱，阴柔乏力，又处"四多惧"之位，但下与初九正应，又与六五、六三同在坤体，同体同性，志同道合，处境有利。

《小象传》提示："损其疾，亦可喜也。"减损自身过错，也是十分可喜的事情。

六四爻变，得损之变卦睽卦。《睽·大象传》提示："君子以同而异。"得损之睽，应分析异同，异中求同，求同存异。

本卦：损　　　　变卦：损之睽

《易经》启示：六四处境是时运失中，改过有喜。人在六四处境，若能持守正道，纠正过失，有过就改，尊上谦下，谦逊柔顺，宽厚包容，得道多助，方能无咎。

六五，或益之十朋之龟，弗克违，元吉。

六五爻，遇贵人相助十朋之龟，不能拒绝，一直吉利。

《象》曰：六五元吉，自上祐也。

《小象传》解释："六五元吉"，这是因为有来自上天的护佑。

【导读】

或益之十朋之龟，弗克违　或，不定词，有人，此指有贵人相助。十朋，古时货币单位，五贝为一串，两串为一朋，十朋为百贝。十朋之龟，为大宝龟，喻价值昂贵。克，能。违，违背，此指拒绝。

《象》曰　自上祐，指来自上天的护佑。

【爻象处境】

六五居上卦艮之中，六五爻变，上卦艮变为巽，巽为进退，有"或"之象；巽为近利市三倍，有"益"之象；六五在互卦坤（六三至六五），坤卦三个阴爻，分别代表少、中、长三个女儿，三女在先天八卦位数分别为二、三、五，总数为十，有"十"之象；坤为地，地数为十，也有"十"之象；坤又为众，有"朋"之象；六五在互卦离（九二至上九）中，离为龟，有"龟"之象。合观之，有"或益之十朋之龟"之象。

巽又为不果，有"弗克"之象；震又为反生，有"违"之象。合观之，有"弗克违"之象。

坤为坤元，有"元"之象；离为日、为明、为丽，有"吉"之象。合观之，有"元吉"之象。

六五居损卦尊位，居上卦艮之中位，阴爻居阳位，居位得中，上与上九承比，下与九二正应，又与众阴爻同在坤卦，同体同性，志同道合，处境和顺。

《小象传》提示："六五元吉，自上祐也。"六五之所以一直吉利，在于有来自上天的护佑。

六五爻变，得损之变卦中孚卦。《中孚·彖传》提示："中孚，柔在内而刚得中，说而巽，孚乃化邦也。"得损之中孚，应领悟到，中孚卦象征柔和内化，刚健适中，和悦顺从民心，诚信感化天下。

本卦：损　　　　　　变卦：损之中孚

《易经》启示：六五处境是时运正盛，得道多助。人在六五处境，若能持守中道，谦逊柔顺，宽厚包容，以柔济刚，自然得道多助，结果一直吉利。

上九，弗损益之，无咎，贞吉，利有攸往，得臣无家。

上九爻，不减损自己而能增益他人，没有咎灾，占问吉利，利于出去做事，当官食俸禄，不再赋闲在家。

《象》曰：弗损益之，大得志也。

《小象传》解释："弗损益之"，这意味着可以大展宏图，实现志向。

【导读】

弗损益之　即不减损而能益之。与本卦九二之"弗损益之"不同。参见九二【导读】。

得臣无家　得臣，当官食俸禄。无家，不再赋闲在家。

《象》曰　大得志，指大展宏图，实现志向。

【爻象处境】

上九居上卦艮之极，艮错卦为兑，兑综卦为巽，巽为不果，有"弗"之象；兑为毁折，有"损"之象；巽又为近利市三倍，有"益"之象。合观之，有"弗损益之"之象。

巽为不果，也有"无"之象；上九在互卦离（九二至上九），离错卦为坎，坎为多眚，有"咎"之象。合观之，有"无咎"之象。

兑又为巫，有"贞"之象；离为日、为明、为丽，有"吉"之象。合观之，有"贞吉"之象。

巽又为近利市三倍，有"利"之象；上卦艮综卦为震，震为足、为动，有"往"之象。合观之，有"利有攸往"之象。

巽又为入，有"得"之象；上九亲比六五，六五也承比上九，六五为君，上九为臣，有"臣"之象；巽又为不果，有"无"之象；兑为毁折，也有"无"之象；艮为门阙，有"家"之象。合观之，有"得臣无家"之象。

上九居损卦之终，阳爻居阴位，下与六三正应，近与六五亲比，并被六五顺承，得到六五至尊信任，虽居位失当，但有靠山，有基础，处境和顺。

《小象传》提示："弗损益之，大得志也。"可以大展宏图，实现志向。

上九爻变，得损之变卦临卦。《临·大象传》提示："君子以教思无穷，容保民无疆。"得损之临，应尽最大可能教化关心民众，尽最大可能包容保护民众。

本卦：损　　　　变卦：损之临

《易经》启示：上九处境是时运亨通，所往皆利。人在上九处境，若能持守正道，抑制过刚，纠正过失，谦逊柔顺，追随至尊，以诚取信，方能无咎。

第四十二卦　益

☴ 益，利有攸往，利涉大川。

益卦，利于有所前往，利于涉渡大川。

《彖》曰：益，损上益下。民说无疆，自上下下，其道大光。利有攸往，中正有庆。利涉大川，木道乃行。益动而巽，日进无疆。天施地生，其益无方。凡益之道，与时偕行。

《彖传》解释：益卦象征减损上面而增益下面。民众无限喜悦，尊者下到民间，益道大放光明。利于有所前往，是因为持中守正而有喜庆。利于涉渡大川，是因为乘风行舟其道畅通。益道下动而上顺，上下应合，日益上进不止。上天资始，大地资生，增益无穷。凡是损上益下之道，都要顺应天道，与时同行。

《象》曰：风雷，益。君子以见善则迁，有过则改。

《大象传》解释：风雷交加，这是益卦卦象。君子观此卦象，应当效法，见到好的就学，有过错就改，不断增益修养自己的德行。

【导读】

益　卦名。《周易》（通行本）第四十二卦。《序卦传》："损而不已必益，故受之以益。"《杂卦传》："损、益，盛衰之始也。"损卦是损下益上，损下则下衰，益上则上盛，下衰上盛，衰极必盛，盛极必衰，因此继损卦之后紧接着为益卦。益卦与损卦相对，益卦是损上益下，变成上衰下盛。因此说："损、益，盛衰之始也。"这是《易传》释益卦卦序、卦义。益，甲骨文字形为 （《新甲骨文编》，第301页），表示器皿中有水漫出。《说文解字》："益，饶也。从水、皿。皿，益之意也。"又注："饶，饱也。"《小尔雅》："饶，多也。"益的本义是水多漫出，后泛指增多、增益。益卦是讲如何增益。

《彖》曰　说同悦。民说无疆，指民众无限喜悦。下下，前

"下"为动词，下降，此处指深入；后"下"为名词，指下层、民间。木道，巽卦为木，刳木为舟，巽又为风，可以乘风行舟，因此木道指乘风行舟。益动而巽，就益卦卦象而言，下卦震为动，上卦巽为顺，下动而上顺。天施地生，指上天资始，大地资生。方，端际。无方，无穷。

《象》曰 "风雷"，此释益卦卦象。下卦震为雷，上卦巽为风，风雷交加。见善则迁，指见到好的就学。过，过错、过失。有过则改，指有过错就改。

【卦象环境】

益卦下卦为震，上卦为巽，震为雷，巽为风，有"风雷"之象，风得雷助，风声愈烈，雷得风播，雷声益远，雷厉风行，相得益彰，故取卦名为"益"。

上卦巽为长女，为阴卦，阴柔顺从，下卦震为长男，为阳卦，阳刚好动，阴顺阳，柔顺刚，上顺下，有"损上益下"之象。

益卦来自否卦，将否卦的上卦九四阳爻损去，移至下卦的初爻位，变成初九，初六上移至四爻位变成六四，上卦由阳爻九四变成阴爻六四为损，下卦由阴爻初六变成阳爻初九为益，也有"损上益下"之象。

上卦巽为近利市三倍，有"利"之象；下卦震为足、为动，有"往"之象。合观之，有"利有攸往"之象。

巽为近利市三倍，有"利"之象；震为足、为动，有"涉"之象；益卦有互卦离（初九至九五），离错卦为坎，坎为阳卦、为大，坎又为水、为沟渎，象征"川"，因此坎有"大川"之象。合观之，有"利涉大川"之象。

上卦巽为木、为风，刳木为舟，乘风行舟，震为动，有动力，互卦坤（六二至六四）为川，合观之，也有"利涉大川"之象。木舟畅行，益道畅通。

《彖传》提示："凡益之道，与时偕行。"凡是损上益下之道，都要顺应天道，与时同行。

《大象传》提示："君子以见善则迁，有过则改。"应见到好的就学，有过错就改，不断增益修养自己的德行。

益卦的人位互卦为剥卦（下卦：六二至六四；上卦：六三至九五）。《剥·大象传》提示："上以厚下安宅。"剥卦提示，人在益卦环境，应厚实基础，稳固根基，防止剥落。

本卦：益　　　人位互卦：剥

益卦局势：如风雷激荡，相得益彰，运势顺利，损上益下，前途光明。

《易经》启示：人在益卦环境，若能持守正道，择善而从，诚心施惠，持之以恒，则能趋吉避凶。若不守正道，损人利己，有过不改，结果会凶多吉少。

初九，利用为大作，元吉，无咎。

初九爻，利于用来做大事，一直吉利，没有咎灾。

《象》曰：元吉无咎，下不厚事也。

《小象传》解释："元吉无咎"，这意味着下层不能多事添乱。

【导读】

利用为大作　为，做。大作，大事。

《象》曰　厚事，多事添乱。下不厚事，指下层不能多事添乱。

【爻象处境】

初九处下卦震之初，震错卦为巽，巽为近利市三倍，有"利"之象；震综卦为艮，艮为手，有"用为"之象；震为阳卦，阳为大，有"大"之象；震为动，有"作"之象。震为东方木，为春月，为春耕时节。古代"国之大事，在祀与戎"（《左传·成公十三年》），《说卦传》称"帝出乎震"。春耕之初，祭祀天帝，是国之大事，是大动作，有"大作"之象。合观之，有"利用为大作"之象。

初九爻变，下卦震变为坤，坤为坤元，有"元"之象；初九在互卦离（初九至九五），离为日、为明、为丽，有"吉"之象。合观之，有"元吉"之象。

巽为不果，有"无"之象；离错卦为坎，坎为多眚，有"咎"之象。合观之，有"无咎"之象。

初九阳爻处阳位，居位得正，虽居位不中，重阳过刚，但上与六四正应，近与六二亲比，上有靠山，下有基础，自身阳刚健行，为震动之源，处境有利。

《小象传》提示："元吉无咎，下不厚事也。"下层不能多事添乱。

初九爻变，得益之变卦观卦。《观·大象传》提示："先王以省方观民设教。"得益之观，应视察四方，考察民风，设置教化，让民众受益。

本卦：益　　　　　　变卦：益之观

《易经》启示：初九处境是好运初交，可做大事。人在初九处境，若能持守正道，抑制过刚，刚而能柔，刚柔相济，尊上谦下，柔顺包容，顺势而行，必能建功立业，一直大吉。

六二，或益之十朋之龟，弗克违，永贞吉。王用享于帝，吉。

六二爻，遇贵人相助十朋之龟，不能拒绝，占问长久之事吉利。君王祭祀天帝，吉利。

《象》曰：**或益之，自外来也。**

《小象传》解释："或益之"，这表明是来自外人的相助。

【导读】

或益之十朋之龟，弗克违　参见损卦六五【导读】。

永贞吉　指占问长久之事吉利。

王用享于帝　帝，指上天、天帝。

《象》曰　或益之，为"或益之十朋之龟，弗克违"之省文。自外来，指来自外人心甘情愿的相助，而不是自己求来的。

【爻象处境】

益卦为损卦的综卦，六二爻辞前半段与损卦六五爻辞相同。

六二处下卦震，震错卦为巽，巽为进退，有"或"之象；巽为近利市三倍，有"益"之象；六二在互卦坤（六二至六四），坤卦三个阴爻，分别代表少、中、长三个女儿，三女在先天八卦位数分别为二、三、五，总数为十，有"十"之象；坤又为众，有"朋"

之象；六二在互卦离（初九至九五）中，离为龟，有"龟"之象。合观之，有"或益之十朋之龟"之象。

巽又为不果，有"弗克"之象；震又为反生，有"违"之象。合观之，有"弗克违"之象。

巽又为长，有"永"之象；震综卦为艮，艮错卦为兑，兑为巫，有"贞"之象；离又为日、为明、为丽，有"吉"之象。合观之，有"永贞吉"之象。

坤为地、为邑，坤错卦为乾，乾为君，有"王"之象；兑又为口、为巫，有"用享"之象；"帝出乎震"，震有"帝"之象。合观之，有"王用享于帝"之象。

离为日、为明、为丽，有"吉"之象。

六二阴爻居阴位，居中得正，上与九五正应，近与初九亲比，又与众阴爻同在坤卦，同体同性，志同道合，上有靠山，下有基础，近有同志，处境和顺。

《小象传》提示："或益之，自外来也。"外援增益，是意外收获。

六二爻变，得益之变卦中孚卦。《中孚·象传》提示："中孚以利贞，乃应乎天也。"得益之中孚，应领悟，心中诚信利于坚守正道，这才是顺应天道。

本卦：益　　变卦：益之中孚

《易经》启示：六二处境是时运呈祥，意外得福。人在六二处境，若能持中守正，以柔济刚，尊上谦下，谦逊柔顺，真诚应比，得道多助，必能长久吉利。

六三，益之用凶事，无咎，有孚，中行告公用圭。

六三爻，将增益的财物用于赈灾济困，没有咎灾，有卦兆显示，巫祝中行告诉王公并用圭玉礼祭神明。

《象》曰：益用凶事，固有之也。

《小象传》解释："益用凶事"，这意味着可以巩固已有的利益。

【导读】

益之用凶事 益之，指增益的财物。用，用于。凶事，指灾祸。益之用凶事，指将增益的财物用于赈灾济困。

有孚，中行告公用圭 有孚，有卦兆显示。中行，指巫祝人名。古代称事鬼神者为巫，祭主赞词者为祝，后连用以指掌占卜祭祀的人。《礼记·檀弓下》："君临臣丧，以巫祝桃茢执戈。"圭，读 guī，古玉器名，长条形，上端作三角形，下端正方。古代贵族朝聘、祭祀、丧葬时以为礼器，依其大小，以别尊卑。

《象》曰 益用凶事，即"益之用凶事，无咎"之省文。固有之，指可以巩固已有的利益，有"破财消灾"之意。

【爻象处境】

六三处下卦震之极，震错卦为巽，巽为近利市三倍，有"益"之象；震综卦为艮，艮为手，有"用"之象；六三爻变，震变为离，离为甲胄、为戈兵，有"凶事"之象。合观之，有"益之用凶事"之象。

巽又为不果，有"无"之象；离错卦为坎，坎为多眚，有"咎"之象。合观之，有"无咎"之象。

巽综卦为兑，兑为巫，有"孚"之象。

六三处六画卦中间之位，有"中"之象；六三在下卦震，震为足、为动，有"行"之象。合观之，有"中行"之象。六三在互卦坤（六二至六四）中，坤为地、为众、为邑国，有"公"之象；兑又为口、为说，有"告"之象；艮为手，有"用"之象；离为乾卦，乾为玉，有"圭"之象。合观之，有"告公用圭"之象。诸象合观，有"中行告公用圭"之象。

六三处"三多凶"之位，阴爻处阳位，居位失当，不中不正，上与上九正应，下与初九亲比，近与众阴爻同在坤卦，同体同性，志同道合。六三与上九正应，六三可得到上九援助，上九在上卦，六三在下卦，上九下援六三，为损上益下。六三上有靠山，下有基础，近有同志，处境有利。

《小象传》提示："益用凶事，固有之也。"将增益的财物用于赈灾济困，可以巩固已有的利益。

六三爻变，得益之变卦家人卦。《家人·大象传》提示："君子以言有物，而行有恒。"得益之家人，应反省自律，言之有物，行之有恒，言行一致，方能有益于家人。

本卦：益　　　　　　变卦：益之家人

《易经》启示：六三处境是时运不正，宜破财消灾。人在六三处境，若能持守正道，摆正位置，纠正过失，尊上谦下，真诚相待，争取外援，借势借力，方能趋吉避凶。

六四，中行告公从，利用为依迁国。

六四爻，巫祝中行禀告王公顺从卦兆，利于用来作为迁徙国都的依据。

《象》曰：告公从，以益志也。

《小象传》解释："告公从"，这是以天意来增强意志。

【导读】

中行告公从，利用为依迁国　告，禀告。从，听从、顺从，此指顺从卦兆显示的天意。依，甲骨文字形为🔲（《新甲骨文编》，第523页），表示人在衣中，本义是依靠。《说文解字》："依，倚也。"此指依据，即以卦兆为依据。利用为依迁国，指利于用来作为迁徙国都的依据。

《象》曰　以益志，指以天意来增强意志。

【爻象处境】

六四居益卦六画卦之中位，有"中"之象；六四在互卦艮（六三至九五），艮综卦为震，震为足、为动，有"行"之象。合观之，有"中行"之象。六四居上卦巽之始，巽综卦为兑，兑为口、为说，有"告"之象；六四在互卦坤（六二至六四）中，坤为地、为众，为邑国，有"公"之象；坤为顺，有"从"之象。合观之，有"告公从"之象。诸象合观，有"中行告公从"之象。

巽又为近利市三倍，有"利"之象；艮又为手，有"用"之象；巽又为绳直，有"依"之象；巽错卦为震，震为足、为动，有

"迁"之象；坤为地、为众，有"国"之象。合观之，有"利用为依迁国"之象。

六四阴爻居阴位，居位得当，顺承亲比九五，下与初九正应，虽居"四多惧"之位，重阴过弱，自身软弱无力，但上有靠山，下有基础，处境和顺。

《小象传》提示："告公从，以益志也。"顺从卦兆，以天意来增强意志。

六四爻变，得益之变卦无妄卦。《无妄》卦辞提示："元亨，利贞。其匪正有眚，不利有攸往。"得益之无妄，一直亨通，利于占问。若不顺应天时会有眚灾，不利于有所前往。

本卦：益　　　　　变卦：益之无妄

《易经》启示：六四处境是运途有难，择善而从。人在六四处境，若能持守正道，尊上谦下，谦逊柔顺，随机应变，顺势而为，柔弱者可平安无咎，阳刚者可建功立业。

九五，有孚惠心，勿问，元吉。有孚惠我德。

九五爻，卦兆称心，不用追究，一直吉利。卦兆称我心，必有所得。

《象》曰：有孚惠心，勿问之矣。惠我德，大得志也。

《小象传》解释："有孚惠心"，这意味着不用占卦问卜就知道是大吉大利。"惠我德"，这表明我实现了大志向。

【导读】

有孚惠心　有孚，指有卦兆显示。惠，顺。惠心，顺心、称心，此指卦兆与心愿一致。

勿问　问，追究。《资治通鉴·唐纪》："引问委曲。"勿问，不用追究，此指不用追究卦兆为什么会这样。

有孚惠我德　有孚惠我，与上句"有孚惠心"同义。德通"得"。《说文解字》："得，行有所得也。"

《象》曰　孚，诚信。惠心，惠民爱心。问，占卦问卜。惠我德，感激我的恩德。大得志，实现大志向。

【爻象处境】

九五居上卦巽之中位，巽综卦为兑，兑为巫，有"孚"之象；巽为近利市三倍，有"惠"之象；九五爻变，得益之颐卦，颐卦为大象离，离错卦为坎，坎为心病、为亟心，有"心"之象。合观之，有"有孚惠心"之象。

巽又为不果，有"勿"之象；兑又为口、为说，有"问"之象。合观之，有"勿问"之象。

九五爻变，得互卦坤（六三至六五），坤为坤元，有"元"之象；九五爻变，得大象离，离为日、为明、为丽，有"吉"之象。合观之，有"元吉"之象。

兑为巫，有"孚"之象；巽为近利市三倍，有"惠"之象；九五爻变，上卦巽变为艮，艮为成、为万物之所成终，巽又为入，有"德（得）"之象。合观之，有"有孚惠我德"之象。

九五居益卦之君位，阳爻居阳位，居中得正，下与六二正应，与六二、六三、六四阴爻有据承，阴阳相应，九五益下惠民举措，赢得众人顺从，深得民心，处境和谐。

《小象传》提示："惠我德，大得志也。"感激我的恩德，我实现了大志向。

九五爻变，得益之变卦颐卦。《颐·象传》提示："颐，贞吉，养正则吉也。"得益之颐，应领悟颐卦所说的占问吉利，是指以正道颐养才可获吉利。

本卦：益　　　　　　变卦：益之颐

《易经》启示：九五处境是时运大盛，称心如意。人在九五处境，若能持守中正之道，谦逊柔和，宽厚包容，益下惠民，必能深得民心，得道多助，吉无不利。

上九，莫益之，或击之，立心勿恒，凶。

上九爻，没人相助，却有人攻击，内心不坚定，凶险。

《象》曰：莫益之，偏辞也。或击之，自外来也。

《小象传》解释："莫益之"，这表明大家普遍不接受他。"或击之"，这表明攻击来自外部。

【导读】

立心勿恒 指内心不坚定。

《象》曰 偏，读同遍，普遍、周遍。辞，不接受。

【爻象处境】

上九居上卦巽之极，巽为不果，有"莫"之象；巽又为近利市三倍，有"益"之象。合观之，有"莫益之"之象。

巽又为进退，有"或"之象；巽综卦为兑，兑为毁折，有"击"之象。合观之，有"或击之"之象。

巽又为绳直，有"立"之象；上九为变爻，上九爻变后上卦为坎卦，坎为心病、为亟心，有"心"之象；巽为不果，有"勿"之象；巽又为长，有"恒"之象。合观之，有"立心勿恒"之象。

坎又为血卦，有"凶"之象。

上九居益卦之极，前无去路，阳爻居阴位，居位失当，不中不正，近与九五敌而不比，得罪至尊，虽与六三正应，但六三自身不中不正，软弱无力，又被艮山阻止，无能为力，不能援助，因此上九处境凶险。

《小象传》提示："莫益之，偏辞也。或击之，自外来也。"做好事方式不当，不仅不被外界接受，甚至还会受到他人攻击。

上九爻变，得益之变卦屯卦。《屯·大象传》提示："君子以经纶。"得益之屯，万事开头难，应善于统筹谋划。

本卦：益　　　　变卦：益之屯

《易经》启示：上九处境是好运已退，此时处益卦之终，自身已是穷途末路，须防意外。人在上九处境，若能持守正道，摆正心态，正定心志，节制冲动，量力而行，适可而止，退守自保，方能趋吉避凶。助人先自助，来日方长，做好事有的是机会。

第四十三卦　夬

夬，扬于王庭，孚号，有厉告自邑，不利即戎，利有攸往。

夬卦，巫祝在王庭大声说，卦兆显示，从邑国传来严厉命令，不利于停止作战，利于继续决战。

《彖》曰：夬，决也，刚决柔也。健而说，决而和。扬于王庭，柔乘五刚也。孚号有厉，其危乃光也。告自邑，不利即戎，所尚乃穷也。利有攸往，刚长乃终也。

《彖传》解释：夬卦象征决断，阳刚决断于阴柔。刚健从而和悦，决断从而和顺。小人在王庭得意扬扬，这是因为卦象一阴凌乘五阳之上。小人发号施令有危险，而且危险还在扩大。邑国传来继续决战的命令，是因为崇尚柔和是行不通的。利于有所前往，意味着阳刚增长最终必然得势。

《象》曰：泽上于天，夬。君子以施禄及下，居德则忌。

《大象传》解释：泽上于天，泽润天下，这是夬卦卦象。君子观此卦象，应当效法，福泽恩惠下施，最忌独享所得。

【导读】

夬　读guài，卦名。《周易》（通行本）第四十三卦。《序卦传》："益而不已必决，故受之以夬。夬者，决也。"《杂卦传》："夬，决也，刚决柔也。君子道长，小人道忧也。"益卦是损上益下，损刚益柔，刚衰柔盛，益不能长久，必以刚决柔，因此继益卦之后紧接着为夬卦。夬者决也，夬卦使阳刚君子得以增长，阴柔小人消弱堪忧。这是《易传》释夬卦卦序、卦义。夬，《说文解字》注："分决也。"夬通"决"。《说文解字》："决，行流也。从水从夬。"段玉裁注："决水之义引申为决断。"夬，本义是决行，通过排除阻塞物，疏通水道，使水流畅行，引申为决定、决断、决战等。夬卦是讲如何决行。

扬于王庭，孚号 扬，即扬言，指大声地说。《广雅·释诂》："扬，说也。""扬于王庭"之人，当为巫祝。古代称事鬼神者为巫，祭主赞词者为祝，后连用以指掌占卜祭祀的人。孚，卦兆。号，告，此指显示。《广雅·释诂》："号，告也。"孚号，卦兆显示。

有厉告自邑 告，命令。邑，所属邑国。《说文解字》："邑，国也。"段玉裁注："《左传》凡称人曰大国，凡自称曰敝邑。古国邑通称。"有厉告自邑，指从邑国传来严厉的命令。

不利即戎 即，制止、节制。《说文解字》："即，食也。"段玉裁注："即，当作节，《周易》所谓节饮食也。节食者，检制之使不过，故凡止于是之词谓之即，凡见于经史言即皆是也。"戎，兵事，此指战争、战斗。《说文解字》："戎，兵也。"即戎，指停止作战。不利即戎，指不利于停止作战。历来注家大多将"即"解读为"就"，"即戎"译作"作战"或"投入战争"，"不利即戎"译作"不利于战争"或"不利于作战"，与夬卦卦义不一致，不可取。

利有攸往 指利于继续决战。

《彖》曰 柔乘五刚，此就夬卦卦象而言。夬卦为一阴五阳卦，上六为唯一的阴爻，其他五爻皆为阳爻，上六阴爻居于五阳爻之上，为阴柔凌乘阳刚，象征小人凌驾群贤。孚号，指发号施令。所尚，指崇尚柔和，即崇尚"柔乘五刚"。穷，行不通。刚长乃终，指阳刚增长最终必然得势。

《象》曰 "泽上于天"，此释夬卦卦象。下卦乾为天，上卦兑为泽，泽上于天，泽润天下。禄，福泽、恩惠。施禄及下，福泽恩惠下施。居同据，指据为己有。德同得，指一切所得。居德，独享所得。

【卦象环境】

夬卦下卦为乾，上卦为兑，乾为天，兑为泽，有"泽上于天"之象。兑上缺，池泽决口，泽在天上，泽水下溃，天上下雨，夬即决也，故取卦名为"夬"。

上卦兑为口舌、为说，有"扬"之象；下卦乾为君，有"王"

之象；兑错卦为艮，艮为门阙，有"庭"之象。合观之，有"扬于王庭"之象。

兑又为巫，有"孚"之象；兑为口舌、为说，有"号"之象。合观之，有"孚号"之象。

兑又为毁折，有"厉"之象；兑为口舌、为说，又有"告"之象；下卦乾错卦为坤，坤为地、为众，有"邑"之象。合观之，有"有厉告自邑"之象。

兑综卦为巽，巽为不果，有"不"之象；巽又为近利市三倍，有"利"之象；兑错卦为艮，艮为止，即为制止（见本卦导读），有"即"之象；下卦为乾，又有互卦乾，离为乾卦，乾离相通，离为戈兵，有"戎"之象。合观之，有"不利即戎"之象。

巽为近利市三倍，有"利"之象；巽错卦为震，震为足、为动，有"往"之象。合观之，有"利有攸往"之象。

夬卦为五阳一阴卦，五阳并进，冲决一阴，以阳决阴，以刚决柔，利于果断决战，不利于停止作战。

《彖传》提示："夬，决也，刚决柔也。健而说，决而和。"夬卦象征决断，阳刚决断于阴柔。刚健从而和悦，决断从而和顺。

《大象传》提示："君子以施禄及下，居德则忌。"应下施福泽恩惠，最忌独享所得。

夬卦的人位互卦为乾卦（下卦：九二至九四；上卦：九三至九五）。《乾·彖传》提示："乾道变化，各正性命，保合大和，乃利贞。首出庶物，万国咸宁。"乾卦提示，人在夬卦环境，应遵循乾道。乾道变化不止，各自端正本性，顺应天命，保持融合，扩大和谐，才能达到普利万物，固守正常循环。乾元循环创生万物，和合相应，天下各国都能安宁。

本卦：夬　　　　人位互卦：乾

夬卦局势：如密云不雨，云决降雨，运势刚强，阳盛除阴，先损后益。

《易经》启示：人在夬卦环境，若能持中慎行，隐忍周旋，见机行事，果断除邪，决战决胜，则能逢凶化吉。若不识时务，刚愎自用，轻举妄动，冒险躁进，结果会凶多吉少。

初九，壮于前趾，往不胜，为咎。

初九爻，壮行显示在脚趾上，前往没有胜算，有咎灾。

《象》曰：不胜而往，咎也。

《小象传》解释："不胜而往"，这表明必然带来灾祸。

【导读】

壮于前趾 壮，壮行。壮于前趾，指壮行显示在脚趾上。

《象》曰 不胜而往，指没有胜算就前往。

【爻象处境】

初九处下卦乾之底，乾为健，有"壮"之象；《易经》通例，自下而上，下为前，上为后，初九在下卦，有"前"之象；初九爻变，下卦乾变为巽，巽错卦为震，震为足，有"趾"之象。合观之，有"壮于前趾"之象。

震为足、为动，有"往"之象；巽为不果，有"不胜"之象。合观之，有"往不胜"之象。

初九爻变，得夬之大过，大过卦为大象坎，坎为多眚，有"咎"之象。

初九处夬卦之始，为率先夬行者，阳爻居阳位，虽居位得当，但居位失中，重阳过刚，上无正应，近无亲比，上无靠山，下无基础，身处乾卦，强壮健行，阳刚过盛，没有外援，又遇九二、九三，同性相斥，阳遇阳为敌，处境不利。

《小象传》提示："不胜而往，咎也。"没有胜算就前往，必然带来灾祸。

初九爻变，得夬之变卦大过卦。《大过·大象传》提示："君子以独立不惧，遁世无闷。"得夬之大过，进则临危不惧，守节不屈，退则隐居避害，没有苦闷。

本卦：夬　　　　　变卦：夬之大过

《易经》启示：初九处境是时运过刚，恣意妄为。人在初九处境，若能持守正道，抑制过刚，刚而能柔，谦逊柔顺，化敌为友，静待时机，方能无咎。若盲目冲动，刚愎自用，没有胜算就前往，结果有咎灾。

九二，惕号，莫夜有戎，勿恤。

九二爻，听到惊叫声，夜晚有敌兵来犯，不必忧虑。

《象》曰：有戎勿恤，得中道也。

《小象传》解释："有戎勿恤"，这是因为能够持守中道。

【导读】

惕号，莫夜有戎，勿恤　惕，戒惧。号，大声呼叫。《尔雅·释言》："号，呼也。"惕号，指惊叫声。莫同暮。莫夜，夜晚。有戎，有敌兵来犯。恤，忧虑。《说文解字》："恤，忧也。"

《象》曰　得中道，指持守中道。

【爻象处境】

九二处下卦乾之中，九二爻变，乾变为离，离错卦为坎，坎为加忧、为心病、为亟心，有"惕"之象；九二爻变为六二，得互卦巽（六二至九四），巽综卦为兑，兑为口舌、为说，有"号"之象。合观之，有"惕号"之象。

九二爻变，下卦乾变为离，离为日，离错卦为坎，坎为隐伏，离坎合观，日隐伏，有"莫夜"之象；离为甲胄、为戈兵，有"戎"之象。合观之，有"莫夜有戎"之象。

巽又为不果，有"勿"之象；坎为加忧、为心病、为亟心，有"恤"之象。合观之，有"勿恤"之象。

九二处下卦乾之中位，阳爻处阴位，虽居位得中，但居位失当，上与九五敌而不应，近与九三、初九敌而不比，上无靠山，下无基础，处境堪忧。

《小象传》提示："有戎勿恤，得中道也。""有戎勿恤"，在于持守中道。

九二爻变，得夬之变卦革卦。《革·象传》提示："文明以说，大亨以正。革而当，其悔乃亡。"得夬之革，已到非变革不可的时候，应领悟到，文明变革，民众才会喜悦拥护；持守中正之道，变革才会大为亨通；变革措施得当，悔事才会消亡。

本卦：夬　　　　变卦：夬之革

《易经》启示：九二处境是时运中兴，须防意外。人在九二处境，若能持守中道，戒惧谨慎，纠正过失，刚而能柔，谦逊柔顺，尊上谦下，顺势革新，方能无忧，结果有惊无险。

九三，壮于頄，有凶。君子夬夬独行，遇雨若濡，有愠无咎。

九三爻，壮行显示在颧骨上，有凶险。君子果决独行，遇雨淋湿，有愠怒，但无咎灾。

《象》曰：君子夬夬，终无咎也。

《小象传》解释："君子夬夬"，这意味着最终不会遇到灾祸。

【导读】

壮于頄　頄，读 qiú，颧骨，泛指面颊。《说文解字》："頄，权也。"段玉裁注："权者今之颧字。"壮于頄，指壮行显示在颧骨上。

夬夬独行　夬夬，果决。《网易集解》王弼注："决之不疑，故曰夬夬也。"

遇雨若濡，有愠无咎　濡，沾湿、淋湿。《说文解字》："濡，濡水。"愠，愠怒。《说文解字》："愠，怒也。"

【爻象处境】

九三处下卦乾之顶，乾为健，有"壮"之象；九三爻变，下卦乾变为兑，兑综卦为巽，巽为广颡，有"頄"之象。合观之，有"壮于頄"之象。

兑又为毁折，有"凶"之象。

乾又为君，有"君子"之象；兑又为附决，有"夬"之象；兑综卦为巽，巽错卦为震，震为决躁，也有"夬"之象；兑震合观，有"夬夬"之象；乾为首，有"独"之象；震为足、为动，有

"行"之象。合观之，有"君子夬夬独行"之象。

九三爻变，得互卦离（九二至九四），离为目，有"遇"之象；离错卦为坎，坎为水，有"雨"之象；坎为水、为隐伏，有"濡"之象。合观之，有"遇雨若濡"之象。

坎又为心病、为亟心，有"愠"之象；巽又为不果，有"无"之象；坎又为多眚，有"咎"之象。合观之，有"有愠无咎"之象。

九三处下卦乾之极，阳爻居阳位，居位得正，与上六正应，九三是底下五个阳爻中唯一有正应的，上六与九三呼应，阴阳相合则成雨，处境有利。但九三处于"三多凶"之位，居位失中，重阳过刚，容易冲动躁进，会有凶险。

《小象传》提示："君子夬夬，终无咎也。""君子夬夬"，最终不会遇到灾祸。

九三爻变，得夬之变卦兑卦。《兑·大象传》提示："君子以朋友讲习。"得夬之兑，以书会友，讲学习，重修养。

本卦：夬　　　变卦：夬之兑

《易经》启示：九三处境是时运失中，过刚不利。人在九三处境，若能持中守正，既能抑制过刚，节制冲动，刚而能柔，谦逊柔顺，又能果敢决断，见机行事，乘势而上，方能化险为夷。

九四，臀无肤，其行次且，牵羊悔亡，闻言不信。

九四爻，屁股蹭破了皮，行走艰难，若收敛壮行，悔事则会消亡，但对别人的劝告却不相信。

《象》曰：其行次且，位不当也。闻言不信，聪不明也。

《小象传》解释："其行次且"，这表明位置没有摆正。"闻言不信"，这是因为听了却不能明辨是非好坏。

【导读】

臀无肤，其行次且　肤，皮肤。臀无肤，指屁股蹭破了皮。次且，作"趑趄"，读 zījū，指行走艰难，跌跌撞撞。

牵羊悔亡，闻言不信 牵羊，此指收敛壮行。牵，牵引、牵制。羊，指性情刚烈。牵羊喻收敛节制刚性。言，指别人的劝告。

《象》曰 位不当，位置没有摆正。聪，听到。《尚书·洪范》："听曰聪。"聪不明，指听了却不能明辨是非好坏。

【爻象处境】

九四处上卦兑之初，兑综卦为巽，巽为股，有"臀"之象；巽又为不果，有"无"之象；九四爻变，上卦兑变为坎，坎为美脊，有"肤"之象。合观之，有"臀无肤"之象。

巽错卦为震，震为足、为动，有"行"之象；巽又为进退，有"次且"之象。合观之，有"其行次且"之象。

兑错卦为艮，艮为手，兑综卦为巽，巽为绳直，艮巽合观，有"牵"之象；兑为羊，有"羊"之象；九四爻变，兑变为坎，坎为加忧、为心病、为亟心，有"悔"之象；兑为毁折，有"亡"之象。合观之，有"牵羊悔亡"之象。

坎又为耳，有"闻"之象；兑又为口舌、为说，有"言"之象；巽为不果，有"不"之象；巽又为绳直，有"信"之象。合观之，有"闻言不信"之象。

九四处上卦兑之始，阳爻居阴位，居位不当，不中不正，下无正应，近无亲比，九四又在"四多惧"之位，上无靠山，下无基础，又刚愎自用，过刚缺柔，处境艰险。

《小象传》提示："其行次且，位不当也。""其行次且"，在于位置没有摆正。

九四爻变，得夬之变卦需卦。《需·大象传》提示："君子以饮食宴乐。"得夬之需，需要等待，以饮食宴乐调养身心，养精蓄锐，等待有利时机。

本卦：夬　　　　　变卦：夬之需

《易经》启示：九四处境是时运不当，心神不定。人在九四处境，若能持守正道，戒惧谨慎，谦逊柔顺，静待时机，抑制过刚，闻过则改，及时悔过改过，方能无悔。

九五，苋陆夬夬，中行无咎。

九五爻，如山羊般灵活决行，中途没有咎灾。

《象》曰：中行无咎，中未光也。

《小象传》解释："中行无咎"，这意味着坚守正道尚未大放光彩。

【导读】

苋陆夬夬，中行无咎　苋（xiàn）陆，细角山羊。中行，中途、半道。

《象》曰　中未光，指坚守正道尚未大放光彩。

【爻象处境】

九五在上卦兑，兑为羊，兑为阴卦，阴为小，象征阴柔细小的羊，有"苋陆"之象；兑为附决，有"夬"之象；九五爻变，上卦兑变为震，震为决躁，也有"夬"之象；兑震合观，有"夬夬"之象。合观之，有"苋陆夬夬"之象。

九五居上卦兑之中位，有"中"之象；震又为足、为动，有"行"之象；兑综卦为巽，巽为不果，有"无"之象；兑为毁折，有"咎"之象。合观之，有"中行无咎"之象。

九五居上卦之中位，居位至尊，阳爻居阳位，居中得正，与上六亲比，但下无正应，又被上六凌乘，处境喜忧参半。

《小象传》提示："中行无咎，中未光也。""中行无咎"，在于坚守正道尚未大放光彩。

九五爻变，得夬之变卦大壮卦。《大壮·大象传》提示："君子以非礼弗履。"得夬之大壮，不符合礼规的事情不做，切勿盲目冲动感情用事。

本卦：夬　　　变卦：夬之大壮

《易经》启示：九五处境是时运中正，万事无咎。人在九五处境，若能持守中正之道，阳刚中正，刚而能柔，刚柔相济，谦逊包容，得道多助，方能避免咎灾。

上六，无号，终有凶。

上六爻，没人呼叫，最终有凶险。

《象》曰：无号之凶，终不可长也。

《小象传》解释："无号之凶"，这表明小人得势最终不可能长久。

【导读】

无号　号，呼叫。《尔雅·释言》："号，呼也。"

《象》曰　终不可长，指小人得势最终不可能长久。亦即《杂卦传》所谓："夬，决也，刚决柔也。君子道长，小人道忧也。"

【爻象处境】

上六居上卦兑之终，兑综卦为巽，巽为不果，有"无"之象；兑为口、为说，有"号"之象。合观之，有"无号"之象。

兑错卦为艮，艮为止、为万物之所成终，有"终"之象；兑为毁折，有"凶"之象。合观之，有"终有凶"之象。

上六居夬卦之终，即将出局，"五阳决一阴"，已进入终极之决，终将被决掉；阴爻居阴位，虽居位得正，但居位失中，重阴过弱；虽下与九三正应，但凌乘九五，得罪至尊，后果严重。因此，上六处境不利。

《小象传》提示："无号之凶，终不可长也。"小人得势最终不可能长久。

上六爻变，得夬之变卦乾卦。《乾·彖传》提示："乾道变化，各正性命，保合大和，乃利贞。"得夬之乾，应领悟乾道变化，各自端正本性，适应天命，保持融合，扩大和谐，才能普利万物，固守正常循环。

本卦：夬　　　变卦：夬之乾

《易经》启示：上六处境是好运已退，不会长久。此时处境虽有凶险，但仍有一丝希望。上六阴爻居阴位，居位得正，与九三正应，又与九五亲比，是卦中唯一有应比关系的，人际关系和谐。人在上六处境，若能持守正道，纠正过失，尊上谦下，谦逊柔顺，韬光养晦，退守自保，及时隐避，远走高飞，仍可化险为夷，逢凶化吉。

第四十四卦　姤

姤，女壮，勿用取女。

姤卦，女子交往过滥，不适宜娶这女子。

《彖》曰：姤，遇也，柔遇刚也。勿用取女，不可与长也。天地相遇，品物咸章也。刚遇中正，天下大行也。姤之时义大矣哉！

《彖传》解释：姤卦象征遇合，是阴柔遇合阳刚。不适宜娶这女子，是说与交往过滥的女子是不可能长久相处的。天地阴阳相遇合，万物才能尽情繁殖生长。阳刚相遇阴柔而能持中守正，就能畅行天下。姤卦因时制宜的道理真是博大精深啊！

《象》曰：天下有风，姤。后以施命诰四方。

《大象传》解释：天下有风，这是姤卦卦象。君王观此卦象，应当效法，发布命令通告四方。

【导读】

姤　读 gòu，卦名。《周易》（通行本）第四十四卦。《序卦传》："决必有遇，故受之以姤。姤者，遇也。"《杂卦传》："姤，遇也，柔遇刚也。"夬卦讲决，以刚决柔，刚柔相决必有艳遇。姤者遇也，以柔遇刚，寻求遇合，因此继夬卦之后紧接着为姤卦。这是《易传》释姤卦卦序、卦义。姤，本义是遇合、对偶。《广雅·释诂》："姤，遇也。"《说文新附》："姤，偶也。"姤，亦同"媾"，指婚媾。媾，读 gòu，指交互为婚姻，亲上结亲。《说文解字》："媾，重婚也。"姤卦是讲婚媾之事。

女壮，勿用取女　壮，一般解释有二义，一为身体高大健壮。《说文解字》："壮，大也。"《广雅·释诂》："壮，健也。"二为年龄大。《礼记·曲礼》："三十曰壮。"姤卦下卦为巽，巽为长女。但细究其义，似乎两者皆非"勿用取女"所指。俗话说，一代好媳妇，三代好子孙。身体好也是好媳妇条件之一，自古没有不娶身体好的女子之说。年龄大也不是问题。俗话说，女大一，抱金鸡；女大二，金满罐；女大三，抱金砖；女大四，福寿至；女大五，赛老母；女大六，乐不够；女大七，笑嘻嘻；女大八，准发家；女大九，样样有；女大十，样样值。而且，"三十曰壮"是就男人而言。《释名·释言语》："三十曰壮，言丁壮也。"丁即男丁。结合姤卦卦象来看，一阴遇五阳，一女遇五男，周旋于五男之间，如交际花。上古时期，男女交际相对自由，后来逐渐有了许多禁忌。《礼记·曲礼》："男女不杂坐，不同施枷，不同巾栉，不亲授。"儒家更是把"男女授受不亲"作为礼教禁忌。因此，壮，健也，引申为健行，此指交往过滥，含贬义。女壮，指女子如交际花，交往过滥，形容用心不专、用情不深。用通"可""利"，此指适宜。勿用即不适宜。取同娶。"女壮，勿用取女"，指女子交往过滥，不适宜娶这女子。

《象》曰　不可与长，指与交往过滥的女子是不可能长久相处的。品物，各类事物。咸，皆、都。章，显著、彰明。刚遇中正，指阳刚相遇阴柔而能持中守正。

《象》曰　"天下有风"，此释姤卦卦象。下卦巽为风，上卦乾为天，天下有风，风云际会。后，此泛指君王。施，发布。诰，读gào，本义是告诉。《说文解字》："诰，告也。"段玉裁注："以言告人，古用此字，今则用告字。以此诰为上告下之字。"古人告诉一声都有讲究，下告诉上称"告"，上告诉下称"诰"。

【卦象环境】

姤卦下卦为巽，上卦为乾，巽为风，乾为天、为日、为云，有"天下有风"之象；风上云天，两者相遇，有"风云际会"之象；上卦乾为纯阳卦，下卦巽为长女为阴卦，初为阴爻，二至上为阳爻，阴为柔，阳为刚，有"柔遇刚"之象。姤者，遇也，故取卦名为"姤"。

下卦巽为长女，有"女"之象；初六爻变，巽变为乾，乾为健，有"壮"之象。合观之，有"女壮"之象。

巽为不果，有"勿"之象；巽又为入，巽综卦为兑，兑错卦为艮，艮为门阙，巽艮合观，入家门，有"取（娶）"之象；巽为长女，有"女"之象。合观之，有"勿用取女"之象。

《象传》提示："勿用取女，不可与长也。"与交往过滥的女子是不可能长久相处的。

《大象传》提示："天下有风，姤。后以施命诰四方。"观姤卦"天下有风"卦象，应当效法，发布命令通告四方，以教化天下。

姤卦的人位互卦为乾卦（下卦：九二至九四；上卦：九三至九五）。《乾·象传》提示："乾道变化，各正性命，保合大和，乃利贞。首出庶物，万国咸宁。"乾卦提示，人在姤卦环境，应遵循乾道。乾道变化不止，各自端正本性，顺应天命，保持融合，扩大和谐，才能达到普利万物，固守正常循环。乾元循环创生万物，和合相应，天下各国都能安宁。

本卦：姤　　　　人位互卦：乾

姤卦局势：如风云际会，或聚或散，运势飘忽，聚散不定，相遇随缘。

《易经》启示：人在姤卦环境，若能持守正道，正定心志，见微知著，顺势而为，则能趋吉避凶。若不守正道，不分是非，意乱情迷，未能制邪，结果会凶多吉少。

初六，系于金柅，贞吉。有攸往，见凶，羸豕孚蹢躅。

初六爻，用金属棒刹车，占问吉利。有所前往，会遇见凶险，卦兆显示被捆的猪正在挣扎。

《象》曰：系于金柅，柔道牵也。

《小象传》解释："系于金柅"，这表明阴柔上行通道被制止了。

【导读】

系于金柅　柅，读 nǐ，置于车下阻止车子行进的刹车棒。金柅，指金属刹车棒。

羸豕孚蹢躅　羸，读 léi，同累，绳索，此指捆缚、系缚。《说文解字》："累，缀得理也。一曰大索也。"羸豕，被捆起来的猪。孚，卦兆。蹢，读 zhí，止步。《说文解字》："蹢，住足也。"躅，读 zhú，足迹。蹢躅，徘徊不进，此指被捆的猪在不停挣扎。

《象》曰 柔道，阴柔上行通道。牵，牵制、制止。

【爻象处境】

初六处下卦巽之初，巽为绳直，有"系"之象；初六爻变，下卦巽变为乾，乾为金，有"金"之象；巽又为木，木金结合可制成金属刹车棒，有"柅"之象。合观之，有"系于金柅"之象。

巽综卦为兑，兑为巫，有"贞"之象；巽为近利市三倍，有"吉"之象。合观之，有"贞吉"之象。

巽错卦为震，震为足、为动，有"有攸往"之象。

巽为多白眼，有"见"之象；巽综卦为兑，兑为毁折，有"凶"之象。合观之，有"见凶"之象。

初六在下卦巽，巽为绳直，有"羸"之象；巽综卦为兑，兑错卦为艮，艮为黔喙之属，有"豕"之象；兑为巫，有"孚"之象；巽为进退，有"蹢躅"之象。合观之，有"羸豕孚蹢躅"之象。

初六阴爻处阳位，居位不当，不中不正，虽上与九四正应，又顺承亲比九二，上有靠山，下有基础，但自身居位不正，志大才疏，处境不顺。

《小象传》提示："系于金柅，柔道牵也。"阴柔上行通道已被制止。

初六爻变，得姤之变卦乾卦。《乾·初九》提示："潜龙，勿用。"《乾·小象传》提示："潜龙勿用，阳在下也。"得姤之乾，应如潜龙潜隐深渊，暂时不施用，因为阳气微弱尚未升发，时机尚未成熟。

本卦：姤　　变卦：姤之乾

《易经》启示：初六处境是时运受制，不可妄动。人在初六处境，若能持守正道，摆正心态，戒骄戒躁，节制冲动，修养德行，静待时机，方能趋吉避凶。若刹不住，冲动前往，必有凶险。

九二，包有鱼，无咎，不利宾。

九二爻，草丛中有鱼，没有咎灾，不利于宾客。

《象》曰：包有鱼，义不及宾也。

《小象传》解释："包有鱼"，这表明还不适宜招待宾客。

【导读】

包有鱼 包通"苞"，草木。《说文解字》："苞，苞草也。"此指草木茂盛、丛生。《尔雅·释诂》："苞，丰也。"《尚书·禹贡》："草木渐苞。"包有鱼，指草丛中有鱼，比喻遇合之意。

不利宾 宾，甲骨文字形为 ⌂（《新甲骨文编》，第376页），上面像屋形，下面是人和止，表示客人来到屋下，即宾客临门。宾借为"嫔"，女嫁或男入赘皆称"嫔"。不利宾，也指不利婚姻。

《象》曰 义不及宾，指不适宜招待宾客。

【爻象处境】

九二处下卦巽之中，巽为木，巽错卦为震，震为萑苇，有"包（苞）"之象；巽为多白眼，鱼死眼睛发白，有"鱼"之象。合观之，有"包有鱼"之象。

巽又为不果，有"无"之象；巽综卦为兑，兑为毁折，有"咎"之象。合观之，有"无咎"之象。

巽为不果，又有"不"之象；巽又为近利市三倍，有"利"之象；巽错卦为震，震综卦为艮，艮为止、为门阙，有"宾"之象。合观之，有"不利宾"之象。

九二处下卦巽之中位，阳爻处阴位，居位失当，上无正应，下据比初六，虽不当位，却阳刚守中，虽无靠山，却有基础，九二据比初六，初六也有心顺承亲比，"包有鱼"也有遇合之意，因此处境"无咎"。九四虽与初六正应，但被九二捷足先登，横刀夺爱，反客为主，九四反而被排挤在外，成了宾客，对九四自然不利（"不利宾"）。姤卦之姤为遇合，先遇后合。

《小象传》提示："包有鱼，义不及宾也。""包有鱼"，不适宜招待宾客。

九二爻变，得姤之变卦遁卦。《遁·彖传》提示："遁，亨，遁而亨也。刚当位而应，与时行也。"得姤之道，应领悟遁道，遁不是时时事事都遁避，遁卦所谓通达，是说适时遁避才能通达。阳刚当位，则阴柔相应，遁避应当顺时而行。该退让时，礼让三先；不该退让时，当仁不让。

本卦：姤　　　　变卦：姤之遁

《易经》启示：九二处境是时运不正，须防小人。人在九二处境，若能持守中道，刚健果断，抢抓机遇，顺势而为，方能无咎。时机稍纵即逝，一旦错失良机，可能终生难遇。人生须果敢主动，该出手时就出手。

九三，臀无肤，其行次且，厉，无大咎。

九三爻，屁股蹭破了皮，行走艰难，有厉危，但无大的咎灾。

《象》曰：其行次且，行未牵也。

《小象传》解释："其行次且"，这表明行动并未完全受到牵制。

【导读】

臀无肤，其行次且　肤，皮肤。臀无肤，指屁股蹭破了皮。次且，作"赼趄"，读 zījū，指行走艰难，跌跌撞撞。

《象》曰　行未牵，行动未受牵制。

【爻象处境】

九三爻辞前二句与夬卦九四前二句相同，因为姤卦是夬卦的综卦，夬卦的四爻成为姤卦的三爻。

九三处下卦巽之终，巽为股，有"臀"之象；巽又为不果，有"无"之象；九三爻变，下卦巽变为坎，坎为美脊，有"肤"之象。合观之，有"臀无肤"之象。

巽错卦为震，震为足、为动，有"行"之象；巽又为进退，有"次且"之象。合观之，有"其行次且"之象。

坎又为隐伏、为血卦，有"厉"之象。

巽为不果，有"无"之象；九三为阳爻，阳为大，有"大"之象；坎又为多眚，有"咎"之象。合观之，有"无大咎"之象。

九三处下卦巽之顶，阳爻处阳位，居位得正，但居位不中，重阳过刚，上无正应，近无亲比，上无靠山，下无基础，又处"三多凶"之位，看看周边，九二与初六有亲比，九四与初六有正应，只有自己孤家寡人，因此有危机感，坐立不安，进退失据，心境不顺带来处境不顺。

《小象传》提示："其行次且，行未牵也。""其行次且"，行动并未完全受到牵制。

九三爻变，得姤之变卦讼卦。《讼·大象传》提示："君子以作事谋始。"得姤之讼，应注意，在做事开始时就要把问题考虑清楚，防患于未然。

本卦：姤　　　变卦：姤之讼

《易经》启示：九三处境是时运过弱，待时而动。人在九三处境，若能持守正道，摆正心态，抑制过刚，刚而能柔，谦逊柔顺，戒惧谨慎，顺时而行，顺势而为，仍可无大咎。

九四，包无鱼，起凶。

九四爻，草丛中无鱼，卦兆显示有凶险。

《象》曰：无鱼之凶，远民也。

《小象传》解释："无鱼之凶"，这意味着脱离了民众。

【导读】

包无鱼　指草丛中无鱼。参见本卦九二【导读】。

起凶　起同启，开启，此指卦兆显示。《说文解字》："启，开也。"

《象》曰　无鱼之凶，为"包无鱼，起凶"之省文。远民，指脱离了民众。

【爻象处境】

九四爻变，上卦乾变为巽，巽为木，巽错卦为震，震为萑苇，有"包（苞）"之象；巽又为不果，有"无"之象；巽又为多白眼，有"鱼"之象。合观之，有"包无鱼"之象。

巽错卦为震，震为动、为反生，有"起"之象；巽综卦为兑，兑为毁折，有"凶"之象。合观之，有"起凶"之象。

九四已出下巽入上乾，阳爻居阴位，居位不当，不中不正，自身实力有限，又居"四多惧"之位，与九五敌而不比，虽与初六正应，却因距离太远，已被九二捷足先登，先下手为强，抱得美人归，九二"包有鱼"，九四只好"包无鱼"了，处境不顺。

《小象传》提示："无鱼之凶，远民也。""无鱼之凶"，在于脱离了民众，没有基础。

九四爻变，得姤之变卦巽卦。《巽·大象传》提示："君子以申命行事。"得姤之巽，应观察时代风向，重申自己的使命，听天命尽人事。

本卦：姤　　　　变卦：姤之巽

《易经》启示：九四处境是运途不正，不能包容，此时应痛定思痛，体察时势，小心应付。人在九四处境，若能持守正道，戒惧谨慎，抑制过刚，尊上谦下，谦逊包容，静观时变，静待时机，仍可趋吉避凶。此时若发起行动，会有凶险。

九五，以杞包瓜，含章，有陨自天。

九五爻，枸杞果树茂盛，果实鲜红，就像来自天上的仙果。

《象》曰：九五含章，中正也。有陨自天，志不舍命也。

《小象传》解释："九五含章"，这是因为持守中正之道。"有陨自天"，这表明志向不违天命就会有好的际遇。

【导读】

以杞包瓜，含章　杞，枸杞，茄科，落叶小灌木，果实圆形，红色。《说文解字》："杞，枸杞也。"包，草木茂盛、丛生，详见本卦九二【导读】。瓜，果实。含章，指果实鲜红章灼。

有陨自天　陨，读 yǔn，降落。《说文解字》："陨，从高下也。"《尔雅·释诂》："陨，坠也。"有陨自天，从天而降。

《象》曰　含章，内含美德。中正，持守中正之道。有陨自天，指有祥瑞自天而降。志，志向。不舍，不违背。命，天命。

【爻象处境】

九五居上卦乾之中，乾为圜、为木果，有"瓜"之象；下卦巽为木，有"杞"之象；巽又为长、为高，杞为树高叶茂的植物，杞树长高枝叶可以包住上卦乾瓜，有"包（苞）"之象。合观之，有"以杞包瓜"之象。姤卦为十二消息卦之一，为五月，杞在五月最盛，瓜在五月长成。

九五爻变为六五，得互卦兑（九三至六五），兑为口，有"含"之象；乾错卦为坤，坤为文，有"章"之象。合观之，有"含章"之象。

兑综卦为巽，巽为高、为入，有"陨"之象；上卦乾为天，有"自天"之象。合观之，有"有陨自天"之象。

九五居姤卦尊位，阳爻居阳位，下无正应，近无亲比，阳刚中正，没有私心偏爱，处境中正。

《小象传》提示："有陨自天，志不舍命也。"祥瑞自天而降，志向不违天命就会有好的际遇。

九五爻变，得姤之变卦鼎卦。《鼎·大象传》提示："君子以正位凝命。"得姤之鼎，应摆正位置忠于职守，坚定信念牢记使命。

本卦：姤　　　　变卦：姤之鼎

《易经》启示：九五处境是运行中正，志不舍命。人在九五处境，若能持守中正之道，阳刚中正，宽厚包容，顺天时行，得道多助，自有天祐，结果吉无不利。

上九，姤其角，吝，无咎。

上九爻，遇见头上长角的，有遗恨，但无咎灾。

《象》曰：姤其角，上穷吝也。

《小象传》解释："姤其角"，这表明居上者已到穷途末路，会有遗恨。

【导读】

姤其角 角，本义是兽角。《说文解字》："角，兽角也。"此处指头上长角的人，暗喻有个性、孤傲、孤芳自赏的人，也有钩心斗角之意。

《象》曰 上，指居上者。穷，穷途末路。吝，遗恨、遗憾。

【爻象处境】

上九居姤卦之终，居上卦乾之顶，乾为首，有"姤其角"之象。

上九爻变，得姤之大过，大过卦为大象坎，坎为心病、为亟心，有"吝"之象。

坎又为多眚，有"咎"之象；上九爻变，上卦乾变为兑，兑综卦为巽，巽为不果，有"无"之象。合观之，有"无咎"之象。

上九居姤卦之终，阳爻居阴位，居位不当，不中不正，下无正应，又无亲比，前无去路，后无退路，自身能力不够，举措不当，处境艰难。

《小象传》提示："姤其角，上穷吝也。""姤其角"，已到穷途末路，会有遗恨。

上九爻变，得姤之变卦大过卦。《大过·大象传》提示："君子以独立不惧，遁世无闷。"得姤之大过，应顺时而行，进则临危不惧，守节不屈，退则隐居避害，没有苦闷。

　　　　本卦：姤　　　　变卦：姤之大过

《易经》启示：上九处境是时运近穷，顺时而动。人在上九处境，若能持守正道，抑制过刚，节制过激，有过就改，知足认命，顺势而为，不过度贪求，虽有遗恨，终无咎灾。

第四十五卦　萃

萃，亨，王假有庙，利见大人。亨，利贞，用大牲吉，利有攸往。

萃卦，亨通，君王亲至宗庙祭祀，利于拜见大人物。亨通，利于占问，用大的祭品吉利，利于有所前往。

《彖》曰：萃，聚也。顺以说，刚中而应，故聚也。王假有庙，致孝享也。利见大人亨，聚以正也。用大牲吉，利有攸往，顺天命也。观其所聚，而天地万物之情可见矣。

《彖传》解释：萃卦象征聚敛。君王顺民而民众悦从，阳刚居中而下有应合，所以能聚民敛财。君王亲至宗庙祭祀，这是为了表达孝敬祖先而举行享祀。利于拜见大人物，前途亨通，这是以正道聚集人。用大的祭品吉利，利于有所前往，这是顺从了天命。观萃卦聚敛之道，天地万物变化发展的情况就清楚了。

《象》曰：泽上于地，萃。君子以除戎器，戒不虞。

《大象传》解释：泽上于地，这是萃卦卦象。君子观此卦象，应当效法，修整武器，以防不测。

【导读】

萃　卦名。《周易》（通行本）第四十五卦。《序卦传》："物相遇而后聚，故受之以萃。萃者，聚也。"《杂卦传》："萃聚而升不来也。"姤者遇也，遇见才能相聚，先遇后聚，萃者聚也，因此继姤卦之后紧接着为萃卦。萃聚只求聚多上升而不知减下来。这是《易传》释萃卦卦序、卦义。萃，本义是草丛生茂盛的样子。《集韵·去声·泰韵》："萃，草盛貌。"引申为聚敛、聚集。萃卦是讲如何聚敛。

王假有庙　假同徦（xiá），至、到。《说文解字》："徦，至也。"有，独有、拥有。有庙，指皇家宗庙。《资治通鉴》："若据而有之，此帝王之资也。"王假有庙，君王亲至皇家宗庙祭祀祖先。

利见大人 指利于拜见大人物。

用大牲吉 大牲，指大的祭品。用大牲吉，指用大的祭品吉利。

《彖》曰 说同悦，和悦。致，表达。孝，孝敬。享，享祀、祭祀。聚以正，指以正道聚集人。天命，天道。

《象》曰 "泽上于地"，此释萃卦卦象。下卦坤为地，上卦兑为泽，泽上于地，水汇聚成泽。除，修整。戎器，武器。不虞，不测。

【卦象环境】

萃卦下卦为坤，上卦为兑，坤为地，兑为泽，水在地上汇聚成泽，有"泽上于地"之象；全卦为二阳四阴卦，九五、九四两阳占据了上卦核心位置，两阳主导，四阴顺服；下卦坤为顺、为众，上卦兑为和悦，为众人和悦顺服归聚。萃即聚也，故取卦名为"萃"。

萃卦有互卦坎（六三至上六），坎为通，有"亨"之象。

下卦坤错卦为乾，乾为君，有"王"之象；上卦兑错卦为艮，艮综卦为震，震为足、为动，有"假（徦）"之象；艮为阍寺，有"庙"之象。合观之，有"王假有庙"之象。

萃卦有互卦巽（六三至九五），巽为近利市三倍，有"利"之象；巽又为多白眼，有"见"之象；巽错卦为震，震为大涂，有"大"之象；震为阳卦，阳为大，也有"大"之象；震为长子，有"人"之象。合观之，有"利见大人"之象。

巽为近利市三倍，有"利"之象；兑为巫，有"贞"之象。合观之，有"利贞"之象。

艮为手，有"用"之象；艮为阳卦，阳为大，有"大"之象；艮又为黔喙之属，有"牲"之象。合观之，有"用大牲"之象。互卦坎（六三至上六）错卦为离，离为日、为明、为丽，有"吉"之象。

巽为近利市三倍，有"利"之象；巽错卦为震，震为足、为动，有"往"之象。合观之，有"利有攸往"之象。

《彖传》提示："萃，聚也。顺以说，刚中而应，故聚也。"萃卦象征聚敛，君王顺民而民众悦从，阳刚居中而下有应合，所以能聚民敛财。

《大象传》提示："君子以除戎器，戒不虞。"人群聚集久了会有纷争，应修整武器，以防不测。

萃卦的人位互卦为渐卦（下卦：六二至九四；上卦：六三至九五）。《渐·大象传》提示："山上有木，渐。君子以居贤德善俗。"渐卦提示，渐卦象征山上有木，逐渐长大。人在萃卦环境，应循序渐进，积蓄贤德，改善风俗。

本卦：萃　　　　人位互卦：渐

萃卦局势：如水聚大地，滋润万物，运势昌盛，群英荟萃，蒸蒸日上，前途亨通。

《易经》启示：人在萃卦环境，若能持中守正，谨守本分，择善追随，以诚相待，则能趋吉避凶。若不讲诚信，犯上欺下，孤立无助，结果会凶多吉少。

初六，有孚不终，乃乱乃萃，若号一握为笑，勿恤，往无咎。

初六爻，卦兆显示，起先丝没缠紧，理顺后收敛聚拢。起先号啕大哭，抚慰后破涕为笑，不用忧虑，前往没有咎灾。

《象》曰：乃乱乃萃，其志乱也。

《小象传》解释："乃乱乃萃"，这表明是心志混乱所致。

【导读】

不终　"终"的甲骨文字形为🝆（《新甲骨文编》，第714页），像一束丝，两头像结扎的末端。本义是把丝缠紧。不终，指丝没缠紧。

乃乱乃萃　乃，于是、就。"乱"的本字商周金文为🝆（《殷周金文集成引得》，第800页），像上下两手在整理架子上散乱的丝。本义是理丝。《说文解字》："乱，治也。从乙，乙，治之也。"段玉裁注："不治也。"训"治"讲的是理乱的过程和结果，训"不

"治"讲的是理乱时的状况。杨树达《积微居小学述林》："人以一手持丝，又一手持互以收之，丝易乱，以互收之，则有条不紊，故字训治训理也。"乃乱乃萃，指于是把丝理顺聚拢。

若号一握为笑 号，号啕大哭。握，持，此指抚慰。《说文解字》："握，搤持也。"笑，破涕为笑。

《象》曰 志乱，指心志混乱。

【爻象处境】

初六爻变，下卦坤变为震，震错卦为巽，巽综卦为兑，兑为巫，有"孚"之象；巽为不果，有"不"之象；震综卦为艮，艮为止、为万物之所成终，有"终"之象。合观之，有"有孚不终"之象。

艮于木为坚多节，有"乱"之象；坤为众，有"萃"之象。合观之，有"乃乱乃萃"之象。

兑又为口，有"号"之象；坤错卦为乾，乾在先天八卦位数为一，有"一"之象；初六与九四正应，初六与九四组成互卦艮（初六至九四），艮为手，有"握"之象；九四在上卦兑，兑为说，说同悦，有"笑"之象。合观之，有"若号一握为笑"之象。

初六爻变，坤变为震，震错卦为巽，巽为不果，有"勿"之象；初六爻变，得互卦离（初九至九四），离错卦为坎，坎为加忧、为心病，有"恤"之象。合观之，有"勿恤"之象。

震为足、为动，有"往"之象；巽为不果，有"无"之象；坎为多眚，有"咎"之象。合观之，有"往无咎"之象。

初六处下卦坤之始，阴爻居阳位，居位失当，不中不正，位处底层，前有山阻坎陷，处境艰险。但上与九四正应，又与六二、六三同在坤卦，同体同性，志同道合，上有靠山，近有同志相助，因此处境有弊有利，有惊无险，忧中见喜。

《小象传》提示："乃乱乃萃，其志乱也。""乃乱乃萃"，表明心志已乱。

初六爻变，得萃之变卦随卦。《随·彖传》提示："大亨贞，无咎，而天下随时。"得萃之随，随卦有宽大、通达、中正的品德，没有咎灾，天下人都要随时追随。

本卦：萃　　　　　　变卦：萃之随

《易经》启示：初六处境是运当初交，择善而随。人在初六处境，若能持守正道，尊上谦下，谦逊柔顺，择善追随，争取外援，顺势而为，借力发展，前行不会有任何问题。

六二，引吉，无咎，孚乃利用禴。

六二爻，遇贵人相助，吉利，没有咎灾，卦兆显示利于献薄礼谢恩。

《象》曰：引吉无咎，中未变也。

《小象传》解释："引吉无咎"，这表明持守中正之道没有改变。

【导读】

引吉　引，本义是拉开弓，引申为开导，此指有贵人引导相助。《说文解字》："引，开弓也。从弓丨。"从弓从丨，弓表示弓弦，丨表示箭，箭在弦上，即将射发。段玉裁注："凡延长之称、开导之称皆引申于此。"

孚乃利用禴　禴，读 yuè，古代宗庙祭祀的名称。夏、商二代为春祭，周代则改称夏祭。《说文解字》："禴，夏祭也。"段玉裁注："周礼。以禴夏享先王。"《尔雅·释天》："春祭曰祠，夏祭曰礿，秋祭曰尝，冬祭曰蒸。"禴同礿，为夏季薄祭，是四时之祭中最薄者，一般在夏日暑热时节进行，供品一切从简。孚乃利用禴，指卦兆显示利于薄祭，亦指因遇贵人相助，卦兆显示利于献薄礼谢恩。

《象》曰　中，指中正之道。中未变，指持守中正之道没有改变。

【爻象处境】

六二爻变，下卦坤变为坎，坎为弓轮，有"引"之象；六二在互卦艮（六二至九四），艮错卦为兑，兑综卦为巽，巽为绳直，也有"引"之象；坎错卦为离，离为日、为明、为丽，有"吉"之象。合观之，有"引吉"之象。

巽又为不果，有"无"之象；坎又为多眚，有"咎"之象。合观之，有"无咎"之象。

艮错卦为兑，兑为巫，有"孚"之象；兑综卦为巽，巽为近利市三倍，有"利"之象；艮为手，有"用"之象；兑为巫，有"禴"之象。合观之，有"孚乃利用禴"之象。

六二处下卦坤之中位，阴爻居阴位，居中得正，上与九五正应，六二柔中，九五刚中，两者相应聚合，既居中守正，又刚柔相济，虽然前有艮山坎陷，但有贵人相助，处境有利。

《小象传》提示："引吉无咎，中未变也。"引吉无咎，在于持守中正之道没有改变。

六二爻变，得萃之变卦困卦。《困·大象传》提示："君子以致命遂志。"得萃之困，在困难面前，既要听天命顺势而为，又要尽人事成就志向。

本卦：萃   变卦：萃之困

《易经》启示：六二处境是时运中兴，顺势而为。人在六二处境，若能持守中正之道，谦逊柔顺，尊上谦下，择善追随，忠心耿耿，得贵人相助，终能吉而无咎。

六三，萃如嗟如，无攸利，往无咎，小吝。

六三爻，忧伤嗟叹，不值得，前往没有咎灾，只是小有遗恨。

《象》曰：往无咎，上巽也。

《小象传》解释："往无咎"，这是因为能够谦卑顺从居上者。

【导读】

萃如嗟如　如，语气助词，无实义。萃同悴，忧伤。嗟，嗟叹。

无攸利　攸，所。《尔雅·释言》："攸，所也。"无攸利，无所得、不值得。

《象》曰 上，居上者。巽，谦卑顺从。上巽，即"巽上"，指谦卑顺从居上者。

【爻象处境】

六三处下卦坤之顶，坤为众，坤体中初六、六二聚集在六三之下，同体同性，有"萃如"之象；六三在互卦巽（六三至九五），巽综卦为兑，兑为口舌、为说，有"嗟如"之象。合观之，有"萃如嗟如"之象。

巽为不果，有"无"之象；巽又为近利市三倍，有"无攸利"之象。

巽错卦为震，震为足、为动，有"往"之象；巽为不果，有"无"之象；六三在互卦坎（六三至上六），坎为多眚，有"咎"之象。合观之，有"往无咎"之象。

六三为阴爻，阴为小，有"小"之象；坎又为加忧、为心病，有"吝"之象。合观之，有"小吝"之象。

六三阴爻处阳位，居位失当，不中不正，上无正应，处"三多凶"之位，又在互卦艮（初六至九四）中，被艮山阻止，与外界隔绝，孤立无助，遭遇不顺，心生嗟叹。但六三承比九四，六三也顺承九五，得九四、九五信任支持，又与初六、六二同在坤卦，同体同性，志同道合，得到众阴爻援助，处境有利。

《小象传》提示："往无咎，上巽也。""往无咎"，在于能够谦卑顺从上层权贵。

六三爻变，得萃之变卦咸卦。《咸·大象传》提示："君子以虚受人。"得萃之咸，应虚怀若谷，以谦逊品德感化他人。

本卦：萃　　　变卦：萃之咸

《易经》启示：六三处境是运途平平，无可获利。人在六三处境，若能持守正道，摆正心态，纠正过失，谦逊顺承，尊上谦下，真诚相待，争取外援，乘势而上，前往没有咎灾，但小吝难免。

九四，大吉，无咎。

九四爻，大吉大利，没有咎灾。

《象》曰：大吉无咎，位不当也。

《小象传》解释："大吉无咎"，这是因为能够清醒认识到自己居位不当。

【导读】

《象》曰 位不当，即居位不当，指九四以阳爻居阴位，此指因为能够清醒认识到自己居位不当，时时谨慎小心，因此才能"大吉无咎"。

【爻象处境】

九四为阳爻，阳为大，有"大"之象；九四爻变，上卦兑变为坎，坎错卦为离，离为日、为明、为丽，有"吉"之象。合观之，有"大吉"之象。

九四处上卦兑之始，兑综卦为巽，巽为不果，有"无"之象；九四爻变，上卦得坎，坎为多眚，有"咎"之象。合观之，有"无咎"之象。

九四已出坤入兑，处内外卦交界之际，阳爻居阴位，虽居位不当，不中不正，进逼九五，且居"四多惧"之位，但九四与初六正应，又与六三亲比，初六、六三在下卦坤中，同体同性，志同道合，坤为众，象征九四得到下层群众的拥护。九四在互卦巽（六三至九五）中，巽为顺，象征九四顺从九五。九四又在互卦艮（六二至九四）中，艮为止，象征九四会节止自己的行为，不会专权犯上，因此处境和顺。

《小象传》提示："大吉无咎，位不当也。""大吉无咎"，在于能够清醒认识到自己居位不当。

九四爻变，得萃之变卦比卦。《比·象传》提示："比，吉也。比，辅也，下顺从也。"得萃之比，应领悟亲比之道，比卦吉利，比是辅佐，是下级亲近顺从上级。

本卦：萃　　　　　变卦：萃之比

《易经》启示：九四处境是时运大好，此时关系和顺，时机成熟，利于做事，须防不当。人在九四处境，若能持守正道，戒惧谨慎，刚而能柔，谦逊柔顺，尊上谦下，顺势而为，必能大吉无咎。

九五，萃有位，无咎，匪孚元永贞，悔亡。

九五爻，聚敛人财拥有高位，没有咎灾，没有卦兆显示有一直不变的占问，悔恨消亡。

《象》曰：萃有位，志未光也。

《小象传》解释："萃有位"，这意味着志向尚未发扬光大。

【导读】

萃有位 萃，指聚敛人财。有，拥有。位，地位，此指尊位、高位。

匪孚元永贞 匪同非，没有。孚，卦兆显示。元，一直。永，永久、不变。贞，占问。匪孚元永贞，指没有卦兆显示有一直不变的占问。

悔亡 指悔过改过，悔恨消亡。

《象》曰 志未光，指志向尚未发扬光大。

【爻象处境】

九五居萃卦尊位，阳爻居阳位，居中守正，为萃卦之主，有"萃有位"之象。

九五居上卦兑之中，兑综卦为巽，九五也在互卦巽（六三至九五），巽为不果，有"无"之象；九五又在互卦坎（六三至上六），坎为多眚，有"咎"之象。合观之，有"无咎"之象。

巽为不果，又有"匪"之象；兑为巫，有"孚"之象；九五与六二正应，六二在下卦坤，坤为坤元，有"元"之象；巽又为长，有"永"之象；兑为巫，又有"贞"之象。合观之，有"匪孚元永贞"之象。

坎又为加忧、为心病、为亟心，有"悔"之象；兑为毁折，有"亡"之象。合观之，有"悔亡"之象。

九五阳爻居阳位，居中得正，下与六二正应，但九五重阳过刚，与九四敌而不比，又被上六凌乘，处境有利有弊。

《小象传》提示："萃有位，志未光也。""萃有位"，在于志向尚未发扬光大。

九五爻变，得萃之变卦豫卦。《豫·大象传》提示："先王以作乐崇德，殷荐之上帝，以配祖考。"得萃之豫，应制作礼乐，崇敬文德，隆重祭祀天帝以及祖先。

　　　　　本卦：萃　　　　　　变卦：萃之豫

《易经》启示：九五处境是运当全盛，自可无咎，此时虽有位，但威信不足，难孚众望，志向难以发扬光大。人在九五处境，若能持守中正之道，抑制过刚，谦逊和顺，宽厚包容，诚信相待，树立威望，得道多助，终可无咎悔亡。

上六，赍咨涕洟，无咎。

上六爻，唉声叹气又痛哭流涕，没有咎灾。

《象》曰：赍咨涕洟，未安上也。

《小象传》解释："赍咨涕洟"，这意味着居高位却未能安逸。

【导读】

赍咨涕洟　赍，读 jī，怀着、带着。咨，叹息。赍咨，悲叹、唉声叹气。洟，读 tì，鼻涕。涕洟，痛哭流涕。

《象》曰　"安"，安逸。"上"，居高位。

【爻象处境】

上六居上卦兑之顶，兑为口舌、为说，有"赍咨"之象；兑又为泽，泽水由兑口流出，有"涕洟"之象。合观之，唉声叹气，痛哭流涕，有"赍咨涕洟"之象。

兑综卦为巽，巽为不果，有"无"之象；上六在互卦坎（六三至上六），坎为多眚，有"咎"之象。合观之，有"无咎"之象。

上六居萃卦之极，阴爻居阴位，虽居位得正，但居位失中，重阴过弱，萃极则变，上六与六三敌而不应，又凌乘九五，上六想到自己当下处境，前无去路，后无退路，外无援助，自身软弱，不禁难过悲叹，痛哭流涕，心境不顺，处境不利。

《小象传》提示："赍咨涕洟，未安上也。""赍咨涕洟"，在于居高位却没有得到安逸。

上六爻变，得萃之变卦否卦。《否·大象传》提示："君子以俭德辟难，不可荣以禄。"得萃之否，应收敛德才以避危难，不贪求功名利禄。

本卦：萃　　　　　变卦：萃之否

《易经》启示：上六处境是时运衰退，宜戒备不虞。人在上六处境，若能持守正道，反省自省，居安思危，时刻提醒自己，时时戒惧谨慎，虽不得安逸，终可无咎。

第四十六卦　升　䷭

䷭ 升，元亨，用见大人，勿恤，南征吉。

升卦，一直亨通，利于拜见大人物，不用忧虑，南行吉利。

《彖》曰：柔以时升，巽而顺，刚中而应，是以大亨。用见大人，勿恤，有庆也。南征吉，志行也。

《彖传》解释：柔弱者顺时登升，谦逊顺从，内有阳刚品德，外有贵人相助，所以大可亨通。利于拜见大人物，不用忧虑，这意味着必有喜庆。南行吉利，这表明志向得以实行。

《象》曰：地中生木，升。君子以顺德，积小以高大。

《大象传》解释：地中生木，长大升高，这是升卦卦象。君子观此卦象，应当效法，随时修养品德，不断积累小的进步来成就高大完美的人格。

【导读】

升　卦名。《周易》（通行本）第四十六卦。《序卦传》："聚而上者谓之升，故受之以升。"《杂卦传》："萃聚而升不来也。"萃卦聚敛，聚少成多，不断上升，能上不能下，因此继萃卦之后紧接着为升卦。这是《易传》释升卦卦序、卦义。升、昇与陞，三者本义相近，指登升。朱骏声《说文通训定声》："升假借为登，字亦作昇，作陞。"《广韵》："昇，日上。本亦作升。"《诗经·小雅·天保》："如日之升。"如旭日东升，不断向上攀登。升卦是讲如何登升。晋卦也讲"升"，但与升卦有区别。晋卦下坤上离，强调下顺上明，关键在"明出地上"，需要上层有人赏识提携，说明机遇很重要。升卦下巽上坤，强调"柔以时升"，上面虚位以待，关键在"积小以高大"，拾级而上，逐级升阶，说明个人努力很重要。机遇加个人努力，才有晋升。

用见大人　即"利见大人"，马王堆帛书即作"利见大人"。经文中利、用相通，如"利涉大川"亦作"用涉大川"。大人，大人物，即贵人。用见大人，此指利于拜见大人物。登升途中少不了贵人相助。

南征吉 指南行吉利。义同"利西南""西南得朋"。

《彖》曰 时，即时机、时势、机遇。以时，指因时、顺时、随时、及时。刚中，阳刚居中，指内有阳刚品德。应，外有应合，指外有贵人相助。庆，喜庆。志行，志向得以实行。

《象》曰 "地中生木"，此释升卦卦象。下卦巽为木，上卦坤为地，地中生木，长大升高。顺德，指随时修养品德。积小以高大，指不断积累小的进步来成就高大完美的人格。

【卦象环境】

升卦下卦为巽，上卦为坤，巽为木，坤为地，有"地中生木"之象；树木从地中生出，长高而上升，有"升"之象；巽又为风，为"地中生风"，风从地中生出，升腾上天，飞行于天上，也有"升"之象。故取卦名为"升"。

上卦坤为坤元，有"元"之象；升卦中有互卦坎（初六至六四），坎为通，有"亨"之象。合观之，有"元亨"之象。

九二与六五正应，九二在下卦巽中，巽为近利市三倍，有"利"之象，经文中"利"与"用"相通，因此有"用"之象；巽又为多白眼，有"见"之象；六五居卦之尊位有"大人"之象。合观之，有"用见大人"之象。

巽为不果，有"勿"之象；九二在互卦坎（初六至六四），坎为加忧、为心病、为亟心，有"恤"之象。合观之，有"勿恤"之象。

坎错卦为离，离在后天八卦方位中为南方，有"南"之象；下卦巽错卦为震，震为足、为动，有"征"之象；离为日、为明、为丽，有"吉"之象。合观之，有"南征吉"之象。

《彖传》提示："柔以时升，巽而顺，刚中而应，是以大亨。"登升之道，一要"以时升"，审时度势；二要"巽而顺"，外能随顺；三要"刚中"，内守刚健中德；四要有"应"，有贵人相助。如此登升，方能大大亨通。

《大象传》提示："君子以顺德，积小以高大。"随时修养德行，循序渐进，积小以成高大。

升卦的人位互卦为归妹卦（下卦：九二至六四；上卦：九三至六五）。《归妹·彖传》提示："征凶，位不当也。"归妹卦提示，人在升卦环境，应摆正位置，顺时而升，进升无凶。若处位不当，前往必凶。

本卦：升　　　　人位互卦：归妹

升卦局势：如地下生木，破土而出，运势顺畅，循序渐进，顺势上升，一直亨通。

《易经》启示：人在升卦环境，若能谦逊柔顺，心存诚信，择善追随，顺势柔升，则能趋吉避凶。若心无诚意，自高自大，急功近利，冒险求进，结果会凶多吉少。

初六，允升，大吉。

初六爻，忠诚登升，大吉大利。

《象》曰：允升大吉，上合志也。

《小象传》解释："允升大吉"，这表明符合上层意志。

【导读】

允升　允，忠诚、忠心耿耿、没有二心。《尔雅·释诂》："允，信也。允，诚也。"《说文解字》："允，信也。"段玉裁注："任贤勿二是曰允。"允升，忠诚登升。

《象》曰　上合志，指符合上层意志。

【爻象处境】

初六承比九二，又与九三有承，初六处下卦巽之底，巽为绳直，初六以九二、九三为准绳，忠心耿耿，得到二阳信赖与允许，有"允"之象；巽又为长、为高，有"升"之象。合观之，有"允升"之象。

初六爻变，下卦巽变为乾，乾为大赤，有"大"之象，乾为纯阳卦，阳为大，也有"大"之象；下卦巽为近利市三倍，有"吉"

之象；初六在互卦坎（初六至六四），坎错卦为离，离为日、为明、为丽，也有"吉"之象。合观之，有"大吉"之象。

初六处升卦之始，阴爻处阳位，虽居位失当，不中不正，柔弱无力，又与六四无应，但初六顺承亲比九二，又顺承九三，九二、九三为升卦仅有的阳爻，得九二、九三相助，处境有利。

《小象传》提示："允升大吉，上合志也。""允升大吉"，在于符合上层意志。

初六爻变，得升之变卦泰卦。《泰·大象传》提示："后以财成天地之道，辅相天地之宜，以左右民。"得升之泰，应制定制度，提供辅助，引导民众顺应天地之道。

本卦：升　　　　　变卦：升之泰

《易经》启示：初六处境是运途大顺，心想事成。人在初六处境，若能持守正道，纠正过失，谦逊顺承，以柔济刚，忠诚追随，得贵人相助，方能获吉。在适当之时，遇到适当之人，得到信任提携，宜升则升，必然大吉大利。符合上层意志，获得上层信赖，才会有"允升大吉"。若不为上层信赖，则晋升无望。

九二，孚乃利用禴，无咎。

九二爻，卦兆显示利于献薄礼谢恩，没有咎灾。

《象》曰：九二之孚，有喜也。

《小象传》解释："九二之孚"，这意味着必定会带来喜庆。

【导读】

孚乃利用禴　指卦兆显示利于献薄礼谢恩。详见萃卦六二【导读】。

《象》曰　孚，诚实守信。喜，喜庆。

【爻象处境】

九二在下卦巽，巽综卦为兑，兑为巫，有"孚"之象；巽为近利市三倍，有"利"之象；兑错卦为艮，艮为手，有"用"之象；兑为巫，有"禴"之象。合观之，有"孚乃利用禴"之象。

巽又为不果，有"无"之象；九二爻变，得互卦坎（六二至六四），九二也在互卦坎（初六至六四），坎为多眚，有"咎"之象。合观之，有"无咎"之象。

九二处下卦巽之中位，阳爻居阴位，居位得中，刚而能柔，与六五正应，与初六亲比，上有靠山，下有基础，虽居位不当，也能无咎。

《小象传》提示："九二之孚，有喜也。"九二诚实守信，必定带来喜庆。

九二爻变，得升之变卦谦卦。《谦·彖传》提示："谦，尊而光，卑而不可逾，君子之终也。"得升之谦，应谦虚谨慎，使尊贵者得到荣耀，卑微者不受欺压，君子最终有好结果。

本卦：升　　　变卦：升之谦

《易经》启示：九二处境是时逢好运，喜事临门。人在九二处境，若能持守中道，刚柔适中，尊上谦下，真诚追随，感恩贵人相助，心怀诚意，心诚则灵，终能无咎。

九三，升虚邑。

九三爻，登升上城邑高丘。

《象》曰：升虚邑，无所疑也。

《小象传》解释："升虚邑"，这意味着已经没有阻碍，不要有任何迟疑。

【导读】

升虚邑　虚，大丘、高丘。《说文解字》："虚，大丘也。昆仑丘谓之昆仑虚。古者九夫为井，四井为邑，四邑为丘。丘谓之虚。"升虚邑，指登升上城邑高丘，也有虚位以待之义。

《象》曰　无所疑，指已经没有阻碍，不要有任何迟疑。

【爻象处境】

九三处下卦巽之顶，巽为长、为高，有"升"之象；九三爻变，得互卦坤（六三至上六），坤中虚，有"虚"之象；坤为地、为众，有"邑"之象。合观之，有"升虚邑"之象。

九三处境十分有利：一是自身有实力，九三阳爻居阳位，居位得当，刚健有力；二是升进无阻力，上卦虚位以待，没有竞争，与六四亲比，九三"升虚邑"，如入无人之境，畅通无阻；三是前行有动力，九三在互卦震（九三至上六）中，震为动，有动力，又在下卦巽木之顶，已积蓄足够力量，即将破土而出。九三虽处"三多凶"之位，本应有所疑惧，但与上六正应，有高层强有力的援手支持，应当无所疑惧。

《小象传》提示："升虚邑，无所疑也。"上升没有任何阻碍，不要有任何迟疑。

九三爻变，得升之变卦师卦。《师·彖传》提示："刚中而应，行险而顺，以此毒天下，而民从之，吉又何咎矣？"得升之师，刚健中正而上下相应，行遇危险却能顺势而为，以此治理天下，民众拥护顺从，吉祥之兆，又有什么咎祸呢？

本卦：升　　　　变卦：升之师

《易经》启示：九三处境是运途畅通，渐进渐盛。人在九三处境，若能持守正道，把握机遇，果敢行动，乘势而上，定能大显身手，建功立业。

六四，王用亨于岐山，吉，无咎。
六四爻，利于诸侯王到岐山祭祀，吉利，没有咎灾。
《象》曰：王用亨于岐山，顺事也。
《小象传》解释："王用亨于岐山"，这表明能恭敬顺从做事。

【导读】
王用亨于岐山　王，此指诸侯王。用与利、可同义，指利于。亨同享，指享祭。岐山，西周旧都镐京西边的山名，亦称西山，是周王举行祭祀大典的地方。王用亨于岐山，指利于诸侯王到岐山祭祀。

《象》曰　顺事，指恭敬顺从做事。

【爻象处境】

六四居上卦坤之初，坤为地、为邑，为诸侯，有"王"之象；六四又在互卦兑（九二至六四）中，兑为巫，有"亨（享）"之象；兑在后天八卦方位中为西方，岐山在周王朝境内镐京西边，称"西山"，因此有"岐山"之象。合观之，有"王用亨于岐山"之象。

六四在互卦坎（初六至六四），坎错卦为离，离为日、为明、为丽，有"吉"之象。

六四在互卦兑（九二至六四），兑综卦为巽，巽为不果，有"无"之象；又在互卦坎（初六至六四），坎为多眚，有"咎"之象。合观之，有"无咎"之象。

六四阴爻居阴位，居位得正，六四与六五同在坤卦，同体同性，志同道合，获得六五至尊信任与重用。让六四诸侯王代行祭祀岐山的大礼，这是六四得到六五至尊信任重用的先兆，自然吉祥。六四处"四多惧"之位，居位不中，重阴过弱，又在互卦大坎（初六至六四）中，坎为陷、为加忧，"伴君如伴虎"，在君王左右，也有高风险。

《小象传》提示："王用亨于岐山，顺事也。"王用亨于岐山，在于恭敬顺从做事。

六四爻变，得升之变卦恒卦。《恒·大象传》提示："君子以立不易方。"得升之恒，应恒久持守正道，不轻易改变方向。

本卦：升　　　　变卦：升之恒

《易经》启示：六四处境是时运通顺，如日东升。人在六四处境，若能持守正道，戒惧谨慎，谦逊顺承，忠心追随，柔顺听命，眼光放长远，不轻举妄动，自然事事通顺，结果吉而无咎。

六五，贞吉，升阶。

六五爻，占问吉利，步步高升。

《象》曰：贞吉升阶，大得志也。

《小象传》解释："贞吉升阶"，这表明已经大大得志。

【导读】

升阶 阶，台阶、阶梯。升阶，拾级而上，逐级登阶，步步高升。

《象》曰 大得志，大大得志，踌躇满志。

【爻象处境】

六五在互卦震（九三至六五），震错卦为巽，巽综卦为兑，兑为巫，有"贞"之象；六五爻变，上卦坤变为坎，坎错卦为离，离为日、为明、为丽，有"吉"之象。合观之，有"贞吉"之象。

震错卦为巽，巽为长、为高，有"升"之象；震综卦为艮，艮为径路，有"阶"之象。合观之，有"升阶"之象。

六五居升卦之尊位，居上卦坤之中位，居位得中，阴爻居阳位，下与九二正应，又与左膀右臂上六、六四同在坤卦，同体同性，志同道合，且在互卦震（九三至六五）中，震为行动，获得上下左右拥戴，终于升到至尊高位，进阶成功，处境理想。

《小象传》提示："贞吉升阶，大得志也。"九五升阶，大大得志。自《象传》提出"南征吉，志行也"，到初六"上合志"，再到六五"大得志"，有志者事竟成。

六五爻变，得升之变卦井卦。《井·大象传》提示："君子以劳民劝相。"井水养人。得升之井，应慰劳养民，劝勉相助。成长所得宜用于养民，保持生生不息的动力。

本卦：升　　　　变卦：升之井

《易经》启示：六五处境是时运大盛，如愿以偿。人在六五处境，若能持守中道，谦逊柔顺，宽厚包容，得道多助，必有晋升。

上六，冥升，利于不息之贞。

上六爻，昏暗中登升，利于返回之事的占问。

《象》曰：冥升在上，消不富也。

《小象传》解释："冥升在上"，这意味着上升势头必然消退，不再富强。

【导读】

冥升 冥，昏暗，既可指环境昏暗不明，也可指个人执迷不悟。冥升，昏暗中登升。

利于不息之贞 息，一吸一呼为一息。不息，不止于一息，即不止息，一吸一呼循环反复。利于不息之贞，指利于循环反复之事的占问，此指利于返回之事的占问。

《象》曰 消不富，消退不再富强。

【爻象处境】

上六居上卦坤之极，坤于地为黑，有"冥"之象；上六爻变，上卦坤变为艮，艮综卦为震，震错卦为巽，巽为长、为高，有"升"之象。合观之，有"冥升"之象。

巽为近利市三倍，有"利"之象；巽又为不果，有"不"之象；巽为进退，一进一退，有"息"之象；巽综卦为兑，兑为巫，有"贞"之象。合观之，有"利于不息之贞"之象。

上六居升卦之终，阴爻居阴位，虽已穷途末路，已升无可升，居位失中，重阴过弱，但居位得当，下与九三正应，又与六五、六四同在坤卦，同体同性，志同道合，处境利于返回。

《小象传》提示："冥升在上，消不富也。""冥升在上"，这意味着上升势头必然消退，不再富强。

上六爻变，得升之变卦蛊卦。《蛊·彖传》提示："终则有始，天行也。"得升之蛊，应当领悟，终而复始，正是天道运行的规律。

本卦：升　　　变卦：升之蛊

《易经》启示：上六处境是时运过弱，好运已过，此时应知升极必反，宜止不宜行。人在上六处境，若能持守正道，戒惧谨慎，居安思危，功成身退，及时退返，退守自保，方能保升防变。

第四十七卦 困 ䷮

䷮ **困，亨，贞大人吉，无咎。有言不信。**

困卦，亨通，大人物占问吉利，没有咎灾。说话不会有人相信。

《彖》曰：困，刚掩也。险以说，困而不失其所，亨。其唯君子乎？贞大人吉，以刚中也。有言不信，尚口乃穷也。

《彖传》解释：困卦象征阳刚被阴柔围困。身处险境，心能和悦，人在困境，不失立身之本，终能亨通。这大概只有品德高尚的君子才能做到吧？固守正道的大人物能逢凶化吉，这是因为内心具有刚健中正的美德。说话没人相信，这表明光说不练是没用的。

《象》曰：泽无水，困。君子以致命遂志。

《大象传》解释：泽中无水，这是困卦卦象。君子观此卦象，应当领悟，听天命顺势而为，尽人事成就志向。

【导读】

困 卦名。《周易》（通行本）第四十七卦。《序卦传》："升而不已必困，故受之以困。"《杂卦传》："困相遇也。"能上不能下，升登不止必至困窘，相遇却相阻不通，因此继升卦之后紧接着为困卦。这是《易传》释困卦卦序、卦义。困，本义是树木困于旧房子，甲骨文字形为▨（《新甲骨文编》，第374页），从木从囗（wéi），木表示树木，囗表示房的四壁，象征树木被围在房子里难以生长。《说文解字》："困，故庐也。从木在口中。"故庐即旧房子，旧房子隐喻困境。困卦是讲处困之事。困卦六爻每爻有一至二个困境意象，初六有"株木""幽谷"，九二有"酒食"，六三有"石""蒺藜"，九四有"金车"，九五有"赤绂"，上六有"葛藟"。境由心生，其实最大的困境是心境。

大人吉 《易经》通例，经文中大人、君子、小人的区分以爻位、爻性为依据，大人为阳性、居高位，君子只占其一，或阳性，或高位，小人则为阴性、处低位。与传文中以道德标准划分不同。详见乾卦【导读】。大人，此指大人物。

有言不信　指在困境中说的话，不会有人相信。

《彖》曰　掩，遮蔽、收敛。《说文解字》："掩，敛也。"刚掩，指阳刚被阴柔围困。说同悦，和悦从容。不失其所，不失操守。君子，品德高尚之人。贞，固守正道。尚口，崇尚言辞。穷，穷困。尚口乃穷，意思是光说不练是没用的。

《象》曰　"泽无水"，此释困卦卦象。下卦坎为水，上卦兑为泽，水在泽下，泽中无水。致，指到尊长那里去请教。《说文解字》："致，送诣也。"致命，即听天命，顺势而为。遂，完成、成就。遂志，即尽人事，成就志向。

【卦象环境】

困卦下卦为坎，上卦为兑，坎为水，兑为泽，水在泽下，泽水下渗，"泽无水"则困窘，有"困"之象；上卦兑为羊，三至上爻组成互卦坎，坎为陷，羊入坎陷，也有"困"之象。故取卦名为"困"。

困卦为三阴三阳卦，三阳被三阴所围困，九二在下卦坎中，九四、九五在互卦坎（六三至上六）中，坎为通，有"亨"之象。

上卦兑为巫，有"贞"之象；《易经》通例，阳为大，阴为小，九二、九四、九五为阳爻，有"大"之象；九二、九五分别居下卦、上卦之人位，九四处全卦之人位，有"人"之象。合观之，九二、九四、九五有"大人"之象。九二、九四在互卦离（九二至九四）中，九四、九五在互卦坎（六三至上六）中，坎错卦为离，离为日、为明、为丽，有"吉"之象。合观之，有"贞大人吉"之象。

上卦兑综卦为巽，巽为不果，有"无"之象；下卦坎为多眚，有"咎"之象。合观之，有"无咎"之象。

兑为口舌、为说，有"言"之象；兑综卦为巽，巽为不果，有"不"之象；兑又为巫，有"信"之象。合观之，有"有言不信"

之象。

《彖传》提示："险以说，困而不失其所，亨。"身处险境，心能和悦，人在困境，不失立身之本，终能亨通。

《大象传》提示："君子以致命遂志。"身处困境，既要"致命"，听天命，乐天知命，顺势而为，又要"遂志"，尽人事，尽力而为，成就志向。

困卦的人位互卦为家人卦（下卦：九二至九四；上卦：六三至九五）。《家人·彖传》提示："正家而天下定矣。"家人卦提示，人在困境，最离不开的是家人，家是避风港、加油站，有家人支持，天下任何困境都能搞定。

本卦：困　　　　人位互卦：家人

困卦局势：如河中无水，壅塞阻滞，运势困窘，四处无援，守己待时，前途亨通。

《易经》启示：人在困卦环境，若能恪守正道，隐忍待机，致命遂志，伺机而动，终能逢凶化吉。若缺乏定力，惶恐不安，进退失据，冒险妄动，结果会凶多吉少。

初六，臀困于株木，入于幽谷，三岁不觌。（凶。）

初六爻，受困坐在树根上心神不定，困于深谷，三年不见一人，凶险。

《象》曰：入于幽谷，幽不明也。

《小象传》解释："入于幽谷"，这意味着前途幽暗不明。

【导读】

臀困于株木，入于幽谷　株，露出地面的树根。《说文解字》："株，木根也。"幽，隐蔽。《说文解字》："幽，隐也。"段玉裁注："幽，从山，犹隐从阜，取遮蔽之意。"幽谷，隐蔽的山谷。比喻陷入荒僻阴暗不见天日的困境，有"牢狱"之象。

三岁不觌　觌，读 dí，见。《说文解字》："觌，见也。"三岁不觌，指三年不见一人。比喻处境极其困难，看不到一线希望。陈鼓应、赵建伟："帛书'觌'下有'凶'字。《丰》卦上六'三岁不觌'下通行本、帛本皆有'凶'字，当据补。"（《周易今注今译》）当从。

《象》曰　幽不明，指前途幽暗不明。

【爻象处境】

初六爻变，下卦坎变为兑，兑综卦为巽，巽为股，有"臀"之象；巽为入、为绳直，有"困"之象；巽为木，有"株木"之象。合观之，有"臀困于株木"之象。

巽为入，有"入"之象；坎为隐伏，有"幽"之象；坎又为陷、为沟渎，有"谷"之象。合观之，有"入于幽谷"之象。

初六与九四正应，九四在互卦离（九二至九四）中，离在先天八卦位数为三，有"三岁"之象；九四又在互卦巽（六三至九五），巽为不果，有"不"之象；离又为目，有"觌"之象。合观之，有"三岁不觌"之象。坎为血卦，有"凶"之象。

初六与九四正应，自初六至九四，经历三爻，九四在上卦兑，兑为悦、为见，行进到上卦兑则脱困，可以出来相见。一爻一年，三爻三年，也有"三年不觌"、第四年相见之象。

初六处下卦坎之始，阴爻居阳位，居位失当，不中不正。初六先是"臀困于株木"，然后是"入于幽谷"，最后是"三岁不觌"，真是困上加困，处境极其困难。但初六上与九四正应，近与九二顺承亲比，虽处困境，仍有人关心牵挂，可得一丝安慰。

《小象传》提示："入于幽谷，幽不明也。"困于深谷，前途幽暗不明。

初六爻变，得困之变卦兑卦。《兑·象传》提示："兑，说也。刚中而柔外，说以利贞，是以顺乎天而应乎人。"得困之兑，应刚健持中，柔顺对外，和悦守正，顺天应人。

本卦：困　　　　　变卦：困之兑

《易经》启示：初六处境是厄运初来，三年不利。人在初六处境，若能持守正道，正定心志，反省过失，悔过改过，得外援相助，终可逢凶化吉。

九二，困于酒食，朱绂方来，利用享祀，征凶，无咎。

九二爻，借酒消愁心情困苦，好运将到来，利于祭祀感谢上天，此时远行有凶险，安心等候没有咎灾。

《象》曰：困于酒食，中有庆也。

《小象传》解释："困于酒食"，这表明持守中道会有喜庆。

【导读】

困于酒食 指沉溺于美酒佳肴，借酒消愁。

朱绂方来 绂，读 fú，指系印章或佩玉用的丝带。绂的颜色依官位品级而不同，周制君王、诸侯及诸侯的上卿皆着朱绂。朱绂，官位、官职。朱绂方来，指官运将到来，泛指好运将到来。

利用享祀 指利于祭祀感谢上天。陈鼓应、赵建伟："《易》凡言祭祀之事者，大抵为祈求平安、祈求保佑、谢神等，然亦含有行贿贵人之意，与'利见大人'很接近。"（《周易今注今译》）

《象》曰 中有庆，指持守中道会有喜庆。

【爻象处境】

九二处下卦坎中，坎为陷，有"困"之象；坎为水，有"酒食"之象。合观之，有"困于酒食"之象。

九二爻变，下卦坎变为坤，坤错卦为乾，乾为大赤，有"朱"之象；九二之上有一个互卦巽（六三至九五），巽为绳直，有"绂"之象；《易经》通例，由下而上为往，自上而下为来，互卦巽在九二之上，有"来"之象。合观之，有"朱绂方来"之象。

九二爻变，得互卦艮（六二至九四），艮错卦为兑，兑综卦为巽，巽为近利市三倍，有"利"之象；艮为手，有"用"之象；兑为巫，有"享祀"之象。合观之，有"利用享祀"之象。

艮综卦为震，震为足、为动，有"征"之象；坎为血卦，有"凶"之象。合观之，有"征凶"之象。

巽又为不果，有"无"之象；坎又为多眚，有"咎"之象。合观之，有"无咎"之象。

九二阳爻居阴位，虽居位不当，但居位得中，虽上无正应，但近与初六、六三亲比，虽上无靠山，但下有基础，虽处下卦坎中，前面又有一个互卦大坎（六三至上六），坎坎相连，险象环生，但又在互卦离（九二至九四）中，离为日、为明、为丽，有"吉"之象，因此九二处境是道路曲折，前途光明。

《小象传》提示："困于酒食，中有庆也。"持守中道，会有喜庆。

九二爻变，得困之变卦萃卦。《萃·大象传》提示："君子以除戎器，戒不虞。"得困之萃，应修整装备，以防不测。

本卦：困　　　　变卦：困之萃

《易经》启示：九二处境是运非不佳，为贪所困，此时险阻在前，冒险妄进，会有凶险。人在九二处境，若能持守中道，谨慎小心，低调收敛，知止不前，精心准备，静待时机，终无咎灾。

六三，困于石，据于蒺藜，入于其宫，不见其妻，凶。

六三爻，困在悬崖上，被四周带刺的蒺藜所围困，回到家里，不见妻子，有凶险。

《象》曰：据于蒺藜，乘刚也。入于其宫，不见其妻，不祥也。

《小象传》解释："据于蒺藜"，这意味着阴柔凌驾在阳刚之上。"入于其宫，不见其妻"，这意味着是不吉祥的兆头。

【导读】

困于石，据于蒺藜　石，山上悬崖。《释名·释山》："山体曰石。"参见豫卦六二【导读】。据，凭借、依据。蒺藜，读 jílí，一种带刺的植物，夏天开小黄花。"困于石，据于蒺藜"，指困在悬崖上，被四周带刺的蒺藜所围困。有"牢狱"之象。

入于其宫，不见其妻　指回到家里，不见妻子。隐喻因情感原因入狱。

《象》曰　乘刚，指阴柔凌乘阳刚。不祥，不祥之兆。

【爻象处境】

六三爻变，下卦坎变为巽，巽为入，有"困"之象；巽综卦为兑，兑错卦为艮，艮为山、为小石，有"石"之象。合观之，有"困于石"之象。

艮又为手，有"据"之象；坎于木为坚多心，有"蒺藜"之象。合观之，有"据于蒺藜"之象。

巽为入，有"入"之象；艮为门阙，有"宫"之象。合观之，有"入于其宫"之象。

巽又为不果，有"不"之象；巽又为多白眼，有"见"之象；巽综卦为兑，兑为妾，有"妻"之象。合观之，有"不见其妻"之象。

六三处下卦坎，坎为血卦，有"凶"之象。

六三处下卦坎之极，处"三多凶"之位，阴爻居阳位，居位失当，不中不正，上无正应，下又凌乘九二，上无靠山，下得罪强者，坎险之极，处境凶险。

《小象传》提示："据于蒺藜，乘刚也。""据于蒺藜"，在于阴柔凌驾阳刚之上。

六三爻变，得困之变卦大过卦。《大过·大象传》提示："君子以独立不惧，遁世无闷。"得困之大过，应调整心态，进则临危不惧，守节不屈，退则隐居避害，没有苦闷。

本卦：困　　变卦：困之大过

《易经》启示：六三处境是时运尴尬，进退两难。人在六三处境，若能持守正道，戒惧谨慎，知过悔过，纠正过失，尊上谦下，谦逊柔顺，低调顺势，退守自保，也可逢凶化吉。

九四，来徐徐，困于金车，吝，有终。

九四爻，来得很慢很慢，困在金车里，有遗憾，但最终会有好结果。

《象》曰：来徐徐，志在下也。虽不当位，有与也。

《小象传》解释："来徐徐"，这表明心志在于谦下避险。虽然所处地位不妥当，却能得到帮助。

【导读】

来徐徐，困于金车　徐，慢步走。《说文解字》："徐，安行也。"来徐徐，来得很慢很慢。金车，金属做的车子，亦指囚车，有"牢狱"之象，隐喻因经济原因入狱。

吝，有终　吝，指因贪心不足、有过不改而留下遗恨。《方言十》："凡贪而不施或谓之恡。恡，恨也。"《尚书·仲虺之诰》："改过不吝。"参见屯卦六三【导读】。有终，有好结局、好结果。

《象》曰　志在下，指心志在于谦下避险。有与，指得到帮助。

【爻象处境】

《易经》通例，自下而上为往，自上而下为来。九四与初六正应，有"来"之象；九四在互卦坎（六三至上六），初六在下卦坎，坎为曳，有"徐"之象，坎连着坎，有"徐徐"之象。合观之，有"来徐徐"之象。

九四在互卦巽（六三至九五），巽为入，有"困"之象；九四在互卦离（九二至九四）中，离为乾卦，乾为金，有"金"之象；九四在互卦坎（六三至上六），坎为弓轮、为舆，有"车"之象。合观之，有"困于金车"之象。

坎又为加忧、为心病、为呕心，有"吝"之象；九四在上卦兑，兑错卦为艮，艮为止、为万物之所成终，有"终"之象。合观之，有"吝，有终"之象。

九四居上卦兑之初，处"四多惧"之位，阳爻居阴位，居位失当，不中不正，上与九五敌而不比，处境困难。但九四近与六三亲比，下与初六正应，是三个阳爻中唯一有正应者，有近亲援助，终能渡过险难。

《小象传》提示："虽不当位，有与也。"虽居位不当，却能得到帮助。

九四爻变，得困之变卦坎卦。《坎·大象传》提示："君子以常德行，习教事。"得困之坎，应经常修养德行，温习教化之事。

下经
第四十七卦
困

本卦：困　　　　　变卦：困之坎

《易经》启示：九四处境是运非不佳，吝而有终。人在九四处境，若能坚守正道，正定心志，知过悔过，改过迁善，尊上谦下，谦逊柔顺，借助外援，顺势而为，虽有遗恨，但终有好结果。

九五，劓刖，困于赤绂，乃徐有说，利用祭祀。

九五爻，割鼻断脚，受困于官场出事遭受刑罚，但慢慢会摆脱困境，利于祭祀感谢上天。

《象》曰：劓刖，志未得也。乃徐有说，以中直也。利用祭祀，受福也。

《小象传》解释："劓刖"，这意味着不得志。"乃徐有说"，这是因为具有中正耿直的品德。"利用祭祀"，这意味着将享受到上天赐福。

【导读】

劓刖　劓，读 yì，古代割掉鼻子的一种刑罚。刖，读 yuè，古代把脚砍掉的一种刑罚。

困于赤绂，乃徐有说　赤绂，即九二"朱绂"，此指官场，隐喻因官场出事入狱。说同脱，指脱困。

利用祭祀　与九二"利用享祀"同。

【爻象处境】

九五居上卦兑之中位，兑错卦为艮，艮为山，山根为鼻，兑为毁折，兑艮合观，有"劓"之象；九五爻变，上卦兑变为震，震为足，兑为毁折，兑震合观，有"刖"之象。诸象合观，有"劓刖"之象。

九五在互卦巽（六三至九五）中，上卦兑综卦也为巽，巽为入，有"困"之象；九五在互卦坎（六三至上六），坎为赤，有"赤"之象；巽又为绳直，可视为饰带，有"绂"之象。合观之，有"困于赤绂"之象。

坎又为曳，有"徐"之象；兑为毁折、为说，有"说"之象。合观之，有"乃徐有说"之象。

巽为近利市三倍，有"利"之象；兑错卦为艮，艮为手，有"用"之象；兑又为巫，有"祭祀"之象。合观之，有"利用祭祀"之象。

九五居困卦之尊位，居上卦兑之中位，阳爻居阳位，虽居中得正，但下与九二敌而不应，与九四敌而不比，又被上六凌乘，自身重阳过刚，刚愎自用，下无基础，近无亲信，处境堪忧。

《小象传》提示："乃徐有说，以中直也。"慢慢会走出困境，在于具有中正耿直的品德。

九五爻变，得困之变卦解卦。《解·大象传》提示："君子以赦过宥罪。"得困之解，应赦免有过失的，饶恕有罪过的。

本卦：困　　　　　变卦：困之解

《易经》启示：九五处境是时运失当，过刚必折。人在九五处境，若能持守中正之道，坚毅忍耐，抑制过刚，悔过改过，谦逊柔顺，宽厚包容，得道多助，方能摆脱困境。

上六，困于葛藟，于臲卼，曰动悔有悔，征吉。

上六爻，受困于藤蔓缠绕，紧张不安，若后悔行动则会有悔恨，远行吉利。

《象》曰：**困于葛藟，未当也。动悔有悔，吉行也。**

《小象传》解释："困于葛藟"，这表明所处位置不妥当。"动悔有悔"，这意味着前行会迎来吉祥。

【导读】

困于葛藟，于臲卼　葛藟（lěi），藤蔓，此指藤蔓缠绕。臲卼，读 nièwù，紧张不安。

曰动悔有悔　曰，语气助词，无实义。动悔，即"悔动"，后悔行动。有悔，指对后悔行动的悔恨，意思是因后悔行动而停止行动会有悔恨。

【爻象处境】

上六居上卦兑之顶，兑综卦为巽，巽为入，有"困"之象；巽为木、为绳直，有"葛藟"之象。合观之，有"困于葛藟"之象。

上六在互卦坎（六三至上六）中，坎为加忧、为亟心，心神不定，有"臲卼"之象。

兑为口、为说，有"曰"之象；兑错卦为艮，艮综卦为震，震为动，有"动"之象；坎为加忧、为心病、为亟心，有"悔"之象；震为反生，对"动悔"之反生悔，有"有悔"之象。合观之，有"曰动悔有悔"之象。

震为足、为动，有"征"之象；坎错卦为离，离为日、为明、为丽，有"吉"之象。合观之，有"征吉"之象。

上六居困卦之极，阴爻居阴位，虽居位得正，但居位不中，重阴过弱，又凌乘九五，得罪至尊，下与六三敌而不应，上无靠山，下无基础，前无去路，后无退路，自身软弱，心神不定，处境极困。

《小象传》提示："动悔有悔，吉行也。""动悔有悔"，在于前行会迎来吉祥。

上六爻变，得困之变卦讼卦。《讼·大象传》提示："君子以作事谋始。"得困之讼，做事时，一开始就要谋划好。

本卦：困　　　　　变卦：困之讼

《易经》启示：上六处境是厄运未止，悔过自新，此时已深陷困境，孤立无援，悔过改过，才是唯一出路。人在上六处境，若能持守正道，正定心志，真心悔改，付诸行动，立说立改，痛改前非，悔过自新，方能逢凶化吉。

第四十八卦　井 ䷯

䷯ 井，改邑不改井，无丧无得，往来井井。汔至亦未繘井，羸其瓶，凶。

井卦，城邑会改变，水井不改变，井水不减也不增，打水的人迁出迁进，但井还是那口井。提水接近井口，绳子拉断瓶子坠毁，凶险。

《彖》曰：巽乎水而上水，井。井养而不穷也。改邑不改井，乃以刚中也。汔至亦未繘井，未有功也。羸其瓶，是以凶也。

《彖传》解释：顺从井内入水而汲水提上，这是井卦象征。井水养人永不穷尽。城邑改变，水井不变，这是因为水井象征刚健中正的美德。提水接近井口，这意味着还没有成功。绳子拉断瓶子坠毁，这自然是凶兆。

《象》曰：木上有水，井。君子以劳民劝相。

《大象传》解释：木上有水，汲水养人，这是井卦卦象。君子观此卦象，应当效法，慰劳民众，劝民相助。

【导读】

井　卦名。《周易》（通行本）第四十八卦。《序卦传》："困乎上者必反下，故受之以井。"《杂卦传》："井通而困相遇也。"困相遇于上，受困必反下，井相通于下，因此继困卦之后紧接着为井卦。这是《易传》释井卦卦序、卦义。井，是人工挖成的能取出水的深洞。《说文解字》中"井"字为金文字形井（《新金文编》，第623页），外形像井口，中间一点表示井里有水，井水源源不断，供人和牲畜饮用。井卦是讲如何修养，以修缮旧井喻修养德行。

改邑不改井，无丧无得，往来井井　邑，古代称侯国为邑。《说文解字》："邑，国也。"段玉裁注："《左传》凡称人曰大国，凡自称曰敝邑。古国邑通称。"大的叫都，小的叫邑，泛指一般城镇。苏洵《六国论》："小则获邑，大则得城。"丧，丧失，此指减少。得，增加。往，迁出、迁徙。来，迁来。井井，井还是那口井，指人变井不变。井能养人，古人建城邑，必凿井取水养民，居民会迁徙，而水井不变，人来人往，人不是那些人，井还是那口井，井养不会穷竭。

汔至亦未繘井，羸其瓶 汔，读 qì，完结、终了。《广雅·释诂》："汔，尽也。"繘，读 jú，井上汲水的绳索。《说文解字》："繘，绠也。"段玉裁注："绠者，汲水索也。"此指用绳汲井水。羸，读 léi，本义是瘦弱，此指绳子太细难以承重拉断了。羸其瓶，绳子拉断瓶子坠毁。

《彖》曰 巽，顺从。巽乎水而上水，指顺从井内入水而汲水提上。井养，井水养人。不穷，不会穷尽。刚中，指水井象征刚健中正的美德。

《象》曰 "木上有水"，此释井卦卦象。下卦巽为木，上卦坎为水，木上有水，汲水养人。劳民，慰劳民众。劝相，劝民相助。

【卦象环境】

井卦下卦为巽，上卦为坎，巽为木，坎为水，有"木上有水"之象。巽为木，可视为木桶，巽为绳，坎上巽下，桶里有水，有"木桶从井里向上提水"之象，故取卦名为"井"。

井卦由泰卦变来，泰卦上卦为坤，坤为地、为众，有"邑"之象；泰卦六五与初九交换，上卦改坤为坎，坎为水、为陷，有"井"之象；由泰卦变成井卦，井在邑已不在，有"改邑不改井"之象；泰卦下卦为乾，初九换六五，失一阳爻，得一九五尊位，无失无得，有"无丧无得"之象。

井卦下卦为巽，巽为不果，有"无"之象；井卦有互卦兑（九二至六四），兑为毁折，有"丧"之象；巽又为入，有"得"之象。合观之，也有"无丧无得"之象。

巽为进退，有"往来"之象；井卦有上卦坎和互卦坎（初六至六四），坎为水、为陷，有"井"之象，两个坎，有"井井"之象。合观之，有"往来井井"之象。

互卦兑（九二至六四）错卦为艮，艮为止、为万物之所成终，有"汔至"之象；兑综卦为巽，巽为不果，有"未"之象；巽又为绳直，有"繘"之象；上卦坎为水，有"井"之象。合观之，有"汔至亦未繘井"之象。

兑又为毁折，有"羸"之象；互卦离（九三至九五）为大腹，有"瓶"之象。合观之，有"羸其瓶"之象。兑为毁折，有"凶"之象。

《彖传》提示："巽乎水而上水，井。井养而不穷也。"井卦象征顺从井内入水而汲水提上，井水养人永不穷尽。

《大象传》提示："君子以劳民劝相。"应效法井水养人，慰劳民众，劝民相助。

井卦的人位互卦为睽卦（下卦：九二至六四；上卦：九三至九五）。《睽·大象传》提示："君子以同而异。"睽与井养相违，睽乖之时，疑心生于内，乖违现于外，不利于共事。睽卦提示，人在井卦环境，应先除心魔，解除心疑，异中求同，求同存异，化睽乖为和合，方能相辅相成，犹如井水养人，"井养而不穷也"。

本卦：井　　　　　人位互卦：睽

井卦局势：如井水养人，守静安常，运势平稳，施德于人，无失无得。

《易经》启示：人在井卦环境，若能居中得正，静守修德，安身立命，广结善缘，终能逢凶化吉。若不修德行，自私自利，缺乏恒心，半途而废，结果会凶多吉少。

初六，井泥不食，旧井无禽。

初六爻，井水干枯露出淤泥，不能饮食，旧井连飞鸟都不来光顾。

《象》曰：井泥不食，下也。旧井无禽，时舍也。

《小象传》解释："井泥不食"，这表明是处在最下面。"旧井无禽"，这表明时过境迁被抛弃了。

【导读】

井泥不食，旧井无禽　井泥，井水干枯露出淤泥。不食，不能饮食。禽，飞鸟。《尔雅·释鸟》："二足而羽谓之禽，四足而毛谓之兽。"旧井无禽，指年久失修的老井连飞鸟都不来光顾。

《象》曰　下，指位置处在最下面。时，时机，此指时过境迁。舍，抛弃。

【爻象处境】

初六在互卦坎（初六至六四），坎为水、为陷，有"井"之象；坎又为沟渎，有"泥"之象；初六爻变，下卦巽变为乾，乾错卦为坤，坤为地，也有"泥"之象；初六处下卦巽之始，巽为不果，有"不"之象；巽综卦为兑，兑为口，有"食"之象。合观之，有"井泥不食"之象。

兑又为毁折，有"旧"之象；坎为水、为陷，有"井"之象；巽为不果，有"无"之象；兑错卦为艮，艮为黔喙之属，有"禽"之象。合观之，有"旧井无禽"之象。

初六处井卦之底，阴爻居阳位，居位不当，不中不正，虽与九二顺承亲比，但上与六四敌而不应，上无靠山，被困井底，失时失势，不为世用，处境艰辛。

《小象传》提示："旧井无禽，时舍也。""时舍也"，意味着时过境迁被抛弃了。

初六爻变，得井之变卦需卦。《需·初九》提示："需于郊，利用恒，无咎。"得井之需，需要等待，有恒心，有耐心，坚持就是胜利。

本卦：井　　　　　变卦：井之需

《易经》启示：初六处境是时过运衰，失时失势。人在初六处境，若能持守正道，摆正心态，谦逊柔顺，随遇而安，养精蓄锐，静待时机，终有出头之日。

九二，井谷射鲋，瓮敝漏。

九二爻，在井底积水处抓鱼，汲水的瓮已破损漏水。

《象》曰：井谷射鲋，无与也。

《小象传》解释："井谷射鲋"，这是因为上面没人援助。

【导读】

井谷射鲋，瓮敝漏　谷，《尔雅·释水》："水注谿曰谷。"此指井底容水的凹穴。射，放箭，此指抓、捉。鲋，读fù，小鱼。瓮，汲水瓶。敝漏，破损漏水。

《象》曰　与，参与、应与。无与，指上面没人援助。

【爻象处境】

九二在互卦坎（初六至六四）中，坎为水、为陷，有"井"之象；坎又为沟渎，有"谷"之象；坎又为弓轮，有"射"之象；坎错卦为离，离为鳖、为蟹、为蠃、为蚌、为龟，有"鲋"之象。合观之，有"井谷射鲋"之象。

离又为大腹，离中虚，有"瓮"之象；九二又在互卦兑（九二至六四），兑为毁折，有"敝"之象；兑又为附决，有"漏"之象。合观之，有"瓮敝漏"之象。

九二处下卦巽之中位，阳爻居阴位，虽居位得中，但居位失当，上与九五至尊敌而不应，近与九三敌而不比。九二虽刚健有才，但居位不当，举措失当，未获上层赏识，不受重用，上无靠山，下无基础，只好在井底射鲋混日子，处境不顺。

《小象传》提示："井谷射鲋，无与也。""井谷射鲋"，在于上面没人相助。

九二爻变，得井之变卦蹇卦。《蹇·大象传》提示："君子以反身修德。"得井之蹇，不被赏识，应反躬自省，修养德行。

　　　本卦：井　　　变卦：井之蹇

《易经》启示：九二处境是时运颠倒，本末倒置。人在九二处境，若能持守中道，戒惧谨慎，自省自纠，抑制过刚，谨防过失，修养德行，经受考验，静待时机，得遇贵人相助，方能成就事功。

九三，井渫不食，为我心恻。可用汲，王明并受其福。

九三爻，井水淘干净了却不饮用，使我伤心悲痛。可以汲水饮用，祈盼君王圣明，让民众普遍享受其福祉。

《象》曰：井渫不食，行恻也。求王明，受福也。

《小象传》解释："井渫不食"，这表明好心没有得到好的结局。"求王明"，这是为了让民众普遍享受其福祉。

【导读】

井渫不食，为我心恻　渫，读 xiè，淘去泥污。《说文解字》："渫，除去也。"为，使、让。恻，伤心悲痛。《说文解字》："恻，痛也。"《广雅·释诂》："恻，悲也。"

可用汲，王明并受其福　可，可以。用汲，汲水饮用。明，圣明、贤明。并，普。受，享受。福，福祉。

《象》曰　行，指淘井善行。恻，指伤心悲痛。求，祈求。

【爻象处境】

九三在互卦坎（初六至六四）中，坎为水、为陷，有"井"之象；下卦巽为入、为白，有"渫"之象；巽又为不果，有"不"之象；巽综卦为兑，九三也在互卦兑（九二至六四）中，兑为口，有"食"之象。合观之，有"井渫不食"之象。

《易经》通例，下卦为内卦、为自己，上卦为外卦、为别人。九三在下卦巽，有"我"之象；九三爻变，下卦巽变为坎，坎为心病、为亟心，有"心恻"之象。合观之，有"为我心恻"之象。

九三爻变，得互卦艮（六三至九五），艮为手，有"用"之象；艮错卦为兑，兑为口，有"汲"之象。合观之，有"可用汲"之象。

九三与九五在互卦离（九三至九五）中，九五居卦之君位，有"王"之象；离为火、为明，有"明"之象；下卦巽为入，有"受"之象；九三在互卦兑（九二至六四）中，兑为口、为食，有"福"之象。合观之，有"王明并受其福"之象。

九三处下卦巽之极，阳爻居阳位，居位得正，上与上六正应，近与六四亲比，但处"三多凶"之位，重阳过刚，又被六四凌乘，处境利中有弊。

《小象传》提示："井渫不食，行恻也。"井水淘干净了却不饮用，好心没有得到好的结局。

九三爻变，得井之变卦坎卦。《坎·大象传》提示："君子以常德行，习教事。"得井之坎，应经常修养德行，温习教化之事。

本卦：井　　　变卦：井之坎

《易经》启示：九三处境是时运未到，怀才不遇。人在九三处境，若能持守正道，戒惧谨慎，自我反省，抑制过刚，刚而能柔，谦逊顺承，顺势而为，处置得当，静待时机，最终会有好结局。

六四，井甃，无咎。

六四爻，用砖石垒砌加固井壁，没有咎灾。

《象》曰：井甃无咎，修井也。

《小象传》解释："井甃无咎"，这表明及时修缮井壁，可以使用了。

【导读】

井甃　甃，读 zhòu，以砖石砌的井壁。《说文解字》："甃，井壁也。"

《象》曰　修井，指修缮井壁。

【爻象处境】

六四居上卦坎之初，坎为水、为陷，有"井"之象；井卦的上卦坎由泰卦上卦坤变成，坤为土，坎为水，土遇水为泥，中间有互卦离（九三至九五），离为火，火烧泥成砖，下卦巽为工，可视为工人；工人烧泥成砖，再砌砖修井，有"井甃"之象。

六四爻变，上卦坎变为兑，兑综卦为巽，巽为不果，有"无"之象；坎为多眚，有"咎"之象。合观之，有"无咎"之象。

六四居"四多惧"之位，处上卦坎陷中，阴爻居阴位，虽居位得当，但重阴过弱，下无正应，又凌乘九三，自身软弱，又无基础，若不自我完善，处境堪忧。但六四居位得正，顺承亲比九五，可得九五赏识提携，加固井壁，完善自我，结果无咎。

《小象传》提示："井甃无咎，修井也。""井甃无咎"，在于及时修缮井壁。

六四爻变，得井之变卦大过卦。《大过·大象传》提示："君子以独立不惧，遁世无闷。"得井之大过，应独立自主，无所畏惧，不为世用，亦无苦闷。

本卦：井　　　　　变卦：井之大过

《易经》启示：六四处境是时运将起，顺时而动。人在六四处境，若能戒惧谨慎，持守正道，修养德行，完善自我，尊上谦下，追随至尊，得道多助，终可无咎。

九五，井冽，寒泉食。

九五爻，井水清澈，凉爽甘泉可以饮用。

《象》曰：寒泉之食，中正也。

《小象传》解释："寒泉之食"，这是因为具有中正品德。

【导读】

井冽，寒泉食　冽，读 liè，水清、清澈。《说文解字》："冽，水清也。"寒，凉爽。泉，甘泉。

《象》曰　中正，指具有中正品德。

【爻象处境】

九五居上卦坎之中，坎为水、为陷，有"井"之象；坎错卦为离，离为明，有"冽"之象。合观之，有"井冽"之象。

离为乾卦，乾为寒，有"寒"之象；九五爻变，得互卦震（九三至六五），震为反生，有"泉"之象；兑又为口，有"食"之象。合观之，有"寒泉食"之象。

九五居井卦尊位，阳爻居阳位，居中得正，是一位贤明中正的君王，就像清澈的水井，源源不断地把甘甜清凉的泉水奉献给众人。

井卦经九三之"渫"、六四之"甃"，去初六之"泥"，塞九二之"漏",才有九五之"寒泉食",正当其时,正得其位。

《小象传》提示:"寒泉之食,中正也。""寒泉之食",在于具有中正品德。

九五爻变,得井之变卦升卦。《升·大象传》提示:"君子以顺德,积小以高大。"得井之升,应随时修养品德,不断积累小的进步来成就高大完美的人格。

本卦:井　　　变卦:井之升

《易经》启示:九五处境是时来运转,苦尽甘来。人在九五处境,居位中正,公正无私,但此时身处坎中,下无正应,又被上六凌乘,处境利中有弊。若能持守中正之道,阳刚中正,谦逊包容,施惠于人,广结善缘,既得时得位,又得道多助,化不利为有利,最终有好结果。

上六,井收勿幕,有孚,元吉。

上六爻,提上井水收好井绳,不要覆盖井口,有卦兆显示,一直吉利。

《象》曰:元吉在上,大成也。

《小象传》解释:"元吉在上",这表明已经大功告成。

【导读】

井收勿幕　井收,即"收井",指收好井绳。幕,本义是覆布,帐篷的顶布。《说文解字》:"幕,帷在上曰幕。"此指覆盖。

【爻象处境】

上六居上卦坎之顶,坎为水、为陷,有"井"之象;坎错卦为离,离为乾卦,乾错卦为坤,坤为吝啬、为藏,有"收"之象;上六爻变,上卦坎变为巽,巽为不果,有"勿"之象;坤为布、为黑,有"幕"之象。合观之,有"井收勿幕"之象。

巽综卦为兑,兑为巫,有"孚"之象。

坎错卦为离,离为乾卦,乾为乾元,有"元"之象;离为日、为明、为丽,有"吉"之象。合观之,有"元吉"之象。

井水养人，取水后，不盖井口，方便他人。与人方便，自己方便，一直大吉。井卦六爻，下卦三爻说井水不可食，上卦三爻则说经过修治后可食，到上六，水已升上，井养之功终告大成，因此"元吉"。六十四卦中，凡爻辞阴爻在上的，多为不吉，上六元吉的，只有井卦，意味深长。

上六居井卦之终，阴爻居阴位，居位得正，下与九三正应，近与九五亲比，虽自身重阴过弱，但近有九五之君信任，下有基层支持，处境顺利。

《小象传》提示："元吉在上，大成也。"居上位者大吉大利，说明大功告成。

上六爻变，得井之变卦巽卦。《巽·大象传》提示："君子以申命行事。"得井之巽，应观察时代风向，重申自己使命，听天命尽人事。

　　本卦：井　　　　变卦：井之巽

《易经》启示：上六处境是时运大盛，喜气洋洋。人在上六处境，若能持守正道，不居功自傲，不贪得无厌，谦下柔顺，施惠于人，广结善缘，可以一直吉利。

第四十九卦　革 ䷰

䷰ 革，己日乃孚，元亨，利贞，悔亡。

革卦，第六天有卦兆显示，一直亨通，利于占问，悔事消亡。

《彖》曰：革，水火相息。二女同居，其志不相得，曰革。己日乃孚，革而信之。文明以说，大亨以正。革而当，其悔乃亡。天地革而四时成。汤武革命，顺乎天而应乎人。革之时大矣哉！

《彖传》解释：革卦象征水火相克相生，生生不息。二女子同居一屋，志向不能相互有所获益，于是就有变革。己日变革能体现诚信，能够使民众相信变革。文明变革，得到民众喜悦拥护。持守中正之道，使得变革大为亨通顺利。变革措施得当，悔事才会消亡。天地阴阳变化成就四时季节气候。商汤王、周武王的革命，是上顺天道下应人心的义举。革卦因时制宜的道理真是博大精深啊！

《象》曰：泽中有火，革。君子以治历明时。

《大象传》解释：泽中有火，这是革卦卦象。君子观此卦象，应当效法，修治历法，明确时令。

【导读】

革　卦名。《周易》（通行本）第四十九卦。《序卦传》："井道不可不革，故受之以革。"《杂卦传》："革，去故也。"水井用久了必有淤泥，井泥不可饮食，必须浚井去除淤泥，革者去故也，因此继井卦之后紧接着为革卦。这是《易传》释革卦卦序、卦义。革，本义是去毛的兽皮。《说文解字》："革，兽皮治去其毛，革更之。象古文革之形。"甲骨文字形为䨣（《新甲骨文编》，第150页），像被剖剥下来的兽皮，中间的圆形物表示被剥下的兽身皮，余下的部分表示兽的头、身和尾。革是汉字部首之一，从革的字多与皮革有关。皮革是从动物身上剥下，这会要了动物的命，因此有"革命"之义；生皮要去肉、脱脂、脱毛，因此有"革除""革故"之义；

经过鞣制后生皮变成皮革,因此有"改革""变革""革新"之义。革卦是讲如何变革。

己日乃孚 古人以十天干记日,分别是甲、乙、丙、丁、戊、己、庚、辛、壬、癸。己为第六天干,己日为第六天。乃,才有。孚,卦兆显示。

《彖》曰 息,本义是呼吸,一呼一吸为一息,此指相反相成,生生不息。水火相息,水火相克相生,生生不息。得,有所获取。《说文解字》:"得,行有所得也。"段玉裁注:"行而有所取,是曰得也。"志不相得,指志向不能相互有所获益。孚,诚信。信,相信、信服。文明,指文明变革。以说,指得到民众喜悦拥护。革而当,指变革措施得当。天地革,指天地阴阳变化。

《象》曰 "泽中有火",此释革卦卦象。下卦离为火,上卦兑为泽,泽中有火,水火相克相生,生生不息。治历,修治历法。明时,明确时令。

【卦象环境】

革卦下卦为离,上卦为兑,离为火,兑为泽、水,有"泽中有火"之象。泽中有火,水火不容,水多灭火,火盛消水,水火相争,必生变故;下卦离为中女,上卦兑为少女,二女同卦,有"二女同居"之象,志不相得,心有不合,必生变革。故取卦名为"革"。

在先天八卦方位中,上卦兑的位数为二,下卦离的位数为三,合计为五。一、二、三、四、五为生数,六、七、八、九、十为成数,五为生数之极,物极必反,成数由生数分别加五而得。经过水火相息相争的五天,第六天将发生变革。古人以十天干记日,分别是甲、乙、丙、丁、戊、己、庚、辛、壬、癸。己为第六天干,为第六天,有"己日"之象;上卦兑为巫,有"孚"之象。合观之,有"己日乃孚"之象。

革卦有互卦乾(九三至九五),乾为乾元,有"元"之象;下卦离错卦为坎,坎为通,有"亨"之象。合观之,有"元亨"之象。

又有互卦巽(六二至九四),巽为近利市三倍,有"利"之象;巽综卦为兑,兑为巫,有"贞"之象。合观之,有"利贞"之象。

互卦坎（六二至上六）为加忧、为心病、为亟心，有"悔"之象；上卦兑为毁折，有"亡"之象。合观之，有"悔亡"之象。

己之后为庚、辛，意指"更新"。"己日"变革成功，"七日来复"（《复》卦），从第七天起，一元复始，万象更新，自然悔亡。

《彖传》提示："革而信之……革而当……革之时大矣哉！"革卦内离火，外兑说，变革之际，首先要"信之"，内心有信仰，激情似火，还要鼓说众人，让人信服；其次要"当之"，信仰正当，方式适当；最后要"时之"，顺天时行，因时制宜，与时俱进。

《大象传》提示："泽中有火，革。君子以治历明时。"观水火相克相生、生生不息之象，应修治历法，明确时令。

革卦的人位互卦为姤卦（下卦：六二至九四；上卦：九三至九五）。《姤·大象传》提示："后以施命诰四方。"姤卦提示，人在革卦环境，需要发布命令，传告四方。欲行变革，必先统一思想，形成共识，志同道合，才能变革顺利。

本卦：革　　　　人位互卦：姤

革卦局势：如水火不容，终将生变，运势不稳，事有多变，改旧从新，一直亨通。

《易经》启示：人在革卦环境，若能持守正道，顺应形势，把握时机，三思而行，适时变革，则能趋吉避凶。若动机不正，勇而无谋，错失良机，盲目变革，结果会凶多吉少。

初九，巩用黄牛之革。

初九爻，用黄牛皮做的皮绳牢固地捆绑住。

《象》曰：巩用黄牛，不可以有为也。

《小象传》解释："巩用黄牛"，这意味此时不宜有所作为。

【导读】

巩用黄牛之革　巩，以皮绳捆绑巩固。《尔雅·释诂》："巩，固也。"《说文解字》："巩，以韦束也。"韦，即皮革、皮绳。朱骏声《说文通训定声》："兽皮之韦可以束枉。戾相违背，故借以为皮韦。按，熟曰韦，生曰革。"

《象》曰　巩用黄牛，为"巩用黄牛之革"之省文。不可以有为，不宜有所作为。

【爻象处境】

初九处下卦离之始，初九爻变，得艮卦，艮为手、为止，初九之上有互卦巽（六二至九四），巽为绳直，艮巽合观，有"巩"之象；艮综卦为震，震为玄黄，有"黄"之象；互卦巽（六二至九四）连接艮卦与互卦乾（九三至九五），乾错卦为坤，坤为牛、为柔，有"牛之革"之象。合观之，有"巩用黄牛之革"之象。

初九处革卦之初，阳爻处阳位，虽居位得当，但居位不中，重阳过刚，刚愎自用，上与九四敌而不应，近被六二凌乘，上无靠山，下无基础，位处底层，人微言轻，时当初始，为时尚早，处境不顺。

《小象传》提示："巩用黄牛，不可以有为也。"此时不宜有所作为。

初九爻变，得革之变卦咸卦。《咸·大象传》提示："君子以虚受人。"得革之咸，应虚怀若谷，广纳众人，积蓄力量，待时变革。

本卦：革　　　　变卦：革之咸

《易经》启示：初九处境是好运初来，宜守慎动。人在初九处境，此时时机未到，不宜盲目妄动。若能持守正道，自我约束，抑制过刚，养精蓄锐，静待时机，结果吉利。若无约束，任性妄为，盲目冲动，必有凶险。

六二，己日乃革之，征吉，无咎。

六二爻，在第六天进行变革，前行吉利，没有咎灾。

《象》曰：己日革之，行有嘉也。

《小象传》解释："己日革之"，这表明行动必受嘉奖。

【导读】

己日乃革之　己日，第六天。详见本卦卦辞【导读】。

《象》曰　行有嘉，指行动必受嘉奖。

【爻象处境】

六二处下卦离之中位，古人以天干记日，己位居十天干之中位，六二之革有"己日革之"之象。

六二在互卦巽（六二至九四），巽错卦为震，震为足、为动，有"征"之象；六二又处下卦离，离为日、为明、为丽，有"吉"之象。合观之，有"征吉"之象。

巽又为不果，有"无"之象；离错卦为坎，坎为多眚，有"咎"之象。合观之，有"无咎"之象。

六二阴爻处阴位，居中得正，上与九五正应，近与初九、九三亲比，上有靠山，下有基础，处境甚好。

《小象传》提示："己日革之，行有嘉也。"行动必有功效，必受嘉赏。

六二爻变，得革之变卦夬卦。《夬·象传》提示："夬，决也，刚决柔也。"得革之夬，变革要刚健果决，不能优柔寡断。

本卦：革　　　　　变卦：革之夬

《易经》启示：六二处境是时运正盛，大有可为。人在六二处境，六二处内卦离之中，处卦之人位，为内卦之主，外与九五至尊正应，有顺天应人之象，上下、内外条件皆已成熟，正是变革的适当时机。若能持守中正之道，以柔济刚，抓住机遇，乘势而上，果敢变革，必然吉利无咎。

九三，征凶，贞厉，革言三就，有孚。

九三爻，前往有凶险，占问有厉危，有卦兆显示，对变革之事要再三讨论，三思而后行。

《象》曰：革言三就，又何之矣？

《小象传》解释："革言三就"，这是说不搞变革又哪里有别的出路呢？

【导读】

革言三就 言，直言不讳，此指讨论。《说文解字》："直言曰言，论难曰语。"就，本义是到高处去住。《说文解字》："就，就高也。"此指提高认识，达成共识。革言三就，指对变革要再三讨论，提高认识，达成共识，三思而后行。

《象》曰 又何之矣，指不搞变革，又哪里有别的出路呢？意指变革已势在必行，只有走变革的道路。

【爻象处境】

九三爻变，下卦离变为震，震为足、为动，有"征"之象；震综卦为艮，艮错卦为兑，兑为毁折，有"凶"之象。合观之，有"征凶"之象。

兑又为巫，有"贞"之象；离错卦为坎，坎为隐伏、为血卦，有"厉"之象。合观之，有"贞厉"之象。

九三处革卦下卦离之极，兑又为口，有"言"之象；离在先天八卦位数为三，有"三"之象；震为足、为动，又有"就"之象。合观之，有"革言三就"之象。兑为巫，有"孚"之象。

九三阳爻处阳位，居位得当，上与上六正应，近与六二亲比，虽上有靠山，下有基础，但九三处"三多凶"之位，重阳过刚，刚愎自用，躁动冒进，前行有凶兆，处境利中有弊。

《小象传》提示："革言三就，又何之矣？"不谈变革，出路何在？

九三爻变，得革之变卦随卦。《随》卦辞提示："随。元亨，利贞，无咎。"得革之随，追随革命，道路曲折，前途光明。革命尚未成功，同志仍须努力。

本卦：革　　　　　变卦：革之随

《易经》启示：九三处境是时运失中，三思而行。九三处革卦下卦之终，第一阶段即将结束，为变革的关键环节，若止步不前，半途而废，将坐失良机。人在九三处境，若能持守正道，抑制过刚，稍事调整，再三讨论，思想再统一，认识再提高，变革再推进，方能趋吉避凶。

九四，悔亡，有孚改命，吉。

九四爻，悔事消亡，有卦兆显示，改过归正顺应天命，吉利。

《象》曰：改命之吉，信志也。

《小象传》解释："改命之吉"，这意味着民众信赖变革的志向。

【导读】

改命 改，甲骨文字形为 ![字形] （《新甲骨文编》，第191页），左边是己，表示一个跪着的小孩子，右边是攴（pū），表示以手持杖或执鞭，象征教子改过归正之意。命有二义，一指天命，二指命令。改命，即改过时命令以顺应天命，意思是通过变革改过归正，更好地顺应天命。

《象》曰 信志，指民众信赖变革的志向。

【爻象处境】

九四已出下离入上兑，九四爻变，上卦兑变为坎，坎为加忧、为心病、为亟心，有"悔"之象；兑为毁折，有"亡"之象。合观之，有"悔亡"之象。

九四居上卦兑之始，兑为巫，有"孚"之象；兑错卦为艮，艮综卦为震，震为反生，有"改"之象；九四在互卦乾（九三至九五）中，乾为天，有"命"之象。合观之，有"有孚改命"之象。九四爻变，得互卦离（九三至九五），离为日、为明、为丽，有"吉"之象。

九四处"四多惧"之位，阳爻居阴位，居位失当，不中不正，举止不当，又下无正应，近无亲比，下无基础，近无亲信，处境不利。

《小象传》提示："改命之吉，信志也。"心中有信仰，行动有力量，志同道合，革命才能成功。

九四爻变，得革之变卦既济卦。《既济·彖传》提示："既济，亨，小者亨者。"得革之既济，事能成，有小胜。

本卦：革　　　　　　变卦：革之既济

《易经》启示：九四处境是时来运转，万事可改。人在九四处境，若能戒惧谨慎，持守正道，改过归正，顺应天命，听天命顺势而为，尽人事尽力而为，方能逢凶化吉。

九五，大人虎变，未占有孚。

九五爻，大人物的变革如猛虎下山，不用占问已有卦兆。

《象》曰：大人虎变，其文炳也。

《小象传》解释："大人虎变"，这表明变革必然成功并彪炳史册。

【导读】

大人虎变　《说文解字》："虎，山兽之君。"猛虎威武勇猛，象征变革力度很大；虎身上的斑纹，象征变革成果辉煌显赫。大人虎变，指大人物的变革如猛虎下山，威风凛凛又辉煌显赫。

《象》曰　文炳，彪炳，辉煌显赫。

【爻象处境】

九五居革卦尊位，九五为阳爻，阳为大，又在上卦兑之人位，有"大人"之象；兑在后天八卦方位中为西方，古代天象有"左青龙，右白虎，南朱雀，北玄武"之说，西为右，兑有"虎"之象；兑为毁折，有"变"之象。合观之，有"大人虎变"之象。

九五与六二正应，两爻中间有互卦巽（六二至九四），巽为不果，有"未"之象；六二在下卦离中，离为龟，可供占卜，有"占"之象；九五在上卦兑，兑为巫，也有"占"之象；兑为巫，又有"孚"之象。合观之，有"未占有孚"之象。

九五阳爻居阳位，阳刚中正，下与六二正应，近与上六亲比，自身居中守正，下有基础，近有亲信，处境顺利。互卦乾（九三至九五）三阳爻皆言"有孚"，从九三"革言三就"而"有孚"，到九四先"有孚"后"改命"获吉，到九五"未占"而"有孚"，至此

"革言三就"已就。

《小象传》提示:"大人虎变,其文炳也。"变革成功,彪炳史册。

九五爻变,得革之变卦丰卦。《丰·彖传》提示:"丰,大也。明以动,故丰。"得革之丰,心中有信仰,行动有力量,光明指引行动,变革成就丰功伟业。

本卦:革　　　变卦:革之丰

《易经》启示:九五处境是大运来到,得意非凡。人在九五处境,若能持守中正之道,谨慎行事,顺天时行,得道多助,水到渠成,变革必定成功。

上六,君子豹变,小人革面,征凶,居贞吉。

上六爻,君子变革如猛豹下山,小人物也顺应变革,前往有凶险,占问结果是暂时不动则吉利。

《象》曰:君子豹变,其文蔚也。小人革面,顺以从君也。

《小象传》解释:"君子豹变",这意味着变革必然光辉灿烂。"小人革面",这意味着连小人也不得不顺从君子的变革。

【导读】

君子豹变,小人革面　《易经》通例,经文中大人、君子、小人,皆以爻位、爻性为区分标准,阳爻且高位者为大人,或阳爻或高位得其一者为君子,阴爻且低位者为小人。九五阳爻居尊位,是为大人。上六阴爻居高位,是为君子。大人指大人物,小人指小人物。大人身份比君子高,小人最低,小人与君子、大人相对。传文以道德标准区分大人、君子、小人,与经文不同。参见乾卦【导读】。豹,猛兽,似虎较小,也有斑纹。《说文解字》:"豹,似虎,圆文。"因此,九五之变是"虎变",上六之变为"豹变"。面,《说文解字》曰"颜前也",引申为跟随前面的走,此指顺应变革。居,本义是蹲着,《说文解字》注:"蹲也。"此指暂时不宜行动。

《象》曰　文蔚,光辉灿烂。顺以从君,指顺从君子的变革。

【爻象处境】

上六居革卦之终，在上卦兑之极，上六爻变，上卦兑变成乾，乾为君，有"君子"之象；兑为虎（参见本卦九五【爻象处境】），虎豹同科，上六阴爻为小，比虎小，有"豹"之象；兑为毁折，有"变"之象。合观之，有"君子豹变"之象。

上六居上卦兑之极，上六阴爻，阴为小，有"小"之象；兑为少女，有"人"之象。合观之，有"小人"之象。兑综卦为巽，巽为木，古人"刳木为舟，剡木为楫"（《系辞下传》），巽又为风、为顺，有见风使舵之象。合观之，有"小人革面"之象。君子变革发自内心，是"洗心革面"；小人顺应变革，大势所趋，只能算"革面"，谈不上"洗心"。

兑综卦为巽，巽错卦为震，震为足、为动，有"征"之象；兑为毁折，有"凶"之象。合观之，有"征凶"之象。

兑错卦为艮，艮为门阙，有"居"之象；兑为巫，有"贞"之象；兑综卦为巽，巽为近利市三倍，有"吉"之象；上六在互卦坎（六二至上六），坎错卦为离，离为日、为明、为丽，也有"吉"之象。合观之，有"居贞吉"之象。

上六居革卦之终，阴爻居阴位，虽居位不中，重阴过弱，但居位得正，近与九五亲比，下与九三正应，近有靠山，下有基础，因此处境有利。

《小象传》提示："小人革面，顺以从君也。"变革是大势所趋，小人也不得不顺从。

上六爻变，得革之变卦同人卦。《同人·大象传》提示："君子以类族辨物。"得革之同人，应领悟物以类聚、人以群分的道理，明辨事物，求同存异，聚合众人。

本卦：革　　　　　变卦：革之同人

《易经》启示：上六处境是时运鼎盛，守成为宜。人在上六处境，位处穷极，前无去路，变革完成后，宜休养生息，安居乐业，再进有凶，安居吉利。

第五十卦　鼎

☲☴　鼎，元吉，亨。

鼎卦，一直吉利，亨通。

《彖》曰：鼎，象也，以木巽火，亨饪也。圣人亨以享上帝，而大亨以养圣贤。巽而耳目聪明，柔进而上行，得中而应乎刚，是以元亨。

《彖传》解释：鼎以卦形为象，木上燃火，烹饪食物。君王烹饪食物用来享祭上天，并以大量烹饪食物供养贤人。内心谦逊，耳聪目明，柔顺进取，持中守正，应合刚健，因此能够大吉亨通。

《象》曰：木上有火，鼎。君子以正位凝命。

《大象传》解释：木上有火，烹饪食物，这是鼎卦卦象。君子观此卦象，应当效法，摆正位置忠于职守，坚定信念牢记使命。

【导读】

鼎　卦名。《周易》（通行本）第五十卦。《序卦传》："革物者莫若鼎，故受之以鼎。"《杂卦传》："革，去故也。鼎，取新也。"旧的不去，新的不来，破旧立新，革故鼎新，因此继革卦之后紧接着为鼎卦。这是《易传》释鼎卦卦序、卦义。鼎，古代用来烹煮食物的金属器具，或置于宗庙作铭功记绩的礼器，圆腹、三足两耳，亦有四足的方鼎，盛行于商周时代。鼎在古代被视为立国的重器，是政权的象征。国运称鼎祚、鼎运，帝王的大业称鼎业、定鼎，帝王之位称鼎命、九鼎，争霸称问鼎，互相对峙称鼎峙、鼎立。鼎的本义是烹煮食物用的器物，《说文解字》："鼎，三足两耳，和五味之宝器也。"鼎卦是继革卦"革故"之后续讲"鼎新"之事。鼎卦是上一卦革卦的延续，既延续革卦"去故"的内容，又有鼎卦"取新"的内容。初六"出否"、九三"耳革"，为"去故"；初六"得妾以其子"，九二"有实"、六五"黄耳金铉"、上九"玉铉"，为

"取新"。

《彖》曰 "鼎，象也"，指鼎以卦形为象。详见本卦【卦象环境】。圣人，此指君王。上帝，指上天。亨以享上帝，指烹饪食物用来享祭上天。巽，巽在内卦，指内心谦逊。元亨，即卦辞"元吉，亨"，指一直吉利亨通。

《象》曰 "木上有火"，此释鼎卦卦象。下卦巽为木，上卦离为火，木上燃火，烹饪食物。正位，摆正位置忠于职守。凝，坚定、牢固。《说文解字》："凝，水坚也。"《广雅·释诂》："凝，定也。"命，信念、使命。凝命，坚定信念，牢记使命。

【卦象环境】

鼎卦下卦为巽，上卦为离，巽为木，离为火，有"木上有火"之象；木燃于下，火炎于上，有"燃器烹饪"之象；巽又为风，风在火下，鼓动风箱以助柴火之势，亦有"燃器烹饪"之象，烹饪器具古时称为"鼎"；卦形也有"鼎器"之象，初六阴爻为鼎足，九二、九三、九四为鼎腹，六五阴爻为两个鼎耳，上九为鼎铉，从两鼎耳中插入一根杆子，可抬起鼎器移动。故取卦名为"鼎"。

上卦离为乾卦，中间又有互卦乾（二至四爻），乾为乾元，有"元"之象；离为日、为明、为丽，有"吉"之象；中间有互卦兑，兑为口，鼎器烹饪有食物可吃，兑又为悦，吃得喜悦，也有"吉"之象。合观之，有"元吉"之象。上卦离错卦为坎，又有互卦坎（初六至六五），坎为通，有"亨"之象。

《彖传》提示："巽而耳目聪明，柔进而上行，得中而应乎刚，是以元亨。"内心谦逊，耳聪目明，柔顺进取，持中守正，应合刚健，因此能够一直吉利亨通。

《大象传》提示："君子以正位凝命。"应摆正位置忠于职守，坚定信念牢记使命。

鼎卦的人位互卦为夬卦（下卦：九二至九四；上卦：九三至六五）。《夬·彖传》提示："夬，决也，刚决柔也。健而说，决而和。"鼎卦为革卦的综卦，先"革故"，后"鼎新"，革故艰难，鼎新不易。夬卦提示，人在鼎卦环境，要有果断决心，刚健而不失和悦，果决而不失温和，如此方能亨通大吉。

本卦：鼎　　　　人位互卦：夬

鼎卦局势：如木上着火，革故鼎新，运势顺畅，去旧取新，焕然一新，一直亨通。

《易经》启示：人在鼎卦环境，若能持守正道，知人善用，适时变革，改过迁善，终能趋吉避凶。若失正不中，失时失势，自不量力，盲目妄为，结果会凶多吉少。

初六，鼎颠趾，利出否，得妾以其子，无咎。

初六爻，鼎足颠翻，顺利倒出鼎中陈旧残物，纳妾给他生了儿子，没有咎灾。

《象》曰：鼎颠趾，未悖也。利出否，以从贵也。

《小象传》解释："鼎颠趾"，这表明并不反常。"利出否"，这表明可以选择更好的。

【导读】

鼎颠趾，利出否　颠，颠覆、颠翻。否，读pǐ，不好，此指陈旧残物。《说文解字》："否，不也。"

得妾以其子　得妾，纳妾。以，给予。《广雅·释诂》："以，予。"以其子，指给他生了儿子。

《象》曰　悖，违背、反常。从贵，选择更好的。

【爻象处境】

初六处下卦巽之始，巽错卦为震，震为足，《易经》通例，爻序自下而上，下为前，上为后，初六为前，足之前，有"趾"之象；震为反生，有"颠"之象。合观之，有"鼎颠趾"之象。

巽为近利市三倍，有"利"之象；巽综卦为兑，兑为附决，有"出"之象；巽又为臭，为鼎底污秽残渣，有"否"之象。合观之，有"利出否"之象。

巽为入，有"得"之象；巽综卦为兑，兑为妾，有"妾"之象；兑错卦为艮，艮为少男，有"子"之象。合观之，有"得妾以其子"之象。

巽为不果，有"无"之象；初六在互卦坎（初六至六五），坎为多眚，有"咎"之象。合观之，有"无咎"之象。

初六阴爻居阳位，居位失当，不中不正，但上与九四正应，又顺承亲比九二，上有靠山，下有基础，处境弊中有利。初六正处革故鼎新之转换时期，非常时期要用非常手段。"鼎颠趾""得妾"皆为非常之举，结果获非常之利，颠趾以清除鼎底污秽残渣，纳妾以得其子，似乎悖理，其实"未悖也"，因此无咎。

《小象传》提示："鼎颠趾，未悖也。"鼎足颠翻，看似反常，实则不然。

初六爻变，得鼎之变卦大有卦。《大有·大象传》提示："君子以遏恶扬善，顺天休命。"得鼎之大有，惩恶扬善，顺应天道，自有天祐。

本卦：鼎　　　　变卦：鼎之大有

《易经》启示：初六处境是时来运转，转败为成。人在初六处境，若能持守正道，冷静处事，纠正过失，改过迁善，扬长避短，尊上谦下，谦逊柔顺，顺势而为，可得亨通无咎。

九二，鼎有实，我仇有疾，不我能即，吉。

九二爻，鼎中有食物，我的同伴有疾患，不能接近我，吉利。

《象》曰：鼎有实，慎所之也。我仇有疾，终无尤也。

《小象传》解释："鼎有实"，这意味着应该谨慎行事。"我仇有疾"，这表明最终没有忧患。

【导读】

鼎有实，我仇有疾，不我能即　实，实物、食物。仇，古同逑，《说文解字》："逑，敛聚也。"《尔雅·释诂》："仇，匹也，合也。"仇有匹配、聚合、配偶之义，此指同伴。有疾不是有病，疾比病轻，只能算小恙、小毛病，疾加重后为病。《说文解字》：

"疾，病也。"段玉裁注："析言之则病为疾加，浑言之则疾亦病也。"不我能即，即"不能即我"。即，接近。

《象》曰　慎所之，应该谨慎行事。尤，忧患。终无尤，最终没有忧患。

【爻象处境】

九二处鼎卦下卦巽之中，在互卦乾（九二至九四）中，乾为木果，鼎中装有果实，有"鼎有实"之象。九二爻变，下卦巽变为艮，艮为果蓏，也有"鼎有实"之象。

《易经》通例，下卦为内卦、为自己，上卦为外卦、为外人。九二在下卦、内卦，有"我"之象；九二与六五正应，两者相互匹配，"仇"即匹配，六五有"我仇"之象；六五在互卦兑（九三至六五）中，兑综卦为巽，巽为多白眼，有"疾"之象。合观之，有"我仇有疾"之象。

巽为不果，有"不"之象；九二在下卦内卦，有"我"之象；巽错卦为震，震为足、为动，有"即"之象。合观之，有"不我能即"之象。

九二在互卦坎（初六至六五），坎错卦为离，离为日、为明、为丽，有"吉"之象。

九二处下卦巽之中位，阳爻处阴位，居位得中，上与六五正应，下与初六亲比，九二持守中道，刚而能柔，上有靠山，下有基础，但与九三敌而不比，遭人忌妒，处境有利有弊。

《小象传》提示："鼎有实，慎所之也。"鼎中有实，如人肚里有货，应谨慎行事。

九二爻变，得鼎之变卦旅卦。《旅·大象传》提示："君子以明慎用刑而不留狱。"得鼎之旅，应谨慎使用刑罚，明智果断决案。

本卦：鼎　　　　变卦：鼎之旅

《易经》启示：九二处境是运途正直，须防意外。人在九二处境，若能持守中道，阳刚中正，谨慎处事，明辨是非，分清善恶，亲近君子，远离小人，方能吉利。若识人不明，交友不慎，误信了小人，只会给自己引来麻烦，招来凶险。

九三，鼎耳革，其行塞，雉膏不食，方雨亏悔，终吉。

九三爻，鼎的双耳陈旧脱落，抬鼎移动困难，鼎中野鸡肥肉不能食用，正当有雨消释了悔恨，结局吉利。

《象》曰：鼎耳革，失其义也。

《小象传》解释："鼎耳革"，这意味着鼎器已失去了意义。

【导读】

鼎耳革，其行塞　耳，鼎的双耳。革，陈旧脱落。行，抬鼎移动。塞，难行。

雉膏不食，方雨亏悔　雉，读zhì，野鸡。膏，肥肉。《说文解字》："膏，肥也。"方，当。亏，损。《说文解字》："亏，气损也。"段玉裁注："引申凡损皆曰亏。"亏悔，消释悔恨。

《象》曰　耳革，为"鼎耳革，其行塞"之省文。失其义，指鼎器已失去了意义。

【爻象处境】

九三处鼎卦下卦巽之顶，九三爻变，巽变为坎，坎为耳，有"耳"之象；巽综卦为兑，兑为毁折，有"革"之象。合观之，有"鼎耳革"之象。

巽错卦为震，震为足、为动，有"行"之象；震综卦为艮，艮为止，有"塞"之象。合观之，有"其行塞"之象。

九三爻变，得互卦离（九二至九四），离为雉，有"雉膏"之象；下卦巽为不果，有"不"之象；巽综卦为兑，兑为口，有"食"之象。合观之，有"雉膏不食"之象。

九三爻变，下卦巽变为坎，坎为水，有"方雨"之象；巽综卦为兑，兑为泽，也有"方雨"之象；兑又为毁折、为附决，象征损，损即亏，因此有"亏"之象；坎为加忧、为心病、为亟心，有"悔"之象。合观之，有"方雨亏悔"之象。

下卦巽综卦为兑，兑错卦为艮，艮为止、为万物之所成终，有"终"之象；坎错卦为离，离为日、为明、为丽，有"吉"之象。

合观之，有"终吉"之象。

九三处下卦之极，处"三多凶"之位，阳爻居阳位，居位失中，重阳过刚，上无正应，即上无靠山，但居位得正，又与九二、九四同在乾卦，同体同性，志同道合，下有基础，助力强大，因此处境有弊有利。

《小象传》提示："鼎耳革，失其义也。"革耳之痛，皆因不合时宜。

九三爻变，得鼎之变卦未济卦。《未济·大象传》提示："君子以慎辨物居方。"得鼎之未济，应谨慎辨别，识时务，合时宜，方能趋吉避凶。

本卦：鼎　　　　　变卦：鼎之未济

《易经》启示：九三处境是运非不佳，不合时宜，未被上层赏识，妄动有悔。人在九三处境，若能持守正道，抑制过刚，节制躁动，纠正过失，刚而能柔，谦逊顺承，历经挫折，坚忍待时，结果最终会吉利。

九四，鼎折足，覆公餗，其形渥，凶。

九四爻，鼎足折断了，王公鼎里的食物倾倒出来，鼎身被玷污，凶险。

《象》曰：覆公餗，信如何也？

《小象传》解释："覆公餗"，这如何取信于人？

【导读】

鼎折足，覆公餗，其形渥　餗，读 sù，古代指鼎中的食物，后泛指美味佳肴。形，形体。其形，指鼎身。渥，读 wò，沾湿、玷污。《说文解字》："渥，沾也。"《广雅·释诂》："渥，浊也。"

《象》曰　信如何，指如何取信于人。

【爻象处境】

九四居鼎卦上卦离之底，九四在互卦兑（九三至六五）中，兑为毁折，有"折"之象；九四爻变，离变为艮，艮综卦为震，震为足，有"足"之象。合观之，有"鼎折足"之象。

九四在互卦坎（初六至六五）中，坎为下首，头朝下，有"覆"之象；九四爻变，离变为艮，艮综卦为震，震为反生，也有"覆"之象；九四居诸侯王公之位，有"公"之象；上卦离为雉，有"餗"之象。合观之，有"覆公餗"之象。

九四爻变，上卦离变为艮，艮错卦为兑，九四也在互卦兑（九三至六五）中，兑综卦为巽，巽为臭，有"其形渥"之象。

坎又为血卦，有"凶"之象；兑为毁折，也有"凶"之象。

九四阳爻居阴位，居位不当，不中不正，虽亲比六五之君，但才不配位，力不胜任，难免有凶。鼎足而立，方能为用，足折不能用。"鼎折足"，是凶象；打翻鼎内食物不能吃，"覆公餗"，亦是凶象；满身沾上汤污，"其形渥"，更是凶象。

《小象传》提示："覆公餗，信如何也？""覆公餗"，办事不牢靠，如何让人信任？

九四爻变，得鼎之变卦蛊卦。《蛊·彖传》提示："蛊，刚上而柔下，巽而止，蛊。蛊，元亨而天下治也。"得鼎之蛊，蛊者乱也。刚柔相济，顺逊清静，可治蛊乱。治乱得亨通，天下得大治。

本卦：鼎　　　　　　变卦：鼎之蛊

《易经》启示：九四处境是运途颠覆，小损大刑。人在九四处境，若能持守正道，谦虚谨慎，戒骄戒躁，纠正过失，完善自我，谦逊柔顺，待时而动，顺势而为，方能逢凶化吉。

六五，鼎黄耳金铉，利贞。

六五爻，鼎耳金黄，用铜棒扛鼎，利于占问。

《象》曰：鼎黄耳，中以为实也。

《小象传》解释："鼎黄耳"，这意味着持守中道可以得到实惠。

【导读】

鼎黄耳金铉　黄，指颜色为黄色。金，指材质为金属制成，此指铜制。铉，读xuàn，指用于扛鼎的扛棒。《说文解字》："铉，举鼎具也。"

《象》曰 中以为实，指持守中道可以得到实惠。

【爻象处境】

六五在互卦兑（九三至六五），兑综卦为巽，巽错卦为震，震为玄黄，有"黄"之象；上卦离错卦为坎，坎为耳，有"耳"之象；六五爻变，上卦离变为乾，乾为金，有"金"之象；六五阴爻为两边鼎耳，六五与上九亲比，上九阳爻一画为铉，铉可穿过鼎耳扛鼎，有"铉"之象。合观之，有"鼎黄耳金铉"之象。

巽为近利市三倍，有"利"之象；兑为巫，有"贞"之象。合观之，有"利贞"之象。

六五居鼎卦之尊位，居上卦离之中位，阴爻居阳位，阴柔居中，下与九二正应，近与上九、九四亲比，处境和顺。

《小象传》提示："鼎黄耳，中以为实也。"持守中道，可得实惠。

六五爻变，得鼎之变卦姤卦。《姤·象传》提示："天地相遇，品物咸章也。刚遇中正，天下大行也。"得鼎之姤，姤为遇合，天地阴阳遇合，万物才能尽情繁殖生长。阳刚相遇阴柔而能持中守正，就能畅行天下。

本卦：鼎　　　变卦：鼎之姤

《易经》启示：六五处境是时运大盛，适中有得。人在六五处境，若能持守中道，谦逊柔顺，宽厚包容，得道多助，结果会平安顺利。

上九，鼎玉铉，大吉，无不利。

上九爻，鼎配上嵌玉的扛棒，大吉，无所不利。

《象》曰：玉铉在上，刚柔节也。

《小象传》解释："玉铉在上"，这意味着刚柔相济互相调节。

【导读】

鼎玉铉　玉铉，嵌玉的扛棒。

《象》曰　刚柔，刚柔相济。节，互相调节。

【爻象处境】

上九居鼎卦之顶，阳爻一画横穿鼎耳，有"鼎铉"之象；上九在上卦离中，离为乾卦，乾为玉，有"玉"之象。合观之，有"鼎玉铉"之象。

上九阳爻，阳为大，有"大"之象；离为日、为明、为丽，有"吉"之象。合观之，有"大吉"之象。

上九爻变，上卦离变为震，震错卦为巽，巽为近利市三倍，有"利"之象，换言之，亦即有"无不利"之象。

上九居鼎卦之终，阳爻居阴位，虽居位不当，下无正应，但与六五之君亲比，得到六五之君信任支持，因此处境弊中有利。

《小象传》提示："玉铉在上，刚柔节也。"身居高位，应刚柔相济，有所节制。

上九爻变，得鼎之变卦恒卦。《恒·象传》提示："恒，久也。刚上而柔下，雷风相与，巽而动，刚柔皆应，恒。"得鼎之恒，恒为长久，刚柔相济，阴阳相合，顺势而动，方能长久。

本卦：鼎　　　　　变卦：鼎之恒

《易经》启示：上九处境是时运到顶，无往不利，此时功德圆满。人在上九处境，若能持守正道，戒惧谨慎，刚而能柔，自我节制，退守自保，结果大吉大利。若不知收敛，居功自傲，唯我独尊，必然凶多吉少。

第五十一卦　震 ䷲

䷲ 震，亨。震来虩虩，笑言哑哑。震惊百里，不丧匕鬯。

震卦，亨通。震雷阵阵，起初感到恐惧，后来谈笑自如。雷声震惊方圆百里，有人不失落手中汤勺和酒杯。

《彖》曰：震，亨。震来虩虩，恐致福也。笑言哑哑，后有则也。震惊百里，惊远而惧迩也。不丧匕鬯，出可以守宗庙社稷，以为祭主也。

《彖传》解释：震卦象征震动可致亨通。震雷阵阵，起初感到恐惧，这是说敬畏戒惧可招致福报。谈笑自如，这表明以后有应对办法了。雷声震惊方圆百里，这表明不论远近人人惊恐畏惧。在震雷中镇定自若的人，可以出来做大事，保家卫国，主持祭祀。

《象》曰：洊雷，震。君子以恐惧修省。

《大象传》解释：震雷重叠，惊雷阵阵，这是震卦卦象。君子观此卦象，应当觉悟，惊恐畏惧，修身自省。

【导读】

震　卦名。《周易》（通行本）第五十一卦。《序卦传》："主器者莫若长子，故受之以震。震者，动也。"《杂卦传》："震，起也。"鼎为重器，象征革故鼎新，起动鼎器者唯有长子，长子继承执掌鼎器，震象征长子，因此继鼎卦之后紧接着为震卦。这是《易传》释震卦卦序、卦义。震，本义是迅雷，亦称霹雳。《说文解字》："震，劈历振物者。"段玉裁注："劈历，疾雷之名。"震卦是讲如何敬畏修身。

震来虩虩，笑言哑哑　虩虩，读 xìxì，恐惧的样子。《说文解字》："虩，恐惧。"哑哑，笑声。《说文解字》："哑，笑也。"段玉裁注："笑也，马融曰：哑哑，笑声。郑（郑玄）云：乐也。"

震惊百里，不丧匕鬯　丧，失落。匕，汤勺。鬯，读 chàng，

545

古代祭祀、宴饮用的香酒，用郁金草和黑黍酿成。此指酒杯。

《象》曰　恐致福，敬畏戒惧可招致福报。则，准则、法则，此指措施、办法。后有则，以后有应对办法。出，指出来做大事。《左传·成公十三年》："国之大事，在祀与戎。"守宗庙社稷，保家卫国，即为"戎"；"以为祭主"，主持祭祀，即为"祀"。

《象》曰　洊，读 jiàn，再、接连。"洊雷"，此释震卦卦象。上下卦皆为雷，双雷连接，惊雷阵阵。恐，惊恐。惧，畏惧。修，修身。省，自省。

【卦象环境】

震卦下卦为震，上卦为震，震为雷，上下皆为雷，有"洊雷"之象。双雷相重，前后相继，雷声隆隆，霹雳震天，故取卦名为"震"。

震中有互卦坎（六三至六五），坎为通，有"亨"之象。

上卦为震，下卦为震，震为雷，惊雷自上而下，有"震来"之象；坎为加忧、为亟心，有"虩虩"之象。合观之，有"震来虩虩"之象。震为善鸣，有"笑言哑哑"之象。

坎为加忧、为亟心，有"惊"之象；《易经》通例，阳爻为奇、为一，阴爻为偶、为二。震卦为四阴二阳卦，爻数为十，震卦上卦为震，下卦亦为震，十乘以十为百，有"百里"之象。合观之，有"震惊百里"之象。

震错卦为巽，巽为不果，有"不"之象；巽综卦为兑，兑为毁折，有"丧"之象；坎为陷、为木坚多心，象征匙形器具，有"匕"之象；坎又为水，引申为酒水，有"鬯"之象。合观之，有"不丧匕鬯"之象。

震卦象征以震动促亨通。霹雳惊天动地，雷声不断震动，人们不免恐惧，惊惶失措，失去定力，情绪紧张，压力增大，急躁妄动，以致面临困难。在震雷环境中，应临危不惧，从容镇定，谈笑自如，霹雳之下，不失匕鬯，斟饮自如。

《象传》提示："不丧匕鬯，出可以守宗庙社稷，以为祭主也。"非常之时，出非凡之人，非凡之人，成就非凡大事。

《大象传》提示："君子以恐惧修省。"霹雳震天，应敬畏天威，修身自省。

震卦的人位互卦为蹇卦（下卦：六二至九四；上卦：六三至六五）。《蹇·彖传》提示："蹇，难也，险在前也。见险而能止，知矣哉。"蹇卦提示，人在震卦环境，应领悟蹇险，险阻在前，遇见险阻，宜止则止，及时停止，这是十分明智的。

本卦：震　　　　　人位互卦：蹇

震卦局势：如震雷阵阵，震惊百里，运势动荡，有声无形，有惊无险，前途亨通。

《易经》启示：人在震卦环境，若能慎行省过，临危不惧，事前防范，事后镇定，顺势而为，则能逢凶化吉。若惶恐不安，失了定力，乱了方寸，冒险妄动，结果会凶多吉少。

初九，震来虩虩，后笑言哑哑，吉。

初九爻，震雷阵阵，起初感到恐惧，后来谈笑自如，吉利。

《象》曰：震来虩虩，恐致福也。笑言哑哑，后有则也。

《小象传》解释："震来虩虩"，这是说敬畏戒惧可招致福报。"笑言哑哑"，这表明以后有应对办法了。

【导读】

震来虩虩，后笑言哑哑　详见本卦卦辞【导读】。《易经》通例，爻辞与卦辞词句相近、词义相合，则此爻为主爻。

【爻象处境】

初九居震卦之始，为动力源头，爻辞与卦辞词句相同，初九为主爻。

初九上有互卦坎（六二至上六），坎为加忧、为亟心，有"震来虩虩"之象；震为善鸣，有"笑言哑哑"之象。

初九在互卦离（初九至九四），离为日、为明、为丽，有"吉"之象。惊雷震动时，先惶恐不安，后从容镇定，谈笑自如，这是吉利的。

初九阳爻居阳位，居位得当，但居位不中，重阳过刚，上无正应，近与六二亲比，虽无靠山，但有近亲，处境弊中有利。

《小象传》提示："震来虩虩，恐致福也。笑言哑哑，后有则也。"敬畏天威，惶恐戒慎，可使人守法则，得福祉。

初九爻变，得震之变卦豫卦。《豫·象传》提示："豫，顺以动，故天地如之。"得震之豫，应顺时而动。豫卦讲究顺时而动，天地运行也如此。

本卦：震　　　　　变卦：震之豫

《易经》启示：初九处境是时运初现，先难后易。人在初九处境，若能戒惧谨慎，持守正道，正定心志，抑制过刚，尊上谦下，因时制宜，顺势而为，方能化险为夷，逢凶化吉。

六二，震来厉。亿丧贝，跻于九陵，勿逐，七日得。

六二爻，惊雷震动，有厉危。估计丢失了财物，登上九重高陵，不用寻找，七日之后失而复得。

《象》曰：震来厉，乘刚也。

《小象传》解释："震来厉"，这是因为阴柔凌驾于阳刚之上。

【导读】

震来厉，亿丧贝　厉，危险。震来厉，指惊雷震动，有厉危。亿通"臆"，臆测、预料、估计。贝，财物。

跻于九陵　跻，读 jī，登、上升。《说文解字》："跻，登也。"陵，大土山。《说文解字》："陵，大阜也。"阜（fù），土山。《释名·释山》："土山曰阜。"九陵，九重高陵。

勿逐，七日得　逐，追逐，此指寻找。七日得，《易经》每卦六爻，一爻一日，由初至上一往六日，第七日开始返回，七日之后会失而复得。义同复卦卦辞"七日来复"。参见复卦卦辞【导读】。

《象》曰　乘刚，指阴柔凌驾于阳刚之上。

【爻象处境】

六二处下卦震之中，六二之上有互卦坎（六三至六五），自上而下，有"来"之象；坎为隐伏、为血卦，有"厉"之象。合观之，有"震来厉"之象。

坎为加忧、为心病，象征臆测，臆通"亿"，因此有"亿"之象；六二爻变，下卦震变为兑，兑为毁折，有"丧"之象；六二爻变，得互卦离（九二至九四），离中虚，离为蚌，有"贝"之象。合观之，有"亿丧贝"之象。

六二处下卦震之中，震为足、为动，有"跻"之象；六二凌乘初九，进升于初九之上，有"九"之象；六二在互卦艮（六二至九四）中，艮为山，有"陵"之象。合观之，有"跻于九陵"之象。

下卦震错卦为巽，巽为不果，有"勿"之象；互卦艮为止，也有"勿"之象；震为足、为动，有"逐"之象。合观之，有"勿逐"之象。

六二在下卦震，综卦为艮，艮在先天八卦位数为七，有"七"之象；又在互卦离（初九至九四），离为日，有"日"之象；震错卦为巽，巽为入，有"得"之象。合观之，有"七日得"之象。每卦六个爻，一个循环反复须经七个爻位，经过七个爻位，自然回复到原位，也有"七日得"之象。

六二处下卦震之中位，阴爻居阴位，居中得正，但重阴过弱，上与六五敌而不应，近与六三敌而不比，又凌乘初九，初九为震之主爻，阳刚凶猛。六二自身柔弱，上无靠山，下无基础，得罪强者，又无外援，处境凶险。

《小象传》提示："震来厉，乘刚也。"六二之厉危，在于阴柔凌乘阳刚。自不量力，咎由自取。

六二爻变，得震之变卦归妹。《归妹·大象传》提示："君子以永终知敝。"得震之归妹，犹如对待婚姻大事，要从长远结果来考虑利弊。

本卦：震   变卦：震之归妹

《易经》启示：六二处境是运途尴尬，有失有得。震雷来时，惊惶失措，有所丧失，不必耿耿于怀。人在六二处境，若能持守中正之道，谦逊柔顺，顺其自然，顺势而为，反而会有收获。

六三，震苏苏，震行无眚。

六三爻，惊雷震动恐惧不安，警戒前行没有眚过。

《象》曰：震苏苏，位不当也。

《小象传》解释："震苏苏"，这表明所处位置不得当。

【导读】

震苏苏，震行无眚 苏苏，恐惧不安。震行，警戒前行。眚，读 shěng，本义是眼角膜上有白斑。《说文解字》："眚，目病生翳也。"翳（yì），指眼角膜上生出障碍视线的白斑。"眚"引申为过错。《广韵》："眚，过也。"

《象》曰 位不当，指位置不得当。

【爻象处境】

六三处下卦震之极，在互卦坎（六三至六五），坎为加忧、为心病、为亟心，有"震苏苏"之象。

震为足、为动，有"震行"之象；震错卦为巽，巽为不果，有"无"之象；坎又为多眚，有"眚"之象。合观之，有"震行无眚"之象。

六三处上下卦交接之际，处"三多凶"之位，阴爻居阳位，居位失当，不中不正，下卦地震未止，上有天雷震动又来，震雷隆隆，闻雷"苏苏"，恐惧不安，处境惊险。幸好六三顺承亲比九四，有强力外援，又居刚位，柔而能刚，结果有惊无险。

《小象传》提示："震苏苏，位不当也。"闻震不安，在于不当位，不适应。

六三爻变，得震之变卦丰卦。《丰》卦辞提示："亨，王假之，勿忧，宜日中。"得震之丰，有贵人相助，如日中天，必然亨通，不用忧愁。

本卦：震　　　　变卦：震之丰

《易经》启示：六三处境是运途不当，谨慎待时。人在六三处境，若能持守正道，戒惧谨慎，反省自省，改过迁善，谦逊顺承，刚柔相济，争取外援，顺势而为，终能化险为夷。

九四，震遂泥。

九四爻，惊雷震动，惶恐中坠陷泥泞。

《象》曰：震遂泥，未光也。

《小象传》解释："震遂泥"，这说明其志向不能发扬光大。

【导读】

震遂泥　遂通"坠"，坠落、往下沉。

《象》曰　未光，不能发扬光大。

【爻象处境】

九四居上卦震之初，震错卦为巽，巽为入，有"遂"之象；九四在互卦坎（六三至六五）中，坎为水、为沟渎，有"泥"之象。合观之，有"震遂泥"之象。

九四居震卦"四多惧"之位，阳爻居阴位，居位失当，不中不正，下无正应，周边被四个阴爻包围，犹如陷入泥泞，无力自拔，处境凶险。

《小象传》提示："震遂泥，未光也。"泥泞缠身，如何发光？

九四爻变，得震之变卦复卦。《复》卦辞提示："反复其道，七日来复，利有攸往。"得震之复，天道轮回，周而复始，待时而动，前往有利。

本卦：震　　　　变卦：震之复

《易经》启示：九四处境是时运不当，退守自保。人在九四处境，若持守正道，举止得当，戒惧谨慎，真诚相待，广结人缘，得道多助，方能走出险境。

六五，震往来厉，亿无丧有事。

六五爻，惊雷震动，雷声阵阵，虽有厉危，但估计无损于成事。

《象》曰：震往来厉，危行也。其事在中，大无丧也。

《小象传》解释："震往来厉"，这表明能够知危慎行。处事持守中道，就没有大损失。

【导读】

亿无丧有事　亿通"臆"，臆测、预料、估计。有，成。有事，成事。

《象》曰　危行，知危慎行。其事在中，处事持守中道。大无丧，即"无大丧"，没有大损失。

【爻象处境】

六五居上卦震之中位，震错卦为巽，巽为进退，有"往来"之象；六五在互卦坎（六三至六五），坎为隐伏、为血卦，有"厉"之象。合观之，有"震往来厉"之象。

坎为加忧、为心病，象征臆测，臆通"亿"，因此有"亿"之象；巽为不果，有"无"之象；巽综卦为兑，或六五爻变，震变为兑，兑为毁折，有"丧"之象；震综卦为艮，艮为成、为万物之所成终，有"有事"之象。合观之，有"亿无丧有事"之象。

六五居震卦之尊位，阴爻居阳位，居位得中，但居位失当，上与上六敌而不比，下与六二敌而不应，凌乘九四，遭九四进逼，处境不顺。

《小象传》提示："其事在中，大无丧也。"处事守中道，则无大损失。

六五爻变，得震之变卦随卦。《随·彖传》提示："大亨贞，无咎，而天下随之。"得震之随，大通顺，守正道，无咎害，天下人都乐于追随。

本卦：震　　　变卦：震之随

《易经》启示：六五处境是时运中正，终成大事。人在六五处境，若能持守中道，纠正过失，谦逊柔顺，宽厚包容，以柔济刚，化敌为友，结果有惊无险，不影响做大事。

上六，震索索，视矍矍，征凶。震不于其躬，于其邻，无咎。婚媾有言。

上六爻，惊雷震动，吓得哆嗦颤抖，左右惊顾，远行有凶险。雷击没有伤及自身，而是伤了旁人，没有咎灾。此时婚嫁会被人议论。

《象》曰：震索索，中未得也。虽凶无咎，畏邻戒也。

《小象传》解释："震索索"，这是因为没有持守中道。"虽凶无咎"，这是因为畏惧遭遇近邻危险而引起自身戒备。

【导读】

震索索，视矍矍 索索，哆嗦颤抖。矍矍，读juéjué，左右惊顾。《说文解字》："矍，一曰视遽貌。"徐锴曰："左右惊顾。"

震不于其躬，于其邻 震，指雷击。于，及，此指伤及。躬，自身。不于其躬，指没有伤及自身。于其邻，指伤了旁人。

婚媾有言 言，《说文解字》注："直言曰言。"引申为谤言、责言、言论。

《象》曰 中未得，指没有持守中道。畏邻戒，指畏惧遭遇近邻的危险而引起自身戒备。

【爻象处境】

上六居震卦之极，在互卦坎（六二至上六）中，坎为加忧、为亟心，有"震索索"之象；震极必变，上六爻变，上卦震变成离卦，离为目，有"视"之象；坎为加忧、为亟心，又有"矍矍"之象。合观之，有"视矍矍"之象。

震为足、为动，有"征"之象；坎又为血卦，有"凶"之象。合观之，有"征凶"之象。

震错卦为巽，巽为不果，有"不"之象；巽又为入，有"于"之象；震为反生，有"躬"之象。合观之，有"震不于其躬"

之象。

上六与六五相邻，六五为邻，有"邻"之象；九四为上卦震之源头，六五凌乘九四，受到九四报复，九四雷击六五，有"于其邻"之象。

巽为不果，有"无"之象；坎又为多眚，有"咎"之象。合观之，有"无咎"之象。

上六震极必变，爻变后，上卦震变成离卦，离为中女，下卦震为长男，震错卦为巽，巽为入，为长男娶入中女，有"婚媾"之象；震于马为善鸣，有"有言"之象。合观之，有"婚媾有言"之象。

上六阴爻居阴位，居位得正，但居位不中，重阴过弱，自身软弱，下与六三敌而不应，近与六五敌而不比，无靠山、无基础、无实力，前无去路，后无退路，处境凶险。震雷来时，以致畏缩不前，两眼惊顾不安，惊惶失措。

《小象传》提示："虽凶无咎，畏邻戒也。"能够遇凶而无咎，在于看见近邻的危险，能及时戒备，防患于未然。

上六爻变，得震之变卦噬嗑卦。《噬嗑·象传》提示："颐中有物，曰噬嗑，噬嗑而亨。"得震之噬嗑，犹如口中食物哽塞，咬碎才能亨通。遇到险阻，及时处理，方能顺利。

本卦：震　　　　变卦：震之噬嗑

《易经》启示：上六处境是时运得正，震动将定。人在上六处境，若能持守正道，谨慎处事，尊上谦下，善于团结，争取外援，闻雷知戒，及时改过，防患于未然，方能避凶无咎。

第五十二卦　艮

䷳ 艮，艮其背不获其身，行其庭不见其人，无咎。

艮卦，限止他的后背却不能限止他的胸前，就像到他院子里却不见他本人，没有咎灾。

《彖》曰：艮，止也。时止则止，时行则行，动静不失其时，其道光明。艮其止，止其所也。上下敌应，不相与也，是以不获其身，行其庭不见其人，无咎也。

《彖传》解释：艮卦象征止。时机适宜静止就静止，时机适宜行动就行动，行动与静止都能不失时机，前途就光明。艮所表示的止，是要在最适宜的时机行止。上下敌而不应，不结党营私，因此没有得到他，到他院子里不见他本人，就没有咎灾。

《象》曰：兼山，艮。君子以思不出其位。

《大象传》解释：两山重叠，界限分明，这是艮卦卦象。君子观此卦象，应当效法，经常考虑到，不越过职位，不错过时机。

【导读】

艮　读gèn，卦名。《周易》（通行本）第五十二卦。《序卦传》："震者，动也。物不可以终动，止之，故受之以艮。艮者，止也。"《杂卦传》："震，起也。艮，止也。"惊雷震动，雷声阵阵，但不可以只动不止，有起动必有终止，因此继震卦之后紧接着为艮卦。这是《易传》释艮卦卦序、卦义。艮，有很、坚、限之义。《说文解字》："艮，很也。"《广雅·释诂》："艮，坚也。"王念孙疏证："今俗语犹谓物坚不可拔曰艮。"经文读"艮"为"限"。段玉裁注："易曰：艮其限。艮九三爻辞。独引艮其限者，以限与艮音义皆同也。"《说文解字》："限，阻也。"限从阜艮声，阜为土山，与山势有关。"限"亦有阻止之义，传文即以"止"释"艮"。《序卦传》："艮者，止也。"《杂卦传》："艮，止也。"《说卦传》：

"艮，止也。"艮卦是讲如何自我控制。

艮其背不获其身 背，后背、脊背。《说文解字》："背，脊也。"获，得。不获，此指不能限止。身，与背相反，为身体正面，指胸前。《素问·脉要精微论》："背者，胸中之府。"

《彖》曰 时，时机。动静，行动与静止。止其所，止为行止，所为时机，指在最适宜的时机行止，亦即"时止则止，时行则行"之义。敌应，敌而不应。与，党与、朋党，与"敌应"相对。《说文解字》："与，党与也。"不相与，不结党营私，申言"上下敌应"之旨。"不相与"，"不获其身"，不结党营私，为"时止则止"；"行其庭不见其人"，避开不见，为"时行则行"。行止不失时机，因此前途光明，没有咎灾。

《象》曰 "兼山"，此释艮卦卦象。上下卦皆为艮山，山叠山，界限分明。思，思虑、考虑。位，既指职位，也指时机。

【卦象环境】

艮卦下卦（内卦）为艮，上卦（外卦）为艮，艮为山，上下、内外皆为山，山上有山，山外有山，山连山，万重山，有"兼山"之象；经卦艮卦卦形（☶）为坤地（☷）中间隆起，有"山"之象。故取卦名为"艮"。

《易经》通例，下卦为内、为前，上卦为外、为后。艮卦有互卦坎（初六至六五），坎于马为美脊，有"背"之象；互卦坎之上有外卦艮，外卦艮在"背"之后，有"艮其背"之象。互卦坎之下有内卦艮，内卦艮为"背"之前，内卦艮综卦为震，震卦与外卦艮组成颐卦，为大象离，离为大腹，有"身"之象；"身"由内卦艮的综卦震变来，震错卦为巽，巽为不果，有"不获"之象。合观之，有"不获其身"之象。诸象合观，有"艮其背不获其身"之象。

艮为门阙，内外两艮为内外二门，二门中间为门庭，有"庭"之象；卦中有互卦震（九三至六五），震为足、为动，有"行"之象；互卦震在门庭中，有"行其庭"之象；卦中有互卦坎（六二至六四），坎为隐伏，有"不见"之象。震错卦为巽，巽为不果，象征"不"，巽又为多白眼，象征"见"，也有"不见"之象；艮为少男，有"人"之象。诸象合观，有"行其庭不见其人"之象。

巽为不果，又有"无"之象；坎又为多眚，有"咎"之象。合观之，有"无咎"之象。

艮卦内外两山并峙而立，不相往来，卦中六爻皆不相应，下卦艮排在前，上卦艮排在下卦艮背后，前后艮排成队列，艮止不失时，止而有序（"艮其背不获其身"），止得其所（"行其庭不见其人"），自然无咎。

《彖传》提示："艮，止也。时止则止，时行则行，动静不失其时，其道光明。"艮者止也，非不行也。当止则止，当行则行。行止适时，前途光明。

《大象传》提示："君子以思不出其位。"不在其位，不谋其政。不越过职位，不错过时机。

艮卦的人位互卦为解卦（下卦：六二至六四；上卦：九三至六五）。《解·彖传》提示："解，险以动。动而免乎险，解。"解卦提示，人在艮卦环境，遇险要采取行动，在行动中避险，如此方能解脱。

本卦：艮　　　人位互卦：解

艮卦局势：如山外有山，受阻而止，运势稳重，时行则行，时止则止。

《易经》启示：人在艮卦环境，若能谨慎小心，自我节制，量力而行，适可而止，则能趋吉避凶。若自不量力，轻举妄动，当止不止，强行逞能，结果会凶多吉少。

初六，艮其趾，无咎，利永贞。

初六爻，限止脚趾，没有咎灾，利于永久占问。

《象》曰：艮其趾，未失正也。

《小象传》解释："艮其趾"，这表明没有失去正道。

【导读】

《象》曰　未失正，指没有失去正道。

【爻象处境】

初六处下卦艮之底，有"艮"之象；艮综卦为震，震为足，初六在下卦为前，足之前，有"趾"之象。合观之，有"艮其趾"之象。

震错卦为巽，巽为不果，有"无"之象；初六爻变，下卦艮变为离，离错卦为坎，坎为多眚，有"咎"之象。合观之，有"无咎"之象。

巽为近利市三倍，有"利"之象；巽又为长，有"永"之象；艮错卦为兑，兑为巫，有"贞"之象。合观之，有"利永贞"之象。

初六阴爻居阳位，居位失当，不中不正，上无止应，近无亲比，上无靠山，下无基础，前有艮山阻止，外无援助，处境不利。

《小象传》提示："艮其趾，未失正也。"及时止步，行动不失为正确。

初六爻变，得艮之变卦贲卦。《贲·大象传》提示："君子以明庶政，无敢折狱。"得艮之贲，应效法断案，明察各项政务，不能判决失误。

本卦：艮　　　　　　变卦：艮之贲

《易经》启示：初六处境是运途初交，不宜妄进。人在初六处境，此时宜止不宜动。若能持守正道，纠正过失，及时止步，站稳脚跟，不轻举妄动，就没有咎灾，而且长期有利。

六二，艮其腓，不拯其随，其心不快。

六二爻，限止小腿，不能抬腿追随，心里不痛快。

《象》曰：不拯其随，未退听也。

《小象传》解释："不拯其随"，这意味着没有放下来听从限止。

【导读】

艮其腓，不拯其随　　腓，腿肚子、小腿。拯，上举，此指抬腿。随，追随、随从。

《象》曰 退，与拯相对，指放下腿。未退听，指没有放下来听从限止。

【爻象处境】

六二处下卦艮之中位，有"艮"之象；六二阴爻为小，六二爻变，下卦艮变为巽，巽为股，六二之巽为小股，有"腓"之象。合观之，有"艮其腓"之象。

巽又为不果，有"不"之象；巽又为进退、为高，有"拯"之象；六二在互卦坎（六二至六四），坎为曳，有"随"之象。合观之，有"不拯其随"之象。

坎又为心病、为亟心，有"心"之象；巽为不果，有"不"之象；艮错卦为兑，兑为说，说同悦，有"快"之象。合观之，有"其心不快"之象。

六二处下卦艮之中位，阴爻处阴位，居中得正，重阴过弱，虽顺承亲比九三，但上与六五敌而不应，下与初六敌而不比，上无靠山，下无基础，自身过弱，处境不顺。

《小象传》提示："不拯其随，未退听也。"收不住脚，这是身不由己啊。

六二爻变，得艮之变卦蛊卦。《蛊·彖传》提示："蛊，刚上而柔下，巽而止，蛊。蛊，元亨而天下治也。"得艮之蛊，"其心不快"，心乱如麻，犹如蛊惑之乱。外刚强，内柔和，谦顺制止，这是治蛊之道。境由心生，安心之后，可得大通顺，也可用于天下之治。

本卦：艮　　　　　变卦：艮之蛊

《易经》启示：六二处境是运途有阻，裹足不前，此时处境不顺，难免心有不快。人在六二处境，若能持中守正，摆正心态，纠正过失，刚柔相济，尊上谦下，顺势而为，终可无咎。

九三，艮其限，列其夤，厉熏心。

九三爻，限止腰部，撕裂脊背肉，有厉危，心急如焚。

《象》曰：艮其限，危熏心也。

《小象传》解释："艮其限"，这表明危险使他心急如焚。

【导读】

艮其限，列其夤，厉熏心 限，指腰，为上下身之界限。列同裂，撕裂。夤，读 yín，通"胂"（shèn），夹脊肉。《说文解字》："胂，夹脊肉也。"熏，烧灼、火烫。熏心，心急如焚。

《象》曰 危熏心，指危险使他心急如焚。

【爻象处境】

九三处下卦艮之顶，在上下卦交界处，阳爻一画犹如划出界线，在人体腰的部位，有"艮其限"之象。

九三在下卦艮，艮综卦为震，九三也在互卦震（九三至六五）中，震为动、为蕃，"蕃"为植物开花，有"列（裂）"之象；九三在互卦坎（六二至六四）中，坎于马为美脊，有"夤"之象。合观之，有"列其夤"之象。

坎又为隐伏、为血卦，有"厉"之象；坎又为加忧、为心病、为亟心，有"熏心"之象。合观之，有"厉熏心"之象。

九三处下卦艮之终，阳爻居阳位，居位得正，但居位失中，重阳过刚，刚愎自用，上与上九敌而不应，被六四凌乘，上无靠山，又受欺凌，处"三多凶"之位，处境堪忧。

《小象传》提示："艮其限，危熏心也。"危险使他心急如焚。

九三爻变，得艮之变卦剥卦。《剥·大象传》提示："上以厚下安宅。"得艮之剥，应厚实基础，稳固根基。

本卦：艮　　变卦：艮之剥

《易经》启示：九三处境是时运不中，失中难成。人在九三处境，若能持守正道，安心止躁，抑制过刚，纠正过失，刚而能柔，谦逊和顺，尊上谦下，化敌为友，顺势而为，方能无咎。

六四，艮其身，无咎。

六四爻，限止上身，没有咎灾。

《象》曰：艮其身，止诸躬也。

《小象传》解释："艮其身"，这意味着要自我节止，安守本分。

【导读】

艮其身　身，上身。艮其身，限止上身。

《象》曰　止，节止。躬，自身、自我。止诸躬，自我节止，安守本分。

【爻象处境】

六四已出下卦入上卦，处上卦艮之初，六四爻变，艮卦变为离卦，离为大腹，有"身"之象。合观之，有"艮其身"之象。

艮综卦为震，震错卦为巽，巽为不果，有"无"之象；离错卦为坎，坎为多眚，有"咎"之象。合观之，有"无咎"之象。

六四阴爻居阴位，居位得正，但居位失中，重阴过弱，上与六五敌而不比，下与初六敌而不应，又凌乘九三，缺乏理智，冒犯刚强者，遭九三威逼。六四处"四多惧"之位，无靠山、无基础、无实力、无理智，处境凶险。

《小象传》提示："艮其身，止诸躬也。""艮其身"，就是要自我节止，安守本分。

六四爻变，得艮之变卦旅卦。《旅·彖传》提示："旅，小亨。柔得中乎外而顺乎刚，止而丽乎明，是以小亨，旅贞吉也。"旅卦象征小事亨通，柔和守中，在外顺从刚强，居止时依附光明之德，如此才能小事亨通，旅居在外持守中正之道可获吉祥。

本卦：艮　　　变卦：艮之旅

《易经》启示：六四处境是时运不当，节止无咎，此时处境凶险，宜止不宜动。人在六四处境，若能持守正道，戒惧谨慎，纠正过失，自我约束，自我节制，安于本分，静待时机，方能无咎。

六五，艮其辅，言有序，悔亡。

六五爻，限止嘴巴，不乱说，悔事消亡。

《象》曰：艮其辅，以中正也。

《小象传》解释："艮其辅"，这是因为要持守中正之道。

【导读】

艮其辅，言有序 辅，面颊，此指口。言，言语、说话。序，条理。言有序，说话有条理，此指不乱说。

《象》曰 中正，持守中正之道。

【爻象处境】

六五居艮卦之尊位，在互卦小颐（九三至上九）中，颐为口颊，"辅"也为口颊，有"艮其辅"之象。

六五爻变，上卦艮变为巽，巽综卦为兑，兑为口、为说，有"言"之象；巽为绳直，有"有序"之象。合观之，有"言有序"之象。

六五在互卦离（九三至上九），六五爻变，也得互卦离（九三至九五），离错卦为坎，坎为加忧、为心病、为亟心，有"悔"之象；兑又为毁折，有"亡"之象。合观之，有"悔亡"之象。

六五居上卦艮之中位，阴爻居阳位，居位得中，但居位失当，下与六二敌而不应，近与六四敌而不比，身居君位反而顺承亲比上九，心有悔恨，心境不顺，处境不利。

《小象传》提示："艮其辅，以中正也。""艮其辅"，在于持守中正之道。

六五爻变，得艮之变卦渐卦。《渐·大象传》提示："君子以居贤德善俗。"得艮之渐，应循序渐进，积蓄贤德，改善风俗。

本卦：艮　　　　变卦：艮之渐

《易经》启示：六五处境是时运中正，有序无忧。人在六五处境，若能持中守正，摆正心态，谨言慎行，不该说的不说，该说的则"言有序"，说话有条理，不胡言乱语，结果自然悔事消失。

上九，敦艮，吉。

上九爻，限止嘴巴，不发怒，吉利。

《象》曰：敦艮之吉，以厚终也。

《小象传》解释："敦艮之吉"，这表明能够始终宽厚待人。

【导读】

敦艮 敦，本义为发怒、责问，此指嘴巴。后释"敦"为敦厚，皆假"敦"为"惇"。《说文解字》："敦，怒也，诋也，一曰谁何也。"段玉裁注："怒也，诋也，一曰谁何也，皆责问之意。……然则凡云敦厚者，皆假敦为惇。此字本义训责问。"敦艮，指限止嘴巴不发怒。与六五爻辞相应，六五是限止嘴巴不乱说，上九为限止嘴巴不发怒。

《象》曰 厚，宽厚。厚终，指始终宽厚待人。

【爻象处境】

上九居艮卦之极，艮错卦为兑，兑为口、为说、为毁折，言语指责，有"敦"之象；上九在互卦离（九三至上九）中，离为火，象征发火发怒，敦为发怒，也有"敦"之象；上九在上卦艮之顶，艮为止。合观之，限止发火发怒，有"敦艮"之象。

上九在互卦离（九三至上九）中，离为日、为明、为丽，有"吉"之象。

上九居艮卦之终，阳爻居阴位，居位失当，不中不正，下无正应，前无去路，下无基础，居位不当，已是穷途末路，幸好上九亲比六五，六五也顺承亲比上九，得到六五至尊信任支持，处境弊中有利。

《小象传》提示："敦艮之吉，以厚终也。"敦艮之吉，在于始终宽厚待人。

上九爻变，得艮之变卦谦卦。《谦·彖传》提示："谦，尊而光，卑而不可逾，君子之终也。"得艮之谦，谦虚使人亨通。保持谦虚的品德，使尊贵者得到荣耀，卑微者不受欺压，君子最终有好结果。

本卦：艮　　　　变卦：艮之谦

《易经》启示：上九处境是时来运转，谦下柔顺。人在上九处境，若能持守正道，谨言慎行，刚而能柔，尊上谦下，真诚相待，择善追随，得贵人相助，终可逢凶化吉。

第五十三卦　渐

渐，女归吉，利贞。

渐卦，女子出嫁吉利，利于占问。

《彖》曰：渐，之进也。女归吉也，进得位，往有功也。进以正，可以正邦也。其位刚得中也，止而巽，动不穷也。

《彖传》解释：渐卦象征渐进。所谓女子出嫁吉利，是说渐进能够得到适宜位置，前往可以建功立业。持守正道渐进，可以正定邦国。摆正位置，刚健适中，内心静止，外表谦逊，行动就不会走入绝境。

《象》曰：山上有木，渐。君子以居贤德善俗。

《大象传》解释：山上有木，逐渐长大，这是渐卦卦象。君子观此卦象，应当效法，积蓄贤德，改善风俗。

【导读】

渐　卦名。《周易》（通行本）第五十三卦。《序卦传》："艮者，止也。物不可以终止，故受之以渐。渐者，进也。"《杂卦传》："渐，女归，待男行也。"艮为止，遇艮则止，但不可以只止不进，渐进才能最终得到归宿，就像女子等待男子进来娶她才能最终得到归宿一样，因此继艮卦之后紧接着为渐卦。这是《易传》释艮卦卦序、卦义。渐，指渐进。《广雅·释水》："渐，渍也。"《通俗文》："水浸曰渍。"《说文解字》："渐，水。"渐，本义是如水浸渍，慢慢地、一点一点地、逐渐渗透进入。渐卦是讲如何渐进发展。

女归　归，指女子出嫁。《说文解字》："归，女嫁也。"古代女子以出嫁结婚为最终归宿。"嫁"字从女从家，是指女子以嫁入男方的家为自己的家，因此女子出嫁称"女归"。女子结婚留在娘家，男子入赘到女方家，则称"归妹"。

《彖》曰　之，代词，代"渐"。之进，渐进。进得位，指渐进能够得到适宜位置。进以正，持正道渐进。位，摆正位置。刚得中，刚健适中。止，内心静止。巽，外表谦逊。穷，穷困、绝境。

《象》曰 "山上有木"，此释渐卦卦象。下卦艮为山，上卦巽为木，山上有木，逐渐长大。居，积蓄。善，改善。俗，风俗。

【卦象环境】

渐卦下卦为艮，上卦为巽，艮为山，巽为木，有"山上有木"之象，树木在山上生长是渐进的；全卦为三阴三阳卦，阳爻处于制阴的位置，下卦两阴承一阳，上卦一阴承二阳，在阳刚把持的环境下，阴柔进升只能是渐进的。故取卦名为"渐"。

外卦为巽，巽为长女，古代女子以嫁人为最终归宿，以夫为家，女子出嫁到夫家为归，内卦为艮，艮为少男，又为门阙，有夫家之象，外卦巽为长女，又为入，自外而内嫁入夫家，有"女归"之象；渐卦中间有互卦离（九三至九五），离为火、为日、为明、为丽，有"吉"之象，预示着长女出嫁，前途光明，今后日子红红火火。合观之，有"女归吉"之象。长女嫁少男，即现代所谓"姐弟恋"，在古代是被看好的。参见姤卦卦辞【导读】。

上卦巽为近利市三倍，有"利"之象；下卦艮错卦为兑，兑为巫，有"贞"之象。合观之，有"利贞"之象。

周代婚嫁有"婚仪六礼"，《仪礼·士昏礼》规定，从议婚到完婚，整个过程有纳采、问名、纳吉、纳征、请期和亲迎六道程序，非常复杂，不可省略，必须按礼仪步骤，按部就班，才合礼规，这是一个循序渐进的过程。

《彖传》提示："渐，之进也。女归吉也，进得位，往有功也。"渐卦象征渐进。所谓女子出嫁吉利，这是说渐进能够得到适宜位置，往后可以建功立业。

《大象传》提示："君子以居贤德善俗。"应积蓄贤德，改善风俗。

渐卦的人位互卦为未济卦（下卦：六二至六四；上卦：九三至九五）。未济，即事未定。未济卦阴阳未交、六爻皆不当位，礼仪无序。居位不当，事情难定。《未济·彖传》提示："未济，亨，柔得中也……虽不当位，刚柔应也。"未济卦提示，人在渐卦环境，若能持守中道，刚柔呼应，阴阳调和，循礼渐进，终能亨通。

本卦：渐　　　　　人位互卦：未济

渐卦局势：如高山植树，积小成大，运势平缓，循序渐进，逐渐顺利。

《易经》启示：人在渐卦环境，若能持守正道，脚踏实地，小心谨慎，循序渐进，则能趋吉避凶。若过刚不中，急于求成，急躁冒进，结果会凶多吉少。

初六，鸿渐于干，小子厉，有言，无咎。

初六爻，鸿雁逐渐飞到水岸边，小男孩有厉危，被直言教训，没有咎灾。

《象》曰：小子之厉，义无咎也。

《小象传》解释："小子之厉"，这是因为举止适宜没有咎过。

【导读】

鸿渐于干　鸿，大雁，亦称鸿雁，是一种候鸟，迁徙守时，飞行有序，配偶专一，此处取"鸿雁飞行渐进有序"之象。渐卦六爻皆以鸿雁取象。干，岸、水畔。

小子厉，有言　小子，对男性年幼者的称呼，指小男孩。言，《说文解字》："直言曰言。"又注："直，正见也"。此指直言教训。

《象》曰　小子之厉，为"小子厉，有言，无咎"之省文。义同宜，指举止适宜。

【爻象处境】

初六处下卦艮之初，艮为黔喙之属，有"鸿"之象；初六处渐卦之始，有"渐"之象；初六爻变，艮变为离，离为乾卦，乾可读作"干"，有"干"之象；艮又为山，在山脚，前有互卦坎（六二至六四），坎为水，艮坎合观，为山脚水边，也有"干"之象。合观之，有"鸿渐于干"之象。

下卦艮为少男，有"小子"之象；初六爻变，下卦艮变为离，离错卦为坎，坎为隐伏、为血卦，有"厉"之象。合观之，有"小子厉"之象。

下卦艮综卦为震，震于马为善鸣，有"言"之象，艮错卦为兑，兑为口、为说，也有"言"之象。

震错卦为巽，巽为不果，有"无"之象；初六爻变，艮变为离，离错卦为坎，坎为多眚，有"咎"之象。合观之，有"无咎"之象。

初六阴爻居阳位，居位失当，不中不正，上与六四敌而不应，近与六二敌而不比，上无靠山，下无基础，自身乏力，又无外援，处境不利。

《小象传》提示："小子之厉，义无咎也。"虽有厉险而最终无咎害，在于举止适宜没有咎过。

初六爻变，得渐之变卦家人卦。《家人·大象传》提示："君子以言有物，而行有恒。"得渐之家人，应反省自律，言之有物，行之有恒，言行一致。

本卦：渐　　　　变卦：渐之家人

《易经》启示：初六处境是运途初行，虽危无咎。人在初六处境，若能持守正道，戒惧谨慎，谦下柔顺，遇险知止，闻言知戒，知过悔过，有过则改，举止得当，方能无咎。

六二，鸿渐于磐，饮食衎衎，吉。
六二爻，鸿雁逐渐飞到水岸边大石上，饮食喜乐，吉利。
《象》曰：饮食衎衎，不素饱也。
《小象传》解释："饮食衎衎"，这意味着不是吃饱了不干事。

【导读】

鸿渐于磐，饮食衎衎　磐，《广韵》："磐，大石。"此指水岸边大石。衎衎，读 kànkàn，喜乐、愉快。《尔雅·释诂》："衎，乐也。"《说文解字》："衎，行喜儿。"

《象》曰　素饱，即"素餐"，此指不是吃饱了不干事。

【爻象处境】

六二处下卦艮，艮为黔喙之属，有"鸿"之象；六二处渐卦，有"渐"之象；艮为山、为小石，艮为阳卦，阳为大，有"磐"之象。合观之，有"鸿渐于磐"之象。

六二在互卦坎（六二至六四），坎为水，引申为酒水，下卦艮错卦为兑，兑为口，兑坎合观，有"饮食"之象。兑又为说，说同悦，有"衎"之象；六二与九五正应，九五在上卦巽，巽综卦为兑，也有"衎"之象。合观之，下艮上巽有"衎衎"之象。诸象合观，有"饮食衎衎"之象。

坎错卦为离，离为日、为明、为丽，有"吉"之象；六二爻变，下卦艮变为巽，巽为近利市三倍，也有"吉"之象。

六二处下卦艮之中位，阴爻居阴位，居中得正，上与九五正应，近与九三亲比，虽自身重阴过弱，与初六敌而不比，但上有靠山，下有近亲，因此处境和顺。

《小象传》提示："饮食衎衎，不素饱也。"不是吃素的，不是吃饱了撑着不干事，而是为了飞得更高、飞得更远。

六二爻变，得渐之变卦巽卦。《巽·大象传》提示："随风，巽。君子以申命行事。"得渐之巽，应观察时代风向，重申自己使命，听天命尽人事。

本卦：渐　　　变卦：渐之巽

《易经》启示：六二处境是鸿运中兴，稳如磐石。人在六二处境，若能持中守正，居安思危，戒惧谨慎，尊上谦下，谦逊柔顺，防微杜渐，方能吉利。

九三，鸿渐于陆，夫征不复，妇孕不育，凶，利御寇。

九三爻，鸿雁逐渐飞到水岸边高丘，丈夫远行未归，妻子怀孕未生，有凶险，但利于抵御盗寇。

《象》曰：**夫征不复，离群丑也。妇孕不育，失其道也。利用御寇，顺相保也。**

《小象传》解释："夫征不复"，这是说离开了家人。"妇孕不育"，这是说失去了家道。"利用御寇"，这是说家人应该和顺相守，相互保护。

【导读】

鸿渐于陆 陆，水岸边高丘。《说文解字》："陆，高平地。"

夫征不复，妇孕不育 征，远行。复，复归。孕，怀孕。育，生。《广雅·释言》："育，生也。"

利御寇 御，抵御、抗拒。寇，盗寇。

《象》曰 丑，同类、匹配，此指家人。离群丑，指离开家人。道，家道。失其道，失去了家道。顺，和顺。相，相守。保，相互保护。

【爻象处境】

九三处下卦艮之顶，艮为黔喙之属，有"鸿"之象；九三处渐卦，有"渐"之象；九三爻变，下卦艮变为坤，坤为地，有"陆"之象。合观之，有"鸿渐于陆"之象。

艮又为少男，有"夫"之象；艮综卦为震，震为足、为动，有"征"之象；震错卦为巽，巽为不果，有"不"之象；震为反生，有"复"之象。合观之，有"夫征不复"之象。

艮错卦为兑，兑为妾，有"妇"之象；九二在互卦离（九三至九五），离中虚，离为大腹，有"孕"之象；九三又在互卦坎（六二至六四）中，坎为血卦，引申为流产失血，有"不育"之象。合观之，有"妇孕不育"之象。

坎为血卦，又有"凶"之象。

巽又为近利市三倍，有"利"之象；艮又为止、为手，有"御"之象；坎又为盗，有"寇"之象。合观之，有"利御寇"之象。

九三即将出艮入巽，处下卦艮之极，阳爻居阳位，居位得当，虽被六二顺承亲比，但上与上九敌而不应，又被六四凌乘，处"三多凶"之位，上无靠山，居位失中，重阳过刚，刚愎自用，处境凶险。

《小象传》提示："利用御寇，顺相保也。"夫妻应和顺相守，

下经
第五十三卦
渐

相互保护。

九三爻变，得渐之变卦观卦。《观·大象传》提示："先王以省方观民设教。"得渐之观，应视察四方，考察民风，设置教化，改善风尚。

本卦：渐　　　　　　变卦：渐之观

《易经》启示：九三处境是时运不中，须防意外，此时宜止不宜动。人在九三处境，若能持守正道，抑制过刚，节制过激，知过悔过，有过就改，防微杜渐，终可逢凶化吉。

六四，鸿渐于木，或得其桷，无咎。

六四爻，鸿雁逐渐飞到水岸边丘林里，或许能找到平直的枝权，没有咎灾。

《象》曰：**或得其桷，顺以巽也。**

《小象传》解释："或得其桷"，这意味着顺势随从。

【导读】

鸿渐于木，或得其桷　木，《说文解字》注："冒也。冒地而生。"此指水岸边高丘上生长的树木。桷，读jué，《说文解字》注："榱也，椽方曰桷。"本义是方形的屋椽，即榱（cuī），此指平直的枝权。

《象》曰　顺，顺势。巽，入、随从。

【爻象处境】

六四居渐卦上卦巽之始，巽错卦为震，震综卦为艮，艮为黔喙之属，有"鸿"之象；六四处渐卦之上卦巽，有"渐"之象；巽为木，有"木"之象。合观之，有"鸿渐于木"之象。

巽又为进退，有"或"之象；巽又为入，有"得"之象；巽又为广颡，有"桷"之象。合观之，有"或得其桷"之象。

巽又为不果，有"无"之象；六四在互卦坎（六二至六四），坎为多眚，有"咎"之象。合观之，有"无咎"之象。

六四居"四多惧"之位，阴爻居阴位，居位得正，但居位失中，重阴过弱，鸿雁脚趾扁平相连，不能握枝站稳，"鸿渐于木"，处境艰险。幸好六四顺承亲比九五，亲比九三，上有靠山，下有基础，"得其桷"，找到平桷，得以栖息，结果有惊无险。

《小象传》提示："或得其桷，顺以巽也。"顺势随从，处置得宜。

六四爻变，得渐之变卦遁卦。《遁·大象传》提示："君子以远小人，不恶而严。"得渐之遁，应固守正道，疏远小人，表面不厌恶，内心严明界限。

本卦：渐　　　变卦：渐之遁

《易经》启示：六四处境是时运得当，随遇而安。人在六四处境，若能持守正道，谦逊顺承，尊上谦下，广结人缘，得道多助，顺势而为，借力而行，方能无咎。

九五，鸿渐于陵，妇三岁不孕，终莫之胜，吉。

九五爻，鸿雁逐渐飞到水岸边高陵上，妻子三年没有怀孕，始终没有让她屈服，吉利。

《象》曰：终莫之胜吉，得所愿也。

《小象传》解释："终莫之胜吉"，这意味着最终得其所愿。

【导读】

鸿渐于陵　陵，大土山，比丘高大。

妇三岁不孕，终莫之胜　岁，年。胜，制服。《尔雅·释诂》："胜，克也。"终莫之胜，即"终莫胜之"，始终没有让她屈服。

《象》曰　得所愿，实现了愿望。

【爻象处境】

九五居上卦巽之中位，巽错卦为震，震综卦为艮，艮为黔喙之属，有"鸿"之象；九五居渐卦之尊位，有"渐"之象；下卦艮为山，巽为高，巽艮合观，有"陵"之象。合观之，有"鸿渐于陵"之象。

巽综卦为兑，兑为妾，有"妇"之象；九五在互卦离（九三至九五）中，离在先天八卦位数为三，有"三岁"之象；九五与六二正应，为夫妇，九五与六二之间，既有下卦艮山阻止，又有互卦坎水（六二至六四）阻隔，从六二到九五，要历经三爻才能相合，也有"三岁"之象；巽为不果，有"不"之象；离又为大腹，有"孕"之象。合观之，有"妇三岁不孕"之象。

艮又为止、为万物之所成终，有"终"之象；艮综卦为震，震为反生，有"莫之胜"之象。合观之，有"终莫之胜"之象。

离又为日、为明、为丽，有"吉"之象。

九五居渐卦之尊位，阳爻居阳位，居中得正，下与六二正应，近与六四亲比，但重阳过刚，与上九敌而不比，处境有利有弊。

《小象传》提示："终莫之胜吉，得所愿也。"最终不可战胜，得偿所愿。

九五爻变，得渐之变卦艮卦。《艮·大象传》提示："君子以思不出其位。"得渐之艮，应经常考虑，不越过职位，不错过时机。

本卦：渐　　　　　　变卦：渐之艮

《易经》启示：九五处境是运势中正，三年必成。人在九五处境，若能持守中正之道，抑制过刚，纠正过失，刚而能柔，谦逊和顺，宽厚包容，得道多助，终究吉利。

上九，鸿渐于陆，其羽可用为仪，吉。

上九爻，鸿雁逐渐飞到水岸边漉池，羽毛可用于装饰仪容，吉利。

《象》曰：其羽可用为仪吉，不可乱也。

《小象传》解释："其羽可用为仪吉"，这表明要按礼仪程序，不可乱套。

【导读】

鸿渐于陆，其羽可用为仪　与九三"鸿渐于陆"同词不同义。陆，指渗漉的水池。《释名·释地》："陆，漉也。水流漉而去也。"《说文解字》："漉，浚也。"段玉裁注："浚，抒也。抒者，把也，取诸水中也。"鸿渐于陆，鸿雁飞到水岸边滩池，池水可用于清洗羽毛装饰仪容，池水渗漉后鱼虾露出也可食用，因此吉利。羽，装饰。仪，容止仪表。其羽可用为仪，指羽毛可用于装饰仪容。被誉为"茶神"的唐朝陆羽（所著《茶经》为我国第一部关于茶的专著），姓陆，名羽，字鸿渐，即取于此爻爻辞，寓意吉利吉祥。

《象》曰 不可乱，指不可以错乱。

【爻象处境】

上九居上卦巽之极，巽错卦为震，震综卦为艮，艮为黔喙之属，有"鸿"之象；上九居渐卦之终，有"渐"之象；上九爻变，上卦巽变为坎，坎为水，巽为入，坎巽合观，为水往下渗入，"陆"为水渗漉，有"陆"之象。合观之，有"鸿渐于陆"之象。

巽又为白，有"羽"之象；巽综卦为兑，兑错卦为艮，艮为手，有"用"之象；巽又为工，为装饰，有"仪"之象。合观之，有"其羽可用为仪"之象。

上九爻变，上卦巽变为坎，坎错卦为离，离为日、为明、为丽，有"吉"之象；巽为近利市三倍，也有"吉"之象。

上九居渐卦之终，阳爻居阴位，居位失当，不中不正，下与九三敌而不应，近与九五敌而不比，近无靠山，下无基础，前无去路，后无退路，处境凶险。但上九飞回水岸边水池里，功成身退，隐居山野，用洁白羽毛装饰，结果吉祥。

《小象传》提示："其羽可用为仪吉，不可乱也。"循序渐进，不可乱套，才有吉祥。

上九爻变，得渐之变卦蹇卦。《蹇·彖传》提示："蹇，难也，险在前也。见险而能止，知矣哉。"得渐之蹇，险难在前，见险为知，能止为智。

本卦：渐　　变卦：渐之蹇

《易经》启示：上九处境是鸿运当头，顺时而动。人在上九处境，若能持守正道，知过能改，遇险知止，刚而能柔，退守自保，韬光养晦，静待时机，见机行事，方能吉利。

第五十四卦　归妹

归妹，征凶，无攸利。

归妹卦，远行有凶险，无所利。

《彖》曰：归妹，天地之大义也。天地不交，而万物不兴。归妹，人之终始也。说以动，所归妹也。征凶，位不当也。无攸利，柔乘刚也。

《彖传》解释：归妹卦象征天地阴阳交合的大道理。天地阴阳不交合，则万物不能繁殖兴旺。男婚女嫁，人类才能始终繁衍不断。彼此和悦动情，可以婚嫁。远行有凶险，这是因为处位不当。没有利益，这是因为阴柔凌乘阳刚。

《象》曰：泽上有雷，归妹。君子以永终知敝。

《大象传》解释：泽上有雷，这是归妹卦卦象。君子观此卦象，应当效法，对待婚姻大事，要从长远结果来考虑利弊。

【导读】

归妹　卦名。《周易》（通行本）第五十四卦。《序卦传》："进必有所归，故受之以归妹。"《杂卦传》："归妹，女之终也。"男子进来娶妹，妹有归宿，这是女子最终归宿。男子进娶则女子必有所归，因此继渐卦之后紧接着为归妹。这是《易传》释归妹卦序、卦义。归妹，指男子入赘女方家结婚。古代女子以出嫁结婚为最终归宿。"嫁"字从女从家，指女子以嫁入男方的家为自己的家，因此女子出嫁称为"女归"。女子结婚留在娘家，男子入赘到女方家，则称为"归妹"。归妹卦是讲男子入赘成婚之事。归妹与渐卦主题相近，都讲婚嫁，渐卦讲女子出嫁，卦辞称"女归吉"，归妹讲男子入赘，卦辞则称"征凶"。古代视男子入赘为反常，在现代社会已属正常，特别是独生子女家庭，"女归"与"归妹"已无区分。沿海发达地区现在流行"两头婚"，男不言娶、女不言嫁，两家并一家。

《彖》曰　天地之大义，指天地阴阳交合的大道理。人之终始，指人类始终繁衍不断。说以动，彼此和悦动情。所归妹，指可以婚嫁。

《象》曰　"泽上有雷"，此释归妹卦卦象。下卦兑为泽，又为少女，上卦震为雷，又为长男，泽上有雷，男婚女嫁。永终，长远结果。敝，弊端。

【卦象环境】

归妹卦下卦为兑，上卦为震，兑为泽，震为雷，有"泽上有雷"之象，表示天雷下落泽上。兑为少女，少女在下卦，为内卦，为本家，为主动，震为长男，长男在上卦，为外卦，为外地，为被动，女追男，男随女，有长男入赘女方之象，长男归入小妹之家，故取卦名为"归妹"。

归妹卦为三阴三阳卦，三阴的位置较三阳为优，六五与上六占据了上卦的要位，下卦六三也处初九与九二之上，阴爻所处位置较有利，阴爻具主动性。阴爻主动，女追男，因此长男"归妹"。

上卦震为足、为动，有"征"之象；中间有互卦坎（六三至六五），坎为血卦，有"凶"之象。合观之，有"征凶"之象。

震错卦为巽，巽为不果，有"无"之象；巽又为近利市三倍，有"利"之象。合观之，有"无攸利"之象。

《彖传》提示："说以动，所归妹也。征凶，位不当也。无攸利，柔乘刚也。"两情相悦，可以婚嫁。远行有凶险，在于处位不当。没有利益，在于阴柔凌乘阳刚。

《大象传》提示："君子以永终知敝。"应从长计议，考虑利弊。

归妹卦的人位互卦为既济卦（下卦：九二至九四爻；上卦：六三至六五）。婚姻大事，仅凭情欲躁动、感情冲动，容易识人未明，遇人不淑，择偶不当，难得善终。《既济·大象传》提示："君子以思患而豫防之。"既济卦提示，人在归妹卦环境，应当居安思危，防患于未然，采取预防措施。

本卦：归妹　　　　人位互卦：既济

归妹卦局势：如浮云蔽日，阴阳不交，运势不顺，相配不良，有违常理。

《易经》启示：人在归妹卦环境，若能守正安分，谦逊柔顺，坦诚相待，顺势而为，终能逢凶化吉。若不识时务，不知抑制，好高骛远，逞强冒进，结果会凶多吉少。

初九，归妹以娣，跛能履，征吉。

初九爻，娶妻以妹妹陪嫁，腿瘸能走路，远行吉利。

《象》曰：归妹以娣，以恒也。跛能履吉，相承也。

《小象传》解释："归妹以娣"，这表明合乎常道。"跛能履吉"，这表明能相助做事。

【导读】

归妹以娣，跛能履　娣，读 dì，《说文解字》曰"女弟也"。女弟，即妹妹，古代姐姐称呼妹妹为"娣"。古代姐姐出嫁时常以妹妹或侄女陪嫁作妾。跛，读 bǒ，瘸，腿或脚有毛病。《说文解字》："跛，行不正也。"

《象》曰　恒，常道。相承，相助做事。

【爻象处境】

初九处归妹卦下卦兑之底，在卦"三才"之地位，地位卑微，兑为少女，又为妾，古代以妹陪姐同嫁一夫，称妹为娣，为侧室，因此有"归妹以娣"之象。

初九处下卦兑之初，兑为毁折，有"跛"之象；初九爻变，兑变为坎，坎为曳，也有"跛"之象；兑综卦为巽，巽错卦为震，震为足、为动，有"履"之象。合观之，有"跛能履"之象。

震为足、为动，又有"征"之象；初九爻变，兑变为坎，坎错卦为离，离为日、为明、为丽，有"吉"之象。合观之，有"征吉"之象。

初九阳爻居阳位，居位得当，但居位失中，重阳过刚，上无正应，近无亲比，上无靠山，下无基础，处境不顺。

《小象传》提示："跛能履吉，相承也。"跛履之吉，在于相助顺承。

初九爻变，得归妹之变卦解卦。《解·彖传》提示："有攸往夙吉，往有功也。天地解而雷雨作，雷雨作而百果草木皆甲坼。"得归妹之解，顺应天道，与人和解，患难与共，前往有功。

本卦：归妹　　　　变卦：归妹之解

《易经》启示：初九处境是运势微弱，因人成事。人在初九处境，若能持守正道，抑制过刚，纠正过失，守住本分，谦逊顺承，顺势而为，方能获吉。

九二，眇能视，利幽人之贞。

九二爻，瞎了一只眼睛仍能看见，利于幽居之人占问。

《象》曰：利幽人之贞，未变常也。

《小象传》解释："利幽人之贞"，这表明尚未失常。

【导读】

眇能视　眇，读 miǎo，本义是一只眼小，泛指瞎了一只眼睛。《说文解字》："眇，一目小也。"

利幽人之贞　幽，隐。《说文解字》："幽，隐也。"段玉裁注："幽，从山，犹隐从阜，取遮蔽之意。"幽人，幽居之人。

《象》曰　变常，失常。

【爻象处境】

九二处下卦兑之中位，兑为毁折，又在互卦离（九二至九四）中，离为目，兑离合观，有"眇"之象；离为目，又有"视"之象。合观之，有"眇能视"之象。

兑综卦为巽，巽为近利市三倍，有"利"之象；九二上接互卦坎（六三至六五），坎为沟渎、为隐伏，有"幽"之象；兑又为少女，有"人"之象；兑又为巫，有"贞"之象。合观之，有"利幽人之贞"之象。

九二阳爻居阴位，居位得中，刚而能柔，上与六五正应，近与六三亲比，上有靠山，下有基础，处境有利。

《小象传》提示："利幽人之贞，未变常也。"持守常道，持久不乱。

九二爻变，得归妹之变卦震卦。《震·彖传》提示："震，亨。震来虩虩，恐致福也。"得归妹之震，震雷来临，恐惧戒备，知戒亨通，终致福报。

本卦：归妹　　　　变卦：归妹之震

《易经》启示：九二处境是运途不正，自守待机。人在九二处境，若能持守中道，谦逊柔顺，刚而能柔，得道多助，只要静守待机，自处得宜，足以自保。

六三，归妹以须，反归以娣。

六三爻，娶妻以姐姐陪嫁，退回姐姐换了妹妹。

《象》曰：归妹以须，未当也。

《小象传》解释："归妹以须"，这表明是不恰当的。

【导读】

归妹以须，反归以娣　须同婹（xū），姐姐。《说文解字》："婹，女字也。《楚辞》曰：'女婹之婵媛。'贾侍中说：'楚人谓姊为婹。'"姊，读zǐ，"姊娣"为姐妹之间相称，妹妹称姐姐为"姊"，姐姐称妹妹为"娣"。反归以娣，退回姐姐换了妹妹。

《象》曰　未当，指不恰当。

【爻象处境】

六三处归妹卦下卦，有"归妹"之象；六三处下卦兑之极，在互卦离（九二至九四）中，离为中女，为少女之姊，姊即婹，婹同须，有"须（婹）"之象。合观之，有"归妹以须"之象。

兑综卦为巽，巽错卦为震，震为反生，有"反归"之象；兑为少女，有"娣"之象。合观之，有"反归以娣"之象。

六三阴爻处阳位，居位失当，不中不正，上与上六敌而不应，又凌乘九二，上无靠山，又得罪强势者，身处"三多凶"之位，处境不利。想冒充以姊的身份嫁为正室，结果被遣归，仍以娣的身份陪嫁。

《小象传》提示："归妹以须，未当也。"归妹以须，少不更事，行为失当。

六三爻变，得归妹之变卦大壮卦。《大壮·大象传》提示："君子以非礼弗履。"得归妹之大壮，应循礼而行，不符合礼规的事情不做。

本卦：归妹　　　变卦：归妹之大壮

《易经》启示：六三处境是运途尴尬，先忍后伸。人在六三处境，若能持守正道，守住本分，循规蹈矩，戒惧谨慎，知过悔过，有过就改，谦逊柔顺，顺势而为，方能无咎。

九四，归妹愆期，迟归有时。

九四爻，娶妻延误婚期，推迟结婚等待吉时。

《象》曰：愆期之志，有待而行也。

《小象传》解释："愆期之志"，这是为了等待好时机再进行。

【导读】

归妹愆期，迟归有时　愆，读qiān，超过、延误。《说文解字》："愆，过也。"迟归，推迟婚期。有时，等待吉时。

《象》曰　志，志愿。有待而行，等待好时机再进行。

【爻象处境】

九四居归妹卦上卦震之初，有"归妹"之象；在互卦坎（六三至六五）中，坎为曳，向后拖曳，有"愆期"之象。合观之，有"归妹愆期"之象。

坎为曳，又有"迟"之象；震为反生，有"归"之象；坎错卦为离，离为日，有"时"之象。合观之，有"迟归有时"之象。

九四已到震初，震在后天八卦中为春季，春季适宜嫁娶，虽然婚期迟延了，但等待有时，因此有"迟归有时"之象。

九四阳爻居阴位，居位不当，不中不正，下无正应，上被六五凌乘，刚走出下卦沼泽地，又陷入互卦坎险，处在上卦震之初，动力不足，时机未到，处境不佳。

《小象传》提示："愆期之志，有待而行也。"错过时机，是为了等待更好的时机。

九四爻变，得归妹之变卦临卦。《临·大象传》提示："君子以教思无穷，容保民无疆。"得归妹之临，应尽最大可能教化关心他人，尽最大可能包容保护他人。

本卦：归妹　　　　变卦：归妹之临

《易经》启示：九四处境是时运失当，审时度势。人在九四处境，若能戒惧谨慎，戒骄戒躁，冷静处事，等候时机，守正以待，终可得偿夙愿。

六五，帝乙归妹，其君之袂，不如其娣之袂良，月几望，吉。

六五爻，帝乙嫁女，正房的衣服，反不如偏房的衣服华丽，月亮将近圆月，吉利。

《象》曰：帝乙归妹，不如其娣之袂良也，其位在中，以贵行也。

《小象传》解释："帝乙归妹，不如其娣之袂良也"，这是说处事谦下守中，仍以高贵身份出嫁。

【导读】

帝乙归妹　指商纣王父亲嫁女于周文王。参见泰卦六五【导读】。

其君之袂，不如其娣之袂良　君，指出嫁女子，为正室。娣，指陪嫁女子，为偏房。袂，读 mèi，衣袖，此指衣服。良，华丽。

月几望　几，接近、将近。月几望，月亮将近圆满。参见小畜卦上九【导读】。

《象》曰　位在中，处事谦下守中。以贵行，以高贵身份出嫁。

【爻象处境】

六五居归妹卦之君位，在上卦震之中位，"帝出乎震"（《说卦传》），有"帝乙归妹"之象。

六五在互卦坎（六三至六五），坎错卦为离，离为乾卦，乾为君，有"君"之象；乾错卦为坤，坤为布、为文，有"袂"之象。合观之，有"其君之袂"之象。

震错卦为巽，巽为不果，有"不如"之象；六五与九二正应，九二在下卦兑，兑为少女，有"娣"之象；乾错卦为坤，坤为布、为文，有"袂"之象；九二又在互卦离（九二至九四）中，离为丽，可视为服饰艳丽华美，有"良"之象。合观之，有"不如其娣之袂良"之象。

六五爻变，得互卦坎（六三至上六），六五接近互卦坎中位，坎为月，有"月几望"之象。

震错卦为巽，巽为近利市三倍，有"吉"之象；坎错卦为离，离为日、为明、为丽，也有"吉"之象。

六五居归妹卦之尊位，居上卦震之中位，阴爻居阳位，居位得中，但居位失当；下与九二正应，近与九四亲比，但与上六敌而不比，又受九四进逼，处境有喜有忧。

《小象传》提示："其位在中，以贵行也。"处事谦下守中，仍以高贵身份出行。

六五爻变，得归妹之变卦兑卦。《兑·象传》提示："兑，说也。刚中而柔外，说以利贞，是以顺乎天而应乎人。"兑为说，说同悦。得归妹之兑，内守刚中，外以柔和，和悦中正，顺天应人，方能获利。

本卦：归妹　　　变卦：归妹之兑

《易经》启示：六五处境是时运中正，不敢自满。人在六五处境，若能持守中道，纠正过失，谦逊柔顺，宽厚包容，以诚待人，得道多助，方能趋吉避凶。

上六，女承筐无实，士刲羊无血，无攸利。

上六爻，女子捧着筐，筐内无实物，男子宰杀羊，羊没出血，无所利。

《象》曰：上六无实，承虚筐也。

《小象传》解释："上六无实"，这表明手捧的是空筐。

【导读】

女承筐无实　女承筐，有比喻男子入赘之义。承，捧。实，实物。

士刲羊无血　刲，读 kuī，宰杀、割取。《说文解字》："宰杀，刺。"

《象》曰　虚筐，空筐。

【爻象处境】

上六居上卦震之顶，震为苍筤竹，有"筐"之象；下卦兑为少女，有"女"之象；兑错卦为艮，艮为手，有"承"之象。下兑上震，合观之，有"女承筐"之象。震错卦为巽，巽为不果，有"无"之象；震综卦为艮，艮为果蓏，有"实"之象。合观之，有"无实"之象。诸象合观，有"女承筐无实"之象。

上六居上卦震之极，震为长男，有"士"之象；下临兑卦，兑为羊，有"羊"之象；兑又为毁折，有"刲"之象。合观之，有"士刲羊"之象。下卦兑综卦为巽，巽为不果，有"无"之象；兑紧接互卦坎（六三至六五），坎为血卦，有"血"之象。合观之，有"无血"之象。诸象合观，有"士刲羊无血"之象。

震错卦为巽，巽为不果，有"无"之象；巽又为近利市三倍，有"利"之象。合观之，有"无攸利"之象。

归妹卦主题是讲婚嫁，上六居卦终，因此上六爻辞主要以新婚夫妻入洞房之后的夫妻生活取象。"女承筐"象征女侍男，"筐"为女阴之象，《易经》通例，阳实阴虚，"无实"即无阳，女子"承筐无实"，即"筐"中无阳，为男子阳痿之象。"士刲羊"象征男御女，血属阴性，"无血"即无阴，男子"刲羊无血"，为女子失贞之象。两者皆为男女新婚之夜不祥之兆，故称"无攸利"。

上六居归妹卦之终，阴爻居阴位，居位得正，但居位失中，重阴过弱，下与六三敌而不应，近与六五敌而不比，无名分、无感情、无实力，处境堪忧。

《小象传》提示："上六无实，承虚筐也。"上六空虚无实，犹如竹篮打水一场空。

上六爻变，得归妹之变卦睽卦。《睽·大象传》提示："君子以同而异。"得归妹之睽，睽乖多疑，应分析异同，异中求同，求同存异。

本卦：归妹　　　变卦：归妹之睽

《易经》启示：上六处境是时运虚弱，万事不利。人在上六处境，若能持守正道，纠正过失，谦逊和顺，以诚相待，刚柔相济，阴阳相合，方能吉无不利。

第五十五卦　丰　☷☲

☷☲ 丰，亨，王假之，勿忧，宜日中。

丰卦，亨通，将遇贵人降临，不用忧虑，适宜正午日在中天时分。

《彖》曰：丰，大也。明以动，故丰。王假之，尚大也。勿忧宜日中，宜照天下也。日中则昃，月盈则食，天地盈虚，与时消息，而况于人乎？况于鬼神乎？

《彖传》解释：丰卦象征大。以光明盛德指导行动，必能成就丰功伟业。君临天下，崇尚阳刚盛大。不用忧虑，君王正值如日中天，适宜将君王盛德如太阳般普照天下。太阳到正午了就会逐渐向西偏斜，月亮圆满了就会逐渐亏损，天地万物种种盈亏变化，一切都随四时季节而消长，更何况是人类呢？更何况是鬼神呢？

《象》曰：雷电皆至，丰。君子以折狱致刑。

《大象传》解释：雷鸣电闪，声威盛大，这是丰卦卦象。君子观此卦象，应当效法，闪电般明察审理狱案，雷霆般威严执行刑罚。

【导读】

丰　卦名。《周易》（通行本）第五十五卦。《序卦传》："得其所归者必大，故受之以丰。丰者，大也。"《杂卦传》："丰，多故也。"女子出嫁而归，成家立业，繁殖后代，家业必大，大也是丰，因此继归妹卦之后紧接着为丰卦。家家都有一本难念的经，家大故事多，事故也多，因此说"丰，多故也"。这是《易传》释丰卦卦序、卦义。丰，甲骨文字形为🗝（《新甲骨文编》，第369页），上面像一器物盛有玉形，下面"豆"表示古代盛器，象征盛有贵重物品的礼器。丰的异体字"豐"是象形字，也是豆状礼器盛丰盛物品之象。《说文解字》："豐，豆之豐满者也。"丰，本义是草木丰沛丰盛的样子。《说文解字》："丰，艸盛丰丰也。"艸（cǎo）同草，是百草的总称。草木丰沛丰盛可遮天蔽日。丰卦是讲丰蔽之事。

王假之 王，泛指贵人。假，降临。

宜日中 宜，适宜。日中，指正午日在中天时分。

《彖》曰 明以动，以光明盛德指导行动。尚大，崇尚阳刚盛大。昃，读 zè，太阳西斜。《说文解字》："昃，日在西方时侧也。"时，四时季节。《说文解字》："时，四时也。"盈，圆满。食，亏损。消息，消长。

《象》曰 "雷电皆至"，此释丰卦卦象。下卦离为电，上卦震为雷，雷鸣电闪，声威盛大。折狱致刑，指闪电般明察审理狱案，雷霆般威严执行刑罚，亦有因大过而入狱，从而使其知过悔过改过之意。

【卦象环境】

丰卦下卦为离，上卦为震，离为电，震为雷，有"雷电皆至"之象；震又为动，离即罗，为罗网、法网，有"动入罗网"之象。合观之，动入罗网，雷电皆至，象征人行为有失而入牢狱受惩罚，人在牢中不见天日。丰为大、为盛，丰沛盛大可蔽天日，故取卦名为"丰"。

上卦震为动、为健，互卦坎（六二至六五）为通，震坎合观，健行畅通，有"亨"之象。

上卦震为龙，"帝出乎震"（《说卦传》），有"王"之象；下卦离为乾卦，乾为君，也有"王"之象；震又为足、为动，有"假之"之象。合观之，有"王假之"之象。

互卦巽（六二至九四）为不果，有"勿"之象；互卦坎（六二至六五）为加忧、为心病、为亟心，有"忧"之象。合观之，有"勿忧"之象。

下卦离为日，离在后天八卦方位中为正南方，如日中天，有"宜日中"之象。

《彖传》提示："丰，大也。明以动，故丰。"内卦离为明，内有光明盛德，为内圣；外卦震为行动，以光明盛德指导行动，成就丰功伟业，为内圣外王之道。

《大象传》提示："君子以折狱致刑。"应效法雷电之威，明断案，严刑罚。

丰卦的人位互卦为大过卦（下卦：六二至九四；上卦：九三至六五）。《大过·象传》提示："大过，大者过也。……刚过而中，巽而说行，利有攸往，乃亨。"人若过于自大则有大过，大过即为大的过错、过失。大过卦提示，人在丰卦环境，伴随丰功伟业，也会有大过失误，面对大过，只有持守中正之道，真心悔过，有过就改，谦卑随顺，和悦健行，方能亨通。

本卦：丰　　　人位互卦：大过

丰卦局势： 如日中天，背暗向明，运势丰盛，盛极必衰，盈不忘亏，前途亨通。

《易经》启示： 人在丰卦环境，若能持守正道，居安思危，择善追随，防微杜渐，则能趋吉避凶。若不识时务，刚愎自用，独断专行，冒险妄动，结果会凶多吉少。

初九，遇其配主，虽旬无咎，往有尚。

初九爻，遇见命中贵人，十日内无咎灾，前往有贵人相助。

《象》曰：虽旬无咎，过旬灾也。

《小象传》解释："虽旬无咎"，这意味着过了十天会有灾祸。

【导读】

遇其配主，虽旬无咎，往有尚　配，相配、匹配。配主，此指命中贵人。旬，十日。古代天干记日，每十日称一旬。《说文解字》："旬，徧也，十日为旬。"尚，嘉尚、佑助，此指贵人相助。

《象》曰　过旬灾，指过了十天会有灾祸。

【爻象处境】

初九在下卦离之初，离为目，有"遇"之象；初九与六二亲比，阴阳相合，刚柔相济，六二居中得正，有"配主"之象。合观之，有"遇其配主"之象。

初九与六二同在下卦离中，单卦三爻为一个月，每一爻为一旬，初九为一旬，有"旬"之象；六二在互卦巽（六二至九四），巽为不果，有"无"之象；离错卦为坎，坎为多眚，有"咎"之象。合观之，有"虽旬无咎"之象。

初九爻变，下卦离变为艮，艮综卦为震，震为足、为动，有"往"之象；艮为手，引申为帮助，有"尚"之象。合观之，有"往有尚"之象。

初九处丰卦之始，阳爻居阳位，虽居位得当，但居位失中，重阳过刚；虽与六二亲比，但上无正应，上无靠山，处境利中有弊。

《小象传》提示："虽旬无咎，过旬灾也。"十天可以无咎，过了十天可能有灾祸。

初九爻变，得丰之变卦小过卦。《小过·大象传》提示："君子以行过乎恭，丧过乎哀，用过乎俭。"得丰之小过，应在小事上略有过度，言行尽量恭敬，丧事尽量悲哀，费用尽量节俭。

本卦：丰　　　　　变卦：丰之小过

《易经》启示：初九处境是时运正当，十年好运。人在初九处境，若能持守正道，抑制过刚，防止大过，矫枉过正，知过悔改，尊上谦下，谦逊柔顺，择善追随，得贵人相助，结果无咎。

六二，丰其蔀，日中见斗，往得疑疾，有孚发若，吉。

六二爻，被盛大的草帘遮蔽，正午时分见到北斗星，前往得了疑心病，卦兆显示已去除，吉利。

《象》曰：有孚发若，信以发志也。

《小象传》解释："有孚发若"，这意味着诚信可激发志向。

【导读】

丰其蔀，日中见斗　蔀，读 bù，覆盖于棚架上以遮蔽阳光的草席。丰其蔀，指被盛大的草帘遮蔽。日中，正午时分。斗，北斗星。

往得疑疾，有孚发若　疑，疑惑。《说文解字》："疑，惑也。"疑疾，指疑心病。发，去除。《广雅·释诂》："发，去也。"

《象》曰　孚，诚信。发，发挥作用。信，诚信。发志，激发志向。

【爻象处境】

六二处丰卦下卦离之中，离为光明，上卦震为萑苇，有"蔀"之象；震上离下，光明被草帘遮蔽，有"丰其蔀"之象。

六二在下卦离之中位，离为日，有"日中"之象；离又为目，有"见"之象；往上看为上卦震，震仰盂，形如斗，引申为北斗星，有"斗"之象。合观之，有"日中见斗"之象。

巽错卦为震，震为足、为动，有"往"之象；巽为入，有"得"之象；六二在互卦坎（六二至六五）中，坎为加忧、为心病，有"疑疾"之象。合观之，有"往得疑疾"之象。

六二在互卦巽（六二至九四），巽综卦为兑，兑为巫，有"孚"之象；巽错卦为震，震为萅，"萅"为植物发芽开花，有"发若"之象。合观之，有"有孚发若"之象。

离为日、为明、为丽，有"吉"之象；巽为近利市三倍，也有"吉"之象。

六二处下卦离中位，阴爻居阴位，虽重阴过弱，但居中得正；虽上无正应，又凌乘初九，但承比九三，又顺承九四，消除疑忌，得九三、九四两阳爻相助；处境虽有波折，但终究顺利。

《小象传》提示："有孚发若，信以发志也。"让诚信发挥作用，诚信可激发志向。

六二爻变，得丰之变卦大壮卦。《大壮·大象传》提示："君子以非礼弗履。"得丰之大壮，应循规蹈矩，不符合礼规的事情不做。

本卦：丰　　　　　　变卦：丰之大壮

《**易经**》启示：六二处境是运途曲折，由暗向明。人在六二处境，若能持守中正之道，纠正过失，谦逊柔顺，宽厚包容，以柔济刚，以诚相待，得道多助，终能化险为夷，趋吉避凶。

九三，丰其沛，日中见沫，折其右肱，无咎。

九三爻，被盛大的雨帘遮蔽，正午时分见到水泡，折断右臂，没有咎灾。

《象》曰：丰其沛，不可大事也。折其右肱，终不可用也。

《小象传》解释："丰其沛"，这意味着不可能成就大事。"折其右肱"，这意味着最终不可能受重用。

【导读】

丰其沛，日中见沫 沛通"霈"（pèi），雨盛大的样子，此指雨帘。《玉篇》："霈，大雨。"沫，泡沫、水泡。《说文解字》："瀑下一曰沫也。"段玉裁注："沫谓水泡。"

折其右肱 肱，读 gōng，上臂，手臂由肘到肩的部分。

《象》曰 不可大事，不可能成就大事。终不可用，最终不可能受重用。

【爻象处境】

九三处丰卦下卦离之极，九三爻变，得互卦坎（六三至六五），坎为水、为雨，坎为阳卦，阳为大，大雨如幡幔，不见天日，有"丰其沛"之象。

离为日，有"日"之象；离又为中女，有"中"之象；离又为目，有"见"之象；离又为鳖、为蟹、为蠃、为蚌、为龟，会吐沫，有"沫"之象。合观之，有"日中见沫"之象。

九三在互卦兑（九三至六五），兑为毁折，有"折"之象；又在互卦巽（六二至九四），巽为股，在手为肱，有"肱"之象；兑在后天八卦方位中为西方，左为东，右为西，兑有"右"之象。合观之，有"折其右肱"之象。

巽又为不果，有"无"之象；坎又为多眚，有"咎"之象。合观之，有"无咎"之象。

九三处"三多凶"之位，阳爻处阳位，居位得正，虽居位失中，重阳过刚，与九四敌而不比，但上与上六正应，下与六二亲比，上有靠山，下有基础，因此处境有弊有利。不过，上六居上卦震之末，阴爻居阴位，重阴过弱，相助乏力，因此九三缺少上层有力支持，成不了大事，但最终没有咎害。

《小象传》提示："不可大事也。……终不可用也。"成不了大事，最终也不被重用。

下经
第五十五卦
丰

九三爻变，得丰之变卦震卦。《震·大象传》提示："君子以恐惧修省。"得丰之震，应当觉悟，惊恐畏惧，修身自省。

本卦：丰　　　　变卦：丰之震

《易经》启示：九三处境是时运颠倒，须防灾祸。人在九三处境，若能持守正道，戒惧谨慎，抑制过刚，纠正过失，尊上谦下，谦逊和顺，顺势而为，不求有功，但求无过，终能无咎。

九四，丰其蔀，日中见斗，遇其夷主，吉。

九四爻，被盛大的草帘遮蔽，正午时分见到北斗星，遇见命中贵人，吉利。

《象》曰：**丰其蔀，位不当也。日中见斗，幽不明也。遇其夷主，吉行也。**

《小象传》解释："丰其蔀"，这表明所居位置不适当。"日中见斗"，这表明由于受蒙蔽而昏暗不明。"遇其夷主"，这表明行动还会获得吉祥。

【导读】

丰其蔀，日中见斗　与本卦六二爻辞同。

遇其夷主　与初九"遇其配主"义同，指遇见命中贵人。

《象》曰　位不当，所居位置不适当。幽不明，受蒙蔽而昏暗不明。吉行，指行动还会获得吉祥。

【爻象处境】

九四居丰卦上卦震之始，震为萑苇，有"蔀"之象；下卦离为光明，震上离下，草帘遮蔽了光明，有"丰其蔀"之象。

九四爻变，得互卦坎（六二至六四），坎错卦为离，离为日，有"日"之象；坎为中男，有"中"之象；离又为目，有"见"之象；九四在上卦震，震仰盂，形如斗，引申为北斗星，有"斗"之象。合观之，有"日中见斗"之象。

九四亲比六五，九四、六五在互卦坎（六二至六五），坎错卦为离，离为目，有"遇"之象；六五居丰卦之君位，有"夷主"之象。合观之，有"遇其夷主"之象。离又为日、为明、为丽，有"吉"之象。

九四居"四多惧"之位，阳爻居阴位，居位失当，不中不正，下与初九敌而不应，近与九三敌而不比，但九四亲比六五，得六五至尊信任，因此处境弊中见利。

九四与六二都有相同爻辞"丰其蔀，日中见斗"，二者不同的是：六二以阴爻处阴位，重阴过阴，离日被遮蔽，前往必被猜疑；九四为上卦震之主爻，为震动之主，能突破遮蔽，遇见六五"夷主"，又是阳爻居阴位，刚而能柔，亲比六五，能让其消除疑疾，因此吉祥。

《小象传》提示："遇其夷主，吉行也。"遇贵人相助，行动吉利。

九四爻变，得丰之变卦明夷卦。《明夷·象传》提示："明入地中，明夷。……利艰贞，晦其明也。"得丰之明夷，日落黄昏，须艰辛坚守，韬光养晦。

本卦：丰　　变卦：丰之明夷

《易经》启示：九四处境是时来运转，绝好际遇。人在九四处境，若能持守正道，戒惧谨慎，纠正过失，刚而能柔，尊上谦下，追随至尊，得其信任，方能吉利。

六五，来章，有庆誉，吉。

六五爻，贵人降临，得到赏赐和赞誉，吉利。

《象》曰：六五之吉，有庆也。

《小象传》解释："六五之吉"，这表明必定会有喜庆。

【导读】

来章，有庆誉　章，旌旗，绣有徽号的旗帜，此指尊贵者。刘向《说苑》："分为五选，异其旗章，勿使冒乱。"来章，指遇见贵人降临。庆，赏赐。誉，赞誉。

【爻象处境】

《易经》通例，自上而下为来。六五居丰卦之君位，六五在互卦坎（六二至六五）中，坎为加忧、为心病、为呕心，六二、九三、九四身在坎中，或多或少心中皆有疑忌，六五下来主动与臣下修好，消除猜疑，有"来"之象；六五爻变，得互卦乾（九三至九五），乾错卦为坤，坤为布、为文，有"章"之象。合观之，有"来章"之象。

六五在互卦兑（九三至六五）之顶，六五爻变，上卦震也变为兑，兑为口、为悦，有"庆誉"之象。

坎错卦为离，为日、为明、为丽，有"吉"之象。

六五居上卦震之中位，阴爻居阳位，居位得中，但居位失当，下与六二敌而不应，上与上六敌而不比，凌乘九四，被九四进逼，处境不利。

《小象传》提示："六五之吉，有庆也。"贵人降临，自然喜庆。

六五爻变，得丰之变卦革卦。《革》卦辞提示："己日乃孚，元亨，利贞，悔亡。"得丰之革，洗心革面，诚信待人，自然局面好转，大有亨通，悔事消亡。

本卦：丰　　　　变卦：丰之革

《易经》启示：六五处境是时运大盛，可喜可贺。人在六五处境，若能持守中道，纠正过失，以柔济刚，既阳刚中正，又谦逊柔顺，宽厚包容，刚柔相济，广结善缘，得道多助，终有庆誉。

上六，丰其屋，蔀其家，窥其户，阒其无人，三岁不觌，凶。

上六爻，室外室内被盛大的草帘遮蔽，从窗户往里看，寂静无人，三年也不见人，凶险。

《象》曰：丰其屋，天际翔也。窥其户，阒其无人，自藏也。

《小象传》解释："丰其屋"，这表明已经远走高飞。"窥其户，阒其无人"，这表明是自己隐藏踪迹。

【导读】

丰其屋，蔀其家　屋，室外。家，室内。
窥其户，阒其无人，三岁不觌　窥，从小孔、缝隙或遮蔽处看。

《说文解字》:"窥,小视也。"户,窗户。阒,读 qù,寂静。《说文解字》:"阒,静也。"觌,读 dí,见。《说文解字》:"觌,见也。"

《象》曰　天际翔,远走高飞。自藏,自己隐藏踪迹。

【爻象处境】

上六居丰卦上卦震之极,震极必反,震综卦为艮,艮为门阙,有屋、家、户之象;震为萑苇,有"丰其屋,蔀其家"之象;下卦为离,离为目,离在艮外,有"窥其户"之象。合观之,有"丰其屋,蔀其家,窥其户"之象。

上六与九三正应,九三在互卦坎(六二至六五)中,坎为隐伏,有"阒"之象;上卦震错卦为巽,巽为不果,有"无"之象;震为长子,有"人"之象。合观之,有"阒其无人"之象。

九三在下卦离中,离在先天八卦位数为三,有"三岁"之象;九三又在互卦巽(六二至九四),巽为不果,有"不"之象;离为目,有"觌"之象。合观之,有"三岁不觌"之象。

上六在上卦震,震综卦为艮,艮错卦为兑,兑为毁折,有"凶"之象;上六爻变,上卦震变为离,离错卦为坎,坎为血卦,也有"凶"之象。

上六居丰卦之终,已是穷途末路,阴爻居阴位,居位得当,与九三正应,但居位失中,重阴过弱,又与六五敌而不比,得罪至尊,处境凶险。

《小象传》提示:"丰其屋,天际翔也。""丰其屋",应远走高飞。

上六爻变,得丰之变卦离卦。《离·大象传》提示:"大人以继明照于四方。"得丰之离,人虽已离开,但美德光芒仍在持续不断照耀四方。

本卦:丰　　变卦:丰之离

《易经》启示:上六处境是时运不中,好运已去。人在上六处境,若能持守正道,纠正过失,功成身退,及时隐避,远走高飞,方能逢凶化吉。

第五十六卦　旅

旅，小亨，旅贞吉。

旅卦，小事亨通，旅人占问吉利。

《彖》曰：旅，小亨。柔得中乎外而顺乎刚，止而丽乎明，是以小亨，旅贞吉也。旅之时义大矣哉！

《彖传》解释：旅卦象征小事亨通。柔和守中，在外顺从刚强，居止时附丽光明之德，如此才能小事亨通，旅居在外坚守正道可获吉祥。旅卦因时制宜的道理真是博大精深啊！

《象》曰：山上有火，旅。君子以明慎用刑而不留狱。

《大象传》解释：山上有火，这是旅卦卦象。君子观此卦象，应当效法，明智谨慎使用刑罚而不拖延狱案。

【导读】

旅　卦名。《周易》（通行本）第五十六卦。《序卦传》："丰者，大也。穷大者必失其居，故受之以旅。"《杂卦传》："亲寡，旅也。"丰者盛大，穷奢极大者必失立足之地，只得踏上旅程远走他乡，因此继丰卦之后紧接着为旅卦。旅卦与丰卦相对，丰卦"多故"，旅卦"寡亲"。人在旅途，孤家寡人，孤苦伶仃，寡亲少友。这是《易传》释旅卦卦序、卦义。旅，甲骨文字形为🏳（《新甲骨文编》，第390页），左上表示旌旗，右下双人"从"表示众人，指士兵，表示众多士兵站在旗下。本义是古代军队编制单位，五百人为一旅，后引申为羁旅，有寄宿之义。《说文解字》："旅，军之五百人为旅。"段玉裁注："凡言羁旅。义取乎庐。庐，寄也。"《说文解字》："庐，寄也。秋冬去，春夏居。"古代一户分到田一百亩、公田十亩、宅田二亩半，共有田一顷十二亩半，八家九顷，共为一井。在二亩半田中建庐舍，以便春夏农忙时居住，秋冬农忙结束回到城邑里。因此庐舍只是春夏时节寄宿一下。旅卦是讲羁旅之事。

小亨，旅贞吉　小，小事。小亨，小事亨通。旅，旅人，泛指离家在外的人。陈鼓应、赵建伟说："卦名、卦辞、爻辞之'旅'皆犹上九之'旅人'。或释'旅'为'商旅'，实则在外行役、求官、问学、为宦、经商等皆为旅之属。"（《周易今注今译》）当从。

《彖》曰　柔得中，柔和守中。外，在外。顺乎刚，顺从刚强。止，留宿、居止。丽乎明，附丽光明之德。旅，旅居在外。贞吉，坚守正道可获吉祥。时义，因时制宜的道理。

《象》曰　"山上有火"，此释旅卦卦象。下卦艮为山，上卦离为火，山上有火，火势匆匆。明，明智。明慎用刑，指明智谨慎使用刑罚。留，滞留、拖延、搁置。不留狱，指不拖延狱案。

【卦象环境】

旅卦下卦为艮，上卦为离，艮为山，离为火，有"山上有火"之象；山在下，止而不动，为停留；火在上，动而不止，为行走。走走停停，停停走走，居无定所，漂泊不定，有旅行之象，故取卦名为"旅"。

上卦为离，离为阴卦，《易经》通例，阴为小，有"小"之象；离错卦为坎，坎为通，有"亨"之象。合观之，有"小亨"之象。

下卦艮为径路，艮综卦为震，震为足、为动，艮震合观，有"旅"之象；艮错卦为兑，兑为巫，有"贞"之象；兑综卦为巽，巽为近利市三倍，有"吉"之象；上卦离为日、为明、为丽，也有"吉"之象。合观之，有"旅贞吉"之象。

《彖传》提示："旅，小亨。柔得中乎外而顺乎刚，止而丽乎明，是以小亨，旅贞吉也。"旅卦象征小事亨通，柔和守中，在外顺从刚强，居止时依附光明之德，如此才能小事亨通，旅居在外坚守正道可获吉祥。

《大象传》提示："君子以明慎用刑而不留狱。"应按章办事，明智抉择。

旅卦的人位互卦为大过卦（下卦：六二至九四；上卦：九三至六五）。人在旅卦环境，旅卦象征人生旅程。大过卦下卦为巽，巽为木，引申为房屋，上卦为兑，兑为泽水、为毁折，水淹房屋，毁折栋梁，有居无定所之象。《大过·象传》提示："刚过而中，巽而说行，利有攸往，乃亨。"大过卦提示，人在旅途，出门在外，人地两不熟，居无定所，寄人篱下，环境艰险，生存不易。过刚易折，若能持中守正，谦逊顺随，和悦健行，适时前往，方能亨通。

本卦：旅　　　　人位互卦：大过

旅卦局势：如野炊生火，远山烛光，运势微弱，举目无亲，先易后难，小事亨通。

《易经》启示：人在旅卦环境，若能持中守正，谦逊柔顺，宽厚包容，戒惧谨慎，终能逢凶化吉。若不守正道，目光短浅，傲慢无礼，刚愎自用，结果会凶多吉少。

初六，旅琐琐，斯其所取灾。

初六爻，旅人疑心多虑，这是自找灾祸。

《象》曰：旅琐琐，志穷灾也。

《小象传》解释：旅琐琐，这是心志窘迫自找灾祸。

【导读】

旅琐琐，斯其所取灾　琐琐，读为"惢惢"（suǒsuǒ），心疑、多虑。《说文解字》："惢，心疑也。从三心。凡惢之属皆从惢。读若《易》'旅琐琐'。"斯其所取灾，指这是自找灾祸。

《象》曰　志，心志。穷，窘迫。

【爻象处境】

初六处旅卦之始，在下卦艮之初，艮为径路，艮综卦为震，震为足、为动，有"旅"之象；初六爻变，下卦艮变为离，离错卦为坎，坎为加忧、为心病，有"琐琐"之象。合观之，有"旅琐琐"之象。

初六处内卦艮之初，内卦艮为自己，艮又为手，有"取"之象；坎又为多眚，有"灾"之象。合观之，有"斯其所取灾"之象。

初六阴爻居阳位，居位失当，不中不正，近与六二敌而不比，虽上与九四正应，但被下卦艮山阻止，九四帮不上忙，行旅之初，孤身只影，位卑力弱，阴柔猥琐，忧心忡忡，积成心病，心境不顺，处境不利。

《小象传》提示："旅琐琐，志穷灾也。"志穷猥琐，忧心成灾。

初六爻变，得旅之变卦离卦。《离》卦辞提示："利贞，亨，畜牝牛吉。"得旅之离，心志柔弱者，不宜外出旅行，不要自讨苦吃，居家生活吉利。

本卦：旅　　　　　变卦：旅之离

《易经》启示：初六处境是时运失当，所得有限。人在初六处境，若能持守正道，摆正心态，纠正过失，谦逊和顺，顺势而为，随遇而安，方能趋吉避凶，旅途愉快。

六二，旅即次，怀其资，得童仆，贞（吉）。

六二爻，旅人在旅舍吃住，身上有钱，又有童仆照顾，占问吉利。

《象》曰：得童仆贞，终无尤也。

《小象传》解释："得童仆贞"，这表明最终没有忧虑。

【导读】

旅即次，怀其资　即，甲骨文字形为🈚（《新甲骨文编》，第311页），左边为食器（皀），右边是坐着的人形（后讹为卩），表示人坐着面对食器准备吃东西。本义是就食，泛指吃。《说文解字》："即，就食也。"次，本义是临时驻扎和住宿。《左传·襄公二十六年》："师陈焚次。"杜预注："次，舍也。"此指临时住宿。《师》卦六四"师左次"之"次"为临时驻扎。资，钱财。

贞（吉）　高亨指出："贞下疑当有吉字，转写挩去。《象传》曰：'得童仆贞，终无尤也。'正以无尤二字释吉字，即其证。得童仆贞吉与九三'丧其童仆贞厉'正相对为文也。"（《周易古经今注》）可从。

《象》曰 尤，忧虑。终无尤，最终没有忧虑。

【爻象处境】

六二处旅卦下卦艮之中，艮为径路，艮综卦为震，震为足、为动，有"旅"之象；艮错卦为兑，兑为口，象征吃，"即"通"吃"，有"即"之象；艮为门阙，象征房舍，"次"通"舍"，因此有"次"之象。合观之，有"旅即次"之象。

六二爻变，下卦艮变为巽，巽为入，有"怀"之象；巽又为近利市三倍，有"资"之象。合观之，有"怀其资"之象。

巽为入，又有"得"之象；艮又为少男，有"童仆"之象。合观之，有"得童仆"之象。

兑又为巫，有"贞"之象；兑综卦为巽，巽为近利市三倍，有"吉"之象；六二在互卦坎（六二至六五），坎错卦为离，离为日、为明、为丽，也有"吉"之象。合观之，有"贞吉"之象。

六二处下卦艮之中位，阴爻居阴位，居中得正，虽重阴过弱，上与六五敌而不应，但近与九三承比，又持中守正，因此处境弊中有利。

《小象传》提示："得童仆贞，终无尤也。"旅行途中，有房可住，有钱可用，有人可使，人财物齐全，自然高枕无忧，旅途愉快。

六二爻变，得旅之变卦鼎卦。《鼎·大象传》提示："君子以正位凝命。"得旅之鼎，在人生旅途中，应摆正位置忠于职守，坚定信念牢记使命。

本卦：旅　　　变卦：旅之鼎

《易经》启示：六二处境是时运中正，随时可得。人在六二处境，若能持守中正之道，纠正过失，尊上谦下，谦逊和顺，宽厚包容，得道多助，方能吉利。

九三，旅焚其次，丧其童仆，贞厉。

九三爻，旅人就住的旅舍失火，丧失童仆，占问有厉危。

《象》曰：旅焚其次，亦以伤矣。以旅与下，其义丧也。

《小象传》解释："旅焚其次"，这表明已经受到了损伤。身为旅客却把童仆当下人使唤，童仆离去是理所当然的。

【导读】

《象》曰　伤，损伤。以旅与下，指身为旅客却把童仆当下人使唤。义，理所当然。丧，离去。

【爻象处境】

九三处旅卦下卦艮之极，艮为径路，艮综卦为震，震为足、为动，有"旅"之象；上卦为离，离为火，有"焚"之象；艮为门阙，象征房舍，"次"通"舍"，因此有"次"之象；九三在互卦巽（六二至九四）中，巽为入。合观之，火入房内，有"旅焚其次"之象。

艮错卦为兑，兑为毁折，有"丧"之象；艮为少男，有"童仆"之象。合观之，有"丧其童仆"之象。

兑又为巫，有"贞"之象；九三爻变，得互卦坎（六三至六五），坎为隐伏、为血卦，有"厉"之象。合观之，有"贞厉"之象。

九三正处出艮入离之际，处"三多凶"之位，阳爻处阳位，居位得正，但居位失中，重阳过刚，与上九敌而不应，与九四敌而不比，下据初六、六二两阴爻，刚愎自用，恃强凌弱，树敌太多，外无应比，以致住房被焚、童仆丧失，处境危险。

《小象传》提示："亦以伤""其义丧"，皆为咎由自取。

九三爻变，得旅之变卦晋卦。《晋·大象传》提示："君子以自昭明德。"得旅之晋，如人在晋升途中，应自省修行，昭著美德。

本卦：旅　　　变卦：旅之晋

《易经》启示：九三处境是时运颠倒，危机四伏。人在九三处境，若能持守正道，谦逊柔顺，宽厚包容，抑制过刚，知过悔过，有过就改，化敌为友，方能逢凶化吉。

九四，旅于处，得其资斧，我心不快。

九四爻，旅人回到住处，找回财物，心中仍不痛快。

《象》曰：旅于处，未得位也。得其资斧，心未快也。

《小象传》解释："旅于处"，这表明尚未找到安身之处。"得其资斧"，这意味着不能安居心情，仍会不愉快。

【导读】

旅于处，得其资斧，我心不快　于，往、到。处，住处。资斧，财物。

《象》曰　未得位，指尚未找到安身之处。

【爻象处境】

九四居旅卦上卦离之初，九四爻变，离变为艮，艮为径路，艮综卦为震，震为足、为动，有"旅"之象；艮为门阙，有"处"之象。合观之，有"旅于处"之象。

九四在互卦巽（六二至九四），巽为入，有"得"之象；巽为近利市三倍，有"资"之象；又在上卦离，离为戈兵，有"斧"之象。合观之，有"得其资斧"之象。

九四爻变，得互卦坎（六二至六四），坎为加忧、为亟心、为心病，有"我心不快"之象。

九四处"四多惧"之位，阳爻居阴位，居位失当，不中不正，上被六五凌乘，近与九三敌而不比，虽然下与初六正应，却被下卦艮山阻止，滞留旅舍，处境不佳，心愿未遂，难免心中不快。

《小象传》提示："得其资斧，心未快也。"虽得资助，但天涯孤旅，心中仍不痛快。

九四爻变，得旅之变卦艮卦。《艮·象传》提示："艮，止也。时止则止，时行则行，动静不失其时，其道光明。"得旅之艮，应抑止妄想，顺时行止，随遇而安，前途光明。

本卦：旅　　　变卦：旅之艮

《易经》启示：九四处境是盛运未到，不能如愿。人在九四处境，若能持守正道，自我反省，摆正心态，纠正过失，刚而能柔，谦逊柔顺，随遇而安，境由心生，心境顺了，处境亦顺，方能最终吉利。

六五，射雉，一矢亡，终以誉命。

六五爻，射野鸡，射失一支箭，最终获得赞誉和命爵。

《象》曰：终以誉命，上逮也。

《小象传》解释："终以誉命"，这是由于追随居上位者而得到赞誉和爵位。

【导读】

射雉，一矢亡，终以誉命　雉，读zhì，野鸡。亡，指射失、射空。誉，赞誉。命，命爵，指赐给官职。

《象》曰　逮，及、赶上、达到，特指经过追赶而达到。上逮，指经过追随居上位者而得到赞誉和官职。

【爻象处境】

六五居旅卦上卦离之尊位，离为戈兵，有"射"之象；离又为雉，有"雉"之象。合观之，有"射雉"之象。

六五爻变，上卦离变为乾，乾在先天八卦位数为一，有"一"之象；离为戈兵，有"矢"之象；离错卦为坎，坎为弓轮，也有"矢"之象；六五在互卦兑（九三至六五）中，兑为毁折，有"亡"之象。合观之，有"一矢亡"之象。

兑错卦为艮，艮为止、为万物之所成终，有"终"之象；兑又为口舌、为说、为悦，有"誉"之象；离为乾卦，六五爻变也得乾卦，乾为天，有"命"之象。合观之，有"终以誉命"之象。

六五居上卦离之中位，阴爻居阳位，居位得中，但居位失当，与六二敌而不应，又被九四进逼，处境有险；但六五主动承比上九，又亲比九四，周边阴阳融洽，上下和悦，终得一致称誉，结果处境和顺。

《小象传》提示："终以誉命，上逮也。"关键是上面有人赏识。

六五爻变，得旅之变卦遁卦。《遁·大象传》提示："君子以远小人，不恶而严。"得旅之道，应领悟处遁之道，疏远小人，表面不厌恶，内心严明界限。

本卦：旅　　　　变卦：旅之遁

《易经》启示：六五处境是运途柔顺，小往大来。人在六五处境，若能持守中道，纠正过失，谦逊柔和，宽厚包容，以柔济刚，以诚待人，化敌为友，终能吉祥有誉。

上九，鸟焚其巢，旅人先笑后号咷，丧牛于易，凶。

上九爻，鸟巢失火被烧掉，旅人先喜悦欢笑后号啕痛哭，牛在边界跑丢了，凶险。

《象》曰：以旅在上，其义焚也。丧牛于易，终莫之闻也。

《小象传》解释：身为旅人却高高在上，居所被焚理所当然。牛在边界丢失了，结果如何不问也知道。

【导读】

旅人先笑后号咷　号咷，号啕大哭。

丧牛于易　丧，丧失、跑掉。易通"埸"（yì），边境、边界。《说文解字》："埸，疆也。"

【爻象处境】

上九居旅卦上卦离之顶，离为雉，有"鸟"之象；离又为火，有"焚"之象；离于木为科上槁，树枝枯空，有"巢"之象。合观之，有"鸟焚其巢"之象。

上九爻变，离变为震，震为足、为动，有"旅"之象；震为长子，有"人"之象。合观之，有"旅人"之象。《易经》通例，爻序自下而上，下为先，上为后。上九爻变，得旅之小过卦，上六与九三正应，九三在下卦，有"先"之象；下卦为艮，艮错卦为兑，兑为说，说同悦，有"笑"之象。合观之，有"先笑"之象。上九在上卦，有"后"之象；上九爻变，上卦离变为震，震错卦为巽，巽为风，有"号咷"之象。合观之，有"后号咷"之象。诸象合观，有"旅人先笑后号咷"之象。

离错卦为坎，坎为隐伏、为血卦，有"丧"之象；离为乾卦，乾错卦为坤，坤为子母牛，有"牛"之象；上九爻变，离变为震，震错卦为巽，巽为绳直，引申为界线，象征"埸"，"易"通"埸"，因此有"易"之象。合观之，有"丧牛于易"之象。

坎为血卦，又有"凶"之象。

上九居旅卦之终，阳爻居阴位，虽与六五亲比，得到六五之君信任，因此有"先笑"。但居位失当，不中不正，下无正应，下无基础，旅卦终点，已是穷途末路，因此处境凶险，结果是"后号咷"。

《小象传》提示："丧牛于易，终莫之闻也。"旅途丧失柔顺，结局不问可知。

上九爻变，得旅之变卦小过卦。《小过·大象传》提示："君子以行过乎恭，丧过乎哀，用过乎俭。"遇旅之小过，应当言行尽量恭敬，丧事尽量悲哀，费用尽量节俭。人在旅途，谨小慎微才有活路，狂妄自大必有凶险。

本卦：旅　　　变卦：旅之小过

《易经》启示：上九处境是时运到头，乐极生悲。人在上九处境，若能持守正道，纠正过失，戒骄戒躁，谨言慎行，谦逊柔顺，韬光养晦，退守自保，方能逢凶化吉。

第五十七卦　巽

巽，小亨，利有攸往，利见大人。

巽卦，小人物亨通，利于有所前往，利于拜见大人物。

《彖》曰：重巽以申命。刚巽乎中正而志行，柔皆顺乎刚，是以小亨，利有攸往，利见大人。

《彖传》解释：两巽重叠象征重申顺应天命。阳刚要顺从中正，从而志向得以实行，阴柔要顺从阳刚，所以小事能够亨通，利于有所前往，利于拜见大人物。

《象》曰：随风，巽。君子以申命行事。

《大象传》解释：风随风，这是巽卦卦象。君子观此卦象，应当效法，观察时代风向，重申自己使命，听天命尽人事。

【导读】

巽　读 xùn，卦名。《周易》（通行本）第五十七卦。《序卦传》："旅而无所容，故受之以巽。巽者，入也。"《杂卦传》："巽，伏也。"人在旅途，四处漂泊，居无定所，但不能永远无处容身，因此继旅卦之后紧接着为巽卦。进入安身之所，伏藏躁动之心，安心享受生活。这是《易传》释巽卦卦序、卦义。《说文解字》："㢲，具也。从丌叩声。"《说文解字》未收录"巽"字头，巽本作㢲，篆文作㢲。巽同㢲。具，甲骨文字形为（《新甲骨文编》，第140页），上面是鼎，下面是双手，表示双手捧着盛有食物的鼎器（餐具），准备饭食或酒席。《说文解字》："具，供置也。"巽字从丌，丌是底座，用以托物的器具。《说文解字》："丌，下基也。荐物之丌，象形。"巽的本义是拿着餐具等候开饭，引申为谦逊、恭顺、善入。段玉裁注："㢲乃愻之假借字。愻，顺也。顺故善入。"愻同逊。巽卦是讲巽顺之事。

小亨　小即"小人"，此指小人物，相对于下文"利见大人"

之"大人"而言。小亨，小人物亨通。

利见大人 大人，指大人物。利见大人，指利于拜见大人物。

《彖》曰 重巽，指上卦巽与下卦巽重叠。申，重申。命，天命，此指顺从天命。刚巽乎中正，指阳刚要顺从中正。志行，志向得以实行。小亨，此指小事亨通。

《象》曰 "随风"，此释巽卦卦象。上下卦皆为巽，巽为风，风随风，顺风而行。申命，重申使命。行事，践行成事。申命行事，指重申自己使命，听天命尽人事。

【卦象环境】

巽卦下卦为巽，上卦为巽，上下皆巽，故取卦名为"巽"。巽为风，上下有风，风与风顺随，有"随风"之象。

《易经》通例，阳为大，阴为小。巽卦上下卦皆为巽，巽为长女、为阴卦，阴为小，有"小"之象；巽卦有互卦坎（初六至六四），坎为通，有"亨"之象；巽为风、为入，无孔不入，畅通无阻，也有"亨"之象。合观之，有"小亨"之象。

巽为近利市三倍，有"利"之象；巽错卦为震，震为足、为动，有"往"之象。合观之，有"利有攸往"之象。

巽为近利市三倍，有"利"之象；巽卦有互卦离（九三至九五），离为目，有"见"之象；卦之尊者为九五阳爻，阳为大，有"大"之象；九五居上卦之人位，有"人"之象。合观之，有"利见大人"之象。

《彖传》提示："重巽以申命。刚巽乎中正而志行，柔皆顺乎刚，是以小亨。"两巽重叠象征重申顺应天命，阳刚要顺从中正，从而志向得以实行，阴柔要顺从阳刚，所以小事亨通。

《大象传》提示："君子以申命行事。"要观察时代风向，重申自己使命，听天命尽人事。

巽卦的人位互卦为睽卦（下卦：九二至六四；上卦：九三至九五）。睽为张目惊顾，行为乖违。《睽·彖传》提示："说而丽乎明，柔进而上行，得中而应乎刚，是以小事吉。"睽卦提示，人在巽卦环境，和悦阳光，柔顺上进，应合适中，做小事吉利；疑心太重，行为乖睽，做不了大事。

本卦：巽　　　　人位互卦：睽

巽卦局势：如风吹草低，上行下效，运势顺从，无孔不入，能聚能散，小有亨通。

《易经》启示：人在巽卦环境，若能刚健持中，谦逊柔顺，择善而从，慎终如始，则能趋吉避凶。若优柔寡断，貌顺心违，卑躬屈膝，懦弱虚伪，结果会凶多吉少。

初六，进退，利武人之贞。

初六爻，或进或退，利于勇武之人占问。

《象》曰：进退，志疑也。利武人之贞，志治也。

《小象传》解释："进退"，这表明心志迟疑懦弱。"利武人之贞"，这是为了勉励修治，坚定志向。

【导读】

进退　指或进或退，迟疑不决。

利武人之贞　武人，勇武之人。

《象》曰　志疑，表明心志迟疑懦弱。贞，坚守正道。志治，勉励修治，坚定志向。

【爻象处境】

初六处巽卦下巽之底，巽为进退，有"进退"之象。

巽又为近利市三倍，有"利"之象；初六在互卦坎（初六至六四），坎错卦为离，离为甲胄、为戈兵，有"武"之象；坎又为中男，有"人"之象；巽综卦为兑，兑为巫，有"贞"之象。合观之，有"利武人之贞"之象。

初六阴爻居阳位，居位失当，不中不正，一阴伏九二、九三两阳之下，又与六四敌而不应，自身乏力，外无援助，压力又大，过度谦卑，缺乏信心，进退迟疑，处境不利。勇武之人得此有利，利于勇武之人果敢决断。

《小象传》提示："利武人之贞，志治也。"利在心志得到调整。

初六爻变，得巽之变卦小畜卦。《小畜》卦辞提示："亨。密云不雨，自我西郊。"得巽之小畜，运势亨通，但时机尚未成熟，还须积蓄力量。稍安勿躁，耐心等候。

本卦：巽　　　　　　变卦：巽之小畜

《易经》启示：初六处境是时运不正，进退失据。人在初六处境，若能持守正道，纠正过失，摆正心态，理顺心境，既尊上谦下，争取外助，又柔而能刚，刚健自信，方能利于前行。

九二，巽在床下，用史巫纷若，吉，无咎。

九二爻，顺伏在床下，采用史巫的韬晦顺从之计，吉利，没有咎灾。

《象》曰：纷若之吉，得中也。

《小象传》解释："纷若之吉"，这是因为能够持守中道。

【导读】

巽在床下　巽，指顺入、顺伏。

用史巫纷若　史巫，指史官和巫祝，古代史、巫不分，皆精通占卜。纷，本义是丝麻套袋，此指韬晦隐藏。《说文解字》："纷，马尾韬也。"段玉裁注："韬，剑衣也。"剑衣即剑套。马尾韬，指扎束马尾的丝麻套袋。若，《尔雅·释名》："若，顺也。"此指顺从貌。用史巫纷若，指采用史巫的韬晦顺从之计。

《象》曰　纷若之吉，为"巽在床下，用史巫纷若"之省文。得中，持守中道。

【爻象处境】

九二处下卦巽之中，巽为木，阴爻为床脚，阳爻为床板，有"床"之象，巽又为入，有"床下"之象。合观之，有"巽在床下"之象。

九二爻变，下卦巽变为艮，艮为手，有"用"之象；九二在互卦兑（九二至六四）中，兑为巫，有"史巫"之象；巽为入，有"纷若"之象。合观之，有"用史巫纷若"之象。

巽为近利市三倍，有"吉"之象。巽又为不果，有"无"之象；九二爻变，得互卦坎（六二至六四），坎为多眚，有"咎"之象。合观之，有"无咎"之象。

九二居下卦巽之中位，阳爻居阴位，虽居位不正，上与九五敌而不应，又与九三敌而不比，但九二阳刚居中，刚而能柔，又亲比初六，处境弊中有利。

《小象传》提示："纷若之吉，得中也。""纷若之吉"，在于持守中道。

九二爻变，得巽之变卦渐卦。《渐·象传》提示："渐，之进也。女归吉也，进得位，往有功也。"得巽之渐，渐进虽慢，但运势吉祥，循序渐进，终能成功。

本卦：巽　　　　变卦：巽之渐

《易经》启示：九二处境是时运得中，神明保佑。人在九二处境，若能持守中道，刚而能柔，谦逊柔顺，广结善缘，化敌为友，终能获吉，没有咎灾。

九三，频巽，吝。

九三爻，忧惧顺伏，有遗恨。

《象》曰：频巽之吝，志穷也。

《小象传》解释："频巽之吝"，这意味着缺乏远大的志向。

【导读】

频巽　频，从步从页，页表示人头，步是"涉"的省略，表示人将要渡河，见水深，皱眉而止。本义是皱眉，引申为忧惧、畏惧。频同颦。颦，本义也是皱眉。

吝　指遗恨。忧惧过度，缺乏志向，若不改过，必有遗恨。

《象》曰　穷，穷尽、完结。《说文解字》："穷，极也。"志穷，指缺乏远大的志向。

【爻象处境】

九三处下卦巽之极，九三爻变，巽变为坎，坎为加忧、为巫心、为心病，象征"颦"，频同颦，有"频巽"之象。坎又为心病，有"吝"之象。

九三处下卦巽之极，阳爻居阳位，居位得正，刚健有力，但处"三多凶"之位，居位失中，重阳过刚，与上九敌而不应，与九二敌而不比，又被六四凌乘，处境不顺，九三不甘雌伏，忧郁不乐，留有遗恨。

从初爻进二进三，位境随之不同；由位境变化，时境随之不同；由时位变化，心境也随之不同。初六之时顺心，九二之时诚心，九三之时违心，最终结果也不同，初六有利，九二无咎，九三有吝。

《小象传》提示："频巽之吝，志穷也。"虽有不甘，但又不敢，只能顺伏，心志穷困颦蹙。

九三爻变，得巽之变卦涣卦。《涣·彖传》提示："涣，亨，刚来而不穷，柔得位乎外而上同。"得巽之涣，内心刚毅，外表柔顺，与上同行，方能亨通。

本卦：巽　　　　变卦：巽之涣

《易经》启示：九三处境是时运卑微，所得甚少。人在九三处境，若能持守正道，戒惧谨慎，摆正心态，随遇而安，纠正过失，抑制过刚，刚而能柔，尊上谦下，与上同行，终能无吝。

六四，悔亡，田获三品。

六四爻，悔恨消失，田猎时获得三种猎物。

《象》曰：田获三品，有功也。

《小象传》解释："田获三品"，这表明已有事功。

【导读】

田获三品　田同畋，田猎。品，种类。三品，三种猎物。

【爻象处境】

六四在互卦坎（初六至六四）中，六四又在互卦离（九三至九五），离错卦也为坎，坎为加忧、为心病、为亟心，有"悔"之象；六四在上卦巽，巽综卦为兑，兑为毁折，有"亡"之象。合观之，有"悔亡"之象。

坎又为弓轮，六四爻变，上卦巽变为乾，乾错卦为坤，坤为地，坤坎合观，有"田（畋）"之象；巽为入，有"获"之象；六四在上卦巽，巽为鸡，又在互卦离（九三至九五），离为雉，又在互卦兑（九二至六四），兑为羊，巽离兑三卦结合，有鸡、雉、羊，有"三品"之象；离在先天八卦位数为三，也有"三品"之象。合观之，有"田获三品"之象。

六四阴爻居阴位，居位失中，重阴过弱，下无正应，但居位得正，顺承亲比九五至尊，得到九五信任重用，处境利大于弊。

《小象传》提示："田获三品，有功也。""田获三品"，这表明已有事功。

六四爻变，得巽之变卦姤卦。《姤·彖传》提示："姤，遇也，柔遇刚也。"得巽之姤，姤者遇合，得遇贵人相助，方有转机。

本卦：巽　　　　　变卦：巽之姤

《易经》启示：六四处境是时来运转，悔恨消失。人在六四处境，若能持守正道，纠正过弱，尊上谦下，谦逊和顺，择善追随，得贵人相助，适时有为，终能建功立业。

九五，贞吉，悔亡，无不利。无初有终，先庚三日，后庚三日，吉。

九五爻，占问吉利，悔恨消亡，无所不利。开局不好结局很好，从丁日到癸日七天内，吉利。

《象》曰：九五之吉，位中正也。

《小象传》解释："九五之吉"，这是因为居位持中守正。

【导读】

无初有终　指开局不好结局很好。

先庚三日，后庚三日　古人以十天干记日，依序为：甲乙丙丁戊己庚辛壬癸。先庚三日，即庚之前三日，为丁日，丁非初始，为"无初"。后庚三日，即庚之后三日，为癸日，癸又为十天干之终，为"有终"。从丁日到癸日为七日。《易经》通例，"七日来复"（《复》），每卦六爻，每爻一天，走完一卦六天，第七天开始返回。九五此时为"悔亡"，因此在七天内吉利。

【爻象处境】

九五居巽卦之尊位，居上卦巽之中，巽综卦为兑，兑为巫，有"贞"之象；九五在互卦离（九三至九五），离为日、为明、为丽，有"吉"之象。合观之，有"贞吉"之象。

离错卦为坎，坎为加忧、为心病、为亟心，有"悔"之象；兑又为毁折，有"亡"之象。合观之，有"悔亡"之象。

巽为近利市三倍，有"利"之象，换言之，即有"无不利"之象。

《易经》通例，爻序自下而上，下为初、为先，上为终、为后。九五爻变为六五，六五与九二正应，九二在下卦，有"初"之象；下卦巽为不果，有"无"之象。合观之，有"无初"之象。九五在上卦，有"终"之象；九五爻变，上卦巽变为艮卦，艮为止、为万物之所成终，有"有终"之象。综合观之，有"无初有终"之象。

下卦巽为先，有"先"之象；巽为近利市三倍，有"三日"之象。合观之，有"先庚三日"之象。

上卦巽为后，有"后"之象；巽为近利市三倍，有"三日"之象。合观之，有"后庚三日"之象。

九五在上卦巽，巽为近利市三倍，有"吉"之象；九五也在互卦离（九三至九五），离为日、为明、为丽，也有"吉"之象。

九五居上卦巽之中位，阳爻居阳位，居中得正，但重阳过刚，下与九二敌而不应，近与上九敌而不比，下无基础，近无亲信，幸好自身阳刚中正，又被六四顺承亲比，因此处境有惊无险，开头不顺后头顺。

《小象传》提示："九五之吉，位中正也。"阳刚中正，自然吉祥。

九五爻变，得巽之变卦蛊卦。《蛊·大象传》提示："君子以振民育德。"得巽之蛊，应培育美德，振兴民风。

本卦：巽　　　　　　变卦：巽之蛊

《易经》启示：九五处境是时运大盛，无往不利。人在九五处境，若能持守中正之道，纠正过失，抑制过刚，刚而能柔，谦逊包容，得道多助，终能趋吉避凶，无所不利。

上九，巽在床下，丧其资斧，贞凶。

上九爻，顺伏在床下，丧失财物，占问有凶险。

《象》曰：巽在床下，上穷也。丧其资斧，正乎凶也。

《小象传》解释："巽在床下"，这表明前行已是穷途末路。"丧其资斧"，这表明结果必然凶险。

【导读】

丧其资斧　资斧，财物。参见旅卦九四【导读】。

《象》曰　上，上行、前行。穷，穷途末路。正，正好、不偏斜。

【爻象处境】

上九居巽卦之终，在上卦巽，巽为木，阴爻为床脚，阳爻为床板，有"床"之象，巽又为入，有"床下"之象。合观之，有"巽在床下"之象。

巽综卦为兑，兑为毁折，有"丧"之象；巽为近利市三倍，有"资"之象；上九爻变，上卦巽变为坎，坎错卦为离，离为戈兵，有"斧"之象。合观之，有"丧其资斧"之象。

兑又为巫，有"贞"之象；兑为毁折，又有"凶"之象。合观之，有"贞凶"之象。

上九居上卦巽之极，阳爻居阴位，居位不当，不中不正，近与九五敌而不比，下与九三敌而不应，得罪权贵，又无基础，前无去路，后无退路，穷途末路，处境凶险。

《小象传》提示："丧其资斧，正乎凶也。"丧失立足资本，理当有凶险。

上九爻变，得巽之变卦井卦。《井·大象传》提示："君子以劳民劝相。"得巽之井，应慰劳民众，广结人缘，争取支持。

本卦：巽　　　　　变卦：巽之井

《易经》启示：上九处境是好运穷尽，有失无得。人在上九处境，若能持守正道，纠正过失，戒骄戒躁，刚而能柔，尊上谦下，谦逊柔顺，与人为善，化敌为友，方能逢凶化吉。

第五十八卦　兑

兑，亨，利贞。

兑卦，亨通，利于占问。

《彖》曰：兑，说也。刚中而柔外，说以利贞，是以顺乎天而应乎人。说以先民，民忘其劳。说以犯难，民忘其死。说之大，民劝矣哉。

《彖传》解释：兑卦象征和悦。刚健守中，柔和对外，和悦利于坚守正道，这就是顺应天道，应合民心。以和悦办法引导民众，民众会不知疲劳地追随。以和悦办法发动民众克服困难，民众会舍生忘死迎难而上。和悦之道的伟大作用，在于民众因此而劝勉奋进。

《象》曰：丽泽，兑。君子以朋友讲习。

《大象传》解释：天上泽雨与地上泽水相互附丽，这是兑卦卦象。君子观此卦象，应当效法，广交朋友，讲道义，重学习。

【导读】

兑　卦名。《周易》（通行本）第五十八卦。《序卦传》："巽者，入也。入而后说之，故受之以兑。兑者，说也。"《杂卦传》："兑见而巽伏也。"巽为入，进入安身之所，可以安心居住，自然心情愉悦，因此继巽卦之后紧接着为兑卦。巽卦身体入伏，兑卦心情显现。这是《易传》释兑卦卦序、卦义。兑，甲骨文字形为兑（《新甲骨文编》，第492页），从口从八，张开嘴巴吐气，像气之分散。吐气也吐出谈吐，吞吞吐吐，因此"兑"通"说"；吐气吐出怒气，心情愉悦，因此"兑"通"悦"；吐气吐出气，气分散脱离，因此"兑"也通"脱"。兑卦是讲如何和悦相处。

《象》曰　说同悦，和悦。利贞，利于坚守正道。顺乎天，顺应天道。应乎人，应合民心。先，引导。犯难，指发动民众克服困难。说之大，指和悦之道的伟大作用。民劝，指民众因此而劝勉奋进。

《象》曰 "丽泽"，此释兑卦卦象。上下卦皆为兑，兑为泽，泽在天上为泽雨，在地上为泽水，两泽相重，相互附丽。朋友，指广交朋友。讲，讲道义。习，重学习。

【卦象环境】

兑卦下卦为兑，上卦为兑，上下皆兑，故取卦名为"兑"。兑为泽，上泽下泽，两泽相重，相互附丽，有"丽泽"之象。

兑卦中有互卦坎（六三至上六），坎为通，有"亨"之象；上卦兑综卦为巽，巽为木，"刳木为舟"（《系辞下传》），巽又为风，下卦兑为泽、为水，在水上乘风行舟，也有"亨"之象。

兑综卦为巽，巽为近利市三倍，有"利"之象；兑为巫，有"贞"之象。合观之，有"利贞"之象。

《彖传》提示："兑，说也。刚中而柔外，说以利贞，是以顺乎天而应乎人。"兑为说，说同悦。内刚外柔，顺天应人，和悦吉利。

《大象传》提示："君子以朋友讲习。"与朋友讲习论道，不亦乐乎。

兑卦的人位互卦为家人卦（下卦：九二至九四；上卦：六三至九五）。《家人·彖传》提示："正家而天下定矣。"家人卦提示，人在兑卦环境，人与人应和悦相处，如家人般和谐，家和万事兴，家正天下定。

本卦：兑　　　　人位互卦：家人

兑卦局势：如天降泽雨，滋润万物，运势顺畅，泽水相连，欢欣喜悦，前途亨通。

《易经》启示：人在兑卦环境，若能持守正道，顺天应人，刚中柔外，和悦相处，则能趋吉避凶。若动机不纯，不辨是非，不择手段，阿谀谄媚，结果会凶多吉少。

初九，和兑，吉。

初九爻，和谐愉悦，吉利。

《象》曰：和兑之吉，行未疑也。

《小象传》解释："和兑之吉"，这表明品行端正，不被人猜疑。

【导读】

和兑 和，和谐、和睦。兑同悦，愉悦。

《象》曰 行，品行。未疑，不被人猜疑。

【爻象处境】

初九处下卦兑之初，兑为和悦，有"和兑"之象。兑综卦为巽，巽为近利市三倍，有"吉"之象。

初九阳爻居阳位，居位得当，但居位失中，重阳过刚，上无正应，近无亲比，上无靠山，下无基础，处境不利。但举止正当，以和悦待人，人亦以和悦迎和，心境和顺，处境顺利，结果吉利。

《小象传》提示："和兑之吉，行未疑也。"和悦发自内心，不会被人猜疑。

初九爻变，得兑之变卦困卦。《困·象传》提示："有言不信，尚口乃穷也。"得兑之困，若与人不和，相互猜忌，则处处受困。

本卦：兑　　　　　　变卦：兑之困

《易经》启示：初九处境是初交好运，以和为贵。人在初九处境，若能持守正道，纠正过失，抑制过刚，刚而能柔，尊上谦下，谦逊和悦，以诚待人，终能深得民心，吉无不利。

九二，孚兑，吉，悔亡。

九二爻，卦兆显示愉悦，吉利，悔恨消亡。

《象》曰：孚兑之吉，信志也。

《小象传》解释："孚兑之吉"，这是因为有诚信志向。

【导读】

孚兑 孚，指卦兆。兑同悦，愉悦。

《象》曰 信志，指诚信志向。

【爻象处境】

九二处下卦兑之中，兑为巫，有"孚"之象；兑又为悦，有"兑（悦）"之象。合观之，有"孚兑"之象。

九二在互卦离（九二至九四），离为日、为明、为丽，有"吉"之象。

离错卦为坎，坎为加忧、为心病、为亟心，有"悔"之象；兑又为毁折，有"亡"之象。合观之，有"悔亡"之象。

九二处下卦兑之中位，阳爻居阴位，居位得中，但居位失当，上与九五敌而不应，下与初九敌而不比，上无靠山，下无基础，又被六三凌乘，处境不利。幸好九二阳刚得中，刚而能柔，一旦九二爻变，既能亲比六三，又能与初九柔和相待，并呼应九五，上下之间其乐融融，心境改变则带来处境改变，境由心生，心境和顺，则处境顺利，结果吉祥，悔事消亡。

《小象传》提示："孚兑之吉，信志也。"诚心赢得信赖。

九二爻变，得兑之变卦随卦。《随·象传》提示："大亨贞，无咎，而天下随之。"得兑之随，随和相处，大有亨通，没有咎害，能让众人追随。

本卦：兑　　　　变卦：兑之随

《易经》启示：九二处境是时运中兴，上下同心。人在九二处境，若能持守中道，摆正心态，纠正过失，刚而能柔，尊上谦下，谦逊随和，愉悦相处，终究吉利。

六三，来兑，凶。

六三爻，寻欢作乐，凶险。

《象》曰：来兑之凶，位不当也。

《小象传》解释："来兑之凶"，这是因为居位不恰当。

【导读】

来兑　来，招来、求来。来兑，指寻欢作乐。

【爻象处境】

六三处下卦兑之终，在互卦巽（六三至九五）之底，巽下断，巽为入，自上而下进入，有"来兑"之象。

六三在互卦坎（六三至上六），坎为血卦，有"凶"之象。

六三处兑卦"三多凶"之位，阴爻居阳位，居位失当，不中不正，上无正应，没有靠山；虽承比九四，但九四自身多惧，不敢相助；六三举止不当，凌乘九二，得罪刚强者，被九二进逼，因此处境凶险。

《小象传》提示："来兑之凶，位不当也。""来兑之凶"，在于居位不恰当。

六三爻变，得兑之变卦夬卦。《夬·大象传》提示："君子以施禄及下，居德则忌。"得兑之夬，应广施福泽恩惠，最忌独享所得。

本卦：兑　　　　　变卦：兑之夬

《易经》启示：六三处境是运途不正，诈伪风行。人在六三处境，若能持守正道，戒惧谨慎，悔过改过，纠正过失，尊上谦下，谦逊柔顺，举止得当，广结善缘，方可逢凶化吉。

九四，商兑未宁，介疾有喜。

九四爻，商议不定，有小问题但很快解决。

《象》曰：九四之喜，有庆也。

《小象传》解释："九四之喜"，这表明值得庆贺。

【导读】

商兑未宁　商，商议、商量、估量。《释文》："商，商量也。"《广雅·释诂》："商，度也。"《说文解字》："商，从外知内也。"兑同说。商兑，商议讨论。宁，安定。

介疾有喜　介，微小。介疾，小疾，此指小问题。有喜，指问题得到解决。

【爻象处境】

九四居上卦兑之始，在上下卦交界处，兑为口，上兑下兑，二口相对，有"商兑"之象；九四在互卦巽（六三至九五）中，上卦兑综卦也为巽，巽为不果，有"未宁"之象。合观之，有"商兑未宁"之象。

九四爻变，上卦兑变为坎，坎于木为坚多心，有"介"之象；坎又为心病，有"疾"之象。合观之，有"介疾"之象。兑为悦，有"有喜"之象。诸象合观，有"介疾有喜"之象。

九四居"四多惧"之位，阳爻居阴位，居位失当，不中不正，上与九五敌而不比，下与初九敌而不应，上无靠山，下无基础，处境堪忧。但九四刚而能柔，被六三顺承亲比，上下关系得到改善，结果处境"有喜"。

《小象传》提示："九四之喜，有庆也。"可喜可贺。

九四爻变，得兑之变卦节卦。《节·大象传》提示："君子以制数度，议德行。"得兑之节，应制定典章制度，评议道德品行，以此来节制众人行为。

本卦：兑　　　　变卦：兑之节

《易经》启示：九四处境是时运未稳，斟酌而行。人在九四处境，若能持守正道，戒惧敬畏，悔过改过，刚而能柔，尊上谦下，谦逊和顺，和谐相处，终能化险为夷。

九五，孚于剥，有厉。

九五爻，卦兆显示被剥蚀，有厉危。

《象》曰：孚于剥，位正当也。

《小象传》解释：受到剥蚀者信赖，这是因为居位中正得当。

【导读】

孚于剥　孚，卦兆显示。剥，剥蚀、剥离。《广雅·释诂》："剥，离也。"

《象》曰　孚，诚信、信赖。传文与经文异义。孚于剥，指受到剥蚀者信赖。位正当，指居位中正得当。

【爻象处境】

九五居上卦兑之中，兑为巫，有"孚"之象；兑又为毁折，有"剥"之象。合观之，有"孚于剥"之象。九五爻变，得互卦坎（六三至六五），坎为隐伏、为血卦，有"厉"之象。

九五居兑卦之尊位，阳爻居阳位，居中得正，但重阳过刚，刚愎自用，下与九二敌而不应，又与九四敌而不比，并被上六凌乘，有被上六所剥的危险，因此处境危险。

《小象传》提示："孚于剥，位正当也。"受到剥蚀者信赖，关键在于居位中正得当。

九五爻变，得兑之变卦归妹卦。《归妹·彖传》提示："征凶，位不当也。无攸利，柔乘刚也。"得兑之归妹，若居位不当，柔乘刚，必有凶险，没有好结果。相反，若居位正当，即使刚被凌乘，亦能逢凶化吉，终将无咎。

本卦：兑　　　　　　变卦：兑之归妹

《易经》启示：九五处境是时运大盛，盛极则剥。人在九五处境，若能持守中正之道，戒骄戒躁，知过悔过，抑制过刚，纠正过失，谦逊包容，化敌为友，得道多助，终能化险为夷。

上六，引兑。

上六爻，引诱取悦于人。

《象》曰：上六引兑，未光也。

《小象传》解释："上六引兑"，这表明不太正大光明。

【导读】

引兑　引，引诱，指有目标、有目的、有手段地获取。《说文解字》："引，开弓也。"兑同悦。引悦，即引诱取悦，指用不正当手段取悦于人。

《象》曰　光，指正大光明。

【爻象处境】

上六居兑卦之终，在互卦坎（六三至上六）中，坎为曳，为牵引，有"引兑"之象。

上六居上卦兑之终，阴爻居阴位，居位得当，但居位失中，重阴过弱，下无正应，没有基础，凌乘九五，得罪至尊，前无去路，后无退路，处境凶险。幸好上六在上卦兑中，兑为泽水，引申为酒水，兑又为少女，引申为美色，上六亲比九五，用酒色取悦九五，暂时有惊无险。

《小象传》提示："上六引兑，未光也。"上六引兑，不够光明正大。

上六爻变，得兑之变卦履卦。《履·上九》提示："视履考祥，其旋元吉。"得兑之履，要回顾走过的道路，仔细考察吉凶预兆，返回就会一直吉利。

本卦：兑　　　　变卦：兑之履

《易经》启示：上六时势是行运已极，平平而已，此时已是穷途末路。人在上六处境，若能持守正道，"引兑"作为权宜之计，能够化险为夷，也未尝不可，但终究不可长久。若偏离正道，以"引兑"为目的，则有凶险。吉凶得失，全在自己一念之间。

第五十九卦　涣

涣，亨，王假有庙，利涉大川，利贞。

涣卦，亨通，君王亲至宗庙祭祀，利于涉渡大川，利于占问。

《彖》曰：涣，亨，刚来而不穷，柔得位乎外而上同。王假有庙，王乃在中也。利涉大川，乘木有功也。

《彖传》解释：涣卦象征亨通，刚健来临不会穷困，柔顺对外与上同行。君王亲至皇家宗庙祭祀，这是说君王居中正尊位。利于涉渡大川，这是说乘船渡河有功效。

《象》曰：风行水上，涣。先王以享于帝立庙。

《大象传》解释：风行水上，这是涣卦卦象。先王观此卦象，有所领悟，享祭天帝，修建宗庙。

【导读】

涣　卦名。《周易》（通行本）第五十九卦。《序卦传》："兑者，说也。说而后散之，故受之以涣。涣者，离也。"《杂卦传》："涣，离也。"兑为说，脱口而出，脱出后必然要离散，涣就是离散，因此继兑卦之后紧接着为涣卦。这是《易传》释涣卦卦序、卦义。《说文解字》："涣，流散也。从水奂声。"段玉裁注："（涣）流也。各本作流散。今正。分散之流也。毛诗曰：涣涣，春水盛也。"涣，本义是分散之流，洪水水势盛大。涣卦是讲如何应对洪水。

王假有庙　假同徦（xiá），至、到。《说文解字》："徦，至也。"有，独有、拥有。有庙，皇家宗庙。《资治通鉴》："若据而有之，此帝王之资也。"王假有庙，君王亲至皇家宗庙祭祀祖先。

利涉大川　涉，甲骨文字形为涉（《新甲骨文编》，第615页），中间是水，上下为两只脚，像涉水之形。本义是踏着石头过河，泛指涉渡。《说文解字》："涉，徒行濿水也。"川，甲骨文字形为

(《新甲骨文编》，第617页)，左右两边是岸，中间是流水，水在河中流，像水流直达之形。《说文解字》："川，贯川通流水也。"《管子·度地》："水之出于他水，沟流于大水及海者，命曰川水。"利涉大川，有一直亨通之义。

《彖》曰　刚来，刚健来临。穷，穷困。柔得位乎外，即柔顺对外。上同，与上同行。王乃在中，君王居中正尊位。木，舟、船。

《象》曰　"风行水上"，此释涣卦卦象。下卦坎为水，上卦巽为风，风行水上，风急浪高。享于帝，享祭天帝。立庙，修建宗庙。

【卦象环境】

涣卦下卦为坎，上卦为巽，坎为水，巽为风，有"风行水上"之象。风行水上，风急浪高，水借风力，水势盛大，故取卦名为"涣"。

涣卦下卦为坎，坎为通，有"亨"之象；涣卦上卦巽风，下卦坎水，风行水上，畅通无阻，也有"亨"之象。

下卦坎错卦为离，离为乾卦，乾为君，有"王"之象；上卦巽错卦为震，震为足、为动，有"假"之象；巽综卦为兑，兑错卦为艮，涣卦也有互卦艮（六三至九五），艮为阍寺，有"庙"之象。合观之，有"王假有庙"之象。

巽为近利市三倍，有"利"之象；巽错卦为震，震为足、为动，有"涉"之象；坎为阳卦，阳为大，坎又为水、为沟渎，象征"川"，因此坎有"大川"之象。合观之，有"利涉大川"之象。

巽为近利市三倍，有"利"之象；巽综卦为兑，兑为巫，有"贞"之象。合观之，有"利贞"之象。

《彖传》提示："利涉大川，乘木有功也。"涉渡大川，乘舟济险，顺势借力，可望成功。

《大象传》提示："风行水上，涣。先王以享于帝立庙。"应享祭天帝，修建宗庙。顺天应人，教化风尚。

涣卦的人位互卦为颐卦（下卦：九二至六四；下卦：六三至九

五）。《颐》卦辞提示："贞吉。观颐，自求口实。"《颐·大象传》提示："君子以慎言语，节饮食。"颐卦提示，人在涣卦环境，面对险难，除了顺势借力，还应"自求口实"，加强自我修养。"慎言语"，用来修心，以防祸从口出；"节饮食"，用来养身，以防病从口入。外能顺势，内能充实，方能亨通有利。

本卦：涣　　　　　人位互卦：颐

涣卦局势：如风行水上，顺风行舟，运势顺畅，乘风破浪，无所阻碍，前途亨通。

《易经》启示：人在涣卦环境，若能正定心志，择善而从，借势借力，见机行事，终能逢凶化吉。若不识时务，麻痹大意，任性放纵，错失良机，结果会凶多吉少。

初六，用拯马壮，吉。

初六爻，骑乘壮马逃避，吉利。

《象》曰：初六之吉，顺也。

《小象传》解释："初六之吉"，这是因为顺承阳刚骑乘壮马逃避。

【导读】

用拯马壮　用，利于，义同利、可。拯，读乘，骑乘。马壮，即壮马。

《象》曰　顺，指顺承阳刚骑乘壮马逃避。

【爻象处境】

初六爻变，下卦坎变为兑卦，兑错卦为艮，艮为手，有"用"之象；兑综卦为巽，巽为股，有"拯"之象；巽错卦为震，震于马为善鸣、为馵足、为作足、为的颡，有"马"之象；震又为健，有"壮"之象。合观之，有"用拯马壮"之象。

巽为近利市三倍，有"吉"之象；坎错卦为离，离为日、为明、为丽，也有"吉"之象。

初六处涣卦下卦坎之底，阴爻居阳位，居位失当，不中不正，下卦坎为险，身处险境，自身乏力，难以脱险。初六虽上无正应，但顺承亲比九二，九二阳爻居下卦中位，阳刚得中，刚健有力，借九二之力，初六得以脱险，处境有惊无险。

《小象传》提示："初六之吉，顺也。"初六获吉，在于顺承九二，借外力脱险。

初六爻变，得涣之变卦中孚卦。《中孚·彖传》提示："中孚以利贞，乃应乎天也。"得涣之中孚，诚信守正，方得天助。

本卦：涣　　　　　　变卦：涣之中孚

《易经》启示：初六处境是运途艰险，险中得救。人在初六处境，若能持守正道，纠正过失，谦逊顺承，择善追随，借势借力，顺势而为，方能化险为夷，逢凶化吉。

九二，涣奔其机，悔亡。

九二爻，水势盛大，及时奔逃，悔事消亡。

《象》曰：涣奔其机，得愿也。

《小象传》解释："涣奔其机"，这表明得其所愿。

【导读】

涣奔其机　涣，水势盛大。奔，奔逃。机，读作機，从木，幾（jī）声。机与機在古代是两个字。机本义是木名，即桤（qī）木树。现在机是機的简化字，機本义是弓弩上的发射机关。《说文解字》："主发谓之機。"引申为时机。

【爻象处境】

九二在下卦坎之中，坎为水，坎为阳卦，阳为大，水势盛大，有"涣"之象；九二在互卦震（九二至六四），震为足、为动，下卦坎于马为亟心，震坎合观，有"奔"之象；坎为隐伏、为弓轮，有"机"之象。合观之，有"涣奔其机"之象。

坎为加忧、为心病、为亟心，有"悔"之象；坎又为血卦，有"亡"之象。合观之，有"悔亡"之象。

九二处涣卦下卦坎之中位，阳爻居阴位，居位得中，但居位失当，上与九五敌而不应，又被六三、六四凌乘，虽下据亲比初六，但初六自身柔弱，无力相助，九二陷于下卦坎中，前面又有互卦艮（六三至九五），前行被艮山阻止，上无靠山，下无基础，前行受阻，处境艰险。

《小象传》提示："涣奔其机，得愿也。"及时奔逃，得其所愿。

九二爻变，得涣之变卦观卦。《观·象传》提示："观天之神道，而四时不忒。"得涣之观，应观察神妙天机，顺天时行，见机行事。

本卦：涣　　　　　　变卦：涣之观

《易经》启示：九二处境是时运中兴，心想事成。人在九二处境，若能持守中道，举止得当，见微知著，洞察先机，见机行事，寻找依靠，争取脱险，方能免咎。

六三，涣其躬，无悔。

六三爻，水势盛大，淹及自身，没有悔恨。

《象》曰：**涣其躬，志在外也。**

《小象传》解释："涣其躬"，这表明志在向上。

【导读】

涣其躬　躬，身体，此指自身。《说文解字》："躬，身也。"

《象》曰　外，上也。《易经》通例，外卦即上卦，外即上。志在外，志在向上。

【爻象处境】

六三处涣卦下卦坎之极，坎为水，坎为阳卦，阳为大，水势极大，有"涣"之象；坎又为美脊，有"躬"之象。合观之，有"涣其躬"之象。

六三爻变，下卦坎变为巽，巽为不果，有"无"之象；坎为加忧、为心病、为亟心，有"悔"之象。合观之，有"无悔"之象。

六三处"三多凶"之位，阴爻居阳位，居位失当，不中不正，上与六四敌而不比，下凌乘九二，受到九二进逼，处境凶险。幸好与上九正应，上九在上卦巽之上，巽为木，刳木为舟，巽又为风，上九乘风驾舟来救援，六三得以乘舟出坎脱险，结果无悔。

《小象传》提示："涣其躬，志在外也。"深陷险境，无力自拔，唯盼外援。

六三爻变，得涣之变卦巽卦。《巽·大象传》提示："随风，巽。君子以申命行事。"得涣之巽，顺天应人，观察时代风向，重申自己使命，听天命尽人事。

本卦：涣　　　　变卦：涣之巽

《易经》启示：六三处境是运途坎险，出险入顺。人在六三处境，若能持守正道，戒惧谨慎，悔过改过，纠正过失，尊上谦下，谦逊柔顺，借势借力，顺势而为，方能无悔。

六四，涣其群，元吉。涣有丘，匪夷所思。

六四爻，水势盛大，淹了朋党，一直吉利。水势盛大，淹了丘陵，难以想象。

《象》曰：**涣其群元吉，光大也。**

《小象传》解释："涣其群元吉"，这表明品行光明正大。

【导读】

涣其群　群，朋辈、朋党。《说文解字》："群，辈也。"段玉裁注："朋也、类也、此辈之通训也。"

涣有丘，匪夷所思　丘，丘陵，自然形成的小土山。《说文解字》："丘，土之高也。非人所为也。"《广雅·释丘》："小陵曰丘。"匪同非。夷，平，引申为平常人、常理。匪夷所思，指不是平常人根据常理所能想象的，出人意料，难以想象。

《象》曰　涣，涣散。群，朋党。光大，光明正大。

【爻象处境】

六四居上卦巽之初，巽综卦为兑，兑为泽、为附决，有"涣"

之象；六四刚出下卦坎，坎为坚多心，有"群"之象。合观之，有"涣其群"之象。

六四爻变，上卦巽变为乾，乾为乾元，有"元"之象；巽为近利市三倍，有"吉"之象。合观之，有"元吉"之象。

兑为泽、为附决，有"涣"之象；六四在互卦艮（六三至九五），艮为山，六四阴爻为小，小山为丘，有"丘"之象。合观之，有"涣其丘"之象。

巽为不果，有"匪"之象；巽综卦为兑，兑为毁折，有"夷"之象；六四爻变，得互卦离（九二至九四），离错卦为坎，坎为加忧、为亟心，有"思"之象。合观之，有"匪夷所思"之象。

六四阴爻居阴位，居位得正，但居位失中，重阴过弱，与初六敌而不应，与六三敌而不比，处境有危险。幸好顺承亲比九五至尊，得到九五至尊强有力的援助，因此处境转危为安。

《小象传》提示："涣其群元吉，光大也。"涣散朋党获得大吉，品行光明正大。

六四爻变，得涣之变卦讼卦。《讼·大象传》提示："君子以作事谋始。"得涣之讼，在做事开始时就要把问题考虑清楚，防患于未然。

本卦：涣　　　　　变卦：涣之讼

《易经》启示：六四处境是时运亨通，出险入顺。人在六四处境，若能持守正道，纠正过失，尊上谦下，谦逊柔顺，追随至尊，忠心耿耿，得贵人相助，方能一直吉利。

九五，涣汗其大号，涣王居，无咎。

九五爻，水势盛大，狂风呼叫，淹到君王住地，没有咎灾。

《象》曰：王居无咎，正位也。

《小象传》解释："王居无咎"，这是因为居于正位，行事端正。

【导读】

涣汗其大号　汗，水势广大无际。《左思·吴都赋》："溃淑湃汗。"《郭璞·江赋》："汗汗沺沺。"沺（tián），即水势广阔无边。涣、汗、沺，三者义同。号，呼叫。《尔雅·释言》："号，呼也。"大号，狂风呼叫。

《象》曰　正位，指居于正位，行事端正。

【爻象处境】

九五居上卦巽之中，巽综卦为兑，兑为泽、为附决，有"涣"之象，又有"汗"之象；九五为阳爻，阳为大，有"大"之象；兑又为口舌、为说，有"号"之象。合观之，有"涣汗其大号"之象。

兑为泽、为附决，有"涣"之象；九五爻变，得互卦坤（六三至六五），坤错卦为乾，乾为君，有"王"之象；兑错卦为艮，艮为门阙，有"居"之象。合观之，有"涣王居"之象。

巽为不果，有"无"之象；九五在互卦离（九二至九五），离错卦为坎，坎为多眚，有"咎"之象。合观之，有"无咎"之象。

九五居涣卦之尊位，阳爻居阳位，居中得正，但自身重阳过刚，上与上九敌而不比，下与九二敌而不应，处境不顺。幸好九五居位中正，被六四顺承亲比，被六三顺承，自身有实力，又有身边人得力相助，因此无咎。

《小象传》提示："王居无咎，正位也。"摆正位置，可免咎灾。

九五爻变，得涣之变卦蒙卦。《蒙·象传》提示："蒙亨，以亨行时中也。"得涣之蒙，适时适中，虽有蒙险，亦能亨通畅行。

本卦：涣　　变卦：涣之蒙

《易经》启示：九五处境是时运得正，诸事顺利。人在九五处境，若能持守中正之道，纠正过失，抑制过刚，谦逊包容，得道多助，自然有吉无咎。

上九，涣其血去，逖出，无咎。

上九爻，不用忧虑，洪水已远离，没有咎灾。

《象》曰：涣其血，远害也。

《小象传》解释："涣其血"，这表明已远离灾害。

【导读】

涣其血去，逖出 血同恤，忧虑。《说文解字》："恤，忧也。"逖，读 tì，远离。《说文解字》："逖，远也。"

《象》曰 远害，指远离灾害。

【爻象处境】

上九居上卦巽之极，巽综卦为兑，兑为泽、为附决，有"涣"之象；上九爻变，巽变为坎，坎为血卦、为加忧、为心病、为亟心，血同恤，因此有"血（恤）"之象；巽错卦为震，震为足、为动，有"去"之象。合观之，有"涣其血去"之象。

巽又为长，有"逖"之象；巽错卦为震，震为足、为动，有"出"之象。合观之，有"逖出"之象。

巽又为不果，有"无"之象；坎又为多眚，有"咎"之象。合观之，有"无咎"之象。

上九阳爻居阴位，居位失当，不中不正，与九五敌而不比，虽与六三正应，但六三自身软弱，又被艮山阻止，难以援助，因此上九处境不利。但上九能远离危险，最终无咎。

《小象传》提示："涣其血，远害也。"远离危害，也是避凶之道。

上九爻变，得涣之变卦坎卦。《坎·大象传》提示："君子以常德行，习教事。"得涣之坎，应经常修养德行，温习教化之事。

本卦：涣　　　　变卦：涣之坎

《易经》启示：上九处境是时运通达，灾去福来。人在上九处境，若能持守正道，居安思危，戒骄戒躁，纠正过失，退隐避世，退守自保，方能无咎。

第六十卦　节

☱☵　节，亨，苦节，不可贞。

节卦，亨通，过度节制，不利于占问。

《彖》曰：节，亨，刚柔分而刚得中。苦节不可贞，其道穷也。说以行险，当位以节，中正以通。天地节而四时成，节以制度，不伤财，不害民。

《彖传》解释：节卦象征亨通，刚柔均分，刚健节制适中。过度节制不利坚守正道，这会使节道穷困。和悦面对险境，适当节制，持中守正可以亨通。天地变化有节制才有四季时序的形成，以节道制定典章制度，就不会出现劳民伤财之事。

《象》曰：泽上有水，节。君子以制数度，议德行。

《大象传》解释：泽上有水，这是节卦卦象。君子观此卦象，应当效法，制定典章制度，评议道德品行，以此来节制众人行为。

【导读】

节　卦名。《周易》（通行本）第六十卦。《序卦传》：“涣者，离也。物不可以终离，故受之以节。”《杂卦传》：“涣，离也。节，止也。”涣为离散，但事物不可以始终离散，离散之后应有所节制抑止，因此继涣卦之后紧接着为节卦。这是《易传》释节卦卦序、卦义。《说文解字》：“节，竹约也。”节，本义是竹节，引申为节制、节省、节俭、抑止之义。节卦是讲如何节制。

苦节　苦，竭尽全力、刻苦，引申为过度、过分。苦节，过度节制。

不可贞　可，利于。不可贞，指不利于占问。

《彖》曰　刚得中，刚健节制适中。不可贞，指不利于坚守正道。道穷，使节道穷困。说同悦。说以行险，和悦面对险境。当位以节，适当节制。节以制度，以节道制定典章制度。

《象》曰 "泽上有水"，此释节卦卦象。下卦兑为泽，上卦坎为水，水溢泽上，容易泛滥成灾，应当节制。制数度，制定典章制度。议德行，评议道德品行。

【卦象环境】

节卦下卦为兑，上卦为坎，兑为泽，坎为水，有"泽上有水"之象。水溢泽上，容易泛滥成灾，应当节制，故取卦名为"节"。

上卦坎为通，有"亨"之象；坎又为水，下卦兑为泽，水在泽上畅通流动，也有"亨"之象。

兑于地为刚卤，有"苦"之象；节卦中间有互卦艮（六三至九五），艮为止、为坚多节，有"节"之象。合观之，有"苦节"之象。

兑综卦为巽，巽为不果，有"不可"之象；兑为巫，有"贞"之象。合观之，有"不可贞"之象。

《彖传》提示："说以行险，当位以节，中正以通。"和悦历险，适当节制，持中守正，可以亨通。

《大象传》提示："君子以制数度，议德行。"应制定典章制度，评议道德品行，以此来节制众人行为。

节卦的人位互卦为颐（下卦：九二至六四；上卦：六三至九五）。《颐·彖传》提示："颐，贞吉，养正则吉也。观颐，观其所养也。自求口实，观其自养也。"颐卦提示，人在节卦环境，有节有养，节养中正，可得吉利。观"所养"则以正养人，观"自养"则以正养己，养得其时，养得其正，自然亨通。

本卦：节　　　人位互卦：颐

节卦局势： 如泽上有水，筑堤节制，运势和顺，积水成泽，有节不溢，前途亨通。

《易经》启示： 人在节卦环境，若能持中守正，顺势而为，节制适中，适可而止，则能趋吉避凶。若不知节制，该节制不节制，或者舍本求末，过度节制，作茧自缚，固步自封，结果会凶多吉少。

初九，不出户庭，无咎。

初九爻，不出庭院，没有咎灾。

《象》曰：不出户庭，知通塞也。

《小象传》解释："不出户庭"，这意味着知道与时行止，遇通则行，遇塞则止。

【导读】

不出户庭 户庭，户（屋）外庭院。古代房屋布局，户（屋）在内，庭居中，门对外。不出户庭，指不出庭院。

《象》曰 通塞，指与时行止，遇通则行，遇塞则止。

【爻象处境】

初九处内卦之底，在互卦艮（六三至九五）之下，艮为门阙，有"户庭"之象；《易经》通例，自上而下为向内，自下而上为向外，初九处卦底，在户内最里面，有"不出户庭"之象。下卦兑综卦为巽，巽为不果，有"不"之象；巽错卦为震，震为足、为动，有"出"之象；兑错卦为艮，艮为门阙，有"户庭"之象；合观之，也有"不出户庭"之象。

巽为不果，有"无"之象；初九爻变，下卦兑变为坎，坎为多眚，有"咎"之象。合观之，有"无咎"之象。

初九处下卦兑之初，兑为口舌，口无遮拦，言多必失，初九阳爻一画象征守口如瓶，并且足不出户，节制口舌以免祸从口出，因此"无咎"。

初九阳爻居阳位，居位得正，但居位不中，重阳过刚，近与九二敌而不比，刚愎自用，争强好胜，惹下是非，处境不利。幸好初九与六四正应，得六四外援，结果没有咎灾。

《小象传》提示："不出户庭，知通塞也。"与时行止，遇通则行，遇塞则止。

初九爻变，得节之变卦坎卦。《坎·大象传》提示："君子以常德行，习教事。"得节之坎，应经常修养德行，温习教化之事。

本卦：节　　　变卦：节之坎

《易经》启示：初九处境是运途未盛，谨守户庭。人在初九处境，若能持守正道，自我节制，抑制过刚，纠正过失，尊上谦下，谦逊柔顺，谨言慎行，得贵人相助，方能无咎。

九二，不出门庭，凶。

九二爻，不出大门，凶险。

《象》曰：不出门庭，失时极也。

《小象传》解释："不出门庭"，这意味着失去了最佳时机。

【导读】

不出门庭　门庭，即"庭门"，指房屋对外的大门。

《象》曰　时，时机。极，本义是房屋的栋梁，在屋的正中最高处，引申为最佳。《说文解字》："极，栋也。"失时极，指失去了最佳时机。

【爻象处境】

九二处内卦兑之中，外有互卦艮（六三至九五），艮为门阙，有"门庭"之象；九二在内，艮门在外，有"不出门庭"之象。九二在互卦震（九二至六四），震错卦为巽，巽为不果，有"不"之象；震为足、为动，有"出"之象；在上、在外有互卦艮（六三至九五），艮为门阙，有"门庭"之象；合观之，也有"不出门庭"之象。

九二在下卦兑，兑为毁折，有"凶"之象。

九二处下卦兑之中位，阳爻居阴位，居位得中，但居位失当；九二在互卦震（九二至六四）之初，震为动，九二为动力源，正处宜动之时；又在互卦离（九二至九五）中，离中虚，离为光明吉祥，前行没有阻力，前途光明，正处宜动之位。正处宜动之时、宜动之位，九二却足不出户，故步自封，当行不行，坐失良机，该动不动，反而被动，因此处境凶险。

《小象传》提示："不出门庭，失时极也。"失去了最佳时机。

九二爻变，得节之变卦屯卦。《屯·象传》提示："屯，刚柔始交而难生。动乎险中，大亨贞。"得节之屯，艰难伴随人生，在危机中育新机，于变局中开新局，寻找生机，化危为机，才是亨通之道。

本卦：节　　　　　变卦：节之屯

《易经》启示：九二处境是时运方盛，因循自误，此时宜动不宜止。人在九二处境，若能持守中道，纠正过失，举止适中，当行则行，顺天时行，见机行事，方能无咎。否则，胆小怕事，节制过度，故步自封，当行不行，坐失良机，必有凶险。

六三，不节若，则嗟若，无咎。

六三爻，不知节制，若能忧叹悔过，没有咎灾。

《象》曰：不节之嗟，又谁咎也？

《小象传》解释："不节之嗟"，这又是谁带来的咎灾呢？

【导读】

不节若，则嗟若　若，语气助词，无实义。嗟，感叹、忧叹、后悔。

《象》曰　又谁咎，这又是谁带来的咎灾呢？

【爻象处境】

六三处节卦下卦兑之极，兑为附决，有"不节若"之象；兑又为口，紧接上卦坎，坎为加忧、为亟心，合观之，有"嗟若"之象。

六三在互卦震（九二至六四），震错卦为巽，巽为不果，有"无"之象；互卦震连接上卦坎，坎为多眚，有"咎"之象。合观之，有"无咎"之象。

六三处"三多凶"之位，阴爻居阳位，居位失当，不中不正，凌乘九二，与上六无应，又处在互卦艮（六三至九五）之底，被艮山阻止，失当、失中、乘刚、无应、受阻，处境凶险。幸好六三顺承九五至尊，得九五至尊援助，结果无咎。

《小象传》提示："不节之嗟，又谁咎也？"不节之嗟，不是咎由自取，又是谁造成的？

六三爻变，得节之变卦需卦。《需·象传》提示："需，须也，险在前也。"得节之需，危险在前，需要等待。

　　本卦：节　　　　　　　变卦：节之需

《易经》启示：六三处境是时运不当，叹息无奈，此时宜节止不宜妄动。人在六三处境，若能持守正道，戒惧谨慎，自我反省，自我节制，悔过改过，尊上谦下，谦逊和顺，择善追随，得贵人相助，方能无咎。若不知节制，该节制不节制，结果必有凶险，这是咎由自取。

六四，安节，亨。

六四爻，安于节制，亨通。

《象》曰：安节之亨，承上道也。

《小象传》解释："安节之亨"，这表明谨守顺承尊上之道。

【导读】

安节　安，安心、安定、安稳。《尔雅·释诂》："安，定也。"《周书·谥法》："好和不争曰安。"安节，即以节制为安。

《象》曰　承上道，指顺承尊上之道。

【爻象处境】

六四在互卦艮（六三至九五），艮为止，有"安"之象；艮于木为坚多节，有"节"之象。合观之，有"安节"之象。

六四在上卦坎中，坎为通，又在互卦离（九二至九五）中间，离中虚，畅通无阻，坎离合观，有"亨"之象。

六四阴爻居阴位，居位得当，虽处"四多惧"之位，居位失中，重阴过弱，但上与九五承比，下与初九正应，上有靠山，下有基础，举止得当，处境安顺。

《小象传》提示："安节之亨，承上道也。"顺承上尊，受到护佑，得以安亨。

六四爻变，得节之变卦兑卦。《兑》卦辞提示："亨，利贞。"

得节之兑，真心悦从，亨通有利。

　　　　　本卦：节　　　　　　变卦：节之兑

《易经》启示：六四处境是时运得正，一路平安。人在六四处境，若能持守正道，戒惧谨慎，纠正过失，安于节制，尊上谦下，顺势而为，当止则止，终可亨通。

九五，甘节，吉，往有尚。

九五爻，甘于节制，吉利，前往有贵人相助。

《象》曰：甘节之吉，居位中也。

《小象传》解释："甘节之吉"，这是因为居位中正。

【导读】

甘节　甘，美味。《说文解字》："甘，美也。"甘节，以节制为甘，甘于节制。

往有尚　尚，成就、佑助。往有尚，前往有贵人相助。

《象》曰　居位中，居位中正。

【爻象处境】

九五居节卦之尊位，阳爻居阳位，居中得正，在互卦艮（六三至九五）中，艮为山，引申为土，合观之，为"中央土"，《礼记·月令》曰"中央土……其味甘"，有"甘"之象；艮于木为坚多节，有"节"之象。合观之，有"甘节"之象。

艮综卦为震，震错卦为巽，巽为近利市三倍，有"吉"之象。震为足、为动，有"往"之象；艮为成、为万物之所成终，有"尚"之象。合观之，有"往有尚"之象。

九五阳爻居阳位，居中得正，但重阳过刚，下无正应，没有基础，又被上六凌乘，处境不利。幸好九五居位中正，甘于节制，主动亲比上六，改善关系，得到上六相助，结果吉利。

《小象传》提示："甘节之吉，居位中也。"甘节之吉，在于居位中正。

九五爻变，得节之变卦临卦。《临》卦辞提示："元亨，利贞，至于八月有凶。"得节之临，前面一切皆好，但到了八月将有凶险。

本卦：节　　　　　变卦：节之临

《易经》启示：九五处境是时运大盛，苦尽甘来。人在九五处境，若能持守中正之道，摆正心态，甘心节制，节制过刚，悔过改过，谦逊柔顺，宽厚包容，得道多助，方能吉利。

上六，苦节，贞凶，悔亡。

上六爻，苦于节制，占问有凶险，最终悔恨消亡。

《象》曰：苦节贞凶，其道穷也。

《小象传》解释："苦节贞凶"，这是因为过分节制必然导致末路穷途。

【导读】

苦节　苦，竭尽全力、刻苦，引申为过度、过分。

《象》曰　道穷，穷途末路。

【爻象处境】

上六爻变，上卦坎变为巽，巽综卦为兑，兑于地为刚卤，有"苦"之象；兑错卦为艮，艮于木为坚多节，有"节"之象。合观之，有"苦节"之象。

兑又为巫，有"贞"之象；兑又为毁折，有"凶"之象；坎为血卦，也有"凶"之象。合观之，有"贞凶"之象。

坎又为加忧、为心病、为亟心，有"悔"之象；兑为毁折，又有"亡"之象。合观之，有"悔亡"之象。

上六居节卦之终，已是穷途末路，居上卦坎之极，坎为陷、为多眚，处境极其艰苦。上六阴爻居阴位，居位得正，但居位失中，重阴过弱，凌乘九五，得罪至尊，下无正应，没有外援，自身乏力，身在艰苦处境，自然有凶险。

九五之节为"甘"，上六之节为"苦"，"甘"为适中，"苦"为过分，节得适中则甘，节得过分则苦。苦于节制则凶，甘于节制则吉。若能悔过改过，自然悔恨消亡。

《小象传》提示："苦节贞凶，其道穷也。"过分节制导致穷途末路。

上六爻变，得节之变卦中孚卦。《中孚·象传》提示："中孚以利贞，乃应乎天也。"得节之中孚，顺天应人，与天时行，不搞一刀切，适中才有利。

本卦：节　　　　　变卦：节之中孚

《易经》启示：上六处境是运途亦正，固执不通。人在上六处境，若能持守正道，节制得当，抑制过分，悔过改过，尊上谦下，谦逊和顺，刚柔相济，顺势而为，方能逢凶化吉，心中无悔。

第六十一卦　中孚 ䷼

䷼ **中孚，豚鱼吉，利涉大川，利贞。**

中孚卦，见到豚鱼，兆示吉利，利于涉渡大川，利于占问。

《彖》曰：中孚，柔在内而刚得中，说而巽，孚乃化邦也。豚鱼吉，信及豚鱼也。利涉大川，乘木舟虚也。中孚以利贞，乃应乎天也。

《彖传》解释：中孚卦象征柔和内化，刚健适中，和悦顺从民心，诚信感化天下。所谓见到豚鱼吉利，这是说诚信惠及豚鱼。所谓利于涉渡大川，这是因为可以乘坐木船涉渡。所谓心中诚信有利于坚守正道，就是顺应天道。

《象》曰：泽上有风，中孚。君子以议狱缓死。

《大象传》解释：泽上有风，风行天下，这是中孚卦卦象。君子观此卦象，应当效法，以诚信感化，审议刑法讼狱，宽缓死刑。

【导读】

中孚　卦名。《周易》（通行本）第六十一卦。《序卦传》："节而信之，故受之以中孚。"《杂卦传》："中孚，信也。"节制要讲诚信，节而有信，中孚就是诚信，因此继节卦之后紧接着为中孚卦。这是《易传》释中孚卦卦序、卦义。孚，甲骨文字形为 ![字形] （《新甲骨文编》，第154页），西周早期金文为 ![字形] （《新金文编》，上册第312页），上半部有"禽鸟爪子"之象，下半部为"子"，表示雌鸟孵蛋产子。《说文解字》："孚，卵孚也。从爪从子。"徐锴曰："鸟抱，恒以爪覆其卵也。""孚"字整个字形有"雌鸟孵蛋产子"之象。中孚卦卦形四周实中间虚空，有"鸟巢"之象，卦象为"树上鸟巢中雌鸟孵蛋产子"之象。参见本卦【卦象环境】。因此取卦名为"中孚"。孚通"浮"，浮在表面如浮标，引申为征兆、卦兆。孚又指信。《说文解字》："孚，一曰信也。"《尔雅·释诂》："孚，信也。"经文皆释"孚"为征兆、应验，传文皆释"孚"为诚信。中孚卦是讲征兆。

豚鱼吉 豚鱼，即河豚，俗称"东方鲀"，口小腹大，无鳞，有棘刺，背淡苍色，腹白色，受惊扰则全身鼓胀，味甚美，但卵巢、内脏及血液含有剧毒，食用时若处理不慎，极易中毒致死。河豚产于沿海，每年春天逆江而上，在淡水中产卵。苏轼《惠崇春江晚景》："正是河豚欲上时。"描写的正是初春江水回暖，河豚从大海回游到江河产卵时的情景。古人对神奇、神秘的自然现象和生物往往充满敬畏，认为见到豚鱼，兆示吉利。

《彖》曰 柔在内，柔和内化。刚得中，刚健适中。说同悦，和悦。巽，顺从民心。孚，诚信。化邦，感化天下。信，诚信。及，惠及。乘木舟虚，乘坐木船。中孚，心中诚信。以利贞，利于坚守正道。应乎天，顺应天道。

《象》曰 "泽上有风"，此释中孚卦卦象。下卦兑为泽，上卦巽为风，风行泽上。议狱，审议刑法讼狱。缓死，宽缓死刑。

【卦象环境】

中孚卦下卦为兑，上卦为巽，兑为泽，巽为木，有"泽上有木"之象；中孚卦为大象离，离于木为科上槁，离中虚，木有枯空，有"木上有巢"之象；离又为雉，有"鸟"之象，下兑上巽皆为阴卦，阴为雌，有"雌鸟"之象。卦中有互卦艮（六三至九五），艮为少男，有"子"之象。合观之，互卦艮在大象离中，有"巢中雌鸟孵蛋产子"之象。故取卦名为"中孚"。

中孚卦为大象离，离为鳖、为蟹、为蠃、为蚌、为龟等鱼类，大象离为大鱼，有"豚鱼"之象；离为乾卦，乾为天，豚鱼为天上之鱼，离又为日、为明、为丽，有"吉"之象。合观之，有"豚鱼吉"之象。

上卦巽为近利市三倍，有"利"之象；巽错卦为震，震为足、为动，有"涉"之象；离错卦为坎，坎为阳卦为大，坎又为水、为沟渎，象征"川"，因此坎有"大川"之象。合观之，有"利涉大川"之象。

巽为木，"刳木为舟"（《系辞下传》），巽又为风，因此有"乘风行舟"之象；下卦兑为泽、为水。合观之，水上乘风行舟，也有"利涉大川"之象。

巽为近利市三倍，有"利"之象；兑又为巫，有"贞"之象。合观之，有"利贞"之象。

《彖传》提示："中孚，柔在内而刚得中，说而巽，孚乃化邦也。"中孚卦象征柔和内化，刚健适中，和悦顺从民心，诚信感化天下。

《大象传》提示："君子以议狱缓死。"应以诚信感化，议狱断案，宽严适中。

中孚卦的人位互卦为颐卦（下卦：九二至六四；上卦：六三至九五）。《颐·大象传》提示："君子以慎言语，节饮食。"人在中孚卦环境，中孚像巢，巢有口，颐也像口，口为人之关口，应严把关口。颐卦提示，应警觉戒惧，既要严把出口关，做到"慎言语"，防止祸从口出，以求养心；又要严把入口关，做到"节饮食"，防止病从口入，以求养身。

本卦：中孚　　　　　　人位互卦：颐

中孚卦局势：如鹤鸣子和，琴瑟和鸣，运势和顺，风行泽上，畅通无阻。

《易经》启示：人在中孚卦环境，若能正定心志，谦逊和顺，真诚专一，脚踏实地，则能趋吉避凶。若存心不诚，自不量力，好高骛远，逆天而上，结果会凶多吉少。

初九，虞吉，有它不燕。

初九爻，见到虞兽，兆示吉利，但有其他意外，不得安宁。

《象》曰：初九虞吉，志未变也。

《小象传》解释：初九安守诚信获得吉祥，这是因为志向专一没有改变。

【导读】

虞吉 虞，传说中的神兽。《说文解字》："虞，驺虞，白虎黑文，尾长于身，仁兽，食自死之肉。"虞吉，见到虞兽，兆示吉利。

有它不燕 有它，指有其他意外。燕，安宁。

《象》曰 虞，安然自守。志未变，志向专一没有改变。

【爻象处境】

初九处下卦兑之始，兑为巫，有"神灵"之象；兑错卦为艮，艮为黔喙之属，有"兽"之象；兑艮合观为神兽，有"虞"之象；兑综卦为巽，巽为近利市三倍，有"吉"之象。合观之，有"虞吉"之象。

兑综卦为巽，巽错卦为震，震为反生，引申为意外反常，有"有它"之象；巽为躁卦，烦躁不安，有"不燕"之象；初九爻变，下卦兑变为坎，坎为加忧、为心病、为亟心，也有"不燕"之象。合观之，有"有它不燕"之象。

初九阳爻处阳位，居位得正，上与六四正应，但居位失中，重阳过刚，刚愎自用，近与九二敌而不比，恐有意外，烦躁不安，处境不顺。

《小象传》提示："初九虞吉，志未变也。"志向专一没有改变。

初六爻变，得中孚之变卦涣卦。《涣·大象传》提示："先王以享于帝立庙。"得中孚之涣，祈求天帝和祖先保佑，人心不能涣散，否则不利共渡险难。

本卦：中孚　　　　变卦：中孚之涣

《易经》启示：初六处境是时运得正，用心专一。人在初六处境，若能持守正道，正定心志，抑制过刚，压制躁动，纠正过失，精诚团结，专心致志，方能吉祥安宁。

九二，鸣鹤在阴，其子和之。我有好爵，吾与尔靡之。

九二爻，雌鹤在树荫下鸣唱，雄鹤随声应和。我有好酒，与你共饮。

《象》曰：其子和之，中心愿也。

《小象传》解释：雄鹤随声应和雌鹤，这表明了心中意愿。

【导读】

鸣鹤在阴，其子和之 鸣鹤，即"鹤鸣"，指鹤在鸣叫。阴同荫，指树荫。阴也指"鸣鹤"为雌鹤。子，古代对男人的尊称，如孔子、老子等，此指雄鹤，非指孩子。和，随声应和。

我有好爵，吾与尔靡之 爵，古代斟酒用的酒壶，此指一壶酒。好爵，指好酒。靡，共享同乐。

《象》曰 中心愿，指心中意愿。

【爻象处境】

九二处下卦兑之中，兑为口舌、为说，有"鸣"之象；在互卦离（九二至九五），离为雉，有"鹤"之象；九二阳爻居阴位，有"在阴"之象。合观之，有"鸣鹤在阴"之象。

离又为乾卦，乾为君、为父，为尊贵的男人，尊称为"子"，有"子"之象；九二在下卦兑中，兑为阴卦，为雌鹤，九五在互卦艮（六三至九五），艮为阳卦，为雄鹤，互卦艮与下卦兑交相融合，表示雌鹤与雄鹤阴阳和合，有"其子和之"之象。

九二处下卦兑中，下卦为内卦、为己，有"我"之象；兑为泽、为水，引申为酒水，有"爵"之象。合观之，有"我有好爵"之象。兑又为口，有"靡"之象；震为反生，震兑二卦合观，为两人对饮，有"吾与尔靡之"之象。

九二处下卦兑之中位，阳爻居阴位，居位得中，刚而能柔，若九二爻变为六二，上与九五正应，下与初九亲比，又与六三、六四同在坤卦，同体同性，志同道合，处境和顺。

《小象传》提示："其子和之，中心愿也。"和鸣共饮，必须心甘情愿。

九二爻变，得中孚之变卦益卦。《益·大象传》提示："君子以见善则迁，有过则改。"得中孚之益，应见到好的就学，有过错就改，不断增益修养自己的德行。

本卦：中孚　　　　　变卦：中孚之益

《易经》启示：九二处境是时运中兴，意气相投。人在九二处境，若能持守中道，纠正过失，刚而能柔，谦逊和顺，尊上谦下，择善而从，得道多助，方能和顺吉利。

六三，得敌，或鼓或罢，或泣或歌。

六三爻，见到敌人，时而击鼓作战，时而休兵罢战，时而哭泣，时而歌唱。

《象》曰：或鼓或罢，位不当也。

《小象传》解释："或鼓或罢"，这是因为居位不当。

【导读】

得敌，或鼓或罢，或泣或歌　得敌，指见到敌人。或，不定词。鼓，击鼓作战。罢，休兵罢战。泣，哭泣。歌，歌唱。

【爻象处境】

六三在互卦震（九二至六四）中，又在互卦艮（六三至九五）中，两卦又全在大象离中，离为丽，有"得"之象；离又为甲胄、为戈兵，艮与震互为综卦，身穿甲胄，手持兵器，交错对峙，震为反生，有"敌"之象。合观之，有"得敌"之象。

六三在下卦兑，兑综卦为巽，巽为进退、为不果，有"或"之象；离为大腹，有"鼓"之象；震为动、为善鸣，有"击鼓"之象，为击鼓作战；艮为止，有"罢"之象，为休兵罢战。合观之，有"或鼓或罢"之象。

巽为进退、为不果，有"或"之象；巽又为风、为号，引申为哭泣，有"泣"之象；兑又为口、为说（悦），引申为歌唱，有"歌"之象。合观之，有"或泣或歌"之象。

六三处"三多凶"之位，阴爻处阳位，居位失当，不中不正，上无正应，又凌乘九二，上遇互卦艮山阻止，上无靠山，下无基础，又无能力，心神不安，犹豫不决，以致进退失据，险象环生，处境不顺。

《小象传》提示："或鼓或罢，位不当也。"居位失当，进退失据。

六三爻变，得中孚之变卦小畜卦。《小畜》卦辞提示："亨。密云不雨，自我西郊。"得中孚之小畜，小有亨通，郁闷不开，犹豫不决，不可大获全胜。

本卦：中孚　　　变卦：中孚之小畜

《易经》启示：六三处境是时运颠倒，进退失据。人在六三处境，若能持守正道，戒惧谨慎，正定心志，纠正过失，举止得当，顺时而动，方能顺利。

六四，月几望，马匹亡，无咎。

六四爻，见到月亮将近圆满，兆示马匹丢失，但没有咎灾。

《象》曰：马匹亡，绝类上也。

《小象传》解释："马匹亡"，这表明要断绝与同类交往而专心追随上尊。

【导读】

月几望　几，指接近、将近。望，指阴历十五。月几望，指接近阴历十五，月亮将近圆满。参见小畜卦上九【导读】。

《象》曰　绝类，断绝与同类交往。上，居上位者，此指追随上尊。

【爻象处境】

六四在互卦离（九二至九五），离错卦为坎，坎为月，有"月"之象；六四处互卦离（九二至九五）之中，为半月。合观之，有"月几望"之象。

六四爻变，得互卦离（九二至九四），离错卦为坎，坎于马为美脊，有"马匹"之象；坎又为血卦，有"亡"之象。合观之，有"马匹亡"之象。

六四居上卦巽之始，巽为不果，有"无"之象；坎又为多眚，有"咎"之象。合观之，有"无咎"之象。

六四虽处"四多惧"之位，阴爻居阴位，居位失中，重阴过弱，与六三敌而不比，但六四居位得正，顺承亲比九五至尊，并得到信任和援助，下与初九正应，上有靠山，下有基础，处境有惊无险。

《小象传》提示："马匹亡，绝类上也。"卖友求荣，不言无咎。

六四爻变，得中孚之变卦履卦。《履》卦辞提示："履虎尾，不咥人，亨。"得中孚之履，非礼勿履，循规蹈矩，方能逢凶化吉，亨通吉祥。

本卦：中孚　　　变卦：中孚之履

《易经》启示：六四处境是运当全盛，保泰持盈。人在六四处境，若能持守正道，戒惧谨慎，纠正过失，尊上谦下，柔和顺承，得道多助，终能化险为夷。

九五，有孚挛如，无咎。

九五爻，卦兆显示，抱成一团，没有咎灾。

《象》曰：有孚挛如，位正当也。

《小象传》解释：具有诚信品德并牵系天下人，这表明居位中正得当。

【导读】

有孚挛如　有孚，有卦兆显示。挛，读 luán，《说文解字》曰"係也"，本义是手脚蜷曲不能伸开，此指抱成一团。如，语气助词，无实义。

《象》曰　孚，诚信。挛，牵系。位，居位。正当，中正得当。

【爻象处境】

九五在上卦巽中，巽综卦为兑，兑为巫，有"孚"之象；兑错卦为艮，艮为手指、为坚多节，有"挛如"之象。合观之，有"有孚挛如"之象。

巽又为不果，有"无"之象；九五在互卦离（九二至九五），离错卦为坎，坎为多眚，有"眚"之象。合观之，有"无眚"之象。

九五居中孚卦之尊位，阳爻居阳位，虽上与上九敌而不比，下与九二敌而不应，不应不比，处境不利，但九五居中得正，阳刚中正，公正无私，因此处境无眚。

《小象传》提示："有孚挛如，位正当也。"关键在于居位中正得当。

九五爻变，得中孚之变卦损卦。《损·大象传》提示："君子以惩忿窒欲。"得中孚之损，应惩戒过激愤怒，窒塞过多贪欲。

本卦：中孚　　　变卦：中孚之损

《易经》启示：九五处境是时运中正，真诚待人。人在九五处境，若能持守中正之道，阳刚中正，公正无私，取信于人，得道多助，方能吉无不利。

上九，翰音登于天，贞凶。

上九爻，鸡想飞上天，占问有凶险。

《象》曰：翰音登于天，何可长也？

《小象传》解释："翰音登于天"，这意味着，怎么可能长久？

【导读】

翰音登于天　翰音，为鸡的代称。《礼记·曲礼下》："凡祭宗庙之礼……羊曰柔毛，鸡曰翰音。"登，上升。《尔雅·释诂》："登，升也。"翰音登于天，指鸡想飞上天。与九二"鸣鹤在阴"对应，飞鹤停在树荫下，本是鸡觅食处，鹤立鸡群，出类拔萃，结果吉祥；鸡学鹤飞，妄想飞天，相形见绌，结果凶险，非死即伤。

《象》曰　何可长，怎么可能长久？

【爻象处境】

上九居中孚卦上卦巽之极，巽为鸡，上九阳爻为雄性，为雄鸡，有"翰"之象；巽综卦为兑，兑为口舌、为说，巽错卦为震，震为善鸣，有"音"之象。合观之，有"翰音"之象。震为足、为动，有"登"之象；上九在中孚卦之天位，有"天"之象。诸象合而观之，有"翰音登于天"之象。

兑又为巫，有"贞"之象；兑又为毁折，有"凶"之象。合观之，有"贞凶"之象。

上九居上卦巽之终，阳爻居阴位，居位失当，不中不正，与九五敌而不比，得罪至尊，后果严重，虽与六三正应，但六三自身柔弱无力，又被艮山阻止，难以相助，因此处境凶险。

《小象传》提示："翰音登于天，何可长也？"公鸡叫得再响，也飞不上天。

上九爻变，得中孚之变卦节卦。《节·象传》提示："当位以节，中正以通。"得中孚之节，适当节制，持中守正，方能亨通。失节失信，名声扫地。

本卦：中孚　　　　变卦：中孚之节

《易经》启示：上九处境是时运失当，前途堪忧，此时已是穷途末路，前无去路。人在上九处境，若能持守正道，纠正过失，功成身退，退守自保，谦逊柔顺，与世无争，方能趋吉避凶。

第六十二卦 小过 ䷽

䷽ 小过，亨，利贞，可小事，不可大事。飞鸟遗之音：不宜上宜下，大吉。

小过卦，亨通，利于占问，利于小事，不利于大事。飞鸟飞过后留下声音：不宜上，宜下，大吉。

《彖》曰：小过，小者过而亨也。过以利贞，与时行也。柔得中，是以小事吉也。刚失位而不中，是以不可大事也。有飞鸟之象焉，飞鸟遗之音，不宜上宜下，大吉，上逆而下顺也。

《彖传》解释：小过卦象征小有过度仍可亨通。过度之时利于守正，顺时而行。阴柔适中，因此小事吉利。刚愎自用，不中不正，因此不可做大事。小过卦有"飞鸟"之象，飞鸟传来音讯，不适宜上，适宜下，如此才能大吉大利，这是因为向上是逆时而行，向下是顺时而行。

《象》曰：山上有雷，小过。君子以行过乎恭，丧过乎哀，用过乎俭。

《大象传》解释：山上有雷，雷声小有过越，这是小过卦卦象。君子观此卦象，应当效法，在小事上略有过度，言行尽量恭敬，丧事尽量悲哀，费用尽量节俭。

【导读】

小过 卦名。《周易》（通行本）第六十二卦。《序卦传》："有其信者必行之，故受之以小过。"《杂卦传》："小过，过也。中孚，信也。"中孚有诚信，言有信，行必果，行事多少会有过度过失，因此继中孚卦之后紧接着为小过卦。这是《易传》释小过卦卦序、卦义。过，本义是走过、经过，引申为过度、过失、过错。《说文解字》："过，度也。"段玉裁注："引申为有过之过。《释言》：'邮，过也。'谓邮亭是人所过，愆邮是人之过，皆是。"中孚卦的卦形、字形皆有"雌鸟孵子"之象，小过卦的卦形则有"飞鸟"之象。详见本卦【卦象环境】。小鸟孵出，开始学飞。小过卦是讲如何防范小过失。

可小事，不可大事　可犹"利"。"可小事，不可大事"，利于小事，不利于大事。

飞鸟遗之音　遗，本义是遗失，此指遗留。《说文解字》："遗，亡也。"《释言》："遗，离也。"飞鸟遗之音，指飞鸟飞过后遗留下来的声音。

《彖》曰　小者过而亨，指小有过度仍可亨通。过以利贞，指过度之时利于守正。刚，刚愎自用。上逆，指向上是逆时而行。下顺，指向下是顺时而行。

《象》曰　"山上有雷"，此释小过卦卦象。下卦艮为山，上卦震为雷，山上有雷，雷声小有过越。行过乎恭，指言行尽量恭敬。丧过乎哀，指丧事尽量悲哀。用过乎俭，指费用尽量节俭。

【卦象环境】

小过卦下卦为艮，上卦为震，艮为山，震为雷，有"山上有雷"之象。震为动，艮为止，震雷欲动，艮山则止，震雷被制止，只到达山顶，在山上小范围内经过震响，故取卦名为"小过"。

小过卦为大象坎（初六至上六），坎为通，有"亨"之象。

互卦巽（六二至九四）为近利市三倍，有"利"之象；巽综卦为兑，卦中也有互卦兑（九三至六五），兑为巫，有"贞"之象。合观之，有"利贞"之象。

小过卦为大象坎，坎错卦为离，离为雉，有"飞鸟"之象；上卦震为反生，有"遗"之象；震又为善鸣，有"音"之象。合观之，有"飞鸟遗之音"之象。

小过卦中间两阳爻为鸟身，上下各二阴爻为鸟翅膀，卦形有"飞鸟"之象；上卦震为雷、为善鸣，下卦艮为山，山上有雷声。合观之，也有"飞鸟遗之音"之象。

飞鸟向上飞则无处栖息，向下飞可在山上栖息。向上飞，鸟身在互卦兑（三至五爻），兑为毁折，有"不宜上"之象；向下飞，鸟身在互卦巽（二至四爻），巽为入、为近利市三倍，有"宜下"之象。合观之，有"不宜上，宜下"之象。上为天，下为地，天为阳、为大，地为阴、为小，因此也有"可小事，不可大事"之象。

小过卦为大象坎，坎为阳卦，阳为大，有"大"之象；坎错卦为离，离为日、为明、为丽，有"吉"之象。合观之，有"大吉"之象。

《彖传》提示："小过，小者过而亨也。过以利贞，与时行也。"小过卦象征小有过度仍可亨通。过度之时利于守正，顺时而行。

《大象传》提示："君子以行过乎恭，丧过乎哀，用过乎俭。"应在小事上略有过度，言行尽量恭敬，丧事尽量悲哀，费用尽量节俭。

小过卦的人位互卦为大过卦（下卦：六二至九四；上卦：九三至六五）。《大过·大象传》提示："君子以独立不惧，遁世无闷。"大过卦提示，人在小过卦环境，应坚定操守，无所畏惧，不为世用，亦无苦闷。

本卦：小过　　　　人位互卦：大过

小过卦局势：如小鸟习飞，小有过失，运势下顺，只宜往下，不宜往上，前途亨通。

《**易经**》启示：人在小过卦环境，若能持中守正，谨慎小心，纠正过失，顺势而为，适可而止，则能趋吉避凶。若不守本分，自不量力，好高骛远，冒险妄动，逆势犯上，结果会凶多吉少。

初六，飞鸟以，凶。

初六爻，小鸟练习飞行，凶险。

《**象**》曰：**飞鸟以凶，不可如何也。**

《小象传》解释："飞鸟以凶"，这意味着无可奈何。

【导读】

飞鸟以　即"鸟以飞"。鸟，此指小鸟。卦为小过，爻为初爻阴爻，皆表示小。以，用也，此指练习控制。《说文解字》："以，用也。"《左传·僖公二十六年》："凡师能左右之曰以。"左右，即控制。飞鸟以，指小鸟练习控制飞行。

《象》曰　不可如何，即无可奈何。

【爻象处境】

初六爻变，下卦艮变为离，离为雉，有"飞鸟"之象；小过卦为大象坎，卦形也有"飞鸟"之象；艮为手、为成，引申为练成功用，"以"通"用"，因此有"以"之象。合观之，有"飞鸟以"之象。

离错卦为坎，坎为血卦，有"凶"之象。

初六处下卦艮之底，阴爻居阳位，居位不当，不中不正，不安于现状，虽与九四正应，但与六二敌而不比，前行被六二阻拦；下卦艮为山、为止，前行又被艮山阻止；前有互卦坎（六二至六五），坎为陷，有陷阱危险。总之，前行有敌拦艮阻坎陷，处境凶险。

《小象传》提示："飞鸟以凶，不可如何也。"初六受九四引诱，感情冲动，前往应和，实在是不可救药。

初六爻变，得小过之变卦丰卦。《丰》卦辞提示："亨，王假之，勿忧，宜日中。"得小过之丰，羽翼未丰，急于高飞，必有过失；不用急躁，等到羽翼丰满，如日中天，将有贵人相助，自然亨通。

本卦：小过　　　变卦：小过之丰

《易经》启示：初六处境是时运不当，小有不顺，此时宜止不宜行。人在初六处境，若能持守正道，摆正心态，克制过贪，纠正过失，当止则止，静观时变，静待时机，方能趋吉避凶。若不识时务，不知凶险，当止不止，冒险冲动，盲目妄进，必然获凶。

六二，过其祖遇其妣，不及其君遇其臣，无咎。

六二爻，小鸟飞过祖父遇见母亲，没赶上君王却遇见臣仆，没有咎灾。

《象》曰：不及其君，臣不可过也。

《小象传》解释："不及其君"，这是因为臣仆不可以超过君王。

【导读】

过其祖遇其妣 过，飞过，此指小鸟飞过。祖，祖父。妣，母亲。《尔雅·释亲》："母为妣。"

不及其君遇其臣 及，从后头赶上前人。《说文解字》："及，逮也。从又从人。"段玉裁注："逮，及也。从又人，及前人也。"

《象》曰 不可过，指不可以超过。

【爻象处境】

六二处小过卦下艮之中，已越过初爻来到二爻，初爻为卦之始，为"祖"，有"过其祖"之象；六二居内卦中位，阴爻居阴位，居中得正，女主内，有"妣"之象。合观之，有"过其祖遇其妣"之象。

六二与六五之君无应，有"不及其君"之象；六二承比九三、顺承九四，九三、九四两阳爻为臣，有"遇其臣"之象。合观之，有"不及其君遇其臣"之象。

六二在互卦巽（六二至九四），巽为不果，有"无"之象；又在互卦坎（六二至六五），坎为多眚，有"咎"之象。合观之，有"无咎"之象。六二没有越过九三、九四大臣，没有越位接近君主，而是退而自守，自然没有咎灾。

六二处下卦艮之中位，阴爻居阴位，居中得正，但重阴过弱，上与六五敌而不应，下与初六敌而不比，上无靠山，下无基础，处境不利。幸好六二柔顺中正，顺承九三、九四，并与九三亲比，处境弊中有利，结果无咎。

《小象传》提示："不及其君，臣不可过也。"不能越位，不能不守本分。

六二爻变，得小过之变卦恒卦。《恒·大象传》提示："君子以立不易方。"得小过之恒，雷风激荡之下，应恒久持守正道，不轻易改变方向。

本卦：小过　　　变卦：小过之恒

《易经》启示：六二处境是运途平顺，适时适中。人在六二处境，若能持中守正，安守本分，循规蹈矩，尊上谦下，谦逊柔顺，以柔济刚，化敌为友，方能无咎。

九三，弗过防之，从或戕之，凶。

九三爻，小鸟没飞过时被防御，飞过后被追杀，凶险。

《象》曰：从或戕之，凶如何也！

《小象传》解释："从或戕之"，这表明面临的凶险真是难以想象！

【导读】

弗过防之，从或戕之　防，《说文解字》曰"堤也"，本义是堤坝，引申为防止、防御。前"之"后"之"皆指小鸟。从，追随。《说文解字》："从，随行也。"戕，残杀、杀害。

《象》曰　凶如何也，指凶险难以想象。

【爻象处境】

九三在互卦巽（六二至九四），巽为不果，有"弗"之象；下卦艮综卦为震，震为足、为动，有"过"之象；艮为手、为止，有"防"之象。合观之，有"弗过防之"之象。

九三在下卦艮山之顶，艮为止，到山顶只能止步，不能再过，有"弗过"之象；九三阳爻居刚位，阳爻一画横亘其中，犹人持刀自防，艮为止，象征防止，有"防之"之象。合观之，也有"弗过防之"之象。

九三上应上六，在互卦巽（六二至九四），巽为入，有"从"之象；巽又为进退、为不果，有"或"之象；下卦艮错卦为兑，兑为毁折，有"戕"之象。合观之，有"从或戕之"之象。兑为毁折，也有"凶"之象。

九三处"三多凶"之位，阳爻居阳位，居位得正，上与上六正应，下被六二、初六顺承，上有靠山，下有基础，处境顺利，但九三居位失中，重阳过刚，刚愎自用，与九四敌而不比，得罪上层，处境顺中有险。"或"为或然，虽为未然，但处境岌岌可危。九三往上前行，或许会受伤害，因此有凶险。

《小象传》提示："从或戕之，凶如何也！"凶由自取，无可奈何。

九三爻变，得小过之变卦豫卦。《豫·彖传》提示："豫，刚应而志行。顺以动，豫。"得小过之豫，应待时而动，刚健行动得到一致应和，志向方能得以实行。

本卦：小过　　变卦：小过之豫

《易经》启示：九三处境是运途不正，岌岌可危。人在九三处境，若能持守正道，戒惧谨慎，纠正过失，抑制过刚，刚而能柔，谦逊包容，化敌为友，顺势而行，方能趋吉避凶。

九四，无咎，弗过遇之，往厉必戒，勿用永贞。

九四爻，没有咎灾，小鸟没飞过去时遇到防御，前往有厉危，必须戒备，不利于长久之事的占问。

《象》曰：**弗过遇之，位不当也。往厉必戒，终不可长也。**

《小象传》解释："弗过遇之"，这表明居位不得当。"往厉必戒"，这意味着最终将不可能长久无害。

【导读】

弗过遇之，往厉必戒　之，指九三之"防"。弗过遇之，指小鸟没飞过去时遇到防御。戒，戒备。

勿用永贞　用犹"利"。勿用永贞，指不利于长久之事的占问。

《象》曰　终不可长，指最终将不可能长久无害。

【爻象处境】

九四居小过卦上震之初，震错卦为巽，巽为不果，有"无"之象；九四在互卦坎（六二至六五），坎为多眚，有"咎"之象。合观之，有"无咎"之象。

巽为进退、为不果，有"弗过"之象；九四亲比六五，九四、六五在互卦坎（六二至六五）中，坎错卦为离，离为目，有"遇之"之象。合观之，有"弗过遇之"之象。

震为足、为动，有"往"之象；九四在互卦兑（九三至六五）之极，兑为毁折，极其危险，有"厉"之象；坎又为加忧、为亟心，有"戒"之象。合观之，有"往厉必戒"之象。

巽为不果，又有"勿用"之象；巽又为长，有"永"之象；兑又为巫，有"贞"之象。合观之，有"勿用永贞"之象。

九四处"四多惧"之位，阳爻居阴位，居位失当，不中不正，与九三敌而不比，但九四刚而能柔，刚而不过，上与六五至尊亲比，得六五至尊信任，下与初六正应，上有靠山，下有基础，因此处境有利。

《小象传》提示："往厉必戒，终不可长也。"前往有厉危，必须多警戒。否则，最终不可长保无咎。

九四爻变，得小过之变卦谦卦。《谦·彖传》提示："谦，尊而光，卑而不可逾，君子之终也。"得小过之谦，应谦虚谨慎，处尊贵而能谦下，处卑微而不受辱，谦谦君子必有善终。

本卦：小过　　　变卦：小过之谦

《易经》启示：九四处境是时运不当，不宜妄动。人在九四处境，若能持守正道，戒惧谨慎，纠正过失，刚而能柔，尊上谦下，谦逊柔顺，择善追随，得贵人相助，方能无咎。

六五，密云不雨，自我西郊，公弋取彼在穴。

六五爻，乌云密布，却不下雨，乌云从城的西郊飘过来，王公用带有绳子的箭射取藏在巢穴中的小鸟。

《象》曰：密云不雨，已上也。

《小象传》解释："密云不雨"，这表明云已升到天上。

【导读】

密云不雨，自我西郊 密云，乌云密布。不雨，不下雨。

公弋取彼在穴 公，王公。弋，用带有绳子的箭射猎。彼，指小鸟。穴，巢穴，此指鸟巢。

【爻象处境】

六五在互卦兑（九三至六五）之顶，兑为泽、为水，水蒸发上升为云，有"密云"之象；兑综卦为巽，巽为风、为散，密云被风吹散则无雨，有"不雨"之象。合观之，有"密云不雨"之象。

六五居上卦震之中位，在互卦兑中，兑在后天八卦方位中为西方，有"西郊"之象；互卦兑在上卦震之下，下为内，内卦为自己，有"我"之象；震为东方，由下而上，从互卦兑到上卦震，密云被巽风一吹，自西向东飘过去，有"自我西郊"之象。

六五居小过卦之尊位，有"公"之象；上卦震错卦为巽，巽为绳直，弋为带绳的箭，巽有"弋"之象；震综卦为艮，艮为手，有"取"之象；六五与六二敌而不应，有"彼"之象；六二处下卦艮之中位，艮综卦为震，震错卦为巽，巽为入，有"在"之象；艮为门阙，有"穴"之象。合观之，有"公弋取彼在穴"之象。

六五阴爻居阳位，居位得中，但居位失当，上与上六敌而不比，下与六二敌而不应，近又凌乘九四，遭受九四进逼，上无靠山，下无基础，近又得罪刚强者，处境不顺。

本卦卦辞提示："不宜上宜下，大吉。""密云不雨"为"不宜上"，"公弋取彼在穴"为"宜下"，前者毫无所获，后者略有小获，也算大吉。

《小象传》提示："密云不雨，已上也。"不宜上而上，已有小过。

六五爻变，得小过之变卦咸卦。《咸·大象传》提示："君子以虚受人。"得小过之咸，咸为无心之感，动之以情，虚心以待，宽心包容，可获亨通顺利。

本卦：小过　　　变卦：小过之咸

《易经》启示：六五处境是时运不当，运途平平。人在六五处境，若能持守中道，纠正过失，谦逊和顺，顺势而为，善结人缘，得道多助，方能趋吉避凶。

上六，弗遇过之，飞鸟离之，凶，是谓灾眚。

上六爻，飞鸟没遇到防御，飞过了，却自投罗网，凶险，这是天灾人祸。

《象》曰：弗遇过之，已亢也。

《小象传》解释："弗遇过之"，这表明已过分到极点了。

【导读】

弗遇过之，飞鸟离之　遇，指遇到防御。过，指飞过去了。离，高亨指出："离借为罗，古音同，通用。《方言》七：'罗谓之离，离谓之罗。'正因其为通用字也。"（《周易古经今注》，第312页）可从。罗，甲骨文字形为 （《新甲骨文编》，第445页），上部分为绳线结成的网，下部分为"鸟"，表示张网捕鸟。本义是用绳线结成的捕鸟网。《说文解字》："罗，以丝罟鸟也。"罟，读gǔ，网。《说文解字》："罟，网也。"飞鸟离之，指飞鸟自投罗网。

灾眚　眚，读shěng，本义是眼睛生翳，引申为灾祸、过错。《说文解字》："眚，目病生翳也。"灾眚，指灾祸。细究其义，灾与祸有区别。灾从外来，又称"天灾"；眚由内生，为祸，又称"人祸"。两害并至，统称"天灾人祸"。

《象》曰　亢，极度。

【爻象处境】

上六居上卦震之终，震错卦为巽，巽为不果，有"弗"之象；巽为多白眼，表示遇见，有"遇"之象；震为足、为动，有"过"之象。合观之，有"弗遇过之"之象。

上六居小过卦之极，小过卦卦形有"飞鸟"之象；上六与初六为小过卦一终一始，一上一下，一左一右，如飞鸟之两翼。上六穷极则变，上卦得离卦，离为戈兵、为罗网，飞鸟高亢过甚，则会自投罗网，有"飞鸟离之"之象。

上六在大象坎（初六至上六）中，坎为血卦，有"凶"之象。

坎又为盗，有"灾"之象；坎又为多眚，有"眚"之象。合观之，有"灾眚"之象。

上六居小过卦之极，阴爻居阴位，居位得当，下与九三正应，但上六居位失中，重阴过弱，与六五敌而不比，又当应不应，宜下不下，错过时机，前无去路，后无退路，穷途末路，处境凶险。

《小象传》提示："弗遇过之，已亢也。"小过成大过，最终成灾眚。

上六爻变，得小过之变卦旅卦。《旅·象传》提示："旅之时义大矣哉！"得小过之旅，人在旅途，审时度势，适时适宜，意义重大。小有过失，若不及时改过，积小成大，则失时、失势、失位，终至失败，因此不得不谨小慎微，防微杜渐。

本卦：小过　　　变卦：小过之旅

《易经》启示：上六处境是时运失中，过亢必反。人在上六处境，若能持守正道，自我反省，悔过改过，纠正过失，待时而动，顺势而为，宜下则下，退守自保，方能化险为夷、逢凶化吉。

第六十三卦 既济

既济，亨，小利贞，初吉终乱。

既济卦，亨通，稍微利于占问，开头吉利，最终危乱。

《彖》曰：既济，亨，小者亨也。利贞，刚柔正而位当也。初吉，柔得中也。终止则乱，其道穷也。

《彖传》解释：既济卦象征亨通，这是说小事亨通。利于坚守正道，这是说刚柔各守其正，各就其位。开头吉利，这是因为能做到柔和中正。最终停止守正因此有危乱，这表明已是穷途末路了。

《象》曰：水在火上，既济。君子以思患而豫防之。

《大象传》解释：水在火上，这是既济卦卦象。君子观此卦象，应当效法，居安思危，防患于未然，采取预防措施。

【导读】

既济 卦名。《周易》（通行本）第六十三卦。《序卦传》："有过物者必济，故受之以既济。"《杂卦传》："既济，定也。"小过者过也，矫枉过正，事必正定，一切皆成，因此继小过卦之后紧接着为既济卦。这是《易传》释既济卦卦序、卦义。既，甲骨文字形为 𣅀 （《新甲骨文编》，第312页），右边是食器的形状，左边像一人吃罢而掉转身体将要离开的样子。本义是吃罢、吃过，表示动作已完成，引申为尽、已。《说文解字》："既，小食也。"段玉裁注："引伸之义为尽也已也。"济，《说文解字》注："济水也。出常山房子赞皇山，东入泜。"段玉裁注："今字以为济渡字。"本义为水名，即济水，引申为济渡。济水，发源于今河南省济源市西王屋山，原在山东境内与黄河并行入渤海，后因黄河改道，下游被黄河淹没。现在黄河下游的河道就是原来济水的河道。既济，指已完成渡河。既济卦是讲如何守成防变。

小利贞，初吉终乱 小，稍微。《说文解字》："小，物之微也。"小利贞，指稍微利于占问。初吉终乱，指开头吉利，最终危乱。"小利贞"即就"初吉"而言。

《彖》曰 小者亨，指小事亨通。《彖传》将"亨，小利贞"读作"亨小，利贞"。亨小即"小亨"，因此说"小者亨也"。利贞，利于坚守正道。刚柔正而位当，指刚柔各守其正，各就其位。终，最终。止，停止守正。

《象》曰 "水在火上"，此释既济卦卦象。下卦离为火，上卦坎为水，水火相济，又水火不容。思患，居安思危。

【卦象环境】

既济卦下卦为离，上卦为坎，离为火，坎为水，有"水在火上"之象；水下润，火上炎，阴阳相交，万物相通，一切皆成，故取卦名为"既济"。

既济卦有下卦离与互卦离（九三至九五），离为火，引申为通明；又有上卦坎与互卦坎（六二至六四），坎为通。合观之，通明畅通，有"亨"之象。

既济卦为三阴三阳卦，六爻皆当位，皆有应，六十四卦中仅此一卦，卦象环境十分理想。阴爻既能顺阳，又能制阳，还有阴阳应和，非常有利，阴为小，有"小利贞"之象。

《易经》通例，自下而上为从初至终，下为初，上为终。下卦为离，离为日、为明、为丽，有"初吉"之象；上卦为坎，坎为血卦、为盗、为多眚，有"终乱"之象。合观之，有"初吉终乱"之象。

"亨""小利贞""初吉终乱"，是三种不同的卦辞，"亨""初吉终乱"是断占之辞，"小利贞"是叙事之辞。"亨"，是就卦象环境的运势而言，是对卦象环境运势的客观反映，与吉凶无关；"小利贞"，是叙述占问者当时占卦之事，能反映吉凶状况；"吉凶"是占问者在爻象处境中当下主观选择所产生的结果。即使卦象环境运势亨通，若在爻象处境当下处置不当，结果仍可能是凶。相反，即使卦象环境运势不是亨通，若在爻象处境当下处置得当，结果仍可能是吉。

《彖传》提示："既济，亨，小者亨也。"既济亨通，实为小事亨通。

《大象传》提示："君子以思患而豫防之。"应慎终如始，居安思危，预先防范。

既济卦的人位互卦为未济卦（下卦：六二至六四；上卦：九三至九五）。未济卦紧接既济卦，成为六十四卦最终卦。既济为事已成，未济为事未成，也有"终乱"之象。《未济·大象传》提示："君子以慎辨物居方。"未济卦提示，人在既济卦环境，应把既济当作未济，慎终如始，谨慎辨别各类事物，使各得其所，有序发展。

本卦：既济　　　　人位互卦：未济

既济卦局势：如火烧开水，阴阳配合，运势顺畅，相应相合，事已完成，始终亨通。

《易经》启示：人在既济卦环境，若能居安思危，慎终如始，戒备防患，防微杜渐，则能趋吉避凶。若不识时务，不知隐患，不作戒备，不能守成，结果会凶多吉少，初吉终乱。

初九，曳其轮，濡其尾，无咎。

初九爻，拖曳着车轮，沾湿了尾巴，没有咎灾。

《象》曰：曳其轮，义无咎也。

《小象传》解释："曳其轮"，这表明因时制宜就没有咎灾。

【导读】

曳其轮，濡其尾　曳，拖、牵引。濡，沾湿。

《象》曰　义同宜，适宜。义无咎，指因时制宜就没有咎灾。

【爻象处境】

初九处下卦离之初，前有互卦坎（六二至六四），离错卦也为坎，坎为弓轮，又为曳，有"曳其轮"之象。

离错卦为坎，坎为水，有"濡"之象；坎又为曳，有"尾"之象。合观之，有"濡其尾"之象。

初九爻变，下卦离变为艮，艮综卦为震，震错卦为巽，巽为不果，有"无"之象；坎又为多眚，有"咎"之象。合观之，有"无咎"之象。

初九阳爻居阳位，居位得当，上与六四正应，但初九居位失中，重阳过刚，刚愎自用，冒险冲动，又被六二凌乘，前有坎陷，处境顺中有险。

《小象传》提示："曳其轮，义无咎也。"因时制宜，顺时而为，自然无咎。

初九爻变，得既济之变卦蹇卦。《蹇·彖传》提示："蹇，难也，险在前也。见险而能止，知矣哉。"得既济之蹇，蹇为险难，见险知止，知难而退，是为明智。

本卦：既济　　　　变卦：既济之蹇

《易经》启示：初九处境是运逢初险，自救可成。人在初九处境，"曳其轮"则不能进，"濡其尾"则不能涉，既济之初，正处顺而未乱之时。若能持守正道，纠正过失，抑制过刚，顺势而为，谨行慎进，方能无咎。

六二，妇丧其茀，勿逐，七日得。

六二爻，妇人丢失了车蔽，不用追寻，七日后可失而复得。

《象》曰：七日得，以中道也。

《小象传》解释："七日得"，这因为坚守中正之道。

【导读】

妇丧其茀，勿逐，七日得　茀，读 fú，车蔽。古代妇女乘车不露于世，车之前后设障以自隐蔽。逐，追寻、寻找。七日得，七日后可失而复得。参见震卦六二【导读】。

《象》曰　中道，指中正之道。

【爻象处境】

六二爻变为九二，得互卦兑（九二至六四），兑为妾，有"妇"之象；兑又为毁折，有"丧"之象；兑错卦为艮，艮综卦为震，震为苍筤竹、为萑苇，下卦离错卦为坎，坎为舆，坎震合观为竹苇编成的车蔽，有"茀"之象。合观之，有"妇丧其茀"之象。

兑综卦为巽，巽为不果，有"勿"之象；巽错卦为震，震为足、为动，有"逐"之象。合观之，有"勿逐"之象。

六二爻变，下卦离变为乾，在先天八卦方位中，乾的位数为一，上卦坎的位数为六，上下卦合计为七，有"七"之象；离为日，有"日"之象；震又为反生，有"得"之象。合观之，有"七日得"之象。

《易经》通例，一卦六爻，一爻一天，从本爻出发，走完一卦需要六天，第七天开始循环复返，也有"七日得"之象。

六二阴爻居阴位，居中得正，与九五至尊正应，又与九三、初九上下两阳爻亲比，处境和顺，失物不用找，自会失而复得，物归原主。

《小象传》提示："七日得，以中道也。"七日复得，在于坚守中正之道。

六二爻变，得既济之变卦需卦。《需·大象传》提示："君子以饮食宴乐。"得既济之需，尚未成事，仍需等待，以饮食宴乐调养身心，养精蓄锐，时机成熟再行动。

本卦：既济　　　　　　变卦：既济之需

《易经》启示：六二处境是时运中兴，失小得大。人在六二处境，若能持守中正之道，尊上谦下，谦逊柔顺，得道多助，待时而动，自然无咎。

九三，高宗伐鬼方，三年克之，小人勿用。

九三爻，高宗征伐鬼方，三年才平定，小人物不使用。

《象》曰：三年克之，惫也。

《小象传》解释："三年克之"，这意味着已经筋疲力尽了。

【导读】

高宗伐鬼方，三年克之　高宗，指殷王武丁，庙号高宗，盘庚后第三代。鬼方，西北国名，猃狁部落之一。克，战胜、平定。

小人勿用 小人，指小人物。勿用，不使用。

《象》曰 惫，指极度疲惫、筋疲力尽。

【爻象处境】

九三在下卦离，离为乾卦，乾为天、为君，有"高宗"之象；离为甲胄、为戈兵，有"伐"之象；九三与上六有应，上六在上卦坎之极，坎为盗，有"鬼方"之象。合观之，有"高宗伐鬼方"之象。

离在先天八卦位数为三，有"三年"之象；离为甲胄、为戈兵，有"克"之象。合观之，有"三年克之"之象。

《易经》通例，阳为大，阴为小。上六阴爻为小，有"小"之象；上六在上卦坎，坎为中男，有"人"之象；九三爻变，得互卦艮（六三至九五），艮为止、为手，有"勿用"之象。合观之，有"小人勿用"之象。

九三处下卦离之极，处"三多凶"之位，阳爻居阳位，居位得正，但居位失中，重阳过刚；上与上六正应，下与六二亲比，虽然上有靠山，下有基础，但被六四凌乘，九三爻变，又在互卦艮（六三至九五），艮为山，前行受阻，因此处境艰辛。

《小象传》提示："三年克之，惫也。"劳苦功高，疲惫不堪。

九三爻变，得既济之变卦屯卦。《屯》卦辞提示："元亨，利贞。勿用有攸往，利建侯。"得既济之屯，资源匮乏，处境艰辛，动乎险中，谨慎行事。不急于前往，先巩固成果，方能大吉大利。

本卦：既济　　　　　变卦：既济之屯

《易经》启示：九三处境是时运得正，所谋必成。人在九三处境，若能持守正道，戒惧谨慎，抑制过刚，纠正过失，刚而能柔，尊上谦下，谦逊包容，化敌为友，巩固成果，逐步推进，方能趋吉避凶。

六四，繻有衣袽，终日戒。

六四爻，乘坐用破旧衣服堵漏的木船渡河，整天戒惧。

《象》曰：终日戒，有所疑也。

《小象传》解释："终日戒"，这说明心中有所疑虑。

【导读】

繻有衣袽，终日戒 繻，读 xū，裂繻。《左传·隐公二年》："纪裂繻来逆女。"《玉篇》："繻，帛边也。古者过关以符书帛裂而分之，若今券也。"古代以割裂的繻作为出入关隘的凭证，裂繻丝头吻合才可放行。此指船有裂纹漏洞。袽，读 rú，破旧的衣服或棉絮。衣袽，破旧衣服，古人用来堵塞舟船漏洞。终日，整天。戒，戒惧、警戒。

《象》曰 有所疑，指心中有所疑虑。

【爻象处境】

六四爻变，上卦坎变为兑，兑综卦为巽，巽为木，刳木为舟，象征船；兑为毁折，表示船漏；上卦坎为水，巽兑坎合观为船漏水，有"繻"之象。坎错卦为离，离为乾卦，乾错卦为坤，坤为布，有"衣袽"之象。合观之，有"繻有衣袽"之象。

兑错卦为艮，艮为止、为万物之所成终，有"终"之象；坎错卦为离，离为日，有"日"之象；坎又为加忧、为亟心，有"戒"之象。合观之，有"终日戒"之象。

六四处"四多惧"之位，阴爻居阴位，居位得正，但居位失中，重阴过弱，自身软弱。六四顺承亲比九五，下与初九正应，既有靠山，又有基础，但凌乘九三，得罪刚强者，被九三进逼，处境有喜有忧。

《小象传》提示："终日戒，有所疑也。"整天戒惧，在于心中有所疑虑。

六四爻变，得既济之变卦革卦。《革·彖传》提示："革之时大矣哉！"得既济之革，革故鼎新，见机行事，随机应变，处境变了，人也得跟着变。

本卦：既济　　　变卦：既济之革

《易经》启示：六四处境是运当全盛，谨戒预防。人在六四处境，若能持守正道，戒惧谨慎，正定心志，纠正过失，以柔济刚，尊上谦下，谦逊和顺，随机应变，顺势而为，终能趋吉避凶。

九五，东邻杀牛，不如西邻之禴祭，实受其福。

九五爻，东边邻国杀牛盛祭，不如西边邻国薄祭，实在享受上天的福祉。

《象》曰：东邻杀牛，不如西邻之时也。实受其福，吉大来也。

《小象传》解释："东邻杀牛"，这是因为不如西郊邻国薄祭之适合时宜。"实受其福"，这表明将有重大吉祥喜庆降临。

【导读】

东邻杀牛，不如西邻之禴祭 "东邻杀牛"下省"以祭"二字，帛书本《周易》作"东邻杀牛以祭"。杀牛之祭为盛祭。禴（yuè）祭，指薄祭，是古代宗庙祭祀的名称，夏、商二代为春祭，周代则改称夏祭，是四时之祭中最薄者。参见萃卦六二、升卦九二【导读】。

《象》曰 时，适合时宜。吉大来，指将有重大吉祥喜庆降临。

【爻象处境】

九五与六二正应，六二在下卦离，离在先天八卦方位中为东方，有"东邻"之象；六二在互卦坎（六二至六四），坎为血卦，有"杀"之象；六二在下卦离，离为乾，乾错卦为坤，坤为牛，有"牛"之象。合观之，有"东邻杀牛"之象。

九五爻变，得互卦震（九三至六五），震错卦为巽，巽为不果，有"不如"之象；九五在上卦坎，坎在先天八卦方位中为西方，有"西邻"之象；巽综卦为兑，兑为巫，有"禴祭"之象。合观之，有"不如西邻之禴祭"之象。

《易经》通例，阳为实，阴为虚。九五阳爻为实，有"实"之象；九五爻变，得互卦震（九三至六五），震综卦为艮，艮错卦为兑，兑为口，有"（享）受"之象；兑为巫，有"福（祉）"之象。

合观之，有"实受其福"之象。

九五居既济卦之尊位，居上卦坎之中位，阳爻居阳位，居中得正，下与六二正应，近与上六、六四亲比，上下左右关系和谐，处境和顺。

《小象传》提示："实受其福，吉大来也。"诚实守信得到上天赐福，重大吉祥喜庆即将降临。

九五爻变，得既济之变卦明夷卦。《明夷·大象传》提示："君子以莅众，用晦而明。"得既济之明夷，应韬光养晦，多听众人意见，少自作聪明。

本卦：既济　　　　变卦：既济之明夷

《易经》启示：九五处境是时运大盛，持盈保泰。人在九五处境，若能持守中正之道，刚而能柔，谦逊和顺，宽厚包容，得道多助，必能趋吉避凶。

上六，濡其首，厉。

上六爻，河水沾湿了头部，有厉危。

《象》曰：濡其首厉，何可久也？

《小象传》解释："濡其首厉"，这意味着怎么可能长久维持？

【导读】

濡其首　首，头部。濡其首，河水沾湿了头部，这是凶兆，因此有厉危。

【爻象处境】

上六居上卦坎之顶，坎为水，有"濡"之象；坎又为下首，有"首"之象。合观之，有"濡其首"之象。坎为隐伏、为血卦，有"厉"之象。

上六居既济卦之终，已是穷途末路，阴爻居阴位，虽居位得正，但居位失中，重阴过弱，凌乘九五至尊，得罪至尊，后果严重，虽与九三有应，却被上卦坎水阻拦，因此处境凶险。

上六为首，初九为尾，首尾相接，濡其尾，尚可救济避险，因此"无咎"，是为"初吉"；濡其首，则有灭顶之灾，因此获"凶"，是为"终乱"。

《小象传》提示："濡其首厉，何可久也？"灭顶之灾，能撑多久？

上六爻变，得既济之变卦家人卦。《家人·彖传》提示："家人，女正位乎内，男正位乎外。"得既济之家人，女人在内当家，男人在外闯荡，家是避风港、加油站，男人事业失败，打道回府，充电加油，养精蓄锐再出发。"家和万事兴"的真正要义即在于此。

本卦：既济　　　　　变卦：既济之家人

《**易经**》启示：上六处境是好运已过，小心危险。人在上六处境，若能持守正道，悔过改过，纠正过失，谦下柔顺，韬光养晦，退守自保，方能避害免灾。

第六十四卦　未济

未济，亨，小狐汔济，濡其尾，无攸利。

未济卦，亨通，小狐狸渡河快到对岸了，却浸湿了尾巴，不利。

《彖》曰：未济，亨，柔得中也。小狐汔济，未出中也。濡其尾，无攸利，不续终也。虽不当位，刚柔应也。

《彖传》解释：未济卦象征亨通，这是因为柔顺并能持守中道。小狐狸渡河快到对岸了，这表明尚未走出险境。浸湿了尾巴，没有任何利益，这表明要防止不能持续坚持到最终。虽然不在适当位置，但刚柔仍能彼此呼应。

《象》曰：火在水上，未济。君子以慎辨物居方。

《大象传》解释：火在水上，这是未济卦卦象。君子观此卦象，应当效法，谨慎辨别各类事物，使各得其所，有序发展。

【导读】

未济　卦名。《周易》（通行本）第六十四卦。《序卦传》："物不可穷也，故受之以未济，终焉。"《杂卦传》："未济，男之穷也。"万物变化不可以穷尽，最终必有未定之事，因此继既济卦之后紧接着为未济卦。未济卦为六十四卦之终极，犹如男人已到穷途末路。这是《易传》释未济卦卦序、卦义。未，指没有、不曾、尚未。未与不皆有否定之义，但细究其义，还是有所区别。"未"字否定过去，不否定将来，"不"字否定过去，也否定将来，但有时候"未"也当"不"字讲。济，指渡河。参见既济卦卦辞【导读】。未济，指过河尚未成功，仍须继续努力，只要坚持不懈，必能过河。未济卦是讲如何成功。

小狐汔济，濡其尾　汔，读 qì，尽、接近。《广雅·释诂》："汔，尽也。"濡，沾湿、浸湿。

《象》曰　柔得中，指柔顺并能持守中道。中，途中，此指在险境中。未出中，指尚未走出险境。不续终，指不能持续坚持到最终。

《象》曰　"火在水上"，此释未济卦卦象。下卦坎为水，上卦离为火，火在水上，水火不容，失位无序。慎辨物，指谨慎辨别各类事物。方，方位。居方，指各得其所，有序发展。

【卦象环境】

未济卦下卦为坎，上卦为离，坎为水，离为火，有"火在水上"之象；火上炎，水下润，水火不容，阴阳不交，六爻皆不当位，各行其是，失位无序，有"物未定、事未成"之象，故取卦名为"未济"。

未济卦有两个坎卦，下卦坎和互卦坎（六三至六五），也有两个离卦，上卦离和互卦离（九二至九四）。坎为艰险，坎又为通，离为光明，象征道路曲折，前途光明，最终亨通，因此有"亨"之象。

坎为加忧、为亟心、为心病，又为曳，生性多疑、尾巴拖曳，有"狐"之象；坎为水，水为阴性，阴为小。合观之，有"小狐"之象。由下卦坎到互卦坎（六三至六五），虽快到对岸，但仍未完成，有"汔济"之象。合观之，有"小狐汔济"之象。

坎为水，有"濡"之象；坎又为曳，有"尾"之象。尾巴已拖曳入水，有"濡其尾"之象。

几乎将济却未济，半途而废，功亏一篑，自然无所利。

《象传》提示："濡其尾，无攸利，不续终也。"浸湿了尾巴，没有任何利益，这表明要防止不能持续坚持到最终。

《大象传》提示："君子以慎辨物居方。"要谨慎辨别各类事物，使各得其所，有序发展。

未济卦的人位互卦为既济卦（下卦：九二至九四；上卦：六三至六五）。《既济》卦辞提示："亨，小利贞，初吉终乱。"未济卦与既济卦是互为错综卦，有三种关系：一是上下卦颠倒关系，二是卦爻反对关系，三是卦爻翻覆关系。六十四卦中同时包含此三种关系的，除了否泰卦，就是这两卦了。既济为"始之终"，为"事已成"，既济之"亨"在"初吉"，因此强调"慎终如始"；未济为"终之始"，为"事未成"，未济之"亨"在"续终"，因此强调"慎始慎终"。

本卦：未济　　　　人位互卦：既济

未济卦局势： 如火在水上，水火不交，运势不顺，事未完成，忧中望喜，前途亨通。

《易经》启示： 人在未济卦环境，若能持守正道，审时度势，坚毅刚强，自我节制，慎始慎终，终能趋吉避凶。若不守正道，掉以轻心，沉湎逸乐，冒险妄动，结果会凶多吉少。

初六，濡其尾，吝。

初六爻，浸湿了尾巴，有遗恨。

《象》曰：濡其尾，亦不知极也。

《小象传》解释："濡其尾"，这表明自不量力。

【导读】

濡其尾　濡，指浸湿、沾湿。

《象》曰　极，指尽头。不知极，指自不量力。

【爻象处境】

初六在下卦坎之底，坎为水，有"濡"之象；坎又为曳，有"尾"之象。合观之，有"濡其尾"之象。

坎又为加忧、为心病、为亟心，有"吝"之象。

初六处未济卦之始，未济卦为既济卦之综卦，未济之初六与既济之上六，首尾相接。既济卦上六"濡其尾"获"厉"，未济卦初六不知吸取前车之鉴，反而紧随其后，重蹈覆辙，以致"濡其尾"，自然有"吝"。《尚书·仲虺之诰》："改过不吝。"有过不改则有"吝"。

初六阴爻居阳位，居位失当，不中不正，虽上与九四正应，近与九二亲比，但九四、九二皆居位不当，深陷坎险，难以相助，因此处境不顺。

《小象传》提示："濡其尾，亦不知极也。"自不量力，自讨苦吃。

初六爻变，得未济之变卦睽卦。《睽·大象传》提示："君子以同而异。"得未济之睽，应分析异同，区别对待，异中求同，求同存异。

本卦：未济　　　　　变卦：未济之睽

《易经》启示：初六处境是时运颠倒，谨慎处置。人在初六处境，若能持守正道，纠正过失，安守本分，顺势而为，量力而行，当止则止，静待时机，方能无咎。

九二，曳其轮，贞吉。

九二爻，拖曳车轮，占问吉利。

《象》曰：九二贞吉，中以行正也。

《小象传》解释："九二贞吉"，这表明他持守中道，行为端正。

【导读】

曳其轮　曳，指拖、牵引。

《象》曰　贞，守正。中，中道。行正，行为端正。

【爻象处境】

九二处下卦坎之中，坎为曳，有"曳"之象；坎又为弓轮，有"轮"之象。合观之，有"曳其轮"之象。

九二爻变，得互卦艮（六二至九四），艮错卦为兑，兑为巫，有"贞"之象；九二在互卦离（九二至九四），下卦坎错卦也为离，离为日、为明、为丽，有"吉"之象。合观之，有"贞吉"之象。

九二处下卦坎之中位，阳爻居阴位，虽居位得中，但居位失当；虽与六五正应，与初六、六三亲比，但诸爻皆居位失当，无力援助，九二还被六三凌乘，因此处境艰险。

《小象传》提示："九二贞吉，中以行正也。"关键在于持守中道，行为端正。

九二爻变，得未济之变卦晋卦。《晋·象传》提示："晋，进也。明出地上。"得未济之晋，稳住当前，静待良机，将来定有晋升出头之日。

本卦：未济　　　　变卦：未济之晋

《易经》启示：九二处境是时运中兴，无往不利。人在九二处境，若能持守中道，自我节制，纠正过失，见险知止，曳住车轮，防止躁进，等待时机，顺时而动，方能趋吉避凶。

六三，未济，征凶，利涉大川。

六三爻，尚未完成渡河，远行有凶险，利于涉渡大川。

《象》曰：未济征凶，位不当也。

《小象传》解释："未济征凶"，这是因为所处位置不得当。

【导读】

未济　指尚未完成渡河。

【爻象处境】

六三处未济卦下坎之终，六三爻变，坎变为巽，巽为不果，有"未"之象；巽错卦为震，震为足、为动，有"济"之象。合观之，有"未济"之象。

震为足、为动，又有"征"之象；震错卦为巽，巽综卦为兑，兑为毁折，有"凶"之象；下卦坎为血卦，也有"凶"之象。合观之，有"征凶"之象。

巽又为近利市三倍，有"利"之象；震为足、为动，有"涉"之象；坎为阳卦，阳为大，坎又为水、为沟渎，象征"川"，因此坎有"大川"之象。合观之，有"利涉大川"之象。

六三处下卦坎险之极，又处"三多凶"之位，阴爻居阳位，居位失当，不中不正，自身乏力，未出下卦坎险之极，又陷入互卦坎险（六三至六五），一坎又一坎，险象环生。六三虽上与上九正应，顺承亲比九四，但上九、九四皆居位失当，上九已是穷途末路，自身难保，无力相助，九四处"多惧"之位，恐惧不安，无心相助。

六三凌乘九二，得罪刚强者，受九二进逼。总之，六三处境凶险。

《小象传》提示："未济征凶，位不当也。"未济之凶，在于居位不当。

六三爻变，得未济之变卦鼎卦。《鼎·大象传》提示："君子以正位凝命。"得未济之鼎，应摆正位置忠于职守，不忘初心牢记使命。

本卦：未济　　　　　变卦：未济之鼎

《易经》启示：六三处境是时运遇险，见机而作。人在六三处境，若能持守正道，戒惧谨慎，纠正过失，柔而能刚，刚柔相济，谦逊和顺，顺时而动，当行则行，方能趋吉避凶。

九四，贞吉，悔亡。震用伐鬼方，三年有赏于大国。

九四爻，占问吉利，悔恨消亡。震征伐鬼方，三年攻克，得到大国的封赏。

《象》曰：**贞吉悔亡，志行也。**

《小象传》解释："贞吉悔亡"，这表明建功立业的志向得到了实现。

【导读】

震用伐鬼方，三年有赏于大国　与既济卦九三"高宗伐鬼方"为同一件事。参见既济卦九三【导读】。震，疑为人名，殷高宗时周族之将帅。大国，指殷王朝。

《象》曰　志行，指建功立业的志向得到实现。

【爻象处境】

九四居上卦离之始，九四爻变，离变为艮，艮错卦为兑，兑为巫，有"贞"之象；九四在上卦离，又在互卦离（九二至九四）之顶，占据两离，离为日、为明、为丽，有"吉"之象。合观之，有"贞吉"之象。

离错卦为坎，坎为加忧、为亟心、为心病，有"悔"之象；坎又为血卦，有"亡"之象。合观之，有"悔亡"之象。

艮综卦为震，有"震"之象；艮为手，有"用"之象；离为甲胄、为戈兵，有"伐"之象；坎又为盗，有"鬼方"之象。合观之，有"震用伐鬼方"之象。

九四在上卦离中，离在先天八卦位数为三，有"三年"之象；震错卦为巽，巽为近利市三倍，有"赏"之象；九四为阳爻，阳为大，有"大"之象；九四爻变，得互卦坤（六三至六五），坤为地、为众、为邑，有"国"之象。合观之，有"三年有赏于大国"之象。

九四已出下坎入上离，处于"四多惧"之位，进逼六五君位，伴君如伴虎，不禁产生悔意，幸好九四阳爻居阴位，刚而能柔，下与初六正应，又被六三顺承亲比，刚柔相济。九四虽被六五凌乘，仍真诚亲比六五，深得六五赏识并重用，受命出征讨伐，受封邑国诸侯，终获吉祥，懊悔消亡，因此处境弊中有利。

《小象传》提示："贞吉悔亡，志行也。"贞吉悔亡，功德圆满，实现志向。

九四爻变，得未济之变卦蒙卦。《蒙·象传》提示："蒙，山下有险，……蒙以养正，圣功也。"得未济之蒙，应知蒙昧之险，若能修养中正德行，方能成就神圣功业。

本卦：未济　　　　变卦：未济之蒙

《易经》启示：九四处境是时来运转，称心如意。人在九四处境，若能持守正道，戒惧谨慎，刚而能柔，尊上谦下，谦逊应比，忠心追随，得贵人相助，终可建功立业。

六五，贞吉，无悔，君子之光，有孚吉。

六五爻，占问吉利，没有悔恨，君子容光焕发，卦兆显示吉利。

《象》曰：君子之光，其晖吉也。

《小象传》解释："君子之光"，这表明具有光明正大的品行，可获吉祥。

【导读】

君子之光，有孚吉 光，指容光焕发。孚，指卦兆显示。

【爻象处境】

六五居上卦离之中位，六五爻变，得互卦巽（六三至九五），巽综卦为兑，兑为巫，有"贞"之象；上卦离为日、为明、为丽，有"吉"之象。合观之，有"贞吉"之象。

巽为不果，有"无"之象；上卦离错卦为坎，坎为加忧、为巫心、为心病，有"悔"之象。合观之，有"无悔"之象。

六五爻变，上卦离变为乾，乾为君，有"君子"之象；上卦离为火、为日、为明，有"光"之象。合观之，有"君子之光"之象。

兑为巫，又有"孚"之象；离为日、为明、为丽，有"吉"之象。合观之，有"有孚吉"之象。

六五居未济卦之君位，居上卦离之中位，阴爻居阳位，阴柔得中，亲比九四，信任重用九四，九四征伐有功，六五文德武功辉煌。六五与九二正应，使上离下坎应合，离为日，坎为月，日月交相辉映，有"君子之光"。文德武功辉煌，为刚柔相济，日月交相辉映，为阴阳交合，处境和合。

《小象传》提示："君子之光，其晖吉也。"光明正大，可获吉祥。

六五爻变，得未济之变卦讼卦。《讼·大象传》提示："君子以作事谋始。"得未济之讼，开始做事时就要把问题考虑清楚，防患于未然。

本卦：未济　　　　变卦：未济之讼

《易经》启示：六五处境是运当全盛，诸事皆吉。人在六五处境，若能持守中道，刚柔相济，谦逊包容，发扬和合精神，必能大放光彩，结果无比吉利。

上九，有孚于饮酒，无咎。濡其首，有孚失是。

上九爻，卦兆显示有庆功酒，没有咎灾。喝酒晕了头，卦兆显示有失天道。

《象》曰：饮酒濡首，亦不知节也。

《小象传》解释："饮酒濡首"，这说明放纵自己不知节制。

【导读】

濡其首 与既济卦上六"濡其首"辞同义不同。既济卦上六是河水"濡其首"，是因为麻痹大意，结果是"厉"；未济卦上九是酒水"濡其首"，是因为得意忘形，结果是不言有凶而凶自明。因此，《杂卦传》说："未济，男之穷也。"

有孚失是 "是"字，历来注家众说纷纭，莫衷一是，多为穿凿附会。是，西周早期毛公旅方鼎上的金文为𣌰（《金文编》，第90页），上面代表"日"，下面表示"正"，象征"从日正"。本义是"以日为正"，指以天道为正。《说文解字》："是，直也，从日正。"段玉裁注："以日为正则曰是。从日正会意。天下之物莫正于日也。"因此，是即天道。失是，指有失天道，即背离了天道。

《象》曰 不知节，指放纵自己不知节制。

【爻象处境】

上九居未济卦之终，上九爻变，上卦离变为震，震综卦为艮，艮错卦为兑，兑为巫，有"孚"之象；兑为口，有"饮"之象；上卦离错卦为坎，坎为水，有"酒"之象。合观之，有"有孚于饮酒"之象。

震错卦为巽，巽为不果，有"无"之象；坎又为多眚，有"咎"之象。合观之，有"无咎"之象。

坎为水，象征酒水，有"濡"之象；坎又为下首，有"首"之象。合观之，有"濡其首"之象。

兑为巫，有"孚"之象；兑又为毁折，有"失"之象；离为日，震错卦为巽，巽为绳直，离巽合观，以日为准绳，有"是"之象。合观之，有"有孚失是"之象。

上九居未济卦之终，居上卦离之极，阳爻居阴位，虽身处终

下经
第六十四卦
未济

极，居位失当，不中不正，但下与六三正应，近被六五顺承亲比，有靠山，有基础，因此处境弊中有利。

《小象传》提示："饮酒濡首，亦不知节也。"喝得昏头昏脑，不知节制。

上九爻变，得未济之变卦解卦。《解·象传》提示："其来复吉，乃得中也。有攸往夙吉，往有功也。"得未济之解，若不知所往，迷途知返则吉利，最终走上了正道。若有所前往，尽早出发则吉利，前往必有功名。

本卦：未济　　　　变卦：未济之解

《易经》启示：上九处境是好运到头，知节可解。人在上九处境，若能持守正道，自我反省，纠正过失，节制得当，承天时行，听天命，尽人事，终能无咎。若居功自傲，得意忘形，举止过当，不知悔改，不知节制，有失天道，必有咎灾。《易经》六十四卦，自乾卦得天道始，至未济卦上九爻失天道终。天下万物，得天道始生，失天道终亡，天道轮回，概莫能外。

《系辞传》导读

《系辞传》又称《系辞》,为《易传》"十翼"之一,分上、下两篇,为《系辞上传》和《系辞下传》。朱熹在《周易本义》中将《系辞传》上下篇各分为十二章,其说可从。

"系辞"有二义:一是"圣人设卦观象系辞"之"系辞",指系在卦和爻上的辞,即卦辞和爻辞;二是通论所系卦辞爻辞的大义,是对系辞的概括性解说总论。《系辞传》属于后者。《系辞传》没有逐卦逐爻解说卦爻象义,而是论述占筮原则和体例,《易经》义理和性质,以及《易经》基本原理,具有通论性质。

系辞上传

1. 天尊地卑章

天尊地卑,乾坤定矣。卑高以陈,贵贱位矣。动静有常,刚柔断矣。方以类聚,物以群分,吉凶生矣。在天成象,在地成形,变化见矣。是故刚柔相摩,八卦相荡,鼓之以雷霆,润之以风雨。日月运行,一寒一暑。乾道成男,坤道成女。乾知大始,坤作成物。乾以易知,坤以简能。易则易知,简则易从。易知则有亲,易从则有功。有亲则可久,有功则可大。可久则贤人之德,可大则贤人之业。易简而天下之理得矣,天下之理得而成位乎其中矣。

【导读】本章以天地之理说《易》之"三易"之理。以"天尊地卑"而定乾坤贵贱,说《易》之"不易";以天地变化而生八卦相荡、万物吉凶,说《易》之"变易";以乾易坤简、易知易从,说《易》之"易简"。

"易简"与通常所说"简易"不同,"简易"指简单,但"易简"却不简单。"易"指"乾以易知",乾卦深入浅出,容易知晓;"简"指"坤以简能",坤卦化繁为简,简捷顺承。乾坤为"《易》之门",由此可知,"易简"为《易经》共有的特性。

2. 圣人设卦章

圣人设卦,观象系辞焉而明吉凶,刚柔相推而生变化。是故吉凶者,失得之象也。悔吝者,忧虞之象也。变化者,进退之象也。刚柔者,昼夜之象也。六爻之动,三极之道也。是故君子所居而安者,《易》之序也。所乐而玩者,爻之辞也。是故君子居则观其象而玩其辞,动则观其变而玩其占。是以自天祐之,吉无不利。

【导读】本章说设卦目的和用卦方法。圣人设卦、观象、系辞,目的在于"明吉凶"。得为吉之象,失为凶之象。忧为悔之象,虞为吝之象。悔吝皆有偏凶之象,悔是因过失而忧虑,知过悔过进而改过,由忧而悔,由有悔而无悔,结果由偏凶而趋吉;吝是有过失而不忧虑,进而不知改过,由虞而吝,结果由偏凶而趋凶。用卦奥妙在一"玩"字,平时无事时则观象玩辞,临事行动时则观变玩占,玩出境界,有玩兴,能玩赏,懂玩味,烂熟于心,卦在心中,心随卦动,自然是"自天祐之,吉无不利"。

唐代著名诗人白居易,字乐天。其名"居易",即出自本章"是故君子所居而安者,《易》之序也。"意思是:君子之所以能居住得安心,是因为遵循了《易经》的顺序规律。其字"乐天",出自《系辞上传》第4章"乐天知命,故不忧"。意思是:既乐行天道,尽力而为,又知晓天命,量力而行,所以无忧无虑。其取名"居易",取字"乐天",寓意能效法天道,乐天知命,无忧无虑。

3. 彖象爻变章

彖者,言乎象者也。爻者,言乎变者也。吉凶者,言乎其失得也。悔吝者,言乎其小疵也。无咎者,善补过也。是故列贵贱者存乎位,齐小大者存乎卦,辨吉凶者存乎辞,忧悔吝者存乎介,震无咎者存乎悔。是故卦有小大,辞有险易。辞也者,各指其所之。

【导读】本章解说卦、辞、彖、爻、吉凶、悔吝、无咎等概念及关系。"小疵"指小过失。悔吝者皆有小过失。"介"指边界。悔各存在于吉凶交界处，因有小过失，因此为偏凶。"无咎"为"善补过"，"存乎悔"指已悔过，"无咎"指已悔过改过，"无咎"为偏吉。小为阴，大为阳，"卦有小大"指卦有阴阳。

4. 与天地准章

《易》与天地准，故能弥纶天地之道。仰以观于天文，俯以察于地理，是故知幽明之故。原始反终，故知死生之说。精气为物，游魂为变，是故知鬼神之情状。与天地相似，故不违。知周乎万物，而道济天下，故不过。旁行而不流，乐天知命，故不忧。安土敦乎仁，故能爱。范围天地之化而不过，曲成万物而不遗，通乎昼夜之道而知，故神无方而《易》无体。

【导读】本章说"《易》与天地准"。"准"为准则、效法。"弥纶"为包括、包含、蕴含。《易》以天地为准则，仰观俯察天文地理，效法天地之道，与天地"相似"而"不违"，因此能蕴含天地之道。"乐天"指乐于"与天地准"，"知命"指"四知"，即"知幽明之故""知死生之说""知鬼神之情状""知周乎万物，而道济天下"。因"乐天知命"，故包罗天地造化、曲成万物而能"不过""不遗""不流"，因此"不忧"。"神无方而《易》无体"，指天地神奇变化不定，《易》也无固定模式，仍申言"《易》与天地准"之旨。

5. 阴阳之道章

一阴一阳之谓道，继之者善也，成之者性也。仁者见之谓之仁，知（zhì）者见之谓之知（zhì），百姓日用而不知，故君子之道鲜矣。显诸仁，藏诸用，鼓万物而不与圣人同忧，盛德大业至矣哉！富有之谓大业，日新之谓盛德，生生之谓易，成象之谓乾，效法之谓坤，极数知来之谓占，通变之谓事，阴阳不测之谓神。

【导读】本章说阴阳之道。爻分阴阳，《易》即讲阴阳之道。《庄子·天下》说："《易》以道阴阳。"道待人一视同仁，不会因人而异，"百姓日用而不知"，"鼓万物而不与圣人同忧"。"生生"指下文乾之"大生"和坤之"广生"。"极数"指九、六，九为老阳，老阳为阳极，阳极则变阴，六为老阴，老阴为阴极，阴极则变阳。

老阳、老阴为变爻,占卦得变爻,观变爻之变,可知将来发展趋势。"通变"指通晓变化趋势(运势、时运),见几而作,顺势而为。"事"指"生生"之事。通变则能生生不息。"通变之谓事","通变"的关键是要落实到"事"上,这就是"生生"。乾道成男,坤道成女,乾为"大生",坤为"广生","广生大生"即为"生生"。生生不息,天地万物永远充满勃勃生机。

6. 夫易广大章

夫《易》广矣大矣,以言乎远则不御,以言乎迩则静而正,以言乎天地之间则备矣。夫乾,其静也专,其动也直,是以大生焉。夫坤,其静也翕(xī),其动也辟,是以广生焉。广大配天地,变通配四时,阴阳之义配日月,易简之善配至德。

【导读】本章说《易》道广生大生。"广"是宽广、广阔,是空间视觉;"大"是高大、壮大,是实体感觉。乾阳为实,静时收聚,动时挺直,以壮大生之,故称"大生";坤阴为虚,静时闭阖,动时打开,以空旷生之,故称"广生"。"生"是永恒的主题,广生、大生,是天地之性,这就是"生生"。因此,"广大"配天地、配四时、配日月、配至德,这就叫"生生之谓易"。

7. 道义之门章

子曰:"《易》其至矣乎!夫《易》,圣人所以崇德而广业也。知崇礼卑,崇效天,卑法地。天地设位,而《易》行乎其中矣。成性存存,道义之门。"

【导读】本章申说"成性存存"。关于"成性存存",历代注家说法不一,有的语焉不详,有的不知所云,南怀瑾《易经系传别讲》干脆说"没有办法解释"。我认为,"成性存存"可读作"存存成性",可视作自我修养的三个阶段:一是"存"的阶段。"存"是积存。"知崇礼卑,崇效天,卑法地",效法天地,内化于心,这便是"存"。"效""法"仍是刻意的,不是自然本性。二是"存存"阶段。"存存"即存之又存,积存不已,不断修养修行。"崇德而广业",内化于心,外化于行,这便是"存存"。"崇德"也有刻意成分,不够自然。三是"成性"阶段。"成性"即是把"知崇礼卑""效天法地",从内化于心、外化于行,再到习惯成自然,成为自觉,养成天性,修成正果。"天地设位,而《易》行乎其中矣","与天地合其德",这便是"成性"。"成性存存",这是一个修炼修行的过程,通过自我修养不断积存,把效法天地之道养成本性,自觉而又自然。这便是通往道义之门径。

8. 拟议以成章

圣人有以见天下之赜(zé),而拟诸其形容,象其物宜,是故谓之象。圣人有以见天下之动,而观其会通,以行其典礼,系辞焉以断其吉凶,是故谓之爻。言天下之至赜而不可恶也,言天下之至动而不可乱也。拟之而后言,议之而后动,拟议以成其变化。

"鸣鹤在阴,其子和之。我有好爵,吾与尔靡之。"子曰:"君子居其室,出其言善,则千里之外应之,况其迩者乎?居其室,出其言不善,则千里之外违之,况其迩者乎?言出乎身,加乎民,行发乎迩,见乎远。言行,君子之枢机。枢机之发,荣辱之主也。言行,君子之所以动天地也,可不慎乎?"

"同人先号咷而后笑。"子曰:"君子之道,或出或处,或默或语,二人同心,其利断金。同心之言,其臭如兰。"

"初六,藉用白茅,无咎。"子曰:"苟错诸地而可矣,藉之用茅,何咎之有?慎之至也。夫茅之为物薄,而用可重也。慎斯术也,以往,其无所失矣。"

"劳谦君子,有终,吉。"子曰:"劳而不伐,有功而不德,厚之至也,语以其功下人者也。德言盛,礼言恭。谦也者,致恭以存其位者也。"

"亢龙有悔。"子曰:"贵而无位,高而无民,贤人在下位而无辅,是以动而有悔也。"

"不出户庭,无咎。"子曰:"乱之所生也,则言语以为阶。君不密则失臣,臣不密则失身,几(jī)事不密则害成。是以君子慎密而不出也。"

子曰:"作《易》者,其知盗乎?易曰:'负且乘,致寇至。'负也者,小人之事也。乘也者,君子之器也。小人而乘君子之器,盗思夺之矣。上慢下暴，盗思伐之矣。慢藏诲盗，冶容诲淫。《易》曰：'负且乘，致寇至。'盗之招也。"

【导读】本章观变玩占，申说谨言慎行的重要性。"拟"是揣度、比拟、思考，"议"是议论、商议、讨论。"拟之而后言"即欲言先拟，先思考后说话；"议之而后动"即欲动先议，先商议后行动。说话行事经过思考商议，谨言慎行，才能适应变化，成就事业。接着以七个卦中的爻辞举例作了解说。这七个卦爻分别是：《中孚》卦九二爻、《同人》卦九五爻、《大过》卦初六爻、《谦》卦九三爻、《乾》卦上九爻、《节》卦初九爻和《解》卦六三爻。

9. 大衍筮法章

天一地二，天三地四，天五地六，天七地八，天九地十。

天数五，地数五，五位相得而各有合。天数二十有五，地数三十，凡天地之数五十有五，此所以成变化而行鬼神也。

大衍之数五十，其用四十有九。分而为二以象两，挂一以象三，揲（shé）之以四以象四时，归奇（jī）于扐（lè）以象闰。五岁再闰，故再扐而后挂。

乾之策二百一十有六，坤之策百四十有四，凡三百有六十，当期之日。二篇之策，万有一千五百二十，当万物之数也。是故四营而成易，十有八变而成卦。

八卦而小成，引而伸之，触类而长之，天下之能事毕矣。显道神德行，是故可与酬酢（zuò），可与佑神矣。子曰："知变化之道者，其知神之所为乎！"

【导读】本章说大衍筮法。大衍筮法即揲蓍布卦法，是《易传》中唯一记载的一种最古老、最经典的筮法，用五十根干燥等长的蓍草枝茎作占卦用具。卜、筮是两种非常古老、原始的占卦方式，卜指龟卜，通过灼钻龟甲，根据纹理观象判断吉凶之兆；筮指筮法，用蓍草作为工具进行筹算，求得卦象以判断吉凶。古代卜、筮并用，汉代卜法衰落，筮法兴起。因龟卜要钻凿龟甲，筮法要用手拈蓍草，由"钻""拈"引申为"占"，因此后人把根据卦象判断吉凶统称为"占卦"。蓍草为菊科多年生植物，有"长寿草"之称，枝茎空心外圆，轻而结实。《史记·龟策列传》记载："下有伏灵，上有兔丝；上有捣蓍，下有神龟。"古人认为蓍草附有灵性，用蓍草占卦最通神灵。大衍筮法由来已久，起卦过程尽管繁琐，但由此得出的卦象却是很精准的。

具体方法如下：

起卦前，准备五十根蓍草。为求方便，也可用竹签或围棋子等代替。

从五十根蓍草中抽出一根，横放在正前方，象征"太极"。"太极"在实际的演算求卦当中保持不动，起卦用的蓍草是四十九根（即**"大衍之数五十，其用四十有九"**）。

第一变：

1.把四十九根蓍草任意分成两组，左右手分持，象征"开天辟地"，这两组蓍草，左手一组象征"天"，右手一组象征"地"（即**"分而为二以象两"**）。初学者为方便接下来的分组，也可分别放在桌面上左右两边。"任意"即无意，操作时要排除一切杂念，万念俱空，犹如蓍草空心。此第一步称为"第一营"。

2.从任意一组当中取出一根蓍草，夹在左手小指与无名指之间，这根蓍草象征"人"，于是构成天、地、人三才（**"挂一以象三"**）。此为"第二营"。

3.先把左边的蓍草以四根为一组进行分组，再对右边的蓍草同样进行分组。以四根为一组分数左右两边蓍草，称为揲蓍，象征四时春夏秋冬（即**"揲之以四以象四时"**）。此为"第三营"。

4.四根一组分数完后，查点余数，如果没有余下的，则以最后四根为余数，因此左右两边的余数为一或二或三或四，各为其中之一。将左边所余蓍草夹在左手中指与无名指间，将右边所余蓍草夹在左手中指与食指间，以余数象征积余日而成闰月（即**"归奇于扐以象闰"**）。此为"第四营"。

5.将先后三次夹在左手手指间的蓍草放置于左上角，合计为五根或九根（结果只有这两种可能）；将左右两边所余蓍草合在一起，为四十四根或四十根。经过四个步骤，至此完成第一变（即**"四营而成易"**）。

第二变：

1.将第一变后所余四十四根或四十根蓍草，任意分为两组。

2.重复第一变中2-4步骤，然后将夹在左手手指间的蓍草放置于左上角，为四根或八根，不要与上次的重叠。将左右两边所余蓍草合在一起，为四十根，或三十六根，或三十二根。至此完成第二变。

第三变：

1.将第二变后所余蓍草，任意分为两组。

2.重复第一变中2-4步骤，然后将夹在左手手指间的蓍草放置于左上角，为四根或八根，不要与前两次的重叠。将左右两边所余蓍草合在一起，此时余数应为三十六根，或三十二根，或二十八根，或二十四根。

3.将第三变所得余数（三十六，或三十二，或二十八，或二十四）以四除之，得到九，或八，或七，或六，四者其中之一。至此完成第三变。

经过以上四营三变，可得到六、七、八、九之中的一个数，作为初爻，记下数字，可知阴阳。九与七为阳爻，八与六为阴爻。九为老阳，为可变的阳爻，记做〇；七为少阳，为不变的阳爻，记成▬；六为老阴，为可变的阴爻，记成×；八为少阴，为不变的阴爻，记成--。因阳为奇数，阴为偶数，在五个生数（一、二、三、四、五）中，奇数相加为九，偶数相加为六，因此用九表示卦中阳爻，用六表示卦中阴爻。

如此这般再重复五次，由下往上，按顺序得到二爻至上爻。一个卦有六个爻，一爻三变，共需六轮十八变，才可成卦，是为"**十有八变而成卦**"。

变爻确定方法

以大衍筮法起卦时，成卦后得到的变爻有可能是一个，或几个，也有可能是六爻皆变，或六爻皆不变。根据《易经》"易简"原理，既易知又易从，变爻定位只需要以一个变爻来确定占卦者当下位置。选择多了，等于没有选择。变爻多了，反而无所适从。因此，每次起卦后，必须最终确定一个变爻用于定位。变爻确定方法如下：

1. 一爻变：以变爻定占卦者当下位置，以变爻爻辞断占。如：占得益卦，三爻为变爻，则六三爻为变爻，以六三爻为占卦者当下位置，即占卦者正处在六三爻象处境，以六三爻爻辞断占。

2. 二爻变：同性取上，异性取阴。因卦序先下后上，下为前，上为后，下主过去，上主未来，阳主过去，阴主未来，占卦是为了"占事知来"（《系辞下传》），故取上、取阴。若两个变爻同性，同是阳爻或阴爻，以上位变爻定占卦者当下位置，以上位变爻爻辞断占。如：占得益卦，六三、六四皆为变爻，则以六四爻为占卦者当下位置，即占卦者正处在六四爻象处境，以六四爻爻辞断占。若两个变爻不同性，一阴一阳，以阴性变爻定占卦者当下位置，以阴性变爻爻辞断占。如：占得益卦，六三、九五皆为变爻，则以六三爻为占卦者当下位置，即占卦者正处在六三爻象处境，以六三爻爻辞断占。

3. 三爻变：以三个变爻的中间变爻定占卦者当下位置，以中间变爻爻辞断占。依据是《系辞下传》所说："辨是与非，则非其中爻不备。"如：占得益卦，六二、六三、六四皆为变爻，则以六三爻为占卦者当下位置，即占卦者正处在六三爻象处境，以六三爻爻辞断占。

4. 四爻变：以下位不变爻定占卦者当下位置，以下位不变爻爻辞断占。依据是变爻多，不变爻少，物以稀为贵，以不变爻定位，两个不变爻，自下而上，以下为先。如：占得益卦，六三、六四、九五、上九皆为变爻，则以初九爻为占卦者当下位置，即占卦者正处在初九爻象处境，以初九爻爻辞断占。

5. 五爻变：以不变爻定占卦者当下位置，以不变爻爻辞断占。如：占得益卦，初九、六三、六四、九五、上九皆为变爻，则以不变爻六二爻为占卦者当下位置，即占卦者正处在六二爻象处境，以六二爻爻辞断占。

6. 六爻不变和六爻皆变：因五为生数之极，为核心数值，二与三的总值为五，以阴爻数值为偶数，取二，阳爻数值为奇数，取三，计算出六爻卦总数值，再除以六，得其余数，即为变爻。若除尽，则余数为六，上爻即为变爻。以所得变爻定占卦者当下位置，以所得变爻爻辞断占。如：占得益卦，六爻皆不变或皆为变爻，益卦为三阳三阴卦，总数值为15，除以6得余数3，3为变爻，则以六三爻为占卦者当下位置，即占卦者正处在六三爻象处境，以六三爻爻辞断占。

在完成起卦，确定一卦一变爻后，下一步就是匹配定位，在六十四卦中找到与自己匹配的卦爻，查看自己当下所在的卦象环境、爻象处境分析以及《易经》启示。

10. 圣人之道章

《易》有圣人之道四焉：以言者尚其辞，以动者尚其变，以制器者尚其象，以卜筮者尚其占。是以君子将有为也，将有行也，问焉而以言，其受命也如响。无有远近幽深，遂知来物。非天下之至精，其孰能与于此？参伍以变，错综其数。通其变，遂成天下之文。极其数，遂定天下之象。非天下之至变，其孰能与于此？《易》无思也，无为也，寂然不动，感而遂通天下之故。非天下之至神，其孰能与于此？

夫《易》，圣人之所以极深而研几也。惟深也，故能通天下之志。惟几也，故能成天下之务。惟神也，故不疾而速，不行而至。子曰："《易》有圣人之道四焉"者，此之谓也。

【导读】本章说圣人之道。圣人之道即《易》道，有四个方面或四个组成部分：辞、变、象、占。世人各取所爱，或"尚其辞"，或"尚其变"，或"尚其象"，或"尚其占"。接着讲了圣人之道三个内容：一是《易》道功用。占卦时，"问焉而以言，其受命也如响"，有问必答，有求必应。"响"，《说文解字》曰："声也。"《玉篇·音部》："响，应声也。""如响"，指如敲击东西马上就有回声，非常灵验，非常神速。二是《易》道特性。《易》道"至精""无有远近幽深，遂知来物"；《易》道"至变""通其变""极其数""参伍以变，错综其数"；《易》道"至神"，无思无为，寂然不动，却能阴阳感应，精通天下之事。三是圣人之用。圣人用

《易》是"极深而研几",精通《易》道、见几而作、用《易》如神,故能"通天下之志",能"成天下之务"。

11. 易何为者章

子曰:"夫《易》何为者也?夫《易》开物成务,冒天下之道,如斯而已者也。"是故圣人以通天下之志,以定天下之业,以断天下之疑。是故蓍之德圆而神,卦之德方以知,六爻之义易以贡。圣人以此洗心,退藏于密,吉凶与民同患。神以知来,知以藏往,其孰能与于此哉?古之聪明睿知,神武而不杀者夫?

是以明于天之道,而察于民之故,是兴神物以前民用。圣人以此斋戒,以神明其德夫。是故阖户谓之坤,辟户谓之乾,一阖一辟谓之变,往来不穷谓之通。见乃谓之象,形乃谓之器,制而用之谓之法,利用出入、民咸用之谓之神。

是故《易》有太极,是生两仪,两仪生四象,四象生八卦,八卦定吉凶,吉凶生大业。

是故法象莫大乎天地,变通莫大乎四时,悬象著明莫大乎日月,崇高莫大乎富贵。备物致用,立成器以为天下利,莫大乎圣人。探赜索隐,钩深致远,以定天下之吉凶,成天下之亹(wěi)亹者,莫大乎蓍龟。

是故天生神物,圣人则之。天地变化,圣人效之。天垂象,见吉凶,圣人象之。河出图,洛出书,圣人则之。

《易》有四象,所以示也。系辞焉,所以告也。定之以吉凶,所以断也。

【导读】 本章承接上章续说《易》之功用。《易》有二用,一是"开物成务",二是"冒天下之道"。朱熹在《周易本义》中解释:"'开物成务',谓使人卜筮,以知吉凶而成事业。'冒天下之道',谓卦爻既设,而天下之道皆在其中。"接着申说了筮仪、筮法、义理等内容。"圣人以此洗心,退藏于密","圣人以此斋戒,以神明其德夫",是讲筮仪;"《易》有太极,是生两仪,两仪生四象,四象生八卦,八卦定吉凶",是讲筮法;"圣人以通天下之志,以定天下之业,以断天下之疑","蓍之德圆而神,卦之德方以知,六爻之义易以贡",是讲义理。本章还讲了《易》为谁用,提出"吉凶与民同患""兴神物以前民用",让民众在行事前得知《易》卦这种神物,为民所用,辨明吉凶,指导行动。历史上,用《易》有两派,一是象数派,以占卜为主,一是义理派,以哲学为主。两派一东一西,脱离《易经》之本,渐行渐远,象数派最终成了江湖派,义理派最终成了玄学派,最终两者都不是《易经》的东西。用《易》有必要回归《易经》之本,推进《易经》大众化、占卦自助化,让《易经》为民所用,"兴神物以前民用""吉凶与民同患"。

被称为"元曲四大家"之一的元朝戏曲家马致远,其名"致远"即取自本章:"探赜索隐,钩深致远,以定天下之吉凶。"其意是:探究繁杂而索求幽隐,钩沉深邃而推及遥远,以此判定天下人的吉凶。取名"致远",寓意远大前程。

12. 自天祐之章

易曰:"自天祐之,吉无不利。"子曰:"祐者,助也。天之所助者,顺也。人之所助者,信也。履信思乎顺,又以尚贤也。是以'自天祐之,吉无不利'也。"

子曰:"书不尽言,言不尽意。"然则圣人之意,其不可见乎?子曰:"圣人立象以尽意,设卦以尽情伪,系辞焉以尽其言,变而通之以尽利,鼓之舞之以尽神。"

乾坤,其《易》之缊邪?乾坤成列,而《易》立乎其中矣。乾坤毁,则无以见《易》。《易》不可见,则乾坤或几乎息矣。

是故形而上者谓之道,形而下者谓之器,化而裁之谓之变,推而行之谓之通,举而措之天下之民谓之事业。

是故夫象,圣人有以见天下之赜,而拟诸其形容,象其物宜,是故谓之象。圣人有以见天下之动,而观其会通,以行其典礼,系辞焉以断其吉凶,是故谓之爻。极天下之赜者存乎卦,鼓天下之动者存乎辞,化而裁之存乎变,推而行之存乎通,神而明之存乎其人,默而成之,不言而信,存乎德行。

【导读】本章解说"自天祐之"。本章一开头就引出《大有》卦上九爻辞"自天祐之,吉无不利",并作了解说。孔子说:"天之所助者，顺也。人之所助者，信也。"对天要顺，对人要信，顺从天道，为人诚信，才有天助人助，吉无不利，否则天怒人怨，难有吉利。

接着就"履信思乎顺"作了申说。一方面，从立象、设卦、系辞、变通的角度，辨真伪，存德行，修养"履信"成为本性天性，达到"默而成之，不言而信，存乎德行"，即"成性存存"之意，可通"道义之门"；另一方面，从道器、乾坤关系解说如何"思顺"。"形而上者谓之道，形而下者谓之器。"在天成象，在地成形，上为天道，下为地器，因此乾为天道，坤为地器。"乾坤成列"，坤顺乾，地顺天，天经地义（"象其物宜"）。只有如此，则"《易》立乎其中矣"。顺天而行，"化而裁之""推而行之""举而措之"，《易》才能为天下人谋事业。因此，《易》为君子谋，不为小人谋，同时《易》也为天下谋，为民众谋。

系辞下传

1. 八卦成列章

八卦成列，象在其中矣。因而重之，爻在其中矣。刚柔相推，变在其中矣。系辞焉而命之，动在其中矣。吉凶悔吝者，生乎动者也。刚柔者，立本者也。变通者，趣时者也。吉凶者，贞胜者也。天地之道，贞观者也。日月之道，贞明者也。天下之动，贞夫一者也。夫乾，确然示人易矣。夫坤，隤（tuí）然示人简矣。爻也者，效此者也。象也者，像此者也。爻象动乎内，吉凶见乎外，功业见乎变，圣人之情见乎辞。天地之大德曰生，圣人之大宝曰位。何以守位？曰仁。何以聚人？曰财。理财正辞，禁民为非，曰义。

【导读】本章说《易》理及圣人之用。《易》理涉及卦、象、爻、辞、变、时，以及刚柔、吉凶、悔吝。《易》为天下谋，"垂衣裳而天下治"，必讲如何治天下。治天下首先得有"位"，在其位谋其政，不在其位则难谋其政。因此"位"是"圣人之大宝"。其实，凡人之大宝也是位，官员没有权位，苍白无力，百姓找不到位，则无立足之地，难以生存。"何以守位？"具体措施有三项：一是以"仁"守位，以高尚的仁德感化人；二是以"财"聚人，以丰厚的待遇凝聚人；三是以"义"禁民，以适宜的制度规范人。"理财"是治理规范经济秩序，"正辞"是端正文辞，规范制度，统一口径，"禁民为非"是禁止民众为非作歹，禁止不听就关禁闭。"禁"，既指禁止，也指禁闭。"义"同"宜"，当然这些规范制度和措施都是合宜的。孔子在两千多年前提出的这些守位措施，看起来很有现代感。

2.观象作卦章

古者包牺氏之王天下也，仰则观象于天，俯则观法于地，观鸟兽之文，与地之宜，近取诸身，远取诸物，于是始作八卦，以通神明之德，以类万物之情。作结绳而为网罟（gǔ），以佃以渔，盖取诸《离》。

包牺氏没，神农氏作，斫（zhuó）木为耜（sì），揉木为耒（lěi），耒耨（nòu）之利，以教天下，盖取诸《益》。日中为市，致天下之民，聚天下之货，交易而退，各得其所，盖取诸《噬嗑》。神农氏没，黄帝、尧、舜氏作，通其变，使民不倦，神而化之，使民宜之。《易》，穷则变，变则通，通则久。是以"自天祐之，吉无不利"。黄帝、尧、舜，垂衣裳而天下治，盖取诸《乾》《坤》。

刳（kū）木为舟，剡（yǎn）木为楫，舟楫之利，以济不通，致远以利天下，盖取诸《涣》。服牛乘马，引重致远，以利天下，盖取诸《随》。重门击柝（tuò），以待暴客，盖取诸《豫》。断木为杵，掘地为臼，杵臼之利，万民以济，盖取诸《小过》。弦木为弧，剡木为矢，弧矢之利，以威天下，盖取诸《睽》。

上古穴居而野处，后世圣人易之以宫室，上栋下宇，以待风雨，盖取诸《大壮》。古之葬者，厚衣之以薪，葬之中野，不封不树，丧期无数。后世圣人易之以棺椁，盖取诸《大过》。上古结绳而治，后世圣人易之以书契，百官以治，万民以察，盖取诸《夬》。

【导读】本章说观象作卦和制器尚象。包牺氏仰观俯观、近取远取，观象观法，始作八卦，神农氏、黄帝、尧、舜氏，通变神化，使民宜之，是说"观象作卦"。所谓"盖取诸卦"，是说"制器尚象"。共取十三个卦的卦象，依次分别是《离》《益》《噬嗑》《乾》《坤》《涣》《随》《豫》《小过》《睽》《大壮》《大过》和《夬》卦。

3. 易象彖爻章

是故《易》者，象也。象也者，像也。彖者，材也。爻也者，效天下之动者也。是故吉凶生而悔吝著也。

【导读】本章申说象、彖、爻概念，以及与吉凶、悔吝关系。可与《系辞上传》第3章、《系辞下传》第1章参读。

4. 阳卦阴卦章

阳卦多阴，阴卦多阳。其故何也？阳卦奇，阴卦偶。其德行何也？阳一君而二民，君子之道也。阴二君而一民，小人之道也。

【导读】本章说阳卦阴卦。八卦中，乾卦为纯阳卦，坤卦为纯阴卦，其余六卦，震、坎、艮，皆为一阳二阴卦，物以稀为贵，以少胜多，阳少阴多，为阳卦；巽、离、兑，皆为一阴二阳卦，阴少阳多，为阴卦。阳爻一画，阴爻二画。阳卦一阳二阴，阳一画阴四画共五画，为奇；阴卦一阴二阳，阴二画阳二画共四画，为偶，是为"阳卦奇，阴卦偶"。阳爻为君子，阴爻为民、为小人。阳卦一阳二阴，为一君二民，是"君子之道"，阴卦二阳一阴，为二君一民，是"小人之道"。

5. 易曰子曰章

《易》曰："憧憧往来，朋从尔思。"子曰："天下何思何虑？天下同归而殊途，一致而百虑。天下何思何虑？日往则月来，月往则日来，日月相推而明生焉。寒往则暑来，暑往则寒来，寒暑相推而岁成焉。往者屈也，来者信也，屈信相感而利生焉。尺蠖（huò）之屈，以求信也。龙蛇之蛰，以存身也。精义入神，以致用也。利用安身，以崇德也。过此以往，未之或知也。穷神知化，德之盛也。"

《易》曰："困于石，据于蒺藜，入于其宫，不见其妻，凶。"

《系辞传》导读

子曰:"非所困而困焉,名必辱。非所据而据焉,身必危。既辱且危,死期将至,妻其可得见邪?"

《易》曰:"公用射隼于高墉之上,获之,无不利。"子曰:"隼者,禽也。弓矢者,器也。射之者,人也。君子藏器于身,待时而动,何不利之有?动而不括,是以出而有获,语成器而动者也。"

子曰:"小人不耻不仁,不畏不义,不见利不劝,不威不惩。小惩而大诫,此小人之福也。《易》曰:'屦校灭趾,无咎。'此之谓也。善不积不足以成名,恶不积不足以灭身。小人以小善为无益而弗为也,以小恶为无伤而弗去也,故恶积而不可掩,罪大而不可解。《易》曰:'何校灭耳,凶。'"

子曰:"危者,安其位者也。亡者,保其存者也。乱者,有其治者也。是故君子安而不忘危,存而不忘亡,治而不忘乱,是以身安而国家可保也。《易》曰:'其亡其亡,系于苞桑。'"

子曰:"德薄而位尊,知小而谋大,力小而任重,鲜不及矣。《易》曰:'鼎折足,覆公𫗧(sù),其形渥,凶。'言不胜其任也。"

子曰:"知几其神乎?君子上交不谄,下交不渎,其知几乎?几者,动之微,吉凶之先见者也。君子见几而作,不俟终日。《易》曰:'介于石,不终日,贞吉。'介如石焉,宁用终日?断可识矣。君子知微知彰,知柔知刚,万夫之望。"

子曰:"颜氏之子,其殆庶几乎?有不善未尝不知,知之未尝复行也。《易》曰:'不远复,无祗悔,元吉。'天地氤(yīn)氲(yùn),万物化醇。男女构精,万物化生。《易》曰:'三人行则损一人,一人行则得其友。'言致一也。"

子曰:"君子安其身而后动,易其心而后语,定其交而后求。君子修此三者,故全也。危以动,则民不与也。惧以语,则民不应也。无交而求,则民不与也。莫之与,则伤之者至矣。《易》曰:'莫益之,或击之,立心勿恒,凶。'"

【导读】本章举例解说爻辞。共有十个卦的十一条爻辞,即《咸》卦九四、《困》卦六三、《解》卦上六、《噬嗑》卦初九及上九、《否》卦九五、《鼎》卦九四、《豫》卦六二、《复》卦初九、《损》卦六三和《益》卦上九的爻辞。

6. 乾坤易门章

子曰："乾坤，其《易》之门邪？"乾，阳物也。坤，阴物也。阴阳合德，而刚柔有体，以体天地之撰，以通神明之德。其称名也，杂而不越。于稽其类，其衰世之意邪？夫《易》，彰往而察来，而微显阐幽，开而当名辨物，正言断辞，则备矣。其称名也小，其取类也大。其旨远，其辞文，其言曲而中，其事肆而隐。因贰以济民行，以明失得之报。

【导读】本章说乾坤为《易》之门。阴阳是《易》之本，八卦、六十四卦就是由阴爻阳爻组成，庄子说"易以道阴阳"，一阴一阳之谓道，《易》讲的就是阴阳之道。领悟了阴阳，也就领悟了天地之道。乾为阳，坤为阴，悟透了乾坤，就能参透阴阳变化，体察天地，通于神明，因此乾坤是《易》之门。《系辞上传》第12章说"乾坤，其《易》之缊邪？"可互参。

7. 三陈九德章

《易》之兴也，其于中古乎？作《易》者，其有忧患乎？是故，《履》，德之基也；《谦》，德之柄也；《复》，德之本也；《恒》，德之固也；《损》，德之修也；《益》，德之裕也；《困》，德之辨也；《井》，德之地也；《巽》，德之制也。《履》，和而至；《谦》，尊而光；《复》，小而辨于物；《恒》，杂而不厌；《损》，先难而后易；《益》，长裕而不设；《困》，穷而通；《井》，居其所而迁；《巽》，称而隐。《履》以和行，《谦》以制礼，《复》以自知，《恒》以一德，《损》以远害，《益》以兴利，《困》以寡怨，《井》以辨义，《巽》以行权。

【导读】本章旨在"三陈九德"。《易》兴于中古乱世之际，应运而生，先天具有忧患。本章三次陈述了忧患九卦之德，即《履》《谦》《复》《恒》《损》《益》《困》《井》《巽》卦，以九卦之德修身立德，安身立命，使人居安思危，戒惧谨慎，从而趋吉避凶，以致建功立业。这一道德修养过程，正是对《系辞上传》所言"成性存存，道义之门"的最生动诠释。

"其有忧患乎？"提出问题之后，以"是故"引出后文"三陈九德",强调因果关系,很明显是将修养九卦之德视作排忧解患之举措。在"三陈九德"中,"三陈"在崇德修德过程中是不断递进的三个阶段:"一陈"用"之",如"《履》,德之基也",以卦德定位为主,崇德修德重在内化于心,是"存"的阶段;"二陈"用"而",如"《履》,和而至",以"推而行之"为主,崇德修德重在外化于行,是"存存"阶段;"三陈"用"以",如"《履》以和行",以"成之者性"为主,崇德修德重在"以体天地之撰,以通神明之德",是"成性"阶段。身处忧患之际,以此九卦之德不断修养自己,直到修养成性,自然可以趋吉避凶。因此,《易经》也是劝善修德之书。

8. 易不可远章

《易》之为书也不可远,为道也屡迁,变动不居,周流六虚,上下无常,刚柔相易,不可为典要,唯变所适。

其出入以度,外内使知惧,又明于忧患与故,无有师保,如临父母。初率其辞,而揆其方,既有典常,苟非其人,道不虚行。

【导读】本章说《易》不可远离。一者《易》"为道也屡迁","不可为典要,唯变所适",需要居则观象玩辞,动则观变玩占,随时随地玩赏玩味,须臾不可离开;另者《易》"既有典常","其出入以度,外内使知惧,又明于忧患","如临父母",就像仁慈而严厉的父母守护在身边,让人知惧而免忧,知险而避险,时刻不敢远离。《易经》忧患之辞使人谨慎行事,出入多思虑,内外知戒惧,明白忧患之故。因此,读《易经》常让人感动,甚至感动得泪流满面。虽然没有师保的教导,也如同父母亲临守护在身边,时常告诫自己。

9. 原始要终章

《易》之为书也,原始要终,以为质也。六爻相杂,唯其时物也。其初难知,其上易知,本末也。初辞拟之,卒成之终。若夫杂物撰德,辨是与非,则非其中爻不备。噫!亦要存亡吉凶,则居可知矣。知者观其彖辞,则思过半矣。

二与四同功而异位,其善不同,二多誉,四多惧,近也。柔之为道，不利远者，其要无咎，其用柔中也。三与五同功而异位，三多凶，五多功，贵贱之等也。其柔危，其刚胜邪？

【导读】本章说六爻性质与功用。"原"是推原、溯源，"始"是初始、开始，"要"是求索、探究。"原始要终"，就是推究事物的初始，探究它的终结。"初"是初爻，初爻象征开始，万事开头难，前途未卜，结果"难知"；"上"是上爻，上爻象征终结，结局已定，一切已明了，因此"易知"。"中爻"指卦中间的四个爻，即二、三、四、五爻。占卦明吉凶、辨是非，离不开中间四个爻。"同功"指爻的属性相同，同为阳位或阴位，"异位"指爻的位置、地位不同。二爻与四爻，同为阴位，为"同功"，两者地位不同，为"异位"。四爻靠近五爻君位，伴君如伴虎，因此"四多惧"；二爻阴位柔顺，又是下卦中位，"柔中"没有过失，因此"二多誉"。三爻与五爻，同为阳位，为"同功"；两者地位不同，为"异位"。三爻居下卦，地位卑贱，五爻居上卦中位，"刚中"，又是君位，地位尊贵，因此"三多凶，五多功"。

一卦六爻，上面二爻为天位，天为阳，因此阳爻往上离天越近越好，往下离天越远越不好；下面二爻为地位，地为阴，因此阴爻往下离地越近越好，往上离地越远越不好。六二在下卦"柔中"，是阴爻中最好的；九五在上卦"刚中"，是阳爻中最好的。

《易经》兴盛于中古商周动乱时期，文王观象系辞，始终心怀忧患，因此卦有忧患九卦，爻有"三多惧""四多凶"之爻，卦爻辞也颇多忧患之辞，几乎是卦卦有凶险，句句有惊惧。

10. 广大悉备章

《易》之为书也，广大悉备。有天道焉，有人道焉，有地道焉。兼三才而两之，故六。六者非它也，三才之道也。道有变动，故曰爻。爻有等，故曰物。物相杂，故曰文。文不当，故吉凶生焉。

【导读】本章说六爻三才。一卦六爻，六爻分三才，上面两爻为天位，下面两爻为地位，中间两爻为人位，天地人为"三才"。《易》道为"三才之道"，即天道、人道、地道。接着申说爻、等、物、文、吉凶。"爻"指变爻，"等"指类别、类型，"物"是卦爻象,"文"是相间交错。卦(道)有变动,是因为变爻;爻有"三才之道"类别,形成爻象处境;爻象阴阳相间交错,爻位不当则生吉凶。《系辞上传》第1章、《系辞下传》第1章可与此互参。

11. 易兴周盛章

《易》之兴也,其当殷之末世,周之盛德邪?当文王与纣之事邪?是故其辞危。危者使平,易者使倾。其道甚大,百物不废。惧以终始,其要无咎,此之谓《易》之道也。

【导读】本章说《易》兴年代。《系辞下传》先后三次言及《易》的年代,第2章说古者包牺氏"始作八卦",第7章说"《易》之兴也,其于中古乎?"本章是第三次,说"《易》之兴也,其当殷之末世,周之盛德邪?当文王与纣之事邪?""中古"即商周之际。八卦始作于上古,《易》兴于中古商周之际。文王观象系辞,心怀忧患,领悟到只有始终戒惧,才可求得无咎,这就是《易》之道。

12. 乾健坤顺章

夫乾,天下之至健也,德行恒易以知险。夫坤,天下之至顺也,德行恒简以知阻。能说诸心,能研诸侯之虑,定天下之吉凶,成天下之亹亹者。是故变化云为,吉事有祥,象事知器,占事知来。天地设位,圣人成能。人谋鬼谋,百姓与能。

八卦以象告,爻彖以情言,刚柔杂居,而吉凶可见矣。变动以利言,吉凶以情迁。是故爱恶相攻而吉凶生,远近相取而悔吝生,情伪相感而利害生。凡《易》之情,近而不相得则凶,或害之,悔且吝。将叛者其辞惭,中心疑者其辞枝,吉人之辞寡,躁人之辞多,诬善之人其辞游,失其守者其辞屈。

【导读】本章说乾坤易简之道、爻位关系及断占经验。乾为天,特点是"至健",德行是"恒易以知险",不管什么事情,只要在阳光下一曝光,就非常容"易",还能知道危险所在;坤为地,特点是"至顺",德行是"恒简以知阻",不管什么事情,只要顺势而为,就非常"简"易,还有知道了险阻就能避开险阻。

卦有象,爻有情,异性相吸,同性相斥,阴阳相遇为爱,阴遇阴、阳遇阳为恶，相互攻伐，由此生出吉凶。"远"指上下的爻位相应，"近"指近邻爻位相比。应比不当，生出悔吝。阴爻阳爻有得位失位之分，阴阳感应有真伪之别，或利或害由此产生。以辞观人，根据问卦者的问辞断其情伪，也可知吉凶。

主要参考书目

1. ［魏］王弼撰，［唐］孔颖达疏，余培德点校：《周易正义》，北京：九州出版社，2004年。

2. ［唐］李鼎祚著，陈德述整理：《周易集解》，成都：巴蜀书社，1991年。

3. ［宋］邵雍撰，李一忻点校：《皇极经世——周易邵氏学》，北京：九州出版社，2003年。

4. ［宋］邵雍撰，李一忻点校：《梅花易数——周易邵氏学》，北京：九州出版社，2003年。

5. ［宋］朱熹：《周易本义》，北京：光明日报出版社，2012年。

6. ［西汉］焦延寿著，尚秉和注：《焦氏易林注》，北京：光明日报出版社，2012年。

7. ［明］来知德：《来注易经》，北京：光明日报出版社，2012年。

8. ［日］高岛吞象撰，［清］王治本译：《易断》，北京：光明日报出版社，2012年。

9. ［清］李光地撰，刘大钧整理：《周易折中》，成都：巴蜀书社，2013年。

10. 尚秉和：《周易尚氏学》，北京：九州出版社，2005年。

11. 高亨：《周易古经今注》，北京：清华大学出版社，2010年。

12. 高亨：《周易大传今注》，北京：清华大学出版社，2010年。

13. 熊十力：《乾坤衍》，上海：上海书店出版社，2008年。

14. 南怀瑾：《易经杂说》，上海：复旦大学出版社，2019年。

15. 南怀瑾：《易经系传别讲》，上海：复旦大学出版社，2012年。

16. 南怀瑾、徐芹庭：《周易今注今译》，重庆：重庆出版集团、重庆出版社，2017年。

17. 陈鼓应、赵建伟：《周易今注今译》，北京：商务印书馆，2005年。

18. 爱新觉罗·毓鋆讲述，陈絅整理：《毓老师说易经》，成都：天地出版社，2018年。

19. 刘大钧：《周易概论》，成都：巴蜀书社，2016年。

20. 刘大钧：《周易纳甲筮法》，上海：学林出版社，2012年。

21. 李零：《死生有命富贵在天——〈周易〉的自然哲学》，北京：生活·读书·新知三联书店，2013年。

22. 于豪亮：《马王堆帛书〈周易〉释文校注》，上海：上海古籍出版社，2013年。

23. 谢宝笙：《易经与孔子的蝉蜕龙变》，北京：华夏出版社，1995年。

24. 曾仕强：《大易人生》，广州：广东经济出版社，2018年。

25. 李镜池：《周易通义》，北京：中华书局，1981年。

26. 刘钊、洪飏、张新俊编纂：《新甲骨文编》，福州：福建人民出版社，2009年。

27. 容庚编著：《金文编》，北京：中华书局，1985年。

28. 董莲池编著：《新金文编》，北京：作家出版社，2011年。

后　记

　　一谈到《易经》，许多人马上便会与算命联想起来，并不加思索地认为：“《易经》是迷信！"究其原因，一方面是《易经》流落民间后，被江湖术士利用，他们打着《易经》旗号，骗取占卦者钱财，从而使《易经》饱受诟病，被斥为迷信；另一方面是人们对《易经》产生了误读、误解，有人甚至一遍《易经》都没读下来就跟着人云亦云，盲目给《易经》贴上"迷信"标签。

　　我们常以拥有中华五千年优秀传统文化而感到自信和自豪，却不知中华五千年文化的源头正是《易经》。要知道，我们的文化自信正是源于《易经》，《易经》让人自信而不是迷信。

　　所谓迷信，是指迷失了自我意识的信仰，在信仰某一事物或理论中迷失了自我意识，因此是盲目而无理解的信仰。所谓自信，是指增强了自我意识的信仰，在信仰某一事物或理论中增强了自我意识，因此是自觉而有理解的信仰。

　　《系辞上传》说："《易》与天地准，故能弥纶天地之道。仰以观于天文，俯以察于地理，是故知幽明之故。原始反终，故知死生之说。精气为物，游魂为变，是故知鬼神之情状。"《易经》被称为"天人之学"，上知天文，下知地理，知阴阳，知生死，知鬼神，包罗万象，无所不知。《系辞上传》又说："《易》有圣人之道四焉：以言者尚其辞，以动者尚其变，以制器者尚其象，以卜筮者尚其占。"《易经》有指导言论、指导行动、指导制器和占断决疑四大功能，占卦只是其中之一。马克思在《1857—1858年经济学手稿》一文中，曾把人类把握世界的方式分为四种：理论的、艺术的、宗教的和实践精神的。《易经》的四大功能囊括了人类把握世界的四种方式。因此，读《易经》不是让人迷信，而是让人更自信，更好更自觉地把握世界。而出于某种目的，将《易经》进行神化，制造神秘效果，让人痴迷，盲目信仰，这已脱离《易经》本原。《易经》

本身没有迷信色彩，不会让人迷信，只会让人自信，让人迷信的是别有用心的人。

人生是一次从生到死、有始有终的单程旅行。旅程中会有磕磕碰碰、走走停停，会遇到一些状况，会遇到一些路口，会有一些选择，也会有一些犹豫不决。《易经》六十四卦是人生的六十四个片断，其中象、数、理存储着人生变化信息，可以从五个方面提供人生帮助，指引人生趋吉避凶、逢凶化吉，让人生更加安全顺利。

一是有助于认清处境，明确人生目标。卦象环境为当前所处大环境，爻象处境为当下实时处境，为小环境。通过卦象爻象、变爻变卦以及运势时运分析，有助于更好地认清当前环境和当下处境，以及未来发展趋势，并结合自身实际，明确下一步人生目标。

二是有助于调整心境，增强人生自信。卦爻辞中一些有关心境所作的断辞，能起到指导调整心境的作用，让人消除忧虑，充满自信。

三是有助于趋吉避凶，走好人生旅途。《易经》卦爻辞的提示启示，引导当事者知变、应变、适变，见微知著，见机行事，从而趋吉避凶、逢凶化吉，避免人生挫折，少走人生弯路，走好人生旅途。

四是有助于进德修业，成就人生大业。《易经》是忧患之书，卦爻辞颇多忧患之辞，时时提醒，处处启示，"无有师保，如临父母"（《系辞下传》），如同父母亲临一样时常告诫，让人居安思危，时刻不忘危亡之事。《易经》也是劝善修德之书，倡导"进德修业"。《系辞下传》"三陈九德"，让人在忧患中提升道德境界，以此作为趋吉避凶、逢凶化吉的"道义之门"。《说卦传》说："立人之道，曰：仁与义。"仁与义为立身之本，已成为中国传统道德标准的核心。如《乾·文言传》说"进德修业"，《系辞上传》说"崇德广业""盛德大业"，《坤·大象传》说"厚德载物"，《坤·文言传》说"积善之家必有余庆，积不善之家必有余殃"，《系辞下传》说"善不积不足以成名，恶不积不足以灭身"，《益·大象传》说"见善则迁，有过则改"等。著名的劝善书《了凡四训》即以此为思想基础。福由善生，善可积福；业由德养，德能聚业。"进德"才好

"修业","崇德"才能"广业","盛德"才有"大业","厚德"才可"载物",德为立业之基。人生事业，小业靠勤，中业靠才，大业靠德。只有不断"进德修业","日新"盛德,"成性存存",才能成就人生大业。

五是有助于乐天知命，步入人生至境。《系辞上传》说："乐天知命，故不忧。""乐天知命"不是听天由命，"知命"不是宿命。"乐天"是乐于"奉天时"(《乾·文言传》),"承天而时行"(《坤·文言传》),"时止则止，时行则行"(《艮·象传》);"知命"是"知使命","致命遂志"(《困·大象传》),"穷理尽性以至于命"(《说卦传》)。"乐天"才能"知命","知命"才会"乐天"；只有真正"乐天知命"了，才会真正"不忧"。读《易经》从"玩"开始,"君子居则观其象而玩其辞，动则观其变而玩其占"，玩赏《易经》，玩出兴致，玩出品味，甚至玩出乐趣，最后落在一个"乐"字。虽然人生从生到死，最终翻篇归零，但《易经》却说生生不息，人生是快乐的。没有这个"乐"字，整天闷闷不乐，人生就会黯淡无光，寂寥凄怆，令人无聊难耐，空虚厌烦；有了这个"乐"字，人生就会气象万千，春光无限，令人流连忘返，热爱生活。因此《易经》引导人们要以"乐天知命"的乐观积极心态，去直面人生的一切挑战，征服人生的一切磨难，达到人生的最高境界。

以上是我写作《易经易知：于变局中开新局》时的一些感悟。

是为记。

高金坚

2024年5月12日

于浙江衢州信安湖畔亭川善庆居